中华经典普及文库

四書五經

中華書局

图书在版编目(CIP)数据

四书五经/(战国)孟子等著.—北京:中华书局,2009.1
(2025.7 重印)
(中华经典普及文库)
ISBN 978-7-101-06422-3

Ⅰ.四…　Ⅱ.孟…　Ⅲ.①四书②五经　Ⅳ.①B222.1
②Z126.1

中国版本图书馆 CIP 数据核字(2008)第 197191 号

书　　名　四书五经
著　　者　〔战国〕孟子等
丛 书 名　中华经典普及文库
责任编辑　张彩梅　舒　琴
装帧设计　毛　淳
责任印制　陈丽娜
出版发行　中华书局
(北京市丰台区太平桥西里 38 号　100073)
http://www.zhbc.com.cn
E-mail:zhbc@zhbc.com.cn
印　　刷　三河市中晟雅豪印务有限公司
版　　次　2009 年 1 月第 1 版
2025 年 7 月第 17 次印刷
规　　格　开本/880×1230 毫米　1/32
印张 29¼　字数 900 千字
印　　数　118001-121000 册
国际书号　ISBN 978-7-101-06422-3
定　　价　66.00 元

“中华经典普及文库”出版缘起

中华民族五千年历史孕育了优秀的中华文化，产生了大量优秀的经典著作。对于中国人，特别是对于当代读者来说，在浩瀚的优秀文化海洋里，哪些是最基本的，哪些是最经典的？换句话说，作为一个中国人最应该知晓、阅读的基本书是什么？作为一个中国家庭最应该拥有并收藏的经典是什么？

多年来，中华书局一直致力于向广大读者提供优秀传统文化经典读本，推出的《史记》、《资治通鉴》等白文普及本图书受到了读者的欢迎和好评。在此基础上，中华书局编辑部推出“中华经典普及文库”。

本套文库有三个特点。第一是经典。入选本文库的都是我国优秀传统文化中的精品，是经史子集中的顶峰，堪称“经典中的经典”。如列“二十四史”之首，被誉为“史家之绝唱，无韵之《离骚》”的《史记》，又如被称为中国传统文化核心的“四书五经”等。第二是精品。中华书局成立90多年来，以弘扬优秀传统文化为己任，出版了大批由国内一流学者精心校勘整理而成的传统典籍。本套丛书或以中华书局原整理本为底本，或约请著名学者精加整理，从而保证了其学术可靠性、文字准确性，堪称质量上乘的版本。第三是方便。对于广大读者来说，本书最大的特点是阅读方便。众所周知，古代图书中涉及大量古代的人名、地名、书名，即便是专业研究人员，也不是很容易识别的。因此本书保留了古籍整理图书人名、地名下加专名线（——），书名下加波浪线（～～～）的做法，使读者一目了然，不会因为不熟悉这些专有名词而误读、错读。另外，为了保证阅读的连贯性，删除了原整理本中的古注、校勘记及不便当代读者阅读的部分。可以说，本套丛书是方便现代读者阅读经典巨著的较好的白文普及本。

热忱希望广大读者对这套文库提出批评建议，以便于我们加以改进，将这套旨在为中国人提供基本书的文库编辑好，出版好。

中华书局编辑部

2008 年 12 月

出版说明

四书五经，是四书与五经的合称，是儒家的九部经典著作。“四书”指《论语》、《大学》、《中庸》、《孟子》，“五经”指《诗经》、《尚书》、《礼记》、《周易》、《左传》。它们取得“经”的地位，经过了一个相当长的时期。

四书当中，《论语》、《孟子》是孔子、孟子的弟子及再传弟子编撰的关于孔子、孟子言行的记录，《大学》、《中庸》是《小戴礼记》中的两篇。南宋朱熹特别尊崇《孟子》和《礼记》中的《大学》和《中庸》，使之与《论语》并列，作为一套经书刊刻问世，形成了今天人们所熟知的《四书》，成为官方所认可的儒家学子的必读著作。

儒家本有六经：《诗经》、《尚书》、《仪礼》、《乐经》、《周易》、《春秋》。《乐经》到西汉就已失传。汉武帝建元五年(前 136 年)设立五经博士，奠定了儒家经典的尊贵地位。东汉时期，在五经基础上增加了《论语》、《孝经》，成为七经。唐时增加《周礼》、《礼记》、《春秋公羊传》、《春秋穀梁传》、《尔雅》，成为十二经。宋时加上《孟子》，就有了十三经。宋代以后合刊通行的五经是指：《周易》、《尚书》、《诗经》、《礼记》、《左传》。以《礼记》而不是《周礼》或《仪礼》来代表五经中的“礼”，是因为《礼记》涉及面广，其影响超出了《周礼》、《仪礼》；以《春秋左氏传》而不是《春秋公羊传》、《春秋穀梁传》来代表五经中的“春秋”，是因为它发展了《春秋》的编年体，是我国现存第一部叙事详细的编年体史书，其史学和文学成就都远远高于《公羊》和《穀梁》二传。

以下对这九种著作分别作一介绍。

《论语》，是记载孔子及其弟子言行的一部书。孔子(前 551—前 479 年)，名丘，字仲尼，春秋时鲁国陬邑(今山东曲阜)人。儒家学派创始人，中国古代最著名的思想家、政治家、教育家，对中国思想文化的发展有极其深远的影响。班固《汉书·艺文志》说:“《论语》者,孔子应答弟子时人及弟子相与言而接闻于夫子之语也。当时弟子各有所记。夫子既卒,门人相与辑而论纂,故谓之《论语》。”其内容涉及哲学、政治、经济,教育、文艺等诸多方面,是儒学最主要的经典。是语录体散文的典范,每一条就是一章,集章为篇,共 20 篇。

《大学》、《中庸》,本是《礼记》中的两篇,《大学》、《中庸》在南宋前从未单独刊印。唐代韩愈、李翱维护道统而推崇《大学》与《中庸》,至北宋程颢、程颐称“《大学》,孔氏之遗书而初学入德之门也”,南宋朱熹继承二程的思想,认为《大学》中的“经”的部分是“孔子之言而曾子述之”,“传”的部分是“曾子之意而门人记之”,《中庸》是“孔门传授心法”而“子思笔之于书以授孟子”,四者合起来,代表了由孔子经过曾参、子思到孟子这样一个儒家道统,他为四者分别作了注释,并对《大学》做了重新编排,作为一套经书刊刻问世。《大学》强调修己是治人的前提,修己的目的是为了治国平天下,说明治国平天下和个人道德修养的一致性。《中庸》阐述“中庸之道”,强调中庸之道是人们片刻也不能离开的,但要实行“中庸之道”,还必须尊重天赋的本性,通过后天的学习,即《中庸》所说的“天命之谓性,率性之谓道,修道之谓教”。宋、元以后,《大学》《中庸》成为学校官定的教科书和科举考试的必读书,对古代教育产生了极大的影响。

《孟子》,是记载孟子及其学生言行的一部书。孟子(约前 372—前 289 年),名轲,字子舆,战国中期邹国(今山东邹县东南人)。著名的思想家、政治家、教育家,孔子学说的继承者。《史记·孟荀列传》记载:“孟轲所如不合,退与万章之徒序《诗》、《书》,述仲尼之意,作《孟子》七篇。”东汉赵岐将这 7 篇各分为上、下,现在通行的《孟子》即为 7 篇 14 卷。《孟子》维护并发展了儒家思想,提出了“仁政”学说和“性善”论观点,它的理论对宋代影响很大。

《诗经》,先秦称《诗》,或《诗三百》,是中国第一本诗歌总集。汇集了从西周初年到春秋中期五百多年的诗歌 305 篇,是西周初至春秋中期的诗歌总集。据传为孔子编定,《史记·孔子世家》称“古者《诗》三千余篇,及于孔子,去其重……”《诗经》分为风(160 篇)、雅(105 篇)、颂(40 篇)三部分,“风”为土风歌谣,“雅”为西周王畿的正声雅乐,“颂”为上层社会宗庙祭祀的舞曲歌辞。此书广泛反映了当时社会生活各方面,被誉为古代社会的人生百科全书,对后世影响深远。

《尚书》，最初称《书》、《书经》，汉时称《尚书》。“尚”即“上”，“尚书”也就是上古史的意思。《尚书》是我国最早的编年体史书，记载了包括虞、夏、商、周四代，上起原始社会末期的唐尧，下至春秋时的秦穆公，约1500多年的历史。《尚书》既是历史典籍又是我国最早的散文总集，《诗经》是我国最早的韵文总集，所谓“饱读诗书”的“诗书”便分别指的是《诗经》和《尚书》。汉初存28篇，因用当时通行的隶书文字抄写，称《今文尚书》。另有相传在汉武帝时从孔子住宅壁中发现的《古文尚书》（现只存篇目和少量佚文）和东晋梅赜所献的伪《古文尚书》（较《今文尚书》多16篇）。今天通行的《十三经注疏》本《尚书》，即《今文尚书》与《古文尚书》的合编本，共58篇。《尚书》的内容基本上是古代帝王的号令和君臣谈话内容的记录，保存了商周特别是西周初期的一些重要史料。

《礼记》，是战国到秦汉年间儒家学者解释说明经书《仪礼》的文章选集，是一部儒家思想的资料汇编。由于《礼记》涉及面广，其影响甚至超出了《周礼》、《仪礼》。《礼记》有两种传本，一种是戴德所编，有85篇，今存40篇，称《大戴礼记》；另一种，也便是我们现在所见的《礼记》，是戴德其侄戴圣选编的49篇，称《小戴礼记》。《礼记》是中国古代一部重要的典章制度书籍，也是一篇重要的仁义道德教科书，共20卷49篇，保存了大量的先秦时代的社会史料。它对于研究先秦以至秦汉时代的婚丧嫁娶制度、家族制度、社会风俗等具有重要的史料价值。

《周易》，也称《易》、《易经》，古代占筮用书，包含有深刻的哲学思想，是儒家重要经典。内容包括《经》、《传》两部分。《经》由64卦，384爻，附卦辞，爻辞组成。《传》有上彖、下彖、上象、下象、文言、系辞上、系辞下、说卦、杂卦和序卦组成。古人把这十篇“传”合称“十翼”，意指“传”是附属于“经”的羽翼，即用来解说“经”的内容。

《左传》，又称《左氏春秋》、《春秋古文》、《春秋左氏传》，是中国古代第一本详备的编年纪事体历史著作，30卷。司马迁和班固称《左传》作者为春秋时左丘明，清代康有为等人认为是刘歆改编的，今天一般认为是战国初年人据各国史料编成的。它取材来自王室档案、鲁史策书、诸侯国史等。内容大部分是传注史事，叙述《春秋》经文重要史事的过程，起于鲁隐公元年（前722年），终于鲁悼公四年（前464

年），比《春秋》多出17年。内容包括诸侯国之间的聘问、会盟、征伐、婚丧、篡弑等。《左传》本不是儒家经典，但自从西汉时它立于学官，后来又附在《春秋》之后，就逐渐被儒家学者当成经典。《左传》对后世史学、文学都有重要影响。

这次出版的《四书五经》，是《中华经典普及文库》之一种，白文点校本。为确保其文字的准确可靠，《四书》以中华书局版朱熹的《四书章句集注》（《大学章句》、《中庸章句》、《论语集注》、《孟子集注》）为底本；《诗经》以中华书局版的《诗经注析》为底本，参校周振甫先生的《诗经译注》；《尚书》以中华版《十三经注疏》为底本，参校其他排印本；《礼记》以中华书局版的《礼记译解》为底本；《周易》以中华书局版《十三经注疏》为底本，参校其他排印本；《左传》以中华书局版杨伯峻《春秋左传注》为底本。为了帮助读者更好地阅读、理解，在人名、地名下加专名线（——），在书名下加波浪线（～～～）。这样的做法，是国内出版的《四书五经》的惟一一个本子，因此，可以说本书是方便读者阅读的较好的白文普及本。

谨此说明。

中华书局编辑部

2008年12月

总　　目

四　书

五　经

论　语

论语目录

学而第一

子曰:“学而时习之,不亦说乎?有朋自远方来,不亦乐乎?人不知而不愠,不亦君子乎?”

有子曰:“其为人也孝弟,而好犯上者,鲜矣;不好犯上,而好作乱者,未之有也。君子务本,本立而道生。孝弟也者,其为仁之本与!”

子曰:“巧言令色,鲜矣仁!”

曾子曰:“吾日三省吾身:为人谋而不忠乎?与朋友交而不信乎?传不习乎?”

子曰:“道千乘之国,敬事而信,节用而爱人,使民以时。”

子曰:“弟子入则孝,出则弟,谨而信,泛爱众,而亲仁。行有余力,则以学文。”

子夏曰:“贤贤易色,事父母能竭其力,事君能致其身,与朋友交言而有信。虽曰未学,吾必谓之学矣。”

子曰:“君子不重则不威,学则不固。主忠信。无友不如己者。过则勿惮改。”

曾子曰:“慎终追远,民德归厚矣。”

子禽问于子贡曰:“夫子至于是邦也,必闻其政,求之与?抑与之与?”子贡曰:“夫子温、良、恭、俭、让以得之。夫子之求之也,其诸异乎人之求之与?”

子曰:“父在,观其志;父没,观其行;三年无改于父之道,可谓孝矣。”

有子曰:“礼之用,和为贵。先王之道斯为美,小大由之。有所不行,知和而和,不以礼节之,亦不可行也。”

有子曰:“信近于义,言可复也;恭近于礼,远耻辱也;因不失其亲,亦可宗也。”

子曰:“君子食无求饱,居无求安,敏于事而慎于言,就有道而正焉,可谓好学也已。”

子贡曰:“贫而无谄,富而无骄,何如?”子曰:“可也。未若贫而乐,富而好礼者也。”

子贡曰:“诗云:‘如切如磋,如琢如磨。’其斯之谓与?”子曰:“赐也，始可与言诗已矣！告诸往而知来者。”

子曰：“不患人之不己知，患不知人也。”

为政第二

子曰："为政以德，譬如北辰，居其所而众星共之。"

子曰："诗三百，一言以蔽之，曰：'思无邪。'"

子曰："道之以政，齐之以刑，民免而无耻；道之以德，齐之以礼，有耻且格。"

子曰："吾十有五而志于学，三十而立，四十而不惑，五十而知天命，六十而耳顺，七十而从心所欲，不逾矩。"

孟懿子问孝。子曰："无违。"樊迟御，子告之曰："孟孙问孝于我，我对曰：'无违'。"樊迟曰："何谓也？"子曰："生，事之以礼；死，葬之以礼，祭之以礼。"

孟武伯问孝。子曰："父母唯其疾之忧。"

子游问孝。子曰："今之孝者，是谓能养。至于犬马，皆能有养；不敬，何以别乎？"

子夏问孝。子曰："色难。有事弟子服其劳；有酒食先生馔，曾是以为孝乎？"

子曰："吾与回言终日，不违如愚。退而省其私，亦足以发。回也不愚。"

子曰："视其所以，观其所由。察其所安。人焉廋哉？人焉廋哉？"

子曰："温故而知新，可以为师矣。"

子曰："君子不器。"

子贡问君子。子曰："先行其言而后从之。"

子曰："君子周而不比，小人比而不周。"

子曰："学而不思则罔，思而不学则殆。"

子曰："攻乎异端，斯害也已！"

子曰："由，诲女知之乎？知之为知之，不知为不知，是知也。"

子张学干禄。子曰："多闻阙疑，慎言其余，则寡尤；多见阙殆，慎行其余，则寡悔。言寡尤，行寡悔，禄在其中矣。"

哀公问曰："何为则民服？"孔子对曰："举直错诸枉，则民服；举枉错诸直，则民不服。”

季康子问：“使民敬、忠以劝，如之何？”子曰：“临之以庄则敬，孝慈则忠，举善而教不能则劝。”

或谓孔子曰：“子奚不为政。”子曰：“书云：‘孝乎惟孝、友于兄弟，施于有政。’是亦为政，奚其为为政？”

子曰：“人而无信，不知其可也。大车无輗，小车无軏，其何以行之哉？”

子张问：“十世可知也？”子曰：“殷因于夏礼，所损益，可知也；周因于殷礼，所损益，可知也；其或继周者，虽百世可知也。”

子曰：“非其鬼而祭之，谄也。见义不为，无勇也。”

八佾第三

孔子谓季氏:"八佾舞于庭,是可忍也,孰不可忍也?"

三家者以雍彻。子曰:"'相维辟公,天子穆穆',奚取于三家之堂?"

子曰:"人而不仁,如礼何?人而不仁,如乐何?"

林放问礼之本。子曰:"大哉问!礼,与其奢也,宁俭;丧,与其易也,宁戚。"

子曰:"夷狄之有君,不如诸夏之亡也。"

季氏旅于泰山。子谓冉有曰:"女弗能救与?"对曰:"不能!"子曰:"呜呼!曾谓泰山,不如林放乎?"

子曰:"君子无所争,必也射乎!揖让而升,下而饮,其争也君子。"

子夏问曰:"'巧笑倩兮,美目盼兮,素以为绚兮。'何谓也?"子曰:"绘事后素。"曰:"礼后乎?"子曰:"起予者商也!始可与言诗已矣。"

子曰:"夏礼吾能言之,杞不足征也;殷礼吾能言之,宋不足征也。文献不足故也,足则吾能征之矣。"

子曰:"禘自既灌而往者,吾不欲观之矣。"

或问禘之说。子曰:"不知也。知其说者之于天下也,其如示诸斯乎!"指其掌。

祭如在,祭神如神在。子曰:"吾不与祭,如不祭。"

王孙贾问曰:"与其媚于奥,宁媚于灶,何谓也?"子曰:"不然,获罪于天,无所祷也。"

子曰:"周监于二代,郁郁乎文哉!吾从周。"

子入太庙,每事问。或曰:"孰谓鄹人之子知礼乎?入太庙,每事问。"子闻之曰:"是礼也。"

子曰:"射不主皮,为力不同科,古之道也。"

子贡欲去告朔之饩羊。子曰:"赐也,尔爱其羊,我爱其礼。"

子曰:"事君尽礼,人以为谄也。"

定公问:"君使臣,臣事君,如之何?"孔子对曰:"君使臣以礼,臣事君以忠。”

子曰：“关雎，乐而不淫，哀而不伤。”

哀公问社于宰我。宰我对曰：“夏后氏以松，殷人以柏，周人以栗，曰使民战栗。”子闻之曰：“成事不说，遂事不谏，既往不咎。”

子曰：“管仲之器小哉！”或曰：“管仲俭乎？”曰：“管氏有三归，官事不摄，焉得俭？”“然则管仲知礼乎？”曰：“邦君树塞门，管氏亦树塞门；邦君为两君之好，有反坫，管氏亦有反坫。管氏而知礼，孰不知礼？”

子语鲁大师乐。曰：“乐其可知也：始作，翕如也；从之，纯如也，皦如也，绎如也，以成。”

仪封人请见。曰：“君子之至于斯也，吾未尝不得见也。”从者见之。出曰：“二三子，何患于丧乎？天下之无道也久矣，天将以夫子为木铎。”

子谓韶：“尽美矣，又尽善也。”谓武：“尽美矣，未尽善也。”

子曰：“居上不宽，为礼不敬，临丧不哀，吾何以观之哉？”

里仁第四

子曰:“里仁为美。择不处仁,焉得知?”

子曰:“不仁者不可以久处约,不可以长处乐。仁者安仁,知者利仁。”

子曰:“唯仁者能好人,能恶人。”

子曰:“苟志于仁矣,无恶也。”

子曰:“富与贵是人之所欲也,不以其道得之,不处也;贫与贱是人之所恶也,不以其道得之,不去也。君子去仁,恶乎成名?君子无终食之间违仁,造次必于是,颠沛必于是。”

子曰:“我未见好仁者,恶不仁者。好仁者,无以尚之;恶不仁者,其为仁矣,不使不仁者加乎其身。有能一日用其力于仁矣乎?我未见力不足者。盖有之矣,我未之见也。”

子曰:“人之过也,各于其党。观过,斯知仁矣。”

子曰:“朝闻道,夕死可矣。”

子曰:“士志于道,而耻恶衣恶食者,未足与议也。”

子曰:“君子之于天下也,无适也,无莫也,义之与比。”

子曰:“君子怀德,小人怀土;君子怀刑,小人怀惠。”

子曰:“放于利而行,多怨。”

子曰:“能以礼让为国乎?何有?不能以礼让为国,如礼何?”

子曰:“不患无位,患所以立;不患莫己知,求为可知也。”

子曰:“参乎!吾道一以贯之。”曾子曰:“唯。”子出。门人问曰:“何谓也?”曾子曰:“夫子之道,忠恕而已矣。”

子曰:“君子喻于义,小人喻于利。”

子曰:“见贤思齐焉,见不贤而内自省也。”

子曰:“事父母几谏。见志不从,又敬不违,劳而不怨。”

子曰:“父母在,不远游。游必有方。”

子曰:“三年无改于父之道,可谓孝矣。”

子曰:“父母之年,不可不知也。一则以喜,一则以惧。”

子曰:“古者言之不出,耻躬之不逮也。”

子曰："以约失之者鲜矣。"

子曰："君子欲讷于言而敏于行。"

子曰："德不孤，必有邻。"

子游曰："事君数，斯辱矣，朋友数，斯疏矣。"

公冶长第五

子谓公冶长，“可妻也。虽在缧绁之中，非其罪也”。以其子妻之。子谓南容，“邦有道，不废；邦无道，免于刑戮”。以其兄之子妻之。

子谓子贱：“君子哉若人！鲁无君子者，斯焉取斯？”

子贡问曰：“赐也何如？”子曰：“女器也。”曰：“何器也？”曰：“瑚琏也。”

或曰：“雍也仁而不佞。”子曰：“焉用佞？御人以口给，屡憎于人。不知其仁，焉用佞？”

子使漆雕开仕。对曰：“吾斯之未能信。”子说。

子曰：“道不行，乘桴浮于海。从我者其由与？”子路闻之喜。子曰：“由也好勇过我，无所取材。”

孟武伯问：“子路仁乎？”子曰：“不知也。”又问。子曰：“由也，千乘之国，可使治其赋也，不知其仁也。”“求也何如？”子曰：“求也，千室之邑，百乘之家，可使为之宰也，不知其仁也。”“赤也何如？”子曰：“赤也，束带立于朝，可使与宾客言也，不知其仁也。”

子谓子贡曰：“女与回也孰愈？”对曰：“赐也何敢望回。回也闻一以知十，赐也闻一以知二。”子曰：“弗如也！吾与女弗如也。”

宰予昼寝。子曰：“朽木不可雕也，粪土之墙不可杇也，于予与何诛。”子曰：“始吾于人也，听其言而信其行；今吾于人也，听其言而观其行。于予与改是。”

子曰：“吾未见刚者。”或对曰：“申枨。”子曰：“枨也欲，焉得刚？”

子贡曰：“我不欲人之加诸我也，吾亦欲无加诸人。”子曰：“赐也，非尔所及也。”

子贡曰：“夫子之文章，可得而闻也；夫子之言性与天道，不可得而闻也。”

子路有闻，未之能行，唯恐有闻。

子贡问曰：“孔文子何以谓之文也？”子曰：“敏而好学，不耻下问，是以谓之文也。”

子谓子产："有君子之道四焉：其行己也恭，其事上也敬，其养民也惠，其使民也义。"

子曰："晏平仲善与人交，久而敬之。"

子曰："臧文仲居蔡，山节藻棁，何如其知也？"

子张问曰："令尹子文三仕为令尹，无喜色；三已之，无愠色。旧令尹之政，必以告新令尹。何如？"子曰："忠矣。"曰："仁矣乎？"曰："未知，焉得仁？""崔子弑齐君，陈文子有马十乘，弃而违之。至于他邦，则曰：'犹吾大夫崔子也。'违之。之一邦，则又曰：'犹吾大夫崔子也。'违之。何如？"子曰："清矣。"曰："仁矣乎？"曰："未知，焉得仁？"

季文子三思而后行。子闻之，曰："再，斯可矣。"

子曰："宁武子邦有道则知，邦无道则愚。其知可及也，其愚不可及也。"

子在陈曰："归与！归与！吾党之小子狂简，斐然成章，不知所以裁之。"

子曰："伯夷、叔齐不念旧恶，怨是用希。"

子曰："孰谓微生高直？或乞醯焉，乞诸其邻而与之。"

子曰："巧言、令色、足恭，左丘明耻之，丘亦耻之。匿怨而友其人，左丘明耻之，丘亦耻之。"

颜渊、季路侍。子曰："盍各言尔志？"子路曰："愿车马、衣轻裘，与朋友共。敝之而无憾。"颜渊曰："愿无伐善，无施劳。"子路曰："愿闻子之志。"子曰："老者安之，朋友信之，少者怀之。"

子曰："已矣乎！吾未见能见其过而内自讼者也。"

子曰："十室之邑，必有忠信如丘者焉，不如丘之好学也。"

雍也第六

子曰："雍也可使南面。"仲弓问子桑伯子，子曰："可也简。"仲弓曰："居敬而行简，以临其民，不亦可乎？居简而行简，无乃大简乎？"子曰："雍之言然。"

哀公问："弟子孰为好学？"孔子对曰："有颜回者好学，不迁怒，不贰过。不幸短命死矣！今也则亡，未闻好学者也。"

子华使于齐，冉子为其母请粟。子曰："与之釜。"请益。曰："与之庾。"冉子与之粟五秉。子曰："赤之适齐也，乘肥马，衣轻裘。吾闻之也，君子周急不继富。"原思为之宰，与之粟九百，辞。子曰："毋！以与尔邻里乡党乎！"

子谓仲弓曰："犁牛之子骍且角，虽欲勿用，山川其舍诸？"

子曰："回也，其心三月不违仁，其余则日月至焉而已矣。"

季康子问："仲由可使从政也与？"子曰："由也果，于从政乎何有？"曰："赐也，可使从政也与？"曰："赐也达，于从政乎何有？"曰："求也，可使从政也与？"曰："求也艺，于从政乎何有？"

季氏使闵子骞为费宰。闵子骞曰："善为我辞焉。如有复我者，则吾必在汶上矣。"

伯牛有疾，子问之，自牖执其手，曰："亡之，命矣夫！斯人也而有斯疾也！斯人也而有斯疾也！"

子曰："贤哉，回也！一箪食，一瓢饮，在陋巷。人不堪其忧，回也不改其乐。贤哉，回也！"

冉求曰："非不说子之道，力不足也。"子曰："力不足者，中道而废。今女画。"

子谓子夏曰："女为君子儒，无为小人儒。"

子游为武城宰。子曰："女得人焉尔乎？"曰："有澹台灭明者，行不由径。非公事，未尝至于偃之室也。"

子曰："孟之反不伐，奔而殿。将入门，策其马，曰：'非敢后也，马不进也。'"

子曰："不有祝鮀之佞而有宋朝之美，难乎免于今之世矣！"

子曰："谁能出不由户？何莫由斯道也？"

子曰："质胜文则野，文胜质则史。文质彬彬，然后君子。"

子曰："人之生也直，罔之生也幸而免。"

子曰："知之者不如好之者，好之者不如乐之者。"

子曰："中人以上，可以语上也；中人以下，不可以语上也。"

樊迟问知。子曰："务民之义，敬鬼神而远之，可谓知矣。"问仁。曰："仁者先难而后获，可谓仁矣。"

子曰："知者乐水，仁者乐山；知者动，仁者静；知者乐，仁者寿。"

子曰："齐一变，至于鲁；鲁一变，至于道。"

子曰："觚不觚，觚哉！觚哉！"

宰我问曰："仁者，虽告之曰：'井有仁焉。'其从之也？"子曰："何为其然也？君子可逝也，不可陷也；可欺也，不可罔也。"

子曰："君子博学于文，约之以礼，亦可以弗畔矣夫！"

子见南子，子路不说。夫子矢之曰："予所否者，天厌之！天厌之！"

子曰："中庸之为德也，其至矣乎！民鲜久矣。"

子贡曰："如有博施于民而能济众，何如？可谓仁乎？"子曰："何事于仁，必也圣乎！尧、舜其犹病诸！夫仁者，己欲立而立人，己欲达而达人。能近取譬，可谓仁之方也已。"

述而第七

子曰:“述而不作,信而好古,窃比于我老彭。”

子曰:“默而识之,学而不厌,诲人不倦,何有于我哉?”

子曰:“德之不修,学之不讲,闻义不能徙,不善不能改,是吾忧也。”

子之燕居,申申如也,夭夭如也。

子曰:“甚矣,吾衰也!久矣吾不复梦见周公。”

子曰:“志于道,据于德,依于仁,游于艺。”

子曰:“自行束脩以上,吾未尝无诲焉。”

子曰:“不愤不启,不悱不发,举一隅不以三隅反,则不复也。”

子食于有丧者之侧,未尝饱也。子于是日哭,则不歌。

子谓颜渊曰:“用之则行,舍之则藏,唯我与尔有是夫!”子路曰:“子行三军,则谁与?”子曰:“暴虎冯河,死而无悔者,吾不与也。必也临事而惧,好谋而成者也。”

子曰:“富而可求也,虽执鞭之士,吾亦为之。如不可求,从吾所好。”

子之所慎:斋、战、疾。

子在齐闻韶,三月不知肉味。曰:“不图为乐之至于斯也!”

冉有曰:“夫子为卫君乎?”子贡曰:“诺。吾将问之。”入,曰:“伯夷、叔齐何人也?”曰:“古之贤人也。”曰:“怨乎?”曰:“求仁而得仁,又何怨。”出,曰:“夫子不为也。”

子曰:“饭疏食饮水,曲肱而枕之,乐亦在其中矣。不义而富且贵,于我如浮云。”

子曰:“加我数年,五十以学易,可以无大过矣。”

子所雅言:诗、书、执礼,皆雅言也。

叶公问孔子于子路,子路不对。子曰:“女奚不曰:其为人也,发愤忘食,乐以忘忧,不知老之将至云尔。”

子曰:“我非生而知之者,好古,敏以求之者也。”

子不语怪,力,乱,神。

子曰："三人行，必有我师焉！择其善者而从之，其不善者而改之。"

子曰："天生德于予，桓魋其如予何？"

子曰："二三子以我为隐乎？吾无隐乎尔。吾无行而不与二三子者，是丘也。"

子以四教：文，行，忠，信。

子曰："圣人，吾不得而见之矣；得见君子者，斯可矣。"子曰："善人，吾不得而见之矣；得见有恒者，斯可矣。亡而为有，虚而为盈，约而为泰，难乎有恒矣。"

子钓而不纲，弋不射宿。

子曰："盖有不知而作之者，我无是也。多闻择其善者而从之，多见而识之，知之次也。"

互乡难与言，童子见，门人惑。子曰："与其进也，不与其退也，唯何甚！人洁己以进，与其洁也，不保其往也。"

子曰："仁远乎哉？我欲仁，斯仁至矣。"

陈司败问："昭公知礼乎？"孔子曰："知礼。"孔子退，揖巫马期而进之，曰："吾闻君子不党，君子亦党乎？君取于吴为同姓，谓之吴孟子。君而知礼，孰不知礼？"巫马期以告。子曰："丘也幸，苟有过，人必知之。"

子与人歌而善，必使反之，而后和之。

子曰："文，莫吾犹人也。躬行君子，则吾未之有得。"

子曰："若圣与仁，则吾岂敢？抑为之不厌，诲人不倦，则可谓云尔已矣。"公西华曰："正唯弟子不能学也。"

子疾病，子路请祷。子曰："有诸？"子路对曰："有之。诔曰：'祷尔于上下神祇。'"子曰："丘之祷久矣。"

子曰："奢则不孙，俭则固。与其不孙也，宁固。"

子曰："君子坦荡荡，小人长戚戚。"

子温而厉，威而不猛，恭而安。

泰伯第八

子曰："泰伯，其可谓至德也已矣！三以天下让，民无得而称焉。"

子曰："恭而无礼则劳，慎而无礼则葸，勇而无礼则乱，直而无礼则绞。君子笃于亲，则民兴于仁；故旧不遗，则民不偷。"

曾子有疾，召门弟子曰："启予足！启予手！诗云：'战战兢兢，如临深渊，如履薄冰。'而今而后，吾知免夫！小子！"

曾子有疾，孟敬子问之。曾子言曰："鸟之将死，其鸣也哀；人之将死，其言也善。君子所贵乎道者三：动容貌，斯远暴慢矣；正颜色，斯近信矣；出辞气，斯远鄙倍矣。笾豆之事，则有司存。"

曾子曰："以能问于不能，以多问于寡；有若无，实若虚，犯而不校，昔者吾友尝从事于斯矣。"

曾子曰："可以托六尺之孤，可以寄百里之命，临大节而不可夺也。君子人与？君子人也。"

曾子曰："士不可以不弘毅，任重而道远。仁以为己任，不亦重乎？死而后已，不亦远乎？"

子曰："兴于诗，立于礼，成于乐。"

子曰："民可使由之，不可使知之。"

子曰："好勇疾贫，乱也。人而不仁，疾之已甚，乱也。"

子曰："如有周公之才之美，使骄且吝，其余不足观也已。"

子曰："三年学，不至于谷，不易得也。"

子曰："笃信好学，守死善道。危邦不入，乱邦不居。天下有道则见，无道则隐。邦有道，贫且贱焉，耻也；邦无道，富且贵焉，耻也。"

子曰："不在其位，不谋其政。"

子曰："师挚之始，关雎之乱，洋洋乎盈耳哉！"

子曰："狂而不直，侗而不愿，悾悾而不信，吾不知之矣。"

子曰："学如不及，犹恐失之。"

子曰："巍巍乎！舜禹之有天下也，而不与焉。"

子曰："大哉尧之为君也！巍巍乎！唯天为大，唯尧则之。荡荡乎！民无能名焉。巍巍乎！其有成功也；焕乎，其有文章！”

舜有臣五人而天下治。武王曰：“予有乱臣十人。”孔子曰：“才难，不其然乎？唐虞之际，于斯为盛。有妇人焉，九人而已。三分天下有其二，以服事殷。周之德，其可谓至德也已矣。”

子曰：“禹，吾无间然矣。菲饮食，而致孝乎鬼神；恶衣服，而致美乎黻冕；卑宫室，而尽力乎沟洫。禹，吾无间然矣。”

子罕第九

子罕言利与命与仁。

达巷党人曰："大哉孔子！博学而无所成名。"子闻之，谓门弟子曰："吾何执？执御乎？执射乎？吾执御矣。"

子曰："麻冕，礼也；今也纯，俭。吾从众。拜下，礼也；今拜乎上，泰也。虽违众，吾从下。"

子绝四：毋意，毋必，毋固，毋我。

子畏于匡。曰："文王既没，文不在兹乎？天之将丧斯文也，后死者不得与于斯文也；天之未丧斯文也，匡人其如予何？"

太宰问于子贡曰："夫子圣者与？何其多能也？"子贡曰："固天纵之将圣，又多能也。"子闻之，曰："太宰知我乎！吾少也贱，故多能鄙事。君子多乎哉？不多也。"牢曰："子云，'吾不试，故艺'。"

子曰："吾有知乎哉？无知也。有鄙夫问于我，空空如也，我叩其两端而竭焉。"

子曰："凤鸟不至，河不出图，吾已矣夫！"

子见齐衰者、冕衣裳者与瞽者，见之，虽少必作；过之，必趋。

颜渊喟然叹曰："仰之弥高，钻之弥坚；瞻之在前，忽焉在后！夫子循循然善诱人，博我以文，约我以礼。欲罢不能，既竭吾才，如有所立卓尔。虽欲从之，末由也已！"

子疾病，子路使门人为臣。病间，曰："久矣哉！由之行诈也，无臣而为有臣。吾谁欺？欺天乎？且予与其死于臣之手也，无宁死于二三子之手乎？且予纵不得大葬，予死于道路乎？"

子贡曰："有美玉于斯，韫椟而藏诸？求善贾而沽诸？"子曰："沽之哉！沽之哉！我待贾者也。"

子欲居九夷。或曰："陋，如之何！"子曰："君子居之，何陋之有？"

子曰："吾自卫反鲁，然后乐正，雅颂各得其所。"

子曰："出则事公卿，入则事父兄，丧事不敢不勉，不为酒困，何有于我哉？"

子在川上曰："逝者如斯夫！不舍昼夜。"

子曰:“吾未见好德如好色者也。”

子曰:“譬如为山,未成一篑,止,吾止也;譬如平地,虽覆一篑,进,吾往也。”

子曰:“语之而不惰者,其回也与!”

子谓颜渊,曰:“惜乎!吾见其进也,未见其止也。”

子曰:“苗而不秀者有矣夫!秀而不实者有矣夫!”

子曰:“后生可畏,焉知来者之不如今也?四十、五十而无闻焉,斯亦不足畏也已。”

子曰:“法语之言,能无从乎?改之为贵。巽与之言,能无说乎?绎之为贵。说而不绎,从而不改,吾末如之何也已矣!”

子曰:“主忠信,毋友不如己者,过则勿惮改。”

子曰:“三军可夺帅也,匹夫不可夺志也。”

子曰:“衣敝缊袍,与衣狐貉者立,而不耻者,其由也与?‘不忮不求,何用不臧?’”子路终身诵之。子曰:“是道也,何足以臧?”

子曰:“岁寒,然后知松柏之后凋也。”

子曰:“知者不惑,仁者不忧,勇者不惧。”

子曰:“可与共学,未可与适道;可与适道,未可与立;可与立,未可与权。”

“唐棣之华,偏其反而。岂不尔思?室是远而。”子曰:“未之思也,夫何远之有?”

乡党第十

孔子于乡党，恂恂如也，似不能言者。

其在宗庙、朝廷，便便言，唯谨尔。

朝，与下大夫言，侃侃如也；与上大夫言，訚訚如也。君在，踧踖如也，与与如也。

君召使摈，色勃如也，足躩如也。揖所与立，左右手。衣前后，襜如也。趋进，翼如也。宾退，必复命曰："宾不顾矣。"

入公门，鞠躬如也，如不容。立不中门，行不履阈。过位，色勃如也，足躩如也，其言似不足者。摄齐升堂，鞠躬如也，屏气似不息者。出，降一等，逞颜色，怡怡如也。没阶趋，翼如也。复其位，踧踖如也。

执圭，鞠躬如也，如不胜。上如揖，下如授。勃如战色，足蹜蹜，如有循。享礼，有容色。私觌，愉愉如也。

君子不以绀緅饰。红紫不以为亵服。当暑，袗絺绤，必表而出之。缁衣羔裘，素衣麑裘，黄衣狐裘。亵裘长。短右袂。必有寝衣，长一身有半。狐貉之厚以居。去丧，无所不佩。非帷裳，必杀之。羔裘玄冠不以吊。吉月，必朝服而朝。

齐，必有明衣，布。齐，必变食，居必迁坐。

食不厌精，脍不厌细。食饐而餲，鱼馁而肉败，不食。色恶，不食。臭恶，不食。失饪，不食。不时，不食。割不正，不食。不得其酱，不食。肉虽多，不使胜食气。惟酒无量，不及乱。沽酒市脯不食。不撤姜食。不多食。祭于公，不宿肉。祭肉不出三日。出三日，不食之矣。食不语，寝不言。虽疏食菜羹，瓜祭，必齐如也。

席不正，不坐。

乡人饮酒，杖者出，斯出矣。乡人傩，朝服而立于阼阶。

问人于他邦，再拜而送之。康子馈药，拜而受之。曰："丘未达，不敢尝。"

厩焚。子退朝，曰："伤人乎？"不问马。

君赐食，必正席先尝之；君赐腥，必熟而荐之；君赐生，必畜之。侍食于君，君祭，先饭。疾，君视之，东首，加朝服，拖绅。君命召，不俟驾行矣。

入太庙,每事问。

朋友死,无所归。曰:“于我殡。”朋友之馈,虽车马,非祭肉,不拜。

寝不尸,居不容。见斋衰者,虽狎,必变。见冕者与瞽者,虽亵,必以貌。凶服者式之。式负版者。有盛馔,必变色而作。迅雷风烈,必变。升车,必正立执绥。车中,不内顾,不疾言,不亲指。

色斯举矣,翔而后集。曰:“山梁雌雉,时哉!时哉!”子路共之,三嗅而作。

先进第十一

子曰："先进于礼乐，野人也；后进于礼乐，君子也。如用之，则吾从先进。"

子曰："从我于陈、蔡者，皆不及门也。"德行：颜渊、闵子骞、冉伯牛、仲弓；言语：宰我、子贡；政事：冉有、季路；文学：子游、子夏。

子曰："回也非助我者也！于吾言无所不说。"

子曰："孝哉闵子骞！人不间于其父母昆弟之言。"

南容三复白圭，孔子以其兄之子妻之。

季康子问："弟子孰为好学？"孔子对曰："有颜回者好学，不幸短命死矣！今也则亡。"

颜渊死，颜路请子之车以为之椁。子曰："才不才，亦各言其子也。鲤也死，有棺而无椁。吾不徒行以为之椁。以吾从大夫之后，不可徒行也。"

颜渊死。子曰："噫！天丧予！天丧予！"

颜渊死，子哭之恸。从者曰："子恸矣。"曰："有恸乎？非夫人之为恸而谁为！"

颜渊死，门人欲厚葬之，子曰："不可。"门人厚葬之。子曰："回也视予犹父也，予不得视犹子也。非我也，夫二三子也。"

季路问事鬼神。子曰："未能事人，焉能事鬼？"曰："敢问死。"曰："未知生，焉知死？"

闵子侍侧，訚訚如也；子路，行行如也；冉有、子贡，侃侃如也。子乐。"若由也，不得其死然。"

鲁人为长府。闵子骞曰："仍旧贯，如之何？何必改作？"子曰："夫人不言，言必有中。"

子曰："由之瑟奚为于丘之门？"门人不敬子路。子曰："由也升堂矣，未入于室也。"

子贡问："师与商也孰贤？"子曰："师也过，商也不及。"曰："然则师愈与？"子曰："过犹不及。"

季氏富于周公，而求也为之聚敛而附益之。子曰："非吾徒也，小子鸣鼓而攻之,可也。”

柴也愚,参也鲁,师也辟,由也喭。

子曰:“回也其庶乎,屡空。赐不受命,而货殖焉,亿则屡中。”

子张问善人之道。子曰:“不践迹,亦不入于室。”

子曰:“论笃是与,君子者乎?色庄者乎?”

子路问:“闻斯行诸?”子曰:“有父兄在,如之何其闻斯行之?”冉有问:“闻斯行诸?”子曰:“闻斯行之。”公西华曰:“由也问‘闻斯行诸’,子曰‘有父兄在’;求也问‘闻斯行诸’;子曰‘闻斯行之’。赤也惑,敢问。”子曰:“求也退,故进之;由也兼人,故退之。”

子畏于匡,颜渊后。子曰:“吾以女为死矣。”曰:“子在,回何敢死?”

季子然问:“仲由、冉求可谓大臣与?”子曰:“吾以子为异之问,曾由与求之问。所谓大臣者:以道事君,不可则止。今由与求也,可谓具臣矣。”曰:“然则从之者与?”子曰:“弑父与君,亦不从也。”

子路使子羔为费宰。子曰:“贼夫人之子。”子路曰:“有民人焉,有社稷焉。何必读书,然后为学?”子曰:“是故恶夫佞者。”

子路、曾皙、冉有、公西华侍坐。子曰:“以吾一日长乎尔,毋吾以也!居则曰:‘不吾知也!’如或知尔,则何以哉?”子路率尔而对曰:“千乘之国,摄乎大国之间,加之以师旅,因之以饥馑;由也为之,比及三年,可使有勇,且知方也。”夫子哂之。“求!尔何如?”对曰:“方六七十,如五六十,求也为之,比及三年,可使足民。如其礼乐,以俟君子。”“赤!何如?”对曰:“非曰能之,愿学焉。宗庙之事,如会同,端章甫,愿为小相焉。”“点!尔何如?”鼓瑟希,铿尔,舍瑟而作。对曰:“异乎三子者之撰!”子曰:“何伤乎?亦各言其志也。”曰:“莫春者,春服既成。冠者五六人,童子六七人,浴乎沂,风乎舞雩,咏而归。”夫子喟然叹曰:“吾与点也!”三子者出,曾皙后。曾皙曰:“夫三子者之言何如?”子曰:“亦各言其志也已矣。”曰:“夫子何哂由也?”曰:“为国以礼,其言不让,是故哂之。”“唯求则非邦也与?”“安见方六七十,如五六十,而非邦也者?”“唯赤则非邦也与?”“宗庙会同,非诸侯而何?赤也为之小,孰能为之大?”

颜渊第十二

颜渊问仁。子曰："克己复礼为仁。一日克己复礼，天下归仁焉。为仁由己，而由人乎哉？"颜渊曰："请问其目。"子曰："非礼勿视，非礼勿听，非礼勿言，非礼勿动。"颜渊曰："回虽不敏，请事斯语矣。"

仲弓问仁。子曰："出门如见大宾，使民如承大祭。己所不欲，勿施于人。在邦无怨，在家无怨。"仲弓曰："雍虽不敏，请事斯语矣。"

司马牛问仁。子曰："仁者，其言也讱。"曰："其言也讱，斯谓之仁已乎？"子曰："为之难，言之得无讱乎？"

司马牛问君子。子曰："君子不忧不惧。"曰："不忧不惧，斯谓之君子已乎？"子曰："内省不疚，夫何忧何惧？"

司马牛忧曰："人皆有兄弟，我独亡。"子夏曰："商闻之矣：死生有命，富贵在天。君子敬而无失，与人恭而有礼。四海之内，皆兄弟也。君子何患乎无兄弟也？"

子张问明。子曰："浸润之谮，肤受之愬，不行焉。可谓明也已矣。浸润之谮，肤受之愬，不行焉，可谓远也已矣。"

子贡问政。子曰："足食。足兵。民信之矣。"子贡曰："必不得已而去，于斯三者何先？"曰："去兵。"子贡曰："必不得已而去，于斯二者何先？"曰："去食。自古皆有死，民无信不立。"

棘子成曰："君子质而已矣，何以文为？"子贡曰："惜乎！夫子之说，君子也。驷不及舌。文犹质也，质犹文也。虎豹之鞟犹犬羊之鞟。"

哀公问于有若曰："年饥，用不足，如之何？"有若对曰："盍彻乎？"曰："二，吾犹不足，如之何其彻也？"对曰："百姓足，君孰与不足？百姓不足，君孰与足？"

子张问崇德、辨惑。子曰："主忠信，徙义，崇德也。爱之欲其生，恶之欲其死。既欲其生，又欲其死，是惑也。'诚不以富，亦只以异。'"

齐景公问政于孔子。孔子对曰："君君，臣臣，父父，子子。"公曰："善哉！信如君不君，臣不臣，父不父，子不子，虽有粟，吾得而食诸？"

子曰："片言可以折狱者，其由也与？"子路无宿诺。

子曰："听讼，吾犹人也，必也使无讼乎！"

子张问政。子曰："居之无倦，行之以忠。"

子曰："博学于文，约之以礼，亦可以弗畔矣夫！"

子曰："君子成人之美，不成人之恶。小人反是。"

季康子问政于孔子。孔子对曰："政者，正也。子帅以正，孰敢不正？"

季康子患盗，问于孔子。孔子对曰："苟子之不欲，虽赏之不窃。"

季康子问政于孔子曰："如杀无道，以就有道，何如？"孔子对曰："子为政，焉用杀？子欲善，而民善矣。君子之德风；小人之德草；草上之风，必偃。"

子张问："士何如斯可谓之达矣？"子曰："何哉，尔所谓达者？"子张对曰："在邦必闻，在家必闻。"子曰："是闻也，非达也。夫达也者，质直而好义，察言而观色，虑以下人。在邦必达，在家必达。夫闻也者，色取仁而行违，居之不疑。在邦必闻，在家必闻。"

樊迟从游于舞雩之下，曰："敢问崇德、修慝、辨惑。"子曰："善哉问！先事后得，非崇德与？攻其恶，无攻人之恶，非修慝与？一朝之忿，忘其身，以及其亲，非惑与？"

樊迟问仁。子曰："爱人。"问知。子曰："知人。"樊迟未达。子曰，"举直错诸枉，能使枉者直。"樊迟退，见子夏。曰："乡也吾见于夫子而问知，子曰，'举直错诸枉，能使枉者直'，何谓也？"子夏曰："富哉言乎！舜有天下，选于众，举皋陶，不仁者远矣。汤有天下，选于众，举伊尹，不仁者远矣。"

子贡问友。子曰："忠告而善道之，不可则止，毋自辱焉。"

曾子曰："君子以文会友，以友辅仁。"

子路第十三

子路问政。子曰:“先之,劳之。”请益,曰:“无倦。”

仲弓为季氏宰,问政。子曰:“先有司,赦小过,举贤才。”曰:“焉知贤才而举之?”曰:“举尔所知。尔所不知,人其舍诸?”

子路曰:“卫君待子而为政,子将奚先?”子曰:“必也正名乎!”子路曰:“有是哉,子之迂也!奚其正?”子曰:“野哉由也!君子于其所不知,盖阙如也。名不正,则言不顺;言不顺,则事不成;事不成,则礼乐不兴;礼乐不兴,则刑罚不中;刑罚不中,则民无所措手足。故君子名之必可言也,言之必可行也。君子于其言,无所苟而已矣!”

樊迟请学稼。子曰:“吾不如老农。”请学为圃。曰:“吾不如老圃。”樊迟出。子曰:“小人哉,樊须也!上好礼,则民莫敢不敬;上好义,则民莫敢不服;上好信,则民莫敢不用情。夫如是,则四方之民襁负其子而至矣,焉用稼?”

子曰:“诵诗三百,授之以政,不达;使于四方,不能专对;虽多,亦奚以为?”

子曰:“其身正,不令而行;其身不正,虽令不从。”

子曰:“鲁卫之政,兄弟也。”

子谓卫公子荆,“善居室。始有,曰:‘苟合矣!’少有,曰:‘苟完矣。’富有,曰:‘苟美矣。’”

子适卫,冉有仆。子曰:“庶矣哉!”冉有曰:“既庶矣,又何加焉?”曰:“富之。”曰:“既富矣,又何加焉?”曰:“教之。”

子曰:“苟有用我者,期月而已可也,三年有成。”

子曰:“善人为邦百年,亦可以胜残去杀矣。诚哉是言也!”

子曰:“如有王者,必世而后仁。”

子曰:“苟正其身矣,于从政乎何有?不能正其身,如正人何?”

冉子退朝。子曰:“何晏也?”对曰:“有政。”子曰:“其事也。如有政,虽不吾以,吾其与闻之。”

定公问:“一言而可以兴邦,有诸?”孔子对曰:“言不可以若是其几也。人之言曰:‘为君难,为臣不易。’如知为君之难也,不几乎一言而兴邦乎?"曰:"一言而丧邦,有诸?"孔子对曰:"言不可以若是其几也。人之言曰:'予无乐乎为君,唯其言而莫予违也。'如其善而莫之违也,不亦善乎?如不善而莫之违也,不几乎一言而丧邦乎?"

叶公问政。子曰:"近者说,远者来。"

子夏为莒父宰,问政。子曰:"无欲速,无见小利。欲速,则不达;见小利,则大事不成。"

叶公语孔子曰:"吾党有直躬者,其父攘羊,而子证之。"孔子曰:"吾党之直者异于是。父为子隐,子为父隐,直在其中矣。"

樊迟问仁。子曰:"居处恭,执事敬,与人忠。虽之夷狄,不可弃也。"

子贡问曰:"何如斯可谓之士矣?"子曰:"行己有耻,使于四方,不辱君命,可谓士矣。"曰:"敢问其次。"曰:"宗族称孝焉,乡党称弟焉。"曰:"敢问其次。"曰:"言必信,行必果,硁硁然小人哉!抑亦可以为次矣。"曰:"今之从政者何如?"子曰:"噫!斗筲之人,何足算也。"

子曰:"不得中行而与之,必也狂狷乎!狂者进取,狷者有所不为也。"

子曰:"南人有言曰:'人而无恒,不可以作巫医。'善夫!""不恒其德,或承之羞。"子曰:"不占而已矣。"

子曰:"君子和而不同,小人同而不和。"

子贡问曰:"乡人皆好之,何如?"子曰:"未可也。""乡人皆恶之,何如?"子曰:"未可也。不如乡人之善者好之,其不善者恶之。"

子曰:"君子易事而难说也:说之不以道,不说也;及其使人也,器之。小人难事而易说也:说之虽不以道,说也;及其使人也,求备焉。"

子曰:"君子泰而不骄,小人骄而不泰。"

子曰:"刚毅、木讷,近仁。"

子路问曰:"何如斯可谓之士矣?"子曰:"切切、偲偲、怡怡如也,可谓士矣。朋友切切、偲偲,兄弟怡怡。"

子曰:"善人教民七年,亦可以即戎矣。"

子曰:"以不教民战,是谓弃之。"

宪问第十四

宪问耻。子曰："邦有道，谷；邦无道，谷，耻也。"

"克、伐、怨、欲不行焉，可以为仁矣？"子曰："可以为难矣，仁则吾不知也。"

子曰："士而怀居，不足以为士矣。"

子曰："邦有道，危言危行；邦无道，危行言孙。"

子曰："有德者必有言，有言者不必有德；仁者必有勇，勇者不必有仁。"

南宫适问于孔子曰："羿善射，奡荡舟，俱不得其死然；禹稷躬稼，而有天下。"夫子不答，南宫适出。子曰："君子哉若人！尚德哉若人！"

子曰："君子而不仁者有矣夫，未有小人而仁者也。"

子曰："爱之，能勿劳乎？忠焉，能勿诲乎？"

子曰："为命：裨谌草创之，世叔讨论之，行人子羽修饰之，东里子产润色之。"

或问子产。子曰："惠人也。"问子西。曰："彼哉！彼哉！"问管仲。曰："人也。夺伯氏骈邑三百，饭疏食，没齿无怨言。"

子曰："贫而无怨难，富而无骄易。"

子曰："孟公绰为赵魏老则优，不可以为滕薛大夫。"

子路问成人。子曰："若臧武仲之知，公绰之不欲，卞庄子之勇，冉求之艺，文之以礼乐，亦可以为成人矣。"曰："今之成人者何必然？见利思义，见危授命，久要不忘平生之言，亦可以为成人矣。"

子问公叔文子于公明贾曰："信乎夫子不言、不笑、不取乎？"公明贾对曰："以告者过也。夫子时然后言，人不厌其言；乐然后笑，人不厌其笑；义然后取，人不厌其取。"子曰："其然，岂其然乎？"

子曰："臧武仲以防求为后于鲁，虽曰不要君，吾不信也。"

子曰："晋文公谲而不正，齐桓公正而不谲。"

子路曰："桓公杀公子纠，召忽死之，管仲不死。"曰："未仁乎？"子曰："桓公九合诸侯，不以兵车，管仲之力也。如其仁！如其仁！"

子贡曰："管仲非仁者与？桓公杀公子纠，不能死，又相之。"子曰："管仲相桓公，霸诸侯，一匡天下，民到于今受其赐。微管仲，吾其被发左衽矣。岂若匹夫匹妇之为谅也，自经于沟渎而莫之知也。"

公叔文子之臣大夫僎，与文子同升诸公。子闻之曰："可以为文矣。"

子言卫灵公之无道也，康子曰："夫如是，奚而不丧？"孔子曰："仲叔圉治宾客，祝鮀治宗庙，王孙贾治军旅。夫如是，奚其丧？"

子曰："其言之不怍，则为之也难。"

陈成子弑简公。孔子沐浴而朝，告于哀公曰："陈恒弑其君，请讨之。"公曰："告夫三子！"孔子曰："以吾从大夫之后，不敢不告也。君曰'告夫三子'者。"之三子告，不可。孔子曰："以吾从大夫之后，不敢不告也。"

子路问事君。子曰："勿欺也，而犯之。"

子曰："君子上达，小人下达。"

子曰："古之学者为己，今之学者为人。"

蘧伯玉使人于孔子。孔子与之坐而问焉，曰："夫子何为？"对曰："夫子欲寡其过而未能也。"使者出。子曰："使乎！使乎！"

子曰："不在其位，不谋其政。"

曾子曰："君子思不出其位。"

子曰："君子耻其言而过其行。"

子曰："君子道者三，我无能焉：仁者不忧，知者不惑，勇者不惧。"子贡曰："夫子自道也。"

子贡方人。子曰："赐也贤乎哉？夫我则不暇。"

子曰："不患人之不己知，患其不能也。"

子曰："不逆诈，不亿不信。抑亦先觉者，是贤乎！"

微生亩谓孔子曰："丘何为是栖栖者与？无乃为佞乎？"孔子曰："非敢为佞也，疾固也。"

子曰："骥不称其力，称其德也。"

或曰："以德报怨，何如？"子曰："何以报德？以直报怨，以德报德。"

子曰："莫我知也夫！"子贡曰："何为其莫知子也？"子曰："不怨天，不尤人。下学而上达。知我者其天乎！"

公伯寮愬子路于季孙。子服景伯以告，曰："夫子固有惑志于公伯寮，吾力犹能肆诸市朝。”子曰：“道之将行也与？命也。道之将废也与？命也。公伯寮其如命何！”

子曰：“贤者辟世，其次辟地，其次辟色，其次辟言。”

子曰：“作者七人矣。”

子路宿于石门。晨门曰：“奚自？”子路曰：“自孔氏。”曰：“是知其不可而为之者与？”

子击磬于卫。有荷蒉而过孔氏之门者，曰：“有心哉！击磬乎！”既而曰：“鄙哉！硁硁乎！莫己知也，斯己而已矣。深则厉，浅则揭。”子曰：“果哉！末之难矣。”

子张曰：“书云：‘高宗谅阴，三年不言。’何谓也？”子曰：“何必高宗，古之人皆然。君薨，百官总己以听于冢宰三年。”

子曰：“上好礼，则民易使也。”

子路问君子。子曰：“修己以敬。”曰：“如斯而已乎？”曰：“修己以安人。”曰：“如斯而已乎？”曰：“修己以安百姓。修己以安百姓，尧舜其犹病诸！”

原壤夷俟。子曰：“幼而不孙弟，长而无述焉，老而不死，是为贼！”以杖叩其胫。

阙党童子将命。或问之曰：“益者与？”子曰：“吾见其居于位也，见其与先生并行也。非求益者也，欲速成者也。”

卫灵公第十五

卫灵公问陈于孔子。孔子对曰："俎豆之事，则尝闻之矣；军旅之事，未之学也。"明日遂行。在陈绝粮，从者病，莫能兴。子路愠见曰："君子亦有穷乎？"子曰："君子固穷，小人穷斯滥矣。"

子曰："赐也，女以予为多学而识之者与？"对曰："然，非与？"曰："非也。予一以贯之。"

子曰："由！知德者鲜矣。"

子曰："无为而治者，其舜也与？夫何为哉，恭己正南面而已矣。"

子张问行。子曰："言忠信，行笃敬，虽蛮貊之邦行矣；言不忠信，行不笃敬，虽州里行乎哉？立，则见其参于前也；在舆，则见其倚于衡也。夫然后行。"子张书诸绅。

子曰："直哉史鱼！邦有道，如矢；邦无道，如矢。君子哉蘧伯玉！邦有道，则仕；邦无道，则可卷而怀之。"

子曰："可与言而不与之言，失人；不可与言而与之言，失言。知者不失人，亦不失言。"

子曰："志士仁人，无求生以害仁，有杀身以成仁。"

子贡问为仁。子曰："工欲善其事，必先利其器。居是邦也，事其大夫之贤者，友其士之仁者。"

颜渊问为邦。子曰："行夏之时，乘殷之辂，服周之冕，乐则韶舞。放郑声，远佞人。郑声淫，佞人殆。"

子曰："人无远虑，必有近忧。"

子曰："已矣乎！吾未见好德如好色者也。"

子曰："臧文仲其窃位者与？知柳下惠之贤，而不与立也。"

子曰："躬自厚而薄责于人，则远怨矣。"

子曰："不曰'如之何、如之何'者，吾末如之何也已矣。"

子曰："群居终日，言不及义，好行小慧，难矣哉！"

子曰："君子义以为质，礼以行之，孙以出之，信以成之。君子哉！"

子曰："君子病无能焉，不病人之不己知也。"

子曰："君子疾没世而名不称焉。"

子曰："君子求诸己，小人求诸人。"

子曰："君子矜而不争，群而不党。"

子曰："君子不以言举人，不以人废言。"

子贡问曰："有一言而可以终身行之者乎？"子曰："其恕乎！己所不欲，勿施于人。"

子曰："吾之于人也，谁毁谁誉？如有所誉者，其有所试矣。斯民也，三代之所以直道而行也。"

子曰："吾犹及史之阙文也，有马者借人乘之。今亡矣夫！"

子曰："巧言乱德，小不忍则乱大谋。"

子曰："众恶之，必察焉；众好之，必察焉。"

子曰："人能弘道，非道弘人。"

子曰："过而不改，是谓过矣。"

子曰："吾尝终日不食，终夜不寝，以思，无益，不如学也。"

子曰："君子谋道不谋食。耕也，馁在其中矣；学也，禄在其中矣。君子忧道不忧贫。"

子曰："知及之，仁不能守之；虽得之，必失之。知及之，仁能守之，不庄以莅之，则民不敬。知及之，仁能守之，庄以莅之，动之不以礼，未善也。"

子曰："君子不可小知，而可大受也；小人不可大受，而可小知也。"

子曰："民之于仁也，甚于水火。水火，吾见蹈而死者矣，未见蹈仁而死者也。"

子曰："当仁不让于师。"

子曰："君子贞而不谅。"

子曰："事君，敬其事而后其食。"

子曰："有教无类。"

子曰："道不同，不相为谋。"

子曰："辞达而已矣。"

师冕见，及阶，子曰："阶也。"及席，子曰："席也。"皆坐，子告之曰："某在斯，某在斯。"

师冕出。子张问曰："与师言之道与？"子曰："然。固相师之道也。"

季氏第十六

季氏将伐颛臾。冉有、季路见于孔子曰:"季氏将有事于颛臾。"孔子曰:"求!无乃尔是过与?夫颛臾,昔者先王以为东蒙主,且在邦域之中矣,是社稷之臣也。何以伐为?"冉有曰:"夫子欲之,吾二臣者皆不欲也。"孔子曰:"求!周任有言曰:'陈力就列,不能者止。'危而不持,颠而不扶,则将焉用彼相矣?且尔言过矣。虎兕出于柙,龟玉毁于椟中,是谁之过与?"冉有曰:"今夫颛臾,固而近于费。今不取,后世必为子孙忧。"子曰:"求!君子疾夫舍曰欲之,而必为之辞。丘也闻有国有家者,不患寡而患不均,不患贫而患不安。盖均无贫,和无寡,安无倾。夫如是,故远人不服,则修文德以来之。既来之,则安之。今由与求也,相夫子,远人不服而不能来也;邦分崩离析而不能守也。而谋动干戈于邦内。吾恐季孙之忧,不在颛臾,而在萧墙之内也。"

孔子曰:"天下有道,则礼乐征伐自天子出;天下无道,则礼乐征伐自诸侯出。自诸侯出,盖十世希不失矣;自大夫出,五世希不失矣;陪臣执国命,三世希不失矣。天下有道,则政不在大夫。天下有道,则庶人不议。"

孔子曰:"禄之去公室,五世矣;政逮于大夫,四世矣;故夫三桓之子孙,微矣。"

孔子曰:"益者三友。损者三友。友直,友谅,友多闻,益矣。友便辟,友善柔,友便佞,损矣。"

孔子曰:"益者三乐,损者三乐。乐节礼乐,乐道人之善,乐多贤友,益矣。乐骄乐,乐佚游,乐宴乐,损矣。"

孔子曰:"侍于君子有三愆:言未及之而言谓之躁,言及之而不言谓之隐,未见颜色而言谓之瞽。"

孔子曰:"君子有三戒:少之时,血气未定,戒之在色;及其壮也,血气方刚,戒之在斗;及其老也,血气既衰,戒之在得。"

孔子曰:"君子有三畏:畏天命,畏大人,畏圣人之言。小人不知天命而不畏也,狎大人,侮圣人之言。"

孔子曰："生而知之者，上也；学而知之者，次也；困而学之，又其次也；困而不学，民斯为下矣！"

孔子曰："君子有九思：视思明，听思聪，色思温，貌思恭，言思忠，事思敬，疑思问，忿思难，见得思义。"

孔子曰："见善如不及，见不善如探汤。吾见其人矣，吾闻其语矣。隐居以求其志，行义以达其道。吾闻其语矣，未见其人也。"

齐景公有马千驷，死之日，民无德而称焉。伯夷叔齐饿于首阳之下，民到于今称之。其斯之谓与？

陈亢问于伯鱼曰："子亦有异闻乎？"对曰："未也。尝独立，鲤趋而过庭。曰：'学诗乎？'对曰：'未也。''不学诗，无以言。'鲤退而学诗。他日又独立，鲤趋而过庭。曰：'学礼乎？'对曰：'未也。''不学礼，无以立。'鲤退而学礼。闻斯二者。"陈亢退而喜曰："问一得三：闻诗，闻礼，又闻君子之远其子也。"

邦君之妻，君称之曰夫人，夫人自称曰小童；邦人称之曰君夫人，称诸异邦曰寡小君；异邦人称之亦曰君夫人。

阳货第十七

阳货欲见孔子，孔子不见，归孔子豚。孔子时其亡也，而往拜之，遇诸涂。谓孔子曰："来！予与尔言。"曰："怀其宝而迷其邦，可谓仁乎？"曰："不可。""好从事而亟失时，可谓知乎？"曰："不可。""日月逝矣，岁不我与。"孔子曰："诺。吾将仕矣。"

子曰："性相近也，习相远也。"

子曰："唯上知与下愚不移。"

子之武城，闻弦歌之声。夫子莞尔而笑，曰："割鸡焉用牛刀？"子游对曰："昔者偃也闻诸夫子曰：'君子学道则爱人，小人学道则易使也。'"子曰："二三子！偃之言是也。前言戏之耳。"

公山弗扰以费畔，召，子欲往。

子路不说，曰："末之也已，何必公山氏之之也？"子曰："夫召我者而岂徒哉？如有用我者，吾其为东周乎？"

子张问仁于孔子。孔子曰："能行五者于天下，为仁矣。"请问之。曰："恭、宽、信、敏、惠。恭则不侮，宽则得众，信则人任焉，敏则有功，惠则足以使人。"

佛肸召，子欲往。子路曰："昔者由也闻诸夫子曰：'亲于其身为不善者，君子不入也。'佛肸以中牟畔，子之往也，如之何！"子曰："然。有是言也。不曰坚乎，磨而不磷；不曰白乎，涅而不缁。吾岂匏瓜也哉？焉能系而不食？"

子曰："由也，女闻六言六蔽矣乎？"对曰："未也。""居！吾语女。好仁不好学，其蔽也愚；好知不好学，其蔽也荡；好信不好学，其蔽也贼；好直不好学，其蔽也绞；好勇不好学，其蔽也乱；好刚不好学，其蔽也狂。"

子曰："小子！何莫学夫诗？诗可以兴，可以观，可以群，可以怨。迩之事父，远之事君。多识于鸟兽草木之名。"

子谓伯鱼曰："女为周南召南矣乎？人而不为周南召南，其犹正墙面而立也与？"

子曰："礼云礼云，玉帛云乎哉？乐云乐云，钟鼓云乎哉？"

子曰："色厉而内荏，譬诸小人，其犹穿窬之盗也与？"

子曰："乡原，德之贼也。"

子曰："道听而涂说，德之弃也。"

子曰："鄙夫可与事君也与哉？其未得之也，患得之；既得之，患失之。苟患失之，无所不至矣。"

子曰："古者民有三疾，今也或是之亡也。古之狂也肆，今之狂也荡；古之矜也廉，今之矜也忿戾；古之愚也直，今之愚也诈而已矣。"

子曰："巧言令色，鲜矣仁。"

子曰："恶紫之夺朱也，恶郑声之乱雅乐也，恶利口之覆邦家者。"

子曰："予欲无言。"子贡曰："子如不言，则小子何述焉？"子曰："天何言哉？四时行焉，百物生焉，天何言哉？"

孺悲欲见孔子，孔子辞以疾。将命者出户，取瑟而歌。使之闻之。

宰我问："三年之丧，期已久矣。君子三年不为礼，礼必坏；三年不为乐，乐必崩。旧谷既没，新谷既升，钻燧改火，期可已矣。"子曰："食夫稻，衣夫锦，于女安乎？"曰："安。""女安则为之！夫君子之居丧，食旨不甘，闻乐不乐，居处不安，故不为也。今女安，则为之！"宰我出。子曰："予之不仁也！子生三年，然后免于父母之怀。夫三年之丧，天下之通丧也。予也有三年之爱于其父母乎？"

子曰："饱食终日，无所用心，难矣哉！不有博弈者乎，为之犹贤乎已。"

子路曰："君子尚勇乎？"子曰："君子义以为上。君子有勇而无义为乱，小人有勇而无义为盗。"

子贡曰："君子亦有恶乎？"子曰："有恶：恶称人之恶者，恶居下流而讪上者，恶勇而无礼者，恶果敢而窒者。"曰："赐也亦有恶乎？""恶徼以为知者，恶不孙以为勇者，恶讦以为直者。"

子曰："唯女子与小人为难养也，近之则不孙，远之则怨。"

子曰："年四十而见恶焉，其终也已。"

微子第十八

微子去之，箕子为之奴，比干谏而死。孔子曰："殷有三仁焉。"

柳下惠为士师，三黜。人曰："子未可以去乎？"曰："直道而事人，焉往而不三黜？枉道而事人，何必去父母之邦。"

齐景公待孔子，曰："若季氏则吾不能，以季、孟之间待之。"曰："吾老矣，不能用也。"孔子行。

齐人归女乐，季桓子受之，三日不朝。孔子行。

楚狂接舆歌而过孔子曰："凤兮！凤兮！何德之衰？往者不可谏，来者犹可追。已而，已而！今之从政者殆而！"孔子下，欲与之言。趋而辟之，不得与之言。

长沮、桀溺耦而耕，孔子过之，使子路问津焉。长沮曰："夫执舆者为谁？"子路曰："为孔丘。"曰："是鲁孔丘与？"曰："是也。"曰："是知津矣。"问于桀溺，桀溺曰："子为谁？"曰："为仲由。"曰："是鲁孔丘之徒与？"对曰："然。"曰："滔滔者天下皆是也，而谁以易之？且而与其从辟人之士也，岂若从辟世之士哉？"耕而不辍。子路行以告。夫子怃然曰："鸟兽不可与同群，吾非斯人之徒与而谁与？天下有道，丘不与易也。"

子路从而后，遇丈人，以杖荷蓧。子路问曰："子见夫子乎？"丈人曰："四体不勤，五谷不分。孰为夫子？"植其杖而芸。子路拱而立。止子路宿，杀鸡为黍而食之，见其二子焉。明日，子路行以告。子曰："隐者也。"使子路反见之。至则行矣。子路曰："不仕无义。长幼之节，不可废也；君臣之义，如之何其废之？欲洁其身，而乱大伦。君子之仕也，行其义也。道之不行，已知之矣。"

逸民：伯夷、叔齐、虞仲、夷逸、朱张、柳下惠、少连。子曰："不降其志，不辱其身，伯夷、叔齐与！"

谓："柳下惠、少连，降志辱身矣。言中伦，行中虑，其斯而已矣。"谓："虞仲、夷逸，隐居放言。身中清，废中权。我则异于是，无可无不可。"

大师挚适齐，亚饭干适楚，三饭缭适蔡，四饭缺适秦。鼓方叔入于河，播鼗武入于汉，少师阳、击磬襄入于海。

周公谓鲁公曰："君子不施其亲，不使大臣怨乎不以。故旧无大故，则不弃也。无求备于一人。"

周有八士：伯达、伯适、仲突、仲忽、叔夜、叔夏、季随、季騧。

子张第十九

子张曰:“士见危致命,见得思义,祭思敬,丧思哀,其可已矣。”

子张曰:“执德不弘,信道不笃,焉能为有?焉能为亡?”

子夏之门人问交于子张。子张曰:“子夏云何?”对曰:“子夏曰:‘可者与之,其不可者拒之。’”子张曰:“异乎吾所闻:君子尊贤而容众,嘉善而矜不能。我之大贤与,于人何所不容?我之不贤与,人将拒我,如之何其拒人也?”

子夏曰:“虽小道,必有可观者焉;致远恐泥,是以君子不为也。”

子夏曰:“日知其所亡,月无忘其所能,可谓好学也已矣。”

子夏曰:“博学而笃志,切问而近思,仁在其中矣。”

子夏曰:“百工居肆以成其事,君子学以致其道。”

子夏曰:“小人之过也必文。”

子夏曰:“君子有三变:望之俨然,即之也温,听其言也厉。”

子夏曰:“君子信而后劳其民,未信则以为厉己也;信而后谏,未信则以为谤己也。”

子夏曰:“大德不逾闲,小德出入可也。”

子游曰:“子夏之门人小子,当洒扫、应对、进退,则可矣。抑末也,本之则无。如之何?”子夏闻之,曰:“噫!言游过矣!君子之道,孰先传焉?孰后倦焉?譬诸草木,区以别矣。君子之道,焉可诬也?有始有卒者,其惟圣人乎!”

子夏曰:“仕而优则学,学而优则仕。”

子游曰:“丧致乎哀而止。”

子游曰:“吾友张也,为难能也。然而未仁。”

曾子曰:“堂堂乎张也,难与并为仁矣。”

曾子曰:“吾闻诸夫子:人未有自致者也,必也亲丧乎!”

曾子曰:“吾闻诸夫子:孟庄子之孝也,其他可能也;其不改父之臣,与父之政,是难能也。”

孟氏使阳肤为士师,问于曾子。曾子曰:“上失其道,民散久矣。如得其情,则哀矜而勿喜。”

子贡曰："纣之不善，不如是之甚也。是以君子恶居下流，天下之恶皆归焉。"

子贡曰："君子之过也，如日月之食焉：过也，人皆见之；更也，人皆仰之。"

卫公孙朝问于子贡曰："仲尼焉学？"子贡曰："文武之道，未坠于地，在人。贤者识其大者，不贤者识其小者，莫不有文武之道焉。夫子焉不学？而亦何常师之有？"

叔孙武叔语大夫于朝，曰："子贡贤于仲尼。"子服景伯以告子贡。子贡曰："譬之宫墙，赐之墙也及肩，窥见室家之好。夫子之墙数仞，不得其门而入，不见宗庙之美，百官之富。得其门者或寡矣。夫子之云，不亦宜乎！"

叔孙武叔毁仲尼。子贡曰："无以为也，仲尼不可毁也。他人之贤者，丘陵也，犹可逾也；仲尼，日月也，无得而逾焉。人虽欲自绝，其何伤于日月乎？多见其不知量也！"

陈子禽谓子贡曰："子为恭也，仲尼岂贤于子乎？"子贡曰："君子一言以为知，一言以为不知，言不可不慎也。夫子之不可及也，犹天之不可阶而升也。夫子之得邦家者，所谓立之斯立，道之斯行，绥之斯来，动之斯和。其生也荣，其死也哀，如之何其可及也！"

尧曰第二十

尧曰："咨！尔舜！天之历数在尔躬。允执其中。四海困穷，天禄永终。"舜亦以命禹。曰："予小子履，敢用玄牡，敢昭告于皇皇后帝：有罪不敢赦。帝臣不蔽，简在帝心。朕躬有罪，无以万方；万方有罪，罪在朕躬。"周有大赉，善人是富。"虽有周亲，不如仁人。百姓有过，在予一人。"谨权量，审法度，修废官，四方之政行焉。兴灭国，继绝世，举逸民，天下之民归心焉。所重：民、食、丧、祭。宽则得众，信则民任焉，敏则有功，公则说。

子张问于孔子曰："何如斯可以从政矣？"子曰："尊五美，屏四恶，斯可以从政矣。"子张曰："何谓五美？"子曰："君子惠而不费，劳而不怨，欲而不贪，泰而不骄，威而不猛。"子张曰："何谓惠而不费？"子曰："因民之所利而利之，斯不亦惠而不费乎？择可劳而劳之，又谁怨？欲仁而得仁，又焉贪？君子无众寡，无小大，无敢慢，斯不亦泰而不骄乎？君子正其衣冠，尊其瞻视，俨然人望而畏之，斯不亦威而不猛乎？"子张曰："何谓四恶？"子曰："不教而杀谓之虐；不戒视成谓之暴；慢令致期谓之贼；犹之与人也，出纳之吝，谓之有司。"

子曰："不知命，无以为君子也。不知礼，无以立也。不知言，无以知人也。"

大　学

大　学

大学之道，在明明德，在亲民，在止于至善。知止而后有定，定而后能静，静而后能安，安而后能虑，虑而后能得。物有本末，事有终始，知所先后，则近道矣。古之欲明明德于天下者，先治其国；欲治其国者，先齐其家；欲齐其家者，先修其身；欲修其身者，先正其心；欲正其心者，先诚其意；欲诚其意者，先致其知；致知在格物。物格而后知至，知至而后意诚，意诚而后心正，心正而后身修，身修而后家齐，家齐而后国治，国治而后天下平。自天子以至于庶人，壹是皆以修身为本，其本乱而末治者否矣，其所厚者薄，而其所薄者厚，未之有也！

康诰曰："克明德。"大甲曰："顾諟天之明命。"帝典曰："克明峻德。"皆自明也。

汤之盘铭曰："苟日新，日日新，又日新。"康诰曰："作新民。"诗曰："周虽旧邦，其命惟新。"是故君子无所不用其极。

诗云："邦畿千里，惟民所止。"诗云："缗蛮黄鸟，止于丘隅。"子曰："于止，知其所止，可以人而不如鸟乎！"诗云："穆穆文王，於缉熙敬止！"为人君，止于仁；为人臣，止于敬；为人子，止于孝；为人父，止于慈；与国人交，止于信。诗云："瞻彼淇澳，菉竹猗猗。有斐君子，如切如磋，如琢如磨。瑟兮僩兮，赫兮喧兮。有斐君子，终不可諠兮！"如切如磋者，道学也；如琢如磨者，自修也；瑟兮僩兮者，恂栗也；赫兮喧兮者，威仪也；有斐君子，终不可諠兮者，道盛德至善，民之不能忘也。诗云："於戏前王不忘！"君子贤其贤而亲其亲，小人乐其乐而利其利，此以没世不忘也。

子曰："听讼，吾犹人也，必也使无讼乎！"无情者不得尽其辞。大畏民志，此谓知本。

所谓诚其意者：毋自欺也，如恶恶臭，如好好色，此之谓自谦，故君子必慎其独也！小人闲居为不善，无所不至，见君子而后厌然，掩其不善，而着其善。人之视己，如见其肺肝然，则何益矣。此谓诚于中，形于外，故君子必慎其独也。曾子曰："十目所视，十手所指，其严乎！"富润屋，德润身，心广体胖，故君子必诚其意。

所谓修身在正其心者，身有所忿懥，则不得其正；有所恐惧，则不得其正；有所好乐，则不得其正；有所忧患，则不得其正。心不在焉，视而不见，听而不闻，食而不知其味。此谓修身在正其心。

所谓齐其家在修其身者：人之其所亲爱而辟焉，之其所贱恶而辟焉，之其所畏敬而辟焉，之其所哀矜而辟焉，之其所敖惰而辟焉。故好而知其恶，恶而知其美者，天下鲜矣！故谚有之曰："人莫知其子之恶，莫知其苗之硕。"此谓身不修不可以齐其家。

所谓治国必先齐其家者，其家不可教而能教人者，无之。故君子不出家而成教于国：孝者，所以事君也；弟者，所以事长也；慈者，所以使众也。康诰曰"如保赤子"，心诚求之，虽不中不远矣。未有学养子而后嫁者也！一家仁，一国兴仁；一家让，一国兴让；一人贪戾，一国作乱；其机如此。此谓一言偾事，一人定国。尧舜率天下以仁，而民从之；桀纣率天下以暴，而民从之；其所令反其所好，而民不从。是故君子有诸己而后求诸人；无诸己而后非诸人。所藏乎身不恕，而能喻诸人者，未之有也。故治国在齐其家。诗云："桃之夭夭，其叶蓁蓁；之子于归，宜其家人。"宜其家人，而后可以教国人。诗云："宜兄宜弟。"宜兄宜弟，而后可以教国人。诗云："其仪不忒，正是四国。"其为父子兄弟足法，而后民法之也，此谓治国在齐其家。

所谓平天下在治其国者：上老老而民兴孝，上长长而民兴弟；上恤孤而民不倍，是以君子有絜矩之道也。所恶于上，毋以使下；所恶于下，毋以事上；所恶于前，毋以先后；所恶于后，毋以从前；所恶于右，毋以交于左；所恶于左，毋以交于右。此之谓絜矩之道。诗云："乐只君子，民之父母。"民之所好好之，民之所恶恶之，此之谓民之父母。诗云："节彼南山，维石岩岩。赫赫师尹，民具尔瞻。"有国者不可以不慎，辟则为天下僇矣。

诗云："殷之未丧师，克配上帝；仪监于殷，峻命不易。"道得众则得国，失众则失国。是故君子先慎乎德。有德此有人，有人此有土，有土此有财，有财此有用。德者本也，财者末也。外本内末，争民施夺。是故财聚则民散，财散则民聚。是故言悖而出者，亦悖而入；货悖而入者，亦悖而出。

康诰曰："惟命不于常。"道善则得之，不善则失之矣。楚书曰："楚国无以为宝，惟善以为宝。"舅犯曰："亡人无以为宝，仁亲以为宝。"秦誓曰："若有一介臣，断断兮无他技，其心休休焉，其如有容焉。

人之有技，若己有之，人之彦圣，其心好之，不啻若自其口出，寔能容之，以能保我子孙黎民，尚亦有利哉。人之有技，媢嫉以恶之，人之彦圣，而违之俾不通，寔不能容，以不能保我子孙黎民，亦曰殆哉。”

唯仁人放流之，迸诸四夷，不与同中国。此谓唯仁人为能爱人，能恶人。见贤而不能举，举而不能先，命也；见不善而不能退，退而不能远，过也。好人之所恶，恶人之所好，是谓拂人之性，灾必逮夫身。是故君子有大道，必忠信以得之，骄泰以失之。

生财有大道，生之者众，食之者寡，为之者疾，用之者舒，则财恒足矣。仁者以财发身，不仁者以身发财。未有上好仁，而下不好义者也，未有好义其事不终者也，未有府库财非其财者也。孟献子曰：“畜马乘不察于鸡豚，伐冰之家不畜牛羊，百乘之家不畜聚敛之臣，与其有聚敛之臣，宁有盗臣。”此谓国不以利为利，以义为利也。长国家而务财用者，必自小人矣。彼为善之，小人之使为国家，灾害并至。虽有善者，亦无如之何矣！此谓国不以利为利，以义为利也。

中　庸

中　庸

天命之谓性，率性之谓道，修道之谓教。道也者，不可须臾离也，可离非道也。是故君子戒慎乎其所不睹，恐惧乎其所不闻。莫见乎隐，莫显乎微，故君子慎其独也。喜怒哀乐之未发，谓之中；发而皆中节，谓之和。中也者，天下之大本也；和也者，天下之达道也。致中和，天地位焉，万物育焉。

仲尼曰："君子中庸，小人反中庸。君子之中庸也，君子而时中；小人之中庸也，小人而无忌惮也。"

子曰："中庸其至矣乎！民鲜能久矣！"

子曰："道之不行也，我知之矣，知者过之，愚者不及也；道之不明也，我知之矣，贤者过之，不肖者不及也。人莫不饮食也，鲜能知味也。"

子曰："道其不行矣夫！"

子曰："舜其大知也与！舜好问而好察迩言，隐恶而扬善，执其两端，用其中于民，其斯以为舜乎！"

子曰："人皆曰予知，驱而纳诸罟擭陷阱之中，而莫之知避也。人皆曰予知，择乎中庸而不能期月守也。"

子曰："回之为人也，择乎中庸，得一善，则拳拳服膺而弗失之矣。"

子曰："天下国家可均也，爵禄可辞也，白刃可蹈也，中庸不可能也。"

子路问强。子曰："南方之强与？北方之强与？抑而强与？宽柔以教，不报无道，南方之强也，君子居之。衽金革，死而不厌，北方之强也，而强者居之。故君子和而不流，强哉矫！中立而不倚，强哉矫！国有道，不变塞焉，强哉矫！国无道，至死不变，强哉矫！"

子曰："素隐行怪，后世有述焉，吾弗为之矣。君子遵道而行，半途而废，吾弗能已矣。君子依乎中庸，遁世不见知而不悔，惟圣者能之。"

君子之道费而隐。夫妇之愚，可以与知焉，及其至也，虽圣人亦有所不知焉；夫妇之不肖，可以能行焉，及其至也，虽圣人亦有所不能焉。天地之大也，人犹有所憾。故君子语大，天下莫能载焉；语小，天下莫能破焉。诗云："鸢飞戾天，鱼跃于渊。"言其上下察也。君子之道，造端乎夫妇；及其至也，察乎天地。

子曰："道不远人。人之为道而远人，不可以为道。诗云：'伐柯伐柯，其则不远。'执柯以伐柯，睨而视之，犹以为远。故君子以人治人，改而止。忠恕违道不远，施诸己而不愿，亦勿施于人。君子之道四，丘未能一焉：所求乎子以事父，未能也；所求乎臣以事君，未能也；所求乎弟以事兄，未能也；所求乎朋友先施之，未能也。庸德之行，庸言之谨，有所不足，不敢不勉，有余不敢尽；言顾行，行顾言，君子胡不慥慥尔！"

君子素其位而行，不愿乎其外。素富贵，行乎富贵；素贫贱，行乎贫贱；素夷狄，行乎夷狄；素患难，行乎患难；君子无入而不自得焉。在上位不陵下，在下位不援上，正己而不求于人则无怨。上不怨天，下不尤人。故君子居易以俟命，小人行险以侥幸。子曰："射有似乎君子，失诸正鹄，反求诸其身。"

君子之道，譬如行远必自迩，譬如登高必自卑。诗曰："妻子好合，如鼓瑟琴；兄弟既翕，和乐且耽；宜尔室家，宜尔妻帑。"

子曰："鬼神之为德，其盛矣乎！视之而弗见，听之而弗闻，体物而不可遗。使天下之人，齐明盛服，以承祭祀。洋洋乎！如在其上，如在其左右。诗曰：'神之格思，不可度思！矧可射思！'夫微之显，诚之不可揜如此夫。"

子曰："舜其大孝也与！德为圣人，尊为天子，富有四海之内。宗庙飨之，子孙保之。故大德必得其位，必得其禄，必得其名，必得其寿。故天之生物，必因其材而笃焉。故栽者培之，倾则覆之。诗曰：'嘉乐君子，宪宪令德！宜民宜人，受禄于天。保佑命之，自天申之！'故大德者必受命。"

子曰："无忧者其惟文王乎！以王季为父，以武王为子，父作之，子述之。武王缵大王、王季、文王之绪。壹戎衣而有天下，身不失天下之显名，尊为天子，富有四海之内。宗庙飨之，子孙保之。武王末受命，周公成文武之德，追王大王、王季，上祀先公以天子之礼。斯礼也，达乎诸侯大夫，及士庶人。父为大夫，子为士；葬以大夫，祭以士。父为士，子为大夫；葬以士，祭以大夫。期之丧达乎大夫，三年之丧达乎天子，父母之丧无贵贱一也。”

子曰：“武王、周公其达孝矣乎！夫孝者：善继人之志，善述人之事者也。春秋修其祖庙，陈其宗器，设其裳衣，荐其时食。宗庙之礼，所以序昭穆也；序爵，所以辨贵贱也；序事，所以辨贤也；旅酬下为上，所以逮贱也；燕毛，所以序齿也。践其位，行其礼，奏其乐，敬其所尊，爱其所亲，事死如事生，事亡如事存，孝之至也。郊社之礼，所以事上帝也；祖庙之礼，所以祀乎其先也。明乎郊社之礼、谛尝之义，治国其如示诸掌乎。”

哀公问政。子曰：“文武之政，布在方策。其人存，则其政举；其人亡，则其政息。”人道敏政，地道敏树。夫政也者，蒲庐也。故为政在人，取人以身，修身以道，修道以仁。仁者人也，亲亲为大；义者宜也，尊贤为大；亲亲之杀，尊贤之等，礼所生也。在下位；不获乎上，民不可得而治矣！故君子不可以不修身；思修身不可以不事亲；思事亲不可以不知人；思知人不可以不知天。”天下之达道五，所以行之者三：曰君臣也，父子也，夫妇也，昆弟也，朋友也，五者天下之达道也。知、仁、勇三者，天下之达德也，所以行之者一也。或生而知之，或学而知之，或困而知之，及其知之一也；或安而行之，或利而行之，或勉强而行之，及其成功一也。子曰：“好学近乎知，力行近乎仁，知耻近乎勇。”知斯三者，则知所以修身；知所以修身，则知所以治人；知所以治人，则知所以治天下国家矣。”凡为天下国家有九经，曰：修身也，尊贤也，亲亲也，敬大臣也，体群臣也，子庶民也，来百工也，柔远人也，怀诸侯也。修身则道立，尊贤则不惑，亲亲则诸父昆弟不怨，敬大臣则不眩，体群臣则士之报礼重，子庶民则百姓劝，来百工则财用足，柔远人则四方归之，怀诸侯则天下畏之。齐明盛服，非礼不动，所以修身也；去谗远色，贱货而贵德，所以劝贤也；尊其位，重其禄，同其好恶，所以劝亲亲也；官盛任使，所以劝大臣也；忠信重禄，所以劝士也；时使薄敛，所以劝百姓也；日省月试，既禀称事，所以劝百工也；送往迎来，嘉善而矜不能，所以柔远人也；继绝世，举废国，治乱持危，朝聘以时，厚往而薄来，所以怀诸侯也。凡为天下国家有九经，所以行之者一也。凡事豫则立，不豫则废。言前定则不跲，事前定则不困，行前定则不疚，道前定则不穷。在下位不获乎上，民不可得而治矣；获乎上有道：不信乎朋友，不获乎上矣；信乎朋友有道：不顺乎亲，不信乎朋友矣；顺乎亲有道：反诸身不诚，不顺乎亲矣；诚身有道：不明乎善，不诚乎身矣。诚者，天之道也；诚之者，人之道也。诚者不勉而中，不思而得，从容中道，圣人也。诚之者，择善而固执之者也。博学之，审问之，慎思之，明辨之，笃行之。有弗学，学之弗能弗措也；有弗问，问之弗知弗措也；有弗思，思之弗得弗措也；有弗辨，辨之弗明弗措也；有弗行，行之弗笃弗措也；人一能之己百之，人十能之己千之。果能此道矣，虽愚必明，虽柔必强。

自诚明，谓之性；自明诚，谓之教。诚则明矣，明则诚矣。

惟天下至诚，为能尽其性；能尽其性，则能尽人之性；能尽人之性，则能尽物之性；能尽物之性，则可以赞天地之化育；可以赞天地之化育，则可以与天地参矣。

其次致曲，曲能有诚，诚则形，形则著，著则明，明则动，动则变，变则化，惟天下至诚为能化。

至诚之道，可以前知。国家将兴，必有祯祥；国家将亡，必有妖孽；见乎蓍龟，动乎四体。祸福将至：善，必先知之；不善，必先知之。故至诚如神。

诚者自成也，而道自道也。诚者物之终始，不诚无物。是故君子诚之为贵。诚者非成己而已也，所以成物也。成己，仁也；成物，知也。性之德也，合外内之道也，故时措之宜也。

故至诚无息。不息则久，久则征，征则悠远，悠远则博厚，博厚则高明。博厚，所以载物也；高明，所以覆物也；悠久，所以成物也。博厚配地，高明配天，悠久无疆。如此者，不见而章，不动而变，无为而成。天地之道，可一言而尽也：其为物不贰，则其生物不测。天地之道：博也，厚也，高也，明也，悠也，久也。今夫天，斯昭昭之多，及其无穷也，日月星辰系焉，万物覆焉。今夫地，一撮土之多，及其广厚，载华岳而不重，振河海而不泄，万物载焉。今夫山，一卷石之多，及其广大，草木生之，禽兽居之，宝藏兴焉。今夫水，一勺之多，及其不测，鼋鼍、蛟龙、鱼鳖生焉，货财殖焉。诗云：“维天之命，于穆不已！”盖曰天之所以为天也。“于乎不显！文王之德之纯！”盖曰文王之所以为文也，纯亦不已。

大哉圣人之道！洋洋乎！发育万物，峻极于天。优优大哉！礼仪三百，威仪三千。待其人而后行。故曰：苟不至德，至道不凝焉。故君子尊德性而道问学，致广大而尽精微，极高明而道中庸。温故而知新，敦厚以崇礼。是故居上不骄，为下不倍，国有道其言足以兴，国无道其默足以容。诗曰：“既明且哲，以保其身”，其此之谓与！

子曰:“愚而好自用,贱而好自专,生乎今之世,反古之道。如此者,灾及其身也。”非天子,不议礼,不制度,不考文。今天下车同轨,书同文,行同伦。虽有其位,苟无其德,不敢作礼乐焉;虽有其德,苟无其位,亦不敢作礼乐焉。子曰:“吾说夏礼,杞不足征也;吾学殷礼,有宋存焉;吾学周礼,今用之,吾从周。”

王天下有三重焉,其寡过矣乎!上焉者虽善无征,无征不信,不信民弗从;下焉者虽善不尊,不尊不信,不信民弗从。故君子之道:本诸身,征诸庶民,考诸三王而不缪,建诸天地而不悖,质诸鬼神而无疑,百世以俟圣人而不惑。质诸鬼神而无疑,知天也;百世以俟圣人而不惑,知人也。是故君子动而世为天下道,行而世为天下法,言而世为天下则。远之则有望,近之则不厌。诗曰:“在彼无恶,在此无射;庶几夙夜,以永终誉!”君子未有不如此而蚤有誉于天下者也。

仲尼祖述尧舜,宪章文武;上律天时,下袭水土。辟如天地之无不持载,无不覆帱;辟如四时之错行,如日月之代明。万物并育而不相害,道并行而不相悖,小德川流,大德敦化,此天地之所以为大也。

惟天下至圣,为能聪明睿知,足以有临也;宽裕温柔,足以有容也;发强刚毅,足以有执也;齐庄中正,足以有敬也;文理密察,足以有别也。溥博渊泉,而时出之。溥博如天,渊泉如渊。见而民莫不敬,言而民莫不信,行而民莫不说。是以声名洋溢乎中国,施及蛮貊;舟车所至,人力所通;天之所覆,地之所载,日月所照,霜露所队;凡有血气者,莫不尊亲,故曰配天。

惟天下至诚,为能经纶天下之大经,立天下之大本,知天地之化育。夫焉有所倚?肫肫其仁!渊渊其渊!浩浩其天!苟不固聪明圣知达天德者,其孰能知之?

诗曰“衣锦尚䌹”,恶其文之著也。故君子之道,黯然而日章;小人之道,的然而日亡。君子之道:淡而不厌,简而文,温而理,知远之近,知风之自,知微之显,可与入德矣。诗云:“潜虽伏矣,亦孔之昭!”故君子内省不疚,无恶于志。君子之所不可及者,其惟人之所不见乎。诗云:“相在尔室,尚不愧于屋漏。”故君子不动而敬,不言而信。诗曰:“奏假无言,时靡有争。”是故君子不赏而民劝,不怒而民威于斧钺。诗曰:“不显惟德!百辟其刑之。”是故君子笃恭而天下平。诗云:予怀明德,不大声以色。”子曰:“声色之于化民,末也。”诗曰“德輶如毛”,毛犹有伦。“上天之载,无声无臭”,至矣!

孟　子

孟子目录

梁惠王上

孟子见梁惠王。王曰:"叟不远千里而来,亦将有以利吾国乎?"孟子对曰:"王何必曰利?亦有仁义而已矣。王曰'何以利吾国'?大夫曰'何以利吾家'?士庶人曰'何以利吾身'?上下交征利而国危矣。万乘之国弑其君者,必千乘之家;千乘之国弑其君者,必百乘之家。万取千焉,千取百焉,不为不多矣。苟为后义而先利,不夺不餍。未有仁而遗其亲者也,未有义而后其君者也。王亦曰仁义而已矣,何必曰利?"

孟子见梁惠王,王立于沼上,顾鸿雁麋鹿,曰:"贤者亦乐此乎?"孟子对曰:"贤者而后乐此,不贤者虽有此,不乐也。诗云:'经始灵台,经之营之,庶民攻之,不日成之。经始勿亟,庶民子来。王在灵囿,麀鹿攸伏,麀鹿濯濯,白鸟鹤鹤。王在灵沼,于牣鱼跃。'文王以民力为台为沼。而民欢乐之,谓其台曰灵台,谓其沼曰灵沼,乐其有麋鹿鱼鳖。古之人与民偕乐,故能乐也。汤誓曰:'时日害丧?予及女偕亡。'民欲与之偕亡,虽有台池鸟兽,岂能独乐哉?"

梁惠王曰:"寡人之于国也,尽心焉耳矣。河内凶,则移其民于河东,移其粟于河内。河东凶,亦然。察邻国之政,无如寡人之用心者。邻国之民不加少,寡人之民不加多,何也?"孟子对曰:"王好战,请以战喻。填然鼓之,兵刃既接,弃甲曳兵而走。或百步而后止,或五十步而后止。以五十步笑百步,则何如?"曰:"不可,直不百步耳,是亦走也。"曰:"王如知此,则无望民之多于邻国也。不违农时,谷不可胜食也;数罟不入洿池,鱼鳖不可胜食也;斧斤以时入山林,材木不可胜用也。谷与鱼鳖不可胜食,材木不可胜用,是使民养生丧死无憾也。养生丧死无憾,王道之始也。五亩之宅,树之以桑,五十者可以衣帛矣;鸡豚狗彘之畜,无失其时,七十者可以食肉矣;百亩之田,勿夺其时,数口之家可以无饥矣;谨庠序之教,申之以孝悌之义,颁白者不负戴于道路矣。七十者衣帛食肉,黎民不饥不寒,然而不王者,未之有也。狗彘食人食而不知检,涂有饿莩而不知发。人死,则曰:'非我也,岁也。'是何异于刺人而杀之,曰:'非我也,兵也。'王无罪岁,斯天下之民至焉。"

梁惠王曰:"寡人愿安承教。"孟子对曰:"杀人以梃与刃,有以异乎?"曰:"无以异也。""以刃与政,有以异乎?"曰:"无以异也。"曰:"庖有肥肉,厩有肥马,民有饥色,野有饿莩,此率兽而食人也。兽相食,且人恶之。为民父母,行政不免于率兽而食人。恶在其为民父母也?仲尼曰:'始作俑者,其无后乎!'为其象人而用之也。如之何其使斯民饥而死也?"

梁惠王曰:"晋国,天下莫强焉,叟之所知也。及寡人之身,东败于齐,长子死焉;西丧地于秦七百里;南辱于楚。寡人耻之,愿比死者壹洒之,如之何则可?"孟子对曰:"地方百里而可以王。王如施仁政于民,省刑罚,薄税敛,深耕易耨。壮者以暇日修其孝悌忠信,入以事其父兄,出以事其长上,可使制梃以挞秦楚之坚甲利兵矣。彼夺其民时,使不得耕耨以养其父母,父母冻饿,兄弟妻子离散。彼陷溺其民,王往而征之,夫谁与王敌?故曰:'仁者无敌。'王请勿疑!"

孟子见梁襄王。出,语人曰:"望之不似人君,就之而不见所畏焉。卒然问曰:'天下恶乎定?'吾对曰:'定于一。''孰能一之?'对曰:'不嗜杀人者能一之。''孰能与之?'对曰:'天下莫不与也。王知夫苗乎?七八月之间旱,则苗槁矣。天油然作云,沛然下雨,则苗浡然兴之矣。其如是,孰能御之?今夫天下之人牧,未有不嗜杀人者也,如有不嗜杀人者,则天下之民皆引领而望之矣。诚如是也,民归之,由水之就下,沛然谁能御之?'"

齐宣王问曰:"齐桓、晋文之事,可得闻乎?"孟子对曰:"仲尼之徒无道桓、文之事者,是以后世无传焉,臣未之闻也。无以,则王乎?"曰:"德何如,则可以王矣?"曰:"保民而王,莫之能御也。"曰:"若寡人者,可以保民乎哉?"曰:"可。"曰:"何由知吾可也?"曰:"臣闻之胡龁曰:'王坐于堂上,有牵牛而过堂下者。王见之,曰:'牛何之?'对曰:'将以衅钟。'王曰:'舍之!吾不忍其觳觫,若无罪而就死地。'对曰:'然则废衅钟与?'曰:'何可废也?以羊易之。'不识有诸?"曰:"有之。"曰:"是心足以王矣。百姓皆以王为爱也,臣固知王之不忍也。"王曰:"然。诚有百姓者。齐国虽褊小,吾何爱一牛?即不忍其觳觫,若无罪而就死地,故以羊易之也。"曰:"王无异于百姓之以王为爱也。以小易大,彼恶知之?王若隐其无罪而就死地,则牛羊何择焉?"王笑曰:"是诚何心哉?我非爱其财而易之以羊也。宜乎百姓之谓我爱也。”曰：“无伤也，是乃仁术也，见牛未见羊也。君子之于禽兽也，见其生，不忍见其死；闻其声，不忍食其肉。是以君子远庖厨也。”

王说曰：“诗云：‘他人有心，予忖度之。’夫子之谓也。夫我乃行之，反而求之，不得吾心。夫子言之，于我心有戚戚焉。此心之所以合于王者，何也？”曰：“有复于王者曰：‘吾力足以举百钧’，而不足以举一羽；‘明足以察秋毫之末’，而不见舆薪，则王许之乎？”曰：“否。”“今恩足以及禽兽，而功不至于百姓者，独何与？然则一羽之不举，为不用力焉；舆薪之不见，为不用明焉；百姓之不见保，为不用恩焉。故王之不王，不为也。非不能也。”曰：“不为者与不能者之形何以异？”曰：“挟太山以超北海，语人曰：‘我不能’，是诚不能也。为长者折枝，语人曰：‘我不能’，是不为也，非不能也。故王之不王，非挟太山以超北海之类也；王之不王，是折枝之类也。老吾老，以及人之老；幼吾幼，以及人之幼。天下可运于掌。诗云：‘刑于寡妻，至于兄弟，以御于家邦。’言举斯心加诸彼而已。故推恩足以保四海，不推恩无以保妻子。古之人所以大过人者无他焉，善推其所为而已矣。今恩足以及禽兽，而功不至于百姓者，独何与？权，然后知轻重；度，然后知长短。物皆然，心为甚。王请度之。

“抑王兴甲兵，危士臣，构怨于诸侯，然后快于心与？”王曰：“否。吾何快于是？将以求吾所大欲也。”曰：“王之所大欲，可得闻与？”王笑而不言。曰：“为肥甘不足于口与？轻暖不足于体与？抑为采色不足视于目与？声音不足听于耳与？便嬖不足使令于前与？王之诸臣皆足以供之，而王岂为是哉？”曰：“否。吾不为是也。”曰：“然则王之所大欲可知已。欲辟土地，朝秦楚，莅中国而抚四夷也。以若所为求若所欲，犹缘木而求鱼也。”王曰：“若是其甚与？”曰：“殆有甚焉。缘木求鱼，虽不得鱼，无后灾；以若所为，求若所欲，尽心力而为之，后必有灾。”曰：“可得闻与？”曰：“邹人与楚人战，则王以为孰胜？”曰：“楚人胜。”曰：“然则小固不可以敌大，寡固不可以敌众，弱固不可以敌强。海内之地方千里者九，齐集有其一。以一服八，何以异于邹敌楚哉？盖亦反其本矣。

“今王发政施仁，使天下仕者皆欲立于王之朝，耕者皆欲耕于王之野，商贾皆欲藏于王之市，行旅皆欲出于王之涂，天下之欲疾其君者，皆欲赴愬于王。其若是，孰能御之？”王曰：“吾惛，不能进于是矣。愿夫子辅吾志，明以教我。我虽不敏，请尝试之。”曰：“无恒产而有恒心者，惟士为能。若民，则无恒产，因无恒心。苟无恒心，放辟，邪侈，无不为已。及陷于罪，然后从而刑之，是罔民也。焉有仁人在位，罔民而可为也？是故明君制民之产，必使仰足以事父母，俯足以畜妻子，乐岁终身饱，凶年免于死亡。然后驱而之善，故民之从之也轻。今也制民之产，仰不足以事父母，俯不足以畜妻子，乐岁终身苦，凶年不免于死亡。此惟救死而恐不赡，奚暇治礼义哉？王欲行之，则盍反其本矣。五亩之宅，树以之桑，五十者可以衣帛矣；鸡豚狗彘之畜，无失其时，七十者可以食肉矣；百亩之田，勿夺其时，八口之家可以无饥矣；谨庠序之教，申之以孝悌之义，颁白者不负戴于道路矣。老者衣帛食肉，黎民不饥不寒，然而不王者，未之有也。”

梁惠王下

庄暴见孟子,曰:“暴见于王,王语暴以好乐,暴未有以对也。”曰:“好乐何如!”孟子曰:“王之好乐甚,则齐国其庶几乎!”他日,见于王曰:“王尝语庄子以好乐,有诸?”王变乎色,曰:“寡人非能好先王之乐也,直好世俗之乐耳。”曰:“王之好乐甚,则齐其庶几乎!今之乐犹古之乐也。”曰:“可得闻与?”曰:“独乐乐,与人乐乐,孰乐?”曰:“不若与人。”曰:“与少乐乐,与众乐乐,孰乐?”曰:“不若与众。”“臣请为王言乐:今王鼓乐于此,百姓闻王钟鼓之声,管龠之音,举疾首蹙頞而相告曰:‘吾王之好鼓乐,夫何使我至于此极也?父子不相见,兄弟妻子离散。’今王田猎于此,百姓闻王车马之音,见羽旄之美,举疾首蹙頞而相告曰:‘吾王之好田猎,夫何使我至于此极也?父子不相见,兄弟妻子离散。’此无他,不与民同乐也。今王鼓乐于此,百姓闻王钟鼓之声,管龠之音,举欣欣然有喜色而相告曰:‘吾王庶几无疾病与?何以能鼓乐也?’今王田猎于此,百姓闻王车马之音,见羽旄之美,举欣欣然有喜色而相告曰:‘吾王庶几无疾病与?何以能田猎也?’此无他,与民同乐也。今王与百姓同乐,则王矣。”

齐宣王问曰:“文王之囿方七十里,有诸?”孟子对曰:“于传有之。”曰:“若是其大乎?”曰:“民犹以为小也。”曰:“寡人之囿方四十里,民犹以为大,何也?”曰:“文王之囿方七十里,刍荛者往焉,雉兔者往焉,与民同之。民以为小,不亦宜乎?臣始至于境,问国之大禁,然后敢入。臣闻郊关之内有囿方四十里,杀其麋鹿者如杀人之罪。则是方四十里,为阱于国中,民以为大,不亦宜乎?”

齐宣王问曰:“交邻国有道乎?”孟子对曰:“有。惟仁者为能以大事小,是故汤事葛,文王事昆夷;惟智者为能以小事大,故大王事獯鬻,句践事吴。以大事小者,乐天者也;以小事大者,畏天者也。乐天者保天下,畏天者保其国。诗云:‘畏天之威,于时保之。’”王曰:“大哉言矣!寡人有疾,寡人好勇。”对曰:“王请无好小勇。夫抚剑疾视曰,‘彼恶敢当我哉’!此匹夫之勇,敌一人者也。王请大之!诗云:‘王赫斯怒,爰整其旅,以遏徂莒,以笃周祜,以对于天下。’此文王之勇也。文王一怒而安天下之民。书曰：'天降下民，作之君，作之师。惟曰其助上帝，宠之四方。有罪无罪，惟我在，天下曷敢有越厥志？'一人衡行于天下，武王耻之。此武王之勇也。而武王亦一怒而安天下之民。今王亦一怒而安天下之民，民惟恐王之不好勇也。"

齐宣王见孟子于雪宫。王曰："贤者亦有此乐乎？"孟子对曰："有。人不得，则非其上矣。不得而非其上者，非也；为民上而不与民同乐者，亦非也。乐民之乐者，民亦乐其乐；忧民之忧者，民亦忧其忧。乐以天下，忧以天下，然而不王者，未之有也。昔者齐景公问于晏子曰：'吾欲观于转附、朝舞，遵海而南，放于琅邪，吾何修而可以比于先王观也？'晏子对曰：'善哉问也！天子适诸侯曰巡狩，巡狩者巡所守也；诸侯朝于天子曰述职，述职者述所职也。无非事者。春省耕而补不足，秋省敛而助不给。夏谚曰："吾王不游，吾何以休？吾王不豫，吾何以助？一游一豫，为诸侯度。"今也不然：师行而粮食，饥者弗食，劳者弗息。睊睊胥谗，民乃作慝。方命虐民，饮食若流。流连荒亡，为诸侯忧。从流下而忘反谓之流，从流上而忘反谓之连，从兽无厌谓之荒，乐酒无厌谓之亡。先王无流连之乐，荒亡之行。惟君所行也。'景公说，大戒于国，出舍于郊。于是始兴发补不足。召大师曰：'为我作君臣相说之乐。'盖征招角招是也。其诗曰：'畜君何尤？'畜君者，好君也。"

齐宣王问曰："人皆谓我毁明堂。毁诸？已乎？"孟子对曰："夫明堂者，王者之堂也。王欲行王政，则勿毁之矣。"王曰："王政可得闻与？"对曰："昔者文王之治岐也，耕者九一，仕者世禄，关市讥而不征，泽梁无禁。罪人不孥。老而无妻曰鳏。老而无夫曰寡。老而无子曰独。幼而无父曰孤。此四者，天下之穷民而无告者。文王发政施仁，必先斯四者。诗云：'哿矣富人，哀此茕独。'"王曰："善哉言乎！"曰："王如善之，则何为不行？"王曰："寡人有疾，寡人好货。"对曰："昔者公刘好货。诗云：'乃积乃仓，乃裹糇粮，于橐于囊。思戢用光。弓矢斯张，干戈戚扬，爰方启行。'故居者有积仓，行者有裹囊也，然后可以爰方启行。王如好货，与百姓同之，于王何有？"王曰："寡人有疾，寡人好色。"对曰："昔者大王好色，爱厥妃。诗云：'古公亶父，来朝走马，率西水浒，至于岐下；爰及姜女，聿来胥宇。'当是时也，内无怨女，外无旷夫。王如好色，与百姓同之，于王何有？"

孟子谓齐宣王曰："王之臣有托其妻子于其友，而之楚游者，比其反也，则冻馁其妻子，则如之何？”王曰：“弃之。”曰：“士师不能治士，则如之何？”王曰：“已之。”曰：“四境之内不治，则如之何？”王顾左右而言他。

孟子见齐宣王曰：“所谓故国者，非谓有乔木之谓也，有世臣之谓也。王无亲臣矣，昔者所进，今日不知其亡也。”王曰：“吾何以识其不才而舍之？”曰：“国君进贤，如不得已，将使卑逾尊，疏逾戚，可不慎与？左右皆曰贤，未可也；诸大夫皆曰贤，未可也；国人皆曰贤，然后察之；见贤焉，然后用之。左右皆曰不可，勿听；诸大夫皆曰不可，勿听；国人皆曰不可，然后察之；见不可焉，然后去之。左右皆曰可杀，勿听；诸大夫皆曰可杀，勿听；国人皆曰可杀，然后察之；见可杀焉，然后杀之。故曰，国人杀之也。如此，然后可以为民父母。”

齐宣王问曰：“汤放桀，武王伐纣，有诸？”孟子对曰：“于传有之。”曰：“臣弑其君可乎？”曰：“贼仁者谓之贼，贼义者谓之残，残贼之人谓之一夫。闻诛一夫纣矣，未闻弑君也。”

孟子见齐宣王曰：“为巨室，则必使工师求大木。工师得大木，则王喜，以为能胜其任也。匠人斫而小之，则王怒，以为不胜其任矣。夫人幼而学之，壮而欲行之。王曰‘姑舍女所学而从我’，则何如？今有璞玉于此，虽万镒，必使玉人雕琢之。至于治国家，则曰‘姑舍女所学而从我’，则何以异于教玉人雕琢玉哉？”

齐人伐燕，胜之。宣王问曰：“或谓寡人勿取，或谓寡人取之。以万乘之国伐万乘之国，五旬而举之，人力不至于此。不取，必有天殃。取之，何如？”孟子对曰：“取之而燕民悦，则取之。古之人有行之者，武王是也。取之而燕民不悦，则勿取。古之人有行之者，文王是也。以万乘之国伐万乘之国，箪食壶浆，以迎王师。岂有他哉？避水火也。如水益深，如火益热，亦运而已矣。”

齐人伐燕，取之。诸侯将谋救燕。宣王曰：“诸侯多谋伐寡人者，何以待之？”孟子对曰：“臣闻七十里为政于天下者，汤是也。未闻以千里畏人者也。书曰：‘汤一征，自葛始。’天下信之。‘东面而征，西夷怨；南面而征，北狄怨。曰，奚为后我？’民望之，若大旱之望云霓也。归市者不止，耕者不变。诛其君而吊其民，若时雨降，民大悦。书曰：‘徯我后，后来其苏。’今燕虐其民，王往而征之。民以为将拯己于水火之中也，箪食壶浆，以迎王师。若杀其父兄，系累其子弟，毁其宗庙，迁其重器，如之何其可也？天下固畏齐之强也。今又倍地而不行仁政，是动天下之兵也。王速出令，反其旄倪，止其重器，谋于燕众，置君而后去之，则犹可及止也。”

邹与鲁哄。穆公问曰：“吾有司死者三十三人，而民莫之死也。诛之，则不可胜诛；不诛，则疾视其长上之死而不救，如之何则可也？”孟子对曰：“凶年饥岁，君之民老弱转乎沟壑，壮者散而之四方者，几千人矣；而君之仓廪实，府库充，有司莫以告，是上慢而残下也。曾子曰：‘戒之戒之！出乎尔者，反乎尔者也。’夫民今而后得反之也。君无尤焉。君行仁政，斯民亲其上、死其长矣。”

滕文公问曰：“滕，小国也，间于齐楚。事齐乎？事楚乎？”孟子对曰：“是谋非吾所能及也。无已，则有一焉：凿斯池也，筑斯城也，与民守之，效死而民弗去，则是可为也。”

滕文公问曰：“齐人将筑薛，吾甚恐。如之何则可？”孟子对曰：“昔者大王居邠，狄人侵之，去之岐山之下居焉。非择而取之，不得已也。苟为善，后世子孙必有王者矣。君子创业垂统，为可继也。若夫成功，则天也。君如彼何哉？强为善而已矣。”

滕文公问曰：“滕，小国也。竭力以事大国，则不得免焉。如之何则可？”孟子对曰：“昔者大王居邠，狄人侵之。事之以皮币，不得免焉；事之以犬马，不得免焉；事之以珠玉，不得免焉。乃属其耆老而告之曰：‘狄人之所欲者，吾土地也。吾闻之也：君子不以其所以养人者害人。二三子何患乎无君？我将去之。’去邠，逾梁山，邑于岐山之下居焉。邠人曰：‘仁人也，不可失也。’从之者如归市。或曰：‘世守也，非身之所能为也。效死勿去。’君请择于斯二者。”

鲁平公将出。嬖人臧仓者请曰：“他日君出，则必命有司所之。今乘舆已驾矣，有司未知所之。敢请。”公曰：“将见孟子。”曰：“何哉？君所为轻身以先于匹夫者，以为贤乎？礼义由贤者出。而孟子之后丧逾前丧。君无见焉！”公曰：“诺。”乐正子入见，曰：“君奚为不见孟轲也？”曰：“或告寡人曰，‘孟子之后丧逾前丧’，是以不往见也。”曰：“何哉君所谓逾者？前以士，后以大夫；前以三鼎，而后以五鼎与？”曰：“否。谓棺椁衣衾之美也。”曰：“非所谓逾也，贫富不同也。”乐正子见孟子，曰：“克告于君，君为来见也。嬖人有臧仓者沮君，君是以不果来也。”曰：“行或使之，止或尼之，行止，非人所能也。吾之不遇鲁侯，天也。臧氏之子焉能使予不遇哉？”

公孙丑上

公孙丑问曰:"夫子当路于齐,管仲、晏子之功,可复许乎?"孟子曰:"子诚齐人也,知管仲、晏子而已矣。或问乎曾西曰:'吾子与子路孰贤?'曾西蹴然曰:'吾先子之所畏也。'曰:'然则吾子与管仲孰贤?'曾西艴然不悦,曰:'尔何曾比予于管仲?管仲得君,如彼其专也;行乎国政,如彼其久也;功烈,如彼其卑也。尔何曾比予于是?'"曰:"管仲,曾西之所不为也,而子为我愿之乎?"曰:"管仲以其君霸,晏子以其君显。管仲、晏子犹不足为与?"曰:"以齐王,由反手也。"曰:"若是,则弟子之惑滋甚。且以文王之德,百年而后崩,犹未洽于天下;武王、周公继之,然后大行。今言王若易然,则文王不足法与?"曰:"文王何可当也?由汤至于武丁,贤圣之君六七作。天下归殷久矣,久则难变也。武丁朝诸侯有天下,犹运之掌也。纣之去武丁未久也,其故家遗俗,流风善政,犹有存者;又有微子、微仲、王子比干、箕子、胶鬲皆贤人也,相与辅相之,故久而后失之也。尺地莫非其有也,一民莫非其臣也,然而文王犹方百里起,是以难也。齐人有言曰:'虽有智慧,不如乘势;虽有镃基,不如待时。'今时则易然也。夏后、殷、周之盛,地未有过千里者也,而齐有其地矣;鸡鸣狗吠相闻,而达乎四境,而齐有其民矣。地不改辟矣,民不改聚矣,行仁政而王,莫之能御也。且王者之不作,未有疏于此时者也;民之憔悴于虐政,未有甚于此时者也。饥者易为食,渴者易为饮。孔子曰:'德之流行,速于置邮而传命。'当今之时,万乘之国行仁政,民之悦之,犹解倒悬也。故事半古之人,功必倍之,惟此时为然。"

公孙丑问曰:"夫子加齐之卿相,得行道焉,虽由此霸王不异矣。如此,则动心否乎?"孟子曰:"否。我四十不动心。"曰:"若是,则夫子过孟贲远矣。"曰:"是不难。告子先我不动心。"曰:"不动心有道乎?"曰:"有。北宫黝之养勇也,不肤挠,不目逃,思以一豪挫于人,若挞之于市朝。不受于褐宽博,亦不受于万乘之君。视刺万乘之君若刺褐夫。无严诸侯。恶声至,必反之。孟施舍之所养勇也,曰:'视不胜犹胜也。量敌而后进,虑胜而后会,是畏三军者也。舍岂能为必胜哉?

能无惧而已矣。’孟施舍似曾子，北宫黝似子夏。夫二子之勇，未知其孰贤，然而孟施舍守约也。昔者曾子谓子襄曰：‘子好勇乎？吾尝闻大勇于夫子矣：自反而不缩，虽褐宽博，吾不惴焉；自反而缩，虽千万人，吾往矣。’孟施舍之守气，又不如曾子之守约也。”曰：“敢问夫子之不动心，与告子之不动心，可得闻与？”“告子曰：‘不得于言，勿求于心；不得于心，勿求于气。’不得于心，勿求于气，可；不得于言，勿求于心，不可。夫志，气之帅也；气，体之充也。夫志至焉，气次焉。故曰：‘持其志，无暴其气。’”“既曰‘志至焉，气次焉’，又曰‘持其志，无暴其气’者，何也？”曰：“志壹则动气，气壹则动志也。今夫蹶者趋者，是气也，而反动其心。”“敢问夫子恶乎长？”曰：“我知言，我善养吾浩然之气。”“敢问何谓浩然之气？”曰：“难言也。其为气也，至大至刚，以直养而无害，则塞于天地之间。其为气也，配义与道；无是，馁也。是集义所生者，非义袭而取之也。行有不慊于心，则馁矣。我故曰，告子未尝知义，以其外之也。必有事焉而勿正，心勿忘，勿助长也。无若宋人然。宋人有闵其苗之不长而揠之者，芒芒然归。谓其人曰：‘今日病矣，予助苗长矣。’其子趋而往视之，苗则槁矣。天下之不助苗长者寡矣。以为无益而舍之者，不耘苗者也。助之长者，揠苗者也。非徒无益，而又害之。”“何谓知言？”曰：“诐辞知其所蔽，淫辞知其所陷，邪辞知其所离，遁辞知其所穷。生于其心，害于其政；发于其政，害于其事。圣人复起，必从吾言矣。”

“宰我、子贡善为说辞，冉牛、闵子、颜渊善言德行。孔子兼之，曰：‘我于辞命则不能也。’然则夫子既圣矣乎？”曰：“恶！是何言也？昔者子贡问于孔子曰：‘夫子圣矣乎？’孔子曰：‘圣则吾不能，我学不厌而教不倦也。’子贡曰：‘学不厌，智也；教不倦，仁也。仁且智，夫子既圣矣！’夫圣，孔子不居，是何言也？”“昔者窃闻之：子夏、子游、子张皆有圣人之一体，冉牛、闵子、颜渊则具体而微。敢问所安。”曰：“姑舍是。”

曰：“伯夷、伊尹何如？”曰：“不同道。非其君不事，非其民不使；治则进，乱则退，伯夷也。何事非君，何使非民，治亦进，乱亦进，伊尹也。可以仕则仕，可以止则止，可以久则久，可以速则速，孔子也。皆古圣人也，吾未能有行焉；乃所愿，则学孔子也。”“伯夷、伊尹于孔子，若是班乎？”曰：“否。自有生民以来，未有孔子也。”曰：“然则有同与？”曰：“有。得百里之地而君之，皆能以朝诸侯有天下。行一不义、杀一不辜而得天下，皆不为也。是则同。”曰：“敢问其所以异？”曰：“宰我、子贡、有若智足以知圣人。污，不至阿其所好。宰我曰：‘以予观于夫子，贤于尧舜远矣。’子贡曰：‘见其礼而知其政，闻其乐而知其德。由百世之后，等百世之王，莫之能违也。自生民以来，未有夫子也。’有若曰：‘岂惟民哉？麒麟之于走兽，凤凰之于飞鸟，太山之于丘垤，河海之于行潦，类也。圣人之于民，亦类也。出于其类，拔乎其萃，自生民以来，未有盛于孔子也。’”

孟子曰：“以力假仁者霸，霸必有大国，以德行仁者王，王不待大。汤以七十里，文王以百里。以力服人者，非心服也，力不赡也；以德服人者，中心悦而诚服也，如七十子之服孔子也。诗云：‘自西自东，自南自北，无思不服。’此之谓也。”

孟子曰：“仁则荣，不仁则辱。今恶辱而居不仁，是犹恶湿而居下也。如恶之，莫如贵德而尊士，贤者在位，能者在职。国家闲暇，及是时明其政刑。虽大国，必畏之矣。诗云：‘迨天之未阴雨，彻彼桑土，绸缪牖户。今此下民，或敢侮予？’孔子曰：‘为此诗者，其知道乎！能治其国家，谁敢侮之？’今国家闲暇，及是时般乐怠敖，是自求祸也。祸福无不自己求之者。诗云：‘永言配命，自求多福。’太甲曰：‘天作孽，犹可违；自作孽，不可活。’此之谓也。”

孟子曰：“尊贤使能，俊杰在位，则天下之士皆悦而愿立于其朝矣。市廛而不征，法而不廛，则天下之商皆悦而愿藏于其市矣。关讥而不征，则天下之旅皆悦而愿出于其路矣。耕者助而不税，则天下之农皆悦而愿耕于其野矣。廛无夫里之布，则天下之民皆悦而愿为之氓矣。信能行此五者，则邻国之民仰之若父母矣。率其子弟，攻其父母，自生民以来，未有能济者也。如此，则无敌于天下。无敌于天下者，天吏也。然而不王者，未之有也。”

孟子曰：“人皆有不忍人之心。先王有不忍人之心，斯有不忍人之政矣。以不忍人之心，行不忍人之政，治天下可运之掌上。所以谓人皆有不忍人之心者，今人乍见孺子将入于井，皆有怵惕恻隐之心。非所以内交于孺子之父母也，非所以要誉于乡党朋友也，非恶其声而然也。由是观之，无恻隐之心，非人也；无羞恶之心，非人也；无辞让之心，非人也；无是非之心，非人也。恻隐之心，仁之端也；羞恶之心，义之端也；辞让之心，礼之端也；是非之心，智之端也。人之有是四端也，犹其有四体也。有是四端而自谓不能者，自贼者也；谓其君不能者，贼其君者也。凡有四端于我者，知皆扩而充之矣，若火之始然，泉之始达。苟能充之，足以保四海；苟不充之，不足以事父母。”

孟子曰：“矢人岂不仁于函人哉？矢人唯恐不伤人，函人唯恐伤人。巫匠亦然，故术不可不慎也。孔子曰：‘里仁为美。择不处仁，焉得智？’夫仁，天之尊爵也，人之安宅也。莫之御而不仁，是不智也。不仁、不智、无礼、无义，人役也。人役而耻为役，由弓人而耻为弓，矢人而耻为矢也。如耻之，莫如为仁。仁者如射，射者正己而后发。发而不中，不怨胜己者，反求诸己而已矣。”

孟子曰：“子路，人告之以有过则喜。禹闻善言则拜。大舜有大焉，善与人同。舍己从人，乐取于人以为善。自耕、稼、陶、渔以至为帝，无非取于人者。取诸人以为善，是与人为善者也。故君子莫大乎与人为善。”

孟子曰：“伯夷，非其君不事，非其友不友。不立于恶人之朝，不与恶人言。立于恶人之朝，与恶人言，如以朝衣朝冠坐于涂炭。推恶恶之心，思与乡人立，其冠不正，望望然去之，若将浼焉。是故诸侯虽有善其辞命而至者，不受也。不受也者，是亦不屑就已。柳下惠，不羞污君，不卑小官。进不隐贤，必以其道。遗佚而不怨，厄穷而不悯。故曰：‘尔为尔，我为我，虽袒裼裸裎于我侧，尔焉能浼我哉？’故由由然与之偕而不自失焉，援而止之而止。援而止之而止者，是亦不屑去已。”孟子曰：“伯夷隘，柳下惠不恭。隘与不恭，君子不由也。”

公孙丑下

孟子曰："天时不如地利，地利不如人和。三里之城，七里之郭，环而攻之而不胜。夫环而攻之，必有得天时者矣；然而不胜者，是天时不如地利也。城非不高也，池非不深也，兵革非不坚利也，米粟非不多也，委而去之，是地利不如人和也。故曰：域民不以封疆之界，固国不以山溪之险，威天下不以兵革之利。得道者多助，失道者寡助。寡助之至，亲戚畔之；多助之至，天下顺之。以天下之所顺，攻亲戚之所畔，故君子有不战，战必胜矣。"

孟子将朝王。王使人来曰："寡人如就见者也，有寒疾，不可以风。朝将视朝，不识可使寡人得见乎？"对曰："不幸而有疾，不能造朝。"明日出吊于东郭氏。公孙丑曰："昔者辞以病，今日吊，或者不可乎？"曰："昔者疾，今日愈，如之何不吊？"王使人问疾，医来。孟仲子对曰："昔者有王命，有采薪之忧，不能造朝。今病小愈，趋造于朝，我不识能至否乎？"使数人要于路，曰："请必无归，而造于朝！"不得已而之景丑氏宿焉。

景子曰："内则父子，外则君臣，人之大伦也。父子主恩，君臣主敬。丑见王之敬子也，未见所以敬王也。"曰："恶！是何言也！齐人无以仁义与王言者，岂以仁义为不美也？其心曰'是何足与言仁义也'云尔，则不敬莫大乎是。我非尧舜之道，不敢以陈于王前，故齐人莫如我敬王也。"景子曰："否，非此之谓也。礼曰：'父召，无诺；君命召，不俟驾。'固将朝也，闻王命而遂不果，宜与夫礼若不相似然。"曰："岂谓是与？曾子曰：'晋楚之富，不可及也。彼以其富，我以吾仁；彼以其爵，我以吾义，吾何慊乎哉？'夫岂不义而曾子言之？是或一道也。天下有达尊三：爵一，齿一，德一。朝廷莫如爵，乡党莫如齿，辅世长民莫如德。恶得有其一，以慢其二哉？故将大有为之君，必有所不召之臣。欲有谋焉，则就之。其尊德乐道，不如是不足与有为也。故汤之于伊尹，学焉而后臣之，故不劳而王；桓公之于管仲，学焉而后臣之，故不劳而霸。今天下地丑德齐，莫能相尚。无他，好臣其所教，而不好臣其所受教。汤之于伊尹，桓公之于管仲，则不敢召。管仲且犹不可召，而况不为管仲者乎？”

陈臻问曰：“前日于齐，王馈兼金一百而不受；于宋，馈七十镒而受；于薛，馈五十镒而受。前日之不受是，则今日之受非也；今日之受是，则前日之不受非也。夫子必居一于此矣。”孟子曰：“皆是也。当在宋也，予将有远行。行者必以赆，辞曰：‘馈赆。’予何为不受？当在薛也，予有戒心。辞曰：‘闻戒。’故为兵馈之，予何为不受？若于齐，则未有处也。无处而馈之，是货之也。焉有君子而可以货取乎？”

孟子之平陆。谓其大夫曰：“子之持戟之士，一日而三失伍，则去之否乎？”曰：“不待三。”“然则子之失伍也亦多矣。凶年饥岁，子之民，老羸转于沟壑，壮者散而之四方者，几千人矣。”曰：“此非距心之所得为也。”曰：“今有受人之牛羊而为之牧之者，则必为之求牧与刍矣。求牧与刍而不得，则反诸其人乎？抑亦立而视其死与？”曰：“此则距心之罪也。”他日，见于王曰：“王之为都者，臣知五人焉。知其罪者，惟孔距心。为王诵之。”王曰：“此则寡人之罪也。”

孟子谓蚳蛙曰：“子之辞灵丘而请士师，似也，为其可以言也。今既数月矣，未可以言与？”蚳蛙谏于王而不用，致为臣而去。齐人曰：“所以为蚳蛙，则善矣；所以自为，则吾不知也。”公都子以告。曰：“吾闻之也：有官守者，不得其职则去；有言责者，不得其言则去。我无官守，我无言责也，则吾进退，岂不绰绰然有余裕哉？”

孟子为卿于齐，出吊于滕，王使盖大夫王驩为辅行。王驩朝暮见，反齐滕之路，未尝与之言行事也。公孙丑曰：“齐卿之位，不为小矣；齐滕之路，不为近矣。反之而未尝与言行事，何也？”曰：“夫既或治之，予何言哉？”

孟子自齐葬于鲁，反于齐，止于嬴。充虞请曰：“前日不知虞之不肖，使虞敦匠事。严，虞不敢请。今愿窃有请也，木若以美然。”曰：“古者棺椁无度，中古棺七寸，椁称之。自天子达于庶人。非直为观美也，然后尽于人心。不得，不可以为悦；无财，不可以为悦。得之为有财。古之人皆用之，吾何为独不然？且比化者，无使土亲肤，于人心独无恔乎？吾闻之君子：不以天下俭其亲。”

沈同以其私问曰：“燕可伐与？”孟子曰：“可。子哙不得与人燕，子之不得受燕于子哙。有仕于此，而子悦之，不告于王而私与之吾子之禄爵；夫士也，亦无王命而私受之于子，则可乎？何以异于是？”齐人伐燕。或问曰：“劝齐伐燕，有诸？”曰：“未也。沈同问‘燕可伐与’？

吾应之曰‘可’，彼然而伐之也。彼如曰‘孰可以伐之’？则将应之曰：‘为天吏，则可以伐之。’今有杀人者，或问之曰‘人可杀与’？则将应之曰‘可’。彼如曰‘孰可以杀之’？则将应之曰：‘为士师，则可以杀之。’今以燕伐燕，何为劝之哉？”

燕人畔。王曰：“吾甚惭于孟子。”陈贾曰：“王无患焉。王自以为与周公，孰仁且智？”王曰：“恶！是何言也？”曰：“周公使管叔监殷，管叔以殷畔。知而使之，是不仁也；不知而使之，是不智也。仁智，周公未之尽也，而况于王乎？贾请见而解之。”见孟子问曰：“周公何人也？”曰：“古圣人也。”曰：“使管叔监殷，管叔以殷畔也，有诸？”曰：“然。”曰：“周公知其将畔而使之与？”曰：“不知也。”“然则圣人且有过与？”曰：“周公，弟也；管叔，兄也。周公之过，不亦宜乎？且古之君子，过则改之；今之君子，过则顺之。古之君子，其过也，如日月之食，民皆见之；及其更也，民皆仰之。今之君子，岂徒顺之，又从为之辞。”

孟子致为臣而归。王就见孟子，曰：“前日愿见而不可得，得侍，同朝甚喜。今又弃寡人而归，不识可以继此而得见乎？”对曰：“不敢请耳，固所愿也。”他日，王谓时子曰：“我欲中国而授孟子室，养弟子以万钟，使诸大夫国人皆有所矜式。子盍为我言之？”时子因陈子而以告孟子，陈子以时子之言告孟子。孟子曰：“然。夫时子恶知其不可也？如使予欲富，辞十万而受万，是为欲富乎？季孙曰：‘异哉子叔疑！使己为政，不用，则亦已矣，又使其子弟为卿。人亦孰不欲富贵？而独于富贵之中，有私龙断焉。’古之为市也，以其所有易其所无者，有司者治之耳。有贱丈夫焉，必求龙断而登之，以左右望而罔市利。人皆以为贱，故从而征之。征商，自此贱丈夫始矣。”

孟子去齐，宿于昼。有欲为王留行者，坐而言。不应，隐几而卧。客不悦曰：“弟子齐宿而后敢言，夫子卧而不听，请勿复敢见矣。”曰：“坐！我明语子。昔者鲁缪公无人乎子思之侧，则不能安子思；泄柳、申详，无人乎缪公之侧，则不能安其身。子为长者虑，而不及子思，子绝长者乎？长者绝子乎？”

孟子去齐。尹士语人曰：“不识王之不可以为汤武，则是不明也；识其不可，然且至，则是干泽也。千里而见王，不遇故去。三宿而后出昼，是何濡滞也？士则兹不悦。”高子以告。曰：“夫尹士恶知予哉？千里而见王，是予所欲也；不遇故去，岂予所欲哉？予不得已也。予三宿而出昼，于予心犹以为速。王庶几改之！王如改诸，则必反予。

夫出昼而王不予追也，予然后浩然有归志。予虽然，岂舍王哉？王由足用为善。王如用予，则岂徒齐民安，天下之民举安。王庶几改之，予日望之。予岂若是小丈夫然哉？谏于其君而不受，则怒，悻悻然见于其面。去则穷日之力而后宿哉？”尹士闻之曰：“士诚小人也。”

孟子去齐。充虞路问曰：“夫子若有不豫色然。前日虞闻诸夫子曰：‘君子不怨天，不尤人。’”曰：“彼一时，此一时也。五百年必有王者兴，其间必有名世者。由周而来，七百有余岁矣。以其数则过矣，以其时考之则可矣。夫天，未欲平治天下也；如欲平治天下，当今之世，舍我其谁也？吾何为不豫哉？”

孟子去齐居休。公孙丑问曰：“仕而不受禄，古之道乎？”曰：“非也。于崇，吾得见王。退而有去志，不欲变，故不受也。继而有师命，不可以请。久于齐，非我志也。”

滕文公上

滕文公为世子，将之楚，过宋而见孟子。孟子道性善，言必称尧舜。世子自楚反，复见孟子。孟子曰："世子疑吾言乎？夫道一而已矣。成覸谓齐景公曰：'彼丈夫也，我丈夫也，吾何畏彼哉？'颜渊曰：'舜何人也？予何人也？有为者亦若是。'公明仪曰：'文王我师也，周公岂欺我哉？'今滕，绝长补短，将五十里也，犹可以为善国。书曰：'若药不瞑眩，厥疾不瘳。'"

滕定公薨。世子谓然友曰："昔者孟子尝与我言于宋，于心终不忘。今也不幸至于大故，吾欲使子问于孟子，然后行事。"然友之邹问于孟子。孟子曰："不亦善乎！亲丧固所自尽也。曾子曰：'生，事之以礼；死，葬之以礼，祭之以礼，可谓孝矣。'诸侯之礼，吾未之学也。虽然，吾尝闻之矣。三年之丧，斋疏之服，饘粥之食，自天子达于庶人，三代共之。"然友反命，定为三年之丧。父兄百官皆不欲也，曰："吾宗国鲁先君莫之行，吾先君亦莫之行也，至于子之身而反之，不可。且志曰：'丧祭从先祖。'"曰："吾有所受之也。"谓然友曰："吾他日未尝学问，好驰马试剑。今也父兄百官不我足也；恐其不能尽于大事，子为我问孟子。"然友复之邹问孟子。孟子曰："然，不可以他求者也。孔子曰：'君薨，听于冢宰。歠粥，面深墨。即位而哭，百官有司，莫敢不哀，先之也。'上有好者，下必有甚焉者矣。'君子之德，风也；小人之德，草也。草尚之风必偃。'是在世子。"然友反命。世子曰："然。是诚在我。"五月居庐，未有命戒。百官族人可谓曰知。及至葬，四方来观之，颜色之戚，哭泣之哀，吊者大悦。

滕文公问为国。孟子曰："民事不可缓也。诗云：'昼尔于茅，宵尔索綯；亟其乘屋，其始播百谷。'民之为道也，有恒产者有恒心，无恒产者无恒心。苟无恒心，放僻邪侈，无不为已。及陷乎罪，然后从而刑之，是罔民也。焉有仁人在位，罔民而可为也？是故贤君必恭俭礼下，取于民有制。阳虎曰：'为富不仁矣，为仁不富矣。'夏后氏五十而贡，殷人七十而助，周人百亩而彻，其实皆什一也。彻者，彻也；助者，藉也。龙子曰：'治地莫善于助，莫不善于贡。贡者校数岁之中以为常。乐岁，粒米狼戾，多取之而不为虐，则寡取之；凶年，粪其田而不足，则必取盈焉。为民父母，使民盻盻然，将终岁勤动，不得以养其父母，又称贷而益之。使老稚转乎沟壑，恶在其为民父母也？'夫世禄，滕固行之矣。诗云：'雨我公田，遂及我私。'惟助为有公田。由此观之，虽周亦助也。设为庠序学校以教之：庠者，养也；校者，教也；序者，射也。夏曰校，殷曰序，周曰庠，学则三代共之，皆所以明人伦也。人伦明于上，小民亲于下。有王者起，必来取法，是为王者师也。诗云：'周虽旧邦，其命惟新'，文王之谓也。子力行之，亦以新子之国。"

使毕战问井地。孟子曰："子之君将行仁政，选择而使子，子必勉之！夫仁政，必自经界始。经界不正，井地不钧，谷禄不平。是故暴君污吏必慢其经界。经界既正，分田制禄可坐而定也。夫滕壤地褊小，将为君子焉，将为野人焉。无君子莫治野人，无野人莫养君子。请野九一而助，国中什一使自赋。卿以下必有圭田，圭田五十亩。余夫二十五亩。死徙无出乡，乡田同井。出入相友，守望相助，疾病相扶持，则百姓亲睦。方里而井，井九百亩，其中为公田。八家皆私百亩，同养公田。公事毕，然后敢治私事，所以别野人也。此其大略也。若夫润泽之，则在君与子矣。"

有为神农之言者许行，自楚之滕，踵门而告文公曰："远方之人闻君行仁政，愿受一廛而为氓。"文公与之处。其徒数十人，皆衣褐，捆屦、织席以为食。陈良之徒陈相与其弟辛，负耒耜而自宋之滕，曰："闻君行圣人之政，是亦圣人也，愿为圣人氓。"陈相见许行而大悦，尽弃其学而学焉。

陈相见孟子，道许行之言曰："滕君，则诚贤君也；虽然，未闻道也。贤者与民并耕而食，饔飧而治。今也滕有仓廪府库，则是厉民而以自养也，恶得贤？"孟子曰："许子必种粟而后食乎？"曰："然。""许子必织布而后衣乎？"曰："否。许子衣褐。""许子冠乎？"曰："冠。"曰："奚冠？"曰："冠素。"曰："自织之与？"曰："否。以粟易之。"曰："许子奚为不自织？"曰："害于耕。"曰："许子以釜甑爨，以铁耕乎？"曰："然。""自为之与？"曰："否。以粟易之。""以粟易械器者，不为厉陶冶；陶冶亦以其械器易粟者，岂为厉农夫哉？且许子何不为陶冶，舍皆取诸其宫中而用之？何为纷纷然与百工交易？何许子之不惮烦？"曰："百工之事，固不可耕且为也。""然则治天下独可耕且为与？有大人之事，有小人之事。且一人之身，而百工之所为备。如必自为而后用之，是率天下而路也。故曰：或劳心，或劳力；劳心者治人，劳力者治于人；治于人者食人，治人者食于人——天下之通义也。

“当尧之时，天下犹未平，洪水横流，泛滥于天下。草木畅茂，禽兽繁殖，五谷不登，禽兽逼人。兽蹄鸟迹之道，交于中国。尧独忧之，举舜而敷治焉。舜使益掌火，益烈山泽而焚之，禽兽逃匿。禹疏九河，瀹济漯，而注诸海；决汝汉，排淮泗，而注之江，然后中国可得而食也。当是时也，禹八年于外，三过其门而不入，虽欲耕，得乎？后稷教民稼穑。树艺五谷，五谷熟而民人育。人之有道也，饱食、暖衣、逸居而无教，则近于禽兽。圣人有忧之，使契为司徒，教以人伦：父子有亲，君臣有义，夫妇有别，长幼有序，朋友有信。放勋曰：‘劳之来之，匡之直之，辅之翼之，使自得之，又从而振德之。’圣人之忧民如此，而暇耕乎？尧以不得舜为己忧，舜以不得禹、皋陶为己忧。夫以百亩之不易为己忧者，农夫也。分人以财谓之惠，教人以善谓之忠，为天下得人者谓之仁。是故以天下与人易，为天下得人难。孔子曰：‘大哉，尧之为君！惟天为大，惟尧则之，荡荡乎民无能名焉！君哉舜也！巍巍乎有天下而不与焉！’尧舜之治天下，岂无所用其心哉？亦不用于耕耳。

“吾闻用夏变夷者，未闻变于夷者也。陈良，楚产也，悦周公、仲尼之道，北学于中国。北方之学者，未能或之先也。彼所谓豪杰之士也。子之兄弟事之数十年，师死而遂倍之。昔者孔子没，三年之外，门人治任将归，入揖于子贡，相向而哭，皆失声，然后归。子贡反，筑室于场，独居三年，然后归。他日，子夏、子张、子游以有若似圣人，欲以所事孔子事之，强曾子。曾子曰：‘不可。江汉以濯之，秋阳以暴之，皜皜乎不可尚已。’今也南蛮鴃舌之人，非先王之道，子倍子之师而学之，亦异于曾子矣。吾闻出于幽谷迁于乔木者，未闻下乔木而入于幽谷者。鲁颂曰：‘戎狄是膺，荆舒是惩。’周公方且膺之，子是之学，亦为不善变矣。”“从许子之道，则市贾不贰，国中无伪。虽使五尺之童适市，莫之或欺。布帛长短同，则贾相若；麻缕丝絮轻重同，则贾相若；五谷多寡同，则贾相若；屦大小同，则贾相若。”曰：“夫物之不齐，物之情也。或相倍蓰，或相什百，或相千万。子比而同之，是乱天下也。巨屦小屦同贾，人岂为之哉？从许子之道，相率而为伪者也，恶能治国家？”

墨者夷之，因徐辟而求见孟子。孟子曰：“吾固愿见，今吾尚病，病愈，我且往见。"夷子不来。他日又求见孟子。孟子曰："吾今则可以见矣。不直，则道不见，我且直之。吾闻夷子墨者。墨之治丧也，以薄为其道也。夷子思以易天下，岂以为非是而不贵也？然而夷子葬其亲厚，则是以所贱事亲也。"徐子以告夷子。夷子曰："儒者之道，古之人'若保赤子'，此言何谓也？之则以为爱无差等，施由亲始。"徐子以告孟子。孟子曰："夫夷子，信以为人之亲其兄之子为若亲其邻之赤子乎？彼有取尔也。赤子匍匐将入井，非赤子之罪也。且天之生物也，使之一本，而夷子二本故也。盖上世尝有不葬其亲者。其亲死，则举而委之于壑。他日过之，狐狸食之，蝇蚋姑嘬之。其颡有泚，睨而不视。夫泚也，非为人泚，中心达于面目。盖归反虆梩而掩之。掩之诚是也，则孝子仁人之掩其亲，亦必有道矣。"徐子以告夷子。夷子怃然为间曰："命之矣。"

滕文公下

陈代曰："不见诸侯，宜若小然。今一见之，大则以王，小则以霸。且志曰：'枉尺而直寻'，宜若可为也。"孟子曰："昔齐景公田，招虞人以旌，不至，将杀之。志士不忘在沟壑，勇士不忘丧其元。孔子奚取焉？取非其招不往也，如不待其招而往，何哉？且夫枉尺而直寻者，以利言也。如以利，则枉寻直尺而利，亦可为与？昔者赵简子使王良与嬖奚乘，终日而不获一禽。嬖奚反命曰：'天下之贱工也。'或以告王良。良曰：'请复之。'强而后可，一朝而获十禽。嬖奚反命曰：'天下之良工也。'简子曰：'我使掌与女乘。'谓王良。良不可，曰：'吾为之范我驰驱，终日不获一；为之诡遇，一朝而获十。诗云："不失其驰，舍矢如破。"我不贯与小人乘，请辞。'御者且羞与射者比。比而得禽兽，虽若丘陵，弗为也。如枉道而从彼，何也？且子过矣，枉己者，未有能直人者也。"

景春曰："公孙衍、张仪岂不诚大丈夫哉？一怒而诸侯惧，安居而天下熄。"孟子曰："是焉得为大丈夫乎？子未学礼乎？丈夫之冠也，父命之；女子之嫁也，母命之，往送之门，戒之曰：'往之女家，必敬必戒，无违夫子！'以顺为正者，妾妇之道也。居天下之广居，立天下之正位，行天下之大道。得志与民由之，不得志独行其道。富贵不能淫，贫贱不能移，威武不能屈。此之谓大丈夫。"

周霄问曰："古之君子仕乎？"孟子曰："仕。传曰：'孔子三月无君，则皇皇如也，出疆必载质。'公明仪曰：'古之人三月无君则吊。'""三月无君则吊，不以急乎？"曰："士之失位也，犹诸侯之失国家也。礼曰：'诸侯耕助，以供粢盛；夫人蚕缫，以为衣服。牺牲不成，粢盛不洁，衣服不备，不敢以祭。惟士无田，则亦不祭。'牲杀器皿衣服不备，不敢以祭，则不敢以宴，亦不足吊乎？""出疆必载质，何也？"曰："士之仕也，犹农夫之耕也，农夫岂为出疆舍其耒耜哉？"曰："晋国亦仕国也，未尝闻仕如此其急。仕如此其急也，君子之难仕，何也？"曰："丈夫生而愿为之有室，女子生而愿为之有家。父母之心，人皆有之。不待父母之命、媒妁之言，钻穴隙相窥，逾墙相从，则父母国人皆贱之。

古之人未尝不欲仕也，又恶不由其道。不由其道而往者，与钻穴隙之类也。”

彭更问曰：“后车数十乘，从者数百人，以传食于诸侯，不以泰乎？”孟子曰：“非其道，则一箪食不可受于人；如其道，则舜受尧之天下，不以为泰，子以为泰乎？”曰：“否。士无事而食，不可也。”曰：“子不通功易事，以羡补不足，则农有余粟，女有余布；子如通之，则梓匠轮舆皆得食于子。于此有人焉，入则孝，出则悌，守先王之道，以待后之学者，而不得食于子。子何尊梓匠轮舆而轻为仁义者哉？”曰：“梓匠轮舆，其志将以求食也；君子之为道也，其志亦将以求食与？”曰：“子何以其志为哉？其有功于子，可食而食之矣。且子食志乎？食功乎？”曰：“食志。”曰：“有人于此，毁瓦画墁，其志将以求食也，则子食之乎？”曰：“否。”曰：“然则子非食志也，食功也。”

万章问曰：“宋，小国也。今将行王政，齐楚恶而伐之，则如之何？”孟子曰：“汤居亳，与葛为邻，葛伯放而不祀。汤使人问之曰：‘何为不祀？’曰：‘无以供牺牲也。’汤使遗之牛羊。葛伯食之，又不以祀。汤又使人问之曰：‘何为不祀？’曰：‘无以供粢盛也。’汤使亳众往为之耕，老弱馈食。葛伯率其民，要其有酒食黍稻者夺之，不授者杀之。有童子以黍肉饷，杀而夺之。书曰：‘葛伯仇饷。’此之谓也。为其杀是童子而征之，四海之内皆曰：‘非富天下也，为匹夫匹妇复仇也。’‘汤始征，自葛载’，十一征而无敌于天下。东面而征，西夷怨；南面而征，北狄怨，曰：‘奚为后我？’民之望之，若大旱之望雨也。归市者弗止，芸者不变，诛其君，吊其民，如时雨降，民大悦。书曰：‘徯我后，后来其无罚。’‘有攸不惟臣，东征，绥厥士女，匪厥玄黄，绍我周王见休，惟臣附于大邑周。’其君子实玄黄于匪以迎其君子，其小人箪食壶浆以迎其小人，救民于水火之中，取其残而已矣。太誓曰：‘我武惟扬，侵于之疆，则取于残，杀伐用张，于汤有光。’不行王政云尔，苟行王政，四海之内皆举首而望之，欲以为君。齐楚虽大，何畏焉？”

孟子谓戴不胜曰：“子欲子之王之善与？我明告子。有楚大夫于此，欲其子之齐语也，则使齐人傅诸？使楚人傅诸？”曰：“使齐人傅之。”曰：“一齐人傅之，众楚人咻之，虽日挞而求其齐也，不可得矣；引而置之庄岳之间数年，虽日挞而求其楚，亦不可得矣。子谓薛居州，善士也，使之居于王所。在于王所者，长幼卑尊，皆薛居州也，王谁与为不善？在王所者，长幼卑尊，皆非薛居州也，王谁与为善？一薛居州，独如宋王何？”

公孙丑问曰：“不见诸侯何义？”孟子曰：“古者不为臣不见。段干木逾垣而辟之，泄柳闭门而不内，是皆已甚。迫，斯可以见矣。阳货欲见孔子而恶无礼。大夫有赐于士，不得受于其家，则往拜其门。阳货瞰孔子之亡也，而馈孔子蒸豚；孔子亦瞰其亡也，而往拜之。当是时，阳货先，岂得不见？曾子曰：‘胁肩谄笑，病于夏畦。’子路曰：‘未同而言，观其色赧赧然，非由之所知也。’由是观之，则君子之所养可知已矣。”

戴盈之曰：“什一，去关市之征，今兹未能。请轻之，以待来年，然后已，何如？”孟子曰：“今有人日攘其邻之鸡者，或告之曰：‘是非君子之道。’曰：‘请损之，月攘一鸡，以待来年，然后已。’如知其非义，斯速已矣，何待来年。”

公都子曰：“外人皆称夫子好辩，敢问何也？”孟子曰：“予岂好辩哉？予不得已也。天下之生久矣，一治一乱。当尧之时，水逆行，泛滥于中国。蛇龙居之，民无所定。下者为巢，上者为营窟。书曰：‘洚水警余。’洚水者，洪水也。使禹治之，禹掘地而注之海，驱蛇龙而放之菹。水由地中行，江、淮、河、汉是也。险阻既远，鸟兽之害人者消，然后人得平土而居之。尧舜既没，圣人之道衰。暴君代作，坏宫室以为污池，民无所安息；弃田以为园囿，使民不得衣食。邪说暴行又作。园囿、污池、沛泽多而禽兽至。及纣之身，天下又大乱。周公相武王，诛纣伐奄，三年讨其君，驱飞廉于海隅而戮之。灭国者五十；驱虎、豹、犀、象而远之。天下大悦。书曰：‘丕显哉，文王谟！丕承哉，武王烈！佑启我后人，咸以正无缺。’世衰道微，邪说暴行有作，臣弑其君者有之，子弑其父者有之。孔子惧，作春秋。春秋，天子之事也。是故孔子曰：‘知我者其惟春秋乎！罪我者其惟春秋乎！’圣王不作，诸侯放恣，处士横议。杨朱、墨翟之言盈天下。天下之言，不归杨，则归墨。杨氏为我，是无君也；墨氏兼爱，是无父也。无父无君，是禽兽也。公明仪曰：‘庖有肥肉，厩有肥马，民有饥色，野有饿莩，此率兽而食人也。’杨墨之道不息，孔子之道不著，是邪说诬民，充塞仁义也。仁义充塞，则率兽食人，人将相食。吾为此惧，闲先圣之道，距杨墨，放淫辞，邪说者不得作。作于其心，害于其事；作于其事，害于其政。圣人复起，不易吾言矣。昔者禹抑洪水而天下平，周公兼夷狄驱猛兽而百姓宁，孔子成春秋而乱臣贼子惧。诗云：‘戎狄是膺，荆舒是惩；

则莫我敢承。'无父无君，是周公所膺也。我亦欲正人心，息邪说，距诐行，放淫辞，以承三圣者。岂好辩哉？予不得已也。能言距杨墨者，圣人之徒也。"

匡章曰："陈仲子岂不诚廉士哉？居于陵，三日不食，耳无闻，目无见也。井上有李，螬食实者过半矣，匍匐往将食之，三咽，然后耳有闻，目有见。"孟子曰："于齐国之士，吾必以仲子为巨擘焉。虽然，仲子恶能廉？充仲子之操，则蚓而后可者也。夫蚓，上食槁壤，下饮黄泉。仲子所居之室，伯夷之所筑与？抑亦盗跖之所筑与？所食之粟，伯夷之所树与？抑亦盗跖之所树与？是未可知也。"曰："是何伤哉？彼身织屦，妻辟纑，以易之也。"曰："仲子，齐之世家也。兄戴，盖禄万钟。以兄之禄为不义之禄而不食也，以兄之室为不义之室而不居也，辟兄离母，处于于陵。他日归，则有馈其兄生鹅者，己频颦曰：'恶用是鶃鶃者为哉？'他日其母杀是鹅也，与之食之。其兄自外至，曰：'是鶃鶃之肉也。'出而哇之。以母则不食，以妻则食之；以兄之室则弗居，以于陵则居之。是尚为能充其类也乎？若仲子者，蚓而后充其操者也。"

离娄上

孟子曰："离娄之明，公输子之巧，不以规矩，不能成方员；师旷之聪，不以六律，不能正五音；尧舜之道，不以仁政，不能平治天下。今有仁心仁闻而民不被其泽，不可法于后世者，不行先王之道也。故曰：徒善不足以为政，徒法不能以自行。诗云：'不愆不忘，率由旧章。'遵先王之法而过者，未之有也。圣人既竭目力焉，继之以规矩准绳，以为方员平直，不可胜用也；既竭耳力焉，继之以六律，正五音，不可胜用也；既竭心思焉，继之以不忍人之政，而仁覆天下矣。故曰：为高必因丘陵，为下必因川泽。为政不因先王之道，可谓智乎？是以惟仁者宜在高位。不仁而在高位，是播其恶于众也。上无道揆也，下无法守也，朝不信道，工不信度，君子犯义，小人犯刑，国之所存者幸也。故曰：城郭不完，兵甲不多，非国之灾也；田野不辟，货财不聚，非国之害也。上无礼，下无学，贼民兴，丧无日矣。诗曰：'天之方蹶，无然泄泄。'泄泄，犹沓沓也。事君无义，进退无礼，言则非先王之道者，犹沓沓也。故曰：责难于君谓之恭，陈善闭邪谓之敬，吾君不能谓之贼。"

孟子曰："规矩，方员之至也；圣人，人伦之至也。欲为君尽君道欲为臣尽臣道，二者皆法尧舜而已矣。不以舜之所以事尧事君，不敬其君者也；不以尧之所以治民治民，贼其民者也。孔子曰：'道二：仁与不仁而已矣。'暴其民甚，则身弑国亡；不甚，则身危国削，名之曰'幽厉'，虽孝子慈孙，百世不能改也。诗云：'殷鉴不远，在夏后之世。'此之谓也。"

孟子曰："三代之得天下也以仁，其失天下也以不仁。国之所以废兴存亡者亦然。天子不仁，不保四海；诸侯不仁，不保社稷；卿大夫不仁，不保宗庙；士庶人不仁，不保四体。今恶死亡而乐不仁，是犹恶醉而强酒。"

孟子曰："爱人不亲反其仁，治人不治反其智，礼人不答反其敬。行有不得者，皆反求诸己，其身正而天下归之。诗云：'永言配命，自求多福。'"

孟子曰："人有恒言，皆曰'天下国家'。天下之本在国，国之本在家，家之本在身。”

孟子曰：“为政不难，不得罪于巨室。巨室之所慕，一国慕之；一国之所慕，天下慕之；故沛然德教溢乎四海。”

孟子曰：“天下有道，小德役大德，小贤役大贤；天下无道，小役大，弱役强。斯二者天也，顺天者存，逆天者亡。齐景公曰：‘既不能令，又不受命，是绝物也。’涕出而女于吴。今也小国师大国而耻受命焉，是犹弟子而耻受命于先师也。如耻之，莫若师文王。师文王，大国五年，小国七年，必为政于天下矣。诗云：‘商之孙子，其丽不亿。上帝既命，侯于周服。侯服于周，天命靡常。殷士肤敏，祼将于京。’孔子曰：‘仁不可为众也。夫国君好仁，天下无敌。’今也欲无敌于天下而不以仁，是犹执热而不以濯也。诗云：‘谁能执热，逝不以濯？’”

孟子曰：“不仁者可与言哉？安其危而利其菑，乐其所以亡者。不仁而可与言，则何亡国败家之有？有孺子歌曰：‘沧浪之水清兮，可以濯我缨；沧浪之水浊兮，可以濯我足。’孔子曰：‘小子听之！清斯濯缨，浊斯濯足矣，自取之也。’夫人必自侮，然后人侮之；家必自毁，而后人毁之；国必自伐，而后人伐之。太甲曰：‘天作孽，犹可违；自作孽，不可活。’此之谓也。”

孟子曰：“桀纣之失天下也，失其民也；失其民者，失其心也。得天下有道：得其民，斯得天下矣；得其民有道：得其心，斯得民矣；得其心有道：所欲与之聚之；所恶勿施尔也。民之归仁也，犹水之就下，兽之走圹也。故为渊驱鱼者，獭也；为丛驱爵者，鹯也；为汤武驱民者，桀与纣也。今天下之君有好仁者，则诸侯皆为之驱矣。虽欲无王，不可得已。今之欲王者，犹七年之病求三年之艾也。苟为不畜，终身不得。苟不志于仁，终身忧辱，以陷于死亡。诗云：‘其何能淑，载胥及溺’，此之谓也。”

孟子曰：“自暴者，不可与有言也；自弃者，不可与有为也。言非礼义，谓之自暴也；吾身不能居仁由义，谓之自弃也。仁，人之安宅也；义，人之正路也。旷安宅而弗居，舍正路而不由，哀哉！”

孟子曰：“道在迩而求诸远，事在易而求诸难。人人亲其亲、长其长，而天下平。”

孟子曰：“居下位而不获于上，民不可得而治也。获于上有道：不信于友，弗获于上矣；信于友有道：事亲弗悦，弗信于友矣；悦亲有道：反身不诚，不悦于亲矣；诚身有道：不明乎善，不诚其身矣。是故诚者，天之道也；思诚者，人之道也。至诚而不动者，未之有也。不诚，未有能动者也。”

孟子曰：“伯夷辟纣，居北海之滨，闻文王作，兴曰：‘盍归乎来！吾闻西伯善养老者。’太公辟纣，居东海之滨，闻文王作，兴曰：‘盍归乎来！吾闻西伯善养老者。’二老者，天下之大老也，而归之，是天下之父归之也。天下之父归之，其子焉往？诸侯有行文王之政者，七年之内，必为政于天下矣。”

孟子曰：“求也为季氏宰，无能改于其德，而赋粟倍他日。孔子曰：‘求非我徒也，小子鸣鼓而攻之，可也。’由此观之，君不行仁政而富之，皆弃于孔子者也，况于为之强战？争地以战，杀人盈野；争城以战，杀人盈城。此所谓率土地而食人肉，罪不容于死。故善战者服上刑，连诸侯者次之，辟草莱、任土地者次之。”

孟子曰：“存乎人者，莫良于眸子。眸子不能掩其恶。胸中正，则眸子瞭焉；胸中不正，则眸子眊焉。听其言也，观其眸子，人焉廋哉？”

孟子曰：“恭者不侮人，俭者不夺人。侮夺人之君，惟恐不顺焉，恶得为恭俭？恭俭岂可以声音笑貌为哉？”

淳于髡曰：“男女授受不亲，礼与？”孟子曰：“礼也。”曰：“嫂溺则援之以手乎？”曰：“嫂溺不援，是豺狼也。男女授受不亲，礼也。嫂溺援之以手者，权也。”曰：“今天下溺矣，夫子之不援，何也？”曰：“天下溺，援之以道；嫂溺，援之以手。子欲手援天下乎？”

公孙丑曰：“君子之不教子，何也？”孟子曰：“势不行也。教者必以正，以正不行，继之以怒；继之以怒，则反夷矣。‘夫子教我以正，夫子未出于正也。’则是父子相夷也。父子相夷，则恶矣。古者易子而教之。父子之间不责善。责善则离，离则不祥莫大焉。”

孟子曰：“事孰为大？事亲为大；守孰为大？守身为大。不失其身而能事其亲者，吾闻之矣；失其身而能事其亲者，吾未之闻也。孰不为事？事亲，事之本也；孰不为守？守身，守之本也。曾子养曾晳，必有酒肉。将彻，必请所与。问有余，必曰‘有’。曾晳死，曾元养曾子，必有酒肉。将彻，不请所与。问有余，曰‘亡矣’。将以复进也，此所谓养口体者也。若曾子，则可谓养志也。事亲若曾子者，可也。”

孟子曰：“人不足与适也，政不足间也。惟大人为能格君心之非。君仁莫不仁，君义莫不义，君正莫不正。一正君而国定矣。”

孟子曰：“有不虞之誉，有求全之毁。”

孟子曰："人之易其言也，无责耳矣。"

孟子曰："人之患在好为人师。"

乐正子从于子敖之齐。乐正子见孟子。孟子曰："子亦来见我乎？"曰："先生何为出此言也？"曰："子来几日矣？"曰："昔者。"曰："昔者，则我出此言也，不亦宜乎？"曰："舍馆未定。"曰："子闻之也，舍馆定，然后求见长者乎？"曰："克有罪。"

孟子谓乐正子曰："子之从于子敖来，徒餔啜也。我不意子学古之道，而以餔啜也。"

孟子曰："不孝有三，无后为大。舜不告而娶，为无后也，君子以为犹告也。"

孟子曰："仁之实，事亲是也；义之实，从兄是也。智之实，知斯二者弗去是也；礼之实，节文斯二者是也；乐之实，乐斯二者，乐则生矣；生则恶可已也，恶可已，则不知足之蹈之、手之舞之。"

孟子曰："天下大悦而将归己。视天下悦而归己，犹草芥也，惟舜为然。不得乎亲，不可以为人；不顺乎亲，不可以为子。舜尽事亲之道而瞽瞍厎豫，瞽瞍厎豫而天下化，瞽瞍厎豫而天下之为父子者定，此之谓大孝。"

离娄下

孟子曰："舜生于诸冯，迁于负夏，卒于鸣条，东夷之人也。文王生于岐周，卒于毕郢，西夷之人也。地之相去也，千有余里；世之相后也，千有余岁。得志行乎中国，若合符节。先圣后圣，其揆一也。"

子产听郑国之政，以其乘舆济人于溱洧。孟子曰："惠而不知为政。岁十一月徒杠成，十二月舆梁成，民未病涉也。君子平其政，行辟人可也；焉得人人而济之？故为政者，每人而悦之，日亦不足矣。"

孟子告齐宣王曰："君之视臣如手足，则臣视君如腹心；君之视臣如犬马，则臣视君如国人；君之视臣如土芥，则臣视君如寇雠。"王曰："礼，为旧君有服，何如斯可为服矣？"曰："谏行言听，膏泽下于民；有故而去，则君使人导之出疆，又先于其所往；去三年不反，然后收其田里。此之谓三有礼焉。如此，则为之服矣。今也为臣，谏则不行，言则不听；膏泽不下于民；有故而去，则君搏执之，又极之于其所往；去之日，遂收其田里。此之谓寇雠。寇雠何服之有？"

孟子曰："无罪而杀士，则大夫可以去；无罪而戮民，则士可以徙。"

孟子曰："君仁莫不仁，君义莫不义。"

孟子曰："非礼之礼，非义之义，大人弗为。"

孟子曰："中也养不中，才也养不才，故人乐有贤父兄也。如中也弃不中，才也弃不才，则贤不肖之相去，其间不能以寸。"

孟子曰："人有不为也，而后可以有为。"

孟子曰："言人之不善，当如后患何？"

孟子曰："仲尼不为已甚者。"

孟子曰："大人者，言不必信，行不必果，惟义所在。"

孟子曰："大人者，不失其赤子之心者也。"

孟子曰："养生者不足以当大事，惟送死可以当大事。"

孟子曰："君子深造之以道，欲其自得之也。自得之，则居之安；居之安，则资之深；资之深，则取之左右逢其原，故君子欲其自得之也。"

孟子曰："博学而详说之，将以反说约也。"

孟子曰："以善服人者，未有能服人者也；以善养人，然后能服天下。天下不心服而王者，未之有也。"

孟子曰："言无实不详。不详之实，蔽贤者当之。"

徐子曰："仲尼亟称于水，曰：'水哉！水哉！'何取于水也？"孟子曰："原泉混混，不舍昼夜，盈科而后进，放乎四海，有本者如是，是之取尔。苟为无本，七八月之间雨集，沟浍皆盈；其涸也，可立而待也。故声闻过情，君子耻之。"

孟子曰："人之所以异于禽兽者几希，庶民去之，君子存之。舜明于庶物，察于人伦，由仁义行，非行仁义也。"

孟子曰："禹恶旨酒而好善言。汤执中，立贤无方。文王视民如伤，望道而未之见。武王不泄迩，不忘远。周公思兼三王，以施四事；其有不合者，仰而思之，夜以继日；幸而得之，坐以待旦。"

孟子曰："王者之迹熄而诗亡，诗亡然后春秋作。晋之乘、楚之梼杌、鲁之春秋，一也。其事则齐桓、晋文，其文则史。孔子曰：'其义则丘窃取之矣。'"

孟子曰："君子之泽五世而斩，小人之泽五世而斩。予未得为孔子徒也，予私淑诸人也。"

孟子曰："可以取，可以无取，取伤廉；可以与，可以无与，与伤惠；可以死，可以无死，死伤勇。"

逄蒙学射于羿，尽羿之道，思天下惟羿为愈已，于是杀羿。孟子曰："是亦羿有罪焉。"公明仪曰："宜若无罪焉。"曰："薄乎云尔，恶得无罪？郑人使子濯孺子侵卫，卫使庾公之斯追之。子濯孺子曰：'今日我疾作，不可以执弓，吾死矣夫！'问其仆曰：'追我者谁也？'其仆曰：'庾公之斯也。'曰：'吾生矣。'其仆曰：'庾公之斯，卫之善射者也，夫子曰"吾生"，何谓也？'曰：'庾公之斯学射于尹公之他，尹公之他学射于我。夫尹公之他，端人也，其取友必端矣。'庾公之斯至，曰：'夫子何为不执弓？'曰：'今日我疾作，不可以执弓。'曰：'小人学射于尹公之他，尹公之他学射于夫子。我不忍以夫子之道反害夫子。虽然，今日之事，君事也，我不敢废。'抽矢扣轮，去其金，发乘矢而后反。"

孟子曰："西子蒙不洁，则人皆掩鼻而过之。虽有恶人，斋戒沐浴，则可以祀上帝。"

孟子曰："天下之言性也，则故而已矣，故者以利为本。所恶于智者，为其凿也。如智者若禹之行水也，则无恶于智矣。禹之行水也，行其所无事也。如智者亦行其所无事，则智亦大矣。天之高也，星辰之远也，苟求其故，千岁之日至，可坐而致也。”

公行子有子之丧，右师往吊。入门，有进而与右师言者，有就右师之位而与右师言者。孟子不与右师言，右师不悦曰：“诸君子皆与驩言，孟子独不与驩言，是简驩也。”孟子闻之，曰：“礼，朝廷不历位而相与言，不逾阶而相揖也。我欲行礼，子敖以我为简，不亦异乎？”

孟子曰：“君子所以异于人者，以其存心也。君子以仁存心，以礼存心。仁者爱人，有礼者敬人。爱人者人恒爱之，敬人者人恒敬之。有人于此，其待我以横逆，则君子必自反也：我必不仁也，必无礼也，此物奚宜至哉？其自反而仁矣，自反而有礼矣，其横逆由是也，君子必自反也：我必不忠。自反而忠矣，其横逆由是也，君子曰：‘此亦妄人也已矣。如此则与禽兽奚择哉？于禽兽又何难焉？’是故君子有终身之忧，无一朝之患也。乃若所忧则有之：舜人也，我亦人也。舜为法于天下，可传于后世，我由未免为乡人也，是则可忧也。忧之如何？如舜而已矣。若夫君子所患则亡矣。非仁无为也，非礼无行也。如有一朝之患，则君子不患矣。”

禹、稷当平世，三过其门而不入，孔子贤之。颜子当乱世，居于陋巷。一箪食，一瓢饮。人不堪其忧，颜子不改其乐，孔子贤之。孟子曰：“禹、稷、颜回同道。禹思天下有溺者，由己溺之也；稷思天下有饥者，由己饥之也。是以如是其急也。禹、稷、颜子易地则皆然。今有同室之人斗者，救之，虽被发缨冠而救之，可也。乡邻有斗者，被发缨冠而往救之，则惑也，虽闭户可也。”

公都子曰：“匡章，通国皆称不孝焉。夫子与之游，又从而礼貌之，敢问何也？”孟子曰：“世俗所谓不孝者五：惰其四支，不顾父母之养，一不孝也；博弈好饮酒，不顾父母之养，二不孝也；好货财、私妻子，不顾父母之养，三不孝也；从耳目之欲，以为父母戮，四不孝也；好勇斗狠，以危父母，五不孝也。章子有一于是乎？夫章子，子父责善而不相遇也。责善，朋友之道也；父子责善，贼恩之大者。夫章子岂不欲有夫妻子母之属哉？为得罪于父，不得近。出妻屏子，终身不养焉。其设心以为不若是，是则罪之大者，是则章子已矣。”

曾子居武城，有越寇。或曰：“寇至，盍去诸？”曰：“无寓人于我室，毁伤其薪木。”寇退，则曰：“修我墙屋，我将反。”寇退，曾子反。左右曰："待先生，如此其忠且敬也。寇至则先去以为民望，寇退则反，殆于不可。"沈犹行曰："是非汝所知也。昔沈犹有负刍之祸，从先生者七十人，未有与焉。"子思居于卫，有齐寇。或曰："寇至，盍去诸？"子思曰："如伋去，君谁与守？"孟子曰："曾子、子思同道。曾子，师也，父兄也；子思，臣也，微也。曾子、子思易地则皆然。"

储子曰："王使人瞯夫子，果有以异于人乎？"孟子曰："何以异于人哉？尧舜与人同耳。"

齐人有一妻一妾而处室者，其良人出，则必餍酒肉而后反。其妻问其所与饮食者，则尽富贵也。其妻告其妾曰："良人出，则必餍酒肉而后反；问其与饮食者，尽富贵也，而未尝有显者来，吾将瞯良人之所之也。"蚤起，施从良人之所之，遍国中无与立谈者。卒之东郭墦间之祭者，乞其余；不足，又顾而之他，此其为餍足之道也。其妻归，告其妾曰："良人者，所仰望而终身也。今若此。"与其妾讪其良人，而相泣于中庭。而良人，未之知也，施施从外来，骄其妻妾。由君子观之，则人之所以求富贵利达者，其妻妾不羞也，而不相泣者，几希矣。

万章上

万章问曰："舜往于田，号泣于旻天，何为其号泣也？"孟子曰："怨慕也。"万章曰："父母爱之，喜而不忘；父母恶之，劳而不怨。然则舜怨乎？"曰："长息问于公明高曰：'舜往于田，则吾既得闻命矣；号泣于旻天，于父母，则吾不知也。'公明高曰：'是非尔所知也。'夫公明高以孝子之心，为不若是恝，我竭力耕田，共为子职而已矣，父母之不我爱，于我何哉？帝使其子九男二女，百官牛羊仓廪备，以事舜于畎亩之中。天下之士多就之者，帝将胥天下而迁之焉。为不顺于父母，如穷人无所归。天下之士悦之，人之所欲也，而不足以解忧；好色，人之所欲，妻帝之二女，而不足以解忧；富，人之所欲，富有天下，而不足以解忧；贵，人之所欲，贵为天子，而不足以解忧。人悦之、好色、富贵，无足以解忧者，惟顺于父母，可以解忧。人少，则慕父母；知好色，则慕少艾；有妻子，则慕妻子；仕则慕君，不得于君则热中。大孝终身慕父母。五十而慕者，予于大舜见之矣。"

万章问曰："诗云：'娶妻如之何？必告父母。'信斯言也，宜莫如舜。舜之不告而娶，何也？"孟子曰："告则不得娶。男女居室，人之大伦也。如告，则废人之大伦，以怼父母，是以不告也。"万章曰："舜之不告而娶，则吾既得闻命矣；帝之妻舜而不告，何也？"曰："帝亦知告焉则不得妻也。"万章曰："父母使舜完廪，捐阶，瞽瞍焚廪。使浚井，出，从而掩之。象曰：'谟盖都君咸我绩。牛羊父母，仓廪父母，干戈朕，琴朕，弤朕，二嫂使治朕栖。'象往入舜宫，舜在床琴。象曰：'郁陶思君尔。'忸怩。舜曰：'唯兹臣庶，汝其于予治。'不识舜不知象之将杀己与？"曰："奚而不知也？象忧亦忧，象喜亦喜。"曰："然则舜伪喜者与？"曰："否。昔者有馈生鱼于郑子产，子产使校人畜之池。校人烹之，反命曰：'始舍之圉圉焉，少则洋洋焉，攸然而逝。'子产曰：'得其所哉！得其所哉！'校人出，曰：'孰谓子产智？予既烹而食之，曰：得其所哉！得其所哉！''故君子可欺以其方，难罔以非其道。彼以爱兄之道来，故诚信而喜之，奚伪焉？"

万章问曰："象日以杀舜为事，立为天子，则放之，何也？"孟子曰：

"封之也,或曰放焉。"万章曰:"舜流共工于幽州,放驩兜于崇山,杀三苗于三危,殛鲧于羽山,四罪而天下咸服,诛不仁也。象至不仁,封之有庳。有庳之人奚罪焉?仁人固如是乎?在他人则诛之,在弟则封之。"曰:"仁人之于弟也,不藏怒焉,不宿怨焉,亲爱之而已矣。亲之欲其贵也,爱之欲其富也。封之有庳,富贵之也。身为天子,弟为匹夫,可谓亲爱之乎?""敢问或曰放者,何谓也?"曰:"象不得有为于其国,天子使吏治其国,而纳其贡税焉,故谓之放。岂得暴彼民哉?虽然,欲常常而见之,故源源而来。'不及贡,以政接于有庳',此之谓也。"

咸丘蒙问曰:"语云:'盛德之士,君不得而臣,父不得而子。'舜南面而立,尧帅诸侯北面而朝之,瞽瞍亦北面而朝之。舜见瞽瞍,其容有蹙。孔子曰:'于斯时也,天下殆哉,岌岌乎!'不识此语诚然乎哉?"孟子曰:"否。此非君子之言,齐东野人之语也。尧老而舜摄也。尧典曰:'二十有八载,放勋乃徂落,百姓如丧考妣,三年,四海遏密八音。'孔子曰:'天无二日,民无二王。'舜既为天子矣,又帅天下诸侯以为尧三年丧,是二天子矣。"咸丘蒙曰:"舜之不臣尧,则吾既得闻命矣。诗云:'普天之下,莫非王土;率土之滨,莫非王臣。'而舜既为天子矣,敢问瞽瞍之非臣,如何?"曰:"是诗也,非是之谓也;劳于王事,而不得养父母也。曰:'此莫非王事,我独贤劳也。'故说诗者,不以文害辞,不以辞害志。以意逆志,是为得之。如以辞而已矣,云汉之诗曰:'周余黎民,靡有孑遗。'信斯言也,是周无遗民也。孝子之至,莫大乎尊亲;尊亲之至,莫大乎以天下养。为天子父,尊之至也;以天下养,养之至也。诗曰:'永言孝思,孝思维则。'此之谓也。书曰:'祗载见瞽瞍,夔夔斋栗,瞽瞍亦允若。'是为父不得而子也。"

万章曰:"尧以天下与舜,有诸?"孟子曰:"否。天子不能以天下与人。""然则舜有天下也,孰与之?"曰:"天与之。""天与之者,谆谆然命之乎?"曰:"否。天不言,以行与事示之而已矣。"曰:"以行与事示之者如之何?"曰:"天子能荐人于天,不能使天与之天下;诸侯能荐人于天子,不能使天子与之诸侯;大夫能荐人于诸侯,不能使诸侯与之大夫。昔者尧荐舜于天而天受之,暴之于民而民受之,故曰,天不言,以行与事示之而已矣。"曰:"敢问荐之于天而天受之,暴之于民而民受之,如何?"曰:"使之主祭而百神享之,是天受之;使之主事而事治,百姓安之,是民受之也。天与之,人与之,故曰:天子不能以天下与人。舜相尧二十有八载，非人之所能为也，天也。尧崩，三年之丧毕，舜避尧之子于南河之南。天下诸侯朝觐者，不之尧之子而之舜；讼狱者，不之尧之子而之舜；讴歌者，不讴歌尧之子而讴歌舜，故曰天也。夫然后之中国，践天子位焉。而居尧之宫，逼尧之子，是篡也，非天与也。泰誓曰：'天视自我民视，天听自我民听'，此之谓也。"

万章问曰："人有言：'至于禹而德衰，不传于贤而传于子。'有诸?"孟子曰："否，不然也。天与贤，则与贤；天与子，则与子。昔者舜荐禹于天，十有七年，舜崩。三年之丧毕，禹避舜之子于阳城。天下之民从之，若尧崩之后，不从尧之子而从舜也。禹荐益于天，七年，禹崩。三年之丧毕，益避禹子于箕山之阴。朝觐讼狱者不之益而之启，曰：'吾君之子也。'讴歌者不讴歌益而讴歌启，曰：'吾君之子也。'丹朱之不肖，舜之子亦不肖。舜之相尧，禹之相舜也，历年多，施泽于民久。启贤，能敬承继禹之道。益之相禹也，历年少，施泽于民未久。舜、禹、益相去久远，其子之贤不肖，皆天也，非人之所能为也。莫之为而为者，天也；莫之致而至者，命也。匹夫而有天下者，德必若舜禹，而又有天子荐之者，故仲尼不有天下。继世以有天下，天之所废，必若桀纣者也，故益、伊尹、周公不有天下。伊尹相汤以王于天下。汤崩，太丁未立，外丙二年，仲壬四年。太甲颠覆汤之典刑，伊尹放之于桐。三年，太甲悔过，自怨自艾，于桐处仁迁义，三年，以听伊尹之训己也，复归于亳。周公之不有天下，犹益之于夏，伊尹之于殷也。孔子曰：'唐虞禅，夏后、殷、周继，其义一也。'"

万章问曰："人有言'伊尹以割烹要汤'，有诸?"孟子曰："否，不然。伊尹耕于有莘之野，而乐尧舜之道焉。非其义也，非其道也，禄之以天下，弗顾也；系马千驷，弗视也。非其义也，非其道也，一介不以与人，一介不以取诸人。汤使人以币聘之，嚣嚣然曰：'我何以汤之聘币为哉？我岂若处畎亩之中，由是以乐尧舜之道哉?'汤三使往聘之，既而幡然改曰：'与我处畎亩之中，由是以乐尧舜之道，吾岂若使是君为尧舜之君哉？吾岂若使是民为尧舜之民哉？吾岂若于吾身亲见之哉？天之生此民也，使先知觉后知，使先觉觉后觉也。予，天民之先觉者也；予将以斯道觉斯民也。非予觉之，而谁也?'思天下之民匹夫匹妇有不被尧舜之泽者，若己推而内之沟中。其自任以天下之重如此，故就汤而说之以伐夏救民。吾未闻枉己而正人者也，况辱己以正天下者乎？圣人之行不同也，或远或近，或去或不去，归洁其身而已矣。吾闻其以尧舜之道要汤，未闻以割烹也。伊训曰：'天诛造攻自牧宫，朕载自亳。'"

万章问曰："或谓孔子于卫主痈疽，于齐主侍人瘠环'，有诸乎？"孟子曰："否，不然也。好事者为之也。于卫，主颜雠由。弥子之妻与子路之妻，兄弟也。弥子谓子路曰：'孔子主我，卫卿可得也。'子路以告。孔子曰：'有命。'孔子进以礼，退以义，得之不得曰'有命'。而主痈疽与侍人瘠环，是无义无命也。孔子不悦于鲁卫，遭宋桓司马将要而杀之，微服而过宋。是时孔子当厄，主司城贞子，为陈侯周臣。吾闻观近臣，以其所为主；观远臣，以其所主。若孔子主痈疽与侍人瘠环，何以为孔子？"

万章问曰："或曰：'百里奚自鬻于秦养牲者，五羊之皮，食牛，以要秦穆公。'信乎？"孟子曰："否，不然。好事者为之也。百里奚，虞人也。晋人以垂棘之璧与屈产之乘，假道于虞以伐虢。宫之奇谏，百里奚不谏。知虞公之不可谏而去，之秦，年已七十矣，曾不知以食牛干秦穆公之为污也，可谓智乎？不可谏而不谏，可谓不智乎？知虞公之将亡而先去之，不可谓不智也。时举于秦，知穆公之可与有行也而相之，可谓不智乎？相秦而显其君于天下，可传于后世，不贤而能之乎？自鬻以成其君，乡党自好者不为，而谓贤者为之乎？"

万章下

孟子曰:“伯夷,目不视恶色,耳不听恶声。非其君不事,非其民不使。治则进,乱则退。横政之所出,横民之所止,不忍居也。思与乡人处,如以朝衣朝冠坐于涂炭也。当纣之时,居北海之滨,以待天下之清也。故闻伯夷之风者,顽夫廉,懦夫有立志。伊尹曰:‘何事非君?何使非民?’治亦进,乱亦进。曰:‘天之生斯民也,使先知觉后知,使先觉觉后觉。予,天民之先觉者也;予将以此道觉此民也。’思天下之民匹夫匹妇有不与被尧舜之泽者,若己推而内之沟中,其自任以天下之重也。柳下惠,不羞污君,不辞小官。进不隐贤,必以其道。遗佚而不怨,厄穷而不悯。与乡人处,由由然不忍去也。‘尔为尔,我为我,虽袒裼裸裎于我侧,尔焉能浼我哉?’故闻柳下惠之风者,鄙夫宽,薄夫敦。孔子之去齐,接淅而行;去鲁,曰:‘迟迟吾行也。’去父母国之道也。可以速而速,可以久而久,可以处而处,可以仕而仕,孔子也。”

孟子曰:“伯夷,圣之清者也;伊尹,圣之任者也;柳下惠,圣之和者也;孔子,圣之时者也。孔子之谓集大成。集大成也者,金声而玉振之也。金声也者,始条理也;玉振之也者,终条理也。始条理者,智之事也;终条理者,圣之事也。智,譬则巧也;圣,譬则力也。由射于百步之外也,其至,尔力也;其中,非尔力也。”

北宫锜问曰:“周室班爵禄也,如之何?”孟子曰:“其详不可得闻也。诸侯恶其害己也,而皆去其籍。然而轲也,尝闻其略也。天子一位,公一位,侯一位,伯一位,子、男同一位,凡五等也。君一位,卿一位,大夫一位,上士一位,中士一位,下士一位,凡六等。天子之制,地方千里,公侯皆方百里,伯七十里,子、男五十里,凡四等。不能五十里,不达于天子,附于诸侯,曰附庸。天子之卿受地视侯,大夫受地视伯,元士受地视子、男。大国地方百里,君十卿禄,卿禄四大夫,大夫倍上士,上士倍中士,中士倍下士,下士与庶人在官者同禄,禄足以代其耕也。次国地方七十里,君十卿禄,卿禄三大夫,大夫倍上士,上士倍中士,中士倍下士,下士与庶人在官者同禄,禄足以代其耕也。小国地方五十里，君十卿禄，卿禄二大夫，大夫倍上士，上士倍中士，中士倍下士，下士与庶人在官者同禄，禄足以代其耕也。耕者之所获，一夫百亩。百亩之粪，上农夫食九人，上次食八人，中食七人，中次食六人，下食五人。庶人在官者，其禄以是为差。”

万章问曰：“敢问友。”孟子曰：“不挟长，不挟贵，不挟兄弟而友。友也者，友其德也，不可以有挟也。孟献子，百乘之家也，有友五人焉：乐正裘、牧仲，其三人，则予忘之矣。献子之与此五人者友也，无献子之家者也。此五人者，亦有献子之家，则不与之友矣。非惟百乘之家为然也。虽小国之君亦有之。费惠公曰：‘吾于子思，则师之矣；吾于颜般，则友之矣；王顺、长息则事我者也。’非惟小国之君为然也，虽大国之君亦有之。晋平公之于亥唐也，入云则入，坐云则坐，食云则食。虽疏食菜羹，未尝不饱，盖不敢不饱也。然终于此而已矣。弗与共天位也，弗与治天职也，弗与食天禄也，士之尊贤者也，非王公之尊贤也。舜尚见帝，帝馆甥于贰室，亦飨舜，迭为宾主，是天子而友匹夫也。用下敬上，谓之贵贵；用上敬下，谓之尊贤。贵贵、尊贤，其义一也。”

万章曰：“敢问交际何心也？”孟子曰：“恭也。”曰：“却之却之为不恭，何哉？”曰：“尊者赐之，曰‘其所取之者，义乎，不义乎’，而后受之，以是为不恭，故弗却也。”曰：“请无以辞却之，以心却之，曰‘其取诸民之不义也’，而以他辞无受，不可乎？”曰：“其交也以道，其接也以礼，斯孔子受之矣。”万章曰：“今有御人于国门之外者，其交也以道，其馈也以礼，斯可受御与？”曰：“不可。康诰曰：‘杀越人于货，闵不畏死，凡民罔不譈。’是不待教而诛者也。殷受夏，周受殷，所不辞也。于今为烈，如之何其受之？”曰：“今之诸侯取之于民也，犹御也。苟善其礼际矣，斯君子受之，敢问何说也？”曰：“子以为有王者作，将比今之诸侯而诛之乎？其教之不改而后诛之乎？夫谓非其有而取之者盗也，充类至义之尽也。孔子之仕于鲁也，鲁人猎较，孔子亦猎较。猎较犹可，而况受其赐乎？”曰：“然则孔子之仕也，非事道与？”曰：“事道也。”“事道奚猎较也？”曰：“孔子先簿正祭器，不以四方之食供簿正。”曰：“奚不去也？”曰：“为之兆也。兆足以行矣，而不行，而后去，是以未尝有所终三年淹也。孔子有见行可之仕，有际可之仕，有公养之仕。于季桓子，见行可之仕也；于卫灵公，际可之仕也；于卫孝公，公养之仕也。”

孟子曰："仕非为贫也，而有时乎为贫；娶妻非为养也，而有时乎为养。为贫者，辞尊居卑，辞富居贫。辞尊居卑，辞富居贫，恶乎宜乎？抱关击柝。孔子尝为委吏矣，曰'会计当而已矣'。尝为乘田矣，曰'牛羊茁壮，长而已矣'。位卑而言高，罪也；立乎人之本朝，而道不行，耻也。"

万章曰："士之不托诸侯，何也？"孟子曰："不敢也。诸侯失国，而后托于诸侯，礼也；士之托于诸侯，非礼也。"万章曰："君馈之粟，则受之乎？"曰："受之。""受之何义也？"曰："君之于氓也，固周之。"曰："周之则受，赐之则不受，何也？"曰："不敢也。"曰："敢问其不敢何也？"曰："抱关击柝者，皆有常职以食于上。无常职而赐于上者，以为不恭也。"曰："君馈之，则受之，不识可常继乎？"曰："缪公之于子思也，亟问，亟馈鼎肉。子思不悦。于卒也，标使者出诸大门之外，北面稽首再拜而不受。曰：'今而后知君之犬马畜伋！'盖自是台无馈也。悦贤不能举，又不能养也，可谓悦贤乎？"曰："敢问国君欲养君子，如何斯可谓养矣？"曰："以君命将之，再拜稽首而受。其后廪人继粟，庖人继肉，不以君命将之。子思以为鼎肉，使己仆仆尔亟拜也，非养君子之道也。尧之于舜也，使其子九男事之，二女女焉，百官牛羊仓廪备，以养舜于畎亩之中，后举而加诸上位。故曰：王公之尊贤者也。"

万章曰："敢问不见诸侯，何义也？"孟子曰："在国曰市井之臣，在野曰草莽之臣，皆谓庶人。庶人不传质为臣，不敢见于诸侯，礼也。"

万章曰："庶人，召之役，则往役；君欲见之，召之，则不往见之，何也？"曰："往役，义也；往见，不义也。且君之欲见之也，何为也哉？"曰："为其多闻也，为其贤也。"曰："为其多闻也，则天子不召师，而况诸侯乎？为其贤也，则吾未闻欲见贤而召之也。缪公亟见于子思，曰：'古千乘之国以友士，何如？'子思不悦，曰：'古之人有言，曰事之云乎，岂曰友之云乎？'子思之不悦也，岂不曰：'以位，则子，君也；我，臣也。何敢与君友也？以德，则子事我者也，奚可以与我友？'千乘之君求与之友，而不可得也，而况可召与？齐景公田，招虞人以旌，不至，将杀之。志士不忘在沟壑，勇士不忘丧其元。孔子奚取焉？取非其招不往也。"曰："敢问招虞人何以？"曰："以皮冠。庶人以旃，士以旂，大夫以旌。以大夫之招招虞人，虞人死不敢往。以士之招招庶人，庶人岂敢往哉？况乎以不贤人之招招贤人乎？欲见贤人而不以其道，犹欲其人而闭之门也。夫义，路也；礼，门也。惟君子能由是路，出入是门也。诗云：'周道如底，其直如矢；君子所履，小人所视。'"万章曰："孔子，君命召，不俟驾而行。然则孔子非与？"曰："孔子当仕有官职，而以其官召之也。"

孟子谓万章曰："一乡之善士，斯友一乡之善士；一国之善士，斯友一国之善士；天下之善士，斯友天下之善士。以友天下之善士为未足，又尚论古之人。颂其诗，读其书，不知其人，可乎？是以论其世也。是尚友也。"

齐宣王问卿。孟子曰："王何卿之问也？"王曰："卿不同乎？"曰："不同。有贵戚之卿，有异姓之卿。"王曰："请问贵戚之卿。"曰："君有大过则谏，反复之而不听，则易位。"王勃然变乎色。曰："王勿异也。王问臣，臣不敢不以正对。"王色定，然后请问异姓之卿。曰："君有过则谏，反复之而不听，则去。"

告子上

告子曰："性，犹杞柳也；义，犹桮棬也。以人性为仁义，犹以杞柳为桮棬。"孟子曰："子能顺杞柳之性而以为桮棬乎？将戕贼杞柳而后以为桮棬也？如将戕贼杞柳而以为桮棬，则亦将戕贼人以为仁义与？率天下之人而祸仁义者，必子之言夫！"

告子曰："性犹湍水也，决诸东方则东流，决诸西方则西流。人性之无分于善不善也，犹水之无分于东西也。"孟子曰："水信无分于东西。无分于上下乎？人性之善也，犹水之就下也。人无有不善，水无有不下。今夫水，搏而跃之，可使过颡；激而行之，可使在山，是岂水之性哉？其势则然也。人之可使为不善，其性亦犹是也。"

告子曰："生之谓性。"孟子曰："生之谓性也，犹白之谓白与？"曰："然。""白羽之白也，犹白雪之白；白雪之白，犹白玉之白欤？"曰："然。""然则犬之性，犹牛之性；牛之性，犹人之性欤？"

告子曰："食色，性也。仁，内也，非外也；义，外也，非内也。"孟子曰："何以谓仁内义外也？"曰："彼长而我长之，非有长于我也；犹彼白而我白之，从其白于外也，故谓之外也。"曰："异于白马之白也，无以异于白人之白也；不识长马之长也，无以异于长人之长欤？且谓长者义乎？长之者义乎？"曰："吾弟则爱之，秦人之弟则不爱也，是以我为悦者也，故谓之内。长楚人之长，亦长吾之长，是以长为悦者也，故谓之外也。"曰："耆秦人之炙，无以异于耆吾炙。夫物则亦有然者也，然则耆炙亦有外欤？"

孟季子问公都子曰："何以谓义内也？"曰："行吾敬，故谓之内也。""乡人长于伯兄一岁，则谁敬？"曰："敬兄。""酌则谁先？"曰："先酌乡人。""所敬在此，所长在彼，果在外，非由内也。"公都子不能答，以告孟子。孟子曰："敬叔父乎？敬弟乎？彼将曰'敬叔父'。曰：'弟为尸，则谁敬？'彼将曰'敬弟'。子曰：'恶在其敬叔父也？'彼将曰'在位故也'。子亦曰：'在位故也。庸敬在兄，斯须之敬在乡人。'"季子闻之曰："敬叔父则敬，敬弟则敬，果在外，非由内也。"公都子曰："冬日则饮汤，夏日则饮水，然则饮食亦在外也？"

公都子曰："告子曰：'性无善无不善也。'或曰：'性可以为善，可以为不善；是故文武兴，则民好善；幽厉兴，则民好暴。'或曰：'有性善，有性不善；是故以尧为君而有象；以瞽瞍为父而有舜；以纣为兄之子且以为君，而有微子启、王子比干。'今曰'性善'，然则彼皆非欤？"孟子曰："乃若其情，则可以为善矣，乃所谓善也。若夫为不善，非才之罪也。恻隐之心，人皆有之；羞恶之心，人皆有之；恭敬之心，人皆有之；是非之心，人皆有之。恻隐之心，仁也；羞恶之心，义也；恭敬之心，礼也；是非之心，智也。仁义礼智，非由外铄我也，我固有之也，弗思耳矣。故曰：'求则得之，舍则失之。'或相倍蓰而无算者，不能尽其才者也。诗曰：'天生蒸民，有物有则。民之秉彝，好是懿德。'孔子曰：'为此诗者，其知道乎！故有物必有则，民之秉彝也，故好是懿德。'"

孟子曰："富岁，子弟多赖；凶岁，子弟多暴。非天之降才尔殊也，其所以陷溺其心者然也。今夫麰麦，播种而耰之，其地同，树之时又同，浡然而生，至于日至之时，皆熟矣。虽有不同，则地有肥硗，雨露之养，人事之不齐也。故凡同类者，举相似也，何独至于人而疑之？圣人与我同类者。故龙子曰：'不知足而为屦，我知其不为蒉也。'屦之相似，天下之足同也。口之于味，有同耆也，易牙先得我口之所耆者也。如使口之于味也，其性与人殊，若犬马之与我不同类也，则天下何耆皆从易牙之于味也？至于味，天下期于易牙，是天下之口相似也。惟耳亦然。至于声，天下期于师旷，是天下之耳相似也。惟目亦然。至于子都，天下莫不知其姣也。不知子都之姣者，无目者也。故曰：口之于味也，有同耆焉；耳之于声也，有同听焉；目之于色也，有同美焉。至于心，独无所同然乎？心之所同然者何也？谓理也，义也。圣人先得我心之所同然耳。故理义之悦我心，犹刍豢之悦我口。"

孟子曰："牛山之木尝美矣，以其郊于大国也，斧斤伐之，可以为美乎？是其日夜之所息，雨露之所润，非无萌蘖之生焉，牛羊又从而牧之，是以若彼濯濯也。人见其濯濯也，以为未尝有材焉，此岂山之性也哉？虽存乎人者，岂无仁义之心哉？其所以放其良心者，亦犹斧斤之于木也，旦旦而伐之，可以为美乎？其日夜之所息，平旦之气，其好恶与人相近也者几希，则其旦昼之所为，有梏亡之矣。梏之反复，则其夜气不足以存；夜气不足以存，则其违禽兽不远矣。人见其禽兽也，而以为未尝有才焉者，是岂人之情也哉？故苟得其养，无物不长；

苟失其养，无物不消。孔子曰：‘操则存，舍则亡；出入无时，莫知其乡。’惟心之谓与？”

孟子曰：“无或乎王之不智也。虽有天下易生之物也，一日暴之，十日寒之，未有能生者也。吾见亦罕矣，吾退而寒之者至矣，吾如有萌焉何哉？今夫弈之为数，小数也；不专心致志，则不得也。弈秋，通国之善弈者也。使弈秋诲二人弈，其一人专心致志，惟弈秋之为听。一人虽听之，一心以为有鸿鹄将至，思援弓缴而射之，虽与之俱学，弗若之矣。为是其智弗若与？曰：非然也。”

孟子曰：“鱼，我所欲也，熊掌，亦我所欲也。二者不可得兼，舍鱼而取熊掌者也。生，亦我所欲也；义，亦我所欲也。二者不可得兼，舍生而取义者也。生亦我所欲，所欲有甚于生者，故不为苟得也；死亦我所恶，所恶有甚于死者，故患有所不辟也。如使人之所欲莫甚于生，则凡可以得生者，何不用也？使人之所恶莫甚于死者，则凡可以辟患者，何不为也？由是则生而有不用也，由是则可以辟患而有不为也。是故所欲有甚于生者，所恶有甚于死者，非独贤者有是心也，人皆有之，贤者能勿丧耳。一箪食，一豆羹，得之则生，弗得则死。呼尔而与之，行道之人弗受；蹴尔而与之，乞人不屑也。万钟则不辨礼义而受之。万钟于我何加焉？为宫室之美、妻妾之奉、所识穷乏者得我与？乡为身死而不受，今为宫室之美为之；乡为身死而不受，今为妻妾之奉为之；乡为身死而不受，今为所识穷乏者得我而为之，是亦不可以已乎？此之谓失其本心。”

孟子曰：“仁，人心也；义，人路也。舍其路而弗由，放其心而不知求，哀哉！人有鸡犬放，则知求之；有放心，而不知求。学问之道无他，求其放心而已矣。”

孟子曰：“今有无名之指，屈而不信，非疾痛害事也，如有能信之者，则不远秦楚之路，为指之不若人也。指不若人，则知恶之；心不若人，则不知恶，此之谓不知类也。”

孟子曰：“拱把之桐梓，人苟欲生之，皆知所以养之者。至于身，而不知所以养之者，岂爱身不若桐梓哉？弗思甚也。”

孟子曰：“人之于身也，兼所爱。兼所爱，则兼所养也。无尺寸之肤不爱焉，则无尺寸之肤不养也。所以考其善不善者，岂有他哉？于己取之而已矣。体有贵贱，有小大。无以小害大，无以贱害贵。养其小者为小人，养其大者为大人。今有场师，舍其梧槚，养其樲棘，则为贱场师焉。养其一指而失其肩背，而不知也，则为狼疾人也。饮食之人，则人贱之矣，为其养小以失大也。饮食之人无有失也，则口腹岂适为尺寸之肤哉？”

公都子问曰：“钧是人也，或为大人，或为小人，何也？”孟子曰：“从其大体为大人，从其小体为小人。”曰：“钧是人也，或从其大体，或从其小体，何也？”曰：“耳目之官不思，而蔽于物，物交物，则引之而已矣。心之官则思，思则得之，不思则不得也。此天之所与我者，先立乎其大者，则其小者弗能夺也。此为大人而已矣。”

孟子曰：“有天爵者，有人爵者。仁义忠信，乐善不倦，此天爵也；公卿大夫，此人爵也。古之人修其天爵，而人爵从之。今之人修其天爵，以要人爵；既得人爵，而弃其天爵，则惑之甚者也，终亦必亡而已矣。”

孟子曰：“欲贵者，人之同心也。人人有贵于己者，弗思耳。人之所贵者，非良贵也。赵孟之所贵，赵孟能贱之。诗云：‘既醉以酒，既饱以德。’言饱乎仁义也，所以不愿人之膏粱之味也；令闻广誉施于身，所以不愿人之文绣也。”

孟子曰：“仁之胜不仁也，犹水胜火。今之为仁者，犹以一杯水，救一车薪之火也。不熄，则谓之水不胜火，此又与于不仁之甚者也。亦终必亡而已矣。”

孟子曰：“五谷者，种之美者也；苟为不熟，不如荑稗。夫仁亦在乎熟之而已矣。”

孟子曰：“羿之教人射，必志于彀；学者亦必志于彀。大匠诲人，必以规矩；学者亦必以规矩。”

告子下

任人有问屋庐子曰:"礼与食孰重?"曰:"礼重。""色与礼孰重?"曰:"礼重。"曰:"以礼食,则饥而死;不以礼食,则得食,必以礼乎?亲迎,则不得妻;不亲迎,则得妻,必亲迎乎?"屋庐子不能对。明日之邹以告孟子。孟子曰:"于答是也何有?不揣其本而齐其末,方寸之木可使高于岑楼。金重于羽者,岂谓一钩金与一舆羽之谓哉?取食之重者,与礼之轻者而比之,奚翅食重?取色之重者,与礼之轻者而比之,奚翅色重?往应之曰,'纱兄之臂而夺之食,则得食;不纱,则不得食,则将纱之乎?逾东家墙而搂其处子,则得妻;不搂,则不得妻,则将搂之乎?'"

曹交问曰:"人皆可以为尧舜,有诸?"孟子曰:"然。""交闻文王十尺,汤九尺,今交九尺四寸以长,食粟而已,如何则可?"曰:"奚有于是?亦为之而已矣。有人于此,力不能胜一匹雏,则为无力人矣;今曰举百钧,则为有力人矣。然则举乌获之任,是亦为乌获而已矣。夫人岂以不胜为患哉?弗为耳。徐行后长者谓之弟,疾行先长者谓之不弟。夫徐行者,岂人所不能哉?所不为也。尧舜之道,孝弟而已矣。子服尧之服,诵尧之言,行尧之行,是尧而已矣;子服桀之服,诵桀之言,行桀之行,是桀而已矣。"曰:"交得见于邹君,可以假馆,愿留而受业于门。"曰:"夫道,若大路然,岂难知哉?人病不求耳。子归而求之,有余师。"

公孙丑问曰:"高子曰:'小弁,小人之诗也。'"孟子曰:"何以言之?"曰:"怨。"曰:"固哉,高叟之为诗也!有人于此,越人关弓而射之,则己谈笑而道之;无他,疏之也。其兄关弓而射之,则己垂涕泣而道之;无他,戚之也。小弁之怨,亲亲也。亲亲,仁也。固矣夫,高叟之为诗也!"曰:"凯风何以不怨?"曰:"凯风,亲之过小者也;小弁,亲之过大者也。亲之过大而不怨,是愈疏也;亲之过小而怨,是不可矶也。愈疏,不孝也;不可矶,亦不孝也。孔子曰:'舜其至孝矣,五十而慕。'"

宋牼将之楚,孟子遇于石丘。曰:"先生将何之?"曰:"吾闻秦楚构兵,我将见楚王说而罢之。楚王不悦,我将见秦王说而罢之。二王我将有所遇焉。"曰:"轲也请无问其详,愿闻其指。说之将何如?"曰:"我将言其不利也。"曰:"先生之志则大矣,先生之号则不可。先生以利说秦楚之王,秦楚之王悦于利,以罢三军之师,是三军之士乐罢而悦于利也。为人臣者怀利以事其君,为人子者怀利以事其父,为人弟者怀利以事其兄。是君臣、父子、兄弟终去仁义,怀利以相接;然而不亡者,未之有也。先生以仁义说秦楚之王,秦楚之王悦于仁义,而罢三军之师,是三军之士乐罢而悦于仁义也。为人臣者怀仁义以事其君,为人子者怀仁义以事其父,为人弟者怀仁义以事其兄,是君臣、父子、兄弟去利,怀仁义以相接也。然而不王者,未之有也。何必曰利?"

孟子居邹,季任为任处守,以币交,受之而不报。处于平陆,储子为相,以币交,受之而不报。他日由邹之任,见季子,由平陆之齐,不见储子。屋庐子喜曰:"连得间矣。"问曰:"夫子之任见季子,之齐不见储子,为其为相与?"曰:"非也。书曰:'享多仪,仪不及物曰不享,惟不役志于享。'为其不成享也。"屋庐子悦。或问之。屋庐子曰:"季子不得之邹,储子得之平陆。"

淳于髡曰:"先名实者,为人也;后名实者,自为也。夫子在三卿之中,名实未加于上下而去之,仁者固如此乎?"孟子曰:"居下位,不以贤事不肖者,伯夷也;五就汤,五就桀者,伊尹也;不恶污君,不辞小官者,柳下惠也。三子者不同道,其趋一也。一者何也?曰:仁也。君子亦仁而已矣,何必同?"曰:"鲁缪公之时,公仪子为政,子柳、子思为臣,鲁之削也滋甚。若是乎贤者之无益于国也!"曰:"虞不用百里奚而亡,秦穆公用之而霸。不用贤则亡,削何可得与?"曰:"昔者王豹处于淇,而河西善讴;绵驹处于高唐,而齐右善歌;华周、杞梁之妻善哭其夫,而变国俗。有诸内必形诸外。为其事而无其功者,髡未尝睹之也。是故无贤者也,有则髡必识之。"曰:"孔子为鲁司寇,不用,从而祭,燔肉不至,不税冕而行。不知者以为为肉也,其知者以为为无礼也。乃孔子则欲以微罪行,不欲为苟去。君子之所为,众人固不识也。"

孟子曰:"五霸者,三王之罪人也;今之诸侯,五霸之罪人也;今之大夫,今之诸侯之罪人也。天子适诸侯曰巡狩,诸侯朝于天子曰述职。春省耕而补不足,秋省敛而助不给。入其疆,土地辟,田野治,养老尊贤、俊杰在位，则有庆，庆以地。入其疆，土地荒芜，遗老失贤，掊克在位，则有让。一不朝，则贬其爵；再不朝，则削其地；三不朝，则六师移之。是故天子讨而不伐，诸侯伐而不讨。五霸者，搂诸侯以伐诸侯者也，故曰：五霸者，三王之罪人也。五霸，桓公为盛。葵丘之会诸侯，束牲、载书而不歃血。初命曰：'诛不孝，无易树子，无以妾为妻。'再命曰：'尊贤育才，以彰有德。'三命曰：'敬老慈幼，无忘宾旅。'四命曰：'士无世官，官事无摄，取士必得，无专杀大夫。'五命曰：'无曲防，无遏籴，无有封而不告。'曰：'凡我同盟之人，既盟之后，言归于好。'今之诸侯，皆犯此五禁，故曰：今之诸侯，五霸之罪人也。长君之恶其罪小，逢君之恶其罪大。今之大夫，皆逢君之恶，故曰：今之大夫，今之诸侯之罪人也。"

鲁欲使慎子为将军。孟子曰："不教民而用之，谓之殃民。殃民者，不容于尧舜之世。一战胜齐，遂有南阳，然且不可。"慎子勃然不悦曰："此则滑釐所不识也。"曰："吾明告子。天子之地方千里；不千里，不足以待诸侯。诸侯之地方百里；不百里，不足以守宗庙之典籍。周公之封于鲁，为方百里也；地非不足，而俭于百里。太公之封于齐也，亦为方百里也；地非不足也，而俭于百里。今鲁方百里者五，子以为有王者作，则鲁在所损乎？在所益乎？徒取诸彼以与此，然且仁者不为，况于杀人以求之乎？君子之事君也，务引其君以当道，志于仁而已。"

孟子曰："今之事君者，皆曰：'我能为君辟土地，充府库。'今之所谓良臣，古之所谓民贼也。君不乡道，不志于仁，而求富之，是富桀也。'我能为君约与国，战必克。'今之所谓良臣，古之所谓民贼也。君不乡道，不志于仁，而求为之强战，是辅桀也。由今之道，无变今之俗，虽与之天下，不能一朝居也。"

白圭曰："吾欲二十而取一，何如？"孟子曰："子之道，貉道也。万室之国，一人陶，则可乎？"曰："不可，器不足用也。"曰："夫貉，五谷不生，惟黍生之。无城郭、宫室、宗庙、祭祀之礼，无诸侯币帛饔飧，无百官有司，故二十取一而足也。今居中国，去人伦，无君子，如之何其可也？陶以寡，且不可以为国，况无君子乎？欲轻之于尧舜之道者，大貉小貉也；欲重之于尧舜之道者，大桀小桀也。"

白圭曰："丹之治水也愈于禹。"孟子曰："子过矣。禹之治水，水之道也。是故禹以四海为壑，今吾子以邻国为壑。水逆行，谓之洚水。洚水者，洪水也，仁人之所恶也。吾子过矣。”

孟子曰：“君子不亮，恶乎执？”

鲁欲使乐正子为政。孟子曰：“吾闻之，喜而不寐。”公孙丑曰：“乐正子强乎？”曰：“否。”“有知虑乎？”曰：“否。”“多闻识乎？”曰：“否。”“然则奚为喜而不寐？”曰：“其为人也好善。”“好善足乎？”曰：“好善优于天下，而况鲁国乎？夫苟好善，则四海之内，皆将轻千里而来告之以善。夫苟不好善，则人将曰：‘訑訑，予既已知之矣。’訑訑之声音颜色，距人于千里之外。士止于千里之外，则谗谄面谀之人至矣。与谗谄面谀之人居，国欲治，可得乎？”

陈子曰：“古之君子，何如则仕？”孟子曰：“所就三，所去三。迎之致敬以有礼，言将行其言也，则就之；礼貌未衰，言弗行也，则去之。其次，虽未行其言也，迎之致敬以有礼，则就之；礼貌衰，则去之。其下，朝不食，夕不食，饥饿不能出门户。君闻之曰：‘吾大者不能行其道，又不能从其言也，使饥饿于我土地，吾耻之。’周之，亦可受也，免死而已矣。”

孟子曰：“舜发于畎亩之中，傅说举于版筑之间，胶鬲举于鱼盐之中，管夷吾举于士，孙叔敖举于海，百里奚举于市。故天将降大任于是人也，必先苦其心志，劳其筋骨，饿其体肤，空乏其身，行拂乱其所为，所以动心忍性，曾益其所不能。人恒过，然后能改；困于心，衡于虑，而后作；征于色，发于声，而后喻。入则无法家拂士、出则无敌国外患者，国恒亡。然后知生于忧患而死于安乐也。”

孟子曰：“教亦多术矣，予不屑之教诲也者，是亦教诲之而已矣。”

尽心上

孟子曰："尽其心者，知其性也。知其性，则知天矣。存其心，养其性，所以事天也。夭寿不贰，修身以俟之，所以立命也。"

孟子曰："莫非命也，顺受其正。是故知命者，不立乎岩墙之下。尽其道而死者，正命也。桎梏死者，非正命也。"

孟子曰："求则得之，舍则失之，是求有益于得也，求在我者也。求之有道，得之有命，是求无益于得也，求在外者也。"

孟子曰："万物皆备于我矣，反身而诚，乐莫大焉。强恕而行，求仁莫近焉。"

孟子曰："行之而不着焉，习矣而不察焉，终身由之而不知其道者，众也。"

孟子曰："人不可以无耻。无耻之耻，无耻矣。"

孟子曰："耻之于人大矣。为机变之巧者，无所用耻焉。不耻不若人，何若人有？"

孟子曰："古之贤王好善而忘势。古之贤士何独不然？乐其道而忘人之势。故王公不致敬尽礼，则不得亟见之。见且由不得亟，而况得而臣之乎？"

孟子谓宋句践曰："子好游乎？吾语子游。人知之，亦嚣嚣，人不知，亦嚣嚣。"曰："何如斯可以嚣嚣矣？"曰："尊德乐义，则可以嚣嚣矣。故士穷不失义，达不离道。穷不失义，故士得己焉；达不离道，故民不失望焉。古之人，得志，泽加于民；不得志，修身见于世。穷则独善其身，达则兼善天下。"

孟子曰："待文王而后兴者，凡民也。若夫豪杰之士，虽无文王犹兴。"

孟子曰："附之以韩魏之家，如其自视欿然，则过人远矣。"

孟子曰："以佚道使民，虽劳不怨；以生道杀民，虽死不怨杀者。"

孟子曰："霸者之民，驩虞如也；王者之民，皞皞如也。杀之而不怨，利之而不庸，民日迁善而不知为之者。夫君子所过者化，所存者神，上下与天地同流，岂曰小补之哉？"

孟子曰："仁言，不如仁声之入人深也。善政，不如善教之得民也。善政民畏之，善教民爱之；善政得民财，善教得民心。"

孟子曰："人之所不学而能者，其良能也；所不虑而知者，其良知也。孩提之童，无不知爱其亲者；及其长也，无不知敬其兄也。亲亲，仁也；敬长，义也。无他，达之天下也。"

孟子曰："舜之居深山之中，与木石居，与鹿豕游，其所以异于深山之野人者几希。及其闻一善言，见一善行，若决江河，沛然莫之能御也。"

孟子曰："无为其所不为，无欲其所不欲，如此而已矣。"

孟子曰："人之有德慧术知者，恒存乎疢疾。独孤臣孽子，其操心也危，其虑患也深，故达。"

孟子曰："有事君人者，事是君则为容悦者也。有安社稷臣者，以安社稷为悦者也。有天民者，达可行于天下而后行之者也。有大人者，正己而物正者也。"

孟子曰："君子有三乐，而王天下不与存焉。父母俱存，兄弟无故，一乐也。仰不愧于天，俯不怍于人，二乐也。得天下英才而教育之，三乐也。君子有三乐，而王天下不与存焉。"

孟子曰："广土众民，君子欲之，所乐不存焉。中天下而立，定四海之民，君子乐之，所性不存焉。君子所性，虽大行不加焉，虽穷居不损焉，分定故也。君子所性，仁义礼智根于心。其生色也，睟然见于面，盎于背，施于四体，四体不言而喻。"

孟子曰："伯夷辟纣，居北海之滨，闻文王作兴，曰：'盍归乎来！吾闻西伯善养老者。'太公辟纣，居东海之滨，闻文王作兴，曰：'盍归乎来！吾闻西伯善养老者。'天下有善养老，则仁人以为己归矣。五亩之宅，树墙下以桑，匹妇蚕之，则老者足以衣帛矣。五母鸡，二母彘，无失其时，老者足以无失肉矣。百亩之田，匹夫耕之，八口之家足以无饥矣。所谓西伯善养老者，制其田里，教之树畜，导其妻子，使养其老。五十非帛不暖，七十非肉不饱。不暖不饱，谓之冻馁。文王之民，无冻馁之老者，此之谓也。"

孟子曰："易其田畴，薄其税敛，民可使富也。食之以时，用之以礼，财不可胜用也。民非水火不生活，昏暮叩人之门户，求水火，无弗与者，至足矣。圣人治天下，使有菽粟如水火。菽粟如水火，而民焉有不仁者乎？"

孟子曰："孔子登东山而小鲁，登太山而小天下。故观于海者难为水，游于圣人之门者难为言。观水有术，必观其澜。日月有明，容光必照焉。流水之为物也，不盈科不行；君子之志于道也，不成章不达。"

孟子曰："鸡鸣而起，孳孳为善者，舜之徒也。鸡鸣而起，孳孳为利者，跖之徒也。欲知舜与跖之分，无他，利与善之间也。"

孟子曰："杨子取为我，拔一毛而利天下，不为也。墨子兼爱，摩顶放踵利天下，为之。子莫执中，执中为近之，执中无权，犹执一也。所恶执一者，为其贼道也，举一而废百也。"

孟子曰："饥者甘食，渴者甘饮，是未得饮食之正也，饥渴害之也。岂惟口腹有饥渴之害？人心亦皆有害。人能无以饥渴之害为心害，则不及人不为忧矣。"

孟子曰："柳下惠不以三公易其介。"

孟子曰："有为者辟若掘井，掘井九轫而不及泉，犹为弃井也。"

孟子曰："尧舜，性之也；汤武，身之也；五霸，假之也。久假而不归，恶知其非有也？"

公孙丑曰："伊尹曰：'予不狎于不顺。'放太甲于桐，民大悦。太甲贤。又反之，民大悦。贤者之为人臣也，其君不贤，则固可放与？"孟子曰："有伊尹之志，则可；无伊尹之志，则篡也。"

公孙丑曰："诗曰'不素餐兮'，君子之不耕而食，何也？"孟子曰："君子居是国也，其君用之，则安富尊荣；其子弟从之，则孝弟忠信。'不素餐兮'，孰大于是？"

王子垫问曰："士何事？"孟子曰："尚志。"曰："何谓尚志？"曰："仁义而已矣。杀一无罪，非仁也；非其有而取之，非义也。居恶在？仁是也；路恶在？义是也。居仁由义，大人之事备矣。"

孟子曰："仲子，不义与之齐国而弗受，人皆信之，是舍箪食豆羹之义也。人莫大焉亡亲戚、君臣、上下。以其小者信其大者，奚可哉？"

桃应问曰："舜为天子，皋陶为士，瞽瞍杀人，则如之何？"孟子曰："执之而已矣。""然则舜不禁与？"曰："夫舜恶得而禁之？夫有所受之也。""然则舜如之何？"曰："舜视弃天下，犹弃敝蹝也。窃负而逃，遵海滨而处，终身欣然，乐而忘天下。"

孟子自范之齐，望见齐王之子。喟然叹曰："居移气，养移体，大哉居乎！夫非尽人之子与？”孟子曰：“王子宫室、车马、衣服多与人同，而王子若彼者，其居使之然也；况居天下之广居者乎？鲁君之宋，呼于垤泽之门。守者曰：‘此非吾君也，何其声之似我君也？’此无他，居相似也。”

孟子曰：“食而弗爱，豕交之也；爱而不敬，兽畜之也。恭敬者，币之未将者也。恭敬而无实，君子不可虚拘。”

孟子曰：“形色，天性也；惟圣人，然后可以践形。”

齐宣王欲短丧。公孙丑曰：“为期之丧，犹愈于已乎？”孟子曰：“是犹或紾其兄之臂，子谓之姑徐徐云尔。亦教之孝弟而已矣。”王子有其母死者，其傅为之请数月之丧。公孙丑曰：“若此者何如也？”曰：“是欲终之而不可得也，虽加一日愈于已，谓夫莫之禁而弗为者也。”

孟子曰：“君子之所以教者五：有如时雨化之者，有成德者，有达财者，有答问者，有私淑艾者。此五者，君子之所以教也。”

公孙丑曰：“道则高矣，美矣，宜若登天然，似不可及也。何不使彼为可几及而日孳孳也？”

孟子曰：“大匠不为拙工改废绳墨；羿不为拙射变其彀率。君子引而不发，跃如也。中道而立，能者从之。”

孟子曰：“天下有道，以道殉身；天下无道，以身殉道。未闻以道殉乎人者也。”

公都子曰：“滕更之在门也，若在所礼。而不答，何也？”孟子曰：“挟贵而问，挟贤而问，挟长而问，挟有勋劳而问，挟故而问，皆所不答也。滕更有二焉。”

孟子曰：“于不可已而已者，无所不已；于所厚者薄，无所不薄也。其进锐者，其退速。”

孟子曰：“君子之于物也，爱之而弗仁；于民也，仁之而弗亲。亲亲而仁民，仁民而爱物。”

孟子曰：“知者无不知也，当务之为急；仁者无不爱也，急亲贤之为务。尧舜之知而不遍物，急先务也；尧舜之仁不遍爱人，急亲贤也。不能三年之丧，而缌小功之察；放饭流歠，而问无齿决，是之谓不知务。”

尽心下

孟子曰："不仁哉，梁惠王也！仁者以其所爱及其所不爱，不仁者以其所不爱及其所爱。"公孙丑问曰："何谓也？""梁惠王以土地之故，糜烂其民而战之，大败，将复之，恐不能胜，故驱其所爱子弟以殉之，是之谓以其所不爱及其所爱也。"

孟子曰："春秋无义战。彼善于此，则有之矣。征者上伐下也，敌国不相征也。"

孟子曰："尽信书，则不如无书。吾于武成，取二三策而已矣。仁人无敌于天下。以至仁伐至不仁，而何其血之流杵也？"

孟子曰："有人曰：'我善为陈，我善为战。'大罪也。国君好仁，天下无敌焉。南面而征北夷怨，东面而征西夷怨，曰：'奚为后我？'武王之伐殷也，革车三百两，虎贲三千人。王曰：'无畏！宁尔也，非敌百姓也。'若崩厥角稽首。征之为言正也，各欲正己也，焉用战？"

孟子曰："梓匠轮舆能与人规矩，不能使人巧。"

孟子曰："舜之饭糗茹草也，若将终身焉；及其为天子也，被袗衣，鼓琴，二女果，若固有之。"

孟子曰："吾今而后知杀人亲之重也：杀人之父，人亦杀其父；杀人之兄，人亦杀其兄。然则非自杀之也，一间耳。"

孟子曰："古之为关也，将以御暴。今之为关也，将以为暴。"

孟子曰："身不行道，不行于妻子；使人不以道，不能行于妻子。"

孟子曰："周于利者，凶年不能杀；周于德者，邪世不能乱。"

孟子曰："好名之人，能让千乘之国；苟非其人，箪食豆羹见于色。"

孟子曰："不信仁贤，则国空虚。无礼义，则上下乱。无政事，则财用不足。"

孟子曰："不仁而得国者，有之矣；不仁而得天下者，未之有也。"

孟子曰："民为贵，社稷次之，君为轻。是故得乎丘民而为天子，得乎天子为诸侯，得乎诸侯为大夫。诸侯危社稷，则变置。牺牲既成，粢盛既洁，祭祀以时，然而旱乾水溢，则变置社稷。"

孟子曰："圣人，百世之师也，伯夷、柳下惠是也。故闻伯夷之风者，顽夫廉，懦夫有立志。闻柳下惠之风者，薄夫敦，鄙夫宽。奋乎百世之上。百世之下，闻者莫不兴起也。非圣人而能若是乎，而况于亲炙之者乎？"

孟子曰："仁也者，人也。合而言之，道也。"

孟子曰："孔子之去鲁，曰：'迟迟吾行也。'去父母国之道也。去齐，接淅而行，去他国之道也。"

孟子曰："君子之戹于陈蔡之间，无上下之交也。"

貉稽曰："稽大不理于口。"

孟子曰："无伤也。士憎兹多口。诗云：'忧心悄悄，愠于群小。'孔子也。'肆不殄厥愠，亦不陨厥问'，文王也。"

孟子曰："贤者以其昭昭，使人昭昭；今以其昏昏，使人昭昭。"

孟子谓高子曰："山径之蹊间，介然用之而成路。为闲不用，则茅塞之矣。今茅塞子之心矣。"

高子曰："禹之声，尚文王之声。"孟子曰："何以言之？"曰："以追蠡。"曰："是奚足哉？城门之轨，两马之力与？"

齐饥。陈臻曰："国人皆以夫子将复为发棠，殆不可复。"孟子曰："是为冯妇也。晋人有冯妇者，善搏虎，卒为善士。则之野，有众逐虎。虎负嵎，莫之敢撄。望见冯妇，趋而迎之。冯妇攘臂下车。众皆悦之，其为士者笑之。"

孟子曰："口之于味也，目之于色也，耳之于声也，鼻之于臭也，四肢之于安佚也，性也，有命焉，君子不谓性也。仁之于父子也，义之于君臣也，礼之于宾主也，知之于贤者也，圣人之于天道也，命也，有性焉，君子不谓命也。"

浩生不害问曰："乐正子，何人也？"孟子曰："善人也，信人也。""何谓善？何谓信？"曰："可欲之谓善，有诸己之谓信。充实之谓美，充实而有光辉之谓大，大而化之之谓圣，圣而不可知之之谓神。乐正子，二之中，四之下也。"

孟子曰："逃墨必归于杨，逃杨必归于儒。归，斯受之而已矣。今之与杨、墨辩者，如追放豚，既入其苙，又从而招之。"

孟子曰："有布缕之征，粟米之征，力役之征。君子用其一，缓其二。用其二而民有殍，用其三而父子离。"

孟子曰："诸侯之宝三：土地、人民、政事。宝珠玉者，殃必及身。"

盆成括仕于齐。孟子曰："死矣盆成括！"盆成括见杀，门人问曰："夫子何以知其将见杀？"曰："其为人也，小有才，未闻君子之大道也，则足以杀其躯而已矣。"

孟子之滕，馆于上宫。有业屦于牖上，馆人求之弗得。或问之曰："若是乎从者之廋也？"曰："子以是为窃屦来与？"曰："殆非也。夫子之设科也，往者不追，来者不距。苟以是心至，斯受之而已矣。"

孟子曰："人皆有所不忍，达之于其所忍，仁也；人皆有所不为，达之于其所为，义也。人能充无欲害人之心，而仁不可胜用也；人能充无穿窬之心，而义不可胜用也。人能充无受尔汝之实，无所往而不为义也。士未可以言而言，是以言餂之也；可以言而不言，是以不言餂之也，是皆穿窬之类也。"

孟子曰："言近而指远者，善言也；守约而施博者，善道也。君子之言也，不下带而道存焉。君子之守，修其身而天下平。人病舍其田而芸人之田，所求于人者重，而所以自任者轻。"

孟子曰："尧舜，性者也；汤武，反之也。动容周旋中礼者，盛德之至也；哭死而哀，非为生者也；经德不回，非以干禄也；言语必信，非以正行也。君子行法，以俟命而已矣。"

孟子曰："说大人，则藐之，勿视其巍巍然。堂高数仞，榱题数尺，我得志弗为也；食前方丈，侍妾数百人，我得志弗为也；般乐饮酒，驱骋田猎，后车千乘，我得志弗为也。在彼者，皆我所不为也；在我者，皆古之制也，吾何畏彼哉？"

孟子曰："养心莫善于寡欲。其为人也寡欲，虽有不存焉者，寡矣；其为人也多欲，虽有存焉者，寡矣。"

曾皙嗜羊枣，而曾子不忍食羊枣。公孙丑问曰："脍炙与羊枣孰美？"孟子曰："脍炙哉！"公孙丑曰："然则曾子何为食脍炙而不食羊枣？"曰："脍炙所同也，羊枣所独也。讳名不讳姓，姓所同也，名所独也。"

万章问曰："孔子在陈曰：'盍归乎来！吾党之士狂简，进取不忘其初。'孔子在陈，何思鲁之狂士？"孟子曰："孔子'不得中道而与之，必也狂狷乎！狂者进取，狷者有所不为也。'孔子岂不欲中道哉？不可必得，故思其次也。""敢问何如斯可谓狂矣？"曰："如琴张、曾皙、牧皮者，孔子之所谓狂矣。""何以谓之狂也？"曰："其志嘐嘐然，曰'古之人，古之人'。夷考其行而不掩焉者也。狂者又不可得，欲得不屑不洁之士而与之，是獧也。是又其次也。孔子曰：‘过我门而不入我室，我不憾焉者，其惟乡原乎！乡原，德之贼也。’”曰：“何如斯可谓之乡原矣？”曰：“‘何以是嘐嘐也？言不顾行，行不顾言，则曰：古之人，古之人。行何为踽踽凉凉？生斯世也，为斯世也，善斯可矣。’阉然媚于世也者，是乡原也。”万子曰：“一乡皆称原人焉，无所往而不为原人，孔子以为德之贼，何哉？”曰：“非之无举也，刺之无刺也；同乎流俗，合乎污世；居之似忠信，行之似廉洁；众皆悦之自以为是，而不可与入尧舜之道，故曰德之贼也。孔子曰：‘恶似而非者：恶莠，恐其乱苗也；恶佞，恐其乱义也；恶利口，恐其乱信也；恶郑声，恐其乱乐也；恶紫，恐其乱朱也；恶乡原，恐其乱德也。’君子反经而已矣。经正，则庶民兴；庶民兴，斯无邪慝矣。”

孟子曰：“由尧舜至于汤，五百有余岁，若禹、皋陶，则见而知之；若汤，则闻而知之。由汤至于文王，五百有余岁，若伊尹、莱朱则见而知之；若文王，则闻而知之。由文王至于孔子，五百有余岁，若太公望、散宜生，则见而知之；若孔子，则闻而知之。由孔子而来至于今，百有余岁，去圣人之世，若此其未远也；近圣人之居，若此其圣也，然而无有乎尔，则亦无有乎尔。”

诗　经

诗经目录

国　风

周　南

关　雎

关关雎鸠，在河之洲。窈窕淑女，君子好逑。
参差荇菜，左右流之。窈窕淑女，寤寐求之。
求之不得，寤寐思服。悠哉悠哉，辗转反侧。
参差荇菜，左右采之。窈窕淑女，琴瑟友之。
参差荇菜，左右芼之。窈窕淑女，钟鼓乐之。

葛　覃

葛之覃兮，施于中谷，维叶萋萋。黄鸟于飞，集于灌木，其鸣喈喈。

葛之覃兮，施于中谷，维叶莫莫。是刈是濩，为絺为绤，服之无斁。

言告师氏，言告言归。薄污我私，薄浣我衣。害浣害否？归宁父母。

卷　耳

采采卷耳，不盈顷筐。嗟我怀人，寘彼周行。
陟彼崔嵬，我马虺隤。我姑酌彼金罍，维以不永怀。
陟彼高冈，我马玄黄。我姑酌彼兕觥，维以不永伤。
陟彼砠矣，我马瘏矣，我仆痡矣，云何吁矣！

樛　木

南有樛木，葛藟累之。乐只君子，福履绥之。
南有樛木，葛藟荒之。乐只君子，福履将之。
南有樛木，葛藟萦之。乐只君子，福履成之。

螽 斯

螽斯羽，诜诜兮。宜尔子孙，振振兮。
螽斯羽，薨薨兮。宜尔子孙，绳绳兮。
螽斯羽，揖揖兮。宜尔子孙，蛰蛰兮。

桃 夭

桃之夭夭，灼灼其华。之子于归，宜其室家。
桃之夭夭，有蕡其实。之子于归，宜其家室。
桃之夭夭，其叶蓁蓁。之子于归，宜其家人。

兔 罝

肃肃兔罝，椓之丁丁。赳赳武夫，公侯干城。
肃肃兔罝，施于中逵。赳赳武夫，公侯好仇。
肃肃兔罝，施于中林。赳赳武夫，公侯腹心。

芣 苢

采采芣苢，薄言采之。采采芣苢，薄言有之。
采采芣苢，薄言掇之。采采芣苢，薄言捋之。
采采芣苢，薄言袺之。采采芣苢，薄言襭之。

汉 广

南有乔木，不可休思。汉有游女，不可求思。
汉之广矣，不可泳思。江之永矣，不可方思。
翘翘错薪，言刈其楚。之子于归，言秣其马。
汉之广矣，不可泳思。江之永矣，不可方思。
翘翘错薪，言刈其蒌。之子于归，言秣其驹。
汉之广矣，不可泳思。江之永矣，不可方思。

汝 坟

遵彼汝坟，伐其条枚。未见君子，惄如调饥。
遵彼汝坟，伐其条肄。既见君子，不我遐弃。
鲂鱼赪尾，王室如毁。虽则如毁，父母孔迩。

麟之趾

麟之趾，振振公子。于嗟麟兮！
麟之定，振振公姓。于嗟麟兮！
麟之角，振振公族。于嗟麟兮！

召南

鹊巢

维鹊有巢，维鸠居之。之子于归，百两御之。
维鹊有巢，维鸠方之。之子于归，百两将之。
维鹊有巢，维鸠盈之。之子于归，百两成之。

采蘩

于以采蘩，于沼于沚。于以用之，公侯之事。
于以采蘩，于涧之中。于以用之，公侯之宫。
被之僮僮，夙夜在公。被之祁祁，薄言还归。

草虫

喓喓草虫，趯趯阜螽。未见君子，忧心忡忡。亦既见止，亦既觏止，我心则降。

陟彼南山，言采其蕨。未见君子，忧心惙惙。亦既见止，亦既觏止，我心则说。

陟彼南山，言采其薇。未见君子，我心伤悲。亦既见止，亦既觏止，我心则夷。

采蘋

于以采蘋，南涧之滨。于以采藻，于彼行潦。
于以盛之，维筐及筥。于以湘之，维锜及釜。
于以奠之，宗室牖下。谁其尸之，有齐季女。

甘 棠

蔽芾甘棠，勿翦勿伐，召伯所茇。
蔽芾甘棠，勿翦勿败，召伯所憩。
蔽芾甘棠，勿翦勿拜，召伯所说。

行 露

厌浥行露，岂不夙夜，谓行多露。

谁谓雀无角，何以穿我屋？谁谓女无家，何以速我狱？虽速我狱，室家不足！

谁谓鼠无牙，何以穿我墉？谁谓女无家，何以速我讼？虽速我讼，亦不女从！

羔 羊

羔羊之皮，素丝五纶。退食自公，委蛇委蛇。
羔羊之革，素丝五緎。委蛇委蛇，自公退食。
羔羊之缝，素丝五总。委蛇委蛇，退食自公。

殷其雷

殷其雷，在南山之阳。何斯违斯？莫敢或遑。振振君子，归哉归哉！

殷其雷，在南山之侧。何斯违斯？莫敢遑息。振振君子，归哉归哉！

殷其雷，在南山之下。何斯违斯？莫或遑处。振振君子，归哉归哉！

摽有梅

摽有梅，其实七兮。求我庶士，迨其吉兮。
摽有梅，其实三兮。求我庶士，迨其今兮。
摽有梅，顷筐塈之。求我庶士，迨其谓之。

小 星

嘒彼小星，三五在东。肃肃宵征，夙夜在公，寔命不同。

嘒彼小星，维参与昴。肃肃宵征，抱衾与裯，寔命不犹。

江有汜

江有汜，之子归。不我以，不我以，其后也悔。
江有渚，之子归。不我与，不我与，其后也处。
江有沱，之子归。不我过，不我过，其啸也歌。

野有死麕

野有死麕，白茅包之。有女怀春，吉士诱之。
林有朴樕，野有死鹿。白茅纯束。有女如玉。
舒而脱脱兮，无感我帨兮，无使尨也吠。

何彼襛

何彼襛矣？唐棣之华。曷不肃雍？王姬之车。
何彼襛矣？华如桃李。平王之孙，齐侯之子。
其钓维何？维丝伊缗。齐侯之子，平王之孙。

驺虞

彼茁者葭，壹发五豝，于嗟乎驺虞！
彼茁者蓬，壹发五豵，于嗟乎驺虞！

邶风

柏舟

泛彼柏舟，亦泛其流。耿耿不寐，如有隐忧。微我无酒，以敖以游。
我心匪鉴，不可以茹。亦有兄弟，不可以据。薄言往愬，逢彼之怒。
我心匪石，不可转也。我心匪席，不可卷也。威仪棣棣，不可选也。
忧心悄悄，愠于群小。觏闵既多，受侮不少。静言思之，寤辟有摽。
日居月诸，胡迭而微。心之忧矣，如匪澣衣。静言思之，不能奋飞。

绿衣

绿兮衣兮，绿衣黄里。心之忧矣，曷维其已。

绿兮衣兮，绿衣黄裳。心之忧矣，曷维其亡。
绿兮丝兮，女所治兮。我思古人，俾无訧兮。
絺兮绤兮，凄其以风。我思古人，实获我心。

燕 燕

燕燕于飞，差池其羽。之子于归，远送于野。瞻望弗及，泣涕如雨。
燕燕于飞，颉之颃之。之子于归，远于将之。瞻望弗及，伫立以泣。
燕燕于飞，下上其音。之子于归，远送于南。瞻望弗及，实劳我心。
仲氏任只，其心塞渊。终温且惠，淑慎其身。先君之思，以勖寡人。

日 月

日居月诸，照临下土。乃如之人兮，逝不古处。胡能有定？宁不我顾？

日居月诸，下土是冒。乃如之人兮，逝不相好。胡能有定？宁不我报？

日居月诸，出自东方。乃如之人兮，德音无良。胡能有定？俾也可忘。

日居月诸，东方自出。父兮母兮，畜我不卒，胡能有定？报我不述。

终 风

终风且暴，顾我则笑。谑浪笑敖，中心是悼。
终风且霾，惠然肯来。莫往莫来，悠悠我思。
终风且曀，不日有曀。寤言不寐，愿言则嚏。
曀曀其阴，虺虺其雷。寤言不寐，愿言则怀。

击 鼓

击鼓其镗，踊跃用兵。土国城漕，我独南行。
从孙子仲，平陈与宋。不我以归，忧心有忡。
爰居爰处，爰丧其马？于以求之，于林之下。
死生契阔，与子成说。执子之手，与子偕老。
于嗟阔兮，不我活兮。于嗟洵兮，不我信兮。

凯　风

凯风自南，吹彼棘心。棘心夭夭，母氏劬劳。
凯风自南，吹彼棘薪。母氏圣善，我无令人。
爰有寒泉，在浚之下。有子七人，母氏劳苦。
睍睆黄鸟，载好其音。有子七人，莫慰母心。

雄　雉

雄雉于飞，泄泄其羽。我之怀矣，自诒伊阻。
雄雉于飞，下上其音。展矣君子，实劳我心。
瞻彼日月，悠悠我思。道之云远，曷云能来？
百尔君子，不知德行。不忮不求，何用不臧。

匏有苦叶

匏有苦叶，济有深涉，深则厉，浅则揭。
有弥济盈，有鷕雉鸣。济盈不濡轨，雉鸣求其牡。
雝雝鸣雁，旭日始旦。士如归妻，迨冰未泮。
招招舟子，人涉卬否。人涉卬否，卬须我友。

谷　风

习习谷风，以阴以雨。黾勉同心，不宜有怒。
采葑采菲，无以下体。德音莫违，及尔同死。
行道迟迟，中心有违。不远伊迩，薄送我畿。
谁谓荼苦，其甘如荠。宴尔新婚，如兄如弟。
泾以渭浊，湜湜其沚。宴尔新婚，不我屑以。
毋逝我梁，毋发我笱。我躬不阅，遑恤我后。
就其深矣，方之舟之。就其浅矣，泳之游之。
何有何亡，黾勉求之。凡民有丧，匍匐救之。
不我能慉，反以我为雠。既阻我德，贾用不售。
昔育恐育鞫，及尔颠覆。既生既育，比予于毒。
我有旨蓄，亦以御冬。宴尔新婚，以我御穷。
有洸有溃，既诒我肄。不念昔者，伊余来塈。

式 微

式微式微，胡不归？微君之故，胡为乎中露？
式微式微，胡不归？微君之躬，胡为乎泥中？

旄 丘

旄丘之葛兮，何诞之节兮？叔兮伯兮，何多日也？
何其处也？必有与也。何其久也？必有以也。
狐裘蒙戎，匪车不东。叔兮伯兮，靡所与同。
琐兮尾兮，流离之子。叔兮伯兮，褎如充耳。

简 兮

简兮简兮，方将万舞。日之方中，在前上处。
硕人俣俣，公庭万舞。有力如虎，执辔如组。
左手执龠，右手秉翟。赫如渥赭，公言锡爵。
山有榛，隰有苓。云谁之思，西方美人。彼美人兮，西方之人兮。

泉 水

毖彼泉水，亦流于淇。有怀于卫，靡日不思。娈彼诸姬，聊与之谋。
出宿于泲，饮饯于祢。女子有行，远父母兄弟。问我诸姑，遂及伯姊。
出宿于干，饮饯于言。载脂载舝，还车言迈。遄臻于卫，不瑕有害？
我思肥泉，兹之永叹。思须与漕，我心悠悠。驾言出游，以写我忧。

北 门

出自北门，忧心殷殷。终窭且贫，莫知我艰。
已焉哉！天实为之，谓之何哉！
王事适我，政事一埤益我，我入自外，室人交遍谪我。
已焉哉！天实为之，谓之何哉！
王事敦我，政事一埤遗我，我入自外，室人交遍摧我。
已焉哉！天实为之，谓之何哉！

北　风

北风其凉，雨雪其雱。惠而好我，携手同行。其虚其邪，既亟只且。
北风其喈，雨雪其霏。惠而好我，携手同归。其虚其邪，既亟只且。
莫赤匪狐，莫黑匪乌。惠而好我，携手同车。其虚其邪，既亟只且。

静　女

静女其姝，俟我于城隅。爱而不见，搔首踟蹰。
静女其娈，贻我彤管。彤管有炜，说怿女美。
自牧归荑，洵美且异。匪女之为美，美人之贻。

新　台

新台有泚，河水弥弥。燕婉之求，籧篨不鲜。
新台有洒，河水浼浼。燕婉之求，籧篨不殄。
鱼网之设，鸿则离之。燕婉之求，得此戚施。

二子乘舟

二子乘舟，泛泛其景。愿言思子，中心养养。
二子乘舟，泛泛其逝。愿言思子，不瑕有害。

鄘　风

柏　舟

泛彼柏舟，在彼中河。髧彼两髦，实维我仪。之死矢靡它！母也天只，不谅人只！

泛彼柏舟，在彼河侧。髧彼两髦，实维我特。之死矢靡慝！母也天只，不谅人只！

墙有茨

墙有茨，不可扫也。中冓之言，不可道也。所可道也，言之丑也。
墙有茨，不可襄也。中冓之言，不可详也。所可详也，言之长也。
墙有茨，不可束也。中冓之言，不可读也。所可读也，言之辱也。

君子偕老

君子偕老，副笄六珈。委委佗佗，如山如河。
象服是宜，子之不淑，云如之何。
玼兮玼兮，其之翟也。鬒发如云，不屑髢也。
玉之瑱也，象之揥也，扬且之晳也。胡然而天也，胡然而帝也。
瑳兮瑳兮，其之展也。蒙彼绉𫄨，是绁袢也。
子之清扬，扬且之颜也。展如之人兮，邦之媛也。

桑 中

爰采唐矣？沬之乡矣。云谁之思？美孟姜矣。
期我乎桑中，要我乎上宫，送我乎淇之上矣。
爰采麦矣，沬之北矣。云谁之思？美孟弋矣。
期我乎桑中，要我乎上宫，送我乎淇之上矣。
爰采葑矣，沬之东矣。云谁之思？美孟庸矣。
期我乎桑中，要我乎上宫，送我乎淇之上矣。

鹑之奔奔

鹑之奔奔，鹊之彊彊。人之无良，我以为兄。
鹊之彊彊，鹑之奔奔。人之无良，我以为君。

定之方中

定之方中，作于楚宫。揆之以日，作于楚室。树之榛栗，椅桐梓漆，爰伐琴瑟。

升彼虚矣，以望楚矣。望楚与堂，景山与京。降观于桑，卜云其吉，终然允臧。

灵雨既零，命彼倌人。星言夙驾，说于桑田。匪直也人，秉心塞渊，騋牝三千。

蝃 蝀

蝃蝀在东，莫之敢指。女子有行，远父母兄弟。
朝隮于西，崇朝其雨。女子有行，远兄弟父母。
乃如之人也，怀婚姻也。大无信也，不知命也。

相 鼠

相鼠有皮，人而无仪。人而无仪，不死何为？
相鼠有齿，人而无止。人而无止，不死何俟？
相鼠有体，人而无礼。人而无礼，胡不遄死？

干 旄

孑孑干旄，在浚之郊。素丝纰之，良马四之。彼姝者子，何以畀之？
孑孑干旟，在浚之都。素丝组之，良马五之。彼姝者子，何以予之？
孑孑干旌，在浚之城。素丝祝之，良马六之。彼姝者子，何以告之？

载 驰

载驰载驱，归唁卫侯。驱马悠悠，言至于漕。大夫跋涉，我心则忧。
既不我嘉，不能旋反。视尔不臧，我思不远。
既不我嘉，不能旋济。视尔不臧，我思不閟。
陟彼阿丘，言采其蝱。女子善怀，亦各有行。许人尤之，众稚且狂。
我行其野，芃芃其麦。控于大邦，谁因谁极！
大夫君子，无我有尤。百尔所思，不如我所之。

卫风

淇 奥

瞻彼淇奥，绿竹猗猗。有匪君子，如切如磋，如琢如磨。
瑟兮僩兮，赫兮咺兮。有匪君子，终不可谖兮！
瞻彼淇奥，绿竹青青。有匪君子，充耳琇莹，会弁如星。
瑟兮僩兮，赫兮咺兮。有匪君子，终不可谖兮。
瞻彼淇奥，绿竹如箦。有匪君子，如金如锡，如圭如璧。
宽兮绰兮，猗重较兮。善戏谑兮，不为虐兮。

考 槃

考槃在涧，硕人之宽。独寐寤言，永矢弗谖。
考槃在阿，硕人之薖。独寐寤歌，永矢弗过。

考槃在陆，硕人之轴。独寐寤宿，永矢弗告。

硕 人

硕人其颀，衣锦褧衣。齐侯之子，卫侯之妻，东宫之妹，邢侯之姨，谭公维私。

手如柔荑，肤如凝脂。领如蝤蛴，齿如瓠犀，螓首蛾眉。巧笑倩兮，美目盼兮。

硕人敖敖，说于农郊。四牡有骄，朱幩镳镳，翟茀以朝。大夫夙退，无使君劳。

河水洋洋，北流活活。施罛濊濊，鳣鲔发发，葭菼揭揭。庶姜孽孽，庶士有朅。

氓

氓之蚩蚩，抱布贸丝。匪来贸丝，来即我谋。送子涉淇，至于顿丘。匪我愆期，子无良媒。将子无怒，秋以为期。

乘彼垝垣，以望复关。不见复关，泣涕涟涟。既见复关，载笑载言。尔卜尔筮，体无咎言。以尔车来，以我贿迁。

桑之未落，其叶沃若。于嗟鸠兮，无食桑葚。于嗟女兮，无与士耽。士之耽兮，犹可说也。女之耽兮，不可说也。

桑之落兮，其黄而陨。自我徂尔，三岁食贫。淇水汤汤，渐车帷裳。女也不爽，士贰其行。士也罔极，二三其德。

三岁为妇，靡室劳矣。夙兴夜寐，靡有朝矣。言既遂矣，至于暴矣。兄弟不知，咥其笑矣。静言思之，躬自悼矣。

及尔偕老，老使我怨。淇则有岸，隰则有泮。总角之宴，言笑晏晏。信誓旦旦，不思其反。反是不思，亦已焉哉！

竹 竿

籊籊竹竿，以钓于淇。岂不尔思？远莫致之。

泉源在左，淇水在右。女子有行，远兄弟父母。

淇水在右，泉源在左。巧笑之瑳，佩玉之傩。

淇水滺滺，桧楫松舟。驾言出游，以写我忧。

芄　兰

芄兰之支,童子佩觿。虽则佩觿,能不我知。容兮遂兮,垂带悸兮。
芄兰之叶,童子佩韘。虽则佩韘,能不我甲。容兮遂兮,垂带悸兮。

河　广

谁谓河广,一苇杭之。谁谓宋远,跂予望之。
谁谓河广,曾不容刀。谁谓宋远,曾不崇朝。

伯　兮

伯兮朅兮,邦之杰兮。伯也执殳,为王前驱。
自伯之东,首如飞蓬。岂无膏沐?谁适为容!
其雨其雨,杲杲出日。愿言思伯,甘心首疾!
焉得谖草,言树之背?愿言思伯,使我心痗!

有　狐

有狐绥绥,在彼淇梁。心之忧矣,之子无裳。
有狐绥绥,在彼淇厉。心之忧矣,之子无带。
有狐绥绥,在彼淇侧。心之忧矣,之子无服。

木　瓜

投我以木瓜,报之以琼琚。匪报也,永以为好也。
投我以木桃,报之以琼瑶。匪报也,永以为好也。
投我以木李,报之以琼玖。匪报也,永以为好也。

王　风

黍　离

彼黍离离,彼稷之苗。行迈靡靡,中心摇摇。
知我者,谓我心忧,不知我者,谓我何求。悠悠苍天,此何人哉!
彼黍离离,彼稷之穗。行迈靡靡,中心如醉。
知我者,谓我心忧,不知我者,谓我何求。悠悠苍天,此何人哉!

彼黍离离，彼稷之实。行迈靡靡，中心如噎。

知我者，谓我心忧，不知我者，谓我何求。悠悠苍天，此何人哉！

君子于役

君子于役，不知其期，曷至哉？

鸡栖于埘，日之夕矣，羊牛下来。君子于役，如之何勿思？

君子于役，不日不月，曷其有佸？

鸡栖于桀，日之夕矣，羊牛下括。君子于役，苟无饥渴？

君子阳阳

君子阳阳，左执簧，右招我由房。其乐只且！

君子陶陶，左执翿，右招我由敖。其乐只且！

扬之水

扬之水，不流束薪。彼其之子，不与我戍申。怀哉怀哉，曷月予还归哉？

扬之水，不流束楚。彼其之子，不与我戍甫。怀哉怀哉，曷月予还归哉？

扬之水，不流束蒲。彼其之子，不与我戍许。怀哉怀哉，曷月予还归哉？

中谷有蓷

中谷有蓷，暵其乾矣。有女仳离，嘅其叹矣。嘅其叹矣，遇人之艰难矣。

中谷有蓷，暵其修矣。有女仳离，条其歗矣。条其歗矣，遇人之不淑矣。

中谷有蓷，暵其湿矣。有女仳离，啜其泣矣。啜其泣矣，何嗟及矣。

兔爰

有兔爰爰，雉离于罗。我生之初，尚无为，我生之后，逢此百罹。尚寐无吪！

有兔爰爰，雉离于罦。我生之初，尚无造，我生之后，逢此百忧。

尚寐无觉！

有兔爰爰，雉离于罿。我生之初，尚无庸，我生之后，逢此百凶。尚寐无聪！

葛　藟

绵绵葛藟，在河之浒。终远兄弟，谓他人父。谓他人父，亦莫我顾。
绵绵葛藟，在河之涘。终远兄弟，谓他人母。谓他人母，亦莫我有。
绵绵葛藟，在河之漘。终远兄弟，谓他人昆。谓他人昆，亦莫我闻。

采　葛

彼采葛兮，一日不见，如三月兮。
彼采萧兮，一日不见，如三秋兮。
彼采艾兮，一日不见，如三岁兮。

大　车

大车槛槛，毳衣如菼。岂不尔思？畏子不敢。
大车啍啍，毳衣如璊。岂不尔思？畏子不奔。
穀则异室，死则同穴。谓予不信，有如皦日。

丘中有麻

丘中有麻，彼留子嗟。彼留子嗟，将其来施施。
丘中有麦，彼留子国。彼留子国，将其来食。
丘中有李，彼留之子。彼留之子，贻我佩玖。

郑　风

缁　衣

缁衣之宜兮，敝，予又改为兮。适子之馆兮，还予授子之粲兮。
缁衣之好兮，敝，予又改造兮。适子之馆兮，还予授子之粲兮。
缁衣之蓆兮，敝，予又改作兮。适子之馆兮，还予授子之粲兮。

将仲子

将仲子兮！无逾我里，无折我树杞，岂敢爱之，畏我父母。仲可怀也，父母之言，亦可畏也！

将仲子兮！无逾我墙，无折我树桑。岂敢爱之，畏我诸兄。仲可怀也，诸兄之言，亦可畏也！

将仲子兮！无逾我园，无折我树檀。岂敢爱之，畏人之多言。仲可怀也，人之多言，亦可畏也！

叔于田

叔于田，巷无居人。岂无居人？不如叔也，洵美且仁。
叔于狩，巷无饮酒。岂无饮酒？不如叔也，洵美且好。
叔适野，巷无服马。岂无服马？不如叔也，洵美且武。

大叔于田

叔于田，乘乘马。执辔如组，两骖如舞。
叔在薮，火烈具举。襢裼暴虎，献于公所。将叔无狃，戒其伤女。
叔于田，乘乘黄。两服上襄，两骖雁行。
叔在薮，火烈具扬。叔善射忌，又良御忌，抑磬控忌，抑纵送忌。
叔于田，乘乘鸨。两服齐首，两骖如手。
叔在薮，火烈具阜。叔马慢忌，叔发罕忌，抑释掤忌，抑鬯弓忌。

清　人

清人在彭，驷介旁旁。二矛重英，河上乎翱翔。
清人在消，驷介麃麃。二矛重乔，河上乎逍遥。
清人在轴，驷介陶陶。左旋右抽，中军作好。

羔　裘

羔裘如濡，洵直且侯。彼其之子，舍命不渝。
羔裘豹饰，孔武有力。彼其之子，邦之司直。
羔裘晏兮，三英粲兮。彼其之子，邦之彦兮。

遵大路

遵大路兮，掺执子之袪兮。无我恶兮，不寁故也。
遵大路兮，掺执子之手兮。无我魗兮，不寁好也。

女曰鸡鸣

女曰："鸡鸣。"士曰："昧旦。""子兴视夜，明星有烂。""将翱将翔，弋凫与雁。"

"弋言加之，与子宜之。宜言饮酒，与子偕老。"琴瑟在御，莫不静好。

"知子之来之，杂佩以赠之。知子之顺之，杂佩以问之。知子之好之，杂佩以报之。"

有女同车

有女同车，颜如舜华。将翱将翔，佩玉琼琚。彼美孟姜，洵美且都。
有女同行，颜如舜英。将翱将翔，佩玉将将。彼美孟姜，德音不忘。

山有扶苏

山有扶苏，隰有荷华。不见子都，乃见狂且。
山有乔松，隰有游龙。不见子充，乃见狡童。

萚兮

萚兮萚兮，风其吹女。叔兮伯兮，倡予和女。
萚兮萚兮，风其漂女。叔兮伯兮，倡予要女。

狡童

彼狡童兮，不与我言兮。维子之故，使我不能餐兮。
彼狡童兮，不与我食兮。维子之故，使我不能息兮。

褰裳

子惠思我，褰裳涉溱。子不我思，岂无他人？狂童之狂也且！
子惠思我，褰裳涉洧。子不我思，岂无他士？狂童之狂也且！

丰

子之丰兮，俟我乎巷兮，悔予不送兮！
子之昌兮，俟我乎堂兮，悔予不将兮！
衣锦褧衣，裳锦褧裳。叔兮伯兮，驾予与行。
裳锦褧裳，衣锦褧衣。叔兮伯兮，驾予与归。

东门之墠

东门之墠，茹藘在阪。其室则迩，其人甚远。
东门之栗，有践家室。岂不尔思？子不我即。

风雨

风雨凄凄，鸡鸣喈喈。既见君子，云胡不夷？
风雨潇潇，鸡鸣胶胶。既见君子，云胡不瘳？
风雨如晦，鸡鸣不已。既见君子，云胡不喜？

子衿

青青子衿，悠悠我心。纵我不往，子宁不嗣音？
青青子佩，悠悠我思。纵我不往，子宁不来？
挑兮达兮，在城阙兮。一日不见，如三月兮！

扬之水

扬之水，不流束楚。终鲜兄弟，维予与女。无信人之言，人实迋女。
扬之水，不流束薪。终鲜兄弟，维予二人。无信人之言，人实不信。

出其东门

出其东门，有女如云。虽则如云，匪我思存。缟衣綦巾，聊乐我员。
出其闉阇，有女如荼。虽则如荼，匪我思且。缟衣茹藘，聊可与娱。

野有蔓草

野有蔓草，零露漙兮。有美一人，清扬婉兮。邂逅相遇，适我愿兮。
野有蔓草，零露瀼瀼。有美一人，婉如清扬。邂逅相遇，与子偕臧。

溱　洧

溱与洧，方涣涣兮。士与女，方秉蕳兮。女曰：“观乎？”士曰：“既且。”“且往观乎！洧之外，洵訏且乐。”维士与女，伊其相谑，赠之以勺药。

溱与洧，浏其清矣。士与女，殷其盈矣。女曰：“观乎？”士曰：“既且。”

“且往观乎洧之外，洵吁且乐。”维士与女，伊其将谑，赠之以勺药。

齐　风

鸡　鸣

“鸡既鸣矣，朝既盈矣。”“匪鸡则鸣，苍蝇之声。”
“东方明矣，朝既昌矣。”“匪东方则明，月出之光。”
“虫飞薨薨，甘与子同梦。”“会且归矣，无庶予子憎。”

还

子之还兮，遭我乎峱之闲兮。并驱从两肩兮，揖我谓我儇兮。
子之茂兮，遭我乎峱之道兮。并驱从两牡兮，揖我谓我好兮。
子之昌兮，遭我乎峱之阳兮。并驱从两狼兮，揖我谓我臧兮。

著

俟我于着乎而，充耳以素乎而，尚之以琼华乎而。
俟我于庭乎而，充耳以青乎而，尚之以琼莹乎而。
俟我于堂乎而，充耳以黄乎而，尚之以琼英乎而。

东方之日

东方之日兮，彼姝者子，在我室兮。在我室兮，履我即兮。
东方之月兮，彼姝者子，在我闼兮。在我闼兮，履我发兮。

东方未明

东方未明，颠倒衣裳。颠之倒之，自公召之。
东方未晞，颠倒裳衣。倒之颠之，自公令之。
折柳樊圃，狂夫瞿瞿。不能辰夜，不夙则莫。

南 山

南山崔崔，雄狐绥绥。鲁道有荡，齐子由归。既曰归止，曷又怀止？
葛屦五两，冠緌双止。鲁道有荡，齐子庸止。既曰庸止，曷又从止？
芝麻如之何？衡从其亩。取妻如之何？必告父母。既曰告止，曷又鞠止？
析薪如之何？匪斧不克。取妻如之何？匪媒不得。既曰得止，曷又极止！

甫 田

无田甫田，维莠骄骄。无思远人，劳心忉忉。
无田甫田，维莠桀桀。无思远人，劳心怛怛。
婉兮娈兮，总角丱兮。未几见兮，突而弁兮。

卢 令

卢令令，其人美且仁。
卢重环，其人美且鬈。
卢重鋂，其人美且偲。

敝 笱

敝笱在梁，其鱼鲂鳏。齐子归止，其从如云。
敝笱在梁，其鱼鲂鱮。齐子归止，其从如雨。
敝笱在梁，其鱼唯唯。齐子归止，其从如水。

载 驱

载驱薄薄，簟茀朱鞹。鲁道有荡，齐子发夕。
四骊济济，垂辔沵沵。鲁道有荡，齐子岂弟。
汶水汤汤，行人彭彭。鲁道有荡，齐子翱翔。

汶水滔滔，行人儦儦。鲁道有荡，齐子游敖。

猗　嗟

猗嗟昌兮，颀而长兮。抑若扬兮，美目扬兮。巧趋跄兮，射则臧兮。
猗嗟名兮，美目清兮。仪既成兮，终日射侯，不出正兮，展我甥兮。
猗嗟娈兮，清扬婉兮。舞则选兮，射则贯兮。四矢反兮，以御乱兮。

魏　风

葛　屦

纠纠葛屦，可以履霜。掺掺女手，可以缝裳。要之襋之，好人服之。
好人提提，宛然左辟。佩其象揥。维是褊心，是以为刺。

汾沮洳

彼汾沮洳，言采其莫。彼其之子，美无度。美无度，殊异乎公路。
彼汾一方，言采其桑。彼其之子，美如英。美如英，殊异乎公行。
彼汾一曲，言采其萎。彼其之子，美如玉。美如玉。殊异乎公族。

园有桃

园有桃，其实之殽。心之忧矣，我歌且谣。不知我者，谓我士也骄。彼人是哉！子曰何其？心之忧矣，其谁知之。其谁知之，盖亦勿思！

园有棘，其实之食。心之忧矣，聊以行国。不知我者，谓我士也罔极。彼人是哉！子曰何其？心之忧矣，其谁知之？其谁知之，盖亦勿思。

陟　岵

陟彼岵兮，瞻望父兮。父曰："嗟！予子行役，夙夜无已。上慎旃哉，犹来无止。"

陟彼屺兮，瞻望母兮。母曰："嗟！予季行役，夙夜无寐。上慎旃哉，犹来无弃。"

陟彼冈兮，瞻望兄兮。兄曰："嗟！予弟行役，夙夜必偕。上慎旃哉，犹来无死。"

十亩之间

十亩之间兮，桑者闲闲兮。行与子还兮。

十亩之外兮，桑者泄泄兮。行与子逝兮。

伐　檀

坎坎伐檀兮，寘之河之干兮，河水清且涟猗。不稼不穑，胡取禾三百廛兮？不狩不猎，胡瞻尔庭有县貆兮？彼君子兮，不素餐兮！

坎坎伐辐兮，寘之河之侧兮，河水清且直猗。不稼不穑，胡取禾三百亿兮？不狩不猎，胡瞻尔庭有县特兮？彼君子兮，不素食兮！

坎坎伐轮兮，寘之河之漘兮，河水清且沦猗。不稼不穑，胡取禾三百囷兮？不狩不猎，胡瞻尔庭有县鹑兮？彼君子兮，不素飧兮！

硕　鼠

硕鼠硕鼠，无食我黍！三岁贯女，莫我肯顾。逝将去女，适彼乐土。乐土乐土，爰得我所。

硕鼠硕鼠，无食我麦！三岁贯女，莫我肯德。逝将去女，适彼乐国。乐国乐国，爰得我直。

硕鼠硕鼠，无食我苗！三岁贯女，莫我肯劳。逝将去女，适彼乐郊。乐郊乐郊，谁之永号。

唐　风

蟋　蟀

蟋蟀在堂，岁聿其莫。今我不乐，日月其除。无已大康，职思其居。好乐无荒，良士瞿瞿。

蟋蟀在堂，岁聿其逝。今我不乐，日月其迈。无已大康，职思其外。好乐无荒，良士蹶蹶。

蟋蟀在堂，役车其休。今我不乐，日月其慆。无已大康，职思其忧。好乐无荒，良士休休。

山有枢

山有枢，隰有榆。子有衣裳，弗曳弗娄。子有车马，弗驰弗驱。宛其死矣，他人是愉。

山有栲，隰有杻。子有廷内，弗洒弗扫。子有钟鼓，弗鼓弗考。宛其死矣，他人是保。

山有漆，隰有栗。子有酒食，何不日鼓瑟？且以喜乐，且以永日。宛其死矣，他人入室。

扬之水

扬之水，白石凿凿。素衣朱襮，从子于沃。既见君子，云何不乐？

扬之水，白石皓皓。素衣朱绣，从子于鹄。既见君子，云何其忧？

扬之水，白石粼粼。我闻有命，不敢以告人。

椒 聊

椒聊之实，蕃衍盈升。彼其之子，硕大无朋。椒聊且，远条且。

椒聊之实，蕃衍盈匊。彼其之子，硕大且笃。椒聊且，远条且。

绸 缪

绸缪束薪，三星在天。今夕何夕？见此良人。子兮子兮，如此良人何！

绸缪束刍，三星在隅。今夕何夕？见此邂逅。子兮子兮，如此邂逅何？

绸缪束楚，三星在户。今夕何夕？见此粲者。子兮子兮，如此粲者何？

杕 杜

有杕之杜，其叶湑湑。独行踽踽。岂无他人，不如我同父。嗟行之人，胡不比焉？人无兄弟，胡不佽焉？

有杕之杜，其叶菁菁。独行睘睘，岂无他人。不如我同姓，嗟行之人，胡不比焉？人无兄弟，胡不佽焉？

羔裘

羔裘豹袪，自我人居居。岂无他人，维子之故。

羔裘豹褎，自我人究究。岂无他人，维子之好。

鸨羽

肃肃鸨羽，集于苞栩。王事靡盬，不能蓺稷黍。父母何怙？悠悠苍天，曷其有所？

肃肃鸨翼，集于苞棘。王事靡盬，不能蓺黍稷。父母何食？悠悠苍天，曷其有极？

肃肃鸨行，集于苞桑。王事靡盬，不能蓺稻粱。父母何尝？悠悠苍天，曷其有常？

无衣

岂曰无衣，七兮。不如子之衣，安且吉兮。

岂曰无衣，六兮。不如子之衣，安且燠兮。

有杕之杜

有杕之杜，生于道左。彼君子兮，噬肯适我。中心好之，曷饮食之？

有杕之杜，生于道周。彼君子兮，噬肯来游。中心好之，曷饮食之？

葛生

葛生蒙楚，蔹蔓于野。予美亡此，谁与独处。

葛生蒙棘，蔹蔓于域。予美亡此，谁与独息。

角枕粲兮，锦衾烂兮。予美亡此，谁与独旦。

夏之日，冬之夜，百岁之后，归于其居。

冬之夜，夏之日。百岁之后，归于其室。

采苓

采苓采苓，首阳之巅。人之为言，苟亦无信。舍旃舍旃，苟亦无然。人之为言，胡得焉！

采苦采苦，首阳之下。人之为言，苟亦无与。舍旃舍旃。苟亦无然。人之为言，胡得焉！

采葑采葑，首阳之东。人之为言，苟亦无从。舍旃舍旃，苟亦无然。人之为言，胡得焉！

秦 风

车 邻

有车邻邻，有马白颠。未见君子，寺人之令。

阪有漆，隰有栗。既见君子，并坐鼓瑟。今者不乐，逝者其耋。

阪有桑，隰有杨。既见君子，并坐鼓簧。今者不乐，逝者其亡。

驷 驖

驷驖孔阜，六辔在手。公之媚子，从公于狩。

奉时辰牡，辰牡孔硕。公曰左之，舍拔则获。

游于北园，四马既闲。輶车鸾镳，载猃歇骄。

小 戎

小戎俴收，五楘梁辀。游环胁驱，阴靷鋈续。文茵畅毂，驾我骐馵。言念君子，温其如玉。在其板屋，乱我心曲。

四牡孔阜，六辔在手。骐骝是中，騧骊是骖。龙盾之合，鋈以觼軜。言念君子，温其在邑。方何为期，胡然我念之？

俴驷孔群，厹矛鋈錞，蒙伐有苑。虎韔镂膺，交韔二弓，竹闭绲縢。言念君子，载寝载兴。厌厌良人，秩秩德音。

蒹 葭

蒹葭苍苍，白露为霜。所谓伊人，在水一方。溯洄从之，道阻且长。溯游从之，宛在水中央。

蒹葭萋萋，白露未晞。所谓伊人，在水之湄。溯洄从之，道阻且跻。溯游从之，宛在水中坻。

蒹葭采采，白露未已。所谓伊人，在水之涘。溯洄从之，道阻且右；溯游从之，宛在水中沚。

终 南

终南何有？有条有梅。君子至止，锦衣狐裘，颜如渥丹，其君也哉！

终南何有？有纪有堂。君子至止，黻衣绣裳。佩玉将将，寿考不忘。

黄 鸟

交交黄鸟，止于棘。谁从穆公？子车奄息。维此奄息，百夫之特。临其穴，惴惴其慄。彼苍者天，歼我良人！如可赎兮，人百其身。

交交黄鸟，止于桑。谁从穆公？子车仲行。维此仲行，百夫之防。临其穴，惴惴其慄。彼苍者天，歼我良人！如可赎兮，人百其身。

交交黄鸟，止于楚。谁从穆公？子车针虎。维此针虎，百夫之御。临其穴，惴惴其慄。彼苍者天，歼我良人！如可赎兮，人百其身。

晨 风

鴥彼晨风，郁彼北林。未见君子，忧心钦钦。如何如何，忘我实多。

山有苞栎，隰有六驳。未见君子，忧心靡乐。如何如何，忘我实多。

山有苞棣，隰有树檖。未见君子，忧心如醉。如何如何，忘我实多。

无 衣

岂曰无衣？与子同袍。王于兴师，修我戈矛，与子同仇。

岂曰无衣？与子同泽。王于兴师，修我矛戟，与子偕作。

岂曰无衣？与子同裳。王于兴师，修我甲兵，与子偕行。

渭 阳

我送舅氏，曰至渭阳。何以赠之？路车乘黄。

我送舅氏，悠悠我思。何以赠之？琼瑰玉佩。

权 舆

於我乎？夏屋渠渠。今也每食无余。於嗟乎？不承权舆。

於我乎？每食四簋。今也每食不饱。於嗟乎？不承权舆。

陈　风

宛　丘

子之汤兮，宛丘之上兮。洵有情兮，而无望兮。
坎其击鼓，宛丘之下。无冬无夏，值其鹭羽。
坎其击缶，宛丘之道。无冬无夏，值其鹭翿。

东门之枌

东门之枌，宛丘之栩。子仲之子，婆娑其下。
穀旦于差，南方之原。不绩其麻，市也婆娑。
穀旦于逝，越以鬷迈。视尔如荍，贻我握椒。

衡　门

衡门之下，可以栖迟。泌之洋洋，可以乐饥。
岂其食鱼，必河之鲂？岂其娶妻，必齐之姜？
岂其食鱼，必河之鲤？岂其娶妻，必宋之子？

东门之池

东门之池，可以沤麻。彼美淑姬，可与晤歌。
东门之池，可以沤纻。彼美淑姬，可与晤语。
东门之池，可以沤菅。彼美淑姬，可与晤言。

东门之杨

东门之杨，其叶牂牂。昏以为期，明星煌煌。
东门之杨，其叶肺肺。昏以为期，明星晢晢。

墓　门

墓门有棘，斧以斯之。夫也不良，国人知之，知而不已，谁昔然矣。
墓门有梅，有鸮萃止。夫也不良，歌以讯之。讯予不顾，颠倒思予。

防有鹊巢

防有鹊巢，邛有旨苕。谁侜予美？心焉忉忉。
中唐有甓，邛有旨鹝。谁侜予美？心焉惕惕。

月出

月出皎兮，佼人僚兮。舒窈纠兮，劳心悄兮。
月出皓兮，佼人懰兮。舒忧受兮，劳心慅兮。
月出照兮，佼人燎兮。舒夭绍兮，劳心惨兮。

株林

胡为乎株林？从夏南。匪适株林，从夏南。
驾我乘马，说于株野。乘我乘驹，朝食于株。

泽陂

彼泽之陂，有蒲与荷。有美一人，伤如之何？寤寐无为，涕泗滂沱。
彼泽之陂，有蒲与蕑。有美一人，硕大且卷。寤寐无为，中心悁悁。
彼泽之陂，有蒲菡萏。有美一人，硕大且俨。寤寐无为，辗转伏枕。

桧风

羔裘

羔裘逍遥，狐裘以朝。岂不尔思？劳心忉忉。
羔裘翱翔，狐裘在堂。岂不尔思？我心忧伤。
羔裘如膏，日出有曜。岂不尔思？中心是悼。

素冠

庶见素冠兮，棘人栾栾兮，劳心慱慱兮。
庶见素衣兮，我心伤悲兮，聊与子同归兮。
庶见素韠兮，我心蕴结兮，聊与子如一兮。

隰有苌楚

隰有苌楚，猗傩其枝。夭之沃沃，乐子之无知。
隰有苌楚，猗傩其华。夭之沃沃，乐子之无家。
隰有苌楚，猗傩其实。夭之沃沃，乐子之无室。

匪　风

匪风发兮，匪车偈兮。顾瞻周道，中心怛兮。
匪风飘兮，匪车嘌兮。顾瞻周道，中心吊兮。
谁能亨鱼，溉之釜鬵。谁将西归，怀之好音。

曹　风

蜉　蝣

蜉蝣之羽，衣裳楚楚。心之忧矣，于我归处。
蜉蝣之翼，采采衣服。心之忧矣，于我归息。
蜉蝣掘阅，麻衣如雪。心之忧矣，于我归说。

候　人

彼候人兮，何戈与祋。彼其之子，三百赤芾。
维鹈在梁，不濡其翼。彼其之子，不称其服。
维鹈在梁，不濡其咮。彼其之子，不遂其媾。
荟兮蔚兮，南山朝隮。婉兮娈兮，季女斯饥。

鸤　鸠

鸤鸠在桑，其子七兮。淑人君子，其仪一兮。其仪一兮，心如结兮。
鸤鸠在桑，其子在梅。淑人君子，其带伊丝。其带伊丝，其弁伊骐。
鸤鸠在桑，其子在棘。淑人君子，其仪不忒。其仪不忒，正是四国。
鸤鸠在桑，其子在榛。淑人君子，正是国人。正是国人，胡不万年？

下　泉

冽彼下泉，浸彼苞稂。忾我寤叹，念彼周京。

洌彼下泉，浸彼苞萧。忾我寤叹，念彼京周。

洌彼下泉，浸彼苞蓍。忾我寤叹，念彼京师。

芃芃黍苗，阴雨膏之。四国有王，郇伯劳之。

豳风

七 月

七月流火，九月授衣。一之日觱发，二之日栗烈。无衣无褐，何以卒岁？三之日于耜，四之日举趾。同我妇子，馌彼南亩，田畯至喜。

七月流火，九月授衣。春日载阳，有鸣仓庚。女执懿筐，遵彼微行，爰求柔桑。春日迟迟，采蘩祁祁。女心伤悲，殆及公子同归。

七月流火，八月萑苇。蚕月条桑，取彼斧斨，以伐远扬。猗彼女桑。七月鸣鵙，八月载绩。载玄载黄，为公子裳。

四月秀葽，五月鸣蜩。八月其获，十月陨萚。一之日于貉，取彼狐狸，为公子裘。二之日其同，载缵武功。言私其豵，献豜于公。

五月斯螽动股，六月莎鸡振羽。七月在野，八月在宇，九月在户，十月蟋蟀入我床下。穹窒熏鼠，塞向墐户。嗟我妇子，曰为改岁，入此室处。

六月食郁及薁，七月亨葵及菽。八月剥枣，十月获稻。为此春酒，以介眉寿。七月食瓜，八月断壶。九月叔苴，采荼薪樗，食我农夫。

九月筑场圃，十月纳禾稼。黍稷重穋，禾麻菽麦。嗟我农夫，我稼既同，上入执公宫。昼尔于茅，宵尔索绹。亟其乘屋，其始播百谷。

二之日凿冰冲冲，三之日纳于凌阴。四之日其蚤，献羔祭韭。九月肃霜，十月涤场。朋酒斯飨，曰杀羔羊。跻彼公堂，称彼兕觥，万寿无疆！

鸱 鸮

鸱鸮鸱鸮，既取我子，无毁我室。恩斯勤斯，鬻子之闵斯。

迨天之未阴雨，彻彼桑土，绸缪牖户。今女下民，或敢侮予。

予手拮据，予所捋荼，予所蓄租，予口卒瘏，曰予未有室家。

予羽谯谯，予尾翛翛，予室翘翘，风雨所漂摇，予维音哓哓。

东　山

我徂东山，慆慆不归。我来自东，零雨其濛。我东曰归，我心西悲。制彼裳衣，勿士行枚。蜎蜎者蠋，烝在桑野。敦彼独宿，亦在车下。

我徂东山，慆慆不归。我来自东，零雨其濛。果赢之实，亦施于宇。伊威在室，蠨蛸在户，町畽鹿场，熠耀宵行。不可畏也，伊可怀也。

我徂东山，慆慆不归。我来自东，零雨其濛。鹳鸣于垤，妇叹于室。洒扫穹窒，我征聿至。有敦瓜苦，烝在栗薪。自我不见，于今三年。

我徂东山，慆慆不归。我来自东，零雨其濛。仓庚于飞，熠耀其羽。之子于归，皇驳其马。亲结其缡，九十其仪。其新孔嘉，其旧如之何？

破　斧

既破我斧，又缺我斨。周公东征，四国是皇。哀我人斯，亦孔之将。
既破我斧，又缺我锜。周公东征，四国是吪。哀我人斯，亦孔之嘉。
既破我斧，又缺我銶。周公东征，四国是遒。哀我人斯，亦孔之休。

伐　柯

伐柯如何？匪斧不克。取妻如何？匪媒不得。
伐柯伐柯，其则不远。我觏之子，笾豆有践。

九　罭

九罭之鱼，鳟鲂。我觏之子，衮衣绣裳。
鸿飞遵渚。公归无所，於女信处。
鸿飞遵陆。公归不复，於女信宿。
是以有衮衣兮，无以我公归兮，无使我心悲兮。

狼　跋

狼跋其胡，载疐其尾。公孙硕肤，赤舄几几。
狼疐其尾，载跋其胡。公孙硕肤，德音不瑕。

小雅

鹿鸣之什

鹿鸣

呦呦鹿鸣，食野之苹。我有嘉宾，鼓瑟吹笙。吹笙鼓簧，承筐是将。人之好我，示我周行。

呦呦鹿鸣，食野之蒿。我有嘉宾，德音孔昭。视民不恌，君子是则是傚。我有旨酒，嘉宾式燕以敖。

呦呦鹿鸣，食野之芩。我有嘉宾，鼓瑟鼓琴。鼓瑟鼓琴，和乐且湛。我有旨酒，以燕乐嘉宾之心。

四　牡

四牡騑騑，周道倭迟。岂不怀归？王事靡盬，我心伤悲。

四牡騑騑，啴啴骆马，岂不怀归？王事靡盬，不遑启处。

翩翩者鵻，载飞载下，集于苞栩。王事靡盬，不遑将父。

翩翩者鵻，载飞载止，集于苞杞。王事靡盬，不遑将母。

驾彼四骆，载骤骎骎。岂不怀归？是用作歌，将母来谂。

皇皇者华

皇皇者华，于彼原隰。駪駪征夫，每怀靡及。

我马维驹，六辔如濡。载驰载驱，周爰咨诹。

我马维骐，六辔如丝。载驰载驱，周爰咨谋。

我马维骆，六辔沃若。载驰载驱，周爰咨度。

我马维骃，六辔既均。载驰载驱，周爰咨询。

常　棣

常棣之华，鄂不韡韡。凡今之人，莫如兄弟。

死丧之威，兄弟孔怀。原隰裒矣，兄弟求矣。
脊令在原，兄弟急难。每有良朋，况也咏叹。
兄弟阋于墙，外御其务。每有良朋，烝也无戎。
丧乱既平，既安且宁。虽有兄弟，不如友生。
傧尔笾豆，饮酒之饫。兄弟既具，和乐且孺。
妻子好合，如鼓瑟琴。兄弟既翕，和乐且湛。
宜尔室家，乐尔妻孥。是究是图，亶其然乎！

伐　木

伐木丁丁，鸟鸣嘤嘤。出自幽谷，迁于乔木。嘤其鸣矣，求其友声。相彼鸟矣，犹求友声。矧伊人矣，不求友生。神之听之，终和且平。

伐木许许，酾酒有芎。既有肥羜，以速诸父。宁适不来，微我弗顾。于粲洒扫，陈馈八簋。既有肥牡，以速诸舅。宁适不来，微我有咎。

伐木于阪，酾酒有衍。笾豆有践，兄弟无远。民之失德，干餱以愆。有酒湑我，无酒酤我。坎坎鼓我，蹲蹲舞我。迨我暇矣，饮此湑矣。

天　保

天保定尔，亦孔之固。俾尔单厚，何福不除？俾尔多益，以莫不庶。

天保定尔，俾尔戬穀。罄无不宜，受天百禄。降尔遐福，维日不足。

天保定尔，以莫不兴。如山如阜，如冈如陵，如川之方至，以莫不增。

吉蠲为饎，是用孝享。禴祠烝尝，于公先王。君曰卜尔，万寿无疆。

神之吊矣，诒尔多福。民之质矣，日用饮食。群黎百姓，遍为尔德。

如月之恒，如日之升。如南山之寿，不骞不崩。如松柏之茂，无不尔或承。

采 薇

采薇采薇，薇亦作止。曰归曰归，岁亦莫止。靡室靡家，猃狁之故。不遑启居，猃狁之故。

采薇采薇，薇亦柔止。曰归曰归，心亦忧止。忧心烈烈，载饥载渴。我戍未定，靡使归聘。

采薇采薇，薇亦刚止。曰归曰归，岁亦阳止。王事靡盬，不遑启处。忧心孔疚，我行不来。

彼尔维何？维常之华。彼路斯何？君子之车。戎车既驾，四牡业业。岂敢定居，一月三捷。

驾彼四牡，四牡骙骙。君子所依，小人所腓。四牡翼翼，象弭鱼服。岂不日戒，猃狁孔棘。

昔我往矣，杨柳依依。今我来思，雨雪霏霏。行道迟迟，载渴载饥。我心伤悲，莫知我哀。

出 车

我出我车，于彼牧矣。自天子所，谓我来矣。召彼仆夫，谓之载矣。王事多难，维其棘矣。

我出我车，于彼郊矣。设此旐矣，建彼旄矣。彼旟旐斯，胡不旆旆？忧心悄悄，仆夫况瘁。

王命南仲，往城于方。出车彭彭，旂旐央央。天子命我，城彼朔方。赫赫南仲，猃狁于襄。

昔我往矣，黍稷方华。今我来思，雨雪载涂。王事多难，不遑启居。岂不怀归？畏此简书。

喓喓草虫，趯趯阜螽。未见君子，忧心忡忡。既见君子，我心则降。赫赫南仲，薄伐西戎。

春日迟迟，卉木萋萋。仓庚喈喈，采蘩祁祁。执讯获丑，薄言还归。赫赫南仲，猃狁于夷。

杕 杜

有杕之杜，有睆其实。王事靡盬，继嗣我日。日月阳止，女心伤止，征夫遑止。

有杕之杜，其叶萋萋。王事靡盬，我心伤悲。卉木萋止，女心悲止，征夫归止。

陟彼北山，言采其杞。王事靡盬，忧我父母。檀车幝幝，四牡痯痯，征夫不远。

匪载匪来，忧心孔疚。期逝不至，而多为恤。卜筮偕止，会言近止，征夫迩止。

鱼　丽

鱼丽于罶，鲿鲨。君子有酒，旨且多。
鱼丽于罶，鲂鳢。君子有酒，多且旨。
鱼丽于罶，鰋鲤。君子有酒，旨且有。
物其多矣，维其嘉矣。
物其旨矣，维其偕矣。
物其有矣，维其时矣。

南有嘉鱼之什

南有嘉鱼

南有嘉鱼，烝然罩罩。君子有酒，嘉宾式燕以乐。
南有嘉鱼，烝然汕汕。君子有酒，嘉宾式燕以衎。
南有樛木，甘瓠累之。君子有酒，嘉宾式燕绥之。
翩翩者鵻，烝然来思。君子有酒，嘉宾式燕又思。

南山有台

南山有台，北山有莱。乐只君子，邦家之基。乐只君子，万寿无期。
南山有桑，北山有杨。乐只君子，邦家之光。乐只君子，万寿无疆。
南山有杞，北山有李。乐只君子，民之父母；乐只君子，德音不已。
南山有栲，北山有杻。乐只君子，遐不眉寿？乐只君子，德音是茂。
南山有枸，北山有楰。乐只君子，遐不黄耇？乐只君子，保艾尔后。

蓼　萧

蓼彼萧斯，零露湑兮。既见君子，我心写兮。燕笑语兮，是以有誉处兮。

蓼彼萧斯，零露瀼瀼。既见君子，为龙为光。其德不爽，寿考不忘。
蓼彼萧斯，零露泥泥。既见君子，孔燕岂弟。宜兄宜弟，令德寿岂。
蓼彼萧斯，零露浓浓。既见君子，鞗革冲冲。和鸾雝雝，万福攸同。

湛露

湛湛露斯，匪阳不晞。厌厌夜饮，不醉无归。
湛湛露斯，在彼丰草。厌厌夜饮，在宗载考。
湛湛露斯，在彼杞棘。显允君子，莫不令德。
其桐其椅，其实离离。岂弟君子，莫不令仪。

彤弓

彤弓弨兮，受言藏之。我有嘉宾，中心贶之。钟鼓既设，一朝飨之。
彤弓弨兮，受言载之。我有嘉宾，中心喜之。钟鼓既设，一朝右之。
彤弓弨兮，受言櫜之。我有嘉宾，中心好之。钟鼓既设，一朝酬之。

菁菁者莪

菁菁者莪，在彼中阿。既见君子，乐且有仪。
菁菁者莪，在彼中沚。既见君子，我心则喜。
菁菁者莪，在彼中陵。既见君子，锡我百朋。
泛泛杨舟，载沉载浮。既见君子，我心则休。

六月

六月栖栖，戎车既饬。四牡骙骙，载是常服。猃狁孔炽。我是用急。王于出征，以匡王国。

比物四骊，闲之维则。维此六月，既成我服。我服既成，于三十里。王于出征，以佐天子。

四牡修广，其大有颙。薄伐猃狁，以奏肤公。有严有翼，共武之服。共武之服，以定王国。

猃狁匪茹，整居焦获。侵镐及方，至于泾阳。织文鸟章，白旆央央。元戎十乘，以先启行。

戎车既安，如轾如轩。四牡既佶，既佶且闲。薄伐猃狁，至于大原。文武吉甫，万邦为宪。

吉甫燕喜，既多受祉。来归自镐，我行永久。饮御诸友，炰鳖脍鲤。侯谁在矣？张仲孝友。

采　芑

薄言采芑，于彼新田，于此菑亩。方叔莅止，其车三千，师干之试。方叔率止，乘其四骐，四骐翼翼。路车有奭，簟茀鱼服，钩膺鞗革。

薄言采芑，于彼新田，于此中乡。方叔莅止，其车三千，旂旐央央。方叔率止，约軧错衡，八鸾玱玱。服其命服，朱芾斯皇，有玱葱珩。

鴥彼飞隼，其飞戾天，亦集爰止。方叔莅止，其车三千，师干之试。方叔率止，钲人伐鼓，陈师鞠旅。显允方叔，伐鼓渊渊，振旅阗阗。

蠢尔蛮荆，大邦为仇。方叔元老，克壮其犹。方叔率止，执讯获丑。戎车啴啴，啴啴焞焞，如霆如雷。显允方叔，征伐猃狁，蛮荆来威。

车　攻

我车既攻，我马既同。四牡庞庞，驾言徂东。
田车既好，四牡孔阜。东有甫草，驾言行狩。
之子于苗，选徒嚣嚣。建旐设旄，搏兽于敖。
驾彼四牡，四牡奕奕。赤芾金舄，会同有绎。
决拾既佽，弓矢既调。射夫既同，助我举柴。
四黄既驾，两骖不猗。不失其驰，舍矢如破。
萧萧马鸣，悠悠旆旌。徒御不警，大庖不盈。
之子于征，有闻无声。允矣君子，展也大成。

吉　日

吉日维戊，既伯既祷。田车既好，四牡孔阜，升彼大阜，从其群丑。
吉日庚午，既差我马。兽之所同，麀鹿麌麌。漆沮之从，天子之所。
瞻彼中原，其祁孔有。儦儦俟俟，或群或友。悉率左右，以燕天子。
既张我弓，既挟我矢。发彼小豝，殪此大兕。以御宾客，且以酌醴。

鸿雁之什

鸿 雁

鸿雁于飞，肃肃其羽。之子于征，劬劳于野。爰及矜人，哀此鳏寡。

鸿雁于飞，集于中泽。之子于垣，百堵皆作。虽则劬劳，其究安宅。

鸿雁于飞，哀鸣嗷嗷。维此哲人，谓我劬劳。维彼愚人，谓我宣骄。

庭 燎

夜如何其？夜未央。庭燎之光。君子至止，鸾声将将。

夜如何其？夜未艾。庭燎晣晣。君子至止，鸾声哕哕。

夜如何其？夜乡晨。庭燎有辉。君子至止，言观其旂。

沔 水

沔彼流水，朝宗于海。鴥彼飞隼，载飞载止。嗟我兄弟，邦人诸友。莫肯念乱，谁无父母。

沔彼流水，其流汤汤。鴥彼飞隼，载飞载扬。念彼不迹，载起载行。心之忧矣，不可弭忘。

鴥彼飞隼，率彼中陵。民之讹言，宁莫之惩。我友敬矣，谗言其兴。

鹤 鸣

鹤鸣于九皋，声闻于野。鱼潜在渊，或在于渚。乐彼之园，爰有树檀，其下维萚。它山之石，可以为错。

鹤鸣于九皋，声闻于天。鱼在于渚，或潜在渊。乐彼之园，爰有树檀，其下维榖。它山之石，可以攻玉。

祈 父

祈父！予王之爪牙。胡转予于恤，靡所止居。

祈父！予王之爪士。胡转予于恤，靡所厎止。

祈父！亶不聪。胡转予于恤，有母之尸饔。

白　驹

皎皎白驹,食我场苗。絷之维之,以永今朝。所谓伊人,于焉逍遥。

皎皎白驹,食我场藿。絷之维之,以永今夕。所谓伊人,于焉嘉客。

皎皎白驹,贲然来思。尔公尔侯,逸豫无期。慎尔优游,勉尔遁思。

皎皎白驹,在彼空谷。生刍一束,其人如玉。毋金玉尔音,而有遐心。

黄　鸟

黄鸟黄鸟,无集于谷,无啄我粟。此邦之人,不我肯穀。言旋言归,复我邦族。

黄鸟黄鸟,无集于桑,无啄我粱。此邦之人,不可与明。言旋言归,复我诸兄。

黄鸟黄鸟,无集于栩,无啄我黍。此邦之人,不可与处。言旋言归,复我诸父。

我行其野

我行其野,蔽芾其樗。昏姻之故,言就尔居。尔不我畜,复我邦家。

我行其野,言采其蓫。昏姻之故,言就尔宿。尔不我畜,言归斯复。

我行其野,言采其葍。不思旧姻,求尔新特。成不以富,亦祇以异。

斯　干

秩秩斯干,幽幽南山。如竹苞矣,如松茂矣。兄及弟矣,式相好矣,无相犹矣。

似续妣祖,筑室百堵,西南其户。爰居爰处,爰笑爰语。

约之阁阁,椓之橐橐。风雨攸除,鸟鼠攸去,君子攸芋。

如跂斯翼,如矢斯棘,如鸟斯革,如翚斯飞,君子攸跻。

殖殖其庭,有觉其楹。哙哙其正,哕哕其冥,君子攸宁。

下莞上簟,乃安斯寝。乃寝乃兴,乃占我梦。吉梦维何?维熊维罴,维虺维蛇。

大人占之,维熊维罴,男子之祥;维虺维蛇,女子之祥。

乃生男子,载寝之床,载衣之裳,载弄之璋。其泣喤喤,朱芾斯皇,室家君王。

乃生女子，载寝之地，载衣之裼，载弄之瓦。无非无仪，唯酒食是议。无父母贻罹。

无 羊

谁谓尔无羊？三百维群。谁谓尔无牛？九十其犉。尔羊来思，其角濈濈。尔牛来思，其耳湿湿。

或降于阿，或饮于池，或寝或讹。尔牧来思，何蓑何笠，或负其餱。三十维物，尔牲则具。

尔牧来思，以薪以蒸，以雌以雄。尔羊来思，矜矜兢兢，不骞不崩。麾之以肱，毕来既升。

牧人乃梦，众维鱼矣，旐维旟矣。大人占之：众维鱼矣，实维丰年；旐维旟矣，室家溱溱。

节南山之什

节南山

节彼南山，维石岩岩。赫赫师尹，民具尔瞻。忧心如惔，不敢戏谈。国既卒斩，何用不监！

节彼南山，有实其猗。赫赫师尹，不平谓何。天方荐瘥，丧乱弘多。民言无嘉，憯莫惩嗟。

尹氏大师，维周之氐，秉国之均，四方是维，天子是毗，俾民不迷。不吊昊天，不宜空我师。

弗躬弗亲，庶民弗信。弗问弗仕，勿罔君子。式夷式已，无小人殆。琐琐姻亚，则无朊仕。

昊天不佣，降此鞠讻。昊天不惠，降此大戾。君子如届，俾民心阕。君子如夷，恶怒是违。

不吊昊天，乱靡有定。式月斯生，俾民不宁。忧心如酲，谁秉国成。不自为政，卒劳百姓。

驾彼四牡，四牡项领。我瞻四方，蹙蹙靡所骋。方茂尔恶，相尔矛矣。既夷既怿，如相酬矣。

昊天不平，我王不宁。不惩其心，覆怨其正。家父作诵，以究王讻。式讹尔心，以畜万邦。

正　月

正月繁霜，我心忧伤。民之讹言，亦孔之将。念我独兮，忧心京京。哀我小心，癙忧以痒。

父母生我，胡俾我瘉？不自我先，不自我后。好言自口，莠言自口。忧心愈愈，是以有侮。

忧心惸惸，念我无禄。民之无辜，并其臣仆。哀我人斯，于何从禄？瞻乌爰止，于谁之屋？

瞻彼中林，侯薪侯蒸。民今方殆，视天梦梦。既克有定，靡人弗胜。有皇上帝，伊谁云憎？

谓山盖卑，为冈为陵。民之讹言，宁莫之惩。召彼故老，讯之占梦。具曰予圣。谁知乌之雌雄？

谓天盖高？不敢不局。谓地盖厚？不敢不蹐。维号斯言，有伦有脊。哀今之人，胡为虺蜴。

瞻彼阪田，有菀其特。天之抓我，如不我克，彼求我则，如不我得，执我仇仇，亦不我力。

心之忧矣，如或结之。今兹之正，胡然厉矣？

燎之方扬，宁或灭之。赫赫宗周，褒姒灭之！

终其永怀，又窘阴雨。其车既载，乃弃尔辅。载输尔载，将伯助予。

无弃尔辅，员于尔辐，屡顾尔仆，不输尔载。终逾绝险，曾是不意。

鱼在于沼，亦匪克乐。潜虽伏矣，亦孔之照。忧心惨惨，念国之为虐。

彼有旨酒，又有嘉肴。洽比其邻，昏姻孔云。念我独兮，忧心慇慇。

佌佌彼有屋，蔌蔌方有谷。民今之无禄，天夭是椓。哿矣富人，哀此惸独！

十月之交

十月之交，朔月辛卯，日有食之，亦孔之丑。彼月而微，此日而微。今此下民，亦孔之哀。

日月告凶，不用其行。四国无政，不用其良。彼月而食，则维其常。此日而食，于何不臧。

烨烨震电，不宁不令。百川沸腾，山冢崒崩；高岸为谷，深谷为陵。哀今之人，胡憯莫惩？

皇父卿士，番维司徒，家伯维宰，仲允膳夫，聚子内史，蹶维趣马，楀维师氏，艳妻煽方处。

抑此皇父，岂曰不时？胡为我作，不即我谋？彻我墙屋，田卒污莱。曰予不戕，礼则然矣。

皇父孔圣，作都于向，择三有事，亶侯多藏。不慭遗一老，俾守我王。择有车马，以居徂向。

黾勉从事，不敢告劳。无罪无辜，谗口嚣嚣。下民之孽，匪降自天。噂沓背憎，职竞由人。

悠悠我里，亦孔之痗。四方有羡，我独居忧。民莫不逸，我独不敢休。天命不彻，我不敢傚我友自逸。

雨无正

浩浩昊天，不骏其德。降丧饥馑，斩伐四国。昊天疾威，弗虑弗图。舍彼有罪，既伏其辜。若此无罪，沦胥以铺。

周宗既灭，靡所止戾。正大夫离居，莫知我勚。三事大夫，莫肯夙夜。邦君诸侯，莫肯朝夕。庶曰式臧，复出为恶。

如何昊天，辟言不信？如彼行迈，则靡所臻。凡百君子，各敬尔身。胡不相畏？不畏于天！

戎成不退，饥成不遂。曾我褺御，憯憯日瘁。凡百君子，莫肯用讯。听言则答，谮言则退。

哀哉不能言！匪舌是出，维躬是瘁。哿矣能言，巧言如流，俾躬处休。

维曰于仕，孔棘且殆。云不可使，得罪于天子。亦云可使，怨及朋友。

谓尔迁于王都，曰予未有室家。鼠思泣血，无言不疾！昔尔出居，谁从作尔室？

小 旻

旻天疾威，敷于下土。谋犹回遹，何日斯沮！谋臧不从，不臧复用。我视谋犹，亦孔之邛！

潝潝訿訿，亦孔之哀。谋之其臧，则具是违；谋之不臧，则具是依。我视谋犹，伊于胡底！

我龟既厌，不我告犹。谋夫孔多，是用不集。发言盈庭，谁敢执其咎？如匪行迈谋，是用不得于道。

哀哉为犹，匪先民是程，匪大犹是经；维迩言是听，维迩言是争！如彼筑室于道谋，是用不溃于成。

国虽靡止，或圣或否。民虽靡朊，或哲或谋，或肃或艾。如彼泉流，无沦胥以败。

不敢暴虎，不敢冯河。人知其一，莫知其他。战战兢兢，如临深渊，如履薄冰。

小　宛

宛彼鸣鸠，翰飞戾天。我心忧伤，念昔先人。明发不寐，有怀二人。

人之齐圣，饮酒温克。彼昏不知，壹醉日富。各敬尔仪，天命不又。

中原有菽，庶民采之。螟蛉有子，蜾蠃负之。教诲尔子，式穀似之。

题彼脊令，载飞载鸣。我日斯迈，而月斯征。夙兴夜寐，毋忝尔所生。

交交桑扈，率场啄粟。哀我填寡，宜岸宜狱，握粟出卜，自何能穀？

温温恭人，如集于木。惴惴小心，如临于谷。战战兢兢，如履薄冰。

小　弁

弁彼鸒斯，归飞提提。民莫不穀，我独于罹。何辜于天？我罪伊何？心之忧矣，云如之何？

踧踧周道，鞫为茂草。我心忧伤，惄焉如捣。假寐咏叹，维忧用老。心之忧矣，疢如疾首。

维桑与梓，必恭敬止。靡瞻匪父，靡依匪母。不属于毛，不离于里。天之生我，我辰安在？

菀彼柳斯，鸣蜩嘒嘒。有漼者渊，萑苇淠淠。譬彼舟流，不知所届。心之忧矣，不遑假寐。

鹿斯之奔，维足伎伎。雉之朝雊，尚求其雌。譬彼坏木，疾用无枝。心之忧矣，宁莫之知。

相彼投兔，尚或先之。行有死人，尚或墐之。君子秉心，维其忍之。心之忧矣，涕既陨之。

君子信谗，如或醻之。君子不惠，不舒究之。伐木掎矣，析薪扡矣。舍彼有罪，予之佗矣。

莫高匪山，莫浚匪泉。君子无易由言，耳属于垣。无逝我梁，无发我笱！我躬不阅，遑恤我后！

巧 言

悠悠昊天，曰父母且。无罪无辜，乱如此幠。昊天已威，予慎无罪。昊天泰幠，予慎无辜。

乱之初生，僭始既涵。乱之又生，君子信谗。君子如怒，乱庶遄沮。君子如祉，乱庶遄已。

君子屡盟，乱是用长。君子信盗，乱是用暴。盗言孔甘，乱是用餤。匪其止共，维王之邛。

奕奕寝庙，君子作之。秩秩大猷，圣人莫之。他人有心，予忖度之。跃跃毚兔，遇犬获之。

荏染柔木，君子树之。往来行言，心焉数之。蛇蛇硕言，出自口矣。巧言如簧，颜之厚矣。

彼何人斯？居河之麋。无拳无勇，职为乱阶。既微且尰，尔勇伊何？为犹将多，尔居徒几何？

何人斯

彼何人斯？其心孔艰。胡逝我梁，不入我门？伊谁云从？维暴之云。

二人从行，谁为此祸？胡逝我梁，不入唁我？始者不如今，云不我可。

彼何人斯？胡逝我陈？我闻其声，不见其身。不愧于人，不畏于天。

彼何人斯？其为飘风。胡不自北？胡不自南？胡逝我梁？只搅我心。

尔之安行，亦不遑舍；尔之亟行，遑脂尔车。壹者之来，云何其盱。

尔还而入，我心易也；还而不入，否难知也。壹者之来，俾我只也。

伯氏吹埙，仲氏吹篪。及尔如贯，谅不我知。出此三物，以诅尔斯。

为鬼为蜮，则不可得。有靦面目，视人罔极。作此好歌，以极反侧。

巷 伯

萋兮斐兮，成是贝锦。彼谮人者，亦已大甚。

哆兮侈兮，成是南箕。彼谮人者，谁适与谋？

缉缉翩翩，谋欲谮人。慎尔言也，谓尔不信。

捷捷幡幡，谋欲谮言，岂不尔受，既其女迁。

骄人好好，劳人草草。苍天苍天，视彼骄人，矜此劳人！

彼谮人者，谁适与谋？取彼谮人，投畀豺虎；豺虎不食，投畀有北；有北不受，投畀有昊。

杨园之道，猗于亩丘。寺人孟子，作为此诗。凡百君子，敬而听之。

谷风之什

谷　风

习习谷风，维风及雨。将恐将惧，维予与女。将安将乐，女转弃予。

习习谷风，维风及颓。将恐将惧，寘予于怀。将安将乐，弃予如遗。

习习谷风，维山崔嵬。无草不死，无木不萎。忘我大德，思我小怨。

蓼　莪

蓼蓼者莪，匪莪伊蒿。哀哀父母，生我劬劳。

蓼蓼者莪，匪莪伊蔚。哀哀父母，生我劳瘁。

瓶之罄矣，维罍之耻。鲜民之生，不如死之久矣。无父何怙？无母何恃？出则衔恤，入则靡至。

父兮生我，母兮鞠我。拊我畜我，长我育我，顾我复我，出入腹我。欲报之德，昊天罔极！

南山烈烈，飘风发发。民莫不谷。我独何害！

南山律律，飘风弗弗，民莫不谷，我独不卒！

大　东

有饛簋飧，有捄棘匕。周道如砥，其直如矢。君子所履，小人所视。睠然顾之，潸焉出涕。

小东大东，杼柚其空。纠纠葛屦，可以履霜。佻佻公子，行彼周行。既往既来，使我心疚。

有冽氿泉，无浸获薪。契契寤叹，哀我惮人。薪是获薪，尚可载也。哀我惮人，亦可息也。

东人之子，职劳不来。西人之子，粲粲衣服。舟人之子，熊罴是裘。私人之子，百僚是试。

或以其酒，不以其浆。鞙鞙佩璲，不以其长。维天有汉，监亦有光。跂彼织女，终日七襄。

虽则七襄，不成报章。睆彼牵牛，不以服箱。东有启明，西有长庚。有捄天毕，载施之行。

维南有箕，不可以簸扬，维北有斗，不可以挹酒浆。维南有箕，载翕其舌，维北有斗，西柄之揭。

四 月

四月维夏，六月徂暑。先祖匪人，胡宁忍予？

秋日凄凄，百卉具腓。乱离瘼矣，奚其适归。

冬日烈烈，飘风发发。民莫不谷，我独何害？

山有嘉卉，侯栗侯梅。废为残贼，莫知其尤。

相彼泉水，载清载浊。我日构祸，曷云能谷？

滔滔江汉，南国之纪。尽瘁以仕，宁莫我有。

匪鹑匪鸢，翰飞戾天。匪鳣匪鲔，潜逃于渊。

山有蕨薇，隰有杞桋。君子作歌，维以告哀。

北 山

陟彼北山，言采其杞。偕偕士子，朝夕从事。王事靡盬，忧我父母。

溥天之下，莫非王土。率土之滨，莫非王臣。大夫不均，我从事独贤。

四牡彭彭，王事傍傍。嘉我未老，鲜我方将。旅力方刚，经营四方。

或燕燕居息，或尽瘁事国；或息偃在床，或不已于行。

或不知叫号，或惨惨劬劳；或栖迟偃仰，或王事鞅掌。

或湛乐饮酒，或惨惨畏咎；或出入风议，或靡事不为。

无将大车

无将大车，只自尘兮。无思百忧，只自疧兮。

无将大车，维尘冥冥。无思百忧，不出于颎。

无将大车，维尘雝兮。无思百忧，只自重兮。

小 明

明明上天，照临下土。我征徂西，至于艽野。二月初吉，载离寒暑。心之忧矣，其毒大苦。念彼共人，涕零如雨。岂不怀归？畏此罪罟。

昔我往矣，日月方除。曷云其还，岁聿云莫？念我独兮，我事孔庶。心之忧矣，惮我不暇。念彼共人，睠睠怀顾。岂不怀归，畏此谴怒。

昔我往矣，日月方奥。曷云其还？政事愈蹙？岁聿云莫，采萧获菽。心之忧矣，自诒伊戚。念彼共人，兴方出宿。岂不怀归？畏此反复。

嗟尔君子，无恒安处。靖共尔位，正直是与。神之听之，式穀以女。

嗟尔君子，无恒安息。靖共尔位，好是正直。神之听之，介尔景福。

鼓 钟

鼓钟将将，淮水汤汤。忧心且伤。淑人君子，怀允不忘。

鼓钟喈喈，淮水湝湝。忧心且悲。淑人君子，其德不回。

鼓钟伐鼛，淮有三洲。忧心且妯。淑人君子，其德不犹。

鼓钟钦钦，鼓瑟鼓琴。笙磬同音。以雅以南，以籥不僭。

楚 茨

楚楚者茨，言抽其棘。自昔何为？我艺黍稷。我黍与与，我稷翼翼。我仓既盈，我庾维亿。以为酒食，以享以祀，以妥以侑，以介景福。

济济跄跄，絜尔牛羊，以往烝尝。或剥或亨，或肆或将。祝祭于祊，祀事孔明。先祖是皇，神保是飨。孝孙有庆，报以介福，万寿无疆！

执爨踖踖，为俎孔硕。或燔或炙，君妇莫莫。为豆孔庶，为宾为客。献酬交错，礼仪卒度，笑语卒获。神保是格，报以介福，万寿攸酢！

我孔熯矣，式礼莫愆。工祝致告，徂赉孝孙。苾芬孝祀，神嗜饮食。卜尔百福，如几如式。既齐既稷，既匡既敕。永锡尔极，时万时亿！

礼仪既备，钟鼓既戒，孝孙徂位，工祝致告。“神具醉止”，皇尸载起。鼓钟送尸，神保聿归。诸宰君妇，废彻不迟。诸父兄弟，备言燕私。

乐具入奏，以绥后禄。尔肴既将，莫怨具庆。既醉既饱，小大稽首。神嗜饮食，使君寿考。孔惠孔时，维其尽之。子子孙孙，勿替引之！

信南山

信彼南山，维禹甸之。畇畇原隰，曾孙田之。我疆我理，南东其亩。

上天同云，雨雪雰雰。益之以霢霂。既优既渥，既沾既足，生我百谷。

疆埸翼翼，黍稷彧彧。曾孙之穑，以为酒食。畀我尸宾，寿考万年！

中田有庐，疆埸有瓜。是剥是菹，献之皇祖。曾孙寿考，受天之祜。

祭以清酒，从以骍牡，享于祖考。执其鸾刀，以启其毛，取其血膋。

是烝是享，苾苾芬芬。祀事孔明，先祖是皇。报以介福，万寿无疆！

甫田之什

甫　田

倬彼甫田，岁取十千。我取其陈，食我农人。自古有年。今适南亩，或耘或耔，黍稷薿薿。攸介攸止，烝我髦士。

以我齐明，与我牺羊，以社以方。我田既臧，农夫之庆。琴瑟击鼓，以御田祖，以祈甘雨，以介我稷黍，以谷我士女。

曾孙来止，以其妇子，馌彼南亩，田畯至喜。攘其左右，尝其旨否。禾易长亩，终善且有。曾孙不怒，农夫克敏。

曾孙之稼，如茨如梁。曾孙之庾，如坻如京。乃求千斯仓，乃求万斯箱。黍稷稻粱，农夫之庆。报以介福，万寿无疆。

大　田

大田多稼，既种既戒，既备乃事。以我覃耜，俶载南亩。播厥百谷，既庭且硕，曾孙是若。

既方既皁，既坚既好，不稂不莠。去其螟螣，及其蟊贼，无害我田稚。田祖有神，秉畀炎火。

有渰萋萋，兴雨祁祁。雨我公田，遂及我私。彼有不获稚，此有不敛穧。彼有遗秉，此有滞穗，伊寡妇之利。

曾孙来止，以其妇子，馌彼南亩，田畯至喜。来方禋祀，以其骍黑。与其黍稷，以享以祀，以介景福。

瞻彼洛矣

瞻彼洛矣，维水泱泱。君子至止，福禄如茨。韎韐有奭，以作六师。

瞻彼洛矣，维水泱泱。君子至止，鞞琫有珌。君子万年，保其家室。

瞻彼洛矣，维水泱泱。君子至止，福禄既同。君子万年，保其家邦。

裳裳者华

裳裳者华，其叶湑兮。我觏之子，我心写兮。我心写兮，是以有誉处兮。

裳裳者华，芸其黄矣。我觏之子，维其有章矣。维其有章矣，是以有庆矣。

裳裳者华，或黄或白。我觏之子，乘其四骆。乘其四骆，六辔沃若。

左之左之，君子宜之。右之右之，君子有之。维其有之，是以似之。

桑扈

交交桑扈，有莺其羽。君子乐胥，受天之祜。

交交桑扈，有莺其领。君子乐胥，万邦之屏。

之屏之翰，百辟为宪。不戢不难，受福不那。

兕觥其觩，旨酒思柔。彼交匪敖，万福来求。

鸳鸯

鸳鸯于飞，毕之罗之。君子万年，福禄宜之。

鸳鸯在梁，戢其左翼。君子万年，宜其遐福。

乘马在厩，摧之秣之。君子万年，福禄艾之。

乘马在厩，秣之摧之。君子万年，福禄绥之。

頍 弁

有頍者弁,实维伊何?尔酒既旨,尔肴既嘉。岂伊异人,兄弟匪他。茑与女萝,施于松柏。未见君子,忧心弈弈。既见君子,庶几说怿。

有頍者弁,实维何期?尔酒既旨,尔肴既时。岂伊异人,兄弟具来。茑与女萝,施于松上。未见君子,忧心怲怲。既见君子,庶几有臧。

有頍者弁,实维在首。尔酒既旨,尔肴既阜。岂伊异人,兄弟甥舅。如彼雨雪,先集维霰。死丧无日,无几相见。乐酒今夕,君子维宴。

车 舝

间关车之舝兮,思娈季女逝兮。匪饥匪渴,德音来括。虽无好友,式燕且喜。

依彼平林,有集维鷮。辰彼硕女,令德来教。式燕且誉,好尔无射。

虽无旨酒,式饮庶几。虽无嘉肴,式食庶几。虽无德与女,式歌且舞。

陟彼高冈,析其柞薪。析其柞薪,其叶湑兮。鲜我觏尔,我心写兮。

高山仰止,景行行止。四牡騑騑,六辔如琴。觏尔新昏,以慰我心。

青 蝇

营营青蝇,止于樊。岂弟君子,无信谗言。
营营青蝇,止于棘。谗人罔极,交乱四国。
营营青蝇,止于榛。谗人罔极,构我二人。

宾之初筵

宾之初筵,左右秩秩。笾豆有楚,肴核维旅。酒既和旨,饮酒孔偕。钟鼓既设,举醻逸逸。大侯既抗,弓矢斯张。射夫既同,献尔发功。发彼有的,以祈尔爵。

籥舞笙鼓,乐既和奏。烝衎烈祖,以洽百礼。百礼既至,有壬有林。锡尔纯嘏,子孙其湛。其湛曰乐,各奏尔能。宾载手仇,室人入又。酌彼康爵,以奏尔时。

宾之初筵，温温其恭。其未醉止，威仪反反。曰既醉止，威仪幡幡。舍其坐迁，屡舞仙仙。其未醉止，威仪抑抑。曰既醉止，威仪怭怭。是曰既醉，不知其秩。

宾既醉止，载号载呶。乱我笾豆，屡舞僛僛。是曰既醉，不知其邮。侧弁之俄，屡舞傞傞。既醉而出，并受其福。醉而不出，是谓伐德。饮酒孔嘉，维其令仪。

凡此饮酒，或醉或否。既立之监，或佐之史。彼醉不臧，不醉反耻。式勿从谓，无俾大怠。匪言勿言，匪由勿语。由醉之言，俾出童羖。三爵不识，矧敢多又。

鱼藻之什

鱼　藻

鱼在在藻，有颁其首。王在在镐，岂乐饮酒。

鱼在在藻，有莘其尾。王在在镐，饮酒乐岂。

鱼在在藻，依于其蒲。王在在镐，有那其居。

采　菽

采菽采菽，筐之筥之。君子来朝，何锡予之？虽无予之，路车乘马。又何予之？玄衮及黼。

觱沸槛泉，言采其芹。君子来朝，言观其旂。其旂淠淠，鸾声嘒嘒。载骖载驷，君子所届。

赤芾在股，邪幅在下。彼交匪纾，天子所予。乐只君子，天子命之。乐只君子，福禄申之。

维柞之枝，其叶蓬蓬。乐只君子，殿天子之邦。乐只君子，万福攸同。平平左右，亦是率从。

泛泛杨舟，绋纚维之。乐只君子，天子葵之。乐只君子，福禄膍之。优哉游哉，亦是戾矣。

角　弓

骍骍角弓，翩其反矣。兄弟昏姻，无胥远矣。

尔之远矣，民胥然矣。尔之教矣，民胥效矣。

此令兄弟，绰绰有裕。不令兄弟，交相为愈。
民之无良，相怨一方。受爵不让，至于己斯亡。
老马反为驹，不顾其后。如食宜饫，如酌孔取。
毋教猱升木，如涂涂附。君子有徽猷，小人与属。
雨雪瀌瀌，见晛曰消。莫肯下遗，式居娄骄。
雨雪浮浮，见晛曰流。如蛮如髦，我是用忧。

菀柳

有菀者柳，不尚息焉。上帝甚蹈，无自昵焉。俾予靖之，后予极焉。
有菀者柳，不尚愒焉。上帝甚蹈，无自瘵焉。俾予靖之，后予迈焉。
有鸟高飞，亦傅于天。彼人之心，于何其臻？曷予靖之？居以凶矜。

都人士

彼都人士，狐裘黄黄。其容不改，出言有章。行归于周，万民所望。
彼都人士，台笠缁撮。彼君子女，绸直如发。我不见兮，我心不说。
彼都人士，充耳琇实。彼君子女，谓之尹吉。我不见兮，我心菀结。
彼都人士，垂带而厉。彼君子女，卷发如虿。我不见兮，言从之迈。
匪伊垂之，带则有余。匪伊卷之，发则有旟。我不见兮，云何盱矣！

采绿

终朝采绿，不盈一匊。予发曲局，薄言归沐。
终朝采蓝，不盈一襜。五日为期，六日不詹。
之子于狩，言韔其弓。之子于钓，言纶之绳。
其钓维何？维鲂及鱮。维鲂及鱮，薄言观者。

黍苗

芃芃黍苗，阴雨膏之。悠悠南行，召伯劳之。
我任我辇，我车我牛。我行既集，盖云归哉！
我徒我御，我师我旅。我行既集，盖云归处！
肃肃谢功，召伯营之。烈烈征师，召伯成之。
原隰既平，泉流既清。召伯有成，王心则宁。

隰　桑

隰桑有阿，其叶有难。既见君子，其乐如何？
隰桑有阿，其叶有沃。既见君子，云何不乐？
隰桑有阿，其叶有幽。既见君子，德音孔胶。
心乎爱矣，遐不谓矣？中心藏之，何日忘之？

白　华

白华菅兮，白茅束兮。之子之远，俾我独兮。
英英白云，露彼菅茅。天步艰难，之子不犹。
滮池北流，浸彼稻田。啸歌伤怀，念彼硕人。
樵彼桑薪，卬烘于煁。维彼硕人，实劳我心。
鼓钟于宫，声闻于外。念子懆懆，视我迈迈。
有鹙在梁，有鹤在林。维彼硕人，实劳我心。
鸳鸯在梁，戢其左翼。之子无良，二三其德。
有扁斯石，履之卑兮。之子之远，俾我疧兮。

绵　蛮

绵蛮黄鸟，止于丘阿。道之云远，我劳如何？饮之食之，教之诲之，命彼后车，谓之载之。

绵蛮黄鸟，止于丘隅。岂敢惮行，畏不能趋。饮之食之，教之诲之。命彼后车，谓之载之。

绵蛮黄鸟，止于丘侧，岂敢惮行，畏不能极。饮之食之，教之诲之，命彼后车，谓之载之。

瓠　叶

幡幡瓠叶，采之亨之。君子有酒，酌言尝之。
有兔斯首，炮之燔之。君子有酒，酌言献之。
有兔斯首，燔之炙之。君子有酒，酌言酢之。
有兔斯首，燔之炮之。君子有酒，酌言酬之。

渐渐之石

渐渐之石，维其高矣。山川悠远，维其劳矣。武人东征，不皇朝矣。

渐渐之石，维其卒矣。山川悠远，曷其没矣。武人东征，不皇出矣。
有豕白蹢，烝涉波矣。月离于毕，俾滂沱矣。武人东征，不皇他矣。

苕之华

苕之华，芸其黄矣。心之忧矣，维其伤矣。
苕之华，其叶青青。知我如此，不如无生！
牂羊坟首，三星在罶。人可以食，鲜可以饱！

何草不黄

何草不黄？何日不行？何人不将？经营四方。
何草不玄？何人不矜？哀我征夫，独为匪民！
匪兕匪虎，率彼旷野。哀我征夫，朝夕不暇。
有芃者狐，率彼幽草。有栈之车，行彼周道。

大　雅

文王之什

文　王

文王在上，于昭于天。周虽旧邦，其命维新。有周不显，帝命不时。文王陟降，在帝左右。

亹亹文王，令闻不已。陈锡哉周，侯文王孙子。文王孙子，本支百世。凡周之士，不显亦世。

世之不显，厥犹翼翼。思皇多士，生此王国。王国克生，维周之桢。济济多士，文王以宁。

穆穆文王，于缉熙敬止。假哉天命，有商孙子。商之孙子，其丽不亿。上帝既命，侯于周服。

侯服于周，天命靡常。殷士肤敏，祼将于京。厥作祼将，常服黼冔。王之荩臣，无念尔祖。

无念尔祖，聿修厥德。永言配命，自求多福。殷之未丧师，克配上帝。宜鉴于殷，骏命不易。

命之不易，无遏尔躬。宣昭义问，有虞殷自天。上天之载，无声无臭。仪刑文王，万邦作孚。

大　明

明明在下，赫赫在上。天难忱斯，不易维王。天位殷适，使不挟四方。

挚仲氏任，自彼殷商，来嫁于周，曰嫔于京。乃及王季，维德之行。大任有身，生此文王。

维此文王，小心翼翼。昭事上帝，聿怀多福。厥德不回，以受方国。

天监在下，有命既集。文王初载，天作之合。在洽之阳，在渭之涘。文王嘉止，大邦有子。

大邦有子，伣天之妹。文定厥祥，亲迎于渭。造舟为梁，不显其光。

有命自天，命此文王。于周于京，缵女维莘，长子维行，笃生武王。保右命尔，燮伐大商。

殷商之旅，其会如林。矢于牧野，维予侯兴。上帝临女，无贰尔心。

牧野洋洋，檀车煌煌。驷騵彭彭，维师尚父，时维鹰扬。凉彼武王，肆伐大商，会朝清明。

绵

绵绵瓜瓞，民之初生，自土沮漆。古公亶父，陶复陶穴，未有家室。

古公亶父，来朝走马，率西水浒，至于岐下。爰及姜女，聿来胥宇。

周原膴膴，堇荼如饴。爰始爰谋，爰契我龟。曰止曰时，筑室于兹。

乃慰乃止，乃左乃右，乃疆乃理，乃宣乃亩。自西徂东，周爰执事。

乃召司空，乃召司徒，俾立室家。其绳则直，缩版以载，作庙翼翼。

捄之陾陾，度之薨薨，筑之登登，削屡冯冯。百堵皆兴，鼛鼓弗胜。

乃立皋门，皋门有伉。乃立应门，应门将将。乃立冢土，戎丑攸行。

肆不殄厥愠，亦不陨厥问。柞棫拔矣，行道兑矣，混夷駾矣，维其喙矣。

虞芮质厥成，文王蹶厥生。予曰有疏附，予曰有先后，予曰有奔奏，予曰有御侮。

棫朴

芃芃棫朴，薪之槱之。济济辟王，左右趣之。

济济辟王，左右奉璋。奉璋峨峨，髦士攸宜。

淠彼泾舟，烝徒楫之。周王于迈，六师及之。

倬彼云汉，为章于天。周王寿考，遐不作人？

追琢其章，金玉其相。勉勉我王，纲纪四方。

旱　麓

瞻彼旱麓，榛楛济济。岂弟君子，干禄岂弟。
瑟彼玉瓒，黄流在中。岂弟君子，福禄攸降。
鸢飞戾天，鱼跃于渊。岂弟君子，遐不作人？
清酒既载，骍牡既备，以享以祀，以介景福。
瑟彼柞棫，民所燎矣。岂弟君子，神所劳矣。
莫莫葛藟，施于条枚。岂弟君子，求福不回。

思　齐

思齐大任，文王之母。思媚周姜，京室之妇。大姒嗣徽音，则百斯男。

惠于宗公，神罔时怨，神罔时恫。刑于寡妻，至于兄弟，以御于家邦。

雍雍在宫，肃肃在庙。不显亦临，无射亦保。
肆戎疾不殄，烈假不遐。不闻亦式，不谏亦入。
肆成人有德，小子有造。古人之无斁，誉髦斯士。

皇　矣

皇矣上帝，临下有赫。监观四方，求民之莫。维此二国，其政不获。维彼四国，爰究爰度。

上帝耆之，憎其式廓。乃眷西顾，此维与宅。作之屏之，其菑其翳。修之平之，其灌其栵。

启之辟之，其柽其椐。攘之剔之，其檿其柘。帝迁明德，串夷载路。天立厥配，受命既固。

帝省其山，柞棫斯拔，松柏斯兑。帝作邦作对，自大伯王季。维此王季，因心则友。则友其兄，则笃其庆，载锡之光。受禄无丧，奄有四方。

维此王季，帝度其心，貊其德音。其德克明，克明克类，克长克君。王此大邦，克顺克比。比于文王，其德靡悔。既受帝祉，施于孙子。

帝谓文王，无然畔援，无然歆羡，诞先登于岸。密人不恭，敢距大邦，侵阮徂共。王赫斯怒，爰整其旅，以按徂旅，以笃周祜，以对于天下。

依其在京，侵自阮疆。陟我高冈，"无矢我陵，我陵我阿，无饮我泉，我泉我池。"

度其鲜原，居岐之阳，在渭之将，万邦之方，下民之王。

帝谓文王，予怀明德，不大声以色，不长夏以革，不识不知，顺帝之则。帝谓文王，询尔仇方，同尔兄弟，以尔钩援，与尔临冲，以伐崇墉。

临冲闲闲，崇墉言言，执讯连连，攸馘安安。是类是祃，是致是附，四方以无侮。临冲茀茀，崇墉仡仡，是伐是肆，是绝是忽，四方以无拂。

灵台

经始灵台，经之营之。庶民攻之，不日成之。经始勿亟，庶民子来。

王在灵囿，麀鹿攸伏；麀鹿濯濯，白鸟翯翯。王在灵沼，于牣鱼跃。

虡业维枞，贲鼓维镛。于论鼓钟，于乐辟雍。

于论鼓钟，于乐辟雍。鼍鼓逢逢，矇瞍奏公。

下武

下武维周，世有哲王。三后在天，王配于京。
王配于京，世德作求。永言配命，成王之孚。
成王之孚，下土之式。永言孝思，孝思维则。
媚兹一人，应侯顺德。永言孝思，昭哉嗣服。
昭兹来许，绳其祖武。于万斯年，受天之祜。
受天之祜，四方来贺。于万斯年，不遐有佐。

文王有声

文王有声，遹骏有声，遹求厥宁，遹观厥成。文王烝哉！
文王受命，有此武功；既伐于崇，作邑于丰。文王烝哉！
筑城伊淢，作丰伊匹。匪棘其欲，遹追来孝。王后烝哉！
王公伊濯，维丰之垣。四方攸同，王后维翰。王后烝哉！
丰水东注，维禹之绩。四方攸同，皇王维辟。皇王烝哉！

镐京辟雍，自西自东，自南自北，无思不服。皇王烝哉！
考卜维王，宅是镐京。维龟正之，武王成之。武王烝哉！
丰水有芑，武王岂不仕？诒厥孙谋，以燕翼子。武王烝哉！

生民之什

生　民

厥初生民，时维姜嫄。生民如何？克禋克祀，以弗无子。履帝武敏歆，攸介攸止，载震载夙，载生载育，时维后稷。

诞弥厥月，先生如达。不坼不副，无菑无害。以赫厥灵，上帝不宁。不康禋祀，居然生子。

诞寘之隘巷，牛羊腓字之。诞寘之平林，会伐平林。诞寘之寒冰，鸟复翼之。鸟乃去矣，后稷呱矣。实覃实吁，厥声载路。

诞实匍匐，克岐克嶷，以就口食。蓺之荏菽，荏菽旆旆，禾役穟穟，麻麦幪幪，瓜瓞唪唪。

诞后稷之穑，有相之道。茀厥丰草，种之黄茂。实方实苞，实种实褎，实发实秀，实坚实好，实颖实栗。即有邰家室。

诞降嘉种，维秬维秠，维穈维芑。恒之秬秠，是获是亩；恒之穈芑，是任是负。以归肇祀。

诞我祀如何？或舂或揄，或簸或蹂；释之叟叟，烝之浮浮；载谋载惟，取萧祭脂，取羝以軷；载燔载烈，以兴嗣岁。

卬盛于豆，于豆于登。其香始升，上帝居歆。胡臭亶时。后稷肇祀，庶无罪悔，以迄于今。

行　苇

敦彼行苇，牛羊勿践履。方苞方体，维叶泥泥。戚戚兄弟，莫远具尔。或肆之筵，或授之几。

肆筵设席，授几有缉御。或献或酢，洗爵奠斝。醓醢以荐，或燔或炙。嘉殽脾臄，或歌或咢。

敦弓既坚，四鍭既钧，舍矢既均，序宾以贤。敦弓既句，既挟四鍭；四鍭如树，序宾以不侮。

曾孙维主，酒醴维醹，酌以大斗，以祈黄耇。黄耇台背，以引以翼。寿考维祺，以介景福。

既　醉

既醉以酒，既饱以德。君子万年，介尔景福。
既醉以酒，尔肴既将。君子万年，介尔昭明。
昭明有融，高朗令终。令终有俶，公尸嘉告。
其告维何？笾豆静嘉。朋友攸摄，摄以威仪。
威仪孔时，君子有孝子。孝子不匮，永锡尔类。
其类维何？室家之壸。君子万年，永锡祚胤。
其胤维何？天被尔禄。君子万年，景命有仆。
其仆维何？釐尔女士。釐尔女士，从以孙子。

凫　鹥

凫鹥在泾，公尸来燕来宁。尔酒既清，尔肴既馨。公尸燕饮，福禄来成。

凫鹥在沙，公尸来燕来宜。尔酒既多，尔肴既嘉。公尸燕饮，福禄来为。

凫鹥在渚，公尸来燕来处。尔酒既湑，尔肴既脯。公尸燕饮，福禄来下。

凫鹥在潀，公尸来燕来宗。既燕于宗，福禄攸降。公尸燕饮，福禄来崇。

凫鹥在亹，公尸来止熏熏。旨酒欣欣，燔炙芬芬。公尸燕饮，无有后艰。

假　乐

假乐君子，显显令德。宜民宜人，受禄于天。保右命之，自天申之。
干禄百福，子孙千亿。穆穆皇皇，宜君宜王。不愆不忘，率由旧章。
威仪抑抑，德音秩秩。无怨无恶，率由群匹。受福无疆，四方之纲。
之纲之纪，燕及朋友。百辟卿士，媚于天子。不解于位，民之攸塈。

公　刘

笃公刘，匪居匪康，乃埸乃疆，乃积乃仓。乃裹糇粮，于橐于囊，思辑用光。弓矢斯张，干戈戚扬，爰方启行。

笃公刘，于胥斯原。既庶既繁。既顺乃宣，而无永叹。陟则在巘，复降在原。何以舟之？维玉及瑶，鞞琫容刀。

笃公刘，逝彼百泉，瞻彼溥原；乃陟南冈，乃觏于京。京师之野，于时处处，于时庐旅。于时言言，于时语语。

笃公刘，于京斯依。跄跄济济，俾筵俾几，既登乃依。乃造其曹，执豕于牢，酌之用匏。食之饮之，君之宗之。

笃公刘，既溥既长，既景乃冈，相其阴阳，观其流泉，其军三单；度其隰原，彻田为粮，度其夕阳，豳居允荒。

笃公刘，于豳斯馆。涉渭为乱，取厉取锻。止基乃理，爰众爰有。夹其皇涧，溯其过涧。止旅乃密，芮鞫之即。

洞　酌

洞酌彼行潦，挹彼注兹，可以馈饎。岂弟君子，民之父母。

洞酌彼行潦，挹彼注兹，可以濯罍。岂弟君子，民之攸归。

洞酌彼行潦，挹彼注兹，可以濯溉。岂弟君子，民之攸塈。

卷　阿

有卷者阿，飘风自南。岂弟君子，来游来歌，以矢其音。

伴奂尔游矣，优游尔休矣。岂弟君子，俾尔弥尔性，似先公酋矣。

尔土宇昄章，亦孔之厚矣。岂弟君子，俾尔弥尔性，百神尔主矣。

尔受命长矣，茀禄尔康矣。岂弟君子，俾尔弥尔性，纯嘏尔常矣。

有冯有翼，有孝有德。以引以翼。岂弟君子，四方为则。

颙颙卬卬，如圭如璋，令闻令望。岂弟君子，四方为纲。

凤凰于飞，翙翙其羽，亦集爰止。蔼蔼王多吉士，维君子使，媚于天子。

凤凰于飞，翙翙其羽。亦傅于天，蔼蔼王多吉人。维君子命，媚于庶人。

凤凰鸣矣，于彼高岗。梧桐生矣，于彼朝阳。菶菶萋萋，雍雍喈喈。

君子之车，既庶且多。君子之马，既闲且驰。矢诗不多，维以遂歌。

民　劳

民亦劳止，汔可小康。惠此中国，以绥四方。无纵诡随，以谨无良。式遏寇虐，憯不畏明。柔远能迩，以定我王。

民亦劳止,汔可小休。惠此中国,以为民逑。无纵诡随,以谨惛怓。式遏寇虐,无俾民忧。无弃尔劳,以为王休。

民亦劳止,汔可小息。惠此京师,以绥四国。无纵诡随,以谨罔极。式遏寇虐,无俾作慝。敬慎威仪,以近有德。

民亦劳止,汔可小愒。惠此中国,俾民忧泄。无纵诡随,以谨丑厉。式遏寇虐,无俾正败。戎虽小子,而式弘大。

民亦劳止,汔可小安。惠此中国,国无有残。无纵诡随,以谨缱绻。式遏寇虐,无俾正反。王欲玉女,是用大谏。

板

上帝板板,下民卒瘅。出话不然,为犹不远。靡圣管管,不实于亶。犹之未远,是用大谏。

天之方难,无然宪宪。天之方蹶,无然泄泄。辞之辑矣,民之洽矣。辞之怿矣,民之莫矣。

我虽异事,及尔同寮。我即尔谋,听我嚣嚣。我言维服,勿以为笑。先民有言,询于刍荛。

天之方虐,无然谑谑。老夫灌灌,小子跻跻。匪我言耄,尔用忧谑。多将熇熇,不可救药。

天之方懠,无为夸毗。威仪卒迷,善人载尸。民之方殿屎,则莫我敢葵。丧乱蔑资,曾莫惠我师。

天之牖民,如埙如篪,如璋如圭,如取如携。携无曰益,牖民孔易。民之多辟,无自立辟。

价人维藩,大师维垣,大邦维屏,大宗维翰。怀德维宁,宗子维城。无俾城坏,无独斯畏。

敬天之怒,无敢戏豫。敬天之渝,无敢驰驱。昊天曰明,及尔出王。昊天曰旦,及尔游衍。

荡之什

荡

荡荡上帝,下民之辟。疾威上帝,其命多辟。天生烝民,其命匪谌。靡不有初,鲜克有终。

文王曰咨，咨女殷商。曾是强御，曾是掊克，曾是在位，曾是在服。天降滔德，女兴是力。

文王曰咨，咨女殷商。而秉义类，强御多怼。流言以对，寇攘式内。侯作侯祝，靡届靡究。

文王曰咨，咨女殷商。女炰烋于中国，敛怨以为德。

不明尔德，时无背无侧。尔德不明，以无陪无卿。

文王曰咨，咨女殷商。天不湎尔以酒，不义从式。既愆尔止，靡明靡晦。式号式呼，俾昼作夜。

文王曰咨，咨女殷商。如蜩如螗，如沸如羹。小大近丧，人尚乎由行。内奰于中国，覃及鬼方。

文王曰咨，咨女殷商。匪上帝不时，殷不用旧。虽无老成人，尚有典刑。曾是莫听，大命以倾。

文王曰咨，咨女殷商。人亦有言，颠沛之揭，枝叶未有害，本实先拨。殷鉴不远，在夏后之世！

抑

抑抑威仪，维德之隅。人亦有言，靡哲不愚。庶人之愚，亦职维疾。哲人之愚，亦维斯戾。

无竞维人，四方其训之。有觉德行，四国顺之。讦谟定命，远犹辰告。敬慎威仪，维民之则。

其在于今，兴迷乱于政；颠覆厥德，荒湛于酒。女虽湛乐，弗念厥绍。罔敷求先王，克共明刑。

肆皇天弗尚，如彼泉流，无沦胥以亡。夙兴夜寐，洒扫庭内，维民之章。修尔车马，弓矢戎兵，用戒戎作，用逖蛮方。

质尔人民，谨尔侯度，用戒不虞。慎尔出话，敬尔威仪，无不柔嘉。白圭之玷，尚可磨也；斯言之玷，不可为也。

无易由言，无曰苟矣。莫扪朕舌，言不可逝矣。无言不雠，无德不报。惠于朋友。庶民小子。子孙绳绳，万民靡不承。

视尔友君子，辑柔尔颜，不遐有愆，相在尔室，尚不愧于屋漏。无曰不显，莫予云觏。神之格思，不可度思，矧可射思！

辟尔为德，俾臧俾嘉。淑慎尔止，不愆于仪。不僭不贼，鲜不为则。投我以桃，报之以李。彼童而角，实虹小子。

荏染柔木，言缗之丝。温温恭人，维德之基。其维哲人，告之话言，顺德之行。其维愚人，覆谓我僭，民各有心。

於乎小子，未知臧否。匪手携之，言示之事。匪面命之，言提其耳。借曰未知，亦既抱子。民之靡盈，谁夙知而莫成？

昊天孔昭，我生靡乐。视尔梦梦，我心惨惨。诲尔谆谆，听我藐藐。匪用为教，覆用为虐。借曰未知，亦聿既耄。

於乎小子，告尔旧止。听用我谋，庶无大悔。天方艰难，曰丧厥国。取譬不远，昊天不忒。回遹其德，俾民大棘。

桑 柔

菀彼桑柔，其下侯旬，捋采其刘。瘼此下民，不殄心忧。仓兄填兮，倬彼昊天，宁不我矜？

四牡骙骙，旟旐有翩。乱生不夷，靡国不泯。民靡有黎，具祸以烬。於乎有哀，国步斯频。

国步蔑资，天不我将。靡所止疑，云徂何往？君子实维。秉心无竞，谁生厉阶，至今为梗？

忧心殷殷，念我土宇。我生不辰，逢天僤怒。自西徂东，靡所定处。多我觏痻，孔棘我圉。

为谋为毖，乱况斯削。告尔忧恤，诲尔序爵。谁能执热，逝不以濯？其何能淑？载胥及溺。

如彼溯风，亦孔之僾。民有肃心，荓云不逮。好是稼穑，力民代食．稼穑维宝，代食维好。

天降丧乱，灭我立王。降此蟊贼，稼穑卒痒。哀恫中国，具赘卒荒。靡有旅力，以念穹苍。

维此惠君，民人所瞻。秉心宣犹，考慎其相。维彼不顺，自独俾臧。自有肺肠，俾民卒狂。

瞻彼中林，甡甡其鹿。朋友已谮，不胥以穀。人亦有言，进退维谷。

维此圣人，瞻言百里。维彼愚人，复狂以喜。匪言不能，胡斯畏忌。

维此良人，弗求弗迪。维彼忍心，是顾是复。民之贪乱，宁为荼毒？

大风有隧，有空大谷。维此良人，作为式穀。维彼不顺，征以中垢。

大风有隧，贪人败类。听言则对，诵言如醉。匪用其良，复俾我悖。

嗟尔朋友，予岂不知而作。如彼飞虫，时亦弋获。既之阴女，反予来赫。

民之罔极，职凉善背。为民不利，如云不克。民之回遹，职竞用力。

民之未戾，职盗为寇。凉曰不可，覆背善詈。虽曰匪予，既作尔歌。

云　汉

倬彼云汉，昭回于天。王曰於乎，何辜今之人？天降丧乱，饥馑荐臻。靡神不举，靡爱斯牲。圭璧既卒，宁莫我听？

旱既大甚，蕴隆虫虫。不殄禋祀，自郊徂宫。上下奠瘗，靡神不宗。后稷不克，上帝不临。耗斁下土，宁丁我躬？

旱既大甚，则不可推。兢兢业业，如霆如雷。周余黎民，靡有孑遗。昊天上帝，则不我遗。胡不相畏，先祖于摧？

旱既大甚，则不可沮。赫赫炎炎，云我无所。大命近止，靡瞻靡顾。群公先正，则不我助。父母先祖，胡宁忍予？

旱既大甚，涤涤山川。旱魃为虐，如惔如焚。我心惮暑，忧心如熏。群公先正，则不我闻。昊天上帝，宁俾我遁？

旱既大甚，黾勉畏去。胡宁瘨我以旱，憯不知其故？祈年孔夙，方社不莫。昊天上帝，则不我虞。敬恭明神，宜无悔怒。

旱既大甚，散无友纪。鞫哉庶正，疚哉冢宰，趣马师氏，膳夫左右，靡人不周，无不能止。瞻卬昊天，云如何里？

瞻卬昊天，有嘒其星。大夫君子，昭假无赢。大命近止，无弃尔成。何求为我，以戾庶正。瞻卬昊天，曷惠其宁？

崧　高

崧高维岳，骏极于天。维岳降神，生甫及申。维申及甫，维周之翰。四国于蕃，四方于宣。

亹亹申伯，王缵之事。于邑于谢，南国是式。王命召伯，“定申伯之宅。登是南邦。世执其功。”

王命申伯，“式是南邦，因是谢人，以作尔庸。”王命召伯，“彻申伯土田。王命傅御，“迁其私人”。

申伯之功，召伯是营。有俶其城，寝庙既成，既成藐藐。王锡申伯，四牡跻跻，钩膺濯濯。

王遣申伯，路车乘马。“我图尔居，莫如南土。锡尔介圭，以作尔宝。往近王舅，南土是保。”

申伯信迈，王饯于郿。申伯还南，谢于诚归。王命召伯，彻申伯土疆，以峙其粻，式遄其行。

申伯番番，既入于谢，徒御啴啴。周邦咸喜，戎有良翰。不显申伯，王之元舅，文武是宪。

申伯之德，柔惠且直。揉此万邦，闻于四国。吉甫作诵，其诗孔硕，其风肆好，以赠申伯。

烝 民

天生烝民，有物有则。民之秉彝，好是懿德。天监有周，昭假于下。保兹天子，生仲山甫。

仲山甫之德，柔嘉维则。令仪令色，小心翼翼。古训是式，威仪是力。天子是若，明命使赋。

王命仲山甫，式是百辟。缵戎祖考，王躬是保。出纳王命，王之喉舌。赋政于外，四方爰发。

肃肃王命，仲山甫将之。邦国若否，仲山甫明之。既明且哲，以保其身。夙夜匪懈，以事一人。

人亦有言，柔则茹之，刚则吐之。维仲山甫，柔亦不茹，刚亦不吐。不侮矜寡，不畏强御。

人亦有言，德輶如毛，民鲜克举之。我仪图之，维仲山甫举之，爱莫助之。衮职有缺，维仲山甫补之。

仲山甫出祖，四牡业业，征夫捷捷，每怀靡及。四牡彭彭，八鸾锵锵。王命仲山甫，城彼东方。

四牡骙骙，八鸾喈喈。仲山甫徂齐，式遄其归。吉甫作诵，穆如清风。仲山甫永怀，以慰其心。

韩 奕

奕奕梁山，维禹甸之。有倬其道，韩侯受命。王亲命之：“缵戎祖考，无废朕命！夙夜匪解，虔共尔位！朕命不易。干不庭方，以佐戎辟。”

四牡奕奕，孔修且张。韩侯入觐，以其介圭，入觐于王。王锡韩侯，淑旂绥章，簟茀错衡。玄衮赤舄，钩膺镂钖，鞹鞃浅幭，鞗革金厄。

韩侯出祖，出宿于屠。显父饯之，清酒百壶。其肴维何？炰鳖鲜鱼。其蔌维何？维笋及蒲。其赠维何？乘马路车。笾豆有且，侯氏燕胥。

韩侯取妻，汾王之甥，蹶父之子。韩侯迎止，于蹶之里。百两彭彭，八鸾锵锵，不显其光。诸娣从之，祁祁如云。韩侯顾之，烂其盈门。

蹶父孔武，靡国不到。为韩姞相攸，莫如韩乐。孔乐韩土，川泽訏訏，鲂鱮甫甫，麀鹿噳噳，有熊有罴，有猫有虎。庆既令居，韩姞燕誉。

溥彼韩城，燕师所完。以先祖受命，因时百蛮。王锡韩侯，其追其貊，奄受北国，因以其伯。实墉实壑，实亩实籍。献其貔皮，赤豹黄罴。

江　汉

江汉浮浮，武夫滔滔。匪安匪游，淮夷来求。既出我车，既设我旟，匪安匪舒，淮夷来铺。

江汉汤汤，武夫洸洸。经营四方，告成于王。四方既平，王国庶定。时靡有争，王心载宁。

江汉之浒，王命召虎：“式辟四方，彻我疆土。匪疚匪棘，王国来极。”于疆于理，至于南海。

王命召虎：“来旬来宣。文武受命，召公维翰。无曰予小子，召公是似。肇敏戎公，用锡尔祉。”

釐尔圭瓒，秬鬯一卣。告于文人。锡山土田，于周受命，自召祖命。”虎拜稽首：“天子万年。”

虎拜稽首，“对扬王休，作召公考，天子万寿！明明天子，令闻不已。矢其文德，洽此四国。”

常　武

赫赫明明，王命卿士，南仲大祖，大师皇父。“整我六师，以修我戎。既敬既戒，惠此南国！”

王谓尹氏，“命程伯休父，左右陈行。戒我师旅，率彼淮浦，省此徐土”。不留不处，三事就绪。

赫赫业业，有严天子。王舒保作，匪绍匪游。徐方绎骚。震惊徐方，如雷如霆，徐方震惊。

王奋厥武，如震如怒。进厥虎臣，阚如虓虎。铺敦淮濆，仍执丑虏。截彼淮浦，王师之所。

王旅啴啴，如飞如翰，如江如汉，如山之苞，如川之流，绵绵翼翼。不测不克，濯征徐国。

王犹允塞。徐方既来。徐方既同，天子之功。四方既平，徐方来庭。徐方不回，王曰还归。

瞻 卬

瞻卬昊天，则我不惠。孔填不宁，降此大厉。邦靡有定，士民其瘵。蟊贼蟊疾，靡有夷届。罪罟不收，靡有夷瘳。

人有土田，女反有之。人有民人，女复夺之。此宜无罪，女反收之。彼宜有罪，女复说之。

哲夫成城，哲妇倾城。懿厥哲妇，为枭为鸱。妇有长舌，维厉之阶。乱匪降自天，生自妇人，匪教匪诲，时维妇寺？

鞫人忮忒，谮始竟背。岂曰不极，伊胡为慝？如贾三倍，君子是识。妇无公事，休其蚕织。

天何以刺？何神不富？舍尔介狄，维予胥忌。不吊不祥，威仪不类。人之云亡，邦国殄瘁！

天之降罔，维其优矣。人之云亡，心之忧矣。天之降罔，维其几矣。人之云亡，心之悲矣。

觱沸槛泉，维其深矣。心之忧矣，宁自今矣！不自我先，不自我后。藐藐昊天，无不克巩。无忝皇祖，式救尔后。

召 旻

旻天疾威，天笃降丧。瘨我饥馑，民卒流亡。我居圉卒荒！

天降罪罟，蟊贼内讧。昏椓靡共，溃溃回遹，实靖夷我邦。

皋皋訿訿，曾不知其玷。兢兢业业，孔填不宁，我位孔贬。

如彼岁旱，草不溃茂，如彼栖苴。我相此邦，无不溃止。

维昔之富不如时，维今之疚不如兹。彼疏斯粺，胡不自替，职兄斯引。

池之竭矣，不云自频？泉之竭矣，不云自中。溥斯害矣，职兄斯弘，不灾我躬！

昔先王受命，有如召公，日辟国百里，今也日蹙国百里。於乎哀哉！维今之人，不尚有旧！

周　颂

清庙之什

清　庙

於穆清庙，肃雍显相。济济多士，秉文之德，对越在天，骏奔走在庙，不显不承，无射于人斯！

维天之命

维天之命，於穆不已。於乎不显！文王之德之纯！假以溢我，我其收之。骏惠我文王，曾孙笃之。

维　清

维清缉熙，文王之典。肇禋。迄用有成，维周之祯。

烈　文

烈文辟公，锡兹祉福，惠我无疆，子孙保之。无封靡于尔邦，维王其崇之。念兹戎功，继序其皇之。无竞维人，四方其训之。不显维德，百辟其刑之。於乎前王不忘！

天　作

天作高山，大王荒之。彼作矣，文王康之。彼徂矣，岐有夷之行，子孙保之。

昊天有成命

昊天有成命，二后受之。成王不敢康，夙夜基命宥密。於缉熙，单厥心，肆其靖之。

我　将

我将我享，维羊维牛，维天其右之。仪式刑文王之典，日靖四方，伊嘏文王，既右飨之。我其夙夜，畏天之威，于时保之。

时　迈

时迈其邦，昊天其子之，实右序有周。薄言震之，莫不震叠。怀柔百神，及河乔岳。允王维后。明昭有周，式序在位，载戢干戈，载櫜弓矢。我求懿德，肆于时夏。允王保之。

执　竞

执竞武王，无竞维烈。不显成康，上帝是皇。自彼成康，奄有四方，斤斤其明，钟鼓喤喤。磬筦将将，降福穰穰。降福简简，威仪反反。既醉既饱，福禄来反。

思　文

思文后稷，克配彼天。立我烝民，莫匪尔极。贻我来牟，帝命率育。无此疆尔界，陈常于时夏。

臣工之什

臣　工

嗟嗟臣工！敬尔在公。王釐尔成，来咨来茹。嗟嗟保介！维莫之春，亦又何求？如何新畬？於皇来牟，将受厥明。明昭上帝，迄用康年。命我众人：庤乃钱镈，奄观铚艾。

噫　嘻

噫嘻成王，既昭假尔，率时农夫，播厥百谷。骏发尔私，终三十里。亦服尔耕，十千维耦。

振　鹭

振鹭于飞，于彼西雍。我客戾止，亦有斯容。在彼无恶，在此无教。庶几夙夜，以永终誉。

丰年

丰年多黍多稌。亦有高廪，万亿及秭。为酒为醴，烝畀祖妣，以洽百礼，降福孔皆。

有瞽

有瞽有瞽，在周之庭。设业设虡，崇牙树羽，应田县鼓，鞉磬柷圉。既备乃奏，箫管备举。喤喤厥声，肃雝和鸣，先祖是听。我客戾止，永观厥成。

潜

猗与漆沮，潜有多鱼。有鳣有鲔，鲦鲿鰋鲤。以享以祀，以介景福。

雝

有来雝雝，至止肃肃。相维辟公，天子穆穆。于荐广牡，相予肆祀。假哉皇考，绥予孝子。宣哲维人，文武维后。燕及皇天，克昌厥后。绥我眉寿，介以繁祉。既右烈考，亦右文母。

载见

载见辟王，曰求厥章。龙旗阳阳，和铃央央，鞗革有鸧，休有烈光。率见昭考，以孝以享。以介眉寿，永言保之，思皇多祜。烈文辟公，绥以多福，俾缉熙于纯嘏。

有客

有客有客，亦白其马。有萋有且，敦琢其旅。有客宿宿，有客信信。言授之絷，以絷其马。薄言追之，左右绥之。既有淫威，降福孔夷。

武

於皇武王，无竞维烈。允文文王，克开厥后。嗣武受之，胜殷遏刘，耆定尔功。

闵予小子之什

闵予小子

闵予小子,遭家不造,嬛嬛在疚。於乎皇考,永世克孝!念兹皇祖,陟降庭止。维予小子,夙夜敬止。於乎皇王,继序思不忘!

访　落

访予落止,率时昭考。於乎悠哉,朕未有艾!将予就之,继犹判涣。维予小子,未堪家多难。绍庭上下,陟降厥家。休矣皇考,以保明其身!

敬　之

敬之敬之,天维显思,命不易哉!无曰高高在上!陟降厥士,日监在兹。维予小子,不聪敬止?日就月将,学有缉熙于光明。佛时仔肩,示我显德行。

小　毖

予其惩而毖后患!莫予荓蜂,自求辛螫。肇允彼桃虫,拚飞维鸟。未堪家多难,予又集于蓼。

载　芟

载芟载柞,其耕泽泽。千耦其耘,徂隰徂畛。侯主侯伯,侯亚侯旅,侯强侯以。有嗿其馌,思媚其妇,有依其士。

有略其耜,俶载南亩。播厥百谷,实函斯活。驿驿其达,有厌其杰。厌厌其苗,绵绵其麃。载获济济,有实其积,万亿及秭。

为酒为醴,烝畀祖妣,以洽百礼。有飶其香,邦家之光。有椒其馨,胡考之宁.匪且有且,匪今斯今,振古如兹。

良　耜

畟畟良耜,俶载南亩。播厥百谷,实函斯活。或来瞻女,载筐及筥。其饟伊黍.其笠伊纠,其镈斯赵。以薅荼蓼,荼蓼朽止,黍稷茂止，获之挃挃。积之栗栗，其崇如墉，其比如栉。以开百室，百室盈止，妇子宁止。杀时犉牡，有捄其角。以似以续，续古之人。

丝衣

丝衣其紑，载弁俅俅。自堂徂基，自羊徂牛。鼐鼎及鼒，兕觥其觩，旨酒思柔。不吴不敖，胡考之休！

酌

於铄王师，遵养时晦。时纯熙矣，是用大介。我龙受之，蹻蹻王之造。载用有嗣，实维尔公允师。

桓

绥万邦，娄丰年，天命匪解。桓桓武王。保有厥士，于以四方。克定厥家，於昭于天，皇以间之。

赉

文王既勤止，我应受之。敷时绎思，我徂维求定，时周之命。於绎思。

般

於皇时周，陟其高山，嶞山乔岳。允犹翕河，敷天之下，裒时之对，时周之命。

鲁　颂

駉之什

駉

駉駉牡马，在坰之野。薄言駉者，有驈有皇，有骊有黄，以车彭彭。思无疆，思马斯臧。

駉駉牡马，在坰之野。薄言駉者，有骓有駓，有骍有骐，以车伾伾。思无期，思马斯才。

駉駉牡马，在坰之野。薄言駉者，有驒有骆，有駵有雒；以车绎绎。思无斁，思马斯作。

駉駉牡马，在坰之野。薄言駉者，有骃有騢，有驔有鱼；以车祛祛。思无邪，思马斯徂。

有　駜

有駜有駜，駜彼乘黄。夙夜在公，在公明明。振振鹭，鹭于下。鼓咽咽，醉言舞。于胥乐兮！

有駜有駜，駜彼乘牡。夙夜在公，在公饮酒。振振鹭，鹭于飞。鼓咽咽，醉言归。于胥乐兮！

有駜有駜，駜彼乘骉。夙夜在公，在公载燕。自今以始，岁其有。君子有穀，诒孙子。于胥乐兮。

泮　水

思乐泮水，薄采其芹。鲁侯戾止，言观其旂。其旂茷茷，鸾声哕哕。无小无大，从公于迈。

思乐泮水，薄采其藻。鲁侯戾止，其马蹻蹻。其马蹻蹻，其音昭昭。载色载笑，匪怒伊教。

思乐泮水，薄采其茆。鲁侯戾止，在泮饮酒。既饮旨酒，永锡难老。顺彼长道，屈此群丑。

穆穆鲁侯，敬明其德。敬慎威仪，维民之则。允文允武，昭假烈祖。靡有不孝，自求伊祜。

明明鲁侯，克明其德。既作泮宫，淮夷攸服。矫矫虎臣，在泮献馘。淑问如皋陶，在泮献囚。

济济多士，克广德心。桓桓于征，狄彼东南。烝烝皇皇，不吴不扬。不告于讻，在泮献功。

角弓其觩，束矢其搜。戎车孔博，徒御无斁。既克淮夷，孔淑不逆。式固尔犹，淮夷卒获。

翩彼飞鸮，集于泮林，食我桑黮，怀我好音。憬彼淮夷，来献其琛。元龟象齿，大赂南金。

閟宫

閟宫有侐，实实枚枚。赫赫姜嫄，其德不回。上帝是依，无灾无害，弥月不迟。是生后稷，降之百福。黍稷重穋，稙稚菽麦。奄有下国，俾民稼穑。有稷有黍，有稻有秬。奄有下土，缵禹之绪。

后稷之孙，实维大王，居岐之阳，实始翦商。至于文武，缵大王之绪，致天之届，于牧之野。无贰无虞，上帝临女！敦商之旅，克咸厥功。王曰叔父，建尔元子，俾侯于鲁。大启尔宇，为周室辅。

乃命鲁公，俾侯于东。锡之山川，土田附庸。周公之孙，庄公之子，龙旂承祀，六辔耳耳。春秋匪解，享祀不忒。皇皇后帝，皇祖后稷，享以骍牺，是飨是宜。降福既多。周公皇祖，亦其福女！

秋而载尝，夏而楅衡，白牡骍刚。牺尊将将，毛炰胾羹。笾豆大房，万舞洋洋，孝孙有庆，俾尔炽而昌，俾尔寿而臧！保彼东方，鲁邦是常。不亏不崩，不震不腾。三寿作朋，如冈如陵。

公车千乘，朱英绿縢，二矛重弓。公徒三万，贝胄朱綅，烝徒增增。戎狄是膺，荆舒是惩，则莫我敢承。俾尔昌而炽，俾尔寿而富！黄发台背，寿胥与试。俾尔昌而大，俾尔耆而艾！万有千岁，眉寿无有害。

泰山岩岩，鲁邦所詹。奄有龟蒙，遂荒大东，至于海邦，淮夷来同。莫不率从，鲁侯之功。

保有凫绎，遂荒徐宅，至于海邦。淮夷蛮貊，及彼南夷，莫不率从。莫敢不诺，鲁侯是若。

天锡公纯嘏，眉寿保鲁。居常与许，复周公之宇。鲁侯燕喜，令妻寿母，宜大夫庶士，邦国是有。既多受祉，黄发儿齿。

徂徕之松，新甫之柏，是断是度，是寻是尺。松桷有舄，路寝孔硕。新庙奕奕，奚斯所作；孔曼且硕，万民是若。

商 颂

那

猗与那与，置我鞉鼓。奏鼓简简，衎我烈祖。汤孙奏假，绥我思成。鞉鼓渊渊，嘒嘒管声。既和且平，依我磬声。於赫汤孙，穆穆厥声！庸鼓有斁，万舞有奕。我有嘉客，亦不夷怿？自古在昔，先民有作，温恭朝夕，执事有恪。顾予烝尝。汤孙之将。

烈 祖

嗟嗟烈祖！有秩斯祜，申锡无疆，及尔斯所。既载清酤，赉我思成。亦有和羹，既戒既平。鬷假无言，时靡有争。绥我眉寿，黄耇无疆。约軧错衡，八鸾鸧鸧.以假以享，我受命溥将。自天降康，丰年穰穰。来假来飨，降福无疆。顾予烝尝，汤孙之将。

玄 鸟

天命玄鸟，降而生商。宅殷土芒芒。古帝命武汤，正域彼四方。方命厥后，奄有九有。商之先后，受命不殆，在武丁孙子。武丁孙子，武王靡不胜。龙旂十乘，大糦是承。邦畿千里，维民所止。肇域彼四海，四海来假，来假祁祁，景员维河。殷受命咸宜，百禄是何。

长 发

濬哲维商，长发其祥。洪水芒芒，禹敷下土方。外大国是疆，幅陨既长。有娀方将，帝立子生商。

玄王桓拨，受小国是达，受大国是达。率履不越，遂视既发。相土烈烈，海外有截。

帝命不违，至于汤齐。汤降不迟，圣敬日跻。昭假迟迟，上帝是祇，帝命式于九围。

受小球大球，为下国缀旒。何天之休，不竞不絿，不刚不柔。敷政优优，百禄是遒。

受小共大共，为下国骏厖。何天之龙，敷奏其勇，不震不动，不戁不竦，百禄是总。

武王载旆，有虔秉钺，如火烈烈，则莫我敢曷。苞有三蘖，莫遂莫达。九有有截，韦顾既伐，昆吾夏桀。

昔在中叶，有震且业。允也天子，降予卿士。实维阿衡，实左右商王。

殷　武

挞彼殷武，奋伐荆楚。罙入其阻，裒荆之旅。有截其所，汤孙之绪。

维女荆楚，居国南乡。昔有成汤，自彼氐羌，莫敢不来享，莫敢不来王，曰商是常。

天命多辟，设都于禹之绩。岁事来辟，勿予祸适，稼穑匪解。

天命降监，下民有严。不僭不滥，不敢怠遑。命于下国，封建厥福。

商邑翼翼，四方之极。赫赫厥声，濯濯厥灵。寿考且宁，以保我后生。

陟彼景山，松柏丸丸。是断是迁，方斫是虔。松桷有梴，旅楹有闲，寝成孔安。

尚　书

尚书目录

虞　书

尧典第一

曰若稽古，帝尧，曰放勋，钦明文思安安，允恭克让，光被四表，格于上下。克明俊德，以亲九族。九族既睦，平章百姓，百姓昭明。协和万邦，黎民于变时雍。

乃命羲、和，钦若昊天，历象日月星辰，敬授人时。分命羲仲，宅嵎夷，曰旸谷。寅宾出日，平秩东作。日中，星鸟，以殷仲春。厥民析，鸟兽孳尾。申命羲叔，宅南交。平秩南讹，敬致。日永，星火，以正仲夏。厥民因，鸟兽希革。分命和仲，宅西，曰昧谷。寅饯纳日，平秩西成。宵中，星虚，以殷仲秋。厥民夷，鸟兽毛毨。申命和叔，宅朔方，曰幽都。平在朔易。日短，星昴，以正仲冬。厥民隩，鸟兽氄毛。帝曰："咨！汝羲暨和，期三百有六旬有六日，以闰月定四时成岁。允厘百工，庶绩咸熙。"

帝曰："畴咨若时？登庸。"放齐曰："胤子朱启明。"帝曰："吁！嚚讼，可乎？"

帝曰："畴咨若予采？"驩兜曰："都！共工方鸠僝功。"帝曰："吁！静言庸违，象恭滔天。"

帝曰："咨！四岳，汤汤洪水方割，荡荡怀山襄陵，浩浩滔天。下民其咨，有能俾乂？"佥曰："於！鲧哉。"帝曰："吁！咈哉，方命圮族。"岳曰："异哉！试可乃已。"帝曰："往，钦哉！"九载，绩用弗成。

帝曰："咨！四岳。朕在位七十载，汝能庸命，巽朕位？"岳曰："否德忝帝位。"曰："明明扬侧陋。"师锡帝曰："有鳏在下，曰虞舜。"帝曰："俞？予闻。如何？"岳曰："瞽子，父顽，母嚚，象傲；克谐以孝，烝烝乂，不格奸。"帝曰："我其试哉！"女于时，观厥刑于二女。厘降二女于妫汭，嫔于虞。帝曰："钦哉！"

舜典第二

曰若稽古，帝舜，曰重华协于帝。浚咨文明，温恭允塞，玄德升闻，乃命以位。

慎徽五典，五典克从；纳于百揆，百揆时叙；宾于四门，四门穆穆；纳于大麓，烈风雷雨弗迷。帝曰："格汝舜！询事考言，乃言底可绩，三载。汝陟帝位。"舜让于德，弗嗣。

正月上日，受终于文祖。在璿玑玉衡，以齐七政。肆类于上帝，禋于六宗，望于山川，遍于群神。辑五瑞，既月，乃日觐四岳群牧，班瑞于群后。

岁二月，东巡守，至于岱宗，柴，望秩于山川，肆觐东后。协时月正日，同律度量衡。修五礼、五玉、三帛、二生、一死贽，如五器，卒乃复。五月南巡守，至于南岳，如岱礼。八月西巡守，至于西岳，如初。十有一月朔巡守，至于北岳，如西礼。归，格于艺祖，用特。五载一巡守，群后四朝。敷奏以言，明试以功，车服以庸。

肇十有二州，封十有二山，浚川。象以典刑，流宥五刑，鞭作官刑，扑作教刑，金作赎刑。眚灾肆赦，怙终贼刑。钦哉，钦哉，惟刑之恤哉！流共工于幽州，放驩兜于崇山，窜三苗于三危，殛鲧于羽山，四罪而天下咸服。

二十有八载，帝乃殂落，百姓如丧考妣。三载，四海遏密八音。

月正元日，舜格于文祖，询于四岳，辟四门，明四目，达四聪。咨十有二牧，曰："食哉，惟时！柔远能迩，惇德允元，而难任人，蛮夷率服。"

舜曰："咨，四岳！有能奋庸熙帝之载，使宅百揆，亮采惠畴？"佥曰："伯禹作司空。"帝曰："俞，咨！禹，汝平水土，惟时懋哉！"禹拜稽首，让于稷、契暨皋陶。帝曰："俞，汝往哉！"

帝曰："弃，黎民阻饥，汝后稷，播时百谷。"

帝曰："契，百姓不亲，五品不逊。汝作司徒。敬敷五教，在宽。"

帝曰："皋陶，蛮夷猾夏，寇贼奸宄。汝作士。五刑有服，五服三就。五流有宅，五宅三居。惟明克允！"

帝曰："畴若予工？"佥曰："垂哉！"帝曰："俞，咨！垂，汝共工。"垂拜稽首，让于殳斨暨伯与。帝曰："俞，往哉！汝谐。"

帝曰："畴若予上下草木鸟兽？"佥曰："益哉！"帝曰："俞，咨！益，汝作朕虞。"益拜稽首，让于朱虎、熊罴。帝曰："俞，往哉！汝谐。"

帝曰："咨！四岳，有能典朕三礼？"佥曰："伯夷！"帝曰："俞，咨！伯，汝作秩宗。夙夜惟寅，直哉惟清。"伯拜稽首，让于夔、龙。帝曰："俞，往，钦哉！"

帝曰："夔！命汝典乐，教胄子。直而温，宽而栗，刚而无虐，简而无傲。诗言志，歌永言，声依永，律和声。八音克谐，无相夺伦，神人以和。"夔曰："於！予击石拊石，百兽率舞。"

帝曰："龙，朕堲谗说殄行，震惊联师。命汝作纳言，夙夜出纳朕命，惟允！"

帝曰："咨！汝二十有二人，钦哉！惟时亮天功。"

三载考绩，三考黜陟幽明，庶绩咸熙。分北三苗。

舜生三十征庸，三十在位，五十载，陟方乃死。

帝釐下土，方设居方，别生分类。作汩作、九共九篇、槀饫。

大禹谟第三

曰若稽古，大禹，曰："文命敷于四海，祗承于帝。"曰："后克艰厥后，臣克艰厥臣，政乃乂，黎民敏德。"

帝曰："俞！允若兹，嘉言罔攸伏，野无遗贤，万邦咸宁。稽于众，舍己从人，不虐无告，不废困穷，惟帝时克。"

益曰："都！帝德广运，乃圣乃神，乃武乃文。皇天眷命，奄有四海，为天下君。"

禹曰："惠迪吉，从逆凶，惟影响。"

益曰："吁！戒哉！儆戒无虞，罔失法度。罔游于逸，罔淫于乐。任贤勿贰，去邪勿疑。疑谋勿成，百志惟熙。罔违道以干百姓之誉，罔咈百姓以从己之欲。无怠无荒，四夷来王。"

禹曰："於！帝念哉！德惟善政，政在养民。水、火、金、木、土、谷惟修；正德、利用、厚生惟和。九功惟叙，九叙惟歌。戒之用休，董之用威，劝之以九歌，俾勿坏。"

帝曰："俞！地平天成，六府三事允治，万世永赖，时乃功。"

帝曰："格，汝禹！朕宅帝位三十有三载，耄期倦于勤。汝惟不怠，总朕师。"

禹曰："朕德罔克，民不依。皋陶迈种德，德乃降，黎民怀之。帝念哉！念兹在兹，释兹在兹，名言兹在兹，允出兹在兹，惟帝念功。"

帝曰："皋陶，惟兹臣庶，罔或干予正。汝作士，明于五刑，以弼五教。期于予治，刑期于无刑，民协于中，时乃功，懋哉！"

皋陶曰："帝德罔愆，临下以简，御众以宽。罚弗及嗣，赏延于世。宥过无大，刑故无小。罪疑惟轻，功疑惟重。与其杀不辜，宁失不经。好生之德，洽于民心，兹用不犯于有司。"帝曰："俾予从欲以治，四方风动，惟乃之休。"

帝曰："来，禹！降水儆予，成允成功，惟汝贤。克勤于邦，克俭于家，不自满假，惟汝贤。汝惟不矜，天下莫与汝争能。汝惟不伐，天下莫与汝争功。予懋乃德，嘉乃丕绩，天之历数在汝躬，汝终陟元后。人心惟危，道心惟微，惟精惟一，允执厥中。无稽之言勿听，弗询之谋勿庸。可爱非君？可畏非民？众非元后何戴？后非众罔与守邦？钦哉！慎乃有位，敬修其可愿，四海困穷，天禄永终。惟口出好兴戎，朕言不再。”

禹曰：“枚卜功臣，惟吉之从。”

帝曰：“禹！官占，惟先蔽志，昆命于元龟。朕志先定，询谋佥同，鬼神其依，龟筮协从，卜不习吉。”禹拜稽首，固辞。帝曰：“毋！惟汝谐。”

正月朔旦，受命于神宗，率百官若帝之初。

帝曰：“咨，禹！惟时有苗弗率，汝徂征。”

禹乃会群后，誓于师曰：“济济有众，咸听朕命。蠢兹有苗，昏迷不恭，侮慢自贤，反道败德，君子在野，小人在位，民弃不保，天降之咎，肆予以尔众士，奉辞伐罪。尔尚一乃心力，其克有勋。”

三旬，苗民逆命。益赞于禹曰：“惟德动天，无远弗届。满招损，谦受益，时乃天道。帝初于历山，往于田，日号泣于旻天，于父母，负罪引慝。祇载见瞽叟，夔夔斋栗，瞽亦允若。至诚感神，矧兹有苗。”

禹拜昌言曰：“俞！”班师振旅。帝乃诞敷文德，舞干羽于两阶，七旬，有苗格。

皋陶谟第四

曰若稽古，皋陶曰："允迪厥德，谟明弼谐。"禹曰："俞，如何？"皋陶曰："都！慎厥身修，思永。惇叙九族，庶明励翼，迩可远在兹。"禹拜昌言曰："俞！"

皋陶曰："都！在知人，在安民。"禹曰："吁！咸若时，惟帝其难之。知人则哲，能官人。安民则惠，黎民怀之。能哲而惠，何忧乎驩兜？何迁乎有苗？何畏乎巧言令色孔壬？"

皋陶曰："都！亦行有九德。亦言其人有德，乃言曰，载采采。"

禹曰："何？"

皋陶曰："宽而栗，柔而立，愿而恭，乱而敬，扰而毅，直而温，简而廉，刚而塞，强而义。彰厥有常，吉哉！日宣三德，夙夜浚明有家；日严祗敬六德，亮采有邦。翕受敷施，九德咸事，俊乂在官。百僚师师，百工惟时，抚于五辰，庶绩其凝。无教逸欲有邦，兢兢业业，一日二日万几。无旷庶官，天工人其代之。天叙有典，敕我五典五惇哉！天秩有礼，自我五礼有庸哉！同寅协恭和衷哉！天命有德，五服五章哉！天讨有罪，五刑五用哉！政事懋哉！懋哉！天聪明，自我民聪明。天明畏，自我民明威。达于上下，敬哉有土！"

皋陶曰："朕言惠，可厎行。"禹曰："俞！乃言厎可绩。"皋陶曰："予未有知思，曰赞赞襄哉！"

益稷第五

帝曰："来，禹！汝亦昌言。"禹拜曰："都！帝，予何言？予思日孜孜。"皋陶曰："吁！如何？"禹曰："洪水滔天，浩浩怀山襄陵，下民昏垫。予乘四载，随山刊木，暨益奏庶鲜食。予决九川，距四海，浚畎浍距川。暨稷播，奏庶艰食鲜食。懋迁有无化居。烝民乃粒，万邦作乂。"皋陶曰："俞！师汝昌言。"

禹曰："都！帝，慎乃在位。"帝曰："俞！"禹曰："安汝止，惟几惟康。其弼直，惟动丕应徯志。以昭受上帝，天其申命用休。"帝曰："吁！臣哉邻哉！邻哉臣哉！"禹曰："俞！"

帝曰："臣作朕股肱耳目。予欲左右有民，汝翼。予欲宣力四方，汝为。予欲观古人之象，日、月、星辰、山、龙、华虫，作会，宗彝；藻、火、粉、米、黼、黻、絺、绣，以五采彰施于五色，作服，汝明。予欲闻六律、五声、八音，在治忽，以出纳五言，汝听。予违，汝弼，汝无面从，退有后言。钦四邻，庶顽谗说，若不在时，侯以明之，挞以记之，书用识哉，欲并生哉！工以纳言，时而飏之，格则承之庸之，否则威之。"

禹曰："俞哉！帝光天之下，至于海隅苍生，万邦黎献，共惟帝臣，惟帝时举。敷纳以言，明庶以功，车服以庸。谁敢不让，敢不敬应？帝不时，敷同日奏罔功。无若丹朱傲，惟慢游是好，傲虐是作。罔昼夜頟頟。罔水行舟。朋淫于家，用殄厥世。予创若时，娶于涂山，辛、壬、癸、甲。启呱呱而泣，予弗子，惟荒度土功。弼成五服，至于五千。州十有二师，外薄四海，咸建五长，各迪有功，苗顽弗即工，帝其念哉！"帝曰："迪朕德，时乃功惟叙。"

皋陶方祗厥叙，方施象刑，惟明。

夔曰："戛击鸣球，搏拊琴瑟以咏。"祖考来格，虞宾在位，群后德让。下管鼗鼓，合止柷敔，笙镛以间。鸟兽跄跄；箫韶九成，凤皇来仪。夔曰："於！予击石拊石，百兽率舞，庶尹允谐。"

帝庸作歌曰："敕天之命，惟时惟几。"乃歌曰："股肱喜哉！元首起哉！百工熙哉！"皋陶拜手稽首，飏言曰："念哉！率作兴事，慎乃宪，钦哉！屡省乃成，钦哉！"乃赓载歌曰："元首明哉，股肱良哉，庶事康哉！"又歌曰："元首丛脞哉，股肱惰哉，万事堕哉！"帝拜曰："俞，往钦哉！"

夏 书

禹贡第一

禹敷土，随山刊木，奠高山大川。

冀州既载，壶口治梁及岐。既修太原，至于岳阳；覃怀底绩，至于衡漳。厥土惟白壤，厥赋惟上上错，厥田惟中中。恒、卫既从，大陆既作。岛夷皮服，夹右碣石，入于河。

济、河惟兖州。九河既道，雷夏既泽，灉、沮会同。桑土既蚕，是降丘宅土。厥土黑坟，厥草惟繇，厥木惟条。厥田惟中下，厥赋贞，作十有三载乃同。厥贡漆丝，厥篚织文。浮于济、漯，达于河。

海、岱惟青州。嵎夷既略，潍、淄其道。厥土白坟，海滨广斥。厥田惟上下，厥赋中上。厥贡盐絺，海物惟错。岱畎丝、枲、铅、松、怪石。莱夷作牧。厥篚檿丝。浮于汶，达于济。

海、岱及淮惟徐州。淮、沂其乂，蒙、羽其艺，大野既猪，东原底平。厥土赤埴坟，草木渐包。厥田惟上中，厥赋中中。厥贡惟土五色，羽畎夏翟，峄阳孤桐，泗滨浮磬，淮夷蠙珠暨鱼。厥篚玄纤、缟。浮于淮、泗，达于河。

淮、海惟扬州。彭蠡既猪，阳鸟攸居。三江既入，震泽底定。筱簜既敷，厥草惟夭，厥木惟乔。厥土惟涂泥。厥田惟下下，厥赋下上，上错。厥贡惟金三品，瑶、琨、筱簜，齿、革、羽、毛惟木。岛夷卉服。厥篚织贝，厥包桔柚锡贡。沿于江、海，达于淮、泗。

荆及衡阳惟荆州。江、汉朝宗于海，九江孔殷，沱、潜既道，云土、梦作乂。厥土惟涂泥，厥田惟下中，厥赋上下。厥贡羽、毛、齿、革惟金三品，杶、干、栝、柏，砺、砥、砮、丹，惟菌、簵、楛，三邦底贡厥名。包匦菁茅，厥篚玄纁玑组，九江纳锡大龟。浮于江、沱、潜、汉，逾于洛，至于南河。

荆河惟豫州。伊、洛、瀍、涧既入于河，荥波既猪，导菏泽，被孟猪。厥土惟壤，下土坟垆。厥田惟中上，厥赋错上中。厥贡漆、枲，绨、纻，厥篚纤、纩，锡贡磬错。浮于洛，达于河。

华阳、黑水惟梁州。岷、嶓既艺，沱、潜既道。蔡、蒙旅平，和夷底绩。厥土青黎，厥田惟下上，厥赋下中，三错。厥贡璆、铁、银、镂、砮、磬，熊、罴、狐、狸、织皮，西倾因桓是来，浮于潜，逾于沔，入于渭，乱于河。

黑水、西河惟雍州。弱水既西，泾属渭汭，漆沮既从，沣水攸同。荆、岐既旅，终南、惇物，至于鸟鼠。原隰底绩，至于猪野。三危既宅，三苗丕叙。厥土惟黄壤，厥田惟上上，厥赋中下。厥贡惟球、琳、琅玕。浮于积石，至于龙门、西河，会于渭汭。织皮昆仑、析支、渠、搜，西戎即叙。

导岍及岐，至于荆山，逾于河；壶口、雷首至于太岳；底柱、析城至于王屋；太行、恒山至于碣石，入于海。

西倾、朱圉、鸟鼠至于太华；熊耳、外方、桐柏至于陪尾。

导嶓冢，至于荆山；内方，至于大别。

岷山之阳，至于衡山，过九江，至于敷浅原。

导弱水，至于合黎，余波入于流沙。

导黑水，至于三危，入于南海。

导河积石，至于龙门；南至于华阴，东至于底柱，又东至于孟津，东过洛汭，至于大伾；北过降水，至于大陆；又北，播为九河，同为逆河，入于海。

嶓冢导漾，东流为汉，又东，为沧浪之水，过三澨，至于大别，南入于江。东，汇泽为彭蠡，东，为北江，入于海。

岷山导江，东别为沱，又东至于澧；过九江，至于东陵，东迆北，会于汇；东为中江，入于海。

导沇水，东流为济，入于河，溢为荥；东出于陶丘北，又东至于菏，又东北，会于汶，又北，东入于海。

导淮自桐柏，东会于泗、沂，东入于海。

导渭自鸟鼠同穴，东会于沣，又东会于泾，又东过漆沮，入于河。

导洛自熊耳，东北，会于涧、瀍；又东，会于伊，又东北，入于河。

九州攸同，四隩既宅，九山刊旅，九川涤源，九泽既陂，四海会同。六府孔修，庶土交正，底慎财赋，咸则三壤，成赋中邦。

锡土姓，祗台德先，不距朕行。

五百里甸服。百里赋纳总，二百里纳铚，三百里纳秸服，四百里粟，五百里米。

五百里侯服。百里采，二百里男邦，三百里诸侯。

五百里绥服。三百里揆文教，二百里奋武卫。

五百里要服。三百里夷，二百里蔡。

五百里荒服。三百里蛮，二百里流。

东渐于海，西被于流沙，朔南暨声教讫于四海。禹锡玄圭，告厥成功。

甘誓第二

王曰："嗟！六事之人，予誓告汝：有扈氏威侮五行，怠弃三正，天用剿绝其命，今予惟恭行天之罚。左不攻于左，汝不恭命。右不攻于右，汝不恭命。御非其马之正，汝不恭命。用命，赏于祖。弗用命，戮于社，予则孥戮汝。"

五子之歌第三

太康尸位以逸豫，灭厥德，黎民咸贰，乃盘游无度，畋于有洛之表，十旬弗反。有穷后羿因民弗忍，距于河，厥弟五人御其母以从，徯于洛之汭。五子咸怨，述大禹之戒以作歌。

其一曰："皇祖有训，民可近，不可下，民惟邦本，本固邦宁。予视天下愚夫愚妇，一能胜予，一人三失，怨岂在明？不见是图。予临兆民，懔乎若朽索之驭六马，为人上者，奈何不敬？"

其二曰："训有之，内作色荒，外作禽荒。甘酒嗜音，峻宇雕墙。有一于此，未或不亡。"

其三曰："惟彼陶唐，有此冀方。今失厥道，乱其纪纲，乃底灭亡。"

其四曰："明明我祖，万邦之君。有典有则，贻厥子孙。关石和钧，王府则有。荒坠厥绪，覆宗绝祀。"

其五曰："呜呼！曷归？予怀之悲。万姓仇予，予将畴依？郁陶乎予心，颜厚有忸怩。弗慎厥德，虽悔可追？"

胤征第四

惟仲康肇位四海，胤侯命掌六师。羲、和废厥职，酒荒于厥邑，胤后承王命徂征。

告于众曰："嗟予有众，圣有谟训，明征定保。先王克谨天戒，臣人克有常宪，百官修辅，厥后惟明明，每岁孟春，遒人以木铎徇于路，官师相规，工执艺事以谏，其或不恭，邦有常刑。

"惟时羲、和，颠覆厥德，沈乱于酒，畔官离次，俶扰天纪，遐弃厥司。乃季秋月朔，辰弗集于房，瞽奏鼓，啬夫驰，庶人走。羲、和尸厥官，罔闻知，昏迷于天象，以干先王之诛。政典曰：'先时者杀无赦，不及时者杀无赦。'今予以尔有众，奉将天罚。尔众士同力王室，尚弼予钦承天子威命。火炎昆冈，玉石俱焚。天吏逸德，烈于猛火。歼厥渠魁，胁从罔治，旧染污俗，咸与维新。呜呼！威克厥爱，允济。爱克厥威，允罔功。其尔众士懋戒哉！"

自契至于成汤，八迁，汤始居亳，从先王居，作帝告、釐沃。

汤征诸侯，葛伯不祀，汤始征之，作汤征。

伊尹去亳适夏，既丑有夏，复归于亳。入自北门，乃遇汝鸠、汝方，作汝鸠、汝方。

商书

汤誓第一

王曰："格尔众庶，悉听朕言，非台小子，敢行称乱。有夏多罪，天命殛之。今尔有众，汝曰：'我后不恤我众，舍我穑事而割正夏。'予惟闻汝众言，夏氏有罪，予畏上帝，不敢不正。今汝其曰：'夏罪其如台？'夏王率遏众力，率割夏邑。有众率怠弗协，曰：'时日曷丧？予及汝皆亡。'夏德若兹，今朕必往。

"尔尚辅予一人，致天之罚，予其大赉汝。尔无不信，朕不食言。尔不从誓言，予则孥戮汝，罔有攸赦。"

汤既胜夏，欲迁其社，不可。作夏社、疑至、臣扈。

夏师败绩，汤遂从之，遂伐三朡，俘厥宝玉。谊伯、仲伯作典宝。

仲虺之诰第二

成汤放桀于南巢，惟有惭德，曰："予恐来世以台为口实。"

仲虺乃作诰，曰："呜呼！惟天生民有欲，无主乃乱，惟天生聪明时乂，有夏昏德，民坠涂炭，天乃锡王勇智，表正万邦，缵禹旧服。兹率厥典，奉若天命。夏王有罪，矫诬上天，以布命于下。帝用不臧，式商受命，用爽厥师。简贤附势，实繁有徒。肇我邦于有夏，若苗之有莠，若粟之有秕。小大战战，罔不惧于非辜。矧予之德，言足听闻。惟王不迩声色，不殖货利。德懋懋官，功懋懋赏。用人惟己，改过不吝。克宽克仁，彰信兆民。乃葛伯仇饷，初征自葛，东征西夷怨，南征北狄怨，曰：'奚独后予？'攸徂之民，室家相庆，曰：'徯予后，后来其苏。'民之戴商，厥惟旧哉！佑贤辅德，显忠遂良，兼弱攻昧，取乱侮亡。推亡固存，邦乃其昌。德日新，万邦惟怀。志自满，九族乃离。王懋昭大德，建中于民，以义制事，以礼制心，垂裕后昆。予闻曰：'能自得师者王，谓人莫已若者亡。好问则裕，自用则小。'呜呼！慎厥终，惟其始。殖有礼，覆昏暴。钦崇天道，永保天命。"

汤诰第三

王归自克夏，至于亳，诞告万方。

王曰："嗟！尔万方有众，明听予一人诰。惟皇上帝，降衷于下民。若有恒性，克绥厥猷惟后。夏王灭德作威，以敷虐于尔万方百姓。尔万方百姓，罹其凶害，弗忍荼毒，并告无辜于上下神祇。天道福善祸淫，降灾于夏，以彰厥罪。肆台小子，将天命明威，不敢赦。敢用玄牡，敢昭告于上天神后，请罪有夏。聿求元圣，与之戮力，以与尔有众请命。上天孚佑下民，罪人黜伏。天命弗僭，贲若草木，兆民允殖。俾予一人辑宁尔邦家，兹朕未知获戾于上下，栗栗危惧，若将陨于深渊。凡我造邦，无从匪彝，无即慆淫，各守尔典，以承天休。尔有善，朕弗敢蔽。罪当朕躬，弗敢自赦，惟简在上帝之心。其尔万方有罪，在予一人。予一人有罪，无以尔万方。呜呼！尚克时忱，乃亦有终。"

伊训第四

惟元祀十有二月乙丑，伊尹祠于先王。奉嗣王祗见厥祖，侯甸群后咸在，百官总已以听冢宰。伊尹乃明言烈祖之成德，以训于王。曰："呜呼！古有夏先后，方懋厥德，罔有天灾。山川鬼神，亦莫不宁，暨鸟兽鱼鳖咸若。于其子孙弗率，皇天降灾，假手于我有命，造攻自鸣条，朕哉自亳。惟我商王，布昭圣武，代虐以宽，兆民允怀。今王嗣厥德，罔不在初，立爱惟亲，立敬惟长，始天家邦，终于四海。呜呼！先王肇修人纪，从谏弗咈，先民时若。居上克明，为下克忠，与人不求备，检身若不及，以至于有万邦，兹惟艰哉！敷求哲人，俾辅于尔后嗣，制官刑，儆于有位。曰：'敢有恒舞于宫，酣歌于室，时谓巫风，敢有殉于货色，恒于游畋，时谓淫风。敢有侮圣言，逆忠直，远耆德，比顽童，时谓乱风。惟兹三风十愆，卿士有一于身，家必丧；邦君有一于身，国必亡。臣下不匡，其刑墨，具训于蒙士。'呜呼！嗣王祗厥身，念哉！圣谟洋洋，嘉言孔彰。惟上帝不常，作善降之百祥，作不善降之百殃。尔惟德罔小，万邦惟庆；尔惟不德罔大，坠厥宗。"

太甲上第五

惟嗣王不惠于阿衡,伊尹作书曰:“先王顾諟天之明命,以承上下神祇。社稷宗庙,罔不祗肃。天监厥德,用集大命,抚绥万方。惟尹躬克左右厥辟,宅师,肆嗣王丕承基绪。惟尹躬先见于西邑夏,自周有终,相亦惟终。其后嗣王,罔克有终,相亦罔终,嗣王戒哉!祗尔厥辟,辟不辟,忝厥祖。”

王惟庸,罔念闻。伊尹乃言曰:“先王昧爽丕显,坐以待旦。帝求俊彦,启迪后人,无越厥命以自覆。慎乃俭德,惟怀永图。若虞机张,往省括于度,则释。钦厥止,率乃祖攸行,惟朕以怿,万世有辞。”

王未克变。伊尹曰:“兹乃不义,习与性成。予弗狎于弗顺,营于桐宫,密迩先王其训,无俾世迷。王徂桐宫居忧,克终允德。”

太甲中第六

惟三祀十有二月朔，伊尹以冕服奉嗣王归于亳，作书曰："民非后，罔克胥匡以生。后非民，罔以辟四方。皇天眷佑有商，俾嗣王克终厥德，实万世无疆之休。"

王拜手稽首，曰："予小子不明于德，自底不类。欲败度，纵败礼，以速戾于厥躬。天作孽，犹可违；自作孽，不可逭。既往背师保之训，弗克于厥初，尚赖匡救之德，图惟厥终。"

伊尹拜手稽首，曰："修厥身，允德协于下，惟明后。先王子惠困穷，民服厥命，罔有不悦。并其有邦厥邻，乃曰：'徯我后，后来无罚。'王懋乃德，视乃厥祖，无时豫怠。奉先思孝，接下思恭。视远惟明，听德惟聪。朕承王之休无斁。"

太甲下第七

伊尹申诰于王曰："呜呼！惟天无亲，克敬惟亲。民罔常怀，怀于有仁。鬼神无常享，享于克诚。天位艰哉！德惟治，否德乱。与治同道，罔不兴。与乱同事，罔不亡。终始慎厥与，惟明明后。先王惟时懋敬厥德，克配上帝。今王嗣有令绪，尚监兹哉！若升高，必自下。若陟遐，必自迩。无轻民事，惟艰。无安厥位，惟危。慎终于始。有言逆于汝心，必求诸道。有言逊于汝志，必求诸非道。呜呼！弗虑胡获？弗为胡成？一人元良，万邦以贞。君罔以辩言乱旧政，臣罔以宠利居成功，邦其永孚于休。"

咸有一德第八

伊尹既复政厥辟，将告归，乃陈戒于德。曰："呜呼！天难谌，命靡常。常厥德，保厥位。厥德匪常，九有以亡。夏王弗克庸德，慢神虐民。皇天弗保，监于万方，启迪有命，眷求一德，俾作神主。惟尹躬暨汤，咸有一德，克享天心，受天明命，以有九有之师，爰革夏正。非天私我有商，惟天佑于一德。非商求于下民，惟民归于一德。德惟一，动罔不吉。德二三，动罔不凶。惟吉凶不僭在人，惟天降灾祥在德。今嗣王新服厥命，惟新厥德。终始惟一，时乃日新。任官惟贤材，左右惟其人。臣为上为德，为下为民。其难其慎，惟和惟一。德无常师，主善为师。善无常主，协于克一。俾万姓咸曰：'大哉！王言。'又曰：'一哉！王心。'克绥先王之禄，永底烝民之生。呜呼！七世之庙，可以观德。万夫之长，可以观政。后非民罔使，民非后罔事。无自广以狭人，匹夫匹妇，不获自尽，民主罔与成厥功。"

沃丁既葬伊尹于亳，咎单遂训伊尹事，作沃丁。

伊陟相大戊，亳有祥，桑榖共生于朝。伊陟赞于巫咸，作咸乂四篇。

太戊赞于伊陟，作伊陟、原命。

仲丁迁于嚣，作仲丁。

河亶甲居相，作河亶甲。

祖乙圮于耿，作祖乙。

盘庚上第九

盘庚迁于殷，民不适有居。率吁众慼，出矢言，曰："我王来，即爰宅于兹，重我民，无尽刘。不能胥匡以生，卜稽曰'其如台？'先王有服，恪谨天命，兹犹不常宁，不常厥邑，于今五邦。今不承于古，罔知天之断命，矧曰其克从先王之烈？若颠木之有由蘖，天其永我命于兹新邑，绍复先王之大业，底绥四方。"

盘庚敩于民，由乃在位，以常旧服，正法度。曰："无或敢伏小人之攸箴。"王命众，悉至于庭。王若曰："格汝众，予告汝训，汝猷黜乃心，无傲从康。

"古我先王，亦惟图任旧人共政。王播告之修，不匿厥指。王用丕钦；罔有逸言，民用丕变。

"今汝聒聒，起信险肤，予弗知乃所讼。非予自荒兹德，惟汝含德，不惕予一人。予若观火，予亦拙，谋作乃逸。

"若网在纲，有条而不紊；若农服田力穑，乃亦有秋。汝克黜乃心，施实德于民，至于婚友，丕乃敢大言，汝有积德。乃不畏戎毒于远迩，惰农自安，不昏作劳，不服田亩，越其罔有黍稷。

"汝不和吉言于百姓，惟汝自生毒，乃败祸奸宄，以自灾于厥身。乃既先恶于民，乃奉其恫，汝悔身何及？相时憸民，犹胥顾于箴言，其发有逸口，矧予制乃短长之命？汝曷弗告朕，而胥动以浮言，恐沈于众？若火之燎于原，不可向迩，其犹可扑灭。则惟汝众自作弗靖，非予有咎。

"迟任有言曰：'有惟求旧，器非求旧，惟新。'古我先王，暨乃祖乃父，胥及逸勤，予敢动用非罚？世选尔劳，予不掩尔善。兹予大享于先王，尔祖其从与享之。作福作灾，予亦不敢动用非德。

"予告汝于难，若射之有志。汝无侮老成人，无弱孤有幼。各长于厥居，勉出乃力，听予一人之作猷。

"无有远迩，用罪伐厥死，用德彰厥善。邦之臧，惟汝众。邦之不臧，惟予一人有佚罚。凡尔众，其惟致告：自今至于后日，各恭尔事，齐乃位，度乃口。罚及尔身，弗可悔。"

盘庚中第十

盘庚作，惟涉河以民迁。乃话民之弗率，诞告用亶其有众。咸造勿亵在王庭，盘庚乃登进厥民。曰："明听朕言，无荒失朕命！呜呼！古我前后，罔不惟民之承。保后胥感，鲜以不浮于天时。殷降大虐，先王不怀。厥攸作视民利，用迁。汝曷弗念我古后之闻？承汝俾汝，惟喜康共，非汝有咎，比于罚。予若吁怀兹新邑，亦惟汝故，以丕从厥志。

"今予将试以汝迁，安定厥邦。汝不忧朕心之攸困，乃咸大不宣乃心，钦念以忱动予一人。尔惟自鞠自苦，若乘舟，汝弗济，臭厥载。尔忱不属，惟胥以沈。不其或稽，自怒曷瘳？汝不谋长，以思乃灾，汝诞劝忧。今其有今罔后，汝何生在上？

"今予命汝一，无起秽以自臭。恐人倚乃身，迂乃心。予迓续乃命于天，予岂汝威？用奉畜汝众。

"予念我先神后之劳尔先，予丕克羞尔，用怀尔然。失于政，陈于兹，高后丕乃崇降罪疾，曰'曷虐朕民？'汝万民乃不生生，暨予一人猷同心，先后丕降与汝罪疾，曰：'曷不暨朕幼孙有比？'故有爽德，自上其罚汝，汝罔能迪。古我先后，既劳乃祖乃父，汝共作我畜民，汝有戕，则在乃心。我先后绥乃祖乃父，乃祖乃父乃断弃汝，不救乃死。

"兹予有乱政同位，具乃贝玉。乃祖乃父丕乃告我高后曰：'作丕刑于朕孙。'迪高后，丕乃崇降弗祥。

"呜呼！今予告汝不易。永敬大恤，无胥绝远。汝分猷念以相从，各设中于乃心。乃有不吉不迪，颠越不恭，暂遇奸宄，我乃劓殄灭之，无遗育，无俾易种于兹新邑。

"往哉！生生！今予将试以汝迁，永建乃家。"

盘庚下第十一

盘庚既迁，奠厥攸居，乃正厥位，绥爰有众。曰："无戏怠，懋建大命。今予其敷心腹肾肠，历告尔百姓于朕志。罔罪尔众，尔无共怒，协比谗言予一人。古我先王，将多于前功，适于山。用降我凶德，嘉绩于朕邦。今我民用荡析离居，罔有定极。尔谓朕：'曷震动万民以迁？'肆上帝将复我高祖之德，乱越我家。朕及笃敬，恭承民命，用永地于新邑。肆予冲人，非废厥谋，吊由灵。各非敢违卜，用宏兹贲。

"呜呼！邦伯、师长。百执事之人，尚皆隐哉！予其懋简相尔，念敬我众。朕不肩好货，敢恭生生。鞠人谋人之保居，叙钦。今我既羞告尔于朕志，若否，罔有弗钦。无总于货宝，生生自庸。式敷民德，永肩一心。"

说命上第十二

王宅忧，亮阴三祀。既免丧，其惟弗言，群臣咸谏于王曰："呜呼！知之曰明哲，明哲实作则。天子惟君万邦，百官承式，王言惟作命，不言臣下罔攸禀令。"

王庸作书以诰曰："以台正于四方，惟恐德弗类，兹故弗言。恭默思道，梦帝赉予良弼，其代予言。"乃审厥象，俾以形旁求于天下。说筑傅岩之野，惟肖。爰立作相。王置诸其左右。命之曰："朝夕纳诲，以辅台德。若金，用汝作砺。若济巨川，用汝作舟楫。若岁大旱，用汝作霖雨。启乃心，沃朕心，若药弗瞑眩，厥疾弗瘳。若跣弗视地，厥足用伤。惟暨乃僚，罔不同心，以匡乃辟。俾率先王，迪我高后，以康兆民。呜呼！钦予时命，其惟有终。"

说复于王曰："惟木从绳则正，后从谏则圣。后克圣，臣不命其承，畴敢不祗若王之休命？"

说命中第十三

惟说命总百官，乃进于王曰："呜呼！明王奉若天道，建邦设都，树后王君公，承以大夫师长，不惟逸豫，惟以乱民。惟天聪明，惟圣时宪，惟臣钦若，惟民从乂。惟口起羞，惟甲胄起戎，惟衣裳在笥，惟干戈省厥躬。王惟戒兹，允兹克明，乃罔不休。惟治乱在庶官。官不及私昵，惟其能。爵罔及恶德，惟其贤。虑善以动，动惟厥时。有其善，丧厥善。矜其能，丧厥功。惟事事乃其有备，有备无患。无启宠纳侮，无耻过作非。惟厥攸居，政事惟醇。黩予祭祀，时谓弗钦。礼烦则乱，事神则难。"

王曰："旨哉！说。乃言惟服。乃不良于言，予罔闻于行。"说拜稽首，曰："非知之艰，行之惟艰。王忱不艰，允协于先王成德，惟说不言有厥咎。"

说命下第十四

王曰："来！汝说。台小子旧学于甘盘，既乃遁于荒野，入宅于河。自河徂亳，暨厥终罔显。尔惟训于朕志，若作酒醴，尔惟麹糵；若作和羹，尔惟盐梅。尔交修予，罔予弃，予惟克迈乃训。"

说曰："王，人求多闻，时惟建事，学于古训乃有获。事不师古，以克永世，匪说攸闻。惟学逊志，务时敏，厥修乃来。允怀于兹，道积于厥躬。惟教学半，念终始典于学，厥德修罔觉。监于先王成宪，其永无愆。惟说式克钦承，旁招俊乂，列于庶位。"

王曰："呜呼！说，四海之内，咸仰朕德，时乃风。股肱惟人，良臣惟圣。昔先正保衡，作我先王，乃曰：'予弗克俾厥后惟尧舜，其心愧耻，若挞于市。'一夫不获，则曰时予之辜。佑我烈祖，格于皇天。尔尚明保予，罔俾阿衡专美有商。惟后非贤不乂，惟贤非后不食。其尔克绍乃辟于先王，永绥民。"

说拜稽首曰："敢对扬天子之休命。"

高宗肜日第十五

高宗肜日，越有雊雉。祖己曰：“惟先格王，正厥事。”

乃训于王。曰：“惟天监下民，典厥义。降年有永有不永，非天夭民，民中绝命。民有不若德，不听罪。天既孚命正厥德，乃曰：‘其如台。’呜呼！王司敬民，罔非天胤，典祀无丰于昵。”

西伯戡黎第十六

西伯既戡黎,祖伊恐,奔告于王。曰:“天子!天既讫我殷命,格人元龟,罔敢知吉。非先王不相我后人,惟王淫戏用自绝。故天弃我,不有康食。不虞天性,不迪率典。今我民罔弗欲丧,曰:‘天曷不降威,大命不挚?’今王其如台。”

王曰:“呜呼!我生不有命在天?”

祖伊反,曰:“呜呼!乃罪多参在上,乃能责命于天?殷之即丧,指乃功,不无戮于尔邦!”

微子第十七

殷既错天命，微子作诰父师、少师。

微子若曰："父师、少师！殷其弗或乱正四方。我祖底遂陈于上，我用沉酗于酒，用乱败厥德于下。殷罔不小大，好草窃奸宄。卿士师师非度，凡有辜罪，乃罔恒获。小民方兴，相为敌仇。今殷其沦丧，若涉大水，其无津涯。殷遂丧，越至于今。"

曰："父师、少师，我其发出狂，吾家耄逊于荒。今尔无指告予，颠跻，若之何其？"

父师若曰："王子！天毒降灾荒殷邦，方兴沉酗于酒，乃罔畏畏，咈其耇长旧有位人。今殷民乃攘窃神祇之牺牷牲用，以容将食，无灾。降监殷民，用乂仇敛，召敌仇不怠。罪合于一，多瘠罔诏。

"商今其有灾，我兴受其败；商其沦丧，我罔为臣仆。诏王子出，迪我旧云刻子。王子弗出，我乃颠跻。自靖，人自献于先王，我不顾行遁。"

周 书

泰誓上第一

惟十有三年春，大会于孟津。

王曰："嗟！我友邦冢君，越我御事庶士，明听誓。惟天地万物父母，惟人万物之灵。亶聪明，作元后，元后作民父母。今商王受，弗敬上天，降灾下民。沉湎冒色，敢行暴虐，罪人以族，官人以世，惟宫室、台榭、陂池、侈服，以残害于尔万姓。焚炙忠良，刳剔孕妇。皇天震怒，命我文考，肃将天威，大勋未集。肆予小子发，以尔友邦冢君，观政于商。惟受罔有悛心，乃夷居，弗事上帝神祇，遗厥先宗庙弗祀。牺牲粢盛，既于凶盗。乃曰：'吾有民有命！'罔惩其侮。天佑下民，作之君，作之师，惟其克相上帝，宠绥四方。有罪无罪，予曷敢有越厥志？同力度德，同德度义。受有臣亿万，惟亿万心。予有臣三千，惟一心。商罪贯盈，天命诛之。予弗顺天，厥罪惟钧。予小子夙夜祗惧，受命文考，类于上帝，宜于冢土，以尔有众，底天之罚。天矜于民，民之所欲，天必从之。尔尚弼予一人，永清四海，时哉弗可失！"

泰誓中第二

惟戊午，王次于河朔，群后以师毕会。王乃徇师而誓，曰："呜呼！西土有众，咸听朕言。我闻吉人为善，惟日不足。凶人为不善，亦惟日不足。今商王受，力行无度，播弃犁老，昵比罪人。淫酗肆虐，臣下化之，朋家作仇，胁权相灭。无辜吁天，秽德彰闻。惟天惠民，惟辟奉天。有夏桀，弗克若天，流毒下国。天乃佑命成汤，降黜夏命。惟受罪浮于桀。剥丧元良，贼虐谏辅。谓己有天命，谓敬不足行，谓祭无益，谓暴无伤。厥监惟不远，在彼夏王。天其以予乂民，朕梦协朕卜，袭于休祥，戎商必克。受有亿兆夷人，离心离德。予有乱臣十人，同心同德。虽有周亲，不如仁人。天视自我民视，天听自我民听。百姓有过，在予一人。今朕必往，我武维扬，侵于之疆，取彼凶残，我伐用张，于汤有光。勖哉，夫子！罔或无畏，宁执非敌。百姓懔懔，若崩厥角。呜呼！乃一德一心，立定厥功，惟克永世。"

泰誓下第三

时厥明，王乃大巡六师，明誓众士。

王曰："呜呼！我西土君子。天有显道，厥类惟彰。今商王受，狎侮五常，荒怠弗敬。自绝于天，结怨于民。斫朝涉之胫，剖贤人之心，作威杀戮，毒痡四海。崇信奸回，放黜师保，屏弃典刑，囚奴正士，郊社不修，宗庙不享，作奇技淫巧以悦妇人。上帝弗顺，祝降时丧。尔其孜孜，奉予一人，恭行天罚。古人有言曰：'抚我则后，虐我则仇。'独夫受，洪惟作威，乃汝世仇。树德务滋，除恶务本，肆予小子，诞以尔众士，殄歼乃仇。尔众士其尚迪果毅，以登乃辟。功多有厚赏，不迪有显戮。呜呼！惟我文考，若日月之照临，光于四方，显于西土。惟我有周，诞受多方。予克受，非予武，惟朕文考无罪；受克予，非朕文考有罪，惟予小子无良。"

牧誓第四

时甲子昧爽，王朝至于商郊牧野，乃誓。

王左杖黄钺，右秉白旄以麾，曰："逖矣，西土之人！"

王曰："嗟！我友邦冢君，御事司徒、司邓、司空，亚旅、师氏，千夫长、百夫长，及庸、蜀、羌、髳、微、卢、彭、濮人。称尔戈，比尔干，立尔矛，予其誓。"

王曰："古人有言曰：'牝鸡无晨。牝鸡之晨，惟家之索。'今商王受惟妇言是用，昏弃厥肆祀弗答，昏弃厥遗王父母弟不迪，乃惟四方之多罪逋逃，是崇是长，是信是使，是以为大夫卿士。俾暴虐于百姓，以奸宄于商邑。

"今予发惟恭行天之罚。今日之事，不愆于六步、七步，乃止齐焉。夫子勖哉！不愆于四伐、五伐、六伐、七伐，乃止齐焉。勖哉夫子！尚桓桓，如虎、如貔、如熊、如罴，于商郊。弗迓克奔，以役西土，勖哉夫子！尔所弗勖，其于尔躬有戮！"

武成第五

惟一月壬辰，旁死魄。越翼日癸巳，王朝步自周，于征伐商。

厥四月，哉生明，王来自商，至于丰。乃偃武修文，归马于华山之阳，放牛于桃林之野，示天下弗服。丁未，祀于周庙，邦甸、侯、卫，骏奔走，执豆、笾。越三日庚戌，柴望，大告武成。

既生魄，庶邦冢君暨百工，受命于周。

王若曰："呜呼！群后，惟先王建邦启土，公刘克笃前烈，至于大王肇基王迹，王季其勤王家。我文考文王克成厥勋，诞膺天命，以抚方夏。大邦畏其力，小邦怀其德。惟九年，大统未集。予小子其承厥志，底商之罪，告于皇天、后土、所过名山大川，曰：'惟有道曾孙周王发，将有大正于商。今商王受无道，暴殄天物，害虐烝民，为天下逋逃主，萃渊薮。予小子既获仁人，敢祗承上帝，以遏乱略。华夏蛮貊，罔不率俾。恭天成命，肆予东征，绥厥士女。惟其士女，篚厥玄黄，昭我周王。天休震动，用附我大邑周。惟尔有神，尚克相予以济兆民，无作神羞。既戊午，师逾孟津。癸亥，陈于商郊，俟天休命。甲子昧爽，受率其旅若林，会于牧野。罔有敌于我师，前途倒戈，攻于后以北，血流漂杵。一戎衣，天下大定。乃反商政，政由旧。释箕子囚，封比干墓，式商容闾。散鹿台之财，发钜桥之粟，大赉于四海，而万姓悦服。"

列爵惟五，分土惟三。建官惟贤，位事惟能。重民五教，惟食、丧、祭。惇信明义，崇德报功。垂拱而天下治。

洪范第六

惟十有三祀，王访于箕子。王乃言曰："呜呼！箕子。惟天阴骘下民，相协厥居，我不知其彝伦攸叙。"

箕子乃言曰："我闻在昔，鲧堙洪水，汩陈其五行。帝乃震怒，不畀'洪范'九畴，彝伦攸斁。鲧则殛死，禹乃嗣兴，天乃锡禹'洪范'九畴，彝伦攸叙。

"初一曰五行，次二曰敬用五事，次三曰农用八政，次四曰协用五纪，次五曰建用皇极，次六曰乂用三德，次七曰明用稽疑，次八曰念用庶征，次九曰向用五福，威用六极。

"一、五行：一曰水，二曰火，三曰木，四曰金，五曰土。水曰润下，火曰炎上，木曰曲直，金曰从革，土爰稼穑。润下作咸，炎上作苦，曲直作酸，从革作辛，稼穑作甘。

"二、五事：一曰貌，二曰言，三曰视，四曰听，五曰思。貌曰恭，言曰从，视曰明，听曰聪，思曰睿。恭作肃，从作乂，明作哲，聪作谋，睿作圣。

"三、八政：一曰食，二曰货，三曰祀，四曰司空，五曰司徒，六曰司寇，七日宾，八曰师。

"四、五纪：一曰岁，二曰月，三曰日，四曰星辰，五曰历数。

"五、皇极：皇建其有极，敛时五福，用敷锡厥庶民。惟时厥庶民于汝极。锡汝保极。凡厥庶民，无有淫朋，人无有比德，惟皇作极。凡厥庶民，有猷有为有守，汝则念之。不协于极，不罹于咎，皇则受之。而康而色，曰：'予攸好德。'汝则锡之福，时人斯其惟皇之极。无虐茕独而畏高明。人之有能有为，使羞其行，而邦其昌。凡厥正人，既富方谷，汝弗能使有好于而家，时人斯其辜。于其无好德，汝虽锡之福，其作汝用咎。无偏无陂，遵王之义。无有作好，遵王之道。无有作恶，尊王之路。无偏无党，王道荡荡。无党无偏，王道平平。无反无侧，王道正直。会其有极，归其有极。曰皇极之敷言，是彝是训，于帝其训。凡厥庶民，极之敷言，是训是行，以近天子之光。曰天子作民父母，以为天下王。

“六、三德：一曰正直，二曰刚克，三曰柔克。平康正直，强弗友刚克，燮友柔克。沉潜刚克，高明柔克。惟辟作福，惟辟作威，惟辟玉食。臣无有作福、作威、玉食。臣之有作福、作威、玉食，其害于而家，凶于而国。人用侧颇僻，民用僭忒。

“七、稽疑：择建立卜筮人，乃命卜筮。曰雨，曰霁，曰蒙，曰驿，曰克，曰贞，曰悔，凡七。卜五，占用二，衍忒。立时人作卜筮，三人占，则从二人之言。汝则有大疑，谋及乃心，谋及卿士，谋及庶人，谋及卜筮。汝则从，龟从，筮从，卿士从，庶民从，是之谓大同。身其康强，子孙其逢吉。汝则从，龟从，筮从，卿士逆，庶民逆，吉。卿士从，龟从，筮从，汝则逆，庶民逆，吉。庶民从，龟从，筮从，汝则逆，卿士逆，吉。汝则从，龟从，筮逆，卿士逆，庶民逆，作内吉，作外凶。龟筮共违于人，用静吉，用作凶。

“八、庶征：曰雨、曰旸、曰燠、曰寒、曰风，曰时。五者来备，各以其叙，庶草蕃庑。一极备，凶。一极无，凶。曰休征。曰肃，时雨若。曰乂，时旸若。曰晣，时燠若。曰谋，时寒若。曰圣，时风若。曰咎征。曰狂，恒雨若。曰僭，恒旸若。曰豫，恒燠若。曰急，恒寒若。曰蒙，恒风若。曰王省惟岁，卿士惟月，师尹惟日。岁月日时无易，百谷用成，乂用民，俊民用章，家用平康。日月岁时既易，百谷用不成，乂用昏不明，俊民用微，家用不宁。庶民惟星，星有好风，星有好雨。日月之行，则有冬有夏。月之从星，则以风雨。

“九、五福：一曰寿，二曰富，三曰康宁，四曰攸好德，五曰考终命。六极：一曰凶短折，二曰疾，三曰忧，四曰贫，五曰恶，六曰弱。

武王既胜殷，邦诸侯，班宗彝，作分器。

旅獒第七

惟克商,遂通道于九夷八蛮。西旅底贡厥獒,太保乃作旅獒,用训于王。曰:“呜呼!明王慎德,西夷咸宾。无有远迩,毕献方物,惟服食器用。王乃昭德之致于异姓之邦,无替厥服。分宝玉于伯叔之国,时庸展亲。人不易物,惟德其物。德盛不狎侮。狎侮君子,罔以尽人心。狎侮小人,罔以尽其力。不役耳目,百度惟贞。玩人丧德,玩物丧志。志以道宁,言以道接。不作无益害有益,功乃成。不贵异物贱用物,民乃足。犬马非其土性不畜,珍禽奇兽不育于国,不宝远物,则远人格。所宝惟贤,则迩人安。呜呼!夙夜罔或不勤,不矜细行,终累大德。为山九仞,功亏一篑。允迪兹,生民保厥居,惟乃世王。”

巢伯来朝,芮伯作旅巢命。

金縢第八

既克商二年,王有疾,弗豫。二公曰:“我其为王穆卜。”周公曰:“未可以戚我先王。”公乃自以为功,为三坛同墠。为坛于南方,北面,周公立焉。植璧秉珪,乃告大王、王季、文王。

史乃册,祝曰:“惟尔元孙某,遘厉虐疾。若尔三王,是有丕子之责于天,以旦代某之身。予仁若考能,多材多艺,能事鬼神。乃元孙不若旦多材多艺,不能事鬼神。乃命于帝庭,敷佑四方,用能定尔子孙于下地,四方之民,罔不祗畏。呜呼!无坠天之降宝命,我先王亦永有依归。今我即命于元龟,尔之许我,我其以璧与珪归俟尔命。尔不许我,我乃屏璧与珪。”

乃卜三龟,一习吉。启籥见书,乃并是吉。公曰:“体,王其罔害。予小子新命于三王,惟永终是图。兹攸俟,能念予一人。”

公归,乃纳册于金縢之匮中。王翼日乃瘳。

武王既丧,管叔及其群弟乃流言于国,曰:“公将不利于孺子。”周公乃告二公曰:“我之弗辟,我无以告我先王。”周公居东二年,则罪人斯得。于后,公乃为诗以贻王,名之曰鸱鸮。王亦未敢诮公。

秋,大熟,未获,天大雷电以风,禾尽偃,大木斯拔,邦人大恐。王与大夫尽弁,以启金縢之书,乃得周公所自以为功代武王之说。二公及王乃问诸史与百执事。对曰:“信。噫!公命我勿敢言。”

王执书以泣,曰:“其勿穆卜。昔公勤劳王家,惟予冲人弗及知。今天动威,以彰周公之德,惟朕小子其新逆,我国家礼亦宜之。”王出郊,天乃雨,反风,禾则尽起。二公命邦人,凡大木所偃,尽起而筑之。岁则大熟。

大诰第九

王若曰："猷！大诰尔多邦，越尔御事。弗吊，天降割于我家不少。延洪惟我幼冲人，嗣无疆大历服。弗造哲，迪民康，矧曰其有能格知天命？已！予惟小子，若涉渊水，予惟往求朕攸济。敷贲，敷前人受命，兹不忘大功。予不敢闭于天降威用。宁王遗我大宝龟，绍天明即命。曰：'有大艰于西土，西土人亦不静，越兹蠢。'殷小腆，诞敢纪其叙。天降威，知我国有疵，民不康，曰：'予复。'反鄙我周邦。今蠢，今翼日，民献有十夫，予翼以于敉宁武图功。我有大事休，朕卜并吉。

"肆予告我友邦君，越尹氏、庶士御事曰：'予得吉卜，予惟以尔庶邦，于伐殷逋播臣。'尔庶邦君，越庶士御事，罔不反曰：'艰大，民不静，亦惟在王宫邦君室。越予小子，考翼不可征，王害不违卜。'

"肆予冲人永思艰，曰：呜呼！允蠢鳏寡，哀哉！予造天役，遗大投艰于朕身，越予冲人，不卬自恤。义尔邦君，越尔多士、尹氏、御事，绥予曰：'无毖于恤。不可不成乃宁考图功。'

"已！予惟小子，不敢替上帝命。天休于宁王，兴我小邦周，宁王惟卜用，克绥受兹命。今天其相民，矧亦惟卜用。呜呼！天明畏，弼我丕丕基。"

王曰："尔惟旧人，尔丕克远省，尔知宁王若勤哉！天閟毖我成功所，予不敢不极卒宁王图事。肆予大化诱我友邦君，天棐忱辞，其考我民，予曷其不于前宁人图功攸终？天亦惟用勤毖我民，若有疾，予曷敢不于前宁人攸受休毕？"

王曰："若昔朕其逝，朕言艰日思。若考作室，既底法，厥子乃弗肯堂，矧肯构？厥父菑，厥子乃弗肯播，矧肯获？厥考翼，其肯曰：'予有后，弗弃基？'肆予曷敢不越卬敉宁王大命？若兄考，乃有友伐厥子，民养其劝弗救。"

王曰："呜呼！肆哉！尔庶邦君，越尔御事。爽邦由哲，亦惟十人，迪知上帝命。越天棐忱，尔时罔敢易法，矧今天降戾于周邦？惟大艰人，诞邻胥伐于厥室，尔亦不知天命不易。

“予永念曰，天惟丧殷，若穑夫，予曷敢不终朕亩？天亦惟休于前宁人，予曷其极卜，敢弗于从？率宁人有指疆土，矧今卜并吉？肆朕诞以尔东征。天命不僭，卜陈惟若兹。”

微子之命第十

王若曰："猷！殷王元子，惟稽古，崇德象贤。统承先王，修其礼物，作宾于王家，与国咸休，永世无穷。呜呼！乃祖成汤克齐圣广渊，皇天眷佑，诞受厥命。抚民以宽，除其邪虐，功加于时，德垂后裔。尔惟践修厥猷，旧有令闻，恪慎克孝，肃恭神人。予嘉乃德，曰笃不忘。上帝时歆，下民祗协，庸建尔于上公，尹兹东夏。钦哉！往敷乃训，慎乃服命，率由典常，以蕃王室。弘乃烈祖，律乃有民，永绥厥位，毗予一人。世世享德，万邦作式，俾我有周无斁。呜呼！往哉惟休，无替朕命。"

唐叔得禾，异亩同颖，献诸天子。王命唐叔归周公于东，作归禾。

周公既得命禾，旅天子之命，作嘉禾。

康诰第十一

惟三月哉生魄，周公初基，作新大邑于东国洛，四方民大和会。侯、甸、男邦、采、卫，百工播民和，见士于周。周公咸勤，乃洪大诰治。

王若曰："孟侯，朕其弟，小子封。惟乃丕显考文王，克明德慎罚，不敢侮鳏寡，庸庸，祗祗，威威，显民。用肇造我区夏，越我一二邦以修。我西土惟时怙冒，闻于上帝，帝休。天乃大命文王。殪戎殷，诞受厥命，越厥邦厥民，惟时叙。乃寡兄勖，肆汝小子封，在兹东土。"

王曰："呜呼！封，汝念哉！今民将在祗遹乃文考，绍闻衣德言。往敷求于殷先哲王，用保乂民，汝丕远惟商耇成人，宅心知训。别求闻由古先哲王，用康保民。宏于天，若德裕乃身，不废在王命。"

王曰："呜呼！小子封，恫瘝乃身，敬哉！天畏棐忱，民情大可见，小人难保。往尽乃心，无康好逸豫，乃其乂民。我闻曰：'怨不在大，亦不在小，惠不惠，懋不懋。'已！汝惟小子，乃服惟弘王，应保殷民，亦惟助王宅天命，作新民。"

王曰："呜呼！封，敬明乃罚。人有小罪，非眚，乃惟终，自作不典，式尔，有厥罪小，乃不可不杀。乃有大罪，非终，乃惟眚灾，适尔，既道极厥辜，时乃不可杀。"

王曰："呜呼！封，有叙，时乃大明服，惟民其敕懋和。若有疾，惟民其毕弃咎。若保赤子，惟民其康乂。非汝封刑人杀人，无或刑人杀人。非汝封又曰劓刵人，无或劓刵人。"

王曰："外事，汝陈时臬，司师，兹殷罚有伦。"又曰："要囚，服念五六日，至于旬时，丕蔽要囚。"

王曰："汝陈时臬事，罚蔽殷彝，用其义刑义杀，勿庸以次汝封。乃汝尽逊曰时叙，惟曰未有逊事。已！汝惟小子，未其有若汝封之心。朕心朕德，惟乃知。凡民自得罪：寇攘奸宄，杀越人于货，暋不畏死，罔弗憝。"

王曰："封，元恶大憝，矧惟不孝不友？子弗祗服厥父事，大伤厥考心。于父不能字厥子，乃疾厥子。于弟弗念天显，乃弗克恭厥兄。兄亦不念鞠子哀，大不友于弟。惟吊兹，不于我政人得罪，天惟与我民彝大泯乱。曰,乃其速由文王作罚,刑兹无赦。

“不率大戛,矧惟外庶子训人?惟厥正人,越小臣诸节。乃别播敷,造民大誉,弗念弗庸,瘝厥君,时乃引恶惟朕憝。已!汝乃其速由兹义率杀,亦惟君惟长。不能厥家人,越厥小臣外正,惟威惟虐,大放王命,乃非德用乂。汝亦罔不克敬典,乃由裕民,惟文王之敬忌。乃裕民曰:‘我惟有及。’则予一人以怿。”

王曰:“封,爽惟民,迪吉康,我时其惟殷先哲王德,用康乂民,作求。矧今民罔迪不适,不迪则罔政在厥邦。”

王曰:“封予惟不可不监,告汝德之说于罚之行。今惟民不静,未戾厥心,迪屡未同,爽惟天其罚殛我,我其不怨。惟厥罪,无在大,亦无在多,矧曰其尚显闻于天?”

王曰:“呜呼!封,敬哉!无作怨,勿用非谋非彝。蔽时忱,丕则敏德,用康乃心,顾乃德,远乃猷,裕乃以民宁,不汝瑕殄。”

王曰:“呜呼!肆汝小子封。惟命不于常,汝念哉!无我殄。享,明乃服命,高乃听,用康乂民。”

王若曰:“往哉!封,勿替敬,典听朕告,汝乃以殷民世享。”

酒诰第十二

王若曰："明大命于妹邦。乃穆考文王，肇国在西土。厥诰毖庶邦庶士越少正、御事，朝夕曰：'祀兹酒。'惟天降命，肇我民，惟元祀。天降威，我民用大乱丧德，亦罔非酒惟行；越小大邦用丧，亦罔非酒惟辜。

"文王诰教小子有正有事，无彝酒。越庶国，饮惟祀，德将无醉。惟曰我民迪小子，惟土物爱，厥心臧。聪听祖考之遗训，越小大德，小子惟一。

"妹土嗣尔股肱，纯其艺黍稷，奔走事厥考厥长。肇牵车牛，远服贾，用孝养厥父母。厥父母庆，自洗腆，致用酒。庶士有正越庶伯君子，其尔典听朕教。尔大克羞耇惟君，尔乃饮食醉饱。丕惟曰，尔克永观省，作稽中德，尔尚克羞馈祀，尔乃自介用逸，兹乃允惟王正事之臣，兹亦惟天若元德，永不忘在王家。"

王曰："封，我西土棐徂邦君、御事、小子，尚克用文王教，不腆于酒，故我至于今，克受殷之命。"

王曰："封，我闻惟曰，在昔殷先哲王，迪畏天，显小民，经德秉哲。自成汤咸至于帝乙，成王畏相。惟御事厥棐有恭，不敢自暇自逸，矧曰其敢崇饮？越在外服，侯、甸、男、卫邦伯，越在内服，百僚庶尹惟亚惟服宗工，越百姓里居，罔敢湎于酒。不惟不敢，亦不暇。惟助成王德显，越尹人祗辟。

"我闻亦惟曰，在今后嗣王酣身，厥命罔显于民，祗保越怨不易。诞惟厥纵，淫泆于非彝，用燕丧威仪，民罔不衋伤心。惟荒腆于酒，不惟自息乃逸，厥心疾很，不克畏死。辜在商邑，越殷国灭无罹。弗惟德馨香，祀登闻于天，诞惟民怨。庶群自酒，腥闻在上，故天降丧于殷，罔爱于殷，惟逸。天非虐，惟民自速辜。"

王："封，予不惟若兹多诰。古人有言曰：'人无于水监，当于民监。'今惟殷坠厥命，我其可不大监抚于时？予惟曰："汝劼毖殷献臣、侯、甸、男、卫，矧太史友、内史友？越献臣百宗工，矧惟尔事服休服采？矧惟若畴圻父，薄违农夫？若保宏父，定辟，矧汝刚制于酒？

“厥或诰曰：‘群饮。’汝勿佚。尽执拘以归于周，予其杀。又惟殷之迪诸臣，惟工乃湎于酒，勿庸杀之，姑惟教之有斯明享。乃不用我教辞，惟我一人弗恤，弗蠲乃事，时同于杀。”

王曰：“封，汝典听朕毖，勿辩乃司民湎于酒。”

梓材第十三

王曰:"封,以厥庶民暨厥臣,达大家,以厥臣达王,惟邦君。汝若恒越曰:'我有师师。'司徒、司马、司空、尹旅曰:'予罔厉杀人。'亦厥君先敬劳,肆徂厥敬劳。肆往,奸宄杀人,历人宥。肆亦见厥君事,戕败人宥。王启监,厥乱为民。曰:'无胥戕,无胥虐。至于敬寡,至于属妇,合由以容。'王其效邦君,越御事,厥命曷以。引养引恬,自古王若兹监,罔攸辟。

"惟曰:若稽田,既勤敷菑,惟其陈修,为厥疆畎。若作室家,既勤垣墉,惟其涂塈茨。若作梓材,既勤朴斫,惟其涂丹雘。

"今王惟曰:先王既勤用明德,怀为夹,庶邦享,作兄弟,方来,亦既用明德。后式典集,庶邦丕享。皇天既付中国民,越厥疆土,于先王肆。王惟德用,和怿先后迷民,用怿先王受命。已若兹监,惟曰欲至于万年惟王,子子孙孙永保民。"

召诰第十四

惟二月既望，越六日乙未，王朝步自周，则至于丰。惟大保先周公相宅。越若来三月，惟丙午朏。越三日戊申，太保朝至于洛，卜宅。厥既得卜，则经营。越三日庚戌，太保乃以庶殷攻位于洛汭。越五日甲寅，位成。

若翼日乙卯，周公朝至于洛，则达观于新邑营。越三日丁巳，用牲于郊，牛二。越翼日戊午，乃社于新邑，牛一，羊一，豕一。越七日甲子，周公乃朝用书，命庶殷侯、甸、男邦伯。厥既命殷庶，庶殷丕作。

大保乃以庶邦冢君出取币，乃复入，锡周公曰："拜手稽首，旅王若公。诰告庶殷，越自乃御事。呜呼！皇天上帝，改厥元子，兹大国殷之命。惟王受命，无疆惟休，亦无疆惟恤。呜呼！曷其奈何弗敬？

"天既遐终大邦殷之命，兹殷多先哲王在天，越厥后王后民，兹服厥命。厥终智藏瘝在。夫知保抱携持厥妇子，以哀吁天，徂厥亡出执。呜呼！天亦哀于四方民，其眷命用懋。

"王其疾敬德，相古先民有夏。天迪从子保，面稽天若，今时既坠厥命。今相有殷，天迪格保，面稽天若，今时既坠厥命。今冲子嗣，则无遗寿耇。曰其稽我古人之德，矧曰其有能稽谋自天？

"呜呼！有王虽小，元子哉！其丕能諴于小民，今休。王不敢后用，顾畏于民碞。王来绍上帝，自服于土中。旦曰：'其作大邑，其自时配皇天，毖祀于上下，其自时中乂。王厥有成命治民，今休。'

"王先服殷御事，比介于我有周御事，节性，惟日其迈。王敬作所，不可不敬德。

"我不可不监于有夏，亦不可不监于有殷。我不敢知曰，有夏服天命，惟有历年。我不敢知曰，不其延，惟不敬厥德，乃早坠厥命。我不敢知曰，有殷受天命，惟有历年。我不敢知曰，不其延，惟不敬厥德，乃早坠厥命。今王嗣受厥命，我亦惟兹二国命，嗣若功。

"王乃初服。呜呼！若生子，罔不在厥初生，自贻哲命。今天其命哲，命吉凶，命历年。知今我初服，宅新邑，肆惟王其疾敬德。王其德之用，祈天永命。其惟王勿以小民淫用非彝，亦敢殄戮用乂民，若有功，其惟王位在德元。小民乃惟刑用于天下，越王显。

“上下勤恤，其曰，我受天命，丕若有夏历年，式勿替有殷历年。欲王以小民受天永命。”

拜手稽首曰：“予小臣，敢以王之仇民百君子，越友民，保受王威命明德。王末有成命，王亦显。我非敢勤，惟恭奉币，用供王能祈天永命。”

洛诰第十五

周公拜手稽首曰："朕复子明辟。王如弗敢及天基命定命，予乃胤保，大相东土，其基作民明辟。予惟乙卯，朝至于洛师。我卜河朔黎水，我乃卜涧水东、瀍水西，惟洛食。我又卜瀍水东，亦惟洛食。伻来以图及献卜。"

王拜手稽首曰："公不敢不敬天之休，来相宅，其作周配休。公既定宅，伻来，来视予卜休恒吉。我二人共贞。公其以予万亿年敬天之休。"拜手稽首诲言。

周公曰："王肇称殷礼，祀于新邑，咸秩无文。予齐百工，伻从王于周。予惟曰：'庶有事。'今王即命曰：'记功，宗以功，作元祀。'惟命曰：'汝受命笃弼，丕视功载，乃汝其悉自教工。'孺子其朋，孺子其朋，其往。无若火始焰焰；厥攸灼叙，弗其绝。厥若彝，及抚事如予，惟以在周工。往新邑，伻向即有僚，明作有功，惇大成裕，汝永有辞。"

公曰："已！汝惟冲子惟终。汝其敬识百辟享，亦识其有不享。享多仪，仪不及物，惟曰不享。惟不役志于享，凡民惟曰不享，惟事其爽侮。乃惟孺子，颁朕不暇，听朕教汝于棐民彝。汝乃是不蘉，乃时惟不永哉！笃叙乃正父，罔不若予，不敢废乃命。汝往敬哉！兹予其明农哉！彼裕我民，无远用戾。"

王若曰："公，明保予冲子。公称丕显德，以予小子扬文武烈，奉答天命，和恒四方民，居师。惇宗将礼，称秩元祀，咸秩无文。惟公德明，光于上下，勤施于四方，旁作穆穆迓衡，不迷文武勤教，予冲子夙夜毖祀。"王曰："公功棐迪，笃罔不若时。"

王曰："公！予小子其退即辟于周，命公后。四方迪乱，未定于宗礼，亦未克敉公功。迪将其后，监我士师工，诞保文武受民乱，为四辅。"王曰："公定，予往已。公功肃将祗欢，公无困哉！我惟无斁其康事，公勿替刑，四方其世享。"

周公拜手稽首曰："王命予来，承保乃文祖受命民，越乃光烈考武王，弘朕恭。孺子来相宅，其大惇典殷献民，乱为四方新辟，作周恭先。曰其自时中乂，万邦咸休，惟王有成绩。予旦以多子越御事，笃

前人成烈，答其师，作周孚先。’

“考朕昭子刑，乃单文祖德，伻来毖殷，乃命宁。予以秬鬯二卣，曰明禋，拜手稽首，休享。予不敢宿，则禋于文王、武王。惠笃叙，无有遘自疾。万年厌于乃德，殷乃引考。王伻殷，乃承叙万年，其永观朕子怀德。”

戊辰，王在新邑，烝祭岁，文王骍牛一，武王骍牛一。王命作册，逸祝册，惟告周公其后。

王宾，杀禋，咸格，王入太室祼。王命周公后，作册逸诰。在十有二月，惟周公诞保文武受命，惟七年。

多士第十六

惟三月,周公初于新邑洛,用告商王士。

王若曰:“尔殷遗多士弗吊,旻天大降丧于殷,我有周佑命,将天明威,致王罚,敕殷命终于帝。肆尔多士,非我小国敢弋殷命。惟天不畀允罔固乱,弼我,我其敢求位?惟帝不畀,惟我下民秉为,惟天明畏。

“我闻曰:‘上帝引逸。’有夏不适逸,则惟帝降格。向于时夏,弗克庸帝,大淫泆有辞。惟时天罔念闻,厥惟废元命,降致罚;乃命尔先祖成汤革夏,俊民甸四方。

“自成汤至于帝乙,罔不明德恤祀。亦惟天丕建保乂有殷,殷王亦罔敢失帝,罔不配天其泽。在今后嗣王,诞罔显于天,矧曰其有听念于先王勤家?诞淫厥泆,罔顾于天显民祗,惟时上帝不保,降若兹大丧。惟天不畀不明厥德,凡四方小大邦丧,罔非有辞于罚。”

王若曰:“尔殷多士,今惟我周王丕灵承帝事,有命曰:‘割殷,告敕于帝。’惟我事不贰适,惟尔王家我适。予其曰:‘惟尔洪无度,我不尔动,自乃邑。’予亦念天即于殷大戾,肆不正。”

王曰:“猷!告尔多士,予惟时其迁居西尔。非我一人奉德不康宁,时惟天命。无违,朕不敢有后,无我怨。惟尔知,惟殷先人有册有典,殷革夏命。今尔又曰:‘夏迪简在王庭,有服在百僚。’予一人惟听用德,肆予敢求于天邑商。予惟率肆矜尔,非予罪,时惟天命。”

王曰:“多士,昔朕来自奄,予大降尔四国民命。我乃明致天罚,移尔遐逖,比事臣我宗,多逊。”

王曰:“告尔殷多士,今予惟不尔杀,予惟时命有申。今朕作大邑于兹洛,予惟四方罔攸宾,亦惟尔多士攸服奔走臣我,多逊。尔乃尚有尔土,尔用尚宁干止。尔克敬,天惟畀矜尔。尔不克敬,尔不啻不有尔土,予亦致天之罚于尔躬。今尔惟时宅尔邑,继尔居。尔厥有干有年于兹洛。尔小子乃兴,从尔迁。”

王曰,又曰:“时予,乃或言,尔攸居。”

无逸第十七

周公曰："呜呼！君子所其无逸。先知稼穑之艰难，乃逸，则知小人之依。相小人，厥父母勤劳稼穑，厥子乃不知稼穑之艰难，乃逸乃谚。既诞否则，侮厥父母曰：'昔之人无闻知。'"

周公曰："呜呼！我闻曰，昔在殷王中宗，严恭寅畏，天命自度，治民祗惧，不敢荒宁。肆中宗之享国，七十有五年。其在高宗，时旧劳于外，爰暨小人。作其即位，乃或亮阴，三年不言。其惟不言，言乃雍，不敢荒宁。嘉靖殷邦，至于小大，无时或怨。肆高宗之享国，五十有九年。其在祖甲，不义惟王，旧为小人。作其即位，爰知小人之依，能保惠于庶民，不敢侮鳏寡。肆祖甲之享国，三十有三年。自时厥后立王，生则逸。生则逸，不知稼穑之艰难，不闻小人之劳，惟耽乐之从。自时厥后，亦罔或克寿。或十年，或七八年，或五六年，或四三年。"

周公曰："呜呼！厥亦惟我周太王、王季，克自抑畏。文王卑服，即康功田功。徽柔懿恭，怀保小民，惠鲜鳏寡。自朝至于日中昃，不遑暇食，用咸和万民。文王不敢盘于游田，以庶邦惟正之供。文王受命惟中身，厥享国五十年。"

周公曰："呜呼！继自今嗣王，则其无淫于观、于逸、于游、于田，以万民惟正之供。无皇曰：'今日耽乐。'乃非民攸训，非天攸若，时人丕则有愆。无若殷王受之迷乱，酗于酒德哉！"

周公曰："呜呼！我闻曰，古之人，犹胥训告，胥保惠，胥教诲，民无或胥诪张为幻。此厥不听，人乃训之，乃变乱先王之正刑，至于小大。民否则厥心违怨，否则厥口诅祝。"

周公曰："呜呼！自殷王中宗及高宗及祖甲及我周文王，兹四人迪哲。厥或告之曰：'小人怨汝詈汝。'则皇自敬德，厥愆，曰：'朕之愆。'允若时不啻不敢含怒。此厥不听，人乃或诪张为幻，曰：'小人怨汝詈汝，则信之。"则若时，不永念厥辟，不宽绰厥心，乱罚无罪，杀无辜。怨有同，是丛于厥身。"

周公曰："呜呼！嗣王其监于兹。"

君奭第十八

周公若曰："君奭，弗吊，天降丧于殷，殷既坠厥命，我有周既受。我不敢知曰，厥基永孚于休，若天棐忱。我亦不敢知曰，其终出于不祥。

"呜呼！君已！曰时我，我亦不敢宁于上帝命。弗永远念天威，越我民罔尤违。惟人在我后嗣子孙，大弗克恭上下，遏佚前人光，在家不知。天命不易，天难谌，乃其坠命，弗克经历。嗣前人，恭明德，在今予小子旦。非克有正，迪惟前人光，施于我冲子。"又曰："天不可信，我道惟宁王德延，天不庸释于文王受命。"

公曰："君奭，我闻在昔成汤既受命，时则有若伊尹，格于皇天。在太甲，时则有若保衡。在太戊，时则有若伊陟、臣扈，格于上帝，巫咸乂王家。在祖乙，时则有若巫贤。在武丁，时则有若甘盘。率惟兹有陈，保乂有殷，故殷礼陟配天，多历年所。天维纯佑命，则商实百姓。王人罔不秉德，明恤小臣，屏侯甸。矧咸奔走，惟兹惟德称，用乂厥辟。故一人有事于四方，若卜筮，罔不是孚。"

公曰："君奭！天寿平格，保乂有殷，有殷嗣，天灭威。今汝永念，则有固命，厥乱明我新造邦。"

公曰："君奭！在昔上帝，割申劝宁王之德，其集大命于厥躬。惟文王尚克修和我有夏，亦惟有若虢叔，有若闳夭，有若散宜生，有若泰颠，有若南宫括。"又曰："无能往来，兹迪彝教文王蔑德，降于国人。亦惟纯佑，秉德迪知天威，乃惟时昭文王。迪见冒闻于上帝，惟时受有殷命哉！武王惟兹四人，尚迪有禄。后暨武王，诞将天威，咸刘厥敌。惟兹四人，昭武王，惟冒丕单称德。今在予小子旦，若游大川，予往暨汝奭其济小子，同未在位，诞无我责。收罔勖不及，耇造德不降，我则鸣鸟不闻，矧曰其有能格？"

公曰："呜呼！君肆其监于兹。我受命于疆惟休，亦大惟艰。告君乃猷裕，我不以后人迷。"

公曰："前人敷乃心，乃悉命汝，作汝民极。曰，汝明勖偶王，在亶，乘兹大命。惟文王德，丕承无疆之恤。'"

公曰："君！告汝朕允。保奭，其汝克敬以予，监于殷丧大否。肆念我天威，予不允惟若兹诰，予惟曰：'襄我二人，汝有合哉！'言曰：'在时二人，天休兹至，惟时二人弗戡。'其汝克敬德，明我俊民在让，后人于丕时。

"呜呼！笃棐时二人，我式克至于今日休。我咸成文王功于不怠，丕冒海隅出日，罔不率俾。"

公曰："君！予不惠若兹多诰，予惟用闵于天越民。"

公曰："呜呼！君惟乃知民德，亦罔不能厥初，惟其终。祗若兹，往敬用治。"

蔡仲之命第十九

惟周公位冢宰，正百工，群叔流言，乃致辟管叔于商，囚蔡叔于郭邻，以车七乘；降霍叔于庶人，三年不齿。蔡仲克庸祇德，周公以为卿士。叔卒，乃命诸王邦之蔡。王若曰："小子胡，惟尔率德改行，克慎厥猷，肆予命尔侯于东土。往即乃封，敬哉！尔尚盖前人之愆，惟忠惟孝，尔乃迈迹自身，克勤无怠，以垂宪乃后。率乃祖文王之遗训，无若尔考之违王命。皇天无亲，惟德是辅。民心无常，惟惠之怀。为善不同，同归于治。为恶不同，同归于乱。尔其戒哉！慎厥初，惟厥终，终以不困。不惟厥终，终以困穷。懋乃攸绩，睦乃四邻，以蕃王室，以和兄弟。康济小民，率自中，无作聪明乱旧章。详乃视听，罔以侧言改厥度，则予一人汝嘉。"王曰："呜呼！小子胡，汝往哉！无荒弃朕命。"

成王东伐淮夷，遂践奄，作成王政。

成王既践奄，将迁其君于蒲姑，周公告召公，作将蒲姑。

多方第二十

惟五月丁亥，王来自奄，至于宗周。

周公曰："王若曰，猷，告尔四国多方。惟尔殷侯尹民，我惟大降尔命，尔罔不知。洪惟图天之命，弗永寅念于祀，惟帝降格于夏。有夏诞厥逸，不肯慼言于民，乃大淫昏，不克终日劝于帝之迪，乃尔攸闻。厥图帝之命，不克开于民之丽。乃大降罚，崇乱有夏。因甲于内乱，不克灵承于旅，罔丕惟进之恭，洪舒于民。亦惟有夏之民叨懫，日钦劓割夏邑。天惟时求民主，乃大降显休命于成汤，刑殄有夏，惟天不畀纯，乃惟以尔多方之义民，不克永于多享。惟夏之恭多士，大不克明保享于民，乃胥惟虐于民，至于百为，大不克开。

"乃惟成汤，克以尔多方，简代夏作民主。慎厥丽，乃劝。厥民刑，用劝。以至于帝乙，罔不明德慎罚，亦克用劝。要囚，殄戮多罪，亦克用劝。开释无辜，亦克用劝。今至于尔辟，弗克以尔多方，享天之命。

"呜呼！王若曰，诰告尔多方，非天庸释有夏，非天庸释有殷，乃惟尔辟，以尔多方，大淫图天之命，屑有辞。乃惟有夏图厥政，不集于享，天降时丧，有邦间之。乃惟尔商后王，逸厥逸，图厥政，不蠲烝，天惟降时丧。惟圣罔念作狂，惟狂克念作圣。天惟五年，须暇之子孙，诞作民主，罔可念听。

"天惟求尔多方，大动以威，开厥顾天。惟尔多方，罔堪顾之。惟我周王，灵承于旅，克堪用德，惟典神天。天惟式教我用休，简畀殷命，尹尔多方。

"今我曷敢多诰，我惟大降尔四国民命。尔曷不忱裕之于尔多方？尔曷不夹介乂我周王，享天之命？今尔尚宅尔宅，畋尔田，尔曷不惠王熙天之命？尔乃迪屡不静，尔心未爱。尔乃不大宅天命，尔乃屑播天命，尔乃自作不典，图忱于正。我惟时其教告之，我惟时其战要囚之，至于再，至于三。乃有不用我降尔命，我乃其大罚殛之。非我有周秉德不康宁，乃惟尔自速辜！"

王曰："呜呼！猷，告尔有方多士暨殷多士，今尔奔走臣我监五祀，越惟有胥伯小大多正，尔罔不克臬。自作不和，尔惟和哉！尔室不睦，尔惟和哉！尔邑克明，尔惟克勤乃事。尔尚不忌于凶德，亦则以穆穆在乃位，克阅于乃邑谋介。尔乃自时洛邑，尚永力畋尔田。天惟畀矜尔，我有周惟其大介赉尔。迪简在王庭，尚尔事，有服在大僚。”

王曰："呜呼！多士，尔不克劝忱我命，尔亦则惟不克享，凡民惟曰不享。尔乃惟逸惟颇，大远王命，则惟尔多方探天之威，我则致天之罚，离逖尔土。”

王曰："我不惟多诰，我惟祗告尔命。”又曰："时惟尔初，不克敬于和，则无我怨。”

立政第二十一

周公若曰："拜手稽首，告嗣天子王矣。"用咸戒于王曰："王左右常伯、常任、准人、缀衣、虎贲。"

周公曰："呜呼！休兹，知恤鲜哉！古之人迪惟有夏，乃有室大竞，吁俊尊上帝，迪知忱恂于九德之行。乃敢告教厥后曰：'拜手稽首，后矣！'曰，宅乃事，宅乃牧，宅乃准，兹惟后矣。谋面，用丕训德，则乃宅人，兹乃三宅无义民。桀德，惟乃弗作往任，是惟暴德，罔后。

"亦越成汤陟，丕釐上帝之耿命，乃用三有宅；克即宅，曰三有俊，克即俊。严惟丕式，克用三宅三俊。其在商邑，用协于厥邑，其在四方，用丕式见德。

"呜呼！其在受德暋，惟羞刑暴德之人，同于厥邦。乃惟庶习逸德之人，同于厥政。帝钦罚之，乃伻我有夏，式商受命，奄甸万姓。

"亦越文王、武王，克知三有宅心，灼见三有俊心，以敬事上帝，立民长伯。立政：任人、准夫、牧，作三事。虎贲、缀衣、趣马小尹，左右携仆、百司庶府。大都小伯、艺人表臣、百司，太史、尹伯、庶常吉士。司徒、司马、司空亚旅。夷微、卢烝、三亳阪尹。

"文王惟克厥宅心，乃克立兹常事司牧人，以克俊有德。文王罔攸兼于庶言，庶狱庶慎，惟有司之牧夫。是训用违，庶狱庶慎，文王罔敢知于兹。

"亦越武王，率惟敉功，不敢替厥义德，率惟谋从容德，以并受此丕丕基。

"呜呼！孺子王矣。继自今，我其立政、立事、准人、牧夫，我其克灼知厥若，丕乃俾乱。相我受民，和我庶狱庶慎。时则勿有间之。自一话一言，我则末惟成德之彦，以乂我受民。

"呜呼！予旦已受人之徽言，咸告孺子王矣。继自今，文子文孙，其勿误于庶狱庶慎，惟正是乂之。自古商人，亦越我周文王立政、立事、牧夫、准人，则克宅之，克由绎之，兹乃俾乂。国则罔有立政用憸人，不训于德，是罔显在厥世。继自今立政，其勿以憸人，其惟吉士，用励相我国家。

“今文子文孙，孺子王矣。其勿误于庶狱，惟有司之牧夫。其克诘尔戎兵，以陟禹之迹，方行天下，至于海表，罔有不服，以觐文王之耿光，以扬武王之大烈。呜呼！继自今，后王立政，其惟克用常人。”

周公若曰：“太史，司寇苏公，式敬尔由狱，以长我王国。兹式有慎，以列用中罚。”

周官第二十二

惟周王抚万邦，巡侯甸，四征弗庭，绥厥兆民。六服群辟，罔不承德。归于宗周，董正治官。

王曰："若昔大猷，制治于未乱，保邦于未危。"曰："唐虞稽古，建官惟百。内有百揆四岳，外有州牧侯伯。庶政惟和，万国咸宁。夏商官倍，亦克用乂。明王立政，不惟其官，惟其人。

"今予小子，祗勤于德，夙夜不逮。仰惟前代时若，训迪厥官。立太师、太傅、太保，兹惟三公。论道经邦，燮理阴阳。官不必备，惟其人。少师、少傅、少保，曰三孤。贰公弘化，寅亮天地，弼予一人。冢宰掌邦治，统百官，均四海。司徒掌邦教，敷五典，扰兆民。宗伯掌邦礼，治神人，和上下。司马掌邦政，统六师，平邦国。司冠掌邦禁，诘奸慝，刑暴乱。司空掌邦土，居四民，时地利。六卿分职，各率其属，以倡九牧，阜成兆民。六年，五服一朝。又六年，王乃时巡，考制度于四岳。诸侯各朝于方岳，大明黜陟。"

王曰："呜呼！凡我有官君子，钦乃攸司，慎乃出令，令出惟行，弗惟反。以公灭私，民其允怀。学古入官。议事以制，政乃不迷。其尔典常作之师，无以利口乱厥官。蓄疑败谋，怠忽荒政，不学墙面，莅事惟烦。戒尔卿士，功崇惟志，业广惟勤，惟克果断，乃罔后艰。位不期骄，禄不期侈。恭俭惟德，无载尔伪。作德，心逸日休。作伪，心劳日拙。居宠思危，罔不惟畏，弗畏入畏。推贤让能，庶官乃和，不和政庞。举能其官，惟尔之能。称匪其人，惟尔不任。"

王曰："呜呼！三事暨大夫，敬尔有官，乱尔有政，以佑乃辟。永康兆民，万邦惟无斁。

成王既伐东夷，肃慎来贺。王俾荣伯作贿肃慎之命。

周公在丰，将没，欲葬成周。公薨，成王葬于毕，告周公，作亳姑。

君陈第二十三

王若曰："君陈，惟尔令德孝恭。惟孝，友于兄弟，克施有政。命汝尹兹东郊，敬哉！昔周公师保万民，民怀其德。往慎乃司，兹率厥常。懋昭周公之训，惟民其乂。我闻曰：'至治馨香，感于神明。黍稷非馨，明德惟馨。'尔尚式时周公之猷训，惟日孜孜，无敢逸豫。凡人未见圣，若不克见。既见圣，亦不克由圣，尔其戒哉！尔惟风，下民惟草。图厥政，莫或不艰，有废有兴。出入自尔师虞，庶言同则绎。尔有嘉谋嘉猷，则入告尔后于内，尔乃顺之于外，曰：'斯谋斯猷，惟我后之德。'呜呼！臣人咸若时，惟良显哉！"

王曰："君陈，尔惟弘周公丕训，无依势作威，无倚法以削，宽而有制，从容以和。殷民在辟，予曰辟，尔惟勿辟。予曰宥，尔惟勿宥，惟厥中。有弗若于汝政，弗化于汝训，辟以止辟，乃辟。狃于奸宄，败常乱俗，三细不宥。尔无忿疾于顽，无求备于一夫。必有忍，其乃有济；有容，德乃大。简厥修，亦简其或不修。进厥良，以率其或不良。惟民生厚，因物有迁。违上所命，从厥攸好。尔克敬典在德，时乃罔不变。允升于大猷。惟予一人膺受多福，其尔之休，终有辞于永世。"

顾命第二十四

四月哉生魄，王不怿。甲子，王乃洮頮水。相被冕服，凭玉几。乃同召太保奭、芮伯、彤伯、毕公、卫侯、毛公、师氏、虎臣、百尹、御事。

王曰："呜呼！疾大渐，惟几。病日臻。既弥留，恐不获誓言嗣，兹予审训命汝。昔君文王、武王宣重光，奠丽陈教则肄。肄不违，用克达殷，集大命。在后之侗，敬迓天威，嗣守文武大训，无敢昏逾。今天降疾殆，弗兴弗悟。尔尚明时朕言，用敬保元子钊，弘济于艰难，柔远能迩，安劝小大庶邦。思夫人自乱于威仪，尔无以钊冒贡于非几。"

兹既受命还，出缀衣于庭。越翼日乙丑，王崩。太保命仲桓、南宫毛，俾爰齐侯吕伋，以二干戈、虎贲百人逆子钊于南门之外。延入翼室，恤宅宗。丁卯，命作册度。

越七日癸酉，伯相命士须材。狄设黼扆缀衣。牖间南向，敷重篾席，黼纯华玉仍几。西序东向，敷重底席，缀纯，文贝，仍几。东序西向，敷重丰席，画纯，雕玉仍几。西夹南向，敷重笋席，玄纷纯，漆仍几。越玉五重，陈宝，赤刀、大训、弘璧、琬琰，在西序。大玉、夷玉、天球、河图，在东序。胤之舞衣、大贝、鼖鼓，在西房。兑之戈、和之弓、垂之竹矢，在东房。大辂在宾阶面，缀辂在阼阶面，先辂在左塾之前，次辂在右塾之前。

二人雀弁，执惠，立于毕门之内。四人綦弁，执戈上刃，夹两阶戺。一人冕，执刘，立于东堂，一人冕，执钺，立于西堂。一人冕，执戣，立于东垂。一人冕，执瞿，立于西垂。一人冕，执锐，立于侧阶。

王麻冕黼裳，由宾阶隮。卿士、邦君麻冕蚁裳，入即位。太保、太史、太宗皆麻冕彤裳。太保承介圭，上宗奉同、瑁，由阼阶隮。太史秉书，由宾阶隮，御王册命。曰："皇后凭玉几，道扬末命，命汝嗣训，临君周邦，率循大卞，燮和天下，用答扬文武之光训。"王再拜，兴，答曰："眇眇予末小子，其能而乱四方以敬忌天威？"乃受同、瑁，王三宿，三祭，三咤。上宗曰："飨！"太保受同，降，盥以异同，秉璋以酢。授宗人同，拜，王答拜。太保受同，祭，哜，宅，授宗人同，拜。王答拜。太保降，收。诸侯出庙门俟。

康王之诰第二十五

王出，在应门之内，太保率西方诸侯，入应门左，毕公率东方诸侯，入应门右，皆布乘黄朱。宾称奉圭兼币，曰："一二臣卫，敢执壤奠。"皆再拜稽首。王义嗣德，答拜。太保暨芮伯咸进，相揖，皆再拜稽首，曰："敢敬告天子，皇天改大邦殷之命，惟周文武诞受羑若，克恤西土。惟新陟王，毕协赏罚，戡定厥功，用敷遗后人休。今王敬之哉！张皇六师，无坏我高祖寡命。"

王若曰："庶邦侯、甸、男、卫，惟予一人钊报诰。昔君文武丕平富，不务咎，底至齐信，用昭明于天下。则亦有熊罴之士，不二心之臣，保乂王家。用端命于上帝，皇天用训厥道，付畀四方。乃命建侯树屏，在我后之人。今予一二伯父，尚胥暨顾，绥尔先公之臣，服于先王。虽尔身在外，乃心罔不在王室，用奉恤厥若，无遗鞠子羞！"

群公既皆听命，相揖趋出。王释冕，反丧服。

毕命第二十六

惟十有二年，六月庚午朏。越三日壬申，王朝步自宗周，至于丰。以成周之众，命毕公保釐东郊。

王若曰："呜呼！父师，惟文王、武王，敷大德于天下，用克受殷命。惟周公左右先王，绥定厥家。毖殷顽民，迁于洛邑，密迩王室，式化厥训。既历三纪，世变风移，四方无虞，予一人以宁，道有升降，政由俗革，不臧厥臧，民罔攸劝。惟公懋德，克勤小物，弼亮四世，正色率下，罔不祗师言。嘉绩多于先王，予小子垂拱仰成。"

王曰："呜呼！父师，今予祗命公以周公之事，往哉！旌别淑慝，表厥宅里，彰善瘅恶，树之风声。弗率训典，殊厥井疆，俾克畏慕。申画郊圻，慎固封守，以康四海。政贵有恒，辞尚体要，不惟好异。商俗靡靡，利口惟贤，余风未殄，公其念哉！我闻曰：'世禄之家，鲜克由礼。以荡陵德，实悖天道。敝化奢丽，万世同流。'兹殷庶士，席宠惟旧，怙侈灭义，服美于人。骄淫矜侉，将由恶终。虽收放心，闲之惟艰。资富能训，惟以永年。惟德惟义，时乃大训。不由古训，于何其训？"

王曰："呜呼！父师，邦之安危，惟兹殷士。不刚不柔，厥德允修。惟周公克慎厥始，惟君陈克和厥中，惟公克成厥终。三后协心，同底于道，道洽政治，泽润生民，四夷左衽，罔不咸赖，予小子永膺多福。公其惟时成周，建无穷之基，亦有无穷之闻。子孙训其成式，惟乂。呜呼！罔曰弗克，惟既厥心。罔曰民寡，惟慎厥事。钦若先王成烈，以休于前政。"

君牙第二十七

王若曰:“呜呼!君牙,惟乃祖乃父,世笃忠贞,服劳王家,厥有成绩,纪于太常。惟予小子嗣守文、武、成、康遗绪,亦惟先正之臣,克左右乱四方。心之忧危,若蹈虎尾,涉于春冰。今命尔予翼,作股肱心膂,缵乃旧服,无忝祖考,弘敷五典,式和民则。尔身克正,罔敢弗正,民心罔中,惟尔之中。夏暑雨,小民惟曰怨咨。冬祁寒,小民亦惟曰怨咨。厥惟艰哉!思其艰以图其易,民乃宁。呜呼!丕显哉,文王谟!丕承哉,武王烈!启佑我后人,咸以正罔缺。尔惟敬明乃训,用奉若于先王,对扬文武之光命,追配于前人。”

王若曰:“君牙,乃惟由先正旧典时式,民之治乱在兹。率乃祖考之攸行,昭乃辟之有乂。”

冏命第二十八

王若曰："伯冏，惟予弗克于德，嗣先人宅丕后，怵惕惟厉，中夜以兴，思免厥愆。昔在文武，聪明齐圣，小大之臣，咸怀忠良，其侍御仆从，罔匪正人。以旦夕承弼厥辟，出入起居，罔有不钦，发号施令，罔有不臧。下民祗若，万邦咸休。惟予一人无良，实赖左右前后有位之士，匡其不及，绳愆纠缪，格其非心，俾克绍先烈。今予命汝作大正，正于群仆侍御之臣，懋乃后德，交修不逮。慎简乃僚，无以巧言令色、便辟侧媚，其惟吉士。仆臣正，厥后克正。仆臣谀，厥后自圣。后德惟臣，不德惟臣。尔无昵于憸人，充耳目之官，迪上以非先王之典。非人其吉，惟货其吉。若时瘝厥官，惟尔大弗克祗厥辟，惟予汝辜。"王曰："呜呼，钦哉！永弼乃后于彝宪。"

吕刑第二十九

惟吕命，王享国百年，耄荒，度作刑，以诘四方。王曰："若古有训，蚩尤惟始作乱，延及于平民，罔不寇贼，鸱义奸宄，夺攘矫虔。苗民弗用灵，制以刑，惟作五虐之刑曰法。杀戮无辜，爰始淫为劓、刵、椓、黥。越兹丽刑并制，罔差有辞。民兴胥渐，泯泯棼棼，罔中于信，以覆诅盟。虐威庶戮，方告无辜于上。上帝监民，罔有馨香，德刑发闻惟腥。皇帝哀矜庶戮之不辜，报虐以威，遏绝苗民，无世在下。乃命重、黎，绝地天通，罔有降格。群后之逮在下，明明棐常，鳏寡无盖。

"皇帝清问下民，鳏寡有辞于苗。德威惟畏，德明惟明。乃命三后，恤功于民。伯夷降典，折民惟刑。禹平水土，主名山川。稷降播种，家殖嘉谷。三后成功，惟殷于民。士制百姓于刑之中，以教祗德。穆穆在上，明明在下，灼于四方，罔不惟德之勤，故乃明于刑之中，率乂于民棐彝。典狱，非讫于威，惟讫于富。敬忌，罔有择言在身。惟克天德，自作元命，配享在下。"

王曰："嗟！四方司政典狱，非尔惟作天牧？今尔何监，非时伯夷播刑之迪？其今尔何惩？惟时苗民匪察于狱之丽。罔择吉人，观于五刑之中，惟时庶威夺货，断制五刑，以乱无辜。上帝不蠲，降咎于苗，苗民无辞于罚，乃绝厥世。"

王曰："呜呼！念之哉！伯父、伯兄、仲叔、季弟、幼子、童孙，皆听朕言，庶有格命。今尔罔不由慰曰勤，尔罔或戒不勤。天齐于民，俾我一日，非终惟终在人。尔尚敬逆天命，以奉我一人。虽畏勿畏，虽休勿休，惟敬五刑，以成三德。一人有庆，兆民赖之，其宁惟永。"

王曰："吁！来，有邦有土，告尔祥刑。在今尔安百姓，何择非人？何敬非刑？何度非及？两造具备，师听五辞。五辞简孚，正于五刑。五刑不简，正于五罚。五罚不服，正于五过。五过之疵：惟官，惟反，惟内，惟货，惟来。其罪惟均，其审克之。

"五刑之疑有赦，五罚之疑有赦，其审克之。简孚有众，惟貌有稽。无简不听，具严天威。墨辟疑赦，其罚百锾，阅实其罪。劓辟疑赦，其罪惟倍，阅实其罪。剕辟疑赦，其罚倍差，阅实其罪。宫辟疑赦，其罚六百锾，阅实其罪。大辟疑赦，其罚千锾，阅实其罪。墨罚之属千，劓罚之属千，剕罚之属五百，宫罚之属三百，大辟之罚其属二百。五刑之属三千。

“上下比罪，无僭乱辞，勿用不行，惟察惟法，其审克之。上刑适轻，下服。下刑适重，上服。轻重诸罚有权。刑罚世轻世重，惟齐非齐，有伦有要。罚惩非死，人极于病。非佞折狱，惟良折狱，罔非在中。察辞于差，非从惟从。哀敬折狱，明启刑书，胥占，咸庶中正。其刑其罚，其审克之。狱成而孚，输而孚。其刑上备，有并两刑。”

王曰：“呜呼！敬之哉！官伯、族姓，朕言多惧。朕敬于刑，有德惟刑。今天相民，作配在下，明清于单辞。民之乱，罔不中听狱之两辞。无或私家于狱之两辞。狱货非宝，惟府辜功，报以庶尤。永畏惟罚，非天不中，惟人在命。天罚不极，庶民罔有令政在于天下。”

王曰：“呜呼！嗣孙，今往何监？非德于民之中？尚明听之哉！哲人惟刑，无疆之辞，属于五极，咸中有庆。受王嘉师，监于兹祥刑。”

文侯之命第三十

王若曰："父义和，丕显文武，克慎明德，昭升于上，敷闻在下，惟时上帝，集厥命于文王。亦惟先正，克左右昭事厥辟，越小大谋猷，罔不率从，肆先祖怀在位。呜呼！闵予小子嗣，造天丕愆。殄资泽于下民，侵戎我国家纯。即我御事，罔或耆寿俊在厥服，予则罔克。曰惟祖惟父，其伊恤朕躬。呜呼！有绩予一人永绥在位。父义和，汝克绍乃显祖，汝肇刑文武，用会绍乃辟，追孝于前文人。汝多修，扞我于艰，若汝，予嘉。"

王曰："父义和，其归视尔师，宁尔邦。用赉尔秬一卣，彤弓一，彤矢百，卢弓一，卢矢百，马四匹。父往哉！柔远能迩，惠康小民，无荒宁。简恤尔都，用成尔显德。"

费誓第三十一

公曰："嗟！人无哗，听命。徂兹淮夷、徐戎并兴。善敹乃甲胄，敽乃干，无敢不吊。备乃弓矢，锻乃戈矛，砺乃锋刃，无敢不善。今惟淫舍牿牛马，杜乃擭，敜乃穽，无敢伤牿。牿之伤，汝则有常刑。马牛其风，臣妾逋逃，勿敢越逐，祗复之，我商赉汝。乃越逐，不复，汝则有常刑。无敢寇攘，逾垣墙，窃马牛，诱臣妾，汝则有常刑。甲戌，我惟征徐戎。峙乃糗粮，无敢不逮，汝则有大刑。鲁人三郊三遂，峙乃桢干。甲戌，我惟筑，无敢不供，汝则有无余刑，非杀。鲁人三郊三遂，峙乃刍茭，无敢不多，汝则有大刑。"

秦誓第三十二

公曰:“嗟!我士,听无哗。予誓告汝群言之首。古人有言曰:‘民讫自若,是多盘。’责人斯无难,惟受责俾如流,是惟艰哉!我心之忧,日月逾迈,若弗云来。惟古之谋人,则曰未就予忌。惟今之谋人,姑将以为亲。虽则云然,尚猷询兹黄发,则罔所愆。番番良士,旅力既愆,我尚有之。仡仡勇夫,射御不违,我尚不欲。惟截截善谝言,俾君子易辞,我皇多有之,昧昧我思之。如有一介臣,断断猗,无他技,其心休休焉,其如有容。人之有技,若己有之。人之彦圣,其心好之,不啻若自其口出,是能容之。以保我子孙黎民,亦职有利哉!人之有技,冒疾以恶之。人之彦圣而违之,俾不达是不能容,以不能保我子孙黎民,亦曰殆哉!邦之杌陧,曰由一人。邦之荣怀,亦尚一人之庆。”

礼　记

礼记目录

曲礼上第一

曲礼曰：毋不敬，俨若思，安定辞，安民哉！

敖不可长，欲不可从，志不可满，乐不可极。

贤者狎而敬之，畏而爱之。爱而知其恶，憎而知其善。积而能散，安安而能迁。临财毋苟得，临难毋苟免。很毋求胜，分毋求多。疑事毋质，直而勿有。

若夫，坐如尸，立如齐。礼从宜，使从俗。

夫礼者，所以定亲疏，决嫌疑，别同异，明是非也。礼不妄说人，不辞费。礼不逾节，不侵侮，不好狎。修身践言，谓之善行。行修言道，礼之质也。

礼闻取于人，不闻取人。礼闻来学，不闻往教。

道德仁义，非礼不成；教训正俗，非礼不备；分争辨讼，非礼不决；君臣、上下、父子、兄弟，非礼不定；宦学事师，非礼不亲；班朝治军，莅官行法，非礼威严不行；祷祠祭祀，供给鬼神，非礼不诚不庄。是以君子恭敬、撙节、退让以明礼。

鹦鹉能言，不离飞鸟；猩猩能言，不离禽兽。今人而无礼，虽能言，不亦禽兽之心乎！夫唯禽兽无礼，故父子聚麀。是故圣人作，为礼以教人，使人以有礼，知自别于禽兽。

大上贵德，其次务施报。礼尚往来，往而不来，非礼也；来而不往，亦非礼也。人有礼则安，无礼则危。故曰：礼者不可不学也。

夫礼者，自卑而尊人。虽负贩者，必有尊也，而况富贵乎！富贵而知好礼，则不骄不淫；贫贱而知好礼，则志不慑。

人生十年曰幼，学；二十曰弱，冠；三十曰壮，有室；四十曰强，而仕；五十曰艾，服官政；六十曰耆，指使；七十曰老，而传；八十九十曰耄；年曰悼。悼与耄虽有罪，不加刑焉。百年曰期，颐。

大夫七十而致事。若不得谢，则必赐之几杖，行役以妇人，适四方，乘安车。自称曰老夫，于其国则称名。越国而问焉，必告之以其制。

谋于长者，必操几杖以从之。长者问，不辞让而对，非礼也。

凡为人子之礼，冬温而夏凊，昏定而晨省，在丑夷不争。夫为人子者，三赐不及车马。故州闾乡党称其孝也，兄弟亲戚称其慈也，僚友称其弟也，执友称其仁也，交游称其信也。

见父之执，不谓之进不敢进，不谓之退不敢退，不问不敢对，此孝子之行也。

夫为人子者，出必告，反必面；所游必有常，所习必有业，恒言不称老。

年长以倍，则父事之；十年以长，则兄事之；五年以长，则肩随之。群居五人，则长者必异席。

为人子者，居不主奥，坐不中席，行不中道，立不中门，食飨不为槩，祭祀不为尸，听于无声，视于无形，不登高，不临深，不苟訾，不苟笑。

孝子不服暗，不登危，惧辱亲也。父母存，不许友以死。不有私财。

为人子者，父母存，冠衣不纯素。孤子当室，冠衣不纯采。

幼子常视毋诳。童子不衣裘、裳。立必正方，不倾听。长者与之提携，则两手奉长者之手。负、剑、辟咡诏之，则掩口而对。

从于先生，不越路而与人言。遭先生于道，趋而进，正立拱手。先生与之言则对，不与之言则趋而退。从长者而上丘陵，则必乡长者所视。登城不指，城上不呼。

将适舍，求毋固。将上堂，声必扬。户外有二屦，言闻则入，言不闻则不入。将入户，视必下。入户奉扃，视瞻毋回。户开亦开，户阖亦阖。有后入者，阖而勿遂。毋践屦，毋踖席，抠衣趋隅，必慎唯诺。

大夫、士出入君门，由闑右，不践阈。

凡与客入者，每门让于客。客至于寝门，则主人请入为席，然后出迎客，客固辞，主人肃客而入。主人入门而右，客入门而左；主人就东阶，客就西阶。客若降等，则就主人之阶。主人固辞，然后客复就西阶。主人与客让登，主人先登，客从之，拾级聚足，连步以上。上于东阶，则先右足；上于西阶，则先左足。

帷薄之外不趋，堂上不趋，执玉不趋。堂上接武，堂下布武。室中不翔，并坐不横肱。授立不跪，授坐不立。

凡为长者粪之礼，必加帚于箕上，以袂拘而退，其尘不及长者，以箕自乡而扱之。

奉席如桥衡，请席何乡，请衽何趾。席南乡北乡，以西方为上；东乡西乡，以南方为上。若非饮食之客，则布席席间函丈。主人跪正席，客跪抚席而辞。客彻重席，主人固辞。客践席，乃坐。主人不问，客不先举。

将即席，容毋怍，两手抠衣，去齐尺。衣毋拨，足毋蹶。先生书策琴瑟在前，坐而迁之，戒勿越。虚坐尽后，食坐尽前。坐必安，执尔颜。长者不及，毋儳言。正尔容，听必恭。毋剿说，毋雷同。必则古昔，称先王。

侍坐于先生，先生问焉，终则对。请业则起，请益则起。父召无诺，先生召无诺，唯而起。

侍坐于所尊敬，毋余席，见同等不起。烛至起，食至起，上客起。烛不见跋。尊客之前不叱狗。让食不唾。

侍坐于君子，君子欠伸，撰杖屦，视日蚤莫，侍坐者请出矣。侍坐于君子，君子问更端，则起而对。侍坐于君子，若有告者曰："少间，愿有复也。"则左右屏而待。

毋侧听，毋噭应，毋淫视，毋怠荒。游毋倨，立毋跛，坐毋箕，寝毋伏。敛发毋髢，冠毋免，劳毋袒，暑毋褰裳。

侍坐于长者，屦不上于堂，解屦不敢当阶。就屦，跪而举之，屏于侧。乡长者而屦，跪而迁屦，俯而纳屦。

离坐离立，毋往参焉。离立者，不出中间。

男女不杂坐，不同椸枷，不同巾栉，不亲授。嫂叔不通问，诸母不漱裳。

外言不入于梱，内言不出于梱。女子许嫁，缨，非有大故，不入其门。姑、姊、妹、女子子已嫁而反，兄弟弗与同席而坐，弗与同器而食。父子不同席。

男女非有行媒，不相知名；非受币，不交不亲。故日月以告君，齐戒以告鬼神，为酒食以召乡党僚友，以厚其别也。取妻不取同姓，故买妾不知其姓则卜之。寡妇之子，非有见焉，弗与为友。

贺取妻者曰："某子使某，闻子有客，使某羞。"贫者不以货财为礼，老者不以筋力为礼。

名子者不以国，不以日月，不以隐疾，不以山川。男女异长。男子二十，冠而字。父前子名，君前臣名。女子许嫁，笄而字。

凡进食之礼，左殽右胾，食居人之左，羹居人之右，脍炙处外，醯酱处内，葱渫处末，酒浆处右。以脯修置者，左朐右末。

客若降等，执食兴辞，主人兴辞于客，然后客坐。主人延客祭，祭食，祭所先进，殽之序，遍祭之。三饭，主人延客食胾，然后辩殽。主人未辩，客不虚口。

侍食于长者，主人亲馈，则拜而食；主人不亲馈，则不拜而食。共食不饱，共饭不泽手。毋抟饭，毋放饭，毋流歠，毋咤食，毋啮骨，毋反鱼肉，毋投与狗骨，毋固获，毋扬饭，饭黍毋以箸，毋嚃羹，毋絮羹，毋刺齿，毋歠醢。客絮羹，主人辞不能亨，客歠醢，主人辞以窭。濡肉齿决，干肉不齿决。毋嘬炙。卒食，客自前跪，彻饭齐以授相者，主人兴辞于客，然后客坐。

侍饮于长者，酒进则起，拜受于尊所，长者辞，少者反席而饮。长者举未釂，少者不敢饮。

长者赐，少者、贱者不敢辞。赐果于君前，其有核者怀其核。御食于君，君赐余，器之溉者不写，其余皆写。

馂余不祭。父不祭子，夫不祭妻。

御同于长者，虽贰不辞，偶坐不辞。

羹之有菜者用梜，其无菜者不用梜。

为天子削瓜者副之，巾以絺；为国君者华之，巾以绤。为大夫累之，士疐之，庶人龁之。

父母有疾，冠者不栉，行不翔，言不惰，琴瑟不御，食肉不至变味，饮酒不至变貌，笑不至矧，怒不至詈。疾止复故。

有忧者侧席而坐，有丧者专席而坐。

水潦降，不献鱼鳖。献鸟者佛其首，畜鸟者则勿佛也。献车马者执策绥，献甲者执胄，献杖者执末，献民虏者操右袂，献粟者执右契，献米者操量鼓，献孰食者操酱齐，献田宅者操书致。

凡遗人弓者，张弓尚筋，弛弓尚角，右手执箫，左手承弣，尊卑垂帨。若主人拜，则客还辟辟拜。主人自受，由客之左，接下承弣，乡与客并，然后受。进剑者左首，进戈者前其鐏，后其刃，进矛戟者前其錞。

进几杖者拂之。效马效羊者右牵之；效犬者左牵之。执禽者左首，饰羔雁者以缋。受珠玉者以掬。受弓剑者以袂。饮玉爵者弗挥。凡以弓剑、苞苴、箪笥问人者，操以受命，如使之容。

凡为君使者，已受命，君言不宿于家。君言至，则主人出拜君言之辱；使者归，则必拜送于门外。若使人于君所，则必朝服而命之；使者反，则必下堂而受命。

博闻强识而让，敦善行而不怠，谓之君子。君子不尽人之欢，不竭人之忠，以全交也。

礼曰："君子抱孙不抱子。"此言孙可以为王父尸，子不可以为父尸。为君尸者，大夫、士见之则下之，君知所以为尸者则自下之。尸必式，乘必以几。

齐者不乐，不吊。

居丧之礼，毁瘠不形，视听不衰，升降不由阼阶，出入不当门隧。居丧之礼，头有创则沐，身有疡则浴，有疾则饮酒食肉，疾止复初。不胜丧，乃比于不慈不孝。五十不致毁，六十不毁；七十唯衰麻在身，饮酒食肉，处于内。

生与来日，死与往日。

知生者吊，知死者伤。知生而不知死，吊而不伤；知死而不知生，伤而不吊。

吊丧弗能赙，不问其所费；问疾弗能遗，不问其所欲；见人弗能馆，不问其所舍。赐人者不曰来取，与人者不问其所欲。

适墓不登垄，助葬必执绋。临丧不笑。揖人必违其位。望柩不歌，入临不翔。当食不叹。邻有丧，舂不相；里有殡，不巷歌。适墓不歌。哭日不歌。送丧不由径，送葬不辟涂潦。临丧则必有哀色，执绋不笑，临乐不叹，介胄则有不可犯之色。故君子戒慎，不失色于人。

国君抚式，大夫下之；大夫抚式，士下之。

礼不下庶人，刑不上大夫。刑人不在君侧。

兵车不式，武车绥旌，德车结旌。

史载笔，士载言。前有水则载青旌，前有尘埃则载鸣鸢，前有车骑则载飞鸿，前有士师则载虎皮，前有挚兽，则载貔貅。行，前朱鸟而后玄武，左青龙而右白虎，招摇在上，急缮其怒。进退有度，左右有局，各司其局。

父之雠弗与共戴天，兄弟之雠不反兵，交游之雠不同国。

四郊多垒，此卿大夫之辱也。地广大，荒而不治，此亦士之辱也。

临祭不惰。祭服敝则焚之，祭器敝则埋之，龟策敝则埋之，牲死则埋之。凡祭于公者，必自彻其俎。

卒哭乃讳。礼不讳嫌名，二名不偏讳。逮事父母则讳王父母；不逮事父母则不讳王父母。君所无私讳，大夫之所有公讳。诗书不讳，临文不讳，庙中不讳。夫人之讳，虽质君之前，臣不讳也。妇讳不出门。大功、小功不讳。入竟而问禁，入国而问俗，入门而问讳。

外事以刚日，内事以柔日。凡卜筮日，旬之外曰远某日，旬之内曰近某日。丧事先远日，吉事先近日。曰：为日，假尔泰龟有常。假尔泰筮有常。卜筮不过三，卜筮不相袭。龟为卜，策为筮。卜筮者，先圣王之所以使民信时日、敬鬼神、畏法令也；所以使民决嫌疑、定犹与也。故曰，疑而筮之，则弗非也；日而行事，则必践之。

君车将驾，则仆执策立于马前；已驾，仆展軨效驾，奋衣由右上，取贰绥，跪乘，执策分辔，驱之五步而立。君出就车，则仆并辔授绥，左右攘辟，车驱而驺。至于大门，君抚仆之手，而顾命车右就车。门闾、沟渠，必步。

凡仆人之礼，必授人绥。若仆者降等则受，不然则否。若仆者降等，则抚仆之手，不然则自下拘之。

客车不入大门。妇人不立乘。犬马不上于堂。

故君子式黄髪，下卿位；入国不驰，入里必式。

君命召，虽贱人，大夫、士必自御之。

介者不拜，为其拜而蓌拜。

祥车旷左。乘君之乘车不敢旷左，左必式。

仆御妇人，则进左手，后右手。御国君，则进右手，后左手而俯。国君不乘奇车。

车上不广咳，不妄指。立视五巂，式视马尾，顾不过毂。国中以策彗恤勿驱，尘不出轨。

国君下齐牛，式宗庙；大夫、士下公门，式路马。乘路马，必朝服，载鞭策，不敢授绥，左必式。步路马，必中道。以足蹙路马刍，有诛；齿路马，有诛。

曲礼下第二

凡奉者当心，提者当带。执天子之器则上衡，国君则平衡，大夫则绥之，士则提之。凡执主器，执轻如不克。执主器，操币、圭、璧，则尚左手，行不举足，车轮曳踵。立则磬折垂佩。主佩倚则臣佩垂，主佩垂则臣佩委。执玉，其有藉者则裼，无藉者则袭。

国君不名卿老、世妇，大夫不名世臣、侄娣，士不名家相、长妾。

君大夫之子，不敢自称曰余小子。大夫士之子，不敢自称曰嗣子某，不敢与世子同名。

君使士射，不能则辞以疾，言曰：某有负薪之忧。

侍于君子，不顾望而对，非礼也。

君子行礼，不求变俗。祭祀之礼，居丧之服，哭泣之位，皆如其国之故，谨修其法而审行之。去国三世，爵禄有列于朝，出入有诏于国，若兄弟宗族犹存，则反告于宗后；去国三世，爵禄无列于朝，出入无诏于国，唯兴之日，从新国之法。

君子已孤不更名。已孤暴贵，不为父作谥。

居丧，未葬读丧礼，既葬读祭礼，丧复常，读乐章。

居丧不言乐，祭事不言凶，公庭不言妇女。

振书、端书于君前，有诛；倒策、侧龟于君前，有诛。龟策、几杖、席盖、重素、袗絺绤不入公门。苞屦、扱衽、厌冠不入公门。书方、衰、凶器，不以告不入公门。公事不私议。

君子将营宫室，宗庙为先，厩库为次，居室为后。凡家造，祭器为先，牺赋为次，养器为后。无田禄者不设祭器，有田禄者先为祭服。君子虽贫，不粥祭器；虽寒，不衣祭服；为宫室，不斩于丘木。

大夫、士去国，祭器不逾竟，大夫寓祭器于大夫，士寓祭器于士。大夫、士去国，逾竟，为坛位，乡国而哭；素衣，素裳，素冠，彻缘，鞮屦，素簚，乘髦马；不蚤鬋；不祭食；不说人以无罪；妇人不当御。三月而复服。

大夫、士见于国君，君若劳之，则还辟，再拜稽首。君若迎拜，则还辟，不敢答拜。大夫、士相见，虽贵贱不敌，主人敬客，则先拜客；客敬主人，则先拜主人，凡非吊丧，非见国君，无不答拜者。大夫见于国君，国君拜其辱；士见于大夫，大夫拜其辱；同国始相见，主人拜其辱。君于士，不答拜也；非其臣，则答拜之。大夫于其臣，虽贱，必答拜之。男女相答拜也。

国君春田不围泽，大夫不掩群，士不取麛卵。

岁凶，年谷不登，君膳不祭肺，马不食谷，驰道不除，祭事不县；大夫不食粱，士饮酒不乐。

君无故玉不去身，大夫无故不彻县，士无故不彻琴瑟。

士有献于国君，他日，君问之曰："安取彼？"再拜稽首而后对。大夫私行出疆，必请。反必有献。士私行出疆，必请，反必告。君劳之，则拜；问其行，拜而后对。

国君去其国，止之曰："奈何去社稷也！"大夫，曰："奈何去宗庙也！"士，曰："奈何去坟墓也！"国君死社稷，大夫死众，士死制。

君天下，曰"天子"。朝诸侯，分职授政任功，曰"予一人"。践阼，临祭祀，内事曰"孝王某"，外事曰"嗣王某"。临诸侯，畛于鬼神，曰"有天王某甫"。崩，曰"天王崩"。复，曰"天子复矣"。告丧，曰"天王登假"。措之庙，立之主，曰"帝"。天子未除丧，曰"予小子"。生名之，死亦名之。

天子有后，有夫人，有世妇，有嫔，有妻，有妾。天子建天官，先六大，曰大宰、大宗、大史、大祝、大士、大卜，典司六典。天子之五官，曰司徒、司马、司空、司士、司寇，典司五众。天子之六府，曰司土、司木、司水、司草、司器、司货，典司六职。天子之六工，曰土工、金工、石工、木工、兽工、草工，典制六材。五官致贡曰享。

五官之长曰伯，是职方。其摈于天子也，曰"天子之吏"。天子同姓，谓之"伯父"。异姓，谓之"伯舅"。自称于诸侯，曰"天子之老"，于外曰"公"，于其国曰"君"。九州之长，入天子之国，曰"牧"。天子同姓，谓之"叔父"；异姓，谓之"叔舅"。于外"曰侯"，于其国曰"君"。其在东夷、北狄、西戎、南蛮，虽大曰"子"。于内自称曰"不谷"，于外自称曰"王老"。庶方小侯，入天子之国，曰"某人"，于外曰"子"，自称曰"孤"。

天子当依而立，诸侯北面而见天子，曰觐。天子当宁而立，诸公东面，诸侯西面，曰朝。诸侯未及期相见，曰遇，相见于郤地，曰会。诸侯使大夫问于诸侯，曰聘。约信曰誓，莅牲曰盟。

诸侯见天子曰“臣某侯某”。其与民言，自称曰“寡人”。其在凶服，曰“适子孤”。临祭祀，内事曰“孝子某侯某”，外事曰“曾孙某侯某”。死曰“薨”，复曰“某甫复矣”。既葬见天子，曰“类见”，言谥曰“类”。诸侯使人使于诸侯，使者自称曰“寡君之老”。

天子穆穆，诸侯皇皇，大夫济济，士跄跄，庶人僬僬。

天子之妃曰“后”，诸侯曰“夫人”，大夫曰“孺人”，士曰“妇人”，庶人曰“妻”。公侯有夫人，有世妇，有妻，有妾。夫人自称于天子，曰“老妇”；自称于诸侯，曰“寡小君”；自称于其君，曰“小童”。自世妇以下，自称曰“婢子”。子于父母则自名也。列国之大夫，入天子之国曰某士；自称曰陪臣某。于外曰“子”，于其国曰“寡君之老”。使者自称曰某。

天子不言出，诸侯不生名，君子不亲恶。诸侯失地，名；灭同姓，名。

为人臣之礼，不显谏，三谏而不听，则逃之。子之事亲也，三谏而不听，则号泣而随之。

君有疾，饮药，臣先尝之。亲有疾，饮药，子先尝之。医不三世，不服其药。

儗人必于其伦。问天子之年，对曰：“闻之，始服衣若干尺矣。”问国君之年，长，曰“能从宗庙社稷之事矣”；幼，曰“未能从宗庙社稷之事也”。问大夫之子，长，曰“能御矣”；幼，曰“未能御也”。问士之子，长，曰“能典谒矣”；幼，曰“未能典谒也”。问庶人之子，长，曰“能负薪矣”；幼，曰“未能负薪也”。问国君之富，数地以对，山泽之所出。问大夫之富，曰“有宰，食力，祭器、衣服不假”。问士之富，以车数对。问庶人之富，数畜以对。

天子祭天地，祭四方，祭山川，祭五祀，岁遍。诸侯方祀，祭山川，祭五祀，岁遍。大夫祭五祀，岁遍。士祭其先。凡祭，有其废之，莫敢举也；有其举之，莫敢废也。非其所祭而祭之，名曰淫祀。淫祀无福。天子以牺牛，诸侯以肥牛，大夫以索牛，士以羊、豕。支子不祭，祭必告于宗子。

凡祭宗庙之礼，牛曰一元大武，豕曰刚鬣，豚曰腯肥，羊曰柔毛，鸡曰翰音，犬曰羹献，雉曰疏趾，兔曰明视；脯曰尹祭，槁鱼曰商祭，鲜鱼曰脡祭，水曰清涤，酒曰清酌，黍曰芗合，粱曰芗萁，稷曰明粢，稻曰嘉蔬，韭曰丰本，盐曰咸鹾；玉曰嘉玉，币曰量币。

天子死曰崩，诸侯曰薨，大夫曰卒，士曰不禄，庶人曰死。在床曰尸，在棺曰柩。羽鸟曰降，四足曰渍。死寇曰兵。祭王父曰皇祖考，王母曰皇祖妣。父曰皇考，母曰皇妣，夫曰皇辟。生曰父，曰母，曰妻；死曰考，曰妣，曰嫔。寿考曰卒，短折曰不禄。

天子，视不上于袷，不下于带；国君，绥视；大夫，衡视；士，视五步。凡视，上于面则敖，下于带则忧，倾则奸。

君命，大夫与士肄。在官言官，在府言府，在库言库，在朝言朝。朝言不及犬马。辍朝而顾，不有异事，必有异虑。故辍朝而顾，君子谓之固。在朝言礼，问礼，对以礼。

大飨不问卜，不饶富。

凡挚，天子鬯，诸侯圭，卿羔，大夫雁，士雉，庶人之挚匹，童子委挚而退。野外军中无挚，以缨、拾、矢可也。妇人之挚，椇、榛、脯、修、枣、栗。

纳女于天子，曰“备百姓”；于国君，曰“备酒浆”；于大夫，曰“备扫洒”。

檀弓上第三

公仪仲子之丧，檀弓免焉。仲子舍其孙而立其子，檀弓曰："何居？我未之前闻也。"趋而就子服伯子于门右，曰："仲子舍其孙而立其子，何也？"伯子曰："仲子亦犹行古之道也。昔者文王舍伯邑考而立武王，微子舍其孙腯而立衍也。夫仲子亦犹行古之道也。"子游问诸孔子，孔子曰："否！立孙。"

事亲有隐而无犯，左右就养无方，服勤至死，致丧三年。事君有犯而无隐，左右就养有方，服勤至死，方丧三年。事师无犯无隐，左右就养无方，服勤至死，心丧三年。

季武子成寝，杜氏之葬在西阶之下，请合葬焉，许之。入宫而不敢哭。武子曰："合葬，非古也。自周公以来未之有改也。吾许其大而不许其细，何居！"命之哭。

子上之母死而不丧。门人问诸子思曰："昔者子之先君子丧出母乎？"曰："然。""子之不使白也丧之，何也？"子思曰："昔者吾先君子无所失道，道隆则从而隆，道污则从而污，伋则安能？为伋也妻者，是为白也母；不为伋也妻者，是不为白也母。"故孔氏之不丧出母，自子思始也。

孔子曰："拜而后稽颡，颓乎其顺也；稽颡而后拜，颀乎其至也。三年之丧，吾从其至者。"

孔子既得合葬于防，曰："吾闻之，古也墓而不坟。今丘也，东西南北人也，不可以弗识也。"于是封之，崇四尺。孔子先反，门人后，雨甚；至，孔子问焉，曰："尔来何迟也？"曰："防墓崩。"孔子不应。三，孔子泫然流涕曰："吾闻之，古不修墓。"

孔子哭子路于中庭，有人吊者，而夫子拜之。既哭，进使者而问故。使者曰："醢之矣。"遂命覆醢。

曾子曰："朋友之墓有宿草，而不哭焉。"

子思曰："丧三日而殡，凡附于身者，必诚必信，勿之有悔焉耳矣。三月而葬，凡附于棺者，必诚必信，勿之有悔焉耳矣。丧三年以为极，亡则弗之忘矣。故君子有终身之忧，而无一朝之患。故忌日不乐。"

孔子少孤，不知其墓，殡于五父之衢。人之见之者皆以为葬也。其慎也盖殡也。问于郰曼父之母，然后得合葬于防。

邻有丧，舂不相；里有殡，不巷歌。

丧冠不緌。

有虞氏瓦棺，夏后氏塈周，殷人棺椁，周人墙置翣。

周人以殷人之棺椁葬长殇，以夏后氏之塈周葬中殇、下殇，以有虞氏之瓦棺葬无服之殇。

夏后氏尚黑，大事敛用昏，戎事乘骊，牲用玄。殷人尚白，大事敛用日中，戎事乘翰，牲用白。周人尚赤，大事敛用日出，戎事乘騵，牲用骍。

穆公之母卒，使人问于曾子曰："如之何？"对曰："申也闻诸申之父曰：哭泣之哀，齐斩之情，饘粥之食，自天子达。布幕，卫也；缪幕，鲁也。"

晋献公将杀其世子申生，公子重耳谓之曰："子盖言子之志于公乎？"世子曰："不可。君安骊姬，是我伤公之心也。"曰："然则盖行乎？"世子曰："不可。君谓我欲弑君也，天下岂有无父之国哉！吾何行如之？"使人辞于狐突曰："申生有罪，不念伯氏之言也，以至于死。申生不敢爱其死。虽然，吾君老矣，子少，国家多难，伯氏不出而图吾君？伯氏苟出而图吾君，申生受赐而死。"再拜稽首，乃卒。是以为恭世子也。

鲁人有朝祥而莫歌者，子路笑之。夫子曰："由！尔责于人，终无已夫！三年之丧，亦已久矣夫！"子路出，夫子曰："又多乎哉！逾月则其善也。"

鲁庄公及宋人战于乘丘，县贲父御，卜国为右。马惊，败绩，公队，佐车授绥，公曰："末之卜也。"县贲父曰："他日不败绩，而今败绩，是无勇也。"遂死之。圉人浴马，有流矢在白肉。公曰："非其罪也。"遂诔之。士之有诔，自此始也。

曾子寝疾，病。乐正子春坐于床下，曾元、曾申坐于足，童子隅坐而执烛。童子曰："华而睆，大夫之箦与？"子春曰："止！"曾子闻之，瞿然曰："呼！"曰："华而睆，大夫之箦与？"曾子曰："然。斯季孙之赐也，我未之能易也。元起易箦。"曾元曰："夫子之病革矣，不可以变。幸而至于旦，请敬易之。"曾子曰："尔之爱我也不如彼。君子之爱人也以德，细人之爱人也以姑息。吾何求哉？吾得正而毙焉，斯已矣。"举扶而易之,反席未安而没。

始死,充充如有穷;既殡,瞿瞿如有求而弗得;既葬,皇皇如有望而弗至。练而慨然,祥而廓然。

邾娄复之以矢,盖自战于升陉始也。鲁妇人之髽而吊也,自败于台鲐始也。

南宫绍之妻之姑之丧,夫子诲之髽,曰:"尔毋从从尔,尔毋扈扈尔。盖榛以为笄,长尺,而总八寸。"

孟献子禫,县而不乐,比御而不入。夫子曰:"献子加于人一等矣。"

孔子既祥,五日弹琴而不成声,十日而成笙歌。

有子盖既祥而丝屦、组缨。

死而不吊者三:畏、厌、溺。

子路有姊之丧,可以除之矣,而弗除也,孔子曰:"何弗除也?"子路曰:"吾寡兄弟而弗忍也。"孔子曰:"先王制礼,行道之人皆弗忍也。"子路闻之,遂除之。

大公封于营丘,比及五世,皆反葬于周。君子曰:"乐,乐其所自生。礼,不忘其本。古之人有言曰:'狐死正丘首。'仁也。"

伯鱼之母死,期而犹哭。夫子闻之,曰:"谁与哭者?"门人曰:"鲤也。"夫子曰:"嘻!其甚也。"伯鱼闻之,遂除之。

舜葬于苍梧之野,盖三妃未之从也。季武子曰:"周公盖附。"

曾子之丧,浴于爨室。

大功废业。或曰:大功,诵可也。

子张病,召申祥而语之曰:"君子曰终,小人曰死。吾今日其庶几乎!"

曾子曰:"始死之奠,其余阁也与?"

曾子曰:"小功不为位也者,是委巷之礼也。子思之哭嫂也为位,妇人倡踊。申祥之哭言思也亦然。"

古者冠缩缝,今也衡缝。故丧冠之反吉,非古也。

曾子谓子思曰:"伋!吾执亲之丧也,水浆不入于口者七日。"子思曰:"先王之制礼也,过之者俯而就之,不至焉者跂而及之。故君子之执亲之丧也,水浆不入于口者三日,杖而后能起。"

曾子曰:"小功不税,则是远兄弟终无服也,而可乎?"

伯高之丧,孔氏之使者未至,冉子摄束帛乘马而将之。孔子曰:

“异哉！徒使我不诚于伯高。”

伯高死于卫，赴于孔子，孔子曰：“吾恶乎哭诸？兄弟，吾哭诸庙；父之友，吾哭诸庙门之外；师，吾哭诸寝；朋友，吾哭诸寝门之外；所知，吾哭诸野。于野则已疏，于寝则已重。夫由赐也见我，吾哭诸赐氏。”遂命子贡为之主，曰：“为尔哭也来者，拜之；知伯高而来者，勿拜也。”

曾子曰：“丧有疾，食肉饮酒，必有草木之滋焉。”以为姜桂之谓也。

子夏丧其子而丧其明。曾子吊之，曰：“吾闻之也，朋友丧明则哭之。”曾子哭。子夏亦哭，曰：“天乎！予之无罪也。”曾子怒曰：“商！女何无罪也？吾与女事夫子于洙泗之间，退而老于西河之上，使西河之民疑女于夫子，尔罪一也。丧尔亲，使民未有闻焉，尔罪二也。丧尔子，丧尔明，尔罪三也。而曰女何无罪与？”子夏投其杖而拜，曰：“吾过矣！吾过矣！吾离群而索居亦已久矣。”

夫昼居于内，问其疾可也；夜居于外，吊之可也。是故君子非有大故，不宿于外；非致齐也，非疾也，不昼夜居于内。

高子皋之执亲之丧也，泣血三年，未尝见齿，君子以为难。

衰，与其不当物也，宁无衰。齐衰不以边坐，大功不以服勤。

孔子之卫，遇旧馆人之丧，入而哭之哀。出，使子贡说骖而赙之。子贡曰：“于门人之丧，未有所说骖，说骖于旧馆，无乃已重乎？”夫子曰：“予乡者入而哭之，遇于一哀而出涕。予恶夫涕之无从也。小子行之。”

孔子在卫，有送葬者，而夫子观之，曰：“善哉为丧乎！足以为法矣，小子识之。”子贡曰：“夫子何善尔也？”曰：“其往也如慕，其反也如疑。”子贡曰：“岂若速反而虞乎？”子曰：“小子识之，我未之能行也。”

颜渊之丧，馈祥肉，孔子出受之，入，弹琴而后食之。

孔子与门人立，拱而尚右，二三子亦皆尚右。孔子曰：“二三子之嗜学也，我则有姊之丧故也。”二三子皆尚左。

孔子蚤作，负手曳杖，消摇于门，歌曰：“泰山其颓乎！梁木其坏乎！哲人其萎乎！”既歌而入，当户而坐。子贡闻之，曰：“泰山其颓，则吾将安仰？梁木其坏，哲人其萎，则吾将安放？夫子殆将病也。”遂趋而入。夫子曰：“赐！尔来何迟也？夏后氏殡于东阶之上，则犹在阼也。殷人殡于两楹之间，则与宾主夹之也。周人殡于西阶之上，则犹宾之也。而丘也，殷人也。予畴昔之夜，梦坐奠于两楹之间。夫明王不兴，而天下其孰能宗予？予殆将死也。"盖寝疾七日而没。

孔子之丧，门人疑所服。子贡曰："昔者夫子之丧颜渊，若丧子而无服，丧子路亦然。请丧夫子若丧父而无服。"

孔子之丧，公西赤为志焉。饰棺墙，置翣，设披，周也；设崇，殷也；绸练设旐，夏也。

子张之丧，公明仪为志焉。褚幕丹质，蚁结于四隅，殷士也。

子夏问于孔子曰："居父母之仇如之何？"夫子曰："寝苫枕干，不仕，弗与共天下也。遇诸市朝，不反兵而斗。"曰："请问居昆弟之仇如之何？"曰："仕弗与共国，衔君命而使，虽遇之不斗。"曰："请问居从父昆弟之仇如之何？"曰："不为魁，主人能，则执兵而陪其后。"

孔子之丧，二三子皆绖而出。群居则绖，出则否。

易墓，非古也。

子路曰："吾闻诸夫子：丧礼，与其哀不足而礼有余也，不若礼不足而哀有余也。祭礼，与其敬不足而礼有余也，不若礼不足而敬有余也。"

曾子吊于负夏，主人既祖，填池，推柩而反之，降妇人而后行礼。从者曰："礼与？"曾子曰："夫祖者且也。且，胡为其不可以反宿也？"从者又问诸子游曰："礼与？"子游曰："饭于牖下，小敛于户内，大敛于阼，殡于客位，祖于庭，葬于墓，所以即远也。故丧事有进而无退。"曾子闻之曰："多矣乎予出祖者。"

曾子袭裘而吊，子游裼裘而吊。曾子指子游而示人曰："夫夫也，为习于礼者，如之何其裼裘而吊也。"主人既小敛，袒，括发，子游趋而出，袭裘、带、绖而入。曾子曰："我过矣！我过矣！夫夫是也。"

子夏既除丧而见，予之琴，和之而不和，弹之而不成声，作而曰："哀未忘也，先王制礼而弗敢过也。"子张既除丧而见，予之琴，和之而和，弹之而成声，作而曰："先王制礼，不敢不至焉。"

司寇惠子之丧，子游为之麻衰，牡麻绖。文子辞曰："子辱与弥牟之弟游，又辱为之服，敢辞。"子游曰："礼也。"文子退，反哭。子游趋而就诸臣之位。文子又辞曰："子辱与弥牟之弟游，又辱为之服，又辱临其丧，敢辞。"子游曰："固以请。"文子退，扶适子南面而立，曰："子辱与弥牟之弟游，又辱为之服，又辱临其丧，虎也敢不复位。"子游趋而就客位。

将军文子之丧既除丧，而后越人来吊，主人深衣练冠，待于庙，垂涕洟。子游观之，曰："将军文氏之子其庶几乎！亡于礼者之礼也，其动也中。"

幼名，冠字，五十以伯仲，死谥，周道也。

绖也者，实也。

掘中溜而浴，毁灶以缀足，及葬，毁宗躐行，出于大门，殷道也。学者行之。

子柳之母死，子硕请具。子柳曰："何以哉？"子硕曰："请粥庶弟之母。"子柳曰："如之何其粥人之母以葬其母也？不可。"既葬，子硕欲以赙布之余具祭器。子柳曰："不可。吾闻之也，君子不家于丧。请班诸兄弟之贫者。"

君子曰："谋人之军师，败则死之；谋人之邦邑，危则亡之。"

公叔文子升于瑕丘，蘧伯玉从。文子曰："乐哉斯丘也！死则我欲葬焉。"蘧伯玉曰："吾子乐之，则瑗请前。"

弁人有其母死而孺子泣者，孔子曰："哀则哀矣，而难为继也。夫礼，为可传也，为可继也，故哭踊有节。"

叔孙武叔之母死，既小敛，举者出户，出户袒，且投其冠，括发。子游曰："知礼？"

扶君，卜人师扶右，射人师扶左。君薨以是举。

从母之夫，舅之妻，二夫人相为服，君子未之言也。或曰同爨缌。

丧事欲其纵纵尔，吉事欲其折折尔。故丧事虽遽不陵节，吉事虽止不怠。故骚骚尔则野，鼎鼎尔则小人，君子盖犹犹尔。

丧具，君子耻具。一日二日而可为也者，君子弗为也。

丧服，兄弟之子犹子也，盖引而进之也；嫂叔之无服也，盖推而远之也；姑、姊、妹之薄也，盖有受我而厚之者也。

食于有丧者之侧，未尝饱也。

曾子与客立于门侧，其徒趋而出。曾子曰："尔将何之？"曰："吾父死，将出哭于巷。"曰："反哭于尔次。"曾子北面而吊焉。

孔子曰："之死而致死之，不仁而不可为也；之死而致生之，不知而不可为也。是故竹不成用，瓦不成味，木不成斫，琴瑟张而不平，竽笙备而不和，有钟磬而无簨虡。其曰明器，神明之也。"

有子问于曾子曰："问丧于夫子乎？"曰："闻之矣，丧欲速贫，死欲速朽。"有子曰："是非君子之言也。"曾子曰："参也闻诸夫子也。"有子又曰："是非君子之言也。"曾子曰："参也与子游闻之。"有子曰："然。然则夫子有为言之也。"曾子以斯言告于子游。子游曰："甚哉，有子之言似夫子也。昔者夫子居于宋，见桓司马自为石椁，三年而不成。夫子曰：'若是其靡也，死不如速朽之愈也。'死之欲速朽，为桓司马言之也。南宫敬叔反，必载宝而朝。夫子曰：'若是其货也，丧不如速贫之愈也。'丧之欲速贫，为敬叔言之也。"曾子以子游之言告于有子，有子曰："然。吾固曰非夫子之言也。"曾子曰："子何以知之？"有子曰："夫子制于中都，四寸之棺，五寸之椁，以斯知不欲速朽也。昔者夫子失鲁司寇，将之荆，盖先之以子夏，又申之以冉有，以斯知不欲速贫也。"

陈庄子死，赴于鲁，鲁人欲勿哭，缪公召县子而问焉。县子曰："古之大夫，束脩之问不出竟，虽欲哭之，安得而哭之？今之大夫，交政于中国，虽欲勿哭，焉得而弗哭？且臣闻之，哭有二道：有爱而哭之，有畏而哭之。"公曰："然。然则如之何而可？"县子曰："请哭诸异姓之庙。"于是与哭诸县氏。

仲宪言于曾子曰："夏后氏用明器，示民无知也。殷人用祭器，示民有知也。周人兼用之，示民疑也。"曾子曰："其不然乎！其不然乎！夫明器，鬼器也。祭器，人器也。夫古之人胡为而死其亲乎？"

公叔木有同母异父之昆弟死，问于子游。子游曰："其大功乎！"狄仪有同母异父之昆弟死，问于子夏。子夏曰："我未之前闻也。鲁人则为之齐衰。"狄仪行齐衰。今之齐衰，狄仪之问也。

子思之母死于卫，柳若谓子思曰："子，圣人之后也。四方於子乎观礼，子盖慎诸。"子思曰："吾何慎哉！吾闻之，有其礼，无其财，君子弗行也；有其礼，有其财，无其时，君子弗行也。吾何慎哉！"

县子琐曰："吾闻之，古者不降，上下各以其亲。滕伯文为孟虎齐衰，其叔父也；为孟皮齐衰，其叔父也。"

后木曰："丧，吾闻诸县子曰：夫丧，不可不深长思也，买棺外内易，我死则亦然。"

曾子曰："尸未设饰，故帷堂，小敛而彻帷。"仲梁子曰："夫妇方乱，故帷堂，小敛而彻帷。"

小敛之奠，子游曰："于东方。"曾子曰："于西方，敛斯席矣。"小敛之奠在西方，鲁礼之末失也。

县子曰："绤衰、繐裳，非古也。"

子蒲卒，哭者呼灭。子皋曰："若是野哉！"哭者改之。

杜桥之母之丧，宫中无相，以为沽也。

夫子曰："始死，羔裘、玄冠者，易之而已。"羔裘、玄冠，夫子不以吊。

子游问丧具，夫子曰："称家之有亡。"子游曰："有亡恶乎齐？"夫子曰："有，毋过礼。苟亡矣，敛首足形，还葬，县棺而封，人岂有非之者哉！"

司士贲告于子游曰："请袭于床。"子游曰："诺。"县子闻之，曰："汰哉叔氏！专以礼许人。"

宋襄公葬其夫人，醯醢百瓮。曾子曰："既曰明器矣，而又实之。"

孟献子之丧，司徒旅归四布。夫子曰："可也。"

读赗，曾子曰："非古也，是再告也。"

成子高寝疾，庆遗入，请曰："子之病革矣，如至乎大病，则如之何？"子高曰："吾闻之也，生有益于人，死不害于人。吾纵生无益于人，吾可以死害于人乎哉？我死，则择不食之地而葬我焉。"

子夏问诸夫子曰："居君之母与妻之丧，居处、言语、饮食衎尔。"

宾客至，无所馆。夫子曰："生于我乎馆，死于我乎殡。"

国子高曰："葬也者，藏也。藏也者，欲人之弗得见也。是故衣足以饰身，棺周于衣，椁周于棺，土周于椁，反壤树之哉！"

孔子之丧，有自燕来观者，舍于子夏氏。子夏曰："圣人之葬人与？人之葬圣人也，子何观焉？昔者夫子言之曰：'吾见封之若堂者矣，见若坊者矣，见若覆夏屋者矣，见若斧者矣，从若斧者焉。'马鬣封之谓也。今一日而三斩板，而已封，尚行夫子之志乎哉！"

妇人不葛带。

有荐新，如朔奠。

既葬，各以其服除。

池视重溜。

君即位而为椑，岁壹漆之，藏焉。

复、楔齿、缀足、饭、设饰、帷堂并作。

父兄命赴者。

君复于小寝、大寝，小祖、大祖，库门、四郊。

丧不剥，奠也与？祭肉也与？

既殡旬而布材与明器。

朝奠日出，夕奠逮日。

父母之丧，哭无时，使必知其反也。

练，练衣黄里、縓缘，葛要绖，绳屦无絇，角瑱，鹿裘衡、长、袪。袪，裼之可也。

有殡，闻远兄弟之丧，虽缌必往；非兄弟，虽邻不往。

所识，其兄弟不同居者，皆吊。

天子之棺四重，水兕革棺被之，其厚三寸，杝棺一，梓棺二。四者皆周。棺束，缩二，衡三，衽，每束一。伯椁以端，长六尺。

天子之哭诸侯也，爵弁绖，缁衣。或曰：使有司哭之，为之不以乐食。

天子之殡也，菆涂龙輴以椁，加斧于椁上，毕涂屋，天子之礼也。

唯天子之丧，有别姓而哭。

鲁哀公诔孔丘曰："天不遗耆老，莫相予位焉。呜呼哀哉！尼父！"

国亡大县邑，公、卿、大夫、士皆厌冠，哭于大庙三日，君不举。或曰：君举，而哭于后土。

孔子恶野哭者。

未仕者不敢税人，如税人，则以父兄之命。

士备入而后朝夕踊。

祥而缟，是月禫，徙月乐。

君于士，有赐帟。

檀弓下第四

君之适长殇，车三乘；公之庶长殇，车一乘；大夫之适长殇，车一乘。

公之丧，诸达官之长杖。

君于大夫，将葬，吊于宫，及出，命引之，三步则止。如是者三，君退。朝亦如之，哀次亦如之。

五十无车者，不越疆而吊人。

季武子寝疾，蟜固不说齐衰而入见，曰："斯道也，将亡矣：士唯公门说齐衰。"武子曰："不亦善乎！君子表微。"及其丧也，曾点倚其门而歌。

大夫吊，当事而至，则辞焉。

吊于人，是日不乐。妇人不越疆而吊人。行吊之日不饮酒食肉焉。

吊于葬者，必执引；若从柩，及圹，皆执绋。

丧，公吊之，必有拜者，虽朋友、州里、舍人可也。吊曰"寡君承事"。主人曰"临"。

君遇柩于路，必使人吊之。

大夫之丧，庶子不受吊。

妻之昆弟为父后者死，哭之适室，子为主，袒、免、哭、踊。夫入门右，使人立于门外，告来者，狎则入哭。父在，哭于妻之室；非为父后者，哭诸异室。

有殡，闻远兄弟之丧，哭于侧室。无侧室，哭于门内之右；同国则往哭之。

子张死，曾子有母之丧，齐衰而往哭之。或曰："齐衰不以吊。"曾子曰："我吊也与哉！"

有若之丧，悼公吊焉，子游摈由左。

齐谷王姬之丧，鲁庄公为之大功。或曰：由鲁嫁，故为之服姊妹之服。或曰：外祖母也，故为之服。

晋献公之丧，秦穆公使人吊公子重耳，且曰："寡人闻之，亡国恒于斯，得国恒于斯。虽吾子俨然在忧服之中，丧亦不可久也，时亦不可失也。孺子其图之。”以告舅犯。舅犯曰：“孺子其辞焉。丧人无宝，仁亲以为宝。父死之谓何？又因以为利，而天下其孰能说之？孺子其辞焉。”公子重耳对客曰：“君惠吊亡臣重耳，身丧父死，不得与于哭泣之哀，以为君忧。父死之谓何？或敢有他志，以辱君义。”稽颡而不拜，哭而起，起而不私。子显以致命于穆公。穆公曰：“仁夫公子重耳！夫稽颡而不拜，则未为后也，故不成拜。哭而起，则爱父也；起而不私，则远利也。”

帷殡，非古也，自敬姜之哭穆伯始也。

丧礼，哀戚之至也。节哀，顺变也，君子念始之者也。复，尽爱之道也，有祷祠之心焉。望反诸幽，求诸鬼神之道也；北面，求诸幽之义也。拜稽颡，哀戚之至隐也。稽颡，隐之甚也。饭用米、贝，弗忍虚也。不以食道，用美焉尔。铭，明旌也。以死者为不可别已，故以其旗识之。爱之，斯录之矣；敬之，斯尽其道焉耳。重，主道也。殷主缀重焉，周主重彻焉。奠以素器，以生者有哀素之心也。唯祭祀之礼，主人自尽焉尔，岂知神之所飨，亦以主人有齐敬之心也。辟踊，哀之至也。有筭，为之节文也。袒、括发，变也。愠，哀之变也。去饰，去美也。袒、括发，去饰之甚也。有所袒，有所袭，哀之节也。弁绖葛而葬，与神交之道也，有敬心焉。周人弁而葬，殷人冔而葬。歠主人、主妇、室老，为其病也，君命食之也。反哭升堂，反诸其所作也。主妇入于室，反诸其所养也。反哭之吊也，哀之至也。反而亡焉，失之矣，于是为甚。殷既封而吊，周反哭而吊。孔子曰：“殷已悫，吾从周。”葬于北方北首，三代之达礼也，之幽之故也。既封，主人赠，而祝宿虞尸。既反哭，主人与有司视虞牲，有司以几筵舍奠于墓左，反，日中而虞。葬日虞，弗忍一日离也。是月也，以虞易奠。卒哭曰成事。是日也，以吉祭易丧祭，明日祔于祖父。其变而之吉祭也，比至于祔，必于是日也接，不忍一日末有所归也。殷练而祔，周卒哭而祔。孔子善殷。

君临臣丧，以巫祝桃茢执戈，恶之也，所以异于生也。

丧有死之道焉，先王之所难言也。

丧之朝也，顺死者之孝心也。其哀离其室也，故至于祖考之庙而后行。殷朝而殡于祖，周朝而遂葬。

孔子谓为明器者知丧道矣，备物而不可用也。哀哉！死者而用生者之器也，不殆于用殉乎哉！其曰明器，神明之也。涂车、刍灵，自古有之，明器之道也。孔子谓为刍灵者善，谓为俑者不仁，不殆于用人乎哉！

穆公问于子思曰："为旧君反服，古与？"子思曰："古之君子进人以礼，退人以礼，故有旧君反服之礼也。今之君子，进人若将加诸膝，退人若将队诸渊，毋为戎首，不亦善乎！又何反服之礼之有？"

悼公之丧，季昭子问于孟敬子曰："为君何食？"敬子曰："食粥，天下之达礼也。吾三臣者之不能居公室也，四方莫不闻矣，勉而为瘠，则吾能，毋乃使人疑夫不以情居瘠者乎哉！我则食食。"

卫司徒敬子死，子夏吊焉，主人未小敛，绖而往。子游吊焉，主人既小敛，子游出绖，反哭。子夏曰："闻之也与？"曰："闻诸夫子：主人未改服则不绖。"

曾子曰："晏子可谓知礼也已，恭敬之有焉。"有若曰："晏子一狐裘三十年，遣车一乘，及墓而反；国君七个，遣车七乘；大夫五个，遣车五乘。晏子焉知礼？"曾子曰："国无道，君子耻盈礼焉。国奢则示之以俭，国俭则示之以礼。"

国昭子之母死，问于子张曰："葬及墓，男子、妇人安位？"子张曰："司徒敬子之丧，夫子相，男子西乡，妇人东乡。"曰："噫！毋！"曰："我丧也斯沾。尔专之，宾为宾焉，主为主焉，妇人从男子皆西乡。"

穆伯之丧，敬姜昼哭；文伯之丧，昼夜哭。孔子曰："知礼矣。"

文伯之丧，敬姜据其床而不哭，曰："昔者吾有斯子也，吾以将为贤人也，吾未尝以就公室。今及其死也，朋友、诸臣未有出涕者，而内人皆行哭失声。斯子也，必多旷于礼矣夫！"

季康子之母死，陈亵衣。敬姜曰："妇人不饰不敢见舅姑。将有四方之宾来，亵衣何为陈于斯？"命彻之。

有子与子游立，见孺子慕者。有子谓子游曰："予壹不知夫丧之踊也，予欲去之久矣。情在于斯，其是也夫！"子游曰："礼有微情者，有以故兴物者。有直情而径行者，戎狄之道也。礼道则不然。人喜则斯陶，陶斯咏，咏斯犹，犹斯舞，舞斯愠，愠斯戚，戚斯叹，叹斯辟，辟斯踊矣。品节斯，斯之谓礼。人死，斯恶之矣；无能也，斯倍之矣。是故制绞、衾，设蒌、翣，为使人勿恶也。始死，脯醢之奠，将行，遣而行之，既葬而食之，未有见其飨之者也。自上世以来，未之有舍也，为使人勿倍也。故子之所刺于礼者，亦非礼之訾也。"

吴侵陈，斩祀杀厉。师还出竟，陈大宰嚭使于师，夫差谓行人仪曰:"是夫也多言,盍尝问焉。师必有名,人之称斯师也者,则谓之何?"大宰嚭曰:"古之侵伐者,不斩祀,不杀厉,不获二毛。今斯师也,杀厉与?其不谓之杀厉之师与?"曰:"反尔地,归尔子,则谓之何?"曰:"君王讨敝邑之罪,又矜而赦之,师与有无名乎?"

颜丁善居丧:始死,皇皇焉如有求而弗得;及殡,望望焉如有从而弗及;既葬,慨焉如不及其反而息。

子张问曰:"书云:'高宗三年不言,言乃欢。'有诸?"仲尼曰:"胡为其不然也!古者天子崩,王世子听于冢宰三年。"

知悼子卒,未葬。平公饮酒,师旷、李调侍,鼓钟。杜蒉自外来,闻钟声,曰:"安在?"曰:"在寝。"杜蒉入寝,历阶而升,酌,曰:"旷饮斯。"又酌,曰:"调饮斯。"又酌,堂上北面坐饮之,降,趋而出。平公呼而进之,曰:"蒉!曩者尔心或开予,是以不与尔言。尔饮旷何也?"曰:"子卯不乐。知悼子在堂,斯其为子卯也大矣。旷也,大师也,不以诏,是以饮之也。""尔饮调何也?"曰:"调也,君之亵臣也,为一饮一食忘君之疾,是以饮之也。""尔饮何也?"曰:"蒉也,宰夫也,非刀匕是共,又敢与知防,是以饮之也。"平公曰:"寡人亦有过焉,酌而饮寡人。"杜蒉洗而扬觯。公谓侍者曰:"如我死,则必无废斯爵也。"至于今,既毕献,斯扬觯,谓之杜举。

公叔文子卒,其子戍请谥于君曰:"日月有时,将葬矣,请所以易其名者。"君曰:"昔者卫国凶饥,夫子为粥与国之饿者,是不亦惠乎!昔者卫国有难,夫子以其死卫寡人,不亦贞乎!夫子听卫国之政,修其班制,以与四邻交,卫国之社稷不辱,不亦文乎!故谓夫子贞惠文子。"

石骀仲卒,无适子,有庶子六人,卜所以为后者,曰:"沐浴佩玉则兆。"五人者皆沐浴佩玉。石祁子曰:"孰有执亲之丧而沐浴佩玉者乎?"不沐浴佩玉。石祁子兆,卫人以龟为有知也。

陈子车死于卫,其妻与其家大夫谋以殉葬,定而后陈子亢至。以告曰:"夫子疾,莫养于下,请以殉葬。"子亢曰:"以殉葬,非礼也。虽然,则彼疾当养者孰若妻与宰?得已,则吾欲已;不得已,则吾欲以二子者之为之也。"于是弗果用。

子路曰:"伤哉贫也!生无以为养,死无以为礼也。"孔子曰:"啜菽饮水尽其欢,斯之谓孝。敛手足形,还葬而无椁,称其财,斯之谓礼。"

卫献公出奔，反于卫，及郊，将班邑于从者而后入。柳庄曰："如皆守社稷，则孰执羁靮而从？如皆从，则孰守社稷？君反其国而有私也，毋乃不可乎？"弗果班。

卫有大史曰柳庄，寝疾。公曰："若疾革，虽当祭必告。"公再拜稽首请于尸曰："有臣柳庄也者，非寡人之臣，社稷之臣也。闻之死，请往。"不释服而往，遂以襚之，与之邑裘氏与县潘氏，书而纳诸棺曰："世世万子孙无变也。"

陈乾昔寝疾，属其兄弟而命其子尊己曰："如我死，则必大为我棺，使吾二婢子夹我。"陈乾昔死，其子曰："以殉葬，非礼也，况又同棺乎！"弗果杀。

仲遂卒于垂；壬午犹绎，万入，去籥。仲尼曰："非礼也。卿卒不绎。"

季康子之母死，公输若方小。敛，般请以机封，将从之。公肩假曰："不可。夫鲁有初，公室视丰碑，三家视桓楹。般！尔以人之母尝巧，则岂不得以？其毋以尝巧者乎，则病者乎？噫！"弗果从。

战于郎，公叔禺人遇负杖入保者息，曰："使之虽病也，任之虽重也，君子不能为谋也，士弗能死也，不可！我则既言矣。"与其邻童汪踦往，皆死焉。鲁人欲勿殇童汪踦，问于仲尼。仲尼曰："能执干戈以卫社稷，虽欲勿殇也，不亦可乎！"

子路去鲁，谓颜渊曰："何以赠我？"曰："吾闻之也，去国则哭于墓而后行，反其国不哭，展墓而入。"谓子路曰："何以处我？"子路曰："吾闻之也，过墓则式，过祀则下。"

工尹商阳与陈弃疾追吴师，及之。陈弃疾谓工尹商阳曰："王事也，子手弓而可。"手弓。"子射诸。"射之，毙一人，韔弓。又及，谓之，又毙二人。每毙一人，掩其目。止其御，曰："朝不坐，燕不与，杀三人亦足以反命矣。"孔子曰："杀人之中，又有礼焉。"

诸侯伐秦，曹桓公卒于会。诸侯请含，使之袭。

襄公朝于荆，康王卒。荆人曰："必请袭。"鲁人曰："非礼也。"荆人强之。巫先拂柩。荆人悔之。

滕成公之丧，使子叔敬叔吊，进书，子服惠伯为介。及郊，为懿伯之忌，不入。惠伯曰："政也，不可以叔父之私不将公事。"遂入。

哀公使人吊蒉尚，遇诸道，辟于路，画宫而受吊焉。曾子曰："蒉尚不如杞梁之妻之知礼也。齐庄公袭莒于夺，杞梁死焉。其妻迎其柩于路而哭之哀。庄公使人吊之。对曰:‘君之臣不免于罪,则将肆诸市朝,而妻妾执。君之臣免于罪,则有先人之敝庐在,君无所辱命。’”

孺子䵣之丧,哀公欲设拨,问于有若。有若曰:“其可也。君之三臣犹设之。”颜柳曰:“天子龙輴而椁帱,诸侯輴而设帱,为榆沈,故设拨;三臣者废輴而设拨。窃礼之不中者也,而君何学焉。”

悼公之母死,哀公为之齐衰。有若曰:“为妾齐衰,礼与?”公曰:“吾得已乎哉!鲁人以妻我。”

季子皋葬其妻,犯人之禾。申祥以告,曰:“请庚之。”子皋曰:“孟氏不以是罪予,朋友不以是弃予,以吾为邑长于斯也。买道而葬,后难继也。”

仕而未有禄者,君有馈焉曰献,使焉曰寡君。违而君薨,弗为服也。

虞而立尸,有几筵。

卒哭而讳,生事毕而鬼事始已。既卒哭,宰夫执木铎以命于宫曰:“舍故而讳新。”自寝门至于库门。

二名不偏讳。夫子之母名征在,言在不称征,言征不称在。

军有忧,则素服哭于库门之外,赴车不载櫜韔。

有焚其先人之室,则三日哭。

故曰:“新宫火,亦三日哭。”

孔子过泰山侧,有妇人哭于墓者而哀。夫子式而听之,使子贡问之曰:“子之哭也,壹似重有忧者。”而曰:“然。昔者吾舅死于虎,吾夫又死焉,今吾子又死焉。”夫子曰:“何为不去也?”曰:“无苛政。”夫子曰:“小子识之,苛政猛于虎也。”

鲁人有周丰也者,哀公执挚请见之,而曰不可。公曰:“我其已夫。”使人问焉,曰:“有虞氏未施信于民,而民信之;夏后氏未施敬于民,而民敬之。何施而得斯于民也?”对曰:“墟墓之间,未施哀于民而民哀;社稷宗庙之中,未施敬于民而民敬。殷人作誓而民始畔,周人作会而民始疑。苟无礼义、忠信、诚悫之心以莅之,虽固结之,民其不解乎?”

丧不虑居,毁不危身。丧不虑居,为无庙也。毁不危身,为无后也。

延陵季子适齐,于其反也,其长子死,葬于嬴、博之间。孔子曰:

"延陵季子,吴之习于礼者也。"往而观其葬焉。其坎深不至于泉,其敛以时服。既葬而封,广轮掩坎,其高可隐也。既封,左袒,右还其封且号者三,曰:"骨肉归复于土,命也。若魂气则无不之也,无不之也。"而遂行。孔子曰:"延陵季子之于礼也,其合矣乎!"

邾娄考公之丧,徐君使容居来吊、含,曰:"寡君使容居坐含,进侯玉,其使容居以含。"有司曰:"诸侯之来辱敝邑者,易则易,于则于,易于杂者,未之有也。"容居对曰:"容居闻之,事君不敢忘其君,亦不敢遗其祖。昔我先君驹王西讨,济于河,无所不用斯言也。容居,鲁人也,不敢忘其祖。"

子思之母死于卫,赴于子思,子思哭于庙。门人至,曰:"庶氏之母死,何为哭于孔氏之庙乎?"子思曰:"吾过矣,吾过矣。"遂哭于他室。

天子崩三日,祝先服;五日,官长服;七日,国中男女服;三月,天下服。虞人致百祀之木可以为棺椁者斩之。不至者,废其祀,刎其人。

齐大饥,黔敖为食于路,以待饿者而食之。有饿者蒙袂辑屦,贸贸然来。黔敖左奉食,右执饮,曰:"嗟来食!"扬其目而视之,曰:"予唯不食嗟来之食,以至于斯也。"从而谢焉。终不食而死。曾子闻之,曰:"微与!其嗟也可去,其谢也可食。"

邾娄定公之时,有弑其父者,有司以告。公瞿然失席,曰:"是寡人之罪也。"曰:"寡人尝学断斯狱矣:臣弑君,凡在官者杀无赦。子弑父,凡在宫者杀无赦。杀其人,坏其室,洿其宫而猪焉。盖君逾月而后举爵。"

晋献文子成室,晋大夫发焉。张老曰:"美哉轮焉!美哉奂焉!歌于斯,哭于斯,聚国族于斯。"文子曰:"武也得歌于斯,哭于斯,聚国族于斯,是全要领以从先大夫于九京也。"北面再拜稽首。君子谓之善颂善祷。

仲尼之畜狗死,使子贡埋之,曰:"吾闻之也,敝帷不弃,为埋马也;敝盖不弃,为埋狗也。丘也贫,无盖,于其封也,亦予之席,毋使其首陷焉。"路马死,埋之以帷。

季孙之母死,哀公吊焉。曾子与子贡吊焉,阍人为君在,弗内也。曾子与子贡入于其厩而修容焉。子贡先入,阍人曰:"乡者已告矣。"曾子后入,阍人辟之。涉内溜,卿大夫皆辟位,公降一等而揖之。君子言之曰："尽饰之道，斯其行者远矣。"

阳门之介夫死，司城子罕入而哭之哀。晋人之觇宋者反报于晋侯曰："阳门之介夫死，而子罕哭之哀，而民说，殆不可伐也。"孔子闻之曰："善哉觇国乎！诗云：'凡民有丧，扶服救之。'虽微晋而已，天下其孰能当之。"

鲁庄公之丧，既葬，而绖不入库门。士、大夫既卒哭，麻不入。

孔子之故人曰原壤，其母死，夫子助之沐椁。原壤登木曰："久矣予之不托于音也。"歌曰："狸首之斑然，执女手之卷然。"夫子为弗闻也者而过之，从者曰："子未可以已乎？"夫子曰："丘闻之，亲者毋失其为亲也，故者毋失其为故也。"

赵文子与叔誉观乎九原。文子曰："死者如可作也，吾谁与归？"叔誉曰："其阳处父乎？"文子曰："行并植于晋国，不没其身，其知不足称也。""其舅犯乎？"文子曰："见利不顾其君，其仁不足称也。我则随武子乎！利其君，不忘其身；谋其身，不遗其友。"晋人谓文子知人。文子其中退然如不胜衣，其言呐呐然如不出诸其口。所举于晋国管库之士七十有余家，生不交利，死不属其子焉。叔仲皮学子柳。

叔仲皮死，其妻鲁人也，衣衰而缪绖。叔仲衍以告，请繐衰而环绖，曰："昔者吾丧姑姊妹亦如斯，末吾禁也。"退使其妻繐衰而环绖。

成人有其兄死，而不为衰者，闻子皋将为成宰，遂为衰。成人曰："蚕则绩而蟹有匡，范则冠而蝉有緌，兄则死而子皋为之衰。"

乐正子春之母死，五日而不食。曰："吾悔之，自吾母而不得吾情，吾恶乎用吾情。"

岁旱，穆公召县子而问然，曰："天久不雨吾欲暴尪而奚若？"曰："天久不雨，而暴人之疾子，虐，毋乃不可与！""然则吾欲暴巫而奚若？"曰："天则不雨而望之愚妇人，于以求之，毋乃已疏乎！""徙市则奚若？"曰："天子崩，巷市七日；诸侯薨，巷市三日。为之徙市，不亦可乎！"

孔子曰："卫人之祔也，离之；鲁人之祔也，合之，善夫！"

王制第五

王者之制禄爵，公、侯、伯、子、男，凡五等。诸侯之上大夫卿、下大夫、上士、中士、下士，凡五等。

天子之田方千里，公侯田方百里，伯七十里，子男五十里。不能五十里者，不合于天子，附于诸侯，曰附庸。天子之三公之田视公侯，天子之卿视伯，天子之大夫视子男，天子之元士视附庸。

制：农田百亩。百亩之分，上农夫食九人，其次食八人，其次食七人，其次食六人，下农夫食五人。庶人在官者，其禄以是为差也。

诸侯之下士视上农夫，禄足以代其耕也。中士倍下士，上士倍中士，下大夫倍上士，卿四大夫禄，君十卿禄。次国之卿三大夫禄，君十卿禄。小国之卿倍大夫禄，君十卿禄。

次国之上卿位当大国之中，中当其下，下当其上大夫。小国之上卿位当大国之下卿，中当其上大夫，下当其下大夫，其有中士、下士者，数各居其上之三分。

凡四海之内九州，州方千里。州，建百里之国三十，七十里之国六十，五十里之国百有二十，凡二百一十国。名山大泽不以封，其余以为附庸、间田。八州，州二百一十国。天子之县内，方百里之国九，七十里之国二十有一，五十里之国六十有三，凡九十三国。名山大泽不以昛，其余以禄士，以为间田。凡九州，千七百七十三国。天子之元士、诸侯之附庸不与。

天子百里之内以共官，千里之内以为御。

千里之外设方伯。五国以为属，属有长。十国以为连，连有帅。三十国以为卒，卒有正。二百一十国以为州，州有伯。八州，八伯，五十六正，百六十八帅，三百三十六长。八伯各以其属属于天子之老二人，分天下以为左右，曰二伯。

千里之内曰甸，千里之外，曰采，曰流。

天子三公，九卿，二十七大夫，八十一元士。大国三卿，皆命于天子，下大夫五人，上士二十七人。次国三卿，二卿命于天子，一卿命于其君，下大夫五人，上士二十七人。小国二卿，皆命于其君，下大夫五人，上士二十七人。

天子使其大夫为三监，监于方伯之国，国三人。天子之县内诸侯，禄也；外诸侯，嗣也。

制：三公一命卷；若有加，则赐也，不过九命；次国之君不过七命，小国之君不过五命。大国之卿不过三命，下卿再命；小国之卿与下大夫一命。

凡官民材，必先论之，论辨然后使之，任事然后爵之，位定然后禄之。

爵人于朝，与士共之；刑人于市，与众弃之。是故公家不畜刑人，大夫弗养，士遇之涂，弗与言也。屏之四方，唯其所之，不及以政，亦弗故生也。

诸侯之于天子也，比年一小聘，三年一大聘，五年一朝。

天子五年一巡守。岁二月，东巡守，至于岱宗，柴而望祀山川，觐诸侯，问百年者就见之。命大师陈诗以观民风；命市纳贾，以观民之所好恶，志淫好辟；命典礼考时月，定日同律，礼乐、制度、衣服正之。山川神祇有不举者为不敬，不敬者君削以地；宗庙有不顺者为不孝，不孝者君绌以爵；变礼易乐者为不从，不从者君流；革制度衣服者为畔，畔者君讨；有功德于民者，加地进律。五月，南巡守，至于南岳，如东巡守之礼。八月，西巡守，至于西岳，如南巡守之礼。十有一月，北巡守，至于北岳，如西巡守之礼。归假于祖祢，用特。

天子将出，类乎上帝，宜乎社，造乎祢。诸侯将出，宜乎社，造乎祢。

天子无事与诸侯相见，曰朝。考礼、正刑、一德，以尊于天子。天子赐诸侯乐，则以柷将之；赐伯子男乐，则以鼗将之。诸侯赐弓矢，然后征；赐𫓧钺，然后杀赐圭瓒，然后为鬯。未赐圭瓒，则资鬯于天子。天子命之教，然后为学。小学在公宫南之左，大学在郊。天子曰辟雍，诸侯曰頖宫。

天子将出征，类乎上帝，宜乎社，造乎祢，禡于所征之地，受命于祖，受成于学。出征执有罪，反，释奠于学，以讯馘告。

天子诸侯无事，则岁三田：一为乾豆，二为宾客，三为充君之庖。无事而不田曰不敬，田不以礼曰暴天物。天子不合围，诸侯不掩群。天子杀则下大绥，诸侯杀则下小绥，大夫杀则止佐车。佐车止则百姓田猎。獭祭鱼，然后虞人入泽梁；豺祭兽，然后田猎；鸠化为鹰，然后设罻罗;草木零落,然后入山林。昆虫未蛰,不以火田。不麑,不卵,不杀胎,不殀夭,不覆巢。

冢宰制国用,必于岁之杪。五谷皆入,然后制国用。用地小大,视年之丰耗,以三十年之通制国用,量入以为出。祭用数之仂。丧三年不祭,唯祭天地社稷,为越绋而行事。丧用三年之仂。丧祭,用不足曰暴,有余曰浩。祭,丰年不奢,凶年不俭。国无九年之蓄曰不足,无六年之蓄曰急,无三年之蓄曰国非其国也。三年耕必有一年之食,九年耕必有三年之食。以三十年之通,虽有凶旱水溢,民无菜色,然后天子食日举以乐。

天子七日而殡,七月而葬;诸侯五日而殡,五月而葬;大夫、士、庶人三日而殡,三月而葬。三年之丧,自天子达。庶人县封,葬不为雨止,不封不树。丧不贰事,自天子达于庶人。丧从死者,祭从生者。支子不祭。

天子七庙,三昭三穆,与太祖之庙而七。诸侯五庙,二昭二穆,与太祖之庙而五。大夫三庙,一昭一穆,与大祖之庙而三。士一庙。庶人祭于寝。

天子、诸侯宗庙之祭,春曰礿,夏曰禘,秋曰尝,冬曰烝。

天子祭天地,诸侯祭社稷,大夫祭五祀。天子祭天下名山大川,五岳视三公,四渎视诸侯。诸侯祭名山大川之在其地者。天子、诸侯祭因国之在其地而无主后者。

天子犆礿,祫禘,祫尝,祫烝。诸侯礿则不禘,禘则不尝,尝则不烝,烝则不礿。诸侯礿犆,禘一犆一祫,尝祫,烝祫。

天子社稷皆大牢,诸侯社稷皆少牢。大夫、士宗庙之祭,有田则祭,无田则荐。庶人春荐韭,夏荐麦,秋荐黍,冬荐稻。韭以卵,麦以鱼,黍以豚,稻以雁。祭天地之牛角茧栗,宗庙之牛角握,宾客之牛角尺。诸侯无故不杀牛,大夫无故不杀羊,士无故不杀犬豕,庶人无故不食珍。庶羞不逾牲,燕衣不逾祭服,寝不逾庙。

古者,公田藉而不税。市,廛而不税。关,讥而不征,林麓川泽以时入而不禁,夫圭田无征,用民之力,岁不过三日,田里不粥,墓地不请。

司空执度度地,居民山川沮泽,时四时,量地远近,兴事任力。凡使民,任老者之事,食壮者之食。

凡居民材,必因天地寒暖燥湿。广谷大川异制,民生其间者异俗，刚柔、轻重、迟速异齐，五味异和，器械异制，衣服异宜。修其教，不易其俗；齐其政，不易其宜。

中国戎夷五方之民，皆有其性也，不可推移。东方曰夷，被髮文身，有不火食者矣。南方曰蛮，雕题交趾，有不火食者矣。西方曰戎，被髮衣皮，有不粒食者矣。北方曰狄，衣羽毛穴居，有不粒食者矣。中国、夷、蛮、戎、狄，皆有安居、和味、宜服、利用、备器。五方之民，言语不通，嗜欲不同。达其志，通其欲，东方曰寄，南方曰象，西方曰狄鞮，北方曰译。

凡居民，量地以制邑，度地以居民。地、邑、民居，必参相得也。无旷土，无游民，食节事时，民咸安其居，乐事劝功，尊君亲上，然后兴学。

司徒修六礼以节民性，明七教以兴民德，齐八政以防淫，一道德以同俗，养耆老以致孝，恤孤独以逮不足，上贤以崇德，简不肖以绌恶。

命乡简不帅教者以告，耆老皆朝于庠，元日，习射上功，习乡上齿，大司徒帅国之俊士与执事焉。不变，命国之右乡简不帅教者移之左，命国之左乡简不帅教者移之右，如初礼。不变，移之郊，如初礼。不变，移之遂，如初礼。不变，屏之远方，终身不齿。

命乡论秀士，升之司徒，曰选士。司徒论选士之秀者而升之学，曰俊士。升于司徒者不征于乡，升于学者不征于司徒，曰造士。乐正崇四术，立四教，顺先王诗书礼乐以造士，春秋教以礼乐，冬夏教以诗书。王大子，王子，群后之大子，卿、大夫、元士之适子，国之俊选，皆造焉。凡入学以齿。

将出学，小胥、大胥、小乐正简不帅教者，以告于大乐正，大乐正以告于王，王命三公、九卿、大夫、元士皆入学。不变，王亲视学。不变，王三日不举，屏之远方，西方曰棘，东方曰寄，终身不齿。

大乐正论造士之秀者以告于王，而升诸司马，曰进士。司马辨论官材，论进士之贤者以告于王，而定其论。论定然后官之，任官然后爵之，位定然后禄之。

大夫废其事，终身不仕，死以士礼葬之。

有发，则命大司徒教士以车甲。

凡执技论力，适四方，裸股肱，决射御。凡执技以事上者：祝、史、射、御、医、卜及百工。凡执技以事上者，不贰事，不移官，出乡不与士齿;仕于家者,出乡不与士齿。

司寇正刑明辟,以听狱讼,必三刺。有旨无简,不听。附从轻,赦从重。凡制五刑,必即天论,邮罚丽于事。凡听五刑之讼,必原父子之亲,立君臣之义以权之;意论轻重之序,慎测浅深之量以别之;悉其聪明,致其忠爱以尽之。疑狱,泛与众共之。众疑,赦之。必察小大之比以成之。

成狱辞,史以狱成告于正,正听之。正以狱成告于大司寇,大司寇听之棘木之下。大司寇以狱之成告于王,王命三公参听之。三公以狱之成告于王,王三又,然后制刑。凡作刑罚,轻无赦。刑者侀也,侀者成也,一成而不可变,故君子尽心焉。

析言破律,乱名改作,执左道以乱政,杀。作淫声、异服、奇技、奇器以疑众,杀。行伪而坚,言伪而辩,学非而博,顺非而泽以疑众,杀。假于鬼神、时日、卜筮以疑众,杀。此四诛者,不以听。凡执禁以齐众,不赦过。

有圭璧金璋不粥于市,命服,命车不粥于市,宗庙之器不粥于市,牺牲不粥于市,戎器不粥于市。用器不中度,不粥于市;兵车不中度,不粥于市;布帛精粗不中数,幅广狭不中量,不粥于市;奸色乱正色,不粥于市;锦文珠玉成器,不粥于市;衣服饮食不粥于市;五谷不时,果实未熟,不粥于市;木不中伐,不粥于市;禽兽鱼鳖不中杀,不粥于市。关执禁以讥,禁异服,识异言。

大史典礼,执简记,奉讳恶。天子齐戒受谏。

司会以岁之成质于天子,冢宰齐戒受质。大乐正、大司寇、市,三官以其成从质于天子,大司徒、大司马、大司空齐戒受质。百官各以其成质于三官。大司徒、大司马、大司空以百官之成质于天子,百官齐戒受质。然后休老劳农,成岁事,制国用。

凡养老,有虞氏以燕礼,夏后氏以飨礼,殷人以食礼,周人修而兼用之。五十养于乡,六十养于国,七十养于学,达于诸侯。

八十拜君命,一坐再至,瞽亦如之;九十使人受。五十异粻,六十宿肉,七十贰膳,八十常珍,九十饮食不离寝,膳饮从于游可也。六十岁制,七十时制,八十月制,九十日修。唯绞、紟、衾、冒,死而后制。五十始衰,六十非肉不饱,七十非帛不暖,八十非人不暖,九十虽得人不暖矣。五十杖于家,六十杖于乡,七十杖于国,八十杖于朝,九十者,天子欲有问焉,则就其室,以珍从。七十不俟朝,八十月告存,九十日有秩。五十不从力政，六十不与服戎，七十不与宾客之事，八十齐丧之事弗及也。五十而爵，六十不亲学，七十致政，唯衰麻为丧。

有虞氏养国老于上庠，养庶老于下庠；夏后氏养国老于东序，养庶老于西序；殷人养国老于右学，养庶老于左学；周人养国老于东胶，养庶老于虞庠。虞庠在国之西郊。

有虞氏皇而祭，深衣而养老；夏后氏收而祭，燕衣而养老；殷人冔而祭，缟衣而养老；周人冕而祭，玄衣而养老。凡三王养老，皆引年。

八十者，一子不从政；九十者，其家不从政；废疾非人不养者，一人不从政；父母之丧，三年不从政；齐衰、大功之丧，三月不从政；将徙于诸侯，三月不从政；自诸侯来徙家，期不从政。

少而无父者谓之孤，老而无子者谓之独，老而无妻者谓之矜，老而无夫者谓之寡。此四者，天民之穷而无告者也，皆有常饩。瘖、聋、跛、躃、断者、侏儒，百工各以其器食之。

道路，男子由右，妇人由左，车从中央。父之齿随行，兄之齿雁行，朋友不相逾。轻任并，重任分，斑白者不提挈。君子耆老不徒行，庶人耆老不徒食。

大夫祭器不假，祭器未成，不造燕器。

方一里者，为田九百亩；方十里者，为方一里者百，为田九万亩；方百里者，为方十里者百，为田九十亿亩；方千里者，为方百里者百，为田九万亿亩。自恒山至于南河，千里而近；自南河至于江，千里而近；自江至于衡山，千里而遥；自东河至于东海，千里而遥；自东河至于西河，千里而近；自西河至于流沙，千里而遥。西不尽流沙，南不尽衡山，东不近东海，北不尽恒山，凡四海之内，断长补短，方三千里，为田八十万亿一万亿亩。方百里者，为田九十亿亩，山陵、林麓、川泽、沟渎、城郭、宫室、涂巷三分去一，其余六十亿亩。

古者以周尺八尺为步，今以周尺六尺四寸为步。古者百亩，当今东田百四十六亩三十步；古者百里，当今百二十一里六十步四尺二寸二分。

方千里者，为方百里者百，封方百里者三十国，其余方百里者七十。又封方七十里者六十，为方百里者二十九，方十里者四十，其余方百里者四十，方十里者六十。又封方五十里者二十，为方百里者三十，其余，方百里者十，方十里者六十。名山大泽不以封。其余以为附庸间田。诸侯之有功者，取于间田以禄之。其有削地者，归之间田。

天子之县内，方千里者，为方百里者百，封方百里者九，其余方百里者九十一。又封方七十里者二十一，为方百里者十，方十里者二十九，其余方百里者八十，方十里者七十一。又封方五十里者六十三，为方百里者十五，方十里者七十五，其余方百里者六十四，方十里者九十六。

诸侯之下士禄食九人，中士食十八人，上士食三十六人，下大夫食七十二人，卿食二百八十八人。君食二千八百八十人。次国之卿食二百一十六人，君食二千一百六十人。小国之卿食百四十四人，君食千四百四十人。次国之卿命于其君者如小国之卿。

天子之大夫为三监，监于诸侯之国者，其禄视诸侯之卿，其爵视次国之君，其禄取之于方伯之地。方伯为朝天子，皆有汤沐之邑于天子之县内，视元士。

诸侯世子世国，大夫不世爵。使以德，爵以功。未赐爵，视天子之元士，以君其国。诸侯之大夫不世爵禄。

六礼：冠、昏、丧、祭、乡、相见。七教：父子、兄弟、夫妇、君臣、长幼、朋友、宾客。八政：饮食、衣服、事为、异别、度、量、数、制。

月令第六

孟春之月，日在营室，昏参中，旦尾中。其日甲乙。其帝大皞，其神句芒。其虫鳞。其音角，律中大蔟。其数八。其味酸，其臭膻。其祀户，祭先脾。

东风解冻，蛰虫始振，鱼上冰，獭祭鱼，鸿雁来。天子居青阳左个，乘鸾路，驾仓龙，载青旗，衣青衣，服仓玉，食麦与羊，其器疏以达。

是月也，以立春。先立春三日，大史谒之天子曰："某日立春，盛德在木。"天子乃齐。立春之日，天子亲帅三公、九卿、诸侯、大夫以迎春于东郊。还反，赏公卿、诸侯、大夫于朝。命相布德和令，行庆施惠，下及兆民。庆赐遂行，毋有不当。乃命大史守典奉法，司天日月星辰之行，宿离不贷，毋失经纪，以初为常。

是月也，天子乃以元日祈谷于上帝。乃择元辰，天子亲载耒耜，措之参保介之御间，帅三公、九卿、诸侯、大夫躬耕帝藉。天子三推，三公五推，卿诸侯九推。反，执爵于大寝，三公、九卿、诸侯、大夫皆御，命曰劳酒。

是月也，天气下降，地气上腾，天地和同，草木萌动。王命布农事，命田舍东郊，皆修封疆，审端经术，善相丘陵、阪险、原隰土地所宜，五谷所殖，以教道民，必躬亲之。田事既饬，先定准直，农乃不惑。

是月也，命乐正入学习舞。乃修祭典，命祀山林川泽牺牲毋用牝。禁止伐木。毋覆巢，毋杀孩虫、胎、夭、飞鸟，毋麑，毋卵。毋聚大众，毋置城郭。掩骼埋胔。

是月也，不可以称兵，称兵必天殃。兵戎不起，不可从我始。毋变天之道，毋绝地之理，毋乱人之纪。

孟春行夏令，则雨水不时，草木蚤落，国时有恐；行秋令，则其民大疫，猋风暴雨总至，藜莠蓬蒿并兴；行冬令，则水潦为败，雪霜大挚，首种不入。

仲春之月，日在奎，昏弧中，旦建星中。其日甲乙。其帝大皞，其神句芒。其虫鳞。其音角，律中夹钟。其数八。其味酸，其臭膻。其祀户，祭先脾。始雨水，桃始华，仓庚鸣，鹰化为鸠。天子居青阳大庙，乘鸾路，驾仓龙，载青旗，衣青衣，服仓玉，食麦与羊，其器疏以达。

是月也，安萌芽，养幼少，存诸孤。择元日，命民社。命有司省囹圄，去桎梏，毋肆掠，止狱讼。是月也，玄鸟至。至之日，以大牢祠于高禖，天子亲往，后妃帅九嫔御。乃礼天子所御，带以弓韣，授以弓矢，于高禖之前。

是月也，日夜分。雷乃发声，始电，蛰虫咸动，启户始出。先雷三日，奋木铎以令兆民曰："雷将发声，有不戒其容止者，生子不备，必有凶灾。"日夜分，则同度量，钧衡石，角斗甬，正权概。是月也，耕者少舍。乃修阖扇，寝庙毕备。毋作大事以妨农之事。

是月也，毋竭川泽，毋漉陂池，毋焚山林。天子乃鲜羔开冰，先荐寝庙。上丁，命乐正习舞，释菜。天子乃帅三公、九卿、诸侯、大夫亲往视之。仲丁，又命乐正入学，习舞。是月也，祀不用牺牲，用圭璧，更皮币。

仲春行秋令，则其国大水，寒气揔至，寇戎来征；行冬令，则阳气不胜，麦乃不熟，民多相掠；行夏令，则国乃大旱，暖气早来，虫螟为害。

季春之月，日在胃，昏七星中，旦牵牛中。其日甲乙。其帝大皞，其神句芒。其虫鳞。其音角，律中姑洗。其数八。其味酸，其臭膻。其祀户，祭先脾。桐始华，田鼠化为鴽，虹始见，萍始生。天子居青阳右个，乘鸾路，驾仓龙，载青旗，衣青衣，服仓玉，食麦与羊，其器疏以达。

是月也，天子乃荐鞠衣于先帝。命舟牧覆舟，五覆五反，乃告舟备具于天子焉。天子始乘舟，荐鲔于寝庙，乃为麦祈实。

是月也，生气方盛，阳气发泄，句者毕出，萌者尽达，不可以内。天子布德行惠，命有司发仓廪，赐贫穷，振乏绝；开府库，出币帛，周天下；勉诸侯，聘名士，礼贤者。

是月也，命司空曰："时雨将降，下水上腾，循行国邑，周视原野，修利堤防，道达沟渎，开通道路，毋有障塞。田猎罝罘、罗网、毕翳、餧兽之药，毋出九门。"

是月也，命野虞毋伐桑柘。鸣鸠拂其羽，戴胜降于桑，具曲、植、籧、筐。后妃齐戒，亲东乡躬桑。禁妇女毋观，省妇使，以劝蚕事。蚕事既登，分茧称丝效功，以共郊庙之服，无有敢惰。

是月也，命工师，令百工，审五库之量，金、铁、皮、革、筋、角、齿、羽、箭、干、脂、胶、丹、漆，毋或不良。百工咸理，监工日号，毋悖于时，毋或作为淫巧，以荡上心。

是月之末，择吉日大合乐，天子乃率三公、九卿、诸侯、大夫亲往视之。是月也，乃合累牛腾马，游牝于牧。牺牲、驹、犊，举书其数。命国难，九门磔攘，以毕春气。季春行冬令，则寒气时发，草木皆肃，国有大恐；行夏令，则民多疾疫，时雨不降，山林不收；行秋令，则天多沉阴，淫雨蚤降，兵革并起。

孟夏之月，日在毕，昏翼中，旦婺女中。其日丙丁。其帝炎帝，其神祝融。其虫羽。其音征，律中中吕。其数七。其味苦，其臭焦。其祀灶，祭先肺。蝼蝈鸣，蚯蚓出，王瓜生，苦菜秀。天子居明堂左个，乘朱路，驾赤骝，载赤旗，衣朱衣，服赤玉，食菽与鸡，其器高以粗。

是月也，以立夏。先立夏三日，大史谒之天子曰："某日立夏，盛德在火。"天子乃齐。立夏之日，天子亲帅三公、九卿、大夫以迎夏于南郊。还反，行赏，封诸侯。庆赐遂行，无不欣说。乃命乐师习合礼乐。命太尉，赞桀俊，遂贤良，举长大，行爵出禄，必当其位。

是月也，继长增高，毋有坏堕，毋起土功，毋发大众，毋伐大树。是月也，天子始絺。命野虞出行田原，为天子劳农劝民，毋或失时。命司徒巡行县鄙，命农勉作，毋休于都。

是月也，驱兽毋害五谷，毋大田猎。农乃登麦。天子乃以彘尝麦，先荐寝庙。是月也，聚畜百药。靡草死，麦秋至。断薄刑，决小罪，出轻系。蚕事毕，后妃献茧。乃收茧税，以桑为均，贵贱长幼如一，以给郊庙之服。是月也，天子饮酎，用礼乐。

孟夏行秋令，则苦雨数来，五谷不滋，四鄙入保；行冬令，则草木蚤枯，后乃大水，败其城郭；行春令，则蝗虫为灾，暴风来格，秀草不实。

仲夏之月，日在东井，昏亢中，旦危中。其日丙丁。其帝炎帝，其神祝融。其虫羽。其音征，律中蕤宾。其数七。其味苦，其臭焦。其祀灶，祭先肺。小暑至，螳蜋生。鵙始鸣，反舌无声。天子居明堂大庙，乘朱路，驾赤骝，载赤旗，衣朱衣，服赤玉，食菽与鸡，其器高以粗。养壮佼。

是月也，命乐师修鼗、鞞、鼓，均琴、瑟、管、箫，执干、戚、戈、羽，调竽、笙、篪、簧，饬钟、磬、柷、敔。命有司为民祈祀山川百源，大雩帝，用盛乐。乃命百县雩祀百辟卿士有益于民者，以祈谷实。农乃登黍。

是月也，天子乃以雏尝黍，羞以含桃，先荐寝庙。令民毋艾蓝以染，毋烧灰，毋暴布，门闾毋闭，关市毋索。挺重囚，益其食。游牝别群，则絷腾驹，班马政。

是月也，日长至，阴阳争，死生分。君子齐戒，处必掩身，毋躁，止声色，毋或进，薄滋味，毋致和，节耆欲，定心气。百官静事毋刑，以定晏阴之所成。鹿角解，蝉始鸣，半夏生，木堇荣。是月也，毋用火南方。可以居高明，可以远眺望，可以升山陵，可以处台榭。

仲夏行冬令，则雹冻伤谷，道路不通，暴兵来至；行春令，则五谷晚熟，百螣时起，其国乃饥；行秋令，则草木零落，果实早成，民殃于疫。

季夏之月，日在柳，昏火中，旦奎中。其日丙丁。其帝炎帝，其神祝融。其虫羽。其音徵，律中林钟。其数七。其味苦，其臭焦。其祀灶，祭先肺。温风始至，蟋蟀居壁，鹰乃学习，腐草为萤。天子居明堂右个，乘朱路，驾赤骝，载赤旗，衣朱衣，服赤玉，食菽与鸡，其器高以粗。命渔师伐蛟，取鼍，登龟，取鼋。命泽人纳材苇。

是月也，命四监大合百县之秩刍，以养牺牲，令民无不咸出其力，以共皇天、上帝、名山、大川、四方之神，以祠宗庙、社稷之灵，以为民祈福。是月也，命妇官染采，黼、黻、文、章必以法故，无或差贷。黑黄仓赤，莫不质良，毋敢诈伪，以给郊庙祭祀之服，以为旗章，以别贵贱等给之度。

是月也，树木方盛，乃命虞人入山行木，毋有斩伐。不可以兴土功，不可以合诸侯，不可以起兵动众，毋举大事以摇养气，毋发令而待，以妨神农之事也。水潦盛昌，神农将持功，举大事则有天殃。是月也，土润溽暑，大雨时行，烧薙行水，利以杀草，如以热汤，可以粪田畴，可以美土强。

季夏行春令，则谷实鲜落，国多风欬，民乃迁徙；行秋令，则丘隰水潦，禾稼不熟，乃多女灾；行冬令，则风寒不时，鹰隼蚤鸷，四鄙入保。

中央土，其日戊己。其帝黄帝，其神后土。其虫倮，其音宫，律中黄钟之宫。其数五。其味甘，其臭香。其祠中溜，祭先心。天子居大庙大室，乘大路，驾黄骝，载黄旗，衣黄衣，服黄玉，食稷与牛，其器圜以闳。

孟秋之月，日在翼，昏建星中，旦毕中。其日庚辛。其帝少皞，其神蓐收。其虫毛。其音商，律中夷则。其数九。其味辛，其臭腥。其祀门，祭先肝。凉风至，白露降，寒蝉鸣，鹰乃祭鸟，用始行戮。天子居总章左个，乘戎路，驾白骆，载白旗，衣白衣，服白玉，食麻与犬，其器廉以深。

是月也，以立秋。先立秋三日，大史谒之天子曰："某日立秋，盛德在金。"天子乃齐。立秋之日，天子亲帅三公、九卿、诸侯、大夫以迎秋于西郊。还反，赏军帅、武人于朝。天子乃命将帅选士厉兵，简练桀俊，专任有功，以征不义，诘诛暴慢，以明好恶，顺彼远方。

是月也，命有司修法制，缮囹圄，具桎梏，禁止奸，慎罪邪，务搏执。命理瞻伤，察创，视折，审断，决狱讼必端平。戮有罪，严断刑。天地始肃，不可以赢。

是月也，农乃登谷。天子尝新，先荐寝庙。命百官始收敛。完堤防，谨壅塞，以备水潦，修宫室，坏墙垣，补城郭。是月也，毋以封诸侯、立大官。毋以割地、行大使、出大币。孟秋行冬令，则阴气大胜，介虫败谷，戎兵乃来；行春令，则其国乃旱，阳气复还；五谷无实。行夏令，则国多火灾，寒热不节，民多疟疾。

仲秋之月，日在角，昏牵牛中，旦觜觿中。其日庚辛。其帝少皞，其神蓐收。其虫毛。其音商，律中南吕。其数九。其味辛，其臭腥。其祀门，祭先肝。盲风至，鸿雁来，玄鸟归，群鸟养羞。天子居总章大庙，乘戎路，驾白骆，载白旗，衣白衣，服白玉，食麻与犬，其器廉以深。

是月也，养衰老，授几杖，行糜粥饮食。乃命司服具饬衣裳，文绣有恒，制有小大，度有长短，衣服有量，必循其故，冠带有常。乃命有司申严百刑，斩杀必当，毋或枉桡；枉桡不当，反受其殃。

是月也，乃命宰、祝，循行牺牲，视全具，案刍豢，瞻肥瘠，察物色。必比类，量小大，视长短，皆中度。五者备当，上帝其飨。天子乃难，以达秋气。以犬尝麻，先荐寝庙。

是月也，可以筑城郭，建都邑，穿窦窖，修囷仓。乃命有司趣民收敛，务畜菜，多积聚。乃劝种麦，毋或失时。其有失时，行罪无疑。是月也，日夜分，雷始收声。蛰虫坏户，杀气浸盛，阳气日衰，水始涸。日夜分，则同度量，平权衡，正钧石，角斗甬。

是月也，易关市，来商旅，纳货贿，以便民事。四方来集，远乡皆至，则财不匮，上无乏用，百事乃遂。凡举大事，毋逆大数，必顺其时，慎因其类。仲秋行春令，则秋雨不降，草木生荣，国乃有恐；行夏令，则其国乃旱，蛰虫不藏，五谷复生；行冬令，则风灾数起，收雷先行，草木蚤死。

季秋之月，日在房，昏虚中，旦柳中。其日庚辛。其帝少皞，其神蓐收。其虫毛。其音商，律中无射。其数九。其味辛，其臭腥。其祀门，祭先肝。鸿雁来宾，爵入大水为蛤，鞠有黄华，豺乃祭兽戮禽。天子居总章右个，乘戎路，驾白骆，载白旗，衣白衣，服白玉，食麻与犬，其器廉以深。

是月也，申严号令。命百官贵贱无不务内，以会天地之藏，无有宣出。乃命冢宰，农事备收，举五谷之要，藏帝藉之收于神仓，祗敬必饬。

是月也，霜始降，则百工休。乃命有司曰："寒气总至，民力不堪，其皆入室。"上丁，命乐正入学习吹。是月也，大飨帝，尝，牺牲告备于天子。合诸侯，制百县，为来岁受朔日，与诸侯所税于民轻重之法，贡职之数，以远近土地所宜为度，以给郊庙之事，无有所私。

是月也，天子乃教于田猎，以习五戎，班马政。命仆及七驺咸驾，载旌旐，授车以级，整设于屏外，司徒搢扑，北面誓之。天子乃厉饰，执弓挟矢以猎，命主祠祭禽于四方。

是月也，草木黄落，乃伐薪为炭。蛰虫咸俯在内，皆墐其户。乃趣狱刑，毋留有罪。收禄秩之不当、供养之不宜者。是月也，天子乃以犬尝稻，先荐寝庙。季秋行夏令，则其国大水，冬藏殃败，民多鼽嚏；行冬令，则国多盗贼，边竟不宁，土地分裂；行春令，则暖风来至，民气解惰，师兴不居。

孟冬之月，日在尾，昏危中，旦七星中。其日壬癸。其帝颛顼，其神玄冥。其虫介。其音羽，律中应钟。其数六。其味咸，其臭朽。其祀行，祭先肾。水始冰，地始冻。雉入大水为蜃。虹藏不见。天子居玄堂左个，乘玄路，驾铁骊，载玄旗，衣黑衣，服玄玉，食黍与彘，其器闳以奄。

是月也，以立冬。先立冬三日，大史谒之天子曰："某日立冬，盛德在水。"天子乃齐。立冬之日，天子亲帅三公、九卿、大夫以迎冬于北郊。还反，赏死事，恤孤寡。是月也，命大史衅龟策，占兆审卦吉凶，是察阿党，则罪无有掩蔽。

是月也，天子始裘。命有司曰："天气上腾，地气下降，天地不通，闭塞而成冬。命百官谨盖藏。"命司徒循行积聚，无有不敛。坏城郭，戒门闾，修键闭，慎管籥，固封疆，备边竟，完要塞，谨关梁，塞徯径。饬丧纪，辨衣裳，审棺椁之薄厚，茔丘垄之大小、高卑、厚薄之度，贵贱之等级。

是月也，命工师效功，陈祭器，按度程，毋或作为淫巧，以荡上心，必功致为上。物勒工名，以考其诚，功有不当，必行其罪，以穷其情。是月也，大饮烝。天子乃祈来年于天宗，大割祠于公社及门闾，腊先祖、五祀，劳农以休息之。天子乃命将帅讲武，习射御、角力。

是月也，乃命水虞、渔师收水泉池泽之赋，毋或敢侵削众庶兆民，以为天子取怨于下。其有若此者，行罪无赦。孟冬行春令，则冻闭不密，地气上泄，民多流亡；行夏令，则国多暴风，方冬不寒，蛰虫复出；行秋令，则雪霜不时，小兵时起，土地侵削。

仲冬之月，日在斗，昏东壁中，旦轸中。其日壬癸。其帝颛顼，其神玄冥。其虫介。其音羽，律中黄钟。其数六。其味咸，其臭朽。其祀行，祭先肾。冰益壮，地始坼，鹖旦不鸣，虎始交。天子居玄堂大庙，乘玄路，驾铁骊，载玄旗，衣黑衣，服玄玉，食黍与彘，其器闳以奄。饬死事。命有司曰："土事毋作，慎毋发盖，毋发室屋及起大众，以固而闭。地气且泄，是谓发天地之房，诸蛰则死，民必疾疫，又随以丧，命之曰畅月。"

是月也，命奄尹申宫令，审门闾，谨房室，必重闭，省妇事，毋得淫。虽有贵戚近习，毋有不禁。乃命大酋，秫稻必齐，麹糵必时，湛炽必洁，水泉必香，陶器必良，火齐必得。兼用六物，大酋监之，毋有差贷。天子命有司祈祀四海、大川、名源、渊泽、井泉。

是月也，农有不收藏积聚者，马牛畜兽有放佚者，取之不诘。山林薮泽，有能取蔬食、田猎禽兽者，野虞教道之。其有相侵夺者，罪之不赦。

是月也，日短至，阴阳争，诸生荡。君子齐戒，处必掩身。身欲宁，去声色，禁耆欲，安形性，事欲静，以待阴阳之所定。芸始生，荔挺出，蚯蚓结，麋角解，水泉动。日短至，则伐木，取竹箭。

是月也，可以罢官之无事，去器之无用者。涂阙廷、门闾，筑囹圄，此所以助天地之闭藏也。仲冬行夏令，则其国乃旱，氛雾冥冥，雷乃发声；行秋令，则天时雨汁，瓜瓠不成，国有大兵；行春令，则蝗虫为败，水泉咸竭，民多疥疠。

季冬之月，日在婺女，昏娄中，旦氐中。其日壬癸。其帝颛顼，其神玄冥。其虫介。其音羽，律中大吕。其数六。其味咸，其臭朽。其祀行，祭先肾。雁北乡，鹊始巢。雉雊，鸡乳。天子居玄堂右个，乘玄路，驾铁骊，载玄旗，衣黑衣，服玄玉，食黍与彘，其器闳以奄。命有司大难，旁磔，出土牛，以送寒气。征鸟厉疾。乃毕山川之祀及帝之大臣、天子神祇。

是月也，命渔师始渔，天子亲往，乃尝鱼，先荐寝庙。冰方盛，水泽腹坚，命取冰，冰以入。令告民出五种。命农计耦耕事，修耒耜，具田器。命乐师大合吹而罢。乃命四监收秩薪柴，以共郊庙及百祀之薪燎。

是月也，日穷于次，月穷于纪，星回于天，数将几终，岁且更始，专而农民，毋有所使。天子乃与公、卿、大夫，共饬国典，论时令，以待来岁之宜。乃命大史次诸侯之列，赋之牺牲，以共皇天、上帝、社稷之飨。乃命同姓之邦共寝庙之刍豢。命宰历卿大夫至于庶民土田之数，而赋牺牲，以共山林名川之祀。凡在天下九州之民者，无不咸献其力，以共皇天、上帝、社稷、寝庙、山林、名川之祀。

季冬行秋令，则白露早降，介虫为妖，四鄙入保；行春令，则胎夭多伤，国多固疾，命之曰逆；行夏令，则水潦败国，时雪不降，冰冻消释。

曾子问第七

曾子问曰："君薨而世子生，如之何？"孔子曰："卿、大夫、士从摄主，北面于西阶南。大祝裨冕，执束帛，升自西阶，尽等不升堂，命毋哭。祝声三，告曰：'某之子生，敢告。'升，奠币于殡东几上，哭降。众主人、卿、大夫、士房中皆哭，不踊。尽一哀，反位。遂朝奠。小宰升，举币。三日，众主人、卿、大夫、士如初位，北面。大宰、大宗、大祝皆裨冕，少师奉子以衰，祝先，子从，宰、宗人从，入门，哭者止。子升自西阶，殡前北面，祝立于殡东南隅。祝声三，曰：'某之子某，从执事敢见。'子拜稽颡，哭，祝、宰、宗人、众主人、卿、大夫、士哭踊三者三，降，东反位，皆袒。子踊，房中亦踊，三者三，袭衰，杖，奠，出。大宰命祝、史以名遍告于五祀、山川。"

曾子问曰："如已葬而世子生，则如之何？"孔子曰："大宰、大宗从大祝而告于祢。三月，乃名于祢，以名遍告及社稷、宗庙、山川。"

孔子曰："诸侯适天子，必告于祖，奠于祢。冕而出视朝，命祝史告于社稷、宗庙、山川。乃命国家五官而后行，道而出。告者五日而遍，过是非礼也。凡告用牲、币，反亦如之。诸侯相见，必告于祢。朝服而出视朝，命祝史告于五庙、所过山川。亦命国家五官，道而出。反必亲告于祖祢，乃命祝史告至于前所告者，而后听朝而入。"

曾子问曰："并有丧，如之何？何先何后？"孔子曰："葬，先轻而后重，其奠也，先重而后轻，礼也。自启及葬不奠，行葬不哀次，反葬奠而后辞于殡，遂修葬事。其虞也，先重而后轻，礼也。"

孔子曰："宗子虽七十，无无主妇；非宗子，虽无主妇可也。"

曾子问曰："将冠子，冠者至，揖让而入，闻齐衰、大功之丧，如之何？"孔子曰："内丧则废。外丧则冠而不醴，彻馔而扫，即位而哭。如冠者未至，则废。如将冠子而未及期日，而有齐衰、大功、小功之丧，则因丧服而冠。""除丧不改冠乎？"孔子曰："天子赐诸侯、大夫冕弁服于大庙，归设奠，服赐服，於斯乎有冠醮，无冠醴。父没而冠，则已冠扫地而祭于祢，已祭而见伯父、叔父，而后飨冠者。"

曾子问曰："祭，如之何则不行旅酬之事矣？"孔子曰："闻之，小祥者，主人练祭而不旅，奠酬于宾，宾弗举，礼也。昔者鲁昭公练而举酬行旅，非礼也；孝公大祥，奠酬弗举，亦非礼也。”

曾子问曰：“大功之丧，可以与于馈奠之事乎？”孔子曰：“岂大功耳，自斩衰以下皆可，礼也。”曾子曰：“不以轻服而重相为乎？”孔子曰：“非此之谓也。天子、诸侯之丧，斩衰者奠；大夫，齐衰者奠；士则朋友奠，不足则取于大功以下者，不足则反之。”曾子问曰：“小功可以与于祭乎？”孔子曰：“何必小功耳，自斩衰以下与祭，礼也。”曾子曰：“不以轻丧而重祭乎？”孔子曰：“天子、诸侯之丧祭也，不斩衰者不与祭。大夫，齐衰者与祭。士祭不足，则取于兄弟大功以下者。”曾子问曰：“相识，有丧服可以与于祭乎？”孔子曰：“缌不祭，又何助于人。”曾子问曰：“废丧服可以与于馈奠之事乎？”孔子曰：“说衰与奠，非礼也。以摈相可也。”

曾子问曰：“昏礼既纳币，有吉日，女之父母死，则如之何？”孔子曰：“婿使人吊。如婿之父母死，则女之家亦使人吊。父丧称父，母丧称母。父母不在，则称伯父世母。婿已葬，婿之伯父致命女氏曰：‘某之子有父母之丧，不得嗣为兄弟，使某致命。’女氏许诺而弗敢嫁，礼也。婿免丧，女之父母使人请，婿弗取而后嫁之，礼也。女之父母死，婿亦如之。”

曾子问曰：“亲迎，女在涂，而婿之父母死，如之何？”孔子曰：“女改服，布深衣，缟总以趋丧。女在途，而女之父母死，则女反。”“如婿亲迎，女未至，而有齐衰、大功之丧，则如之何？”孔子曰：“男不入，改服于外次，女入，改服于内次，然后即位而哭。”曾子问曰：“除丧则不复昏礼乎？”孔子曰：“祭，过时不祭，礼也。又何反于初？”

孔子曰：“嫁女之家，三夜不息烛，思相离也。取妇之家，三日不举乐，思嗣亲也。三月而庙见，称来妇也。择日而祭于祢，成妇之义也。”

曾子问曰：“女未庙见而死，则如之何？”孔子曰：“不迁于祖，不祔于皇姑，婿不杖，不菲，不次，归葬于女氏之党，示未成妇也。”曾子问曰：“取女，有吉日而女死，如之何？”孔子曰：“婿齐衰而吊，既葬而除之。夫死亦如之。”

曾子问曰：“丧有二孤，庙有二主，礼与？”孔子曰：“天无二日，土无二王，尝禘郊社，尊无二上。未知其为礼也。昔者齐桓公亟举兵，作伪主以行，及反，藏诸祖庙。庙有二主，自桓公始也。丧之二孤，则昔者卫灵公适鲁，遭季桓子之丧，卫君请吊，哀公辞，不得命。公为主，客入吊。康子立于门右，北面。公揖让，升自东阶，西乡。客升自西阶，吊。公拜，兴，哭，康子拜稽颡于位，有司弗辩也。今之二孤，自季康子之过也。”

曾子问曰：“古者师行，必以迁庙主行乎？”孔子曰：“天子巡守，以迁庙主行，载于齐车，言必有尊也。今也取七庙之主以行，则失之矣。当七庙五庙无虚主。虚主者，唯天子崩，诸侯薨，与去其国，与祫祭于祖，为无主耳。吾闻诸老聃曰：天子崩，国君薨，则祝取群庙之主而藏诸祖庙，礼也。卒哭成事，而后主各反其庙。君去其国，大宰取群庙之主以从，礼也。祫祭于祖，则祝迎四庙之主；主出庙入庙，必跸。老聃云。”曾子问曰：“古者师行无迁主，则何主？”孔子曰：“主命。”问曰：“何谓也？”孔子曰：“天子、诸侯将出，必以币帛皮圭告于祖祢，遂奉以出，载于齐车以行。每舍，奠焉而后就舍。反必告，设奠，卒，敛币玉，藏诸两阶之间，乃出。盖贵命也。”

子游问曰：“丧慈母如母，礼与？”孔子曰：“非礼也。古者男子外有傅，内有慈母，君命所使教子也，何服之有！昔者，鲁昭公少丧其母，有慈母良，及其死也，公弗忍也，欲丧之。有司以闻曰：‘古之礼，慈母无服。今也君为之服，是逆古之礼而乱国法也。若终行之，则有司将书之以遗后世，无乃不可乎！’公曰：‘古者天子练冠以燕居。’公弗忍也，遂练冠以丧慈母。丧慈母，自鲁昭公始也。”

曾子问曰：“诸侯旅见天子，入门不得终礼，废者几？”孔子曰：“四。”请问之。曰：“大庙火，日食，后之丧，雨沾服失容，则废。如诸侯皆在而日食，则从天子救日，各以其方色与其兵。大庙火，则从天子救火，不以方色与兵。”

曾子问曰：“诸侯相见，揖让入门，不得终礼，废者几？”孔子曰：“六。”请问之。曰：“天子崩，大庙火，日食，后、夫人之丧，雨沾服失容，则废。”

曾子问曰：“天子尝、禘、郊、社、五祀之祭，簠簋既陈，天子崩，后之丧，如之何？”孔子曰：“废。”曾子问曰：“当祭而日食，大庙火，其祭也如之何？”孔子曰：“接祭而已矣。如牲至未杀，则废。天子崩，未殡，五祀之祭不行；既殡而祭，其祭也，尸入，三饭，不侑，酳不酢而已矣。自启至于反哭，五祀之祭不行；已葬而祭，祝毕献而已。”

曾子问曰：“诸侯之祭社稷，俎豆既陈，闻天子崩、后之丧，君薨、夫人之丧,如之何?"孔子曰:"废。自薨比至于殡,自启至于反哭,奉帅天子。"

曾子问曰:"大夫之祭,鼎俎既陈,笾豆既设,不得成礼,废者几?"孔子曰:"九。"请问之。曰:"天子崩,后之丧,君薨,夫人之丧,君之大庙火,日食,三年之丧,齐衰,大功,皆废。外丧,自齐衰以下行也。其齐衰之祭也,尸入,三饭不侑,酳不酢而已矣。大功,酢而已矣。小功、缌,室中之事而已矣。士之所以异者,缌不祭;所祭于死者无服,则祭。"

曾子问曰:"三年之丧,吊乎?"孔子曰:"三年之丧,练不群立,不旅行。君子礼以饰情,三年之丧而吊哭,不亦虚乎!"

曾子问曰:"大夫士有私丧,可以除之矣,而有君服焉,其除之也如之何?"孔子曰:"有君丧服于身,不敢私服,又何除焉?於是乎有过时而弗除也。君之丧服除而后殷祭,礼也。"曾子问曰:"父母之丧弗除,可乎?"孔子曰:"先王制礼,过时弗举,礼也;非弗能勿除也,患其过于制也。故君子过时不祭,礼也。"

曾子问曰:"君薨既殡,而臣有父母之丧,则如之何?"孔子曰:"归居于家,有殷事则之君所,朝夕否。"曰:"君既启,而臣有父母之丧,则如之何?"孔子曰:"归哭而反送君。"曰:"君未殡,而臣有父母之丧,则如之何?"孔子曰:"归殡,反于君所。有殷事则归,朝夕否。大夫,室老行事;士,则子孙行事。大夫内子,有殷事,亦之君所,朝夕否。"

贱不诔贵,幼不诔长,礼也。唯天子,称天以诔之。诸侯相诔,非礼也。

曾子问曰:"君出疆,以三年之戒,以椑从。君薨,其入如之何?"孔子曰:"共殡服,则子麻弁绖,疏衰,菲,杖,入自阙,升自西阶。如小敛,则子免而从柩,入自门,升自阼阶。君、大夫、士一节也。"

曾子问曰:"君之丧既引,闻父母之丧,如之何?"孔子曰:"遂。既封而归,不俟子。"曾子问曰:"父母之丧既引,及涂,闻君薨,如之何?"孔子曰:"遂。既封,改服而往。"

曾子问曰:"宗子为士,庶子为大夫,其祭也如之何?"孔子曰:"以上牲祭于宗子之家。祝曰:'孝子某为介子某荐其常事。'若宗子有罪,居于他国,庶子为大夫,其祭也,祝曰'孝子某使介子某执其常事'。摄主不厌祭,不旅,不假,不绥祭,不配,布奠于宾,宾奠而不举,不归肉。其辞于宾曰,'宗兄、宗弟、宗子在他国,使某辞。'"

曾子问曰："宗子去在他国，庶子无爵而居者可以祭乎？"孔子曰："祭哉！""请问其祭如之何？"孔子曰："望墓而为坛，以时祭。若宗子死，告于墓，而后祭于家。宗子死，称名不言'孝'，身没而已。"子游之徒，有庶子祭者以此，若义也。今之祭者，不首其义，故诬于祭也。

曾子问曰："祭必有尸乎？若厌祭亦可乎？"孔子曰："祭成丧者必有尸，尸必以孙。孙幼，则使人抱之。无孙，则取于同姓可也。祭殇必厌，盖弗成也。祭成丧而无尸，是殇之也。"孔子曰："有阴厌，有阳厌。"曾子问曰："殇不祔祭，何谓阴厌、阳厌？"孔子曰："宗子为殇而死，庶子弗为后也。其吉祭特牲，祭殇不举肺，无肵俎，无玄酒，不告利成，是谓阴厌。凡殇与无后者，祭于宗子之家，当室之白，尊于东房，是谓阳厌。"

曾子问曰："葬引至于堩，日有食之，则有变乎？且不乎？"孔子曰："昔者吾从老聃助葬于巷党，及堩，日有食之，老聃曰：'丘！止柩就道右，止哭以听变。'既明反，而后行。曰'礼也'。反葬而丘问之曰：'夫柩不可以反者也，日有食之，不知其已之迟数，则岂如行哉？'老聃曰：'诸侯朝天子，见日而行，逮日而舍奠。大夫使，见日而行，逮日而舍。夫柩不蚤出，不暮宿。见星而行者，唯罪人与奔父母之丧者乎！日有食之，安知其不见星也？且君子行礼，不以人之亲痁患。'吾闻诸老聃云。"

曾子问曰："为君使而卒于舍，礼曰：'公馆复，私馆不复。'凡所使之国，有司所授舍，则公馆已，何谓私馆不复也？"孔子曰："善乎问之也！自卿、大夫、士之家，曰私馆，公馆与公所为，曰公馆。公馆复，此之谓也。"

曾子问曰："下殇土周，葬于园，遂舆机而往，途迩故也。今墓远，则其葬也如之何？"孔子曰："吾闻诸老聃曰：'昔者史佚有子而死，下殇也，墓远。召公谓之曰：'何以不棺敛于宫中！'史佚曰：'吾敢乎哉！'召公言于周公。周公曰：'岂不可！'史佚行之。下殇用棺衣棺，自史佚始也。"

曾子问曰："卿、大夫将为尸于公，受宿矣，而有齐衰内丧，则如之何？"孔子曰："出舍于公馆以待事，礼也。"孔子曰："尸弁冕而出，卿、大夫、士皆下之，尸必式，必有前驱。"

子夏问曰："三年之丧卒哭，金革之事无辟也者，礼与？初有司与？"孔子曰："夏后氏三年之丧既殡而致事，殷人既葬而致事。记曰：

‘君子不夺人之亲，亦不可夺亲也。’此之谓乎！”子夏曰：“金革之事无辟也者，非与？”孔子曰：“吾闻诸老聃曰：‘昔者鲁公伯禽有为为之也今以三年之丧从其利者，吾弗知也。’”

文王世子第八

文王之为世子，朝于王季，日三。鸡初鸣而衣服，至于寝门外，问内竖之御者曰："今日安否何如？"内竖曰："安。"文王乃喜。及日中又至，亦如之；及莫又至，亦如之。其有不安节，则内竖以告文王。文王色忧，行不能正履。王季腹膳，然后亦复初。食上，必在视寒暖之节；食下，问所膳。命膳宰曰："末有原。"应曰："诺。"然后退。武王帅而行之，不敢有加焉。文王有疾，武王不脱冠带而养。文王一饭亦一饭，文王再饭亦再饭。旬有二日乃间。文王谓武王曰："女何梦矣？"武王对曰："梦帝与我九龄。"文王曰："女以为何也？"武王曰："西方有九国焉，君王其终抚诸？"文王曰："非也。古者谓年龄，齿亦龄也。我百，尔九十，吾与尔三焉。"文王九十七乃终，武王九十三而终。成王幼，不能莅阼。周公相，践阼而治。抗世子法于伯禽，欲令成王之知父子、君臣、长幼之道也。成王有过，则挞伯禽，所以示成王世子之道也。文王之为世子也。

凡学世子及学士，必时：春夏学干戈，秋冬学羽籥，皆于东序。小乐正学干，大胥赞之；籥师学戈，籥师丞赞之。胥鼓南。春诵夏弦，大师诏之；瞽宗秋学礼，执礼者诏之；冬读书，典书者诏之。礼在瞽宗，书在上庠。凡祭与养老、乞言、合语之礼，皆小乐正诏之于东序。大乐正学舞干戚，语说，命乞言，皆大乐正授数，大司成论说在东序。

凡侍坐于大司成者，远近间三席，可以问，终则负墙。列事未尽，不问。凡学，春，官释奠于其先师，秋冬亦如之。凡始立学者，必释奠于先圣先师，及行事，必以币。凡释奠者，必有合也，有国故则否。凡大合乐，必遂养老。凡语于郊者，必取贤敛才焉。或以德进，或以事举，或以言扬。曲艺皆誓之，以待又语。三而一有焉，乃进其等，以其序，谓之郊人，远之于成均，以及取爵于上尊也。始立学者，既兴器用币，然后释菜，不舞不授器，乃退，傧于东序，一献，无介、语可也。教世子。

凡三王教世子，必以礼乐。乐所以修内也，礼所以修外也，礼乐交错于中，发形于外，是故其成也怿，恭敬而温文。立大傅、少傅以养之，欲其知父子君臣之道也。大傅审父子君臣之道以示之，少傅奉世子以观大傅之德行而审喻之。大傅在前，少傅在后，入则有保，出则有师，是以教喻而德成也。师也者，教之以事而喻诸德者也。保也者，慎其身以辅翼之而归诸道者也。记曰："虞、夏、商、周有师、保，有疑、丞，设四辅及三公，不必备，唯其人。"语使能也。君子曰德，德成而教尊，教尊而官正，官正而国治，君之谓也。仲尼曰："昔者周公摄政，践阼而治，抗世子法于伯禽，所以善成王也。闻之曰：'为人臣者，杀其身有益于君则为之。'况于其身以善其君乎！周公优为之。"是故知为人子，然后可以为人父；知为人臣，然后可以为人君；知事人，然后能使人。成王幼，不能莅阼，以为世子则无为也。是故抗世子法于伯禽，使之与成王居，欲令成王之知父子、君臣、长幼之义也。君之于世子也，亲则父也，尊则君也。有父之亲，有君之尊，然后兼天下而有之。是故养世子不可不慎也。行一物而三善皆得者，唯世子而已，其齿于学之谓也。故世子齿于学，国人观之，曰："将君我而与我齿让，何也？"曰："有父在，则礼然。"然而众知父子之道矣。其二曰："将君我而与我齿让，何也？"曰："有君在，则礼然。"然后众着于君臣之义也。其三曰："将君我而与我齿让，何也？"曰："长长也。"然后众知长幼之节矣。故父在斯为子，君在斯谓之臣，居子与臣之节，所以尊君亲亲也。故学之为父子焉，学之为君臣焉，学之为长幼焉，父子、君臣、长幼之道得而国治。语曰："乐正司业，父师司成，一有元良，万国以贞。"世子之谓也。周公践阼。

庶子之正于公族者，教之以孝弟、睦友、子爱，明父子之义，长幼之序。其朝于公，内朝则东面北上，臣有贵者，以齿。其在外朝，则以官，司士为之。其在宗庙之中，则如外朝之位，宗人授事，以爵以官，其登馂、献、受爵，则以上嗣。庶子治之，虽有三命，不逾父兄。其公大事，则以其丧服之精粗为序，虽于公族之丧亦如之，以次主人。若公与族燕，则异姓为宾，膳宰为主人，公与父兄齿。族食，世降一等。其在军，则守于公祢。公若有出疆之政，庶子以公族之无事者守于公宫，正室守大庙，诸父守贵宫、贵室，诸子诸孙守下宫、下室。

五庙之孙，祖庙未毁，虽为庶人，冠、取妻必告，死必赴，练、祥则告。族之相为也，宜吊不吊，宜免不免，有司罚之。至于赗、赙、承、含，皆有正焉。

公族其有死罪，则磬于甸人。其刑罪，则纤剸，亦告于甸人。公族无宫刑。狱成，有司谳于公。其死罪，则曰"某之罪在大辟"。其刑罪，则曰“某之罪在小辟”。公曰“宥之”。有司又曰“在辟”。公又曰“宥之”。有司又曰：“在辟”。及三宥，不对，走出，致刑于于甸人。公又使人追之，曰：“虽然，必赦之。”有司对曰：“无及也。”反命于公。公素服，不举，为之变，如其伦之丧，无服，亲哭之。

公族朝于内朝，内亲也。虽有贵者以齿，明父子也。外朝以官，体异姓也。宗庙之中，以爵为位，崇德也。宗人授事以官，尊贤也。登馂、受爵以上嗣，尊祖之道也。丧纪以服之轻重为序，不夺人亲也。公与族燕则以齿，而孝弟之道达矣。其族食世降一等，亲亲之杀也。战则守于公祢，孝爱之深也。正室守大庙，尊宗室，而君臣之道著矣。诸父诸兄守贵室，子弟守下室，而让道达矣。五庙之孙，祖庙未毁，虽及庶人，冠、取妻必告，死必赴，不忘亲也。亲未绝而列于庶人，贱无能也。敬吊临赙赗，睦友之道也。古者庶子之官治而邦国有伦，邦国有伦而众乡方矣。公族之罪，虽亲，不以犯有司，正术也，所以体百姓也。刑于隐者，不与国人虑兄弟也。弗吊，弗为服，哭于异姓之庙，为忝祖远之也。素服居外，不听乐，私丧之也，骨肉之亲无绝也。公族无宫刑，不翦其类也。

天子视学，大昕鼓征，所以警众也。众至，然后天子至，乃命有司行事，兴秩节，祭先师、先圣焉。有司卒事反命，始之养也。适东序，释奠于先老，遂设三老、五更、群老之席位焉。适馔省醴，养老之珍具，遂发咏焉，退修之以孝养也。反，登歌清庙，既歌而语，以成之也。言父子、君臣、长幼之道，合德音之致，礼之大者也。下管象，舞大武，大合众以事，达有神，兴有德也。正君臣之位，贵贱之等焉，而上下之义行矣。有司告以乐阕，王乃命公侯伯子男及群吏曰“反养老幼于东序”，终之以仁也。是故圣人之记事也，虑之以大，爱之以敬，行之以礼，修之以孝养，纪之以义，终之以仁。是故古之人一举事而众皆知其德之备也。古之君子举大事必慎其终始，而众安得不喻焉。兑命曰：“念终始典于学。”

世子之记曰：“朝夕至于大寝之门外，问于内竖曰：‘今日安否何如？’内竖曰：‘今日安。’世子乃有喜色。其有不安节，则内竖以告世子，世子色忧，不满容。内竖言复初，然后亦复初。朝夕之食上，世子必在视寒暖之节；食下，问所膳羞。必知所进，以命膳宰，然后退。若内竖言疾，则世子亲齐玄而养，膳宰之馔必敬视之，疾之药必亲尝之。尝馔善，则世子亦能食；尝馔寡，世子亦不能饱。以至于复初，然后亦复初。”

礼运第九

昔者仲尼与于蜡宾，事毕，出游于观之上，喟然而叹。仲尼之叹，盖叹鲁也。言偃在侧，曰："君子何叹？"孔子曰："大道之行也，与三代之英，丘未之逮也，而有志焉。大道之行也，天下为公，选贤与能，讲信修睦。故人不独亲其亲，不独子其子，使老有所终，壮有所用，幼有所长，矜寡孤独废疾者皆有所养，男有分，女有归。货恶其弃于地也，不必藏于己；力恶其不出于身也，不必为己。是故谋闭而不兴，盗窃乱贼而不作，故外户而不闭。是谓大同。今大道既隐，天下为家，各亲其亲，各子其子，货力为己，大人世及以为礼，城郭沟池以为固，礼义以为纪；以正君臣，以笃父子，以睦兄弟，以和夫妇，以设制度，以立田里，以贤勇知，以功为己。故谋用是作，而兵由此起。禹、汤、文、武、成王、周公，由此其选也。此六君子者，未有不谨于礼者也。以著其义，以考其信，著有过，刑仁讲让，示民有常。如有不由此者，在势者去，众以为殃。是谓小康。"

言偃复问曰："如此乎礼之急也？"孔子曰："夫礼，先王以承天之道，以治人之情，故失之者死，得之者生。诗曰：'相鼠有体，人而无礼。人而无礼，胡不遄死。'是故夫礼必本于天，殽于地，列于鬼神，达于丧、祭、射、御、冠、昏、朝、聘。故圣人以礼示之，故天下国家可得而正也。"

言偃复问曰："夫子之极言礼也，可得而闻与？"孔子曰："我欲观夏道，是故之杞，而不足征也，吾得夏时焉。我欲观殷道，是故之宋，而不足征也，吾得坤乾焉。坤乾之义，夏时之等，吾以是观之。

"夫礼之初，始诸饮食，其燔黍捭豚，污尊而抔饮，蒉桴而土鼓，犹若可以致其敬于鬼神。及其死也，升屋而号，告曰：'皋！某复。'然后饭腥而苴孰，故天望而地藏也。体魄则降，知气在上，故死者北首，生者南乡，皆从其初。

"昔者先王未有宫室，冬则居营窟，夏则居橧巢。未有火化，食草木之实，鸟兽之肉，饮其血，茹其毛。未有麻丝，衣其羽皮。后圣有作，然后修火之利，范金合土，以为台榭、宫室、牖户，以炮以燔，以亨以炙，以为醴酪；治其麻丝，以为布帛。以养生送死，以事鬼神上帝。皆从其朔。

故玄酒在室，醴醆在户，粢醍在堂，澄酒在下。陈其牺牲，备其鼎俎，列其琴瑟管磬钟鼓，修其祝嘏，以降上神与其先祖，以正君臣，以笃父子，以睦兄弟，以齐上下，夫妇有所。是谓承天之祜。

作其祝号，玄酒以祭，荐其血毛，腥其俎，孰其殽，与其越席，疏布以幂，衣其浣帛，醴醆以献，荐其燔炙，君与夫人交献，以嘉魂魄。是谓合莫。然后退而合亨，体其犬豕牛羊，实其簠簋、笾豆、铏羹，祝以孝告，嘏以慈告。是谓大祥。此礼之大成也。”

孔子曰：“於呼哀哉！我观周道，幽、厉伤之。吾舍鲁何适矣！鲁之郊禘，非礼也。周公其衰矣。杞之郊也，禹也；宋之郊也，契也。是天子之事守也。故天子祭天地，诸侯祭社稷。”

祝嘏莫敢易其常古，是谓大假。祝嘏辞说，藏于宗祝巫史，非礼也，是谓幽国。醆斝及尸君，非礼也，是谓僭君。冕弁兵革藏于私家，非礼也，是谓胁君。大夫具官，祭器不假，声乐皆具，非礼也，是谓乱国。故仕于公曰臣，仕于家曰仆。三年之丧与新有昏者，期不使。以衰裳入朝，与家仆杂居齐齿，非礼也，是谓君与臣同国。故天子有田以处其子孙，诸侯有国以处其子孙，大夫有采以处其子孙，是谓制度。故天子适诸侯，必舍其祖庙，而不以礼籍入，是谓天子坏法乱纪。诸侯非问疾吊丧而入诸臣之家，是谓君臣为谑。是故礼者，君之大柄也，所以别嫌明微，傧鬼神，考制度，别仁义，所以治政安君也。故政不正则君位危，君位危则大臣倍，小臣窃。刑肃而俗敝，则法无常，法无常而礼无列，礼无列则士不事也。刑肃而俗敝，则民弗归也，是谓疵国。

故政者，君之所以藏身也。是故夫政必本于天，殽以降命。命降于社之谓殽地，降于祖庙之谓仁义，降于山川之谓兴作，降于五祀之谓制度。此圣人所以藏身之固也。故圣人参于天地，并于鬼神，以治政也。处其所存，礼之序也；玩其所乐，民之治也。故天生时而地生财，人其父生而师教之，四者君以正用之，故君者立于无过之地也。

故君者，所明也，非明人者也。君者，所养也，非养人者也。君者，所事也，非事人者也。故君明人则有过，养人则不足，事人则失位。故百姓则君以自治也，养君以自安也，事君以自显也。故礼达而分定，人皆爱其死而患其生。故用人之知，去其诈；用人之勇，去其怒;用人之仁,去其贪。故国有患,君死社稷谓之义,大夫死宗庙谓之变。

故圣人耐以天下为一家,以中国为一人者,非意之也,必知其情,辟于其义,明于其利,达于其患,然后能为之。何谓人情?喜、怒、哀、惧、爱、恶、欲,七者弗学而能。何谓人义?父慈、子孝、兄良、弟弟、夫义、妇听、长惠、幼顺、君仁、臣忠,十者谓之人义。讲信修睦,谓之人利。争夺相杀,谓之人患。故圣人所以治人七情,修十义,讲信修睦,尚辞让,去争夺,舍礼何以治之?饮食男女,人之大欲存焉。死亡贫苦,人之大恶存焉。故欲恶者,心之大端也。人藏其心,不可测度也。美恶皆在其心,不见其色也。欲一以穷之,舍礼何以哉!

故人者,其天地之德,阴阳之交,鬼神之会,五行之秀气也。故天秉阳,垂日星;地秉阴,窍于山川。播五行于四时,和而后月生也,是以三五而盈,三五而阙。五行之动,迭相竭也。五行、四时、十二月,还相为本也。五声、六律、十二管,还相为宫也。五味、六和、十二食,还相为质也。五色、六章、十二衣,还相为质也。故人者,天地之心也,五行之端也,食味、别声、被色而生者也。

故圣人作则,必以天地为本,以阴阳为端,以四时为柄,以日星为纪,月以为量,鬼神以为徒,五行以为质,礼义以为器,人情以为田,四灵以为畜。以天地为本,故物可举也。以阴阳为端,故情可睹也。以四时为柄,故事可劝也。以日星为纪,故事可列也。月以为量,故功有艺也。鬼神以为徒,故事有守也。五行以为质,故事可复也。礼义以为器,故事行有考也。人情以为田,故人以为奥也。四灵以为畜,故饮食有由也。

何谓四灵?麟、凤、龟、龙,谓之四灵。故龙以为畜,故鱼鲔不淰;凤以为畜,故鸟不獝;麟以为畜,故兽不狘;龟以为畜,故人情不失。故先王秉蓍龟,列祭祀,瘗缯,宣祝嘏辞说,设制度,故国有礼,官有御,事有职,礼有序。

故先王患礼之不达于下也,故祭帝于郊,所以定天位也;祀社于国,所以列地利也;祖庙,所以本仁也;山川,所以傧鬼神也;五祀,所以本事也。故宗祝在庙,三公在朝,三老在学。王前巫而后史,卜筮瞽侑皆在左右。王中心无为也,以守至正。故礼行于郊而百神受职焉,礼行于社,而百货可极焉,礼行于祖庙而孝慈服焉,礼行于五祀而正法则焉。故自郊、社、祖庙、山川、五祀,义之修而礼之藏也。

是故夫礼，必本于大一，分而为天地，转而为阴阳，变而为四时，列而为鬼神。其降曰命，其官于天也。夫礼必本于天，动而之地，列而之事，变而从时，协于分艺。其居人也曰养，其行之以货力、辞让、饮、食、冠、昏、丧、祭、射、御、朝、聘。

故礼义也者，人之大端也，所以讲信修睦而固人之肌肤之会、筋骸之束也；所以养生、送死、事鬼神之大端也；所以达天道、顺人情之大窦也。故唯圣人为知礼之不可以已也。故坏国、丧家、亡人，必先去其礼。故礼之于人也，犹酒之有蘖也；君子以厚，小人以薄。

故圣王修义之柄、礼之序，以治人情。故人情者，圣王之田也，修礼以耕之，陈义以种之，讲学以耨之，本仁以聚之，播乐以安之。故礼也者，义之实也。协诸义而协，则礼虽先王未之有，可以义起也。义者，艺之分，仁之节也。协于艺，讲于仁，得之者强。仁者，义之本也，顺之体也，得之者尊。故治国不以礼，犹无耜而耕也；为礼不本于义，犹耕而弗种也；为义而不讲之以学，犹种而弗耨也；讲之于学而不合之以仁，犹耨而弗获也；合之以仁而不安之以乐，犹获而弗食也；安之以乐而不达于顺，犹食而弗肥也。

四体既正，肤革充盈，人之肥也。父子笃，兄弟睦，夫妇和，家之肥也。大臣法，小臣廉，官职相序，君臣相正，国之肥也。天子以德为车，以乐为御，诸侯以礼相与，大夫以法相序，士以信相考，百姓以睦相守，天下之肥也。是谓大顺。大顺者，所以养生、送死、事鬼神之常也。故事大积焉而不苑，并行而不缪，细行而不失，深而通，茂而有间，连而不相及也，动而不相害也。此顺之至也。故明于顺，然后能守危也。

故礼之不同也，不丰也，不杀也，所以持情而合危也。故圣王所以顺，山者不使居川，不使渚者居中原，而弗敝也。用水、火、金、木、饮食必时，合男女、颁爵位必当年、德，用民必顺，故无水旱昆虫之灾，民无凶饥妖孽之疾。故天不爱其道，地不爱其宝，人不爱其情。故天降膏露，地出醴泉，山出器、车，河出马图，凤凰、麒麟皆在郊棷，龟、龙在宫沼，其余鸟兽之卵胎，皆可俯而窥也。则是无故，先王能修礼以达义，体信以达顺故，此顺之实也。

礼器第十

礼器,是故大备。大备,盛德也。礼释回,增美质,措则正,施则行。其在人也,如竹箭之有筠也,如松柏之有心也。二者居天下之大端矣,故贯四时而不改柯易叶。故君子有礼,则外谐而内无怨,故物无不怀仁,鬼神飨德。

先王之立礼也,有本有文。忠信,礼之本也;义理,礼之文也。无本不正,无文不行。

礼也者,合于天时,设于地财,顺于鬼神,合于人心,理万物者也。是故天时有生也,地理有宜也,人官有能也,物曲有利也。故天不生,地不养,君子不以为礼,鬼神弗飨也。居山以鱼鳖为礼,居泽以鹿豕为礼,君子谓之不知礼。故必举其定国之数,以为礼之大经。礼之大伦,以地广狭;礼之薄厚,与年之上下。是故年虽大杀,众不匡惧。则上之制礼也节矣。

礼,时为大,顺次之,体次之,宜次之,称次之。尧授舜,舜授禹,汤放桀,武王伐纣,时也。诗云:"匪革其犹,聿追来孝。"天地之祭,宗庙之事,父子之道,君臣之义,伦也。社稷山川之事,鬼神之祭,体也。丧祭之用,宾客之交,义也。羔豚而祭,百官皆足,大牢而祭,不必有余,此之谓称也。诸侯以龟为宝,以圭为瑞,家不宝龟,不藏圭,不台门,言有称也。

礼有以多为贵者:天子七庙,诸侯五,大夫三,士一。天子之豆二十有六,诸公十有六,诸侯十有二,上大夫八,下大夫六。诸侯七介、七牢,大夫五介、五牢。天子之席五重,诸侯之席三重,大夫再重。天子崩,七月而葬,五重八翣;诸侯五月而葬,三重六翣;大夫三月而葬,再重四翣。此以多为贵也。

有以少为贵者:天子无介,祭天特牲。天子适诸侯,诸侯膳以犊。诸侯相朝,灌用郁鬯,无笾豆之荐。大夫聘,礼以脯醢。天子一食,诸侯再,大夫、士三,食力无数。大路繁缨一就,次路繁缨七就。圭璋特,琥璜爵。鬼神之祭单席。诸侯视朝,大夫特,士旅之。此以少为贵也。

有以大为贵者：宫室之量，器皿之度，棺椁之厚，丘封之大。此以大为贵也。

有以小为贵者：宗庙之祭，贵者献以爵，贱者献以散；尊者举觯，卑者举角。五献之尊，门外缶，门内壶，君尊瓦甒。此以小为贵也。

有以高为贵者：天子之堂九尺，诸侯七尺，大夫五尺，士三尺。天子、诸侯台门。此以高为贵也。

有以下为贵者：至敬不坛，扫地而祭。天子诸侯之尊废禁，大夫、士棜禁。此以下为贵也。

礼有以文为贵者：天子龙衮，诸侯黼，大夫黻，士玄衣纁裳。天子之冕朱绿藻，十有二旒，诸侯九，上大夫七，下大夫五，士三。此以文为贵也。

有以素为贵者：至敬无文，父党无容，大圭不琢，大羹不和，大路素而越席，牺尊疏布鼏，樿杓。此以素为贵也。

孔子曰："礼，不可不省也。礼不同，不丰，不杀。"此之谓也。盖言称也。

礼之以多为贵者，以其外心者也。德发扬，诩万物，大理物博，如此，则得不以多为贵乎？故君子乐其发也。礼之以少为贵者，以其内心者也。德产之致也精微，观天下之物无可以称其德者，如此，则得不以少为贵乎？是故君子慎其独也。古之圣人，内之为尊，外之为乐，少之为贵，多之为美。是故先生之制礼也，不可多也，不可寡也，唯其称也。

是故君子大牢而祭谓之礼，匹士大牢而祭谓之攘。管仲镂簋朱纮，山节藻棁，君子以为滥矣。晏平仲祀其先人，豚肩不掩豆，浣衣濯冠以朝，君子以为隘矣。是故君子之行礼也，不可不慎也，众之纪也，纪散而众乱。孔子曰："我战则克，祭则受福。"盖得其道矣。

君子曰："祭祀不祈，不麾蚤，不乐葆大，不善嘉事，牲不及肥大，荐不美多品。"

孔子曰："臧文仲安知礼？夏父弗綦逆祀而弗止也，燔柴于奥。夫奥者，老妇之祭也，盛于盆，尊于瓶。"

礼也者，犹体也。体不备，君子谓之不成人。设之不当，犹不备也。"礼有大有小，有显有微。大者不可损，小者不可益，显者不可掩，微者不可大也。故经礼三百，曲礼三千，其致一也。未有入室而不由户者。

君子之于礼也，有所竭情尽慎，致其敬而诚若，有美而文而诚若。君子之于礼也，有直而行也，有曲而杀也，有经而等也，有顺而讨也，有摭而播也，有推而进也，有放而文也，有放而不致也，有顺而摭也。

三代之礼一也，民共由之，或素或青，夏造殷因。周坐尸，诏侑武方，其礼亦然，其道一也。夏立尸而卒祭，殷坐尸。周旅酬六尸，曾子曰："周礼其犹醵与！"

君子曰：礼之近人情者，非其至者也。郊血，大飨腥，三献焖，一献孰。是故君子之于礼也，非作而致其情也，此有由始也。是故七介以相见也，不然则已悫；三辞三让而至，不然则已蹙。故鲁人将有事于上帝，必先有事于頖宫；晋人将有事于河，必先有事于恶池；齐人将有事于泰山，必先有事于配林。三月系，七日戒，三日宿，慎之至也。故礼有摈诏，乐有相步，温之至也。

礼也者，反本修古，不忘其初者也。故凶事不诏，朝事以乐；醴酒之用，玄酒之尚；割刀之用，鸾刀之贵；莞簟之安，而稿鞂之设。是故先王之制礼也，必有主也，故可述而多学也。

君子曰："无节于内者，观物弗之察矣。欲察物而不由礼，弗之得矣。故作事不以礼，弗之敬矣。出言不以礼，弗之信矣。故曰：礼也者，物之致也。"

是故昔先王之制礼也，因其财物而致其义焉尔。故作大事必顺天时，为朝夕必放于日月，为高必因丘陵，为下必因川泽。是故天时雨泽，君子达亹亹焉。

是故昔先王尚有德，尊有道，任有能，举贤而置之，聚众而誓之。是故因天事天，因地事地，因名山升中于天，因吉土以飨帝于郊。升中于天，而凤凰降，龟龙假；飨帝于郊，而风雨节，寒暑时。是故圣人南面而立而天下大治。

天道至教，圣人至德。庙堂之上，罍尊在阼，牺尊在西；庙堂之下，县鼓在西，应鼓在东。君在阼，夫人在房，大明生于东，月生于西，此阴阳之分，夫妇之位也。君西酌牺象，夫人东酌罍尊，礼交动乎上，乐交应乎下，和之至也。

礼也者，反其所自生；乐也者，乐其所自成。是故先王之制礼也以节事，修乐以道志。故观其礼乐，而治乱可知也。蘧伯玉曰："君子之人达。"故观其器而知其工之巧，观其发而知其人之知。故曰：君子慎其所以与人者。

大庙之内敬矣。君亲牵牲，大夫赞币而从；君亲制祭，夫人荐盎；君亲割牲，夫人荐酒。卿大夫从君，命妇从夫人。洞洞乎其敬也，属属乎其忠也，勿勿乎其欲其飨之也。纳牲诏于庭，血毛诏于室，羹定诏于堂，三诏皆不同位，盖道求而未之得也。设祭于堂，为祊乎外，故曰："于彼乎？于此乎？"

一献质，三献文，五献察，七献神。

大飨，其王事与！三牲、鱼、腊，四海九州之美味也。笾豆之荐，四时之和气也。内金，示和也。束帛加璧，尊德也。龟为前列，先知也。金次之，见情也。丹漆、丝纩、竹箭，与众共财也。其余无常货，各以其国之所有，则致远物也。其出也，肆夏而送之，盖重礼也。

祀帝于郊，敬之至也。宗庙之祭，仁之至也。丧礼，忠之至也。备服器，仁之至也。宾客之用币，义之至也。故君子欲观仁义之道，礼其本也。

君子曰："甘受和，白受采，忠信之人可以学礼。苟无忠信之人，则礼不虚道。是以得其人之为贵也。"

孔子曰："诵诗三百，不足以一献；一献之礼，不足以大飨；大飨之礼，不足以大旅；大旅具矣，不足以飨帝。毋轻议礼。"

子路为季氏宰。季氏祭，逮暗而祭，日不足，继之以烛。虽有强力之容，肃敬之心，皆倦怠矣。有司跛倚以临祭，其为不敬大矣。他日祭，子路与，室事交乎户，堂事交乎阶，质明而始行事，晏朝而退。孔子闻之曰："谁谓由也而不知礼乎！"

郊特牲第十一

郊特牲而，社稷大牢，天子适诸侯，诸侯膳用犊，诸侯适天子，天子赐之礼大牢，贵诚之义也。故天子牲孕弗食也，祭帝弗用也。

大路繁缨一就，先路三就，次路五就。

郊血，大飨腥，三献爓，一献熟，至敬不飨味而贵气臭也。诸侯为宾，灌用郁鬯，灌用臭也，大飨，尚腶修而已矣。

大飨，君三重席而酢焉；三献之介，君专席而酢焉。此降尊以就卑也。

飨、禘有乐，而食、尝无乐，阴阳之义也。凡饮，养阳气也；凡食，养阴气也。故春禘而秋尝，春飨孤子，秋食耆老，其义一也。而食、尝无乐。饮，养阳气也，故有乐；食，养阴气也，故无声。凡声，阳也。

鼎俎奇而笾豆偶，阴阳之义也。笾豆之实，水土之品也。不敢用亵味而贵多品，所以交于旦明之义也。

宾入大门而奏肆夏，示易以敬也。卒爵而乐阕，孔子屡叹之。奠酬而工升歌，发德也。歌者在上，匏竹在下，贵人声也。乐由阳来者也，礼由阴作者也，阴阳和而万物得。

旅币无方，所以别土地之宜，而节远迩之期也。龟为前列，先知也。以钟次之，以和居参之也。虎豹之皮，示服猛也。束帛加璧，往德也。

庭燎之百，由齐桓公始也。大夫之奏肆夏也，由赵文子始也。

朝觐，大夫之私觌，非礼也。大夫执圭而使，所以申信也；不敢私觌，所以致敬也。而庭实私觌，何为乎诸侯之庭？为人臣者无外交，不敢贰君也。大夫而飨君，非礼也。大夫强而君杀之，义也。由三桓始也。

天子无客礼，莫敢为主焉。君适其臣，升自阼阶，不敢有其室也。觐礼，天子不下堂而见诸侯。下堂而见诸侯，天子之失礼也，由夷王以下。

诸侯之宫县，而祭以白牡，击玉磬，朱干设锡，冕而舞大武，乘大路，诸侯之僭礼也。台门而旅树，反坫，绣黼丹朱中衣，大夫之僭礼也。故天子微，诸侯僭；大夫强，诸侯胁。于此相贵以等，相觌以货，相赂以利，而天下之礼乱矣。诸侯不敢祖天子，大夫不敢祖诸侯。而公庙之设于私家，非礼也，由三桓始也。

天子存二代之后，犹尊贤也，尊贤不过二代。诸侯不臣寓公，故古者寓公不继世。

君之南乡，答阳之义也。臣之北面，答君也。大夫之臣不稽首，非尊家臣，以辟君也。

大夫有献弗亲，君有赐不面拜，为君之答己也。

乡人禓，孔子朝服立于阼，存室神也。

孔子曰："射之以乐也，何以听，何以射。"孔子曰："士，使之射，不能则辞以疾，县弧之义也。"

孔子曰："三日齐，一日用之，犹恐不敬；二日伐鼓，何居？"

孔子曰："绎之于库门内，祊之于东方，朝市之于西方，失之矣。"

社祭土而主阴气也，君南乡于北墉下，答阴之义也。日用甲，用日之始也。天子大社必受霜露风雨，以达天地之气也。是故丧国之社屋之，不受天阳也。薄社北牖，使阴明也。社，所以神地之道也。地载万物，天垂象，取财于地，取法于天，是以尊天而亲地也，故教民美报焉。家主中溜而国主社，示本也。唯为社事，单出里；唯为社田，国人毕作；唯社，丘乘共粢盛：所以报本反始也。

季春出火，为焚也。然后简其车赋而历其卒伍，而君亲誓社，以习军旅。左之右之，坐之起之，以观其习变也。而流示之禽，而盐诸利，以观其不犯命也。求服其志，不贪其得。故以战则克，以祭则受福。

天子适四方，先柴。郊之祭也，迎长日之至也，大报天而主日也。兆于南郊，就阳位也。扫地而祭，于其质也。器用陶、匏，以象天地之性也。于郊，故谓之郊。牲用骍，尚赤也。用犊，贵诚也。郊之用辛也，周之始郊日以至。卜郊，受命于祖庙，作龟于祢宫，尊祖亲考之义也。卜之日，王立于泽，亲听誓命，受教谏之义也。献命库门之内，戒百官也。大庙之命，戒百姓也。祭之日，王皮弁以听祭报，示民严上也。丧者不哭，不敢凶服，氾扫反道，乡为田烛，弗命而民听上。祭之日，王被衮以象天。戴冕璪十有二旒，则天数也。乘素车，贵其质也。旂十有二旒，龙章而设日月，以象天也。天垂象，圣人则之，郊所以明天道也。帝牛不吉，以为稷牛。帝牛必在涤三月，稷牛唯具，所以别事天神与人鬼也。万物本乎天，人本乎祖，此所以配上帝也。郊之祭也，大报本反始也。

天子大蜡八。伊耆氏始为蜡。蜡也者，索也，岁十二月，合聚万物而索飨之也。蜡之祭也，主先啬而祭司啬也，祭百种以报啬也。飨农及邮表畷、禽兽、仁之至，义之尽也。古之君子，使之必报之。迎猫，为其食田鼠也，迎虎，为其食田豕也，迎而祭之也。祭坊与水庸，事也。曰："土反其宅，水归其壑，昆虫毋作，草木归其泽。"皮弁素服而祭。素服，以送终也。葛带、榛杖，丧杀也。蜡之祭，仁之至，义之尽也。黄衣黄冠而祭，息田夫也。野夫黄冠。黄冠，草服也。大罗氏，天子之掌鸟兽者也，诸侯贡属焉。草笠而至，尊野服也。罗氏致鹿与女，而诏客告也。以戒诸侯曰："好田好女者亡其国。天子树瓜华，不敛藏之种也。"八蜡以记四方。四方年不顺成，八蜡不通，以谨民财也。顺成之方，其蜡乃通，以移民也。既蜡而收，民息已。故既蜡，君子不兴功。

恒豆之菹，水草之和气也；其醢，陆产之物也。加豆，陆产也；其醢，水物也。笾豆之荐，水土之品也。不敢用常亵味而贵多品，所以交于神明之义也，非食味之道也。先王之荐，可食也，而不可耆也。卷冕、路车，可陈也，而不可好也。武，壮而不可乐也。宗庙之威，而不可安也。宗庙之器，可用也，而不可便其利也。所以交于神明者，不可以同于所安乐之义也。酒醴之美，玄酒、明水之尚，贵五味之本也。黼黻文绣之美，疏布之尚，反女功之始也。莞簟之安，而蒲越、稿鞂之尚，明之也。大羹不和，贵其质也。大圭不琢，美其质也。丹漆雕几之美，素车之乘，尊其朴也。贵其质而已矣。所以交于神明者，不可同于所安亵之甚也。如是而后宜。鼎俎奇而笾豆偶，阴阳之义也。黄目，郁气之上尊也。黄者中也，目者气之清明者也，言酌于中而清明于外也。祭天，扫地而祭焉，于其质而已矣。醯醢之美，而煎盐之尚，贵天产也。割刀之用，而鸾刀之贵，贵其义也，声和而后断也。

冠义：始冠之，缁布之冠也。大古冠布，齐则缁之。其緌也，孔子曰："吾未之闻也。"冠而敝之可也。适子冠于阼，以著代也。醮于客位，加有成也。三加弥尊，喻其志也。冠而字之，敬其名也。委貌，周道也。章甫，殷道也。毋追，夏后氏之道也。周弁，殷冔，夏收。三王共皮弁素积。无大夫冠礼，而有其昏礼。古者五十而后爵，何大夫冠礼之有！诸侯之有冠礼，夏之末造也。天子之元子，士也，天下无生而贵者也。继世以立诸侯，象贤也。以官爵人，德之杀也。死而谥，今也。古者生无爵，死无谥。

礼之所尊，尊其义也。失其义，陈其数，祝史之事也。故其数可陈也，其义难知也。知其义而敬守之，天子之所以治天下也。

天地合而后万物兴焉。夫昏礼，万世之始也。取于异姓，所以附远厚别也。币必诚，辞无不腆，告之以直信。信，事人也。信，妇德也。壹与之齐，终身不改，故夫死不嫁。男子亲迎，男先于女，刚柔之义也。天先乎地，君先乎臣，其义一也。执挚以相见，敬章别也。男女有别；然后父子亲：父子亲，然后义生。义生然后礼作，礼作然后万物安。无别无义，禽兽之道也。婿亲御授绥，亲之也。亲之也者，亲之也。敬而亲之，先王之所以得天下也。出乎大门而先，男帅女，女从男，夫妇之义由此始也。妇人，从人者也：幼从父兄，嫁从夫，夫死从子。夫也者，夫也。夫也者，以知帅人者也。玄冕斋戒，鬼神阴阳也。将以为社稷主，为先祖后，而可以不致敬乎？共牢而食，同尊卑也。故妇人无爵，从夫之爵，坐以夫之齿。器用陶匏，尚礼然也。三王作牢用陶匏。厥明，妇盥馈。舅姑卒食，妇馂余，私之也。舅姑降自西阶，妇降自阼阶，授之室也。昏礼不用乐，幽阴之义也。乐，阳气也。昏礼不贺，人之序也。

有虞氏之祭也，尚用气。血、腥、爓祭，用气也。殷人尚声，臭味未成，涤荡其声。乐三阕，然后出迎牲。声音之号，所以诏告于天地之间也。周人尚臭，灌用鬯臭，郁合鬯，臭阴达于渊泉。灌以圭璋，用玉气也。既灌然后迎牲，致阴气也。萧合黍稷，臭阳达于墙屋，故既奠然后焫萧合膻芗。凡祭慎诸此。魂气归于天，形魄归于地，故祭，求诸阴阳之义也。殷人先求诸阳，周人先求诸阴。

诏祝于室，坐尸于堂，用牲于庭，升首于室。直祭祝于主，索祭祝于祊。不知神之所在，于彼乎？于此乎？或诸远人乎？祭于祊，尚曰求诸远者与？

祊之为言倞也，肵之为言敬也。富也者，福也。首也者，直也。相，飨之也。嘏，长也，大也。尸，陈也。毛、血告幽全之物也。告幽全之物者，贵纯之道也。血祭，盛气也。祭肺、肝、心，贵气主也。祭黍稷加肺，祭齐加明水，报阴也。取膟膋燔燎升首，报阳也。明水涚齐，贵新也。凡涚，新之也。其谓之明水也，由主人之絜著此水也。

君再拜稽首，肉袒亲割，敬之至也。敬之至也，服也。拜，服也。稽首，服之甚也；肉袒，服之尽也。祭称孝孙、孝子，以其义称也。称曾孙某，谓国家也。祭祀之相，主人自致其敬，尽其嘉，而无与让也。腥、肆、爓、腍祭，岂知神之所飨也？主人自尽其敬而已矣。

举斝角，诏妥尸。古者，尸无事则立，有事而后坐也。尸，神象也。祝，将命也。

缩酌用茅，明酌也。醆酒涚于清，汁献涚于醆酒，犹明、清与醆酒于旧泽之酒也。

祭有祈焉，有报焉，有由辟焉。

齐之玄也，以阴幽思也。故君子三日齐，必见其所祭者。

内则第十二

后王命冢宰降德于众兆民：子事父母，鸡初鸣，咸盥漱，栉、縰、笄、总，拂髦，冠、緌、缨，端、韠、绅，搢笏。左右佩用，左佩纷帨、刀、砺、小觿、金燧，右佩玦、捍、管、遰、大觿、木燧。偪，屦着綦。妇事舅姑，如事父母，鸡初鸣，咸盥漱，栉、縰笄，总，衣、绅。左佩纷帨、刀、砺、小觿、金燧，右佩箴、管、线、纩，施縏帙，大觿、木燧，衿缨，綦屦。以适父母舅姑之所，及所，下气怡声，问衣燠寒，疾痛苛痒，而敬抑搔之。出入则或先或后，而敬扶持之。进盥，少者奉盘，长者奉水，请沃盥，盥卒，授巾。问所欲而敬进之，柔色以温之，饘、酏、酒、醴、芼羹、菽、麦、蕡、稻、黍、粱、秫唯所欲，枣、栗、饴、蜜以甘之，堇、荁、枌、榆、免、槁、薧、滫以滑之，脂膏以膏之，父母舅姑必尝之而后退。

男女未冠笄者，鸡初鸣，咸盥漱，栉、縰，拂髦，总角，衿缨，皆佩容臭。昧爽而朝，问何食饮矣。若已食则退，若未食，则佐长者视具。

凡内外，鸡初鸣，咸盥漱，衣服，敛枕簟，洒扫室堂及庭，布席，各从其事。孺子蚤寝晏起，唯所欲，食无时。

由命士以上，父子皆异宫。昧爽而朝，慈以旨甘；日出而退，各从其事；日入而夕，慈以旨甘。

父母、舅姑将坐，奉席请何乡。将衽，长者奉席请何趾。少者执床与坐。御者举几，敛席与簟，县衾箧枕，敛簟而襡之。

父母舅姑之衣衾、簟、席、枕、几不传，杖、屦只敬之，勿敢近。敦、牟、卮、匜，非馂莫敢用。与恒食饮，非馂莫之敢饮食。

父母在，朝夕恒食，子妇佐馂，既食恒馂。父没母存，冢子御食，群子妇佐馂如初。旨甘柔滑，孺子馂。

在父母、舅姑之所，有命之，应唯敬对，进退周旋慎齐，升降出入揖游，不敢哕噫、嚏咳、欠伸、跛倚、睇视，不敢唾洟。寒不敢袭，痒不敢搔。不有敬事，不敢袒裼。不涉不撅，亵衣衾不见里。

父母唾洟不见。冠带垢，和灰请漱；衣裳垢，和灰请浣；衣裳绽裂，纫箴请补缀。五日则燂汤请浴，三日具沐。其间面垢，燂潘请靧；足垢，燂汤请洗。少事长，贱事贵，共帅时。

男不言内，女不言外。非祭非丧，不相授器。其相授，则女受以篚。其无篚，则皆坐奠之而后取之。外内不共井，不共湢浴，不通寝席，不通乞假。男女不通衣裳。内言不出，外言不入。男子入内，不啸不指，夜行以烛，无烛则止。女子出门，必拥蔽其面，夜行以烛，无烛则止。道路，男子由右，女子由左。

子妇孝者敬者，父母、舅姑之命勿逆勿怠。若饮食之，虽不耆，必尝而待；加之衣服，虽不欲，必服而待。加之事，人待之，己虽弗欲，姑与之而姑使之，而后复之。

子妇有勤劳之事，虽甚爱之，姑纵之，而宁数休之。子妇未孝未敬，勿庸疾怨，姑教之。若不可教，而后怒之；不可怒，子放妇出而不表礼焉。

父母有过，下气怡色柔声以谏。谏若不入，起敬起孝，说则复谏；不说，与其得罪于乡党州闾，宁孰谏。父母怒，不说，而挞之流血，不敢疾怨，起敬起孝。

父母有婢子若庶子庶孙，甚爱之，虽父母没，没身敬之不衰。子有二妾，父母爱一人焉，子爱一人焉，由衣服饮食，由执事，毋敢视父母所爱，虽父母没不衰。子甚宜其妻，父母不说，出。子不宜其妻，父母曰“是善事我”，子行夫妇之礼焉，没身不衰。

父母虽没，将为善，思贻父母令名，必果；将为不善，思贻父母羞辱，必不果。

舅没则姑老，冢妇所祭祀、宾客，每事必请于姑，介妇请于冢妇。舅姑使冢妇，毋怠、不友无礼于介妇。舅姑若使介妇，毋敢敌耦于冢妇，不敢并行，不敢并命，不敢并坐。

凡妇，不命适私室不敢退。妇将有事，大小必请于舅姑。子妇无私货，无私畜，无私器，不敢私假，不敢私与。妇，或赐之饮食、衣服、布帛、佩帨、茝兰，则受而献诸舅姑。舅姑受之，则喜，如新受赐；若反赐之，则辞，不得命，如更受赐，藏以待乏。妇若有私亲兄弟，将与之，则必复请其故，赐而后与之。

适子、庶子只事宗子、宗妇。虽贵富，不敢以贵富入宗子之家；虽众车徒，舍于外，以寡约入。子弟犹归器、衣服、裘衾、车马，则必献其上，而后敢服用其次也。若非所献，则不敢以入于宗子之门，不敢以贵富加于父兄宗族。若富，则具二牲，献其贤者于宗子，夫妇皆齐而宗敬焉，终事而后敢私祭。

饭：黍、稷、稻、粱、白黍、黄粱、稰、穛。膳：膷、臐、膮、醢、牛炙，醢、牛胾、醢、牛脍，羊炙、羊胾、醢、豕炙，醢、豕胾、芥酱、鱼脍，雉、兔、鹑、鷃。饮：重醴，稻醴清、糟，黍醴清、糟，粱醴清、糟。或以酏为醴。黍酏、浆、水、醷、滥。酒：清、白。羞：糗、饵、粉、酏。食：蜗醢而苽食、雉羹，麦食、脯羹、鸡羹，析稌、犬羹、兔羹，和糁不蓼。濡豚包苦实蓼，濡鸡醢酱实蓼，濡鱼卵酱实蓼，濡鳖，醢酱实蓼。腶修、蚳醢，脯羹、兔醢，麋肤、鱼醢，鱼脍、芥酱，麋腥、醢酱，桃诸、梅诸、卵盐。

凡食齐视春时，羹齐视夏时，酱齐视秋时，饮齐视冬时。凡和，春多酸，夏多苦，秋多辛，冬多咸，调以滑甘。牛宜稌，羊宜黍，豕宜稷，犬宜粱，雁宜麦，鱼宜苽。春宜羔、豚，膳膏芗；夏宜腒、鱐，膳膏臊；秋宜犊、麑，膳膏腥；冬宜鲜、羽，膳膏膻。

牛修、鹿脯、田豕脯、麋脯、麕脯；麋、鹿、田豕、麕，皆有轩；雉、兔，皆有芼。爵、鷃、蜩、范、芝栭、菱、椇、枣、栗、榛、柿、瓜、桃、李、梅、杏、楂、梨、姜、桂。

大夫燕食，有脍无脯，有脯无脍。士不贰羹胾。庶人耆老不徒食。

脍，春用葱，秋用芥。豚，春用韭，秋用蓼。脂用葱，膏用薤。三牲用藙，和用醯，兽用梅。鹑羹、鸡羹、鴽，酿之蓼。鲂鱮烝，雏烧，雉，芗无蓼。

不食雏鳖。狼去肠，狗去肾，狸去正脊，兔去尻，狐去首，豚去脑，鱼去乙，鳖去丑。

肉曰脱之，鱼曰作之，枣曰新之，栗曰撰之，桃曰胆之，柤梨曰攒之。

牛夜鸣则庮；羊泠毛而毳，膻；狗赤股而躁，臊；鸟麃色而沙鸣，郁；豕望视而交睫，腥；马黑脊而般臂，漏。雏尾不盈握，弗食。舒雁翠，鹄、鸮胖，舒凫翠，鸡肝，雁肾，鸨奥，鹿胃。

肉腥，细者为脍，大者为轩。或曰：麋、鹿、鱼为菹，麕为辟鸡，野豕为轩，兔为宛脾，切葱若薤，实诸醯以柔之。

羹食，自诸侯以下至于庶人，无等。

大夫无秩膳，大夫七十而有阁。天子之阁，左达五，右达五。公侯伯于房中五，大夫于阁三，士于坫一。

凡养老，有虞氏以燕礼，夏后氏以飨礼，殷人以食礼，周人修而兼用之。凡五十养于乡，六十养于国，七十养于学，达于诸侯。八十拜君命，一坐再至，瞽亦如之；九十者使人受。五十异粻，六十宿肉，七十贰膳，八十常珍，九十饮食不违寝，膳饮从于游可也。六十岁制，七十时制，八十月制，九十日修，唯绞、紟、衾、冒，死而后制。五十始衰，六十非肉不饱，七十非帛不暖，八十非人不暖，九十虽得人不暖矣。五十杖于家，六十杖于乡，七十杖于国，八十杖于朝，九十者，天子欲有问焉，则就其室，以珍从。七十不俟朝，八十月告存，九十日有秩。五十不从力政，六十不与服戎，七十不与宾客之事，八十齐丧之事弗及也。五十而爵，六十不亲学，七十致政。凡自七十以上，唯衰麻为丧。

凡三王养老，皆引年。八十者一子不从政，九十者其家不从政，瞽亦如之。凡父母在，子虽老不坐。有虞氏养国老于上庠，养庶老于下庠；夏后氏养国老于东序，养庶老于西序；殷人养国老于右学，养庶老于左学；周人养国老于东胶，养庶老于虞庠，虞庠在国之西郊。有虞氏皇而祭，深衣而养老；夏后氏收而祭，燕衣而养老；殷人冔而祭，缟衣而养老；周人冕而祭，玄衣而养老。

曾子曰："孝子之养老也，乐其心，不违其志，乐其耳目，安其寝处，以其饮食忠养之，孝子之身终。终身也者，非终父母之身，终其身也。是故父母之所爱亦爱之，父母之所敬亦敬之。至于犬马尽然，而况于人乎！"

凡养老，五帝宪，三王有乞言。五帝宪，养气体而不乞言，有善，则记之为惇史。三王亦宪，既养老而后乞言，亦微其礼，皆有惇史。

淳熬：煎醢加于陆稻上，沃之以膏，曰淳熬。淳毋：煎醢加于黍食上，沃之以膏，曰淳毋。

炮：取豚若将，刲之刳之，实枣于其腹中，编萑以苴之，涂之以谨涂，炮之。涂皆干，擘之，濯手以摩之，去其皽。为稻粉，糔溲之以为酏，以付豚，煎诸膏，膏必灭之。巨镬汤，以小鼎芗脯于其中，使其汤毋灭鼎，三日三夜毋绝火，而后调之以醯醢。

捣珍：取牛、羊、麋、鹿、麇之肉，必胨，每物与牛若一，捶反侧之，去其饵。孰，出之，去其皽，柔其肉。

渍：取牛肉，必新杀者，薄切之，必绝其理，湛诸美酒，期朝而食之以醢，若醯、醷。

为熬：捶之，去其皽，编萑，布牛肉焉。屑桂与姜，以洒诸上而盐之，干而食之。施羊亦如之，施麋、施鹿、施麇皆如牛羊。欲濡肉，则释而煎之以醢；欲干肉，则捶而食之。

糁：取牛、羊、豕之肉，三如一，小切之，与稻米，稻米二，肉一，合以为饵，煎之。

肝膋：取狗肝一，幪之以其膋，濡炙之，举焦其膋，不蓼。

取稻米，举糔溲之，小切狼臅膏，以与稻米为酏。

礼始于谨夫妇。为宫室，辨外内，男子居外，女子居内。深宫固门，阍寺守之，男不入，女不出。

男女不同椸枷。不敢悬于夫之楎椸，不敢藏于夫之箧笥，不敢共湢浴。夫不在，敛枕箧，簟席襡器而藏之。少事长，贱事贵，咸如之。

夫妇之礼，唯及七十，同藏无间。故妾虽老，年未满五十，必与五日之御。将御者，齐，漱，浣，慎衣服，栉，縰，笄，总，角，拂髦，衿缨，綦屦。虽婢妾，衣服饮食必后长者。妻不在，妾御莫敢当夕。

妻将生子，及月辰，居侧室。夫使人日再问之。作而自问之，妻不敢见，使姆衣服而对。至于子生，夫复使人日再问之。夫齐则不入侧室之门。子生，男子设弧于门左，女子设帨于门右。三日，始负子，男射，女否。

国君世子生，告于君。接以大牢，宰掌具。三日，卜士负之。吉者宿齐，朝服寝门外，诗负之。射人以桑弧、蓬矢六射天地四方，保受，乃负之。宰醴负子，赐之束帛，卜士之妻、大夫之妾，使食子。

凡接子择日，冢子则大牢，庶人特豚，士特豕，大夫少牢，国君世子大牢。其非冢子，则皆降一等。

异为孺子室于宫中，择于诸母与可者，必求其宽裕、慈惠、温良、恭敬、慎而寡言者，使为子师，其次为慈母，其次为保母，皆居子室。他人无事不往。

三月之末，择日剪发为鬌，男角女羁，否则男左女右。是日也，妻以子见于父，贵人则为衣服，由命士以下皆漱浣。男女夙兴，沐浴，衣服，具视朔食。夫入门，升自阼阶，立于阼，西乡。妻抱子出自房，当楣立，东面。姆先，相曰："母某敢用时日只见孺子。"夫对曰："钦有帅。"父执子之右手，咳而名之。妻对曰："记有成。"遂左还授师。子师辩告诸妇诸母名。妻遂适寝。夫告宰名。宰辩告诸男名，书曰某年某月某日某生，而藏之。宰告闾史。闾史书为二，其一藏诸闾府，其一献诸州史。州史献诸州伯，州伯命藏诸州府。夫入，食如养礼。

世子生，则君沐浴，朝服，夫人亦如之，皆立于阼阶，西乡。世妇抱子，升自西阶；君名之，乃降。适子、庶子见于外寝，抚其首，咳而名之，礼帅初，无辞。

凡名子，不以日月，不以国，不以隐疾。大夫、士之子，不敢与世子同名。

妾将生子，及月辰，夫使人日一问之。子生三月之末，漱浣，夙齐，见于内寝，礼之如始入室。君已食，彻焉，使之特馂，遂入御。

公庶子生，就侧室。三月之末，其母沐浴、朝服见于君，摈者以其子见。君所有赐，君名之。众子，则使有司名之。

庶人无侧室者，及月辰，夫出居群室。其问之也，与子见父之礼，无以异也。

凡父在，孙见于祖，祖亦名之，礼如子见父，无辞。

食子者三年而出，见于公宫，则劬。大夫之子有食母，士之妻自养其子。

由命士以上及大夫之子，旬而见。冢子未食而见，必执其右手；适子、庶子已食而见，必循其首。

子能食食，教以右手；能言，男唯女俞。男鞶革，女鞶丝。

六年，教之数与方名。七年，男女不同席，不共食。八年，出入门户及即席饮食，必后长者，始教之让。九年，教之数日。十年，出就外傅，居宿于外，学书计，衣不帛襦裤，礼帅初，朝夕学幼仪，请肄简谅。十有三年，学乐，诵诗。舞勺。成童，舞象，学射御。二十而冠，始学礼，可以衣裘帛，舞大夏，惇行孝弟，博学不教，内而不出。三十而有室，始理男事，博学无方，孙友视志。四十始仕，方物出谋发虑，道合则服从，不可则去。五十命为大夫，服官政。七十致事。凡男拜，尚左手。

女子十年不出，姆教婉娩听从，执麻枲，治丝茧，织纴组紃，学女事以共衣服，观于祭祀，纳酒浆笾豆菹醢，礼相助奠。十有五年而笄，二十而嫁，有故，二十三年而嫁。聘则为妻，奔则为妾。凡女拜，尚右手。

玉藻第十三

天子玉藻，十有二旒，前后邃延，龙卷以祭。玄端而朝日于东门之外，听朔于南门之外，闰月则阖门左扉，立于其中。皮弁以日视朝，遂以食，日中而馂，奏而食。日少牢，朔月大牢。五饮，上水，浆、酒、醴、酏。卒食，玄端而居。动则左史书之，言则右史书之，御瞽几声之上下。年不顺成，则天子素服，乘素车，食无乐。

诸侯玄端以祭，裨冕以朝，皮弁以听朔于大庙，朝服以日视朝于内朝。朝，辨色始入。君日出而视之，退适路寝听政，使人视大夫，大夫退，然后适小寝，释服。又朝服以食，特牲，三俎，祭肺。夕深衣，祭牢肉，朔月少牢，五俎四簋。子卯稷食菜羹。夫人与君同庖。

君无故不杀牛，大夫无故不杀羊，士无故不杀犬、豕。君子远庖厨，凡有血气之类，弗身践也。至于八月不雨，君不举。年不顺成，君衣布搢本，关梁不租，山泽列而不赋，土功不兴，大夫不得造车马。

卜人定龟，史定墨，君定体。

君羔幦虎犆，大夫齐车；鹿幦豹犆，朝车；士齐车鹿幦豹犆。

君子之居恒当户，寝恒东首。若有疾风迅雷甚雨，则必变，虽夜必兴，衣服冠而坐。日五盥，沐稷而靧粱，栉用椫栉，发晞用象栉，进禨进羞，工乃升歌。浴用二巾，上絺下绤。出杅，履蒯席，连用汤，履蒲席，衣布晞身，乃屦，进饮。

将适公所，宿齐戒，居外寝，沐浴，史进象笏，书思对命。既服，习容观玉声，乃出，揖私朝，辉如也，登车则有光矣。

天子搢珽，方正于天下也。诸侯荼，前诎后直，让于天子也。大夫前诎后诎，无所不让也。

侍坐则必退席，不退则必引而去君之党。登席不由前，为躐席。徒坐不尽席尺。读书、食，则齐，豆去席尺。

若赐之食而君客之，则命之祭然后祭。先饭，辩尝羞，饮而俟。若有尝羞者，则俟君之食然后食，饭、饮而俟。君命之羞，羞近者；命之品尝之，然后唯所欲。凡尝远食，必顺近食。君未覆手，不敢飧；君既食，又饭飧。饭飧者，三饭也。君既彻，执饭与酱乃出授从者。

凡侑食，不尽食。食于人不饱。唯水浆不祭，若祭，为已侪卑。

君若赐之爵，则越席再拜稽首受，登席祭之，饮，卒爵而俟，君卒爵然后授虚爵。君子之饮酒也，受一爵而色洒如也，二爵而言言斯，礼已三爵而油油以退。退则坐取屦，隐辟而后屦，坐左纳右，坐右纳左。

凡尊必上玄酒。唯君面尊。唯飨野人皆酒。大夫侧尊，用棜；士侧尊，用禁。

始冠缁布冠，自诸侯下达，冠而敝之可也。玄冠朱组缨，天子之冠也。缁布冠缋緌，诸侯之冠也。玄冠丹组缨，诸侯之齐冠也。玄冠綦组缨，士之齐冠也。缟冠玄武，子姓之冠也。缟冠素纰，既祥之冠也。垂緌五寸，惰游之士也。玄冠缟武，不齿之服也。居冠属武，自天子下达，有事然后緌。五十不散送。亲没不髦。大帛不緌。衣冠紫緌，自鲁桓公始也。

朝玄端，夕深衣。深衣三袪，缝齐倍要，衽当旁，袂可以回肘。长、中继掩尺，袷二寸，袪尺二寸，缘广寸半。

以帛裹布，非礼也。士不衣织。无君者不贰采。衣正色，裳间色。非列采不入公门，振絺绤不入公门，表裘不入公门，袭裘不入公门。

纩为茧，缊为袍，禅为絅，帛为褶。

朝服之以缟也，自季康子始也。孔子曰："朝服而朝，卒朔然后服之。"曰："国家未道，则不充其服焉。"

唯君有黼裘以誓省，大裘非古也。君衣狐白裘，锦衣以裼之。君之右虎裘，厥左狼裘。士不衣狐白。君子狐青裘豹褎，玄绡衣以裼之；麛裘青豻褎绞衣以裼之；羔裘豹饰，缁衣以裼之；狐裘，黄衣以裼之。锦衣狐裘，诸侯之服也。犬羊之裘不裼。

不文饰也，不裼。裘之裼也，见美也。吊则袭，不尽饰也。君在则裼，尽饰也。服之袭也，充美也，是故尸袭，执玉、龟袭。无事则裼，弗敢充也。

笏，天子以球玉，诸侯以象。大夫以鱼须文竹，士竹，本象可也。见于天子与射，无说笏。入大庙说笏，非古也。小功不说笏，当事免则说之。既搢必盥，虽有执于朝，弗有盥矣。凡有指画于君前，用笏。造受命于君前，则书于笏。笏，毕用也，因饰焉。笏度二尺有六寸，其中博三寸，其杀六分而去一。

韠：君朱，大夫素，士爵韦。圜、杀、直，天子直，公侯前后方，大夫前方后挫角，士前后正。韠下广二尺，上广一尺，长三尺，其颈五寸，肩革带博二寸。一命缊韨幽衡，再命赤韨幽衡，三命赤韨葱衡。天子素带朱里终辟，而素带终辟，大夫素带辟垂，士练带率下辟，居士锦带，弟子缟带。并纽约，用组三寸，长齐于带。绅长制，士三尺，有司二尺有五寸。子游曰："参分带下，绅居二焉，绅韠结三齐。"大夫大带四寸。杂带，君朱绿，大夫玄华，士缁辟，二寸，再缭四寸。凡带，有率无箴功，肆束及带，勤者有事则收之，走则拥之。

王后袆衣，夫人揄狄，君命屈狄。再命袆衣，一命襢衣，士褖衣。唯世妇命于奠茧，其它则皆从男子。

凡侍于君，绅垂，足如履齐，颐溜，垂拱，视下而听上，视带以及袷，听乡任左。

凡君召，以三节，二节以走，一节以趋，在官不俟屦，在外不俟车。

士于大夫，不敢拜迎而拜送。士于尊者，先拜，进面，答之拜则走。

士于君所言，大夫没矣，则称谥若字，名士。与大夫言，名士，字大夫。于大夫所，有公讳，无私讳。凡祭不讳，庙中不讳，教学临文不讳。

古之君子必佩玉，右征、角，左宫、羽，趋以采齐，行以肆夏，周还中规，折还中矩，进则揖之，退则扬之，然后玉锵鸣也。故君子在车则闻鸾和之声，行则鸣佩玉，是以非辟之心无自入也。君在不佩玉，左结佩，右设佩；居则设佩，朝则结佩。齐则綪结佩而爵韠。

凡带必有佩玉，唯丧否。佩玉有冲牙。君子无故玉不去身，君子于玉比德焉。天子佩白玉而玄组绶，公侯佩山玄玉而朱组绶，大夫佩水苍玉而纯组绶，世子佩瑜玉而綦组绶，士佩瓀玟而缊组绶。孔子佩象环五寸，而綦组绶。

童子之节也，缁布衣，锦缘，锦绅并纽锦，束发，皆朱锦也。童子不裘，不帛，不屦絇，无缌服，听事不麻。无事则立主人之北，南面。见先生，从人而入。

侍食于先生、异爵者，后祭先饭。客祭，主人辞曰："不足祭也。"客飧，主人辞以疏。主人自置其酱，则客自彻之。一室之人，非宾客，一人彻。壹食之人，一人彻。凡燕食，妇人不彻。

食枣、桃、李，弗致于核。瓜祭上环，食中，弃所操。凡食果实者后君子，火孰者先君子。

有庆，非君赐不贺。

孔子食于季氏，不辞，不食肉而飧。

君赐车马，乘以拜赐；衣服，服以拜赐。君未有命，弗敢即乘、服也。君赐，稽首，据掌，致诸地。酒肉之赐，弗再拜。凡赐，君子与小人不同日。

凡献于君，大夫使宰，士亲，皆再拜稽首送之。膳于君，有荤、桃、茢，于大夫去茢，于士去荤，皆造于膳宰。大夫不亲拜，为君之答己也。

大夫拜赐而退。士待诺而退，又拜，弗答拜。大夫亲赐士，士拜受，又拜于其室；衣服，弗服以拜。敌者不在，拜于其室。凡于尊者有献，而弗敢以闻。士于大夫不承贺，下大夫于上大夫承贺。亲在，行礼于人称父，人或赐之，则称父拜之。

礼不盛，服不充，故大裘不裼，乘路车不式。

父命呼，唯而不诺，手执业则投之，食在口则吐之，走而不趋。亲老，出不易方，复不过时。亲瘠，色容不盛。此孝子之疏节也。父没而不能读父之书，手泽存焉尔。母没而杯圈不能饮焉，口泽之气存焉尔。

君入门，介拂闑，大夫中枨与闑之间，士介拂枨。

宾入不中门，不履阈，公事自闑西，私事自闑东。

君与尸行接武。大夫继武，士中武。徐趋皆用是。疾趋则欲发，而手足毋移。圈豚行，不举足，齐如流。席上亦然。端行，颐溜如矢。弁行，剡剡起屦。执龟、玉，举前曳踵，蹜蹜如也。凡行，容惕惕，庙中齐齐，朝庭济济翔翔。

君子之容舒迟，见所尊者齐遬。足容重，手容恭，目容端，口容止，声容静，头容直，气容肃，立容德，色容庄，坐如尸。燕居告温温。凡祭，容貌颜色如见所祭者。丧容累累，色容颠颠，视容瞿瞿梅梅，言容茧茧。戎容暨暨，言容詻詻，色容厉肃，视容清明。立容辨卑，毋谄，头颈必中。山立，时行，盛气颠实扬休，玉色。

凡自称，天子曰"予一人"，伯曰"天子之力臣"。诸侯之于天子，曰"某土之守臣某"；其在边邑，曰"某屏之臣某"；其于敌以下，曰"寡人"。小国之君曰"孤"，摈者亦曰"孤"。上大夫曰"下臣"，摈者曰"寡君之老"。下大夫自名，摈者曰"寡大夫"。世子自名，摈者曰"寡君之适”。公子曰“臣孽”。士曰“传遽之臣”，于大夫曰“外私”。大夫私事使，私人摈则称名，公士摈则曰“寡大夫”、“寡君之老”。大夫有所往，必与公士为宾也。

明堂位第十四

昔者周公朝诸侯于明堂之位：天子负斧依南乡而立；三公，中阶之前，北面东上；诸侯之位，阼阶之东，西面北上；诸伯之国，西阶之西，东面北上；诸子之国，门东，北面东上；诸男之国，门西，北面东上；九夷之国，东门之外，西面北上；八蛮之国，南门之外，北面东上；六戎之国，西门之外，东面南上；五狄之国，北门之外，南面东上；九采之国，应门之外，北面东上。四塞，世告至。此周公明堂之位也。明堂也者，明诸侯之尊卑也。

昔殷纣乱天下，脯鬼侯以飨诸侯，是以周公相武王以伐纣。武王崩，成王幼弱，周公践天子之位，以治天下。六年，朝诸侯于明堂，制礼作乐，颁度量，而天下大服。七年，致政于成王。成王以周公为有勋劳于天下，是以封周公于曲阜，地方七百里，革车千乘，命鲁公世世祀周公天以子之礼乐。

是以鲁君孟春乘大路，载弧韣，旂十有二旒，日月之章，祀帝于郊，配以后稷，天子之礼也。季夏六月，以禘礼，祀周公于大庙，牲用白牡，尊用牺、象、山罍，郁尊用黄目，灌用玉瓒大圭，荐用玉豆、雕篹，爵用玉琖仍雕，加以璧散、璧角，俎用梡嶡，升歌清庙，下管象，朱干玉戚，冕而舞大武，皮弁素积，裼而舞大夏。昧，东夷之乐也。任，南蛮之乐也。纳夷蛮之乐于大庙，言广鲁于天下也。君卷冕立于阼，夫人副袆立于房中。君肉袒迎牲于门，夫人荐豆笾，卿大夫赞君，命妇赞夫人，各扬其职。百官废职服大刑，而天下大服。是故夏礿、秋尝、冬烝、春社、秋省而遂大蜡，天子之祭也。

大庙，天子明堂。库门，天子皋门。雉门，天子应门。振木铎于朝，天子之政也。山节藻棁，复庙重檐，刮楹达乡，反坫出尊，崇坫康圭，疏屏，天子之庙饰也。

鸾车，有虞氏之路也；钩车，夏后氏之路也；大路，殷路也；乘路，周路也。

有虞氏之旂，夏后氏之绥，殷之大白，周之大赤。

夏后氏骆马，黑鬣；殷人白马，黑首；周人黄马，蕃鬣。夏后氏牲尚黑，殷白牡，周骍刚。

泰，有虞氏之尊也；山罍，夏后氏之尊也；著，殷尊也。牺象，周尊也。

爵，夏后氏以琖，殷以斝，周以爵。

灌尊，夏后氏以鸡夷，殷以斝，周以黄目。其勺，夏后氏以龙勺，殷以疏勺，周以蒲勺。

土鼓、蒉桴、苇龠，伊耆氏之乐也；拊搏、玉磬、揩击、大琴、大瑟、中琴、小瑟，四代之乐器也。

鲁公之庙，文世室也；武公之庙，武世室也。

米廪，有虞氏之庠也；序，夏后氏之序也；瞽宗，殷学也；頖宫，周学也。

崇鼎、贯鼎、大璜、封父龟，天子之器也；越棘、大弓，天子之戎器也。

夏后氏之鼓，足，殷楹鼓，周县鼓。垂之和钟，叔之离磬，女娲之笙簧。夏后氏之龙簨虡，殷之崇牙，周之璧翣。

有虞氏之两敦，夏后氏之四连，殷之六瑚，周之八簋。俎，有虞氏以梡，夏后氏以嶡，殷以椇，周以房俎。夏后氏以楬豆，殷玉豆，周献豆。

有虞氏服韨，夏后氏山，殷火，周龙章。

有虞氏祭首，夏后氏祭心，殷祭肝，周祭肺。

夏后氏尚明水，殷尚醴，周尚酒。

有虞氏官五十，夏后氏官百，殷二百，周三百。

有虞氏之绥，夏后氏之绸练，殷之崇牙，周之璧翣。

凡四代之服、器、官，鲁兼用之。是故鲁，王礼也，天下传之久矣，君臣未尝相弑也，礼乐、刑法、政俗未尝相变也，天下以为有道之国，是故天下资礼乐焉。

丧服小记第十五

斩衰，括发以麻。为母，括发以麻，免而以布。齐衰，恶笄以终丧。男子冠而妇人笄，男子免而妇人髽。其义，为男子则免，为妇人则髽。

苴杖，竹也。削杖，桐也。

祖父卒，而后为祖母后者三年。

为父、母、长子稽颡。大夫吊之，虽缌必稽颡。妇人为夫与长子稽颡，其余则否。

男主必使同姓，妇主必使异姓。

为父后者为出母无服。

亲亲以三为五，以五为九，上杀、下杀、旁杀，而亲毕矣。

王者禘其祖之所自出，以其祖配之，而立四庙。庶子王亦如之。

别子为祖，继别为宗，继祢者为小宗。有五世而迁之宗，其继高祖者也。是故祖迁于上，宗易于下。尊祖故敬宗，敬宗所以尊祖祢也。庶子不祭祖者，明其宗也。

庶子不为长子斩，不继祖与祢故也。

庶子不祭殇与无后者，殇与无后者从祖祔食。

庶子不祭祢者，明其宗也。

亲亲，尊尊，长长，男女之有别，人道之大者也。

从服者，所从亡则已。属从者，所从虽没也服。妾从女君而出，则不为女君之子服。

礼，不王不禘。

世子不降妻之父母，其为妻也与大夫之适子同。

父为士，子为天子、诸侯，则祭以天子、诸侯，其尸服以士服。父为天子、诸侯，子为士，祭以士，其尸服以士服。

妇当丧而出，则除之。为父母丧，未练而出则三年。既练而出则已；未练而反则期，既练而反则遂之。

再期之丧，三年也。期之丧，二年也。九月、七月之丧，三时也。五月之丧，二时也。三月之丧，一时也。故期而祭，礼也。期而除丧，道也。祭不为除丧也。

三年而后葬者必再祭，其祭之间不同时，而除丧。

大功者主人之丧，有三年者则必为之再祭。朋友，虞祔而已。

士妾有子而为之缌，无子则已。

生不及祖父母、诸父、昆弟，而父税丧，己则否。

为君之父母、妻、长子，君已除丧而后闻丧，则不税。降而在缌、小者，则税之。近臣，君服斯服矣，其余从而服，不从而税。君虽未知丧，臣服已。

虞，杖不入于室；祔，杖不升于堂。

为君母后者，君母卒，则不为君母之党服。

绖杀，五分而去一。杖大如绖。

妾为君之长子，与女君同。

除丧者先重者，易服者易轻者。

无事不辟庙门，哭皆于其次。

复与书铭，自天子达于士，其辞一也。男子称名，妇人书姓与伯仲，如不知姓，则书氏。

斩衰之葛与齐衰之麻同，齐衰之葛与大功之麻同，麻同皆兼服之。

报葬者报虞，三月而后卒哭。

父母之丧偕，先葬者不虞、祔，待后事。其葬，服斩衰。

大夫降其庶子，其孙不降其父。

大夫不主士之丧。

为慈母之父母无服。

夫为人后者，其妻为舅姑大功。

士祔于大夫则易牲。

继父不同居也者，必尝同居。皆无主后，同财而祭其祖祢，为同居；有主后者为异居。

哭朋友者于门外之右，南面。

祔葬者不筮宅。士、大夫不得祔于诸侯，祔于诸祖父之为士、大夫者。其妻祔于诸祖姑，妾祔于妾祖姑，亡则中一以上而祔，祔必以其昭穆。诸侯不得祔于天子，天子、诸侯、大夫可以祔于士。

为母之君母，母卒则不服。

宗子，母在为妻禫。

为慈母后者，为庶母可也，为祖庶母可也。

为父、母、妻、长子禫。

慈母与妾母，不世祭也。

丈夫冠而不为殇，妇人笄而不为殇。

为殇后者，以其服服之。

久而不葬者，唯主丧者不除，其余以麻终月数者，除丧则已。

箭笄终丧三年。

齐衰三月，与大功同者绳屦。

练，筮日、筮尸、视濯，皆要绖、杖、绳屦，有司告具而后去杖。筮日、筮尸，有司告事毕而后杖，拜送宾。大祥，吉服而筮尸。

庶子在父之室，则为其母不禫。庶子不以杖即位。父不主庶子之丧，则孙以杖即位可也。父在，庶子为妻，以杖即位可也。

诸侯吊于异国之臣，则其君为主。诸侯吊，必皮弁锡衰。所吊虽已葬，主人必免。主人未丧服，则君于不锡衰。

养有疾者不丧服，遂以主其丧。非养者入主人之丧，则不易己之丧服。养尊者必易服，养卑者否。

妾无妾祖姑者，易牲而祔于女君可也。

妇之丧，虞、卒哭，其夫若子主之，祔则舅主之。

士不摄大夫，士摄大夫唯宗子。

主人未除丧，有兄弟自他国至，则主人不免而为主。

陈器之道，多陈之而省纳之可也，省陈之而尽纳之可也。

奔兄弟之丧，先之墓而后之家，为位而哭。所知之丧，则哭于宫而后之墓。

父不为众子次于外。

与诸侯为兄弟者服斩。

下殇小功，带澡麻不绝本，诎而反以报之。

妇祔于祖姑，祖姑有三人，则祔于亲者。

其妻，为大夫而卒，而后其夫不为大夫，而祔于其妻，则不易牲。妻卒而后夫为大夫，而祔于其妻，则以大夫牲。

为父后者为出母无服。无服也者，丧者不祭故也。

妇人不为主而杖者：姑在为夫杖，母为长子削杖；女子子在室为父母，其主丧者不杖，则子一人杖。

缌、小功，虞、卒哭则免。既葬而不报虞，则虽主人皆冠，及虞则皆免。为兄弟，既除丧已，及其葬也，反服其服，报虞、卒哭则免，如不报虞则除之。远葬者，比反哭者皆冠；及郊而后免，反哭。君吊，虽不当免时也，主人必免，不散麻。虽异国之君，免也，亲者皆免。

除殇之丧者，其祭也必玄。除成丧者，其祭也朝服缟冠。

奔父之丧，括发于堂上，袒，降，踊，袭、绖于东方。奔母之丧，不括发，袒于堂上，降，踊，袭免于东方，绖。即位，成踊，出门，哭止。三日而五哭三袒。

适妇不为舅后者，则姑为之小功。

大传第十六

礼，不王不禘。王者禘其祖之所自出，以其祖配之。诸侯及其大祖，大夫、士有大事，省于其君，干祫及其高祖。

牧之野，武王之大事也。既事而退，柴于上帝，祈于社，设奠于牧室，遂率天下诸侯，执豆笾，逡奔走，追王大王亶父、王季历、文王昌，不以卑临尊也。

上治祖祢，尊尊也。下治子孙，亲亲也。旁治昆弟，合族以食，序以昭缪，别之以礼义，人道竭矣。

圣人南面而听天下，所且先者五，民不与焉：一曰治亲，二曰报功，三曰举贤，四曰使能，五曰存爱。五者一得于天下，民无不足，无不赡者。五者一物纰缪，民莫得其死。圣人南面而治天下，必自人道始矣。

立权度量，考文章，改正朔，易服色，殊徽号，异器械，别衣服，此其所得与民变革者也。其不可得变革者则有矣，亲亲也，尊尊也，长长也，男女有别，此其不可得与民变革者也。

同姓从宗，合族属；异姓主名，治际会。名著而男女有别。其夫属乎父道者，妻皆母道也；其夫属乎子道者，妻皆妇道也。谓弟之妻妇者，是嫂亦可谓之母乎？名者，人治之大者也，可无慎乎！

四世而缌，服之穷也。五世袒免，杀同姓也。六世，亲属竭矣。其庶姓别于上而戚单于下，昏姻可以通乎？系之以姓而弗别，缀之以食而弗殊，虽百世而昏姻不通者，周道然也。

服术有六：一曰亲亲，二曰尊尊，三曰名，四曰出入，五曰长幼，六曰从服。

从服有六：有属从，有徒从，有从有服而无服，有从无服而有服，有从重而轻，有从轻而重。

自仁率亲，等而上之至于祖，名曰轻；自义率祖，顺而下之至于祢，名曰重。一轻一重，其义然也。

君有合族之道，族人不得以其戚戚君，位也。

庶子不祭，明其宗也。庶子不得为长子三年，不继祖也。

别子为祖，继别为宗，继祢者为小宗。有百世不迁之宗，有五世则迁之宗。百世不迁者，别子之后也。宗其继别子之所自出者，百世不迁者也。宗其继高祖者，五世则迁者也。尊祖故敬宗，敬宗，尊祖之义也。

有小宗而无大宗者，有大宗而无小宗者，有无宗亦莫之宗者，公子是也。

公子有宗道。公子之公，为其士大夫之庶者宗其士大夫之适者，公子之宗道也。

绝族无移服，亲者属也。

自仁率亲，等而上之至于祖，自义率祖，顺而下之至于祢，是故人道亲亲也。亲亲故尊祖，尊祖故敬宗，敬宗故收族，收族故宗庙严，宗庙严故重社稷，重社稷故爱百姓，爱百姓故刑罚中，刑罚中故庶民安，庶民安故财用足，财用足故百志成，百志成故礼俗刑，礼俗刑然后乐。诗云："不显不承，无斁于人斯。"此之谓也。

少仪第十七

闻始见君子者，辞曰："某固愿闻名于将命者。"不得阶主。敌者，曰"某固愿见"。罕见曰"闻名"。亟见曰"朝夕"。瞽曰"闻名"。

适有丧者曰"比"。童子，曰"听事"。适公卿之丧，则曰"听役于司徒"。

君将适他，臣如致金玉货贝于君，则曰"致马资于有司"。敌者，曰"赠从者"。

臣致襚于君，则曰"致废衣于贾人"。敌者，曰"襚"。亲者兄弟不以襚进。

臣为君丧，纳货贝于君，则曰"纳甸于有司"。

赗马入庙门。赙马与其币，大白兵车，不入庙门。赙者既致命，坐委之，摈者举之。主人无亲受也。

受立授立，不坐。性之直者则有之矣。

始入而辞，曰"辞矣"。即席曰"可矣"。

排阖说屦于户内者，一人而已矣。有尊长在，则否。

问品味，曰："子亟食于某乎？"问道艺，曰："子习于某乎？""子善于某乎？"

不疑在躬，不度民械，不愿于大家，不訾重器。

泛扫曰扫，扫席前曰拚；拚席不以鬣，执箕膺鬣。

不贰问，问卜筮，曰义与？志与？义则可问，志则否。

尊长于己逾等，不敢问其年。燕见不将命。遇于道，见则面，不请所之。丧俟事，不特吊。侍坐，弗使不执琴瑟，不画地，手无容，不翣也。寝，则坐而将命。侍射则约矢，侍投则拥矢。胜则洗而以请，客亦如之，不角，不擢马。

执君之乘车则坐。仆者右带剑，负良绥，申之面，拖诸幦，以散绥升，执辔然后步。

请见不请退。朝廷曰退，燕游曰归，师役曰罢。

侍坐于君子，君子欠伸，运笏，泽剑首，还屦，问日之蚤莫，虽请退可也。

事君者量而后入，不入而后量。凡乞假于人，为人从事者亦然。

然，故上无怨，而下远罪也。

不窥密，不旁狎，不道旧故，不戏色。

为人臣下者，有谏而无讪，有亡而无疾，颂而无谄，谏而无骄，怠则张而相之，废则扫而更之，谓之社稷之役。

毋拔来，毋报往，毋渎神，毋循枉，毋测未至。士依于德，游于艺；工依于法，游于说。毋訾衣服成器，毋身质言语。

言语之美，穆穆皇皇；朝廷之美，济济翔翔；祭祀之美，齐齐皇皇；车马之美，匪匪翼翼；鸾和之美，肃肃雍雍。

问国君之子长幼，长，则曰"能从社稷之事矣"；幼，则曰"能御"、"未能御"。问大夫之子长幼，长，则曰"能从乐人之事矣"；幼，则曰"能正于乐人"、"未能正于乐人"。问士之子长幼，长，则曰"能耕矣"；幼，则曰"能负薪"、"未能负薪"。

执玉执龟策不趋，堂上不趋，城上不趋。武车不式，介者不拜。

妇人，吉事，虽有君赐，肃拜；为尸坐，则不手拜，肃拜；为丧主，则不手拜。葛绖而麻带。

取俎进俎不坐。

执虚如执盈，入虚如有人。

凡祭于室中、堂上，无跣。燕则有之。

未尝不食新。

仆于君子，君子升、下则授绥，始乘则式，君子下行，然后还立。

乘贰车则式，佐车则否。贰车者，诸侯七乘，上大夫五乘，下大夫三乘。

有贰车者之乘马、服车不齿，观君子之衣服、服剑、乘马弗贾。

其以乘壶酒、束脩、一犬赐人若献人，则陈酒执修以将命。亦曰"乘壶酒、束脩、一犬"。其以鼎肉，则执以将命。其禽加于一双，则执一双以将命，委其余。犬则执绁，守犬、田犬则授摈者，既受乃问犬名。牛则执纼，马则执靮，皆右之，臣则左之。车则说绥，执以将命。甲，若有以前之，则执以将命；无以前之，则袒櫜奉胄。器则执盖。弓则以左手屈韣执拊。剑则启椟，盖袭之，加夫襓与剑焉。笏、书、修、苞苴、弓、茵、席、枕、几、颖、杖、琴、瑟、戈有刃者椟、策、籥，其执之皆尚左手。刀却刃授颖，削授拊。凡有刺刃者，以授人则辟刃。

乘兵车，出先刃，入后刃。军尚左，卒尚右。

宾客主恭，祭祀主敬，丧事主哀，会同主诩。

军旅思险，隐情以虞。

燕侍食于君子，则先饭而后已，毋放饭，毋流歠，小饭而亟之，数噍，毋为口容。客自彻，辞焉则止。

客爵居左，其饮居右。介爵、酢爵、僎爵皆居右。

羞濡鱼者进尾，冬右腴，夏右鳍，祭膴。

凡齐，执之以右，居之于左。

赞币自左，诏辞自右。

酌尸之仆，如君之仆。其在车则左执辔，右受爵，祭左右轨、范，乃饮。

凡羞有俎者，则于俎内祭。

君子不食圂腴。

小子走而不趋，举爵则坐祭立饮。

凡洗必盥。

牛羊之肺，离而不提心。

凡羞有湆者，不以齐。

为君子择葱薤，则绝其本末。

羞首者，进喙，祭耳。

尊者以酌者之左为上尊。尊壶者面其鼻。

饮酒者、禨者、醮者，有折俎不坐。

未步爵，不尝羞。

牛与羊、鱼之腥，聂而切之为脍。麋鹿为菹，野豕为轩，皆聂而不切。麇为辟鸡，兔为宛脾，皆聂而切之。切葱若薤实之醯以柔之。

其有折俎者，取祭肺，反之，不坐，燔亦如之。尸则坐。

衣服在躬而不知其名，为罔。

其未有烛，而有后至者，则以在者告，道瞽亦然。

凡饮酒，为献主者执烛抱燋，客作而辞，然后以授人。执烛不让、不辞、不歌。

洗、盥、执食饮者勿气，有问焉，则辟咡而对。

为人祭曰致福，为己祭而致膳于君子曰膳，祔、练曰告。

凡膳告于君子，主人展之，以授使者于阼阶之南，南面，再拜稽首送。反命，主人又再拜稽首。其礼，大牢则以牛左肩、臂、臑折九个，少牢则以羊左肩七个，特豕则以豕左肩五个。

国家靡敝，则车不雕几，甲不组縢，食器不刻镂，君子不履丝屦，马不常秣。

学记第十八

发虑宪，求善良，足以谀闻，不足以动众。就贤体远，足以动众，未足以化民。君子如欲化民成俗，其必由学乎！

玉不琢，不成器；人不学，不知道。是故古之王者建国君民，教学为先。兑命曰："念终始典于学。"其此之谓乎！

虽有嘉肴，弗食，不知其旨也；虽有至道，弗学，不知其善也。故学然后知不足，教然后知困。知不足，然后能自反也；知困，然后能自强也，故曰，教学相长也。兑命曰"学学半"，其此之谓乎！

古之教者，家有塾，党有庠，术有序，国有学。比年入学，中年考校。一年视离经辨志，三年视敬业乐群，五年视博习亲师，七年视论学取友，谓之小成；九年知类通达，强立而不反，谓之大成。夫然后足以化民易俗，近者说服而远者怀之，此大学之道也。记曰："蛾子时术之。"其此之谓乎！

大学始教，皮弁祭菜，示敬道也。宵雅肄三，官其始也。入学鼓箧，孙其业也。夏楚二物，收其威也。未卜禘不视学，游其志也。时观而弗语，存其心也。幼者听而弗问，学不躐等也。此七者，教之大伦也。记曰："凡学官先事，士先志。"其此之谓乎！

大学之教也，时教必有正业，退息必有居学。不学操缦，不能安弦；不学博依，不能安诗；不学杂服，不能安礼；不兴其艺，不能乐学。故君子之于学也，藏焉，修焉，息焉，游焉。夫然，故安其学而亲其师，乐其友而信其道，是以虽离师辅而不反也。兑命曰："敬孙务时敏，厥修乃来。"其此之谓乎！

今之教者，呻其占毕，多其讯言，及于数进而不顾其安，使人不由其诚，教人不尽其材，其施之也悖，其求之也佛。夫然，故隐其学而疾其师，苦其难而不知其益也。虽终其业，其去之必速。教之不刑，其此之由乎！

大学之法，禁于未发之谓豫，当其可之谓时，不陵节而施之谓孙，相观而善之谓摩。此四者，教之所由兴也。

发然后禁，则捍格而不胜；时过然后学，则勤苦而难成；杂施而不孙，则坏乱而不修；独学而无友，则孤陋而寡闻；燕朋逆其师；燕辟废其学。此六者，教之所由废也。

君子既知教之所由兴，又知教之所由废，然后可以为人师也。故君子之教喻也，道而弗牵，强而弗抑，开而弗达。道而弗牵则和，强而弗抑则易，开而弗达则思。和易以思，可谓善喻矣。

学者有四失，教者必知之。人之学也，或失则多，或失则寡，或失则易，或失则止。此四者，心之莫同也。知其心，然后能救其失也。教也者，长善而救其失者也。

善歌者使人继其声，善教者使人继其志。其言也约而达，微而臧，罕譬而喻，可谓继志矣。

君子知至学之难易，而知其美恶，然后能博喻。能博喻然后能为师，能为师然后能为长，能为长然后能为君。故师也者，所以学为君也。是故择师不可不慎也。记曰："三王四代唯其师。"此之谓乎。

凡学之道，严师为难。师严然后道尊，道尊然后民知敬学。是故君之所不臣于其臣者二，当其为尸则弗臣也，当其为师则弗臣也。大学之礼，虽诏于天子，无北面，所以尊师也。

善学者，师逸而功倍，又从而庸之；不善学者，师勤而功半，又从而怨之。善问者，如攻坚木，先其易者，后其节目，及其久也，相说以解；不善问者反此。善待问者，如撞钟，叩之以小者则小鸣，叩之以大者则大鸣，待其从容，然后尽其声；不善答问者反此。此皆进学之道也。

记问之学，不足以为人师。必也听语乎！力不能问，然后语之；语之而不知，虽舍之可也。

良冶之子必学为裘，良弓之子必学为箕，始驾者反之，车在马前。君子察于此三者，可以有志于学矣。

古之学者，比物丑类。鼓无当于五声，五声弗得不和；水无当于五色，五色弗得不章；学无当于五官，五官弗得不治；师无当于五服，五服弗得不亲。

君子曰：大德不官，大道不器，大信不约，大时不齐。察于此四者，可以有志于学矣。

三王之祭川也，皆先河而后海，或源也，或委也。此之谓务本。

乐记第十九

凡音之起，由人心生也。人心之动，物使之然也。感于物而动，故形于声。声相应，故生变，变成方，谓之音。比音而乐之，及干戚羽旄，谓之乐。

乐者，音之所由生也，其本在人心之感于物也。是故其哀心感者，其声噍以杀，其乐心感者，其声啴以缓。其喜心感者，其声发以散；其怒心感者，其声粗以厉；其敬心感者，其声直以廉；其爱心感者，其声和以柔。六者非性也，感于物而后动。是故先王慎所以感之者。故礼以道其志，乐以和其声，政以一其行，刑以防其奸。礼乐刑政，其极一也，所以同民心而出治道也。

凡音者，生人心者也。情动于中，故形于声，声成文，谓之音。是故治世之音安以乐，其政和；乱世之音怨以怒，其政乖；亡国之音哀以思，其民困。声音之道，与政通矣。宫为君，商为臣，角为民，征为事，羽为物。五者不乱，则无怗懘之音矣。宫乱则荒，其君骄；商乱则陂，其官坏；角乱则忧，其民怨；征乱则哀，其事勤；羽乱则危，其财匮。五者皆乱，迭相陵，谓之慢。如此，则国之灭亡无日矣。郑卫之音，乱世之音也；比于慢矣。桑间、濮上之音，亡国之音也，其政散，其民流，诬上行私而不可止也。

凡音者，生于人心者也。乐者，通伦理者也。是故知声而不知音者，禽兽是也。知音而不知乐者，众庶是也。唯君子为能知乐。是故审声以知音，审音以知乐，审乐以知政，而治道备矣。是故不知声者不可与言音，不知音者不可与言乐，知乐则几于礼矣。礼乐皆得，谓之有德。德者，得也。

是故乐之隆，非极音也；食飨之礼，非致味也。清庙之瑟，朱弦而疏越，壹倡而三叹，有遗音者矣。大飨之礼，尚玄酒而俎腥鱼，大羹不和，有遗味者矣。是故先王之制礼乐也，非以极口腹耳目之欲也，将以教民平好恶而反人道之正也。

人生而静，天之性也。感于物而动，性之欲也。物至知知，然后好恶形焉。好恶无节于内，知诱于外，不能反躬，天理灭矣。夫物之感人无穷，而人之好恶无节，则是物至而人化物也。人化物也者，灭天理而穷人欲者也。于是有悖逆诈伪之心，有淫泆作乱之事。是故强者胁弱，众者暴寡，知者诈愚，勇者苦怯，疾病不养，老幼孤独不得其所。此大乱之道也。

是故先王之制礼乐，人为之节。衰麻哭泣，所以节丧纪也。钟鼓干戚，所以和安乐也。昏姻冠笄，所以别男女也。射乡食飨，所以正交接也。礼节民心，乐和民声，政以行之，刑以防之。礼乐刑政，四达而不悖，则王道备矣。

乐者为同，礼者为异。同则相亲，异则相敬，乐胜则流，礼胜则离。合情饰貌者，礼乐之事也。礼义立，则贵贱等矣。乐文同，则上下和矣。好恶著，则贤不肖别矣。刑禁暴，爵举贤，则政均矣。仁以爱之，义以正之。如此则民治行矣。

乐由中出，礼自外作。乐由中出，故静；礼自外作，故文。大乐必易，大礼必简。乐至则无怨，礼至则不争。揖让而治天下者，礼乐之谓也。暴民不作，诸侯宾服，兵革不试，五刑不用，百姓无患，天子不怒，如此则乐达矣。合父子之亲，明长幼之序，以敬四海之内，天子如此，则礼行矣。

大乐与天地同和，大礼与天地同节。和，故百物不失；节，故祀天祭地。明则有礼乐，幽则有鬼神。如此则四海之内合敬同爱矣。礼者，殊事合敬者也。乐者，异文合爱者也。礼乐之情同，故明王以相沿也。故事与时并，名与功偕。

故钟鼓管磬，羽籥干戚，乐之器也；屈伸俯仰，缀兆舒疾，乐之文也。簠簋俎豆，制度文章，礼之器也；升降上下，周还裼袭，礼之文也。故知礼乐之情者能作，识礼乐之文者能述。作者之谓圣，述者之谓明。明圣者，述作之谓也。

乐者，天地之和也。礼者，天地之序也。和故百物皆化；序，故群物皆别。乐由天作，礼以地制，过制则乱，过作则暴。明于天地，然后能兴礼乐也。

论伦无患，乐之情也；欣喜欢爱，乐之官也。中正无邪，礼之质也；庄敬恭顺，礼之制也。若夫礼乐之施于金石，越于声音，用于宗庙社稷，事乎山川鬼神，则此所与民同也。

王者功成作乐，治定制礼。其功大者其乐备，其治辩者其礼具。干戚之舞，非备乐也；孰亨而祀，非达礼也。五帝殊时，不相沿乐；三王异世，不相袭礼。乐极则忧，礼粗则偏矣。及夫敦乐而无忧，礼备而不偏者，其唯大圣乎！

天高地下，万物散殊，而礼制行矣。流而不息，合同而化，而乐兴焉。春作夏长，仁也。秋敛冬藏，义也。仁近于乐，义近于礼。乐者敦和，率神而从天；礼者别宜，居鬼而从地。故圣人作乐以应天，制礼以配地。礼乐明备，天地官矣。

天尊地卑，君臣定矣。卑高已陈，贵贱位矣。动静有常，小大殊矣。方以类聚，物以群分，则性命不同矣。在天成象，在地成形，如此，则礼者天地之别也。地气上齐，天气下降，阴阳相摩，天地相荡，鼓之以雷霆，奋之以风雨，动之以四时，暖之以日月，而百化兴焉。如此，则乐者天地之和也。

化不时则不生，男女无辨则乱升，天地之情也。及夫礼乐之极乎天而蟠乎地，行乎阴阳而通乎鬼神，穷高极远而测深厚。乐著大始，而礼居成物。著不息者天也，著不动者地也。一动一静者，天地之间也。故圣人曰礼乐云。

昔者舜作五弦之琴以歌南风，夔始制乐以赏诸侯。故天子之为乐也，以赏诸侯之有德者也。德盛而教尊，五谷时熟，然后赏之以乐。故其治民劳者，其舞行缀远；其治民逸者，其舞行缀短。故观其舞，知其德；闻其谥，知其行也。大章，章之也。咸池，备矣。韶，继也。夏，大也。殷周之乐尽矣。

天地之道，寒暑不时则疾，风雨不节则饥。教者，民之寒暑也，教不时则伤世；事者，民之风雨也，事不节则无功。然则先王之为乐也，以法治也，善则行象德矣。

夫豢豕为酒，非以为祸也，而狱讼益繁，则酒之流生祸也。是故先王因为酒礼。壹献之礼，宾主百拜，终日饮酒而不得醉焉，此先王之所以备酒祸也。故酒食者，所以合欢也。乐者，所以象德也。礼者，所以缀淫也。是故先王有大事，必有礼以哀之；有大福，必有礼以乐之。哀乐之分，皆以礼终。乐也者，圣人之所乐也，而可以善民心，其感人深，其移风易俗，故先王著其教焉。

夫民有血气心知之性，而无哀乐喜怒之常，应感起物而动，然后心术形焉。是故志微、噍杀之音作而民思忧。啴谐、慢易、繁文、简节之音作而民康乐，粗厉、猛起、奋末、广贲之音作而民刚毅，廉直、劲正、庄诚之音作而民肃敬，宽裕、肉好、顺成、和动之音作而民慈爱，流辟、邪散、狄成、涤滥之音作而民淫乱。

是故先王本之情性，稽之度数，制之礼义，合生气之和，道五常之行，使之阳而不散，阴而不密，刚气不怒，柔气不慑，四畅交于中而发作于外，皆安其位而不相夺也。然后立之学等，广其节奏，省其文采，以绳德厚，律小大之称，比终始之序，以象事行，使亲疏、贵贱、长幼、男女之理，皆形见于乐，故曰"乐观其深"矣。

土敝则草木不长，水烦则鱼鳖不大，气衰则生物不遂，世乱则礼慝而乐淫。是故其声哀而不庄，乐而不安；慢易以犯节，流湎以忘本；广则容奸，狭则思欲；感条畅之气，而灭平和之德。是以君子贱之也。

凡奸声感人而逆气应之，逆气成象而淫乐兴焉。正声感人而顺气应之，顺气成象而和乐兴焉。倡和有应，回邪曲直各归其分，而万物之理各以其类相动也。

是故君子反情以和其志，比类以成其行，奸声乱色不留聪明，淫乐慝礼不接心术，惰慢邪辟之气不设于身体，使耳目鼻口心知百体皆由顺正以行其义。

然后发以声音，而文以琴瑟，动以干戚，饰以羽旄，从以箫管，奋至德之光，动四气之和，以著万物之理。是故清明象天，广大象地，终始象四时，周还象风雨，五色成文而不乱，八风从律而不奸。百度得数而有常，小大相成，终始相生，倡和清浊，迭相为经。故乐行而伦清，耳目聪明，血气和平，移风易俗，天下皆宁。

故曰："乐者，乐也。"君子乐得其道，小人乐得其欲。以道制欲，则乐而不乱；以欲忘道，则惑而不乐。是故君子反情以和其志，广乐以成其教。乐行而民乡方，可以观德矣。德者，性之端也。乐者，德之华也。金石丝竹，乐之器也。诗，言其志也。歌，咏其声也。舞，动其容也。三者本于心，然后乐气从之。是故情深而文明，气盛而化神，和顺积中而英华发外，唯乐不可以为伪。

乐者，心之动也。声者，乐之象也。文采节奏，声之饰也。君子动其本，乐其象，然后治其饰。是故先鼓以警戒，三步以见方，再始以著往，复乱以饬归，奋疾而不拔，极幽而不隐，独乐其志，不厌其道，备举其道，不私其欲。是故情见而义立，乐终而德尊，君子以好善，小人以听过。故曰："生民之道，乐为大焉。"

乐也者，施也。礼也者，报也。乐，乐其所自生，而礼反其所自始。乐章德，礼报情、反始也。

所谓大辂者，天子之车也。龙旗九旒，天子之旌也。青黑缘者，天子之宝龟也。从之以牛羊之群，则所以赠诸侯也。

乐也者，情之不可变者也。礼也者，理之不可易者也。乐统同，礼辨异。礼乐之说，管乎人情矣。穷本知变，乐之情也；著诚去伪，礼之经也。礼乐偩天地之情，达神明之德，降兴上下之神，而凝是精粗之体，领父子君臣之节。

是故大人举礼乐，则天地将为昭焉。天地訢合，阴阳相得，煦妪覆育万物，然后草木茂，区萌达，羽翼奋，角觡生，蛰虫昭苏，羽者妪伏，毛者孕鬻，胎生者不殰，而卵生者不殈，则乐之道归焉耳。

乐者，非谓黄钟、大吕、弦歌、干扬也，乐之末节也，故童者舞之。铺筵席，陈尊俎，列笾豆，以升降为礼者，礼之末节也，故有司掌之。乐师辨乎声诗，故北面而弦；宗祝辨乎宗庙之礼，故后尸；商祝辨乎丧礼，故后主人。是故德成而上，艺成而下，行成而先，事成而后。是故先王有上有下，有先有后，然后可以有制于天下也。

魏文侯问于子夏曰："吾端冕而听古乐，则唯恐卧；听郑卫之音，则不知倦。敢问：古乐之如彼何也？新乐之如此何也？"子夏对曰："今夫古乐，进旅退旅，和正以广；弦匏笙簧，会守拊鼓；始奏以文，复乱以武；治乱以相，讯疾以雅；君子于是语，于是道古，修身及家，平均天下。此古乐之发也。今夫新乐，进俯退俯，奸声以滥，溺而不止；及优侏儒，糅杂子女，不知父子；乐终不可以语，不可以道古。此新乐之发也。今君之所问者乐也，所好者音也。夫乐者，与音相近而不同。"

文侯曰："敢问何如？"子夏对曰："夫古者天地顺而四时当，民有德而五谷昌，疾疢不作而无妖祥，此之谓大当。然后圣人作为父子君臣以为纪纲，纪纲既正，天下大定；天下大定，然后正六律，和五声，弦歌诗颂。此之谓德音，德音之谓乐。诗云：'莫其德音，其德克明。克明克类，克长克君，王此大邦，克顺克俾，俾于文王，其德靡悔。既受帝祉，施于孙子。'此之谓也。今君之所好者，其溺音乎？"

文侯曰："敢问溺音何从出也？"子夏对曰："郑音好滥淫志，宋音燕女溺志，卫音趋数烦志，齐音敖辟乔志。此四者，皆淫于色而害于德，是以祭祀弗用也。诗云：'肃雍和鸣，先祖是听。'夫肃肃，敬也。雍雍，和也。夫敬以和，何事不行？为人君者，谨其所好恶而已矣。君好之，则臣为之；上行之，则民从之。诗云：'诱民孔易。'此之谓也。"然后圣人作为鼗、鼓、椌、楬、埙、篪，此六者，德音之音也。然后钟、磬、竽、瑟以和之，干、戚、旄、狄以舞之。此所以祭先王之庙也，所以献、酬、酳、酢也，所以官序贵贱各得其宜也，所以示后世有尊卑长幼之序也。钟声铿，铿以立号，号以立横，横以立武。君子听钟声，则思武臣。石声磬，磬以立辨，辨以致死。君子听磬声，则思死封疆之臣。丝声哀，哀以立廉，廉以立志。君子听琴瑟之声则思志义之臣。竹声滥，滥以立会，会以聚众。君子听竽笙箫管之声，则思畜聚之臣。鼓鼙之声讙，讙以立动，动以进众。君子听鼓鼙之声，则思将帅之臣。君子之听音，非听其铿锵而已也，彼亦有所合之也。

宾牟贾侍坐于孔子，孔子与之言，及乐，曰："夫武之备戒之已久，何也？"对曰："病不得众也。""咏叹之，淫液之，何也？"对曰："恐不逮事也。""发扬蹈厉之已蚤，何也？"对曰："及时事也。""武坐，致右宪左，何也？"对曰："非武坐也。""声淫及商，何也？"对曰："非武音也。"子曰："若非武音，则何音也？"对曰："有司失其传也。若非有司失其传，则武王之志荒矣。"子曰："唯。丘之闻诸苌弘，亦若吾子之言是也。"

宾牟贾起，免席而请曰："夫武之备戒之已久，则既闻命矣。敢问：迟之迟而又久，何也？"子曰："居，吾语汝。夫乐者，象成者也。揔干而山立，武王之事也。发扬蹈厉、大公之志也。武乱皆坐，周、召之治也。且夫武，始而北出，再成而灭商，三成而南，四成而南国是疆，五成而分，周公左，召公右，六成复缀，以崇。天子。夹振之而驷伐，盛威于中国也。分夹而进，事早济也，久立于缀，以待诸侯之至也。且女独未闻牧野之语乎？武王克殷反商，未及下车而封黄帝之后于蓟，封帝尧之后于祝，封帝舜之后于陈；下车而封夏后氏之后于杞，投殷之后于宋，封王子比干之墓，释箕子之囚，使之行商容而复其位。庶民弛政，庶士倍禄。济河而西，马散之华山之阳而弗复乘，牛散之桃林之野而弗复服，车甲衅而藏之府库而弗复用，倒载干戈，包之以虎皮，将帅之士使为诸侯，名之曰建櫜。然后知武王之不复用兵也。散军而郊射，左射狸首，右射驺虞，而贯革之射息也。裨冕搢笏，而虎贲之士说剑也。祀乎明堂，而民知孝。朝觐然后诸侯知所以臣。耕藉，然后诸侯知所以敬。五者，天下之大教也。食三老五更于大学，天子袒而割牲，执酱而馈，执爵而酳，冕而揔干，所以教诸侯之弟也。若此，则周道四达，礼乐交通，则夫武之迟久不亦宜乎！"

君子曰：礼乐不可斯须去身。致乐以治心，则易直子谅之心油然生矣。易直子谅之心生则乐，乐则安，安则久，久则天，天则神。天则不言而信，神则不怒而威，致乐以治心者也。致礼以治躬则庄敬，庄敬则严威。心中斯须不和不乐，而鄙诈之心入之矣。外貌斯须不庄不敬，而易慢之心入之矣。故乐也者，动于内者也。礼也者，动于外者也。乐极和，礼极顺，内和而外顺，则民瞻其颜色而弗与争也，望其容貌而民不生易慢焉。故德辉动于内而民莫不承听，理发诸外而民莫不承顺。故曰：致礼乐之道，举而错之，天下无难矣。

乐也者，动于内者也。礼也者，动于外者也。故礼主其减，乐主其盈。礼减而进，以进为文；乐盈而反，以反为文。礼减而不进则销，乐盈而不反则放，故礼有报而乐有反。礼得其报则乐，乐得其反则安。礼之报，乐之反，其义一也。

夫乐者，乐也，人情之所不能免也。乐必发于声音，形于动静，人之道也。声音动静，性术之变尽于此矣。故人不耐无乐，乐不耐无形。形而不为道，不耐无乱。先王耻其乱，故制雅颂之声以道之，使其声足乐而不流，使其文足论而不息，使其曲、直、繁瘠、廉肉、节奏足以感动人之善心而已矣，不使放心邪气得接焉。是先王立乐之方也。

是故乐在宗庙之中，君臣上下同听之则莫不和敬；在族长乡里之中，长幼同听之则莫不和顺；在闺门之内，父子兄弟同听之则莫不和亲。故乐者，审一以定和，比物以饰节，节奏合以成文，所以合和父子君臣、附亲万民也。是先王立乐之方也。

故听其雅颂之声，志意得广焉。执其干戚，习其俯仰诎伸，容貌得庄焉。行其缀兆，要其节奏，行列得正焉，进退得齐焉。故乐者，天地之命，中和之纪，人情之所不能免也。

夫乐者，先王之所以饰喜也。军旅鈇钺者，先王之所以饰怒也。故先王之喜怒，皆得其侪焉。喜则天下和之，怒则暴乱者畏之。先王之道，礼乐可谓盛矣。

子赣见师乙而问焉，曰："赐闻声歌各有宜也。如赐者宜何歌也？"师乙曰："乙，贱工也，何足以问所宜。请诵其所闻，而吾子自执焉。宽而静，柔而正者宜歌颂；广大而静，疏达而信者，宜歌大雅。恭俭而好礼者，宜歌小雅；正直而静，廉而谦者，宜歌风；肆直而慈爱者，宜歌商；温良而能断者，宜歌齐。夫歌者，直己而陈德也，动己而天地应焉，四时和焉，星辰理焉，万物育焉。故商者，五帝之遗声也，商人识之，故谓之商；齐者，三代之遗声也，齐人识之，故谓之齐。明乎商之音者，临事而屡断；明乎齐之音者，见利而让。临事而屡断，勇也；见利而让，义也。有勇有义，非歌孰能保此？故歌者上如抗，下如队，曲如折，止如槁木，倨中矩，句中钩，累累乎端如贯珠。故歌之为言也，长言之也。说之，故言之；言之不足，故长言之；长言之不足，故嗟叹之；嗟叹之不足，故不知手之舞之，足之蹈之也。”——子贡问乐。

杂记上第二十

诸侯行而死于馆，则其复如于其国。如于道，则升其乘车之左毂，以其绥复。其輤有裧，缁布裳帷，素锦以为屋而行。至于庙门，不毁墙，遂入，适所殡，唯輤为说于庙门外。

大夫、士死于道，则升其乘车之左毂，以其绥复。如于馆死，则其复如于家。大夫以布为輤而行，至于家而说輤，载以輲车，入自门，至于阼阶下而说车，举自阼阶，升适所殡。士輤苇席以为屋，蒲席以为裳帷。

凡讣于其君，曰"君之臣某死"。父母、妻、长子，曰"君之臣某之某死"。君讣于他国之君，曰"寡君不禄，敢告于执事"。夫人，曰"寡小君不禄"。大子之丧，曰"寡君之适子某死"。大夫讣于同国，适者，曰"某不禄"；讣于士，亦曰"某不禄"；讣于他国之君，曰"君之外臣寡大夫某死"；讣于适者，曰"吾子之外私寡大夫某不禄，使某实"。讣于士，亦曰"吾子之外私寡大夫某不禄，使某实"。士讣于同国大夫，曰"某死"；讣于士，亦曰"某死"；讣于他国之君，曰"君之外臣某死"；讣于大夫，曰"吾子之外私某死"；讣于士，亦曰"吾子之外私某死"。

大夫次于公馆以终丧，士练而归；士次于公馆。大夫居庐，士居垩室。

大夫为其父母、兄弟之未为大夫者之丧服如士服，士为其父母、兄弟之为大夫者之丧服如士服。大夫之适子，服大夫之服。大夫之庶子为大夫，则为其父母服大夫服，其位，与未为大夫者齿。士之子为大夫，则其父母弗能主也，使其子主之；无子，则为之置后。

大夫卜宅与葬日，有司麻衣、布衰、布带，因丧屦，缁布冠不蕤，占者皮弁。如筮，则史练冠长衣以筮，占者朝服。

大夫之丧，既荐马，荐马者哭踊，出，乃包奠，而读书。

大夫之丧，大宗人相，小宗人命龟，卜人作龟。

复：诸侯以褒衣、冕服爵弁服，夫人，税衣揄狄，狄税素沙。内子，以鞠衣、褒衣，素沙；下大夫，以襢衣，其余如士。复西上。

大夫不揄绞属于池下。

大夫附于士。士不附于大夫，附于大夫之昆弟，无昆弟则从其昭穆。虽王父母在亦然。妇附于其夫之所附之妃，无妃则亦从其昭穆之妃。妾附于妾祖姑，无妾祖姑则亦从其昭穆之妾。男子附于王父则配，女子附于王母则不配。公子附于公子。

君薨，大子号称子，待犹君也。

有三年之练冠，则以大功之麻易之，唯杖屦不易。

有父母之丧尚功衰，而附兄弟之殇则练冠。附于殇，称阳童某甫，不名，神也。

凡异居，始闻兄弟之丧，唯以哭对可也。其始麻，散带绖。未服麻而奔丧，及主人之未成绖也，疏者与主人皆成之，亲者终其麻带绖之日数。

主妾之丧，则自绖至于练祥，皆使其子主之。其殡、祭，不于正室。

君不抚仆、妾。

女君死，则妾为女君之党服；摄女君，则不为先女君之党服。

闻兄弟之丧，大功以上，见丧者之乡而哭。

适兄弟之送葬者弗及，遇主人于道，则遂之于墓。

凡主兄弟之丧，虽疏亦虞之。

凡丧服未毕，有吊者，则为位而哭，拜踊。

大夫之哭大夫，弁绖；大夫与殡，亦弁绖。

大夫有私丧之葛，则于其兄弟之轻丧则弁绖。

为长子杖，则其子不以杖即位。为妻，父母在，不杖，不稽颡。母在，不稽颡。稽颡者，其赠也拜。

违诸侯之大夫，不反服。违大夫之诸侯，不反服。

丧冠条属，以别吉凶。三年之练冠，亦条属右缝。小功以下左，缌冠缲缨。

大功以上散带。

朝服十五升，去其半而缌，加灰，锡也。

诸侯相襚以后路与冕服，先路与褒衣不以襚。

遣车视牢具。疏布輤，四面有章，置于四隅。

载粻，有子曰："非礼也。丧奠脯醢而已。"

祭称"孝子"、"孝孙"，丧称"哀子"、"哀孙"。

端衰，丧车，皆无等。

大白冠、缁布之冠，皆不蕤。委武玄缟而后蕤。

大夫冕而祭于公，弁而祭于己。士弁而祭于公，冠而祭于己。士弁而亲迎，然则士弁而祭于己可也。

畅，臼以椈，杵以梧。枇以桑，长三尺，或曰五尺。毕用桑，长三尺，刊其柄与末。

率带，诸侯大夫皆五采，士二采。

醴者，稻醴也。瓮、甒筲、衡，实见间，而后折入。

重，既虞而埋之。

凡妇人，从其夫之爵位。

小敛、大敛、启，皆辩拜。

朝夕哭不帷，无柩者不帷。

君若载而后吊之，则主人东面而拜，门右北面而踊，出待，反而后奠。

子羔之袭也，茧衣裳与税衣纁袡为一，素端一，皮弁一，爵弁一，玄冕一。曾子曰："不袭妇服。"

为君使而死，公馆复，私馆不复。公馆者，公宫与公所为也。私馆者，自卿大夫以下之家也。

公七踊，大夫五踊，妇人居间；士三踊，妇人皆居间。

公袭，卷衣一，玄端一，朝服一，素积一，纁裳一，爵弁二，玄冕一，褒衣一，朱绿带，申加大带于上。

小敛环绖，公、大夫、士一也。

公视大敛，公升，商祝铺席，乃敛。

鲁人之赠也，三玄二纁，广尺，长终幅。

吊者即位于门西，东面。其介在其东南，北面西上，西于门。主孤西面。相者受命，曰："孤某使某请事。"客曰："寡君使某，如何不淑。"相者入告，出曰："孤某须矣。"吊者入。主人升堂，西面。吊者升自西阶，东面，致命曰："寡君闻君之丧，寡君使某，如何不淑。"子拜稽颡。吊者降，反位。

含者执璧将命，曰："寡君使某含。"相者入告，出曰："孤某须矣。"含者入，升堂致命。再拜稽颡。含者坐委于殡东南，有苇席，既葬蒲席。降出，反位。宰夫朝服，即丧屦，升自西阶，西面坐取璧，降自西阶，以东。

襚者曰："寡君使某襚。"相者入告，出曰："孤某须矣。"襚者执冕服，左执领，右执要，入，升堂致命，曰："寡君使某襚。"子拜稽颡。委衣于殡东。襚者降，受爵弁服于门内溜，将命，子拜稽颡如初。受皮弁服于中庭，自西阶受朝服，自堂受玄端，将命，子拜稽颡皆如初。襚者降，出，反位。宰夫五人举以东，降自西阶。其举亦西面。

上介赗，执圭将命，曰："寡君使某赗。"相者入告，反命曰："孤某须矣。"陈乘黄、大路于中庭，北辀。执圭将命。客使自下由路西。子拜稽颡。坐委于殡东南隅。宰举以东。凡将命，乡殡将命。子拜稽颡。西面而坐委之。宰举璧与圭，宰夫举襚，升自西阶，西面坐取之，降自西阶。赗者出，反位于门外。

上客临，曰："寡君有宗庙之事，不得承事，使一介老某相执绋。"相者反命曰："孤某须矣。"临者入门右，介者皆从之，立于其左，东上。宗人纳宾，升，受命于君，降曰："孤敢辞吾子之辱，请吾子之复位。"客对曰："寡君命，某毋敢视宾客，敢固辞。"宗人反命曰："孤敢固辞吾子之辱，请吾子之复位。"客对曰："寡君命某，毋敢视宾客，敢固辞。"宗人反命曰："孤敢固辞吾子之辱，请吾子之复位。"客对曰："寡君命，使臣某毋敢视宾客，是以敢固辞，固辞不获命，敢不敬从。"客立于门西，介立于其左，东上。孤降自阼阶，拜之，升，哭，与客拾踊三。客出，送于门外，拜稽颡。

其国有君丧，不敢受吊。

外宗房中南面，小臣铺席，商祝铺绞、紷、衾。士盥于盘北，举迁尸于敛上。卒敛，宰告，子冯之踊，夫人东面坐冯之，兴踊。

士丧有与天子同者三：其终夜燎，及乘人，专道而行。

杂记下第二十一

有父之丧,如未没丧而母死,其除父之丧也,服其除服,卒事反丧服。虽诸父昆弟之丧,如当父母之丧,其除诸父昆弟之丧也,皆服其除丧之服,卒事反丧服。如三年之丧,则既顈,其练祥皆同。王父死,未练祥而孙又死,犹是附于王父也。

有殡,闻外丧,哭之他室。入奠,卒奠出,改服即位,如始即位之礼。

大夫、士将与祭于公,既视濯而父母死,则犹是与祭也,次于异宫。既祭,释服,出公门外,哭而归,其它如奔丧之礼。如未视濯,则使人告。告者反而后哭。如诸父、昆弟、姑、妹之丧,则既宿则与祭。卒事出公门,释服而后归。其它如奔丧之礼。如同宫,则次于异宫。

曾子问曰:"卿大夫将为尸于公,受宿矣,而有齐衰内丧,则如之何?"孔子曰:"出舍乎公宫以待事,礼也。"孔子曰:"尸弁冕而出,卿、大夫、士皆下之。尸必式,必有前驱。"

父母之丧,将祭而昆弟死,既殡而祭。如同宫,则虽臣妾,葬而后祭。祭,主人之升降散等,执事者亦散等,虽虞、附亦然。

自诸侯达诸士,小祥之祭,主人之酢也哜之,众宾、兄弟皆啐之。大祥,主人啐之,众宾、兄弟皆饮之可也。

凡侍祭丧者,告宾祭荐而不食。

子贡问丧,子曰:"敬为上,哀次之,瘠为下。颜色称其情,戚容称其服。"请问兄弟之丧,子曰:"兄弟之丧,则存乎书策矣。君子不夺人之丧,亦不可夺丧也。"

孔子曰:"少连、大连善居丧,三日不怠,三月不解,期悲哀,三年忧,东夷之子也。"

三年之丧,言而不语,对而不问。庐、垩室之中,不与人坐焉。在垩室之中,非时见乎母也不入门。疏衰皆居垩室,不庐。庐,严者也。

妻视叔父母,姑、姊、妹视兄弟,长、中、下殇视成人。

亲丧外除,兄弟之丧内除。

视君之母与妻,比之兄弟,发诸颜色者亦不饮食也。

免丧之外，行于道路，见似目瞿，闻名心瞿，吊死而问疾，颜色戚容必有以异于人也。如此而后可以服三年之丧，其余则直道而行之是也。

祥，主人之除也，于夕为期，朝服。祥因其故服。

子游曰："既祥，虽不当缟者必缟，然后反服。"

当袒，大夫至，虽当踊，绝踊而拜之，反，改成踊，乃袭。于士，既事成踊，袭而后拜之，不改成踊。

上大夫之虞也少牢，卒哭成事、附，皆大牢。下大夫之虞也特牲，卒哭成事、附皆少牢。

祝称卜葬、虞，子孙曰"哀"，夫曰"乃"，兄弟曰"某"，卜葬其兄弟曰"伯子某"。

古者贵贱皆杖。叔孙武叔朝，见轮人以其杖关毂而輠轮者，于是有爵而后杖也。

凿巾以饭，公羊贾为之也。

冒者何也？所以掩形也。自袭以至小敛，不设冒则形，是以袭而后设冒也。

或问于曾子曰："夫既遣而包其余，犹既食而裹其余与？君子既食则裹其余乎？"曾子曰："吾子不见大飨乎？夫大飨，既飨，卷三牲之俎，归于宾馆。父母而宾客之，所以为哀也。子不见大飨乎？"

非为人丧，问与、赐与：三年……三年之丧，以其丧拜；非三年之丧，以吉拜。三年之丧，如或遗之酒肉，则受之，必三辞。主人衰绖而受之。如君命，则不敢辞，受而荐之。丧者不遗人，人遗之，虽酒肉，受也。从父昆弟以下，既卒哭，遗人可也。

县子曰："三年之丧如斩，期之丧，如剡。"

三年之丧，虽功衰不吊，自诸侯达诸士。如有服而将往哭之，则服其服而往。期之丧十一月而练，十三月而祥，十五月禫。练则吊。既葬，大功吊，哭而退，不听事焉。期之丧，未丧，吊于乡人。哭而退，不听事焉。功衰吊，待事不执事。小功、缌执事，不与于礼。

相趋也，出宫而退。相揖也，哀次而退。相问也，既封而退。相见也，反哭而退。朋友，虞、附而退。

吊，非从主人也，四十者执绋。乡人五十者从反哭，四十者待盈坎。

丧食虽恶，必充饥。饥而废事，非礼也。饱而忘哀，亦非礼也。

视不明,听不聪,行不正,不知哀,君子病之。故有疾饮酒食肉,五十不致毁,六十不毁,七十饮酒食肉,皆为疑死。

有服,人召之食,不往。大功以下,既葬适人,人食之,其党也食之,非其党弗食也。

功衰食菜果,饮水浆,无盐酪。不能食食,盐酪可也。

孔子曰:“身有疡则浴,首有创则沐,病则饮酒食肉。毁瘠为病,君子弗为也。毁而死,君子谓之无子。”

非从柩与反哭,无免于堩。

凡丧,小功以上,非虞、附、练、祥无沐浴。

疏衰之丧既葬,人请见之则见,不请见人。小功,请见人可也。大功不以执挚。唯父母之丧,不辟涕泣而见人。

三年之丧,祥而从政。期之丧,卒哭而从政。九月之丧,既葬而从政。小功、缌之丧,既殡而从政。

曾申问于曾子曰:“哭父母有常声乎?”曰:“中路婴儿失其母焉,何常声之有!”

卒哭而讳。王父母、兄弟、世父、叔父、姑、姊、妹。子与父同讳。母之讳,宫中讳。妻之讳,不举诸其侧。与从祖昆弟同名,则讳。

以丧冠者,虽三年之丧可也。既冠于次,入哭踊三者三,乃出。

大功之末,可以冠子,可以嫁子。父小功之末,可以冠子,可以嫁子,可以取妇。己虽小功,既卒哭,可以冠、取妻,下殇之小功则不可。

凡弁绖,其衰侈袂。

父有服,宫中子不与于乐。母有服,声闻焉,不举乐。妻有服,不举乐于其侧。大功将至,辟琴瑟。小功至,不绝乐。

姑、姊、妹其夫死,而夫党无兄弟,使夫之族人主丧。妻之党,虽亲弗主。夫若无族矣,则前后家,东西家;无有则里尹主之。或曰:主之,而附于夫之党。

麻者不绅,执玉不麻,麻不加于采。

国禁哭则止,朝夕之奠即位,自因也。

童子哭不偯,不踊,不杖,不菲,不庐。

孔子曰:“伯母、叔母疏衰,踊不绝地。姑、姊、妹之大功,踊绝于地。如知此者,由文矣哉!由文矣哉!”

世柳之母死,相者由左;世柳死,其徒由右相。由右相,世柳之徒为之也。

天子饭九贝，诸侯七，大夫五，士三。士三月而葬，是月也卒哭。大夫三月而葬，五月而卒哭。诸侯五月而葬，七月而卒哭。士三虞，大夫五，诸侯七。

诸侯使人吊，其次含、襚、赗、临，皆同日而毕事者也，其次如此也。

卿大夫疾，君问之无筭；士壹问之。君于卿大夫，比葬不食肉，比卒哭不举乐；为士，比殡不举乐。

升正柩，诸侯执绋五百人，绋皆衔枚，司马执铎，左八人，右八人，匠人执羽葆御柩。大夫之丧，其升正柩也，执引者三百人，执铎者左右各四人，御柩以茅。

孔子曰："管仲镂簋而朱纮，旅树而反坫，山节而藻棁，贤大夫也，而难为上也。晏平仲祀其先人，豚肩不掩豆，贤大夫也，而难为下也。君子上不僭上，下不偪下。"

妇人非三年之丧，不逾封而吊。如三年之丧，则君夫人归。夫人其归也以诸侯之吊礼，其待之也若待诸侯然。夫人至，入自闱门，升自侧阶，君在阼。其它如奔丧礼然。

嫂不抚叔，叔不抚嫂。

君子有三患：未之闻，患弗得闻也；既闻之，患弗得学也；既学之，患弗能行也。君子有五耻：居其位，无其言，君子耻之；有其言，无其行，君子耻之；既得之而又失之，君子耻之；地有余而民不足，君子耻之；众寡均而倍焉，君子耻之。

孔子曰："凶年则乘驽马。祀以下牲。"

恤由之丧，哀公使孺悲之孔子学士丧礼，士丧礼于是乎书。

子贡观于蜡，孔子曰："赐也乐乎？"对曰："一国之人皆若狂，赐未知其乐也。"子曰："百日之蜡，一日之泽，非尔所知也。张而不弛，文武弗能也。弛而不张，文武弗为也。一张一弛，文武之道也。"

孟献子曰："正月日至，可以有事于上帝；七月日至，可有事于祖。"七月而禘，献子为之也。

夫人之不命于天子，自鲁昭公始也。

外宗为君、夫人，犹内宗也。

厩焚，孔子拜乡人为火来者。拜之，士壹，大夫再。亦相吊之道也。

孔子曰："管仲遇盗，取二人焉，上以为公臣，曰：'其所与游辟也，可人也。'管仲死,桓公使为之服。宦于大夫者之为之服也,自管仲始也,有君命焉尔也。"

过而举君之讳,则起。与君之讳同,则称字。

内乱不与焉,外患弗辟也。

赞大行曰:"圭,公九寸,侯伯七寸,子男五寸,博三寸,厚半寸,剡上,左右各寸半,玉也。藻,三采六等。"

哀公问子羔曰:"子之食奚当?"对曰:"文公之下执事也。"

成庙则衅之,其礼:祝、宗人、宰夫、雍人皆爵弁纯衣。雍人拭羊,宗人视之,宰夫北面于碑南,东上。雍人举羊升屋,自中,中屋南面刲羊,血流于前,乃降。门、夹室皆用鸡,先门而后夹室。其衈皆于屋下。割鸡,门当门,夹室中室。有司皆乡室而立,门则有司当门北面。既事,宗人告事毕,乃皆退。反命于君曰:"衅某庙事毕。"反命于寝,君南乡于门内,朝服。既反命,乃退。路寝成,则考之而不衅。衅屋者,交神明之道也。凡宗庙之器,其名者成,则衅之以豭豚。

诸侯出夫人,夫人比至于其国,以夫人之礼行。至,以夫人入,使者将命曰:"寡君不敏,不能从而事社稷、宗庙,使使臣某敢告于执事。"主人对曰:"寡君固前辞不教矣,寡君敢不敬须以俟命。"有司官陈器皿,主人有司亦官受之。

妻出,夫使人致之,曰:"某不敏,不能从而共粢盛,使某也敢告于侍者。"主人对曰:"某之子不肖,不敢辟诛,敢不敬须以俟命。"使者退,主人拜送之。如舅在则称舅,舅没则称兄,无兄则称夫。主人之辞曰:"某之子不肖。"如姑、姊、妹,亦皆称之。

孔子曰:"吾食于少施氏而饱,少施氏食我以礼。吾祭,作而辞曰:'疏食不足祭也。'吾飧,作而辞曰:'疏食也,不敢以伤吾子。'"

纳币一束,束五两,两五寻。

妇见舅姑,兄弟、姑、姊、妹皆立于堂下,西面北上。是见已。见诸父各就其寝。

女虽未许嫁,年二十而笄,礼之。妇人执其礼。燕则鬈首。

韠长三尺,下广二尺,上广一尺,会去上五寸。纰以爵韦六寸,不至下五寸。纯以素,紃以五采。

丧大记第二十二

疾病，外内皆扫，君大夫彻县，士去琴瑟。寝东首于北牖下。废床，彻亵衣，加新衣，体一人。男女改服。属纩以俟绝气。男子不死于妇人之手，妇人不死于男子之手。君、夫人卒于路寝，大夫、世妇卒于适寝，内子未命则死于下室，迁尸于寝，士、士之妻皆死于寝。

复，有林麓则虞人设阶，无林麓则狄人设阶。小臣复，复者朝服。君以卷，夫人以屈狄，大夫以玄赪，世妇以禮衣，士以爵弁，士妻以税衣，皆升自东荣，中屋履危，北面三号，卷衣投于前，司命受之，降自西北荣。其为宾，则公馆复，私馆不复。其在野，则升其乘车之左毂而复。复衣不以衣尸，不以敛。妇人复不以袡。凡复，男子称名，妇人称字。唯哭先复，复而后行死事。

始卒，主人啼，兄弟哭，妇人哭，踊。既正尸，子坐于东方；卿、大夫、父、兄、子姓立于东方；有司庶士哭于堂下，北面；夫人坐于西方，内命妇、姑、姊、妹、子姓立于西方；外命妇率外宗哭于堂上，北面。大夫之丧，主人坐于东方，主妇坐于西方，其有命夫、命妇则坐，无则皆立。士之丧，主人、父、兄、子姓皆坐于东方，主妇、姑、姊、妹子姓皆坐于西方。凡哭尸于室者，主人二手承衾而哭。

君之丧未小敛，为寄公、国宾出；大夫之丧未小敛，为君命出；士之丧，于大夫，不当敛而出。凡主人之出也，徒跣，扱衽，拊心，降自西阶。君拜寄公、国宾于位。大夫于君命，迎于寝门外，使者升堂致命，主人拜于下。士于大夫亲吊，则与之哭，不逆于门外。夫人为寄公夫人出，命妇为夫人之命出，士妻不当敛则为命妇出。

小敛，主人即位于户内，主妇东面，乃敛。卒敛，主人冯之踊，主妇亦如之。主人袒，说髦，括发以麻；妇人髽，带麻于房中。彻帷，男女奉尸夷于堂，降拜。君拜寄公、国宾，大夫士拜卿大夫于位，于士旁三拜。夫人亦拜寄公夫人于堂上。大夫内子、士妻特拜命妇、泛拜众宾于堂上。主人即位，袭，带，绖，踊，母之丧，即位而免，乃奠。吊者袭裘，加武，带，绖，与主人拾踊。

君丧，虞人出木、角，狄人出壶，雍人出鼎，司马县之，乃官代哭。

大夫官代哭，不县壶。士代哭不以官。

君堂上二烛，下二烛。大夫堂上一烛，下二烛，士堂上一烛，下一烛。宾出，彻帷。

哭尸于堂上，主人在东方，由外来者在西方，诸妇南乡。妇人迎客送客不下堂，下堂不哭。男子出寝门见人，不哭。

其无女主，则男主拜女宾于寝门内。其无男主，则女主拜男宾于阼阶下。子幼，则以衰抱之，人为之拜。为后者不在，则有爵者辞，无爵者人为之拜。在竟内则俟之，在竟外则殡葬可也。丧有无后，无无主。

君之丧三日，子、夫人杖；五日既殡，授大夫、世妇杖。子、大夫寝门之外杖，寝门之内辑之；夫人、世妇在其次则杖，即位则使人执之。子有王命则去杖，国君之命则辑杖，听卜、有事于尸则去杖。大夫于君所则辑杖，于大夫所则杖。

大夫之丧，三日之朝既殡，主人、主妇、室老皆杖。大夫有君命则去杖，大夫之命则辑杖。内子为夫人之命去杖，为世妇之命授人杖。

士之丧，二日而殡，三日而朝，主人杖，妇人皆杖。于君命、夫人之命如大夫，于大夫、世妇之命如大夫。

子皆杖，不以即位。大夫士哭殡则杖，哭柩则辑杖。弃杖者，断而弃之于隐者。

始死，迁尸于床，幠用敛衾，去死衣，小臣楔齿用角柶，缀足用燕几，君、大夫、士一也。

管人汲，不说繘，屈之，尽阶不升堂，授御者。御者入浴。小臣四人抗衾，御者二人浴。浴水用盆，沃水用枓，浴用绨巾，挋用浴衣，如它日。小臣爪足。浴余水弃于坎。其母之丧，则内御者抗衾而浴。

管人汲，授御者。御者差沐于堂上，君沐粱，大夫沐稷，士沐粱。甸人为垼于西墙下，陶人出重鬲。管人受沐，乃煮之。甸人取所彻庙之西北厞薪，用爨之。管人授御者沐，乃沐。沐用瓦盘，挋用巾，如它日。小臣爪手翦须。濡濯弃于坎。君设大盘造冰焉，大夫设夷盘造冰焉，士并瓦盘无冰，设床襢第，有枕。含一床，袭一床迁尸于堂又一床，皆有枕席，君大夫士一也。

君之丧，子、大夫、公子、众士皆三日不食。子、大夫、公子食粥，纳财，朝一溢米，莫一溢米，食之无筭。士疏食水饮，食之无筭。夫人、世妇、诸妻皆疏食水饮，食之无筭。大夫之丧，主人、室老、子姓皆食粥，众士疏食水饮，妻妾疏食水饮。士亦如之。

既葬，主人疏食水饮，不食菜果，妇人亦如之，君、大夫、士一也。练而食菜果，祥而食肉。食粥于盛，不盥，食于篹者盥。食菜以醯酱。始食肉者先食干肉，始饮酒者先饮醴酒。

期之丧，三不食，食疏食，水饮，不食菜果。三月既葬，食肉饮酒。期，终丧不食肉，不饮酒，父在为母为妻。

九月之丧，食饮犹期之丧也。食肉饮酒，不与人乐之。五月、三月之丧，壹不食、再不食可也。比葬，食肉饮酒，不与人乐之。

叔母、世母、故主、宗子，食肉饮酒。

不能食粥，羹之以菜可也。有疾，食肉饮酒可也。

五十不成丧，七十唯衰麻在身。

既葬，若君食之则食之，大夫、父之友食之则食之矣。不辟粱肉，若有酒醴则辞。

小敛于户内，大敛于阼。君以簟席，大夫以蒲席，士以苇席。小敛，布绞，缩者一，横者三。君锦衾，大夫缟衾，士缁衾，皆一，衣十有九称。君陈衣于序东，大夫士陈衣于房中，皆西领北上，绞紟不在列。

大敛，布绞，缩者三，横者五，布紟，二衾。君、大夫、士一也。君陈衣于庭，百称，北领西上。大夫陈衣于序东，五十称，西领南上。士陈衣于序东，三十称，西领南上。绞、紟如朝服，绞一幅为三、不辟，紟五幅、无紞。

小敛之衣，祭服不倒。

君无襚。大夫士毕主人之祭服，亲戚之衣，受之，不以即陈。小敛，君、大夫、士皆用复衣、复衾。大敛，君、大夫、士祭服无筭，君褶衣、褶衾，大夫士犹小敛也。

袍必有表，不禅，衣必有裳，谓之一称。凡陈衣者实之箧，取衣者亦以箧升，降者自西阶。凡陈衣不诎，非列采不入，絺、绤、纻不入。

凡敛者袒，迁尸者袭。

君之丧，大胥是敛，众胥佐之。大夫之丧，大胥侍之，众胥是敛。士之丧，胥为侍，士是敛。

小敛、大敛，祭服不倒，皆左衽，结绞不纽。

敛者既敛必哭，士与其执事则敛，敛焉则为之壹不食。凡敛者六人。

君锦冒，黼杀，缀旁七。大夫玄冒，黼杀，缀旁五。士缁冒，赪杀，缀旁三。凡冒，质长与手齐，杀三尺。自小敛以往用夷衾，夷衾质杀之裁犹冒也。

君将大敛，子弁绖，即位于序端；卿大夫即位于堂廉，楹西，北面东上；父兄堂下北面；夫人命妇尸西，东面；外宗房中，南面。小臣铺席，商祝铺绞、紟、衾、衣，士盥于盘，上士举迁尸于敛上。卒敛，宰告，子冯之踊，夫人东面亦如之。

大夫之丧，将大敛，既铺绞、紟、衾、衣，君至，主人迎，先入门右，巫止于门外。君释菜。祝先入，升堂，君即位于序端，卿大夫即位于堂廉，楹西，北面东上，主人房外南面，主妇尸西东面。迁尸。卒敛，宰告，主人降，北面于堂下。君抚之，主人拜稽颡。君降，升主人冯之，命主妇冯之。

士之丧，将大敛，君不在，其余礼犹大夫也。

铺绞紟踊，铺衾踊，铺衣踊，迁尸踊，敛衣踊，敛衾踊，敛绞紟踊。

君抚大夫，抚内命妇。大夫抚室老，抚侄、娣。君、大夫冯父、母、妻、长子，不冯庶子。士冯父母、妻、长子、庶子；庶子有子，则父母不冯其尸。凡冯尸者，父、母先，妻、子后。君于臣抚之，父母于子执之。子于父母冯之，妇于舅姑奉之，舅姑于妇抚之，妻于夫拘之，夫于妻、于昆弟执之。冯尸不当君所。凡冯尸，兴必踊。

父母之丧，居倚庐、不涂，寝苫枕块，非丧事不言。君为庐，宫之，大夫士襢之。既葬，柱楣，涂庐，不于显者。君、大夫、士皆宫之。

凡非适子者，自未葬，以于隐者为庐。

既葬，与人立，君言王事，不言国事；大夫士言公事，不言家事。

君既葬，王政入于国，既卒哭而服王事。大夫、士既葬，公政入于家；既卒哭，弁、绖、带，金革之事无辟也。

既练，居垩室，不与人居，君谋国政，大夫、士谋家事。既祥，黝垩。祥而外无哭者，禫而内无哭者，乐作矣故也。禫而从御，吉祭而复寝。

期，居庐，终丧不御于内者，父在为母、为妻。齐衰期者，大功布衰九月者，皆三月不御于内。

妇人不居庐，不寝苫；丧父母，既练而归；期、九月者，既葬而归。

公之丧，大夫俟练，士卒哭而归。

大夫士，父母之葬既练而归，朔月、忌日，则归哭于宗室；诸父、兄弟之丧，既卒哭而归。

父不次于子，兄不次于弟。

君于大夫、世妇，大敛焉；为之赐，则小敛焉。于外命妇，既加盖而君至。于士，既殡而往；为之赐，大敛焉。夫人于世妇，大敛焉；为之赐，小敛焉。于诸妻，为之赐，大敛焉。于大夫、外命妇，既殡而往。

大夫士既殡而君往焉，使人戒之。主人具殷奠之礼，俟于门外，见马首，先入门右。巫止于门外，祝代之先。君释菜于门内。祝先，升自阼阶，负墉南面。君即位于阼，小臣二人执戈立于前，二人立于后。摈者进，主人拜稽颡。君称言，视祝而踊，主人踊。大夫则奠可也。士则出俟于门外。命之反奠，乃反奠。卒奠，主人先俟于门外，君退，主人送于门外，拜稽颡。

君于大夫疾，三问之；在殡，三往焉。士疾，壹问之；在殡，壹往焉。

君吊则复殡服。

夫人吊于大夫士，主人出迎于门外，见马首，先入门右。夫人入，升堂即位，主妇降自西阶，拜稽颡于下。夫人视世子而踊，奠如君至之礼。夫人退，主妇送于门内，拜稽颡，主人送于大门之外，不拜。

大夫君，不迎于门外，入即位于堂下。主人北面，众主人南面，妇人即位于房中。若有君命，命夫、命妇之命，四邻宾客，其君后主人而拜。

君吊，见尸、柩而后踊。

大夫士若君不戒而往，不具殷奠，君退必奠。

君大棺八寸，属六寸，椑四寸。上大夫大棺八寸，属六寸。下大夫大棺六寸，属四寸。士棺六寸。君里棺用朱、绿，用杂金鐕。大夫里棺用玄、绿，用牛骨鐕。士不绿。

君盖用漆，三衽三束。大夫盖用漆，二衽二束。士盖不用漆，二衽二束。

君、大夫鬊爪实于绿中，士埋之。

君殡用輴，欑至于上，毕涂屋。大夫殡以帱，欑置于西序，涂不暨于棺。士殡见衽，涂上。帷之。

熬，君四种八筐，大夫三种六筐，士二种四筐，加鱼、腊焉。

饰棺，君龙帷，三池，振容，黼荒，火三列，黼三列；素锦褚，加伪荒，纁纽六，齐五采，五贝，黼翣二，黻翣二，画翣二，皆戴圭，鱼跃拂池。君纁戴六，纁披六。大夫画帷，二池，不振容，画荒，火三列，黻三列，素锦褚。纁纽二，玄纽二，齐三采，三贝，黻翣二，画翣二，皆戴绥，鱼跃拂池。大夫戴前纁后玄，披亦如之。士布帷，布荒，一池，揄绞。纁纽二，缁纽二，齐三采，一贝，画翣二，皆戴绥。士戴前纁后缁，二披，用纁。

君葬用輴，四綍，二碑，御棺用羽葆。大夫葬用輴，二綍二碑，御棺用茅。士葬用国车，二綍，无碑，比出宫，御棺用功布。

凡封，用綍去碑负引。君封以衡，大夫、士以咸。君，命毋哗，以鼓封；大夫，命毋哭；士，哭者相止也。

君松椁，大夫柏椁，士杂木椁。棺椁之间，君容柷，大夫容壶，士容甒。君里椁、虞筐，大夫不里椁，士不虞筐。

祭法第二十三

祭法：有虞氏禘黄帝而郊喾，祖颛顼而宗尧。夏后氏亦禘黄帝而郊鲧，祖颛顼而宗禹。殷人禘喾而郊冥，祖契而宗汤。周人禘喾而郊稷，祖文王而宗武王。

燔柴于泰坛，祭天也。瘗埋于泰折，祭地也。用骍犊。埋少牢于泰昭，祭时也。相近于坎坛，祭寒暑也。王宫，祭日也。夜明，祭月也。幽宗，祭星也。雩宗，祭水旱也。四坎坛，祭四方也。山林、川谷、丘陵能出云，为风雨，见怪物，皆曰神。有天下者祭百神。诸侯，在其地则祭之，亡其地则不祭。

大凡生于天地之间者皆曰命。其万物死皆曰折，人死曰鬼，此五代之所不变也。七代之所以更立者，禘、郊、宗、祖，其余不变也。

天下有王，分地建国，置都立邑，设庙祧坛墠而祭之，乃为亲疏多少之数。是故王立七庙、一坛、一墠，曰考庙，曰王考庙，曰皇考庙，曰显考庙，曰祖考庙，皆月祭之。远庙为祧，有二祧，享尝乃止。去祧为坛，去坛为墠。坛、墠，有祷焉祭之，无祷乃止。去墠曰鬼。诸侯立五庙、一坛、一墠。曰考庙，曰王考庙，曰皇考庙，皆月祭之。显考庙、祖考庙，享尝乃止。去祖为坛，去坛为墠。坛墠，有祷焉祭之，无祷乃止。去墠为鬼。大夫立三庙、二坛。曰考庙，曰王考庙，曰皇考庙，享尝乃止。显考、祖考无庙，有祷焉，为坛祭之。去坛为鬼。适士二庙、一坛，曰考庙，曰王考庙，享尝乃止。显考无庙，有祷焉，为坛祭之。去坛为鬼。官师一庙，曰考庙。王考无庙而祭之。去王考为鬼。庶士、庶人无庙，死曰鬼。

王为群姓立社，曰大社；王自为立社，曰王社。诸侯为百姓立社，曰国社；诸侯自为立社，曰侯社。大夫以下成群立社，曰置社。

王为群姓立七祀：曰司命，曰中溜，曰国门，曰国行，曰泰厉，曰户，曰灶；王自为立七祀。诸侯为国立五祀，曰司命，曰中溜，曰国门，曰国行，曰公厉；诸侯自为立五祀。大夫立三祀，曰族厉，曰门，曰行。适士立二祀，曰门，曰行。庶士、庶人立一祀，或立户，或立灶。

王下祭殇五：适子、适孙、适曾孙、适玄孙、适来孙。诸侯下祭三，大夫下祭二，适士及庶人祭子而止。

夫圣王之制祭祀也，法施于民则祀之，以死勤事则祀之，以劳定国则祀之，能御大菑则祀之，能捍大患则祀之。是故厉山氏之有天下也，其子曰农，能殖百谷。夏之衰也，周弃继之，故祀以为稷。共工氏之霸九州也，其子曰后土，能平九州，故祀以为社。帝喾能序星辰以著众，尧能赏均刑法以义终，舜勤众事而野死，鲧鄣洪水而殛死，禹能修鲧之功，黄帝正名百物以明民共财，颛顼能修之，契为司徒而民成；冥勤其官而水死，汤以宽治民而除其虐，文王以文治，武王以武功去民之菑，此皆有功烈于民者也。及夫日月星辰，民所瞻仰也，山林、川谷、丘陵，民所取材用也。非此族也，不在祀典。

祭义第二十四

祭不欲数，数则烦，烦则不敬。祭不欲疏，疏则怠，怠则忘。是故君子合诸天道，春禘秋尝。霜露既降，君子履之，必有凄怆之心，非其寒之谓也。春雨露既濡，君子履之，必有怵惕之心，如将见之。乐以迎来，哀以送往，故禘有乐而尝无乐。

致齐于内，散齐于外。齐之日，思其居处，思其笑语，思其志意，思其所乐，思其所嗜。齐三日，乃见其所为齐者。

祭之日，入室，僾然必有见乎其位；周还出户，肃然必有闻乎其容声；出户而听，忾然必有闻乎其叹息之声。是故先王之孝也，色不忘乎目，声不绝乎耳，心志嗜欲不忘乎心。致爱则存，致悫则着。著存不忘乎心，夫安得不敬乎！

君子生则敬养，死则敬享，思终身弗辱也。君子有终身之丧，忌日之谓也。忌日不用，非不祥也，言夫日，志有所至，而不敢尽其私也。

唯圣人为能飨帝，孝子为能飨亲。飨者乡也，乡之然后能飨焉。是故孝子临尸而不怍。君牵牲，夫人奠盎；君献尸，夫人荐豆；卿大夫相君，命妇相夫人。齐齐乎其敬也！愉愉乎其忠也！勿勿诸其欲其飨之也！

文王之祭也，事死者如事生，思死者如不欲生，忌日必哀，称讳如见亲。祀之忠也，如见亲之所爱，如欲色然，其文王与？诗云：“明发不寐，有怀二人。”文王之诗也。祭之明日，明发不寐，飨而致之，又从而思之。祭之日，乐与哀半；飨之必乐，已至必哀。

仲尼尝，奉荐而进，其亲也悫，其行趋趋以数。已祭，子赣问曰：“子之言祭，济济漆漆然。今子之祭，无济济漆漆，何也？”子曰：“济济者，容也远也。漆漆者，容也自反也。容以远，若容以自反也，夫何神明之及交？夫何济济漆漆之有乎？反馈乐成，荐其荐俎，序其礼乐，备其百官，君子致其济济漆漆，夫何慌惚之有乎？夫言岂一端而已，夫各有所当也。”

孝子将祭，虑事不可以不豫，比时具物不可以不备，虚中以治之。

宫室既修，墙屋既设，百物既备，夫妇齐戒、沐浴、盛服，奉承而进之，洞洞乎，属属乎，如弗胜，如将失之，其孝敬之心至也与！荐其荐俎，序其礼乐，备其百官，奉承而进之，于是谕其志意，以其恍惚以与神明交，庶或飨之。庶或飨之，孝子之志也。

孝子之祭也，尽其悫而悫焉，尽其信而信焉，尽其敬而敬焉，尽其礼而不过失焉。进退必敬，如亲听命，则或使之也。孝子之祭可知也：其立之也敬以诎，其进之也敬以愉，其荐之也敬以欲，退而立，如将受命，已彻而退，敬齐之色不绝于面。孝子之祭也：立而不诎，固也；进而不愉，疏也；荐而不欲，不爱也；退立而不如受命，敖也；已彻而退无敬齐之色，而忘本也。如是而祭，失之矣。

孝子之有深爱者必有和气，有和气者必有愉色，有愉色者必有婉容。孝子如执玉，如奉盈，洞洞属属然如弗胜，如将失之。严威俨恪，非所以事亲也，成人之道也。

先王之所以治天下者五：贵有德，贵贵，贵老，敬长，慈幼。此五者，先王之所以定天下也。贵有德何为也？为其近于道也。贵贵，为其近于君也。贵老，为其近于亲也。敬长，为其近于兄也。慈幼，为其近于子也。是故至孝近乎王，至弟近乎霸。至孝近乎王，虽天子必有父；至弟近乎霸，虽诸侯必有兄。先王之教，因而弗改，所以领天下国家也。

子曰："立爱自亲始，教民睦也。立教自长始，教民顺也。教以慈睦而民贵有亲，教以敬长而民贵用命。孝以事亲，顺以听命，错诸天下，无所不行。"

郊之祭也，丧者不敢哭，凶服者不敢入国门，敬之至也。祭之日，君牵牲，穆答君，卿大夫序从。既入庙门，丽于碑；卿大夫袒，而毛牛尚耳；鸾刀以刲，取膟膋，乃退；爓祭、祭腥而退：敬之至也。

郊之祭，大报天而主日，配以月。夏后氏祭其暗，殷人祭其阳，周人祭日以朝及暗。祭日于坛，祭月于坎，以别幽明，以制上下。祭日于东，祭月于西，以别外内，以端其位。日出于东，月生于西，阴阳长短，终始相巡，以致天下之和。

天下之礼，致反始也，致鬼神也，致和用也，致义也，致让也。致反始，以厚其本也。致鬼神，以尊上也。致物用，以立民纪也。致义，则上下不悖逆矣。致让，以去争也。合此五者以治天下之礼也，虽有奇邪，而不治者则微矣。

宰我曰："吾闻鬼神之名，而不知其所谓。"子曰："气也者，神之盛也。魄也者，鬼之盛也。合鬼与神，教之至也。众生必死，死必归土，此之谓鬼。骨肉毙于下，阴为野土。其气发扬于上，为昭明，焄蒿凄怆，此百物之精也，神之著也。因物之精，制为之极，明命鬼神，以为黔首则，百众以畏，万民以服。圣人以是为未足也，筑为宫室，谓为宗祧，以别亲疏远迩，教民反古复始，不忘其所由生也。众之服自此，故听且速也。二端既立，报以二礼。建设朝事，燔燎膻芗，见以萧光，以报气也，此教众反始也。荐黍稷，羞肝肺首心，见间以侠甒，加以郁鬯，以报魄也。教民相爱，上下用情，礼之至也。

"君子反古复始，不忘其所由生也，是以致其敬，发其情，竭力从事以报其亲，不敢弗尽也。是故昔者天子为藉千亩，冕而朱纮，躬秉耒。诸侯为藉百亩，冕而青纮，躬秉耒，以事天地、山川、社稷、先古，以为醴酪齐盛，于是乎取之，敬之至也。

"古者天子诸侯必有养兽之官，及岁时，齐戒沐浴而躬朝之，牺牷祭牲必于是取之，敬之至也。君召牛，纳而视之，择其毛而卜之，吉，然后养之。君皮弁素积，朔月、月半，君巡牲，所以致力，孝之至也。

"古者天子、诸侯必有公桑、蚕室，近川而为之，筑宫，仞有三尺，棘墙而外闭之。及大昕之朝，君皮弁素积，卜三宫之夫人、世妇之吉者，使入蚕于蚕室，奉种浴于川，桑于公桑，风戾以食之。岁既单矣，世妇卒蚕，奉茧以示于君，遂献茧于夫人。夫人曰：'此所以为君服与？'遂副袆而受之，因少牢以礼之。古之献茧者，其率用此与？及良日，夫人缫，三盆手，遂布于三宫夫人世妇之吉者，使缫。遂朱绿之，玄黄之，以为黼黻文章。服既成，君服以祀先王、先公，敬之至也。"

君子曰："礼乐不可斯须去身。致乐以治心，则易直子谅之心油然生矣。易直子谅之心生则乐，乐则安，安则久，久则天，天则神。天则不言而信，神则不怒而威。致乐以治心者也。致礼以治躬则庄敬，庄敬则严威。心中斯须不和不乐，而鄙诈之心入之矣；外貌斯须不庄不敬，而慢易之心入之矣。故乐也者，动于内者也；礼也者，动于外者也。乐极和，礼极顺，内和而外顺，则民瞻其颜色而不与争也，望其容貌而众不生慢易焉。故德辉动乎内而民莫不承听，理发乎外而众莫不承顺。故曰：'致礼乐之道而天下塞焉，举而错之无难矣。'乐也者，动于内者也。礼也者，动于外者也。故礼主其减，乐主其盈。礼减而进，以进为文；乐盈而反，以反为文。礼减而不进则销，乐盈而不反则放，故礼有报而乐有反。礼得其报则乐，乐得其反则安。礼之报，乐之反，其义一也。”

曾子曰：“孝有三：大孝尊亲，其次弗辱，其下能养。”公明仪问于曾子曰：“夫子可以为孝乎？”曾子曰：“是何言与！是何言与！君子之所为孝者，先意承志，谕父母于道。参直养者也，安能为孝乎？”

曾子曰：“身也者，父母之遗体也。行父母之遗体，敢不敬乎？居处不庄，非孝也。事君不忠，非孝也。莅官不敬，非孝也。朋友不信，非孝也。战陈无勇，非孝也。五者不遂，灾及于亲，敢不敬乎！亨孰膻芗，尝而荐之，非孝也，养也。君子之所谓孝也者，国人称愿，然曰‘幸哉有子’，如此，所谓孝也已。众之本教曰孝，其行曰养。养可能也，敬为难；敬可能也，安为难；安可能也，卒为难。父母既没，慎行其身，不遗父母恶名，可谓能终矣。仁者，仁此者也。礼者，履此者也。义者，宜此者也。信者，信此者也。强者，强此者也。乐自顺此生，刑自反此作。”

曾子曰：“夫孝，置之而塞乎天地，溥之而横乎四海，施诸后世而无朝夕，推而放诸东海而准，推而放诸西海而准，推而放诸南海而准，推而放诸北海而准。诗云：‘自西自东，自南自北，无思不服。’此之谓也。”

曾子曰：“树木以时伐焉，禽兽以时杀焉。夫子曰：‘断一树，杀一兽，不以其时，非孝也。’孝有三：小孝用力，中孝用劳，大孝不匮。思慈爱忘劳，可谓用力矣。尊仁安义，可谓用劳矣。博施备物，可谓不匮矣。父母爱之，嘉而弗忘；父母恶之，惧而无怨。父母有过，谏而不逆。父母既没，必求仁者之粟以祀之。此之谓礼终。”

乐正子春下堂而伤其足，数月不出，犹有忧色。门弟子曰：“夫子之足瘳矣，数月不出，犹有忧色，何也？”乐正子春曰：“善如尔之问也！善如尔之问也！吾闻诸曾子，曾子闻诸夫子曰：‘天之所生，地之所养，无人为大。’父母全而生之，子全而归之，可谓孝矣。不亏其体，不辱其身，可谓全矣。故君子顷步而弗敢忘孝也，今予忘孝之道，予是以有忧色也。壹举足而不敢忘父母，壹出言而不敢忘父母。壹举足而不敢忘父母，是故道而不径，舟而不游，不敢以先父母之遗体行殆。壹出言而不敢忘父母，是故恶言不出于口，忿言不反于身。不辱其身，不羞其亲，可谓孝矣。”

昔者，有虞氏贵德而尚齿，夏后氏贵爵而尚齿，殷人贵富而尚齿，周人贵亲而尚齿。虞夏殷周，天下之盛王也，未有遗年者。年之贵乎天下久矣，次乎事亲也。是故朝廷同爵则尚齿。七十杖于朝，君问则席，八十不俟朝，君问则就之，而弟达乎朝廷矣。行，肩而不并，不错则随，见老者则车、徒辟，斑白者不以其任行乎道路，而弟达乎道路矣。居乡以齿，而老穷不遗，强不犯弱，众不暴寡，而弟达乎州巷矣。古之道，五十不为甸徒，颁禽隆诸长者，而弟达乎搜狩矣。军旅什伍，同爵则尚齿，而弟达乎军旅矣。孝弟发诸朝廷，行乎道路，至乎州巷，放乎狸狩，修乎军旅，众以义死之而弗敢犯也。

祀乎明堂，所以教诸侯之孝也。食三老五、更于大学，所以教诸侯之弟也。祀先贤于西学，所以教诸侯之德也；耕藉，所以教诸侯之养也。朝觐，所以教诸侯之臣也。五者，天下之大教也。

食三老、五更于大学，天子袒而割牲，执酱而馈，执爵而酳，冕而揔干，所以教诸侯之弟也。是故乡里有齿，而老穷不遗，强不犯弱，众不暴寡，此由大学来者也。

天子设四学，当入学而大子齿。

天子巡守，诸侯待于竟。天子先见百年者。

八十、九十者东行，西行者弗敢过；西行，东行者弗敢过。欲言政者，君就之可也。

壹命齿于乡里，再命齿于族，三命不齿。族有七十者弗敢先。

七十者不有大故不入朝。若有大故而入，君必与之揖让，而后及爵者。

天子有善，让德于天。诸侯有善，归诸天子。卿大夫有善，荐于诸侯。士、庶人有善，本诸父母，存诸长老。禄爵庆赏，成诸宗庙，所以示顺也。

昔者圣人建阴阳天地之情，立以为易。易抱龟南面，天子卷冕北面。虽有明知之心，必进断其志焉。示不敢专，以尊天也。善则称人，过则称己，教不伐以尊贤也。

孝子将祭祀，必有齐庄之心以虑事，以具服物，以修宫室，以治百事。及祭之日，颜色必温，行必恐，如惧不及爱然。其奠之也，容貌必温，身必诎，如语焉而未之然。宿者皆出，其立卑静以正，如将弗见然。及祭之后，陶陶遂遂，如将复入然。是故悫善不违身，耳目不违心，思虑不违亲。结诸心，形诸色，而术省之，孝子之志也。

建国之神位，右社稷而左宗庙。

祭统第二十五

凡治人之道,莫急于礼;礼有五经,莫重于祭。夫祭者,非物自外至者也,自中出,生于心也。心怵而奉之以礼。是故唯贤者能尽祭之义。

贤者之祭也,必受其福。非世所谓福也。福者,备也。备者,百顺之名也。无所不顺者谓之备。言内尽于己而外顺于道也。忠臣以事其君,孝子以事其亲,其本一也。上则顺于鬼神,外则顺于君长,内则以孝于亲,如此之谓备。唯贤者能备,能备然后能祭。是故贤者之祭也,致其诚信与其忠敬,奉之以物,道之以礼,安之以乐,参之以时,明荐之而已矣,不求其为。此孝子之心也。

祭者,所以追养继孝也。孝者,畜也。顺于道,不逆于伦,是之谓畜。是故孝子之事亲也,有三道焉:生则养,没则丧,丧毕则祭。养则观其顺也,丧则观其哀也,祭则观其敬而时也。尽此三道者,孝子之行也。

既内自尽,又外求助,昏礼是也。故国君取夫人之辞曰:请君之玉女与寡人共有敝邑,事宗庙、社稷。"此求助之本也。夫祭也者,必夫妇亲之,所以备外内之官也。官备则具备。水草之菹,陆产之醢,小物备矣。三牲之俎,八簋之实,美物备矣;昆虫之异。草木之实,阴阳之物备矣。凡天之所生,地之所长,苟可荐者,莫不咸在,示尽物也。外则尽物,内则尽志,此祭之心也。是故天子亲耕于南郊以共齐盛,王后蚕于北郊以共纯服,诸侯耕于东郊亦以共齐盛,夫人蚕于北郊,以共冕服。天子、诸侯非莫耕也,王后、夫人非莫蚕也,身致其诚信,诚信之谓尽,尽之谓敬,敬尽然后可以事神明。此祭之道也。

及时将祭,君子乃齐。齐之为言齐也,齐不齐以致齐者也。是以君子非有大事也,非有恭敬也,则不齐。不齐则于物无防也,嗜欲无止也。及其将齐也,防其邪物,讫其嗜欲,耳不听乐。故记曰"齐者不乐",言不敢散其志也。心不苟虑,必依于道;手足不苟动,必依于礼。是故君子之齐也,专致其精明之德也。故散齐七日以定之,致齐三日以齐之。定之之谓齐,齐者,精明之至也,然后可以交于神明也。

是故先期旬有一日，宫宰宿夫人，夫人亦散齐七日，致齐三日。君致齐于外，夫人致齐于内，然后会于大庙。君纯冕立于阼，夫人副袆立于东房。君执圭瓒裸尸，大宗执璋瓒亚裸。及迎牲，君执纼，卿大夫从，士执刍。宗妇执盎从夫人荐涚水。君执鸾刀羞哜，夫人荐豆。此之谓夫妇亲之。

及入舞，君执干戚就舞位，君为东上，冕而揔干，率其群臣，以乐皇尸。是故天子之祭也，与天下乐之；诸侯之祭也，与竟内乐之。冕而揔干，率其群臣以乐皇尸，此与竟内乐之之义也。

夫祭有三重焉：献之属莫重于裸，声莫重于升歌，舞莫重于武宿夜，此周道也。凡三道者，所以假于外而以增君子之志也，故与志进退，志轻则亦轻，志重则亦重。轻其志而求外之重也，虽圣人弗能得也。是故君子之祭也，必身自尽也，所以明重也。道之以礼，以奉三重而荐诸皇尸，此圣人之道也。

夫祭有馂，馂者，祭之末也，不可不知也。是故古之人有言曰："善终者如始，馂其是已。"是故古之君子曰："尸亦馂鬼神之余也，惠术也，可以观政矣。"是故尸谡，君与卿四人馂。君起，大夫六人馂，臣馂君之余也。大夫起，士八人馂，贱馂贵之余也。士起，各执其具以出，陈于堂下，百官进，彻之，下馂上之余也。凡馂之道，每变以众，所以别贵贱之等而兴施惠之象也，是故以四簋黍见其修于庙中也。庙中者，竟内之象也。祭者，泽之大者也。是故上有大泽则惠必及下，顾上先下后耳，非上积重而下有冻馁之民也。是故上有大泽，则民夫人待于下流，知惠之必将至也，由馂见之矣。故曰"可以观政矣。"

夫祭之为物大矣，其兴物备矣，顺以备者也，其教之本与！是故君子之教也，外则教之以尊其君长，内则教之以孝于其亲。是故明君在上，则诸臣服从；崇事宗庙社稷，则子孙顺孝。尽其道，端其义，而教生焉。是故君子之事君也，必身行之。所不安于上，则不以使下；所恶于下，则不以事上。非诸人，行诸己，非教之道也。是故君子之教也，必由其本，顺之至也，祭其是与！故曰：祭者，教之本也已。

夫祭有十伦焉：见事鬼神之道焉，见君臣之义焉，见父子之伦焉，见贵贱之等焉，见亲疏之杀焉，见爵赏之施焉，见夫妇之别焉，见政事之均焉，见长幼之序焉，见上下之际焉。此之谓十伦。

铺筵，设同几，为依神也。诏祝于室而出于祊。此交神明之道也。

君迎牲而不迎尸，别嫌也。尸在庙门外则疑于臣，在庙中则全于君；君在庙门外则疑于君，入庙门则全于臣，全于子。是故不出者，明君臣之义也。

夫祭之道，孙为王父尸，所使为尸者，于祭者子行也。父北面而事之，所以明子事父之道也。此父子之伦也。

尸饮五，君洗玉爵献卿；尸饮七，以瑶爵献大夫；尸饮九，以散爵献士及群有司，皆以齿，明尊卑之等也。

夫祭有昭穆。昭穆者，所以别父子、远近、长幼、亲疏之序而无乱也。是故有事于大庙，则群昭群穆咸在而不失其伦。此之谓亲疏之杀也。

古者明君爵有德而禄有功，必赐爵禄于大庙，示不敢专也。故祭之日，一献，君降立于阼阶之南，南乡，所命北面，史由君右执策命之；再拜稽首，受书以归，而舍奠于其庙。此爵赏之施也。

君卷冕立于阼，夫人副袆立于东房。夫人荐豆执校，执醴授之执镫；尸酢夫人执柄，夫人受尸执足。夫妇相授受，不相袭处，酢必易爵，明夫妇之别也。

凡为俎者，以骨为主。骨有贵贱。殷人贵髀，周人贵肩，凡前贵于后。俎者，所以明祭之必有惠也。是故贵者取贵骨，贱者取贱骨。贵者不重，贱者不虚，示均也。惠均则政行，政行则事成，事成则功立。功之所以立者，不可不知也。俎者，所以明惠之必均也。善为政者如此，故曰“见政事之均焉”。

凡赐爵，昭为一，穆为一，昭与昭齿，穆与穆齿。凡群有司皆以齿。此之谓长幼有序。

夫祭有畀辉胞、翟、阍者，惠下之道也。唯有德之君为能行此。明足以见之，仁足以与之。畀之为言与也，能以其余畀其下者也。辉者，甲吏之贱者也。胞者，肉吏之贱者也。翟者，乐吏之贱者也。阍者，守门之贱者也。古者不使刑人守门。此四守者，吏之至贱者也。尸又至尊，以至尊既祭之末而不忘至贱，而以其余畀之，是故明君在上，则竟内之民无冻馁者矣。此之谓上下之际。

凡祭有四时，春祭曰礿，夏祭曰禘，秋祭曰尝，冬祭曰烝。礿、禘，阳义也。尝、烝，阴义也。禘者，阳之盛也。尝者，阴之盛也。故曰“莫重于禘、尝”。古者于禘也，发爵赐服，顺阳义也。于尝也，出田邑，发秋政，顺阴义也。故记曰：“尝之日，发公室，示赏也。草艾则墨，未发秋政，则民弗敢草也。”故曰禘、尝之义大矣，治国之本也，不可不知也。明其义者，君也。能其事者，臣也。不明其义，君人不全；不能其事，为臣不全。

夫义者，所以济志也，诸德之发也。是故其德盛者其志厚，其志厚者其义章，其义章者其祭也敬，祭敬则竟内之子孙莫敢不敬矣。是故君子之祭也，必身亲莅之，有故则使人可也。虽使人也，君不失其义者，君明其义故也。其德薄者其志轻，疑于其义而求祭，使之必敬也弗可得已。祭而不敬，何以为民父母矣。

夫鼎有铭，铭者，自名也，自名以称扬其先祖之美，而明著之后世者也。为先祖者，莫不有美焉，莫不有恶焉。铭之义，称美而不称恶，此孝子孝孙之心也。唯贤者能之。铭者，论课其先祖之有德善、功烈、勋劳、庆赏、声名，列于天下，而酌之祭器，自成其名焉，以祀其先祖者也。显扬先祖，所以崇孝也。身比焉，顺也。明示后世，教也。夫铭者，壹称而上下皆得焉耳矣。是故君子之观于铭也，既美其所称，又美其所为。为之者，明足以见之，仁足以与之，知足以利之，可谓贤矣。贤而勿伐，可谓恭矣。

故卫孔悝之鼎铭曰：“六月丁亥，公假于大庙。公曰：‘叔舅！乃祖庄叔左右成公。成公乃命庄叔随难于汉阳，即宫于宗周，奔走无射。启右献公。献公乃命成叔纂乃祖服。乃考文叔，兴旧耆欲，作率庆士，躬恤卫国，其勤公家，夙夜不解，民咸曰休哉！’公曰：‘叔舅！予女铭，若纂乃考服。’悝拜稽首，曰：‘对扬以辟之。’勤大命施于烝彝鼎。”此卫孔悝之鼎铭也。古之君子论课其先祖之美而明著之后世者也，以比其身，以重其国家如此。子孙之守宗庙社稷者，其先祖无美而称之，是诬也；有善而弗知，不明也；知而弗传，不仁也。此三者，君子之所耻也。

昔者周公旦有勋劳于天下，周公既没，成王、康王追念周公之所以勋劳者，而欲尊鲁，故赐之以重祭’外祭则郊、社是也，内祭，则大尝、禘是也。夫大尝禘，升歌清庙，下而管象；朱干玉戚以舞大武，八佾以舞大夏，此天子之乐也。康周公，故以赐鲁也。子孙纂之，至于今不废，所以明周公之德，而又以重其国也。

经解第二十六

孔子曰："入其国，其教可知也。其为人也，温柔敦厚，诗教也；疏通知远，书教也；广博易良，乐教也；洁静精微，易教也；恭俭庄敬，礼教也；属辞比事，春秋教也。故诗之失愚，书之失诬，乐之失奢，易之失贼，礼之失烦，春秋之失乱。其为人也，温柔敦厚而不愚，则深于诗者也；疏通知远而不诬，则深于书者也；广博易良而不奢，则深于乐者也；洁静精微而不贼，则深于易者也；恭俭庄敬而不烦，则深于礼也；属辞比事而不乱，则深于春秋者也。"

天子者，与天地参，故德配天地，兼利万物，与日月并明，明照四海而不遗微小。其在朝廷则道仁圣礼义之序，燕处，则听雅、颂之音，行步则有环佩之声，升车则有鸾和之音。居处有礼，进退有度，百官得其宜，万事得其序。诗云："淑人君子，其仪不忒。其仪不忒，正是四国。"此之谓也。

发号出令而民说谓之和；上下相亲谓之仁，民不求其所欲而得之谓之信，除去天地之害谓之义。义与信，和与仁，霸王之器也。有治民之意而无其器，则不成。

礼之于正国也，犹衡之于轻重也，绳墨之于曲直也，规矩之于方圜也。故衡诚县，不可欺以轻重；绳墨诚陈，不可欺以曲直；规矩诚设，不可欺以方圜；君子审礼，不可诬以奸诈。是故隆礼、由礼谓之有方之士，不隆礼、不由礼谓之无方之民，敬让之道也。故以奉宗庙则敬，以入朝廷则贵贱有位，以处室家则父子亲、兄弟和，以处乡里则长幼有序。孔子曰："安上治民，莫善于礼。"此之谓也。

故朝觐之礼，所以明君臣之义也；聘问之礼，所以使诸侯相尊敬也；丧祭之礼，所以明臣子之恩也；乡饮酒之礼，所以明长幼之序也；昏姻之礼，所以明男女之别也。夫礼禁乱之所由生，犹坊止水之所自来也。故以旧坊为无所用而坏之者，必有水败；以旧礼为无所用而去之者，必有乱患。

故昏姻之礼废，则夫妇之道苦，而淫辟之罪多矣。乡饮酒之礼废，则长幼之序失，而争斗之狱繁矣。丧祭之礼废，则臣子之恩薄，而倍死忘生者众矣。聘覲之礼废，则君臣之位失，诸侯之行恶，而倍畔侵陵之败起矣。

故礼之教化也微，其止邪也于未形，使人日徙善远罪而不自知也，是以先王隆之也。易曰："君子慎始，差若毫厘，缪以千里。"此之谓也。

哀公问第二十七

哀公问于孔子曰："大礼何如？君子之言礼，何其尊也？"孔子曰："丘也小人，不足以知礼。"君曰："否。吾子言之也。"孔子曰："丘闻之：民之所由生，礼为大。非礼无以节事天地之神也，非礼无以辨君臣、上下、长幼之位也，非礼无以别男女、父子、兄弟之亲，昏姻、疏数之交也。君子以此之为尊敬然。然后以其所能教百姓，不废其会节。有成事，然后治其雕镂、文章、黼黻以嗣。其顺之，然后言其丧筭，备其鼎俎，设其豕腊，修其宗庙，岁时以敬祭祀，以序宗族，即安其居，节丑其衣服，卑其宫室，车不雕几，器不刻镂，食不贰味，以与民同利。昔之君子之行礼者如此。"公曰："今之君子胡莫行之也？"孔子曰："今之君子好实无厌，淫德不倦，荒怠傲慢，固民是尽，午其众以伐有道，求得当欲不以其所。昔之用民者由前，今之用民者由后。今之君子莫为礼也。"

孔子侍坐于哀公。哀公曰："敢问人道谁为大？"孔子愀然作色而对曰："君之及此言也，百姓之德也，固臣敢无辞而对。人道政为大。"公曰："敢问何谓为政？"孔子对曰："政者，正也。君为正，则百姓从政矣。君之所为，百姓之所从也。君所不为，百姓何从。"公曰："敢问为政如之何？"孔子对曰："夫妇别，父子亲，君臣严。三者正，则庶物从之矣。"公曰："寡人虽无似也，愿闻所以行三言之道，可得闻乎？"孔子对曰："古之为政，爱人为大。所以治爱人，礼为大。所以治礼，敬为大。敬之至矣，大昏为大，大昏至矣。大昏既至，冕而亲迎，亲之也。亲之也者，亲之也。是故，君子兴敬为亲，舍敬是遗亲也。弗爱不亲，弗敬不正。爱与敬，其政之本与！"

公曰："寡人愿有言然。冕而亲迎，不已重乎？"孔子愀然作色而对曰："合二姓之好，以继先圣之后，以为天地、宗庙、社稷之主，君何谓已重乎？"公曰："寡人固。不固，焉得闻此言也。寡人欲问，不得其辞，请少进。"孔子曰："天地不合，万物不生。大昏，万世之嗣也，君何谓已重焉！"孔子遂言曰："内以治宗庙之礼，足以配天地之神明；出以治直言之礼，足以立上下之敬。物耻足以振之，国耻足以兴之。为政先礼。礼其政之本与！”孔子遂言曰：“昔三代明王之政，必敬其妻子也有道。妻也者，亲之主也，敢不敬与？子也者，亲之后也，敢不敬与？君子无不敬也，敬身为大。身也者，亲之枝也，敢不敬与？不能敬其身，是伤其亲；伤其亲，是伤其本；伤其本，枝从而亡。三者，百姓之象也。身以及身，子以及子，妃以及妃，君行此三者，则忾乎天下矣，大王之道也。如此则国家顺矣。”

公曰：“敢问何谓敬身？”孔子对曰：“君子过言则民作辞，过动则民作则。君子言不过辞，动不过则，百姓不命而敬恭。如是，则能敬其身；能敬其身，则能成其亲矣。”

公曰：“敢问何谓成亲？”孔子对曰：“君子也者，人之成名也。百姓归之名，谓之君子之子，是使其亲为君子也，是为成其亲之名也已。”孔子遂言曰：“古之为政，爱人为大。不能爱人，不能有其身；不能有其身，不能安土；不能安土，不能乐天；不能乐天，不能成其身。”公曰：“敢问何谓成身？”孔子对曰：“不过乎物。”

公曰：“敢问君子何贵乎天道也？”孔子对曰：“贵其不已。如日月东西相从而不已也，是天道也。不闭其久，是天道也。无为而物成，是天道也。已成而明，是天道也。”

公曰：“寡人蠢愚冥烦，子志之心也。”孔子蹴然辟席而对曰：“仁人不过乎物，孝子不过乎物。是故仁人之事亲也如事天，事天如事亲，是故孝子成身。”公曰：“寡人既闻此言也，无如后罪何？”孔子对曰：“君之及此言也，是臣之福也。”

仲尼燕居第二十八

仲尼燕居，子张、子贡、言游侍，纵言至于礼。子曰：“居！女三人者。吾语女礼，使女以礼周流，无不遍也。”子贡越席而对曰：“敢问何如？”子曰：“敬而不中礼谓之野，恭而不中礼谓之给，勇而不中礼，谓之逆。”子曰：“给夺慈仁。”子曰：“师！尔过而商也不及。子产犹众人之母也，能食之，不能教也。”子贡越席而对曰：“敢问将何以为此中者也？”子曰：“礼乎礼！夫礼所以制中也。”

子贡退，言游进曰：“敢问礼也者，领恶而全好者与？”子曰：“然。”“然则何如？”子曰：“郊社之义，所以仁鬼神也。尝禘之礼，所以仁昭穆也。馈奠之礼，所以仁死丧也。射乡之礼，所以仁乡党也。食飨之礼，所以仁宾客也。”子曰：“明乎郊社之义、尝禘之礼，治国其如指诸掌而已乎！是故以之居处有礼，故长幼辨也；以之闺门之内有礼，故三族和也；以之朝廷有礼，故官爵序也；以之田猎有礼，故戎事闲也；以之军旅有礼，故武功成也。是故宫室得其度，量鼎得其象，味得其时，乐得其节，车得其式，鬼神得其飨，丧纪得其哀，辨说得其党，官得其体，政事得其施，加于身而错于前，凡众之动得其宜。”

子曰：“礼者何也？即事之治也。君子有其事必有其治。治国而无礼，譬犹瞽之无相与！伥伥乎其何之？譬如终夜有求于幽室之中，非烛何见？若无礼，则手足无所错，耳目无所加，进退揖让无所制。是故以之居处，长幼失其别，闺门、三族失其和，朝廷，官爵失其序，田猎戎事失其策，军旅武功失其制，宫室失其度，量鼎失其象，味失其时，乐失其节，车失其式，鬼神失其飨，丧纪失其哀，辩说失其党，官失其体，政事失其施，加于身而错于前，凡众之动失其宜。如此，则无以祖洽于众也。”

子曰：“慎听之，女三人者！吾语女礼，犹有九焉，大飨有四焉。苟知此矣，虽在畎亩之中，事之，圣人已。两君相见，揖让而入门，入门而县兴；揖让而升堂，升堂而乐阕，下管象、武，夏籥序兴，陈其荐俎，序其礼乐，备其百官，如此而后君子知仁焉。行中规，还中矩，和鸾中采齐，客出以雍，彻以振羽。是故君子无物而不在礼矣。入门而金作，示情也。升歌清庙，示德也。下而管象，示事也。是故古之君子不必亲相与言也，以礼乐相示而已。”

子曰：“礼也者，理也。乐也者，节也。君子无理不动，无节不作。不能诗，于礼缪。不能乐，于礼素。薄于德，于礼虚。”子曰：“制度在礼，文为在礼，行之其在人乎！”子贡越席而对曰：“敢问夔其穷与？”子曰：“古之人与？古之人也。达于礼而不达于乐，谓之素；达于乐而不达于礼，谓之偏。夫夔，达于乐而不达于礼，是以传此名也，古之人也。”

子张问政，子曰：“师乎！前！吾语女乎！君子明于礼乐，举而错之而已。”子张复问。子曰：“师！尔以为必铺几筵，升降酌献酬酢，然后谓之礼乎？尔以为必行缀兆，兴羽龠，作钟鼓，然后谓之乐乎？言而履之，礼也。行而乐之，乐也。君子力此二者，以南面而立，夫是以天下太平也。诸侯朝，万物服体，而百官莫敢不承事矣。礼之所兴，众之所治也；礼之所废，众之所乱也。目巧之室则有奥阼，席则有上下，车则有左右，行则有随，立则有序，古之义也。室而无奥阼，则乱于堂室也。席而无上下，则乱于席上也。车而无左右，则乱于车也。行而无随，则乱于涂也。立而无序，则乱于位也。昔圣帝、明王、诸侯，辨贵贱、长幼、远近、男女、外内，莫敢相逾越，皆由此涂出也。”三子者既得闻此言也于夫子，昭然若发蒙矣。

孔子闲居第二十九

孔子闲居，子夏侍。子夏曰："敢问诗云'凯弟君子，民之父母'，何如斯可谓民之父母矣？"孔子曰："夫民之父母乎，必达于礼乐之原，以致五至，而行三无，以横于天下，四方有败，必先知之。此之谓民之父母矣。"

子夏曰："民之父母既得而闻之矣，敢问何谓五至？"孔子曰："志之所至，诗亦至焉；诗之所至，礼亦至焉；礼之所至，乐亦至焉；乐之所至，哀亦至焉。哀乐相生。是故正明目而视之，不可得而见也；倾耳而听之，不可得而闻也；志气塞乎天地。此之谓五至。"

子夏曰："五至既得而闻之矣，敢问何谓三无？"孔子曰："无声之乐，无体之礼，无服之丧，此之谓三燕。"

子夏曰："三无既得略而闻之矣，敢问何诗近之？"孔子曰："'夙夜其命宥密'，无声之乐也。'威仪逮逮，不可选也'，无体之礼也。'凡民有丧，匍匐救之'，无服之丧也。"

子夏曰："言则大矣，美矣，盛矣！言尽于此而已乎？"孔子曰："何为其然也！君子之服之也，犹有五起焉。"子夏曰："何如？"孔子曰："无声之乐，气志不违；无体之礼，威仪迟迟；无服之丧，内恕孔悲。无声之乐，气志既得；无体之礼，威仪翼翼；无服之丧，施及四国。无声之乐，气志既从；无体之礼，上下和同；无服之丧，以畜万邦。无声之乐，日闻四方；无体之礼，日就月将；无服之丧，纯德孔明。无声之乐，气志既起；无体之礼，施及四海；无服之丧，施于孙子。"

子夏曰："三王之德参于天地，敢问何如斯可谓参于天地矣？"孔子曰："奉三无私以劳天下。"子夏曰："敢问何谓三无私？"孔子曰："天无私覆，地无私载，日月无私照。奉斯三者以劳天下，此之谓三无私。其在诗曰：'帝命不违，至于汤齐。汤降不迟，圣敬日齐。昭假迟迟，上帝是祗。帝命式于九围。'是汤之德也。天有四时，春秋冬夏，风雨霜露，无非教也。地载神气，神气风霆，风霆流形，庶物露生，无非教也。清明在躬，气志如神，嗜欲将至，有开必先，天降时雨，山川出云。其在诗曰：'嵩高惟岳，峻极于天。惟岳降神，生甫及申。惟申及甫，惟周之翰。四国于蕃，四方于宣。'此文武之德也。三代之王也，必先令闻。诗云：'明明天子，令闻不已。'三代之德也。'弛其文德，协此四国。'大王之德也。"子夏蹶然而起，负墙而立，曰："弟子敢不承乎！"

坊记第三十

子言之:“君子之道辟则坊与!坊民之所不足者也。”大为之坊,民犹逾之。故君子礼以坊德,刑以坊淫,命以坊欲。

子云:“小人贫斯约,富斯骄。约斯盗,骄斯乱。礼者,因人之情而为之节文,以为民坊者也。故圣人之制富贵也,使民富不足以骄,贫不至于约,贵不慊于上,故乱益亡。”

子云:“贫而好乐,富而好礼,众而以宁者,天下其几矣。诗云:‘民之贪乱,宁为荼毒。’”故制国不过千乘,都城不过百雉,家富不过百乘。以此坊民,诸侯犹有畔者。”

子云:“夫礼者,所以章疑别微,以为民坊者也。故贵贱有等,衣服有别,朝廷有位,则民有所让。”

子云:“天无二日,土无二王,家无二主,尊无二上,示民有君臣之别也。春秋不称楚、越之王丧。礼君不称天,大夫不称君,恐民之惑也。诗云:‘相彼盍旦,尚犹患之。’”

子云:“君不与同姓同车,与异姓同车不同服,示民不嫌也。以此坊民,民犹得同姓以弑其君。”

子云:“君子辞贵不辞贱,辞富不辞贫,则乱益亡。故君子与其使食浮于人也,宁使人浮于食。”

子云:“觞酒豆肉,让而受恶,民犹犯齿。衽席之上,让而坐下,民犹犯贵。朝廷之位,让而就贱,民犹犯君。诗云:民之无良,相怨一方。受爵不让,至于已斯亡。’”

子云:“君子贵人而贱己,先人而后己,则民作让。故称人之君曰君,自称其君曰寡君。”

子云:“利禄先死者而后生者,则民不偝;先亡者而后存者,则民可以托。诗云:‘先君之思,以畜寡人。’以此坊民,民犹偝死而号无告。”

子云:“有国家者贵人而贱禄,则民兴让;尚技而贱车,则民兴艺。故君子约言,小人先言。”

子云:“上酌民言,则下天上施。上不酌民言,则犯也;下不天上施，则乱也。故君子信让以莅百姓，则民之报礼重。诗云：‘先民有言，询于刍荛。’”

子云：“善则称人，过则称己，则民不争。善则称人，过则称己，则怨益亡。诗云：‘尔卜尔筮，履无咎言。’”

子云：“善则称人，过则称己，则民让善。’诗云：‘考卜惟王，度是镐京。惟龟正之，武王成之。’”

子云：“善则称君，过则称己，则民作忠。君陈曰：‘尔有嘉谋嘉猷，入告尔君于内，女乃顺之于外，曰：“此谋此猷，惟我君之德。”於乎！是惟良显哉。’”

子云：“善则称亲，过则称己，则民作孝。大誓曰：‘予克纣，非予武，惟朕文考无罪。纣克予，非朕文考有罪，惟予小子无良。’”

子云：“君子弛其亲之过，而敬其美。”论语曰：“三年无改于父之道，可谓孝矣。”高宗云：“三年其惟不言，言乃讙。”

子云：“从命不忿，微谏不倦，劳而不怨，可谓孝矣。”诗云：‘孝子不匮。’”

子云：“睦于父母之党，可谓孝矣。故君子因睦以合族。诗云：‘此令兄弟，绰绰有裕。不令兄弟，交相为愈。’”

子云：“于父之执，可以乘其车，不可以衣其衣。君子以广孝也。”

子云：“小人皆能养其亲，君子不敬，何以辨？”

子云：“父子不同位，以厚敬也。书云：‘厥辟不辟，忝厥祖。’”

子云：“父母在，不称老，言孝不言慈。闺门之内，戏而不叹。君子以此坊民，民犹薄于孝而厚于慈。”

子云：“长民者，朝廷敬老，则民作孝。”

子云：“祭祀之有尸也，宗庙之主也，示民有事也。修宗庙，敬祀事，教民追孝也。以此坊民，民犹忘其亲。”

子云：“敬则用祭器，故君子不以菲废礼，不以美没礼。故食礼，主人亲馈则客祭，主人不亲馈则客不祭。故君子苟无礼，虽美不食焉。易曰：‘东邻杀牛，不如西邻之禴祭，实受其福。’诗云：‘既醉以酒，既饱以德。’以此示民，民犹争利而忘义。”

子云：“七日戒，三日齐，承一人焉以为尸，过之者趋走，以教敬也。醴酒在室，醍酒在堂，澄酒在下，示民不淫也。尸饮三，众宾饮一，示民有上下也。因其酒肉，聚其宗族，以教民睦也。故堂上观乎室，堂下观乎上。诗云：‘礼仪卒度，笑语卒获。’”

子云："宾礼每进以让，丧礼每加以远。浴于中溜，饭于牖下，小敛于户内，大敛于阼，殡于客位，祖于庭，葬于墓，所以示远也。殷人吊于圹，周人吊于家，示民不偝也。"子云："死，民之卒事也，吾从周。以此坊民，诸侯犹有薨而不葬者。"

子云："升自客阶，受吊于宾位，教民追孝也。未没丧，不称君，示民不争也。故鲁春秋记晋丧曰：'杀其君之子奚齐，及其君卓。'以此坊民，子犹有弑其父者。"

子云："孝以事君，弟以事长"，示民不贰也。故君子有君不谋仕，唯卜之日称二君。丧父三年，丧君三年，示民不疑也。父母在，不敢有其身，不敢私其财，示民有上下也。故天子四海之内无客礼，莫敢为主焉。故君适其臣，升自阼阶，即位于堂，示民不敢有其室也。父母在，馈献不及车马，示民不敢专也。以此坊民，民犹忘其亲而贰其君。"

子云："礼之先币帛也，欲民之先事而后禄也。先财而后礼则民利，无辞而行情则民争，故君子于有馈者，弗能见则不视其馈。易曰：'不耕获，不菑畬，凶。'以此坊民，民犹贵禄而贱行。"

子云："君子不尽利，以遗民。"诗云：'彼有遗秉，此有不敛穧，伊寡妇之利。'故君子仕则不稼，田则不渔，食时不力珍。大夫不坐羊，士不坐犬。诗云：'采葑采菲，无以下体。德音莫违，及尔同死。'以此坊民，民犹忘义而争利，以亡其身。"

子云："夫礼，坊民所淫，章民之别，使民无嫌，以为民纪者也。故男女无媒不交，无币不相见，恐男女之无别也。以此坊民，民犹有自献其身。诗云：'伐柯如之何？匪斧不克。取妻如之何？匪媒不得。蓺麻如之何？横从其亩。取妻如之何？必告父母。'"

子云："取妻不取同姓，以厚别也。故买妾不知其姓，则卜之。以此坊民，鲁春秋犹去夫人之姓，曰'吴'，其死曰'孟子卒'。"

子云："礼，非祭，男女不交爵。以此坊民，阳侯犹杀缪侯而窃其夫人，故大飨废夫人之礼。"

子云："寡妇之子，不有见焉，则弗友也，君子以辟远也。故朋友之交，主人不在，不有大故，则不入其门。以此坊民，民犹以色厚于德。"

子云："好德如好色。诸侯不下渔色，故君子远色以为民纪。故男女授受不亲。御妇人则进左手。姑、姊、妹、女子子已嫁而反，男子不与同席而坐。寡妇不夜哭。妇人疾，问之，不问其疾。以此坊民，民犹淫泆而乱于族。”

子云：“婚礼，婿亲迎，见于舅姑，舅姑承子以授婿，恐事之违也。以此坊民，妇犹有不至者。”

中庸第三十一

天命之谓性，率性之谓道，修道之谓教。道也者，不可须臾离也，可离非道也。是故君子戒慎乎其所不睹，恐惧乎其所不闻。莫见乎隐，莫显乎微，故君子慎其独也。喜怒哀乐之未发，谓之中；发而皆中节，谓之和。中也者，天下之大本也；和也者，天下之达道也。致中和，天地位焉，万物育焉。

仲尼曰："君子中庸，小人反中庸。君子之中庸也，君子而时中；小人之中庸也，小人而无忌惮也。"

子曰："中庸其至矣乎！民鲜能久矣！"

子曰："道之不行也，我知之矣，知者过之，愚者不及也；道之不明也，我知之矣，贤者过之，不肖者不及也。人莫不饮食也，鲜能知味也。"

子曰："道其不行矣夫！"

子曰："舜其大知也与！舜好问而好察迩言，隐恶而扬善，执其两端，用其中于民，其斯以为舜乎！"

子曰："人皆曰予知！驱而纳诸罟擭陷阱之中，而莫之知避也。人皆曰予知，择乎中庸而不能期月守也。"

子曰："回之为人也，择乎中庸，得一善，则拳拳服膺而弗失之矣。"

子曰："天下国家可均也，爵禄可辞也，白刃可蹈也，中庸不可能也。"

子路问强。子曰："南方之强与？北方之强与？抑而强与？宽柔以教，不报无道，南方之强也，君子居之。衽金革，死而不厌，北方之强也，而强者居之。故君子和而不流，强哉矫！中立而不倚，强哉矫！国有道，不变塞焉，强哉矫！国无道，至死不变，强哉矫！"

子曰："素隐行怪，后世有述焉，吾弗为之矣。君子遵道而行，半途而废，吾弗能已矣。君子依乎中庸，遁世不见知而不悔，惟圣者能之。"

君子之道费而隐。夫妇之愚，可以与知焉，及其至也，虽圣人亦有所不知焉；夫妇之不肖，可以能行焉，及其至也，虽圣人亦有所不能焉。天地之大也，人犹有所憾。故君子语大，天下莫能载焉；语小，天下莫能破焉。诗云：“鸢飞戾天，鱼跃于渊。”言其上下察也。君子之道，造端乎夫妇；及其至也，察乎天地。

子曰：“道不远人。人之为道而远人，不可以为道。诗云：‘伐柯伐柯，其则不远。’执柯以伐柯，睨而视之，犹以为远。故君子以人治人，改而止。忠恕违道不远，施诸己而不愿，亦勿施于人。君子之道四，丘未能一焉：所求乎子，以事父未能也；所求乎臣，以事君未能也；所求乎弟，以事兄未能也；所求乎朋友，先施之未能也。庸德之行，庸言之谨，有所不足，不敢不勉，有余不敢尽；言顾行，行顾言，君子胡不慥慥尔！”

君子素其位而行，不愿乎其外。素富贵，行乎富贵；素贫贱，行乎贫贱；素夷狄，行乎夷狄；素患难，行乎患难；君子无入而不自得焉。在上位不陵下，在下位不援上，正己而不求于人则无怨。上不怨天，下不尤人。故君子居易以俟命，小人行险以侥幸。子曰：“射有似乎君子，失诸正鹄，反求诸其身。”

君子之道，譬如行远必自迩，譬如登高必自卑。诗曰：“妻子好合，如鼓瑟琴；兄弟既翕，和乐且耽；宜尔室家，宜尔妻孥。”

子曰：“鬼神之为德，其盛矣乎！视之而弗见，听之而弗闻，体物而不可遗。使天下之人，齐明盛服，以承祭祀。洋洋乎！如在其上，如在其左右。诗曰：‘神之格思，不可度思！矧可射思！’夫微之显，诚之不可揜如此夫。”

子曰：“舜其大孝也与！德为圣人，尊为天子，富有四海之内。宗庙飨之，子孙保之。故大德必得其位，必得其禄，必得其名，必得其寿。故天之生物，必因其材而笃焉。故栽者培之，倾则覆之。诗曰：‘嘉乐君子，宪宪令德！宜民宜人，受禄于天。保佑命之，自天申之！’故大德者必受命。”

子曰：“无忧者其惟文王乎！以王季为父，以武王为子，父作之，子述之。武王缵大王、王季、文王之绪。壹戎衣而有天下，身不失天下之显名，尊为天子，富有四海之内。宗庙飨之，子孙保之。武王末受命，周公成文武之德，追王大王、王季，上祀先公以天子之礼。斯礼也，达乎诸侯大夫，及士庶人。父为大夫，子为士；葬以大夫，祭以士。父为士，子为大夫；葬以士，祭以大夫。期之丧达乎大夫，三年之丧达乎天子，父母之丧无贵贱一也。”

子曰:“武王、周公其达孝矣乎!夫孝者:善继人之志,善述人之事者也。春秋修其祖庙,陈其宗器,设其裳衣,荐其时食。宗庙之礼,所以序昭穆也;序爵,所以辨贵贱也;序事,所以辨贤也;旅酬下为上,所以逮贱也;燕毛,所以序齿也。践其位,行其礼,奏其乐,敬其所尊,爱其所亲,事死如事生,事亡如事存,孝之至也。郊社之礼,所以事上帝也;祖庙之礼,所以祀乎其先也。明乎郊社之礼、谛尝之义,治国其如示诸掌乎。”

哀公问政。子曰:“文武之政,布在方策。其人存,则其政举;其人亡,则其政息。”人道敏政,地道敏树。夫政也者,蒲庐也。故为政在人,取人以身,修身以道,修道以仁。仁者人也,亲亲为大;义者宜也,尊贤为大;亲亲之杀,尊贤之等,礼所生也。在下位;不获乎上,民不可得而治矣!故君子不可以不修身;思修身不可以不事亲;思事亲不可以不知人;思知人不可以不知天。”天下之达道五,所以行之者三:曰君臣也,父子也,夫妇也,昆弟也,朋友也,五者天下之达道也。知、仁、勇三者,天下之达德也,所以行之者一也。或生而知之,或学而知之,或困而知之,及其知之一也;或安而行之,或利而行之,或勉强而行之,及其成功一也。子曰:“好学近乎知,力行近乎仁,知耻近乎勇。”知斯三者,则知所以修身;知所以修身,则知所以治人;知所以治人,则知所以治天下国家矣。”凡为天下国家有九经,曰:修身也,尊贤也,亲亲也,敬大臣也,体群臣也,子庶民也,来百工也,柔远人也,怀诸侯也。修身则道立,尊贤则不惑,亲亲则诸父昆弟不怨,敬大臣则不眩,体群臣则士之报礼重,子庶民则百姓劝,来百工则财用足,柔远人则四方归之,怀诸侯则天下畏之。齐明盛服,非礼不动,所以修身也;去谗远色,贱货而贵德,所以劝贤也;尊其位,重其禄,同其好恶,所以劝亲亲也;官盛任使,所以劝大臣也;忠信重禄,所以劝士也;时使薄敛,所以劝百姓也;日省月试,既禀称事,所以劝百工也;送往迎来,嘉善而矜不能,所以柔远人也;继绝世,举废国,治乱持危,朝聘以时,厚往而薄来,所以怀诸侯也。凡为天下国家有九经,所以行之者一也。凡事豫则立,不豫则废。言前定则不跲,事前定则不困,行前定则不疚,道前定则不穷。在下位不获乎上,民不可得而治矣;获乎上有道:不信乎朋友,不获乎上矣;信乎朋友有道:不顺乎亲,不信乎朋友矣;顺乎亲有道:反诸身不诚,不顺乎亲矣;诚身有道:不明乎善,不诚乎身矣。诚者,天之道也;诚之者,人之道也。诚者不勉而中，不思而得，从容中道，圣人也。诚之者，择善而固执之者也。博学之，审问之，慎思之，明辨之，笃行之。有弗学，学之弗能弗措也；有弗问，问之弗知弗措也；有弗思，思之弗得弗措也；有弗辨，辨之弗明弗措也；有弗行，行之弗笃弗措也；人一能之己百之，人十能之己千之。果能此道矣，虽愚必明，虽柔必强。

自诚明，谓之性；自明诚，谓之教。诚则明矣，明则诚矣。

惟天下之至诚，为能尽其性；能尽其性，则能尽人之性；能尽人之性，则能尽物之性；能尽物之性，则可以赞天地之化育；可以赞天地之化育，则可以与天地参矣。

其次致曲，曲能有诚，诚则形，形则著，著则明，明则动，动则变，变则化，惟天下至诚为能化。

至诚之道，可以前知。国家将兴，必有祯祥；国家将亡，必有妖孽；见乎蓍龟，动乎四体。祸福将至：善，必先知之；不善，必先知之。故至诚如神。

诚者自成也，而道自道也。诚者物之终始，不诚无物。是故君子诚之为贵。诚者非成己而已也，所以成物也。成己，仁也；成物，知也。性之德也，合外内之道也，故时措之宜也。

故至诚无息。不息则久，久则征，征则悠远，悠远则博厚，博厚则高明。博厚，所以载物也；高明，所以覆物也；悠久，所以成物也。博厚配地，高明配天，悠久无疆。如此者，不见而章，不动而变，无为而成。天地之道，可一言而尽也：其为物不贰，则其生物不测。天地之道：博也，厚也，高也，明也，悠也，久也。今夫天，斯昭昭之多，及其无穷也，日月星辰系焉，万物覆焉。今夫地，一撮土之多，及其广厚，载华岳而不重，振河海而不泄，万物载焉。今夫山，一卷石之多，及其广大，草木生之，禽兽居之，宝藏兴焉。今夫水，一勺之多，及其不测，鼋鼍、蛟龙、鱼鳖生焉，货财殖焉。诗云："维天之命，于穆不已！"盖曰天之所以为天也。"于乎不显！文王之德之纯！"盖曰文王之所以为文也，纯亦不已。

大哉圣人之道！洋洋乎！发育万物，峻极于天。优优大哉！礼仪三百，威仪三千。待其人而后行。故曰：苟不至德，至道不凝焉。故君子尊德性而道问学，致广大而尽精微，极高明而道中庸。温故而知新，敦厚以崇礼。是故居上不骄，为下不倍，国有道其言足以兴，国无道其默足以容。诗曰："既明且哲，以保其身"，其此之谓与！

子曰："愚而好自用，贱而好自专，生乎今之世，反乎古之道。如此者，灾及其身也。"非天子，不议礼，不制度，不考文。今天下车同轨，书同文，行同伦。虽有其位，苟无其德，不敢作礼乐焉；虽有其德，苟无其位，亦不敢作礼乐焉。子曰："吾说夏礼，杞不足征也；吾学殷礼，有宋存焉；吾学周礼，今用之，吾从周。"

王天下有三重焉，其寡过矣乎！上焉者虽善无征，无征不信，不信民弗从；下焉者虽善不尊，不尊不信，不信民弗从。故君子之道：本诸身，征诸庶民，考诸三王而不缪，建诸天地而不悖，质诸鬼神而无疑，百世以俟圣人而不惑。质诸鬼神而无疑，知天也；百世以俟圣人而不惑，知人也。是故君子动而世为天下道，行而世为天下法，言而世为天下则。远之则有望，近之则不厌。诗曰："在彼无恶，在此无射；庶几夙夜，以永终誉！"君子未有不如此而蚤有誉于天下者也。

仲尼祖述尧舜，宪章文武；上律天时，下袭水土。辟如天地之无不持载，无不覆帱；辟如四时之错行，如日月之代明。万物并育而不相害，道并行而不相悖，小德川流，大德敦化，此天地之所以为大也。

惟天下至圣，为能聪明睿知，足以有临也；宽裕温柔，足以有容也；发强刚毅，足以有执也；齐庄中正，足以有敬也；文理密察，足以有别也。溥博渊泉，而时出之。溥博如天，渊泉如渊。见而民莫不敬，言而民莫不信，行而民莫不说。是以声名洋溢乎中国，施及蛮貊；舟车所至，人力所通；天之所覆，地之所载，日月所照，霜露所队；凡有血气者，莫不尊亲，故曰配天。

惟天下至诚，为能经纶天下之大经，立天下之大本，知天地之化育。夫焉有所倚？肫肫其仁！渊渊其渊！浩浩其天！苟不固聪明圣知达天德者，其孰能知之？

诗曰："衣锦尚絅"，恶其文之著也。故君子之道，黯然而日章；小人之道，的然而日亡。君子之道：淡而不厌，简而文，温而理，知远之近，知风之自，知微之显，可与入德矣。诗云："潜虽伏矣，亦孔之昭！"故君子内省不疚，无恶于志。君子之所不可及者，其惟人之所不见乎。诗云："相在尔室，尚不愧于屋漏。"故君子不动而敬，不言而信。诗曰："奏假无言，时靡有争。"是故君子不赏而民劝，不怒而民威于斧钺。诗曰："不显惟德！百辟其刑之。"是故君子笃恭而天下平。诗云：予怀明德，不大声以色。"子曰："声色之于化民，末也。"诗曰："德輶如毛"，毛犹有伦；"上天之载，无声无臭"，至矣！

表记第三十二

子言之："归乎！君子隐而显，不矜而庄，不厉而威，不言而信。"

子曰："君子不失足于人，不失色于人，不失口于人。是故君子貌足畏也，色足惮也，言足信也。甫刑曰：'敬忌而罔有择言在躬。'"

子曰："裼袭之不相因也，欲民之毋相渎也。"

子曰："祭极敬，不继之以乐。朝极辨，不继之以倦。"

子曰："君子慎以辟祸，笃以不掩，恭以远耻。"

子曰："君子庄敬日强，安肆日偷。君子不以一日使其躬儳焉如不终日。"

子曰："齐戒以事鬼神，择日月以见君，恐民之不敬也。"

子曰："狎侮，死焉而不畏也。"

子曰："无辞不相接也，无礼不相见也，欲民之毋相亵也。易曰：'初筮告，再三渎，渎则不告。'"

子言之："仁者，天下之表也。义者，天下之制也。报者，天下之利也。"

子曰："以德报德，则民有所劝。以怨报怨，则民有所惩。诗曰：'无言不雠，无德不报。'大甲曰：'民非后，无能胥以宁；后非民，无以辟四方。'"

子曰："以德报怨，则宽身之仁也。以怨报德，则刑戮之民也。"

子曰："无欲而好仁者，无畏而恶不仁者，天下一人而已矣。是故君子议道自己，而置法以民。"

子曰："仁有三，与仁同功而异情。与仁同功，其仁未可知也。与仁同过，然后其仁可知也。仁者安仁，知者利仁，畏罪者强仁。仁者右也，道者左也。仁者人也，道者义也。厚于仁者薄于义，亲而不尊；厚于义者薄于仁，尊而不亲。道有至、义有考。至道以王，义道以霸，考道以为无失。"

子言之："仁有数，义有长短小大。中心憯怛，爱人之仁也。率法而强之，资仁者也。诗云：'丰水有芑，武王岂不仕？诒厥孙谋，以燕翼子。武王烝哉！'数世之仁也。国风曰：'我今不阅，皇恤我后。'终身之仁也。”

子曰：“仁之为器重，其为道远，举者莫能胜也，行者莫能致也。取数多者，仁也。夫勉于仁者不亦难乎！是故君子以义度人，则难为人；以人望人，则贤者可知已矣。”

子曰：“中心安仁者，天下一人而已矣。大雅曰：‘德輶如毛，民鲜克举之。我仪图之，惟仲山甫举之，爱莫助之。’”

小雅曰：“高山仰止，景行行止。”子曰：“诗之好仁如此。乡道而行，中道而废，忘身之老也，不知年数之不足，俛焉日有孳孳，毙而后已。”

子曰：“仁之难成久矣，人人失其所好，故仁者之过易辞也。”子曰：“恭近礼，俭近仁，信近情。敬让以行，此虽有过，其不甚矣。夫恭寡过，情可信，俭易容也。以此失之者，不亦鲜乎！诗曰：‘温温恭人，惟德之基。’”

子曰：“仁之难成久矣，惟君子能之。是故君子不以其所能者病人，不以人之所不能者愧人。是故圣人之制行也，不制以己，使民有所劝勉愧耻，以行其言。礼以节之，信以结之，容貌以文之，衣服以移之，朋友以极之，欲民之有壹也。小雅曰：‘不愧于人，不畏于天。’是故君子服其服则文以君子之容，有其容则文以君子之辞，遂其辞则实以君子之德。是故君子耻服其服而无其容，耻有其容而无其辞，耻有其辞而无其德，耻有其德而无其行。是故君子衰绖则有哀色，端冕则有敬色，甲胄则有不可辱之色。诗云：‘惟鹈在梁。不濡其翼。彼记之子，不称其服。’”

子言之：“君子之所谓义者，贵贱皆有事于天下。天子亲耕，粢盛秬鬯以事上帝，故诸侯勤以辅事于天子。”

子曰：“下之事上也，虽有庇民之大德，不敢有君民之心，仁之厚也。是故君子恭俭以求役仁，信让以求役礼，不自尚其事，不自尊其身，俭于位而寡于欲，让于贤，卑己尊而人，小心而畏义，求以事君，得之自是，不得自是，以听天命。诗云：‘莫莫葛藟，施于条枚。凯弟君子，求福不回。’其舜、禹、文王、周公之谓与？有君民之大德，有事君之小心。诗云：‘惟此文王，小心翼翼。昭事上帝，聿怀多福。厥德不回，以受方国。’”

子曰：“先王谥以尊名，节以壹惠，耻名之浮于行也。是故君子不自大其事，不自尚其功，以求处情；过行弗率，以求处厚；彰人之善而美人之功，以求下贤。是故君子虽自卑而民敬尊之。”子曰：“后稷，天下之为烈也，岂一手一足哉！唯欲行之浮于名也，故自谓便人。”

子言之：“君子之所谓仁者，其难乎！诗云：‘凯弟君子，民之父母。’凯以强教之，弟以说安之。乐而毋荒，有礼而亲，威庄而安，孝慈而敬。使民有父之尊，有母之亲。如此而后可以为民父母矣，非至德其孰能如此乎？今父之亲子也，亲贤而下无能；母之亲子也，贤则亲之，无能则怜之。母亲而不尊，父尊而不亲。水之于民也，亲而不尊，火尊而不亲。土之于民也，亲而不尊，天尊而不亲。命之于民也，亲而不尊，鬼尊而不亲。”

子曰：“夏道尊命，事鬼敬神而远之，近人而忠焉，先禄而后威，先赏而后罚，亲而不尊；其民之敝，蠢而愚，乔而野，朴而不文。殷人尊神，率民以事神，先鬼而后礼，先罚而后赏，尊而不亲；其民之敝，荡而不静，胜而无耻。周人尊礼尚施，事鬼敬神而远之，近人而忠焉，其赏罚用爵列，亲而不尊；其民之敝，利而巧，文而不惭，贼而蔽。”

子曰：“夏道未渎辞，不求备，不大望于民，民未厌其亲；殷人未渎礼，而求备于民；周人强民，未渎神，而赏爵刑罚穷矣。”

子曰：“虞夏之道，寡怨于民；殷周之道，不胜其敝。”子曰：“虞夏之质，殷周之文，至矣。虞夏之文不胜其质，殷周之质不胜其文。”

子言之曰：“后世虽有作者，虞帝弗可及也已矣。君天下，生无私，死不厚其子，子民如父母，有憯怛之爱，有忠利之教，亲而尊，安而敬，威而爱，富而有礼，惠而能散。其君子尊仁畏义，耻费轻实，忠而不犯，义而顺，文而静，宽而有辨。甫刑曰：‘德威惟威，德明惟明。’非虞帝其孰能如此乎？”

子言之：“事君先资其言，拜自献其身，以成其信。是故君有责于其臣，臣有死于其言。故其受禄不诬，其受罪益寡。”

子曰：“事君，大言入则望大利，小言入则望小利。故君子不以小言受大禄，不以大言受小禄。易曰：‘不家食，吉。’”

子曰：“事君不下达，不尚辞，非其人弗自。小雅曰：‘靖共尔位，正直是与。神之听之，式谷以女。’”

子曰：“事君远而谏则谄也，近而不谏则尸利也。”子曰：“迩臣守和，宰正百官，大臣虑四方。”子曰：“事君欲谏不欲陈。诗云：‘心乎爱矣，瑕不谓矣？中心藏之，何日忘之。’”

子曰：“事君难进而易退，则位有序；易进而难退，则乱也。故君子三揖而进，一辞而退，以远乱也。”子曰：“事君三违而不出竟，则利禄也。人虽曰不要，吾弗信也。”

子曰：“事君慎始而敬终。”

子曰：“事君可贵可贱，可富可贫，可生可杀，而不可使为乱。”

子曰：“事君，军旅不辟难，朝廷不辞贱。处其位而不履其事，则乱也。故君使其臣，得志则慎虑而从之，否则孰虑而从之，终事而退，臣之厚也。易曰：‘不事王侯，高尚其事。’”

子曰：“唯天子受命于天，士受命于君。故君命顺则臣有顺命，君命逆则臣有逆命。诗曰：‘鹊之姜姜，鹑之贲贲。人之无良，我以为君。’”

子曰：“君子不以辞尽人。故天下有道，则行有枝叶；天下无道，则辞有枝叶。是故君子于有丧者之侧，不能赙焉，则不问其所费；于有病者之侧，不能馈焉，则不问其所欲；有客不能馆，则不问其所舍。故君子之接如水，小人之接如醴。君子淡以成，小人甘以坏。小雅曰：‘盗言孔甘，乱是用餤。’”

子曰：“君子不以口誉人，则民作忠。故君子问人之寒则衣之，问人之饥则食之，称人之美则爵之。国风曰：‘心之忧矣，于我归说。’”

子曰：“口惠而实不至，怨菑及其身。是故君子与其有诺责也，宁有已怨。国风曰：‘言笑晏晏，信誓旦旦。不思其反。反是不思，亦已焉哉！’”

子曰：“君子不以色亲人。情疏而貌亲，在小人则穿窬之盗也与？”

子曰：“情欲信，辞欲巧。”

子言之：“昔三代明王，皆事天地之神明，无非卜筮之用，不敢以其私亵事上帝。是故不犯日月，不违卜筮。卜、筮不相袭也。大事有时日，小事无时日，有筮。外事用刚日，内事用柔日。不违龟筮。”

子曰：“牲牷、礼乐、齐盛，是以无害乎鬼神，无怨乎百姓。”

子曰：“后稷之祀易富也。其辞恭，其欲俭，其禄及子孙。诗曰：‘后稷兆祀，庶无罪悔，以迄于今。’”

子曰：“大人之器威敬。天子无筮，诸侯有守筮。天子道以筮。诸侯非其国不以筮，卜宅寝室。天子不卜处大庙。”

子曰：“君子敬则用祭器。是以不废日月，不违龟筮，以敬事其君长；是以上不渎于民，下不亵于上。”

缁衣第三十三

子言之曰："为上易事也，为下易知也，则刑不烦矣。"

子曰："好贤如缁衣，恶恶如巷伯，则爵不渎而民作愿，刑不试而民咸服。大雅曰：'仪刑文王，万国作孚。'"

子曰："夫民教之以德，齐之以礼，则民有格心。教之以政，齐之以刑，则民有遁心。故君民者子以爱之，则民亲之；信以结之，则民不倍；恭以莅之，则民有孙心。甫刑曰：'苗民匪用命，制以刑，惟作五虐之刑，曰法。'是以民有恶德，而遂绝其世也。"

子曰："下之事上也，不从其所令，从其所行。上好是物，下必有甚者矣。故上之所好恶不可不慎也，是民之表也。"

子曰："禹立三年，百姓以仁遂焉，岂必尽仁？诗云：'赫赫师尹，民具尔瞻。'甫刑曰：'一人有庆，兆民赖之。'大雅曰：'成王之孚，下土之式。'"

子曰："上好仁，则下之为仁争先人。故长民者章志、贞教、尊仁以子爱百姓，民致行己以说其上矣。诗云：'有梏德行，四国顺之。'"

子曰："王言如丝，其出如纶；王言如纶，其出如綍。故大人不倡游言。可言也，不可行。君子弗言也；可行也，不可言，君子弗行也。则民言不危行，而行不危言矣。诗云：'淑慎尔止，不愆于仪。'"

子曰："君子道人以言，而禁人以行。故言必虑其所终，而行必稽其所敝，则民谨于言而慎于行。诗云：'慎尔出话，敬尔威仪。'大雅曰：'穆穆文王，于缉熙敬止。'"

子曰："长民者衣服不贰，从容有常，以齐其民，则民德壹。诗云：'彼都人士，狐裘黄黄。其容不改，出言有章，行归于周，万民所望。'"

子曰："为上可望而知也，为下可述而志也，则君不疑于其臣，而臣不惑于其君矣。尹吉曰：'惟尹躬及汤，咸有壹德。'诗云：'淑人君子，其仪不忒。'"

子曰："有国者章义瘅恶，以示民厚，则民情不贰。诗云：'靖共尔位，好是正直。'"

子曰："上人疑则百姓惑，下难知则君长劳。故君民者，章好以示民俗，慎恶以御民之淫，则民不惑矣。臣仪行，不重辞，不援其所不及，不烦其所不知，则君不劳矣。诗云：'上帝板板，下民卒瘅。'小雅曰：'匪其止共，惟王之邛。'"

子曰："政之不行也，教之不成也，爵禄不足劝也，刑罚不足耻也，故上不可以亵刑而轻爵。康诰曰：'敬明乃罚。'甫刑曰：'播刑之不迪。'"

子曰："大臣不亲，百姓不宁，则忠敬不足，而富贵已过也。大臣不治，而迩臣比矣。故大臣不可不敬也，是民之表也；迩臣不可不慎也，是民之道也。君毋以小谋大，毋以远言近，毋以内图外，则大臣不怨，迩臣不疾，而远臣不蔽矣。叶公之顾命曰：'毋以小谋败大作，毋以嬖御人疾庄后，毋以嬖御士疾庄士、大夫、卿士。'"

子曰："大人不亲其所贤，而信其所贱，民是以亲失，而教是以烦。诗云：'彼求我则，如不我得。执我仇仇，亦不我力。'君陈曰：'未见圣，若己弗克见；既见圣，亦不克由圣。'"

子曰："小人溺于水，君子溺于口，大人溺于民，皆在其所亵也。夫水近于人而溺人，德易狎而难亲也，易以溺人。口费而烦，易出难悔，易以溺人；夫民闭于人而有鄙心，可敬不可慢，易以溺人。故君子不可以不慎也。太甲曰：'毋越厥命以自覆也。''若虞机张，往省括于厥度则释。'兑命曰：'惟口起羞，惟甲胄起兵，惟衣裳在笥，惟干戈省厥躬。'太甲曰：'天作孽，可违也；自作孽，不可以逭。'尹吉曰：'惟尹躬天，见于西邑夏，自周有终，相亦惟终。'"

子曰："民以君为心，君以民为体。心庄则体舒，心肃则容敬。心好之，身必安之；君好之，民必欲之。心以体全，亦以体伤；君以民存，亦以民亡。诗云：'昔吾有先正，其言明且清，国家以宁，都邑以成，庶民以生。'谁能秉国成？不自为正，卒劳百姓。'君雅曰：'夏日暑雨，小民惟曰怨；资冬祁寒，小民亦惟曰怨。'"

子曰："下之事上也，身不正，言不信，则义不壹，行无类也。"

子曰："言有物而行有格也，是以生则不可夺志，死则不可夺名。故君子多闻，质而守之；多志，质而亲之；精知，略而行之。君陈曰：'出入自尔师虞，庶言同。'诗云：'淑人君子，其仪一也。'"

子曰："唯君子能好其正，小人毒其正。故君子之朋友有乡，其恶有方。是故迩者不惑而远者不疑也。诗云：'君子好仇。'"

子曰："轻绝贫贱而重绝富贵，则好贤不坚而恶恶不着也。人虽曰不利，吾不信也。诗云：‘朋有攸摄，摄以威仪。’”

子曰：“私惠不归德，君子不自留焉。诗云：‘人之好我，示我周行。’”

子曰：“苟有车，必见其轼；苟有衣，必见其敝；人苟或言之，必闻其声；苟或行之，必见其成。葛覃曰：‘服之无射。’”

子曰：“言从而行之，则言不可饰也；行从而言之，则行不可饰也。故君子寡言而行以成其信，则民不得大其美而小其恶。诗云：‘自圭之玷，尚可磨也；斯言之玷，不可为也。’小雅曰：‘允也君子，展也大成。’君奭曰：‘昔在上帝，周田观文王之德，其集大命于厥躬。’”

子曰：“南人有言曰：‘人而无恒，不可以为卜筮。’古之遗言与！龟筮犹不能知也，而况于人乎！诗云：‘我龟既厌，不我告犹。’兑命曰：‘爵无及恶德，民立而正。’‘事纯而祭祀，是为不敬。事烦则乱，事神则难。’易曰：‘不恒其德，或承之羞。恒其德侦，妇人吉，夫子凶。’”

奔丧第三十四

奔丧之礼。始闻亲丧，以哭答使者，尽哀；问故，又哭尽哀。遂行，日行百里，不以夜行。唯父母之丧见星而行，见星而舍。若未得行，则成服而后行。过国至竟，哭尽哀而止。哭辟市朝。望其国竟哭。

至于家，入门左，升自西阶，殡东西面坐，哭尽哀，括发，袒，降堂，东即位；西乡哭，成踊，袭、绖于序东，绞带，反位；拜宾，成踊，送宾，反位。有宾后至者，则拜之、成踊、送宾皆如初。众主人、兄弟皆出门，出门哭止，阖门，相者告就次。于又哭，括发，袒，成踊。于三哭，犹括发，袒，成踊。三日成服，拜宾送宾皆如初。

奔丧者非主人，则主人为之拜宾、送宾。奔丧者自齐衰以下入门左，中庭北面哭尽哀，免麻于序东，即位袒，与主人哭，成踊。于又哭、三哭皆免、袒。有宾，则主人拜宾、送宾。丈夫、妇人之待之也，皆如朝夕哭位，无变也。

奔母之丧，西面哭尽哀，括发，袒，降堂，东即位，西乡哭，成踊，袭、免、绖于序东，拜宾、送宾皆如奔父之礼。于又哭，不括发。

妇人奔丧，升自东阶，殡东西面坐，哭尽哀，东髽，即位，与主人拾踊。

奔丧者不及殡，先之墓，北面坐，哭尽哀。主人之待之也，即位于墓左，妇人墓右，成踊，尽哀，括发，东即主人位，绖，绞带，哭，成踊。拜宾，反位，成踊。相者告事毕。遂冠，归。入门左，北面哭尽哀，括发，袒，成踊，东即位，拜宾，成踊。宾出，主人拜送。有宾后至者，则拜之、成踊送宾如初。众主人、兄弟皆出门，出门哭止，相者告就次。于又哭，括发，成踊。于三哭，犹括发、成踊。三日成服。于五哭，相者告事毕。为母所以异于父者，壹括发，其余免以终事。他如奔父之礼。

齐衰以下不及殡，先之墓，西面哭尽哀。免、麻于东方，即位，与主人哭，成踊，袭。有宾，则主人拜宾、送宾。宾有后至者，拜之如初。相者告事毕。遂冠，归。入门左，北面哭尽哀，免，袒，成踊，东即位，拜宾，成踊。宾出，主人拜送。于又哭，免，袒，成踊。于三哭，犹免、袒、成踊。三日成服。于五哭，相者告事毕。

闻丧不得奔丧，哭尽哀；问故，又哭尽哀。乃为位，括发，袒，成踊；袭，绖，绞带，即位；拜宾，反位，成踊。宾出，主人拜送于门外，反位。若有宾后至者，拜之、成踊，送宾如初。于又哭，括发，袒，成踊。于三哭，犹括发、袒、成踊。三日成服。于五哭，拜宾、送宾如初。

若除丧而后归，则之墓，哭，成踊；东括发，袒，绖；拜宾，成踊，送宾；反位，又哭尽哀，遂除。于家不哭。主人之待之也，无变于服，与之哭，不踊。自齐衰以下，所以异者免、麻。

凡为位，非亲丧，齐衰以下皆即位，哭尽哀，而东免、绖，即位，袒，成踊；袭，拜宾反位，哭，成踊；送宾，反位。相者告就次。三日五哭，卒，主人出送宾。众主人、兄弟皆出门，哭止。相者告事毕。成服，拜宾。若所为位家远，则成服而往。

齐衰望乡而哭，大功望门而哭，小功至门而哭，缌麻即位而哭。

哭父之党于庙，母、妻之党于寝，师于庙门外，朋友于寝门外，所识于野张帷。

凡为位不奠。

哭天子九，诸侯七，卿大夫五，士三。

大夫哭诸侯，不敢拜宾。诸臣在他国，为位而哭，不敢拜宾。与诸侯为兄弟，亦为位而哭。

凡为位者壹袒。

所识者吊，先哭于家而后之墓，皆为之成踊，从主人北面而踊。

凡丧，父在，父为主；父没，兄弟同居，各主其丧；亲同，长者主之；不同，亲者主之。

闻远兄弟之丧，既除丧而后闻丧，免，袒，成踊，拜宾则尚左手。

无服而为位者，唯嫂、叔及妇人降而无服者麻。

凡奔丧，有大夫至，袒，拜之，成踊而后袭；于士，袭而后拜之。

问丧第三十五

亲始死，鸡斯，徒跣，扱上衽，交手哭。恻怛之心，痛疾之意，伤肾干肝焦肺，水浆不入口，三日不举火，故邻里为之糜粥以饮食之。夫悲哀在中，故形变于外也；痛疾在心，故口不甘味、身不安美也。

三日而敛，在床曰尸，在棺曰柩。动尸举柩，哭踊无数。恻怛之心，痛疾之意，悲哀志懑气盛，故袒而踊之，所以动体安心下气也。妇人不宜袒，故发胸击心爵踊，殷殷田田如坏墙然，悲哀痛疾之至也。故曰："辟踊哭泣，哀以送之。"送形而往，迎精而反也。

其往送也，望望然、汲汲然如有追而弗及也。其反哭也，皇皇然若有求而弗得也。故其往送也如慕，其反也如疑。求而无所得之也，入门而弗见也，上堂又弗见也，入室又弗见也，亡矣丧矣，不可复见矣，故哭泣辟踊，尽哀而止矣。

心怅焉、怆焉，惚焉、忾焉，心绝志悲而已矣。祭之宗庙，以鬼飨之，徼幸复反也。成圹而归，不敢入处室，居于倚庐，哀亲之在外也。寝苫枕块，哀亲之在土也。故哭泣无时，服勤三年，思慕之心，孝子之志也，人情之实也。

或问曰："死三日而后敛者何也？"曰："孝子亲死，悲哀志懑，故匍匐而哭之，若将复生然，安可得夺而敛之也！故曰，三日而后敛者，以俟其生也。三日而不生，亦不生矣，孝子之心亦益衰矣；家室之计，衣服之具，亦可以成矣；亲戚之远者，亦可以至矣。是故圣人为之断决，以三日为之礼制也。"

或问曰："冠者不肉袒，何也？"曰："冠，至尊也，不居肉袒之体也，故为之免以代之也。然则秃者不免，伛者不袒，跛者不踊，非不悲也，身有锢疾，不可以备礼也。故曰：丧礼唯哀为主矣。女子哭泣悲哀，击胸伤心，男子哭泣悲哀，稽颡触地，无容，哀之至也。"

或问曰："免者以何为也？"曰："不冠者之所服也。礼曰：'童子不缌，唯当室缌。'缌者其免也，当室则免而杖矣。"

或问曰："杖者何也？"曰："竹、桐一也。故为父苴杖苴杖，竹也；为母削杖，削杖，桐也。"

或问曰:“杖者以何为也?”曰:“孝子丧亲,哭泣无数,服勤三年,身病体羸,以杖扶病也。则父在不敢杖矣,尊者在故也。堂上不杖,辟尊者之处也。堂上不趋,示不遽也。此孝子之志也,人情之实也,礼义之经也。非从天降也,非从地出也,人情而已矣。”

服问第三十六

传曰“有从轻而重”，公子之妻为其皇姑。“有从重而轻”，为妻之父母。“有从无服而有服”，公子之妻为公子之外兄弟。“有从有服而无服”，公子为其妻之父母。

传曰：“母出则为继母之党服，母死则为其母之党服。”为其母之党服，则不为继母之党服。

三年之丧既练矣，有期之丧既葬矣，则带其故葛带，绖期之绖，服其功衰。有大功之丧亦如之。小功无变也。

麻之有本者，变三年之葛。既练，遇麻断本者，于免绖之，既免，去绖；每可以绖必绖，既绖则去之。小功不易丧之练冠，如免，则绖其缌、小功之绖，因其初葛带。缌之麻不变小功之葛，小功之麻不变大功之葛，以有本为税。

殇长、中，变三年之葛，终殇之月筭，而反三年之葛。是非重麻，为其无卒哭之税。下殇则否。

君为天子三年，夫人如外宗之为君也。世子不为天子服。

君所主，夫人妻、大子、适妇。

大夫之适子为君、夫人、大子如士服。

君之母非夫人，则群臣无服，唯近臣及仆、骖乘从服唯君所服服也。

公为卿大夫锡衰以居，出亦如之。当事则弁绖。大夫相为亦然。为其妻，往则服之，出则否。

凡见人无免绖，虽朝于君无免绖，唯公门有税齐衰。传曰：“君子不夺人之丧，亦不可夺丧也。”

传曰：“罪多而刑五，丧多而服五。上附下附，列也。”

间传第三十七

斩衰何以服苴？苴，恶貌也，所以首其内而见诸外也。斩衰貌若苴，齐衰貌若枲，大功貌若止，小功、缌麻容貌可也。此哀之发于容体者也。

斩衰之哭若往而不反，齐衰之哭若往而反，大功之哭三曲而偯，小功、缌麻哀容可也。此哀之发于声音者也。

斩衰唯而不对，齐衰对而不言，大功言而不议，小功、缌麻议而不及乐。此哀之发于言语者也。

斩衰三日不食，齐衰二日不食，大功三不食，小功、缌麻再不食，士与敛焉则壹不食。故父母之丧既殡食粥，朝一溢米，莫一溢米；齐衰之丧疏食水饮，不食菜果；大功之丧不食醯酱；小功、缌麻，不饮醴酒。此哀之发于饮食者也。

父母之丧，既虞、卒哭，疏食水饮，不食菜果；期而小祥，食菜果；又期而大祥，有醯酱；中月而禫，禫而饮醴酒。始饮酒者先饮醴酒，始食肉者先食干肉。

父母之丧，居倚庐，寝苫枕块，不说绖带；齐衰之丧，居垩室，苄翦不纳；大功之丧，寝有席，小功、缌麻，床可也。此哀之发于居处者也。

父母之丧，既虞、卒哭，柱楣翦屏，苄翦不纳；期而小祥，居垩室，寝有席；又期而大祥，居复寝；中月而禫，禫而床。

斩衰三升，齐衰四升、五升、六升，大功七升、八升、九升，小功十升、十一升、十二升，缌麻十五升去其半，有事其缕、无事其布，曰缌。此哀之发于衣服者也。

斩衰三升，既虞、卒哭，受以成布六升、冠七升。为母疏衰四升，受以成布七升，冠八升。去麻服葛，葛带三重。期而小祥，练冠縓缘，要绖不除。男子除乎首，妇人除乎带。男子何为除乎首也？妇人何为除乎带也？男子重首，妇人重带。除服者先重者，易服者易轻者。又期而大祥，素缟麻衣。中月而禫，禫而纤，无所不佩。

易服者何为易轻者也？斩衰之丧，既虞、卒哭，遭齐衰之丧，轻者包，重者特；既练，遭大功之丧，麻、葛重。齐衰之丧，既虞、卒哭，遭大功之丧，麻、葛兼服之。

斩衰之葛与齐衰之麻同，齐衰之葛与大功之麻同，大功之葛与小功之麻同，小功之葛与缌之麻同。麻同则兼服之。兼服之服重者，则易轻者也。

三年问第三十八

三年之丧何也？曰：称情而立文，因以饰群，别亲疏、贵贱之节，而弗可损益也，故曰“无易之道”也。创巨者其日久，痛甚者其愈迟。三年者，称情而立文，所以为至痛极也。斩衰苴杖，居倚庐，食粥，寝苫枕块，所以为至痛饰也。三年之丧，二十五月而毕，哀痛未尽，思慕未忘，然而服以是断之者，岂不送死者有已、复生有节哉！

凡生天地之间者，有血气之属必有知，有知之属莫不知爱其类。今是大鸟兽则失丧其群匹，越月逾时焉，则必反巡，过其故乡，翔回焉，鸣号焉，蹢躅焉，踟蹰焉，然后乃能去之。小者至于燕雀，犹有啁噍之顷焉，然后乃能去之。故有血气之属者莫知于人，故人于其亲也，至死不穷。将由夫患邪淫之人与？则彼朝死而夕忘之，然而从之，则是曾鸟兽之不若也，夫焉能相与群居而不乱乎？将由夫修饰之君子与？则三年之丧，二十五月而毕，若驷之过隙，然而遂之，则是无穷也。故先王焉为之立中制节，壹使足以成文理，则释之矣。

然则何以至期也？曰：至亲以期断。是何也？曰：天地则已易矣，四时则已变矣，其在天地之中者，莫不更始焉，以是象之也。然则何以三年也？曰：加隆焉尔也，焉使倍之。故再期也。由九月以下何也？曰：焉使弗及也。故三年以为隆，缌、小功以为杀，期、九月以为间。上取象于天，下取法于地，中取则于人，人之所以群居和壹之理尽矣。故三年之丧，人道之至文者也。夫是之谓至隆。是百王之所同，古今之所壹也，未有知其所由来者也。孔子曰：“子生三年，然后免于父母之怀。夫三年之丧，天下之达丧也。”

深衣第三十九

古者深衣，盖有制度，以应规、矩、绳、权、衡。短毋见肤，长毋被土。续衽钩边。要缝半下。袼之高下，可以运肘；袂之长短，反诎之及肘。带，下毋厌髀，上毋厌胁，当无骨者。

制：十有二幅以应十有二月；袂圜以应规，曲袷如矩以应方，负绳及踝以应直，下齐如权衡以应平。故规者，行举手以为容；负绳抱方者，以直其政、方其义也。故易曰："坤六二之动，直以方也。"下齐如权衡者，以安志而平心也。五法已施，故圣人服之。故规矩取其无私，绳取其直，权衡取其平，故先王贵之。故可以为文，可以为武，可以摈相，可以治军旅，完且弗费，善衣之次也。

具父母、大父母，衣纯以缋；具父母，衣纯以青。如孤子，衣纯以素。纯袂、缘，纯边，广各寸半。

投壶第四十

投壶之礼。主人奉矢，司射奉中，使人执壶。主人请曰："某有枉矢、哨壶，请以乐宾。"宾曰："子有旨酒嘉肴，某既赐矣，又重以乐，敢辞。"主人曰："枉矢、哨壶不足辞也，敢固以请。"宾曰："某既赐矣，又重以乐，敢固辞。"主人曰："枉矢、哨壶不足辞也，敢固以请。"宾曰："某固辞不得命，敢不敬从。"宾再拜受，主人般还，曰辟；主人阼阶上拜送，宾般还，曰辟。已拜，受矢，进即两楹间，退反位，揖宾就筵。

司射进度壶，间以二矢半，反位；设中，东面，执八筭兴。请宾曰："顺投为入，比投不释，胜饮不胜者。正爵既行，请为胜者立马，一马从二马。三马既立，请庆多马。"请主人亦如之。命弦者曰："请奏狸首，间若一。"大师曰："诺。"

左右告矢具，请拾投。有入者，则司射坐而释一筭焉。宾党于右，主党于左。

卒投，司射执曰："左右卒投，请数。"二为纯，一纯以取，一为奇。遂以奇告，曰："某贤于某若干纯。"奇则曰"奇"，钧则曰"左右钧"。

命酌，曰："请行觞。"酌者曰："诺。"当饮者皆跪奉觞，曰："赐灌。"胜者跪曰："敬养。"

正爵既行，请立马，马各直其。一马从二马，以庆。庆礼曰："三马既备，请庆多马。"宾主皆曰"诺"。正爵既行，请彻马。

多少视其坐。筹，室中五扶，堂上七扶，庭中九扶。长尺二寸。壶，颈修七寸，腹修五寸，口径二寸半，容斗五升。壶中实小豆焉，为其矢之跃而出也。壶去席二矢半。矢以柘若棘，毋去其皮。

鲁令弟子辞曰："毋幠，毋敖，毋偝立，毋踰言。偝立、踰言有长爵。"薛令弟子辞曰："毋幠，毋敖，毋偝立，毋踰言。若是者浮。"

鼓：○□○○□□○□○○□半；○□○□○○○□□○□○——鲁鼓；○□○○○□□○□○○□□○□○○□□○半；○□○○○□□○——薛鼓。取半以下为投壶礼，尽用之为射礼。

司射、庭长及冠士立者，皆属宾党；乐人及使者、童子，皆属主党。

鲁鼓：○□○○□□○○半；○□○○□○○○○□○□○。薛鼓：○□○○○○□○□○□○○○□○□○○□○半；○□○□○○○○□○。

儒行第四十一

鲁哀公问于孔子曰："夫子之服其儒服与？"孔子对曰："丘少居鲁，衣逢掖之衣；长居宋，冠章甫之冠。丘闻之也，君子之学也博，其服也乡。丘不知儒服。"

哀公曰："敢问儒行。"孔子对曰："遽数之不能终其物，悉数之乃留，更仆未可终也。"

哀公命席。孔子侍，曰：

儒有席上之珍以待聘，夙夜强学以待问，怀忠信以待举，力行以待取。其自立有如此者。

儒有衣冠中，动作慎；其大让如慢，小让如伪；大则如威，小则如愧，其难进而易退也，粥粥若无能也。其容貌有如此者。

儒有居处齐难，其坐起恭敬；言必先信，行必中正；道涂不争险易之利，冬夏不争阴阳之和，爱其死以有待也，养其身以有为也。其备豫有如此者。

儒有不宝金玉，而忠信以为宝；不祈土地，立义以为土地；不祈多积，多文以为富；难得而易禄也，易禄而难畜也。非时不见，不亦难得乎？非义不合，不亦难畜乎？先劳而后禄，不亦易禄乎？其近人有如此者。

儒有委之以货财，淹之以乐好，见利不亏其义；劫之以众，沮之以兵，见死不更其守；鸷虫攫搏，不程勇者；引重鼎，不程其力；往者不悔，来者不豫；过言不再，流言不极；不断其威，不习其谋。其特立有如此者。

儒有可亲而不可劫也，可近而不可迫也，可杀而不可辱也。其居处不淫，其饮食不溽，其过失可微辨而不可面数也。其刚毅有如此者。

儒有忠信以为甲胄，礼义以为干橹；戴仁而行，抱义而处；虽有暴政，不更其所。其自立有如此者。

儒有一亩之宫，环堵之室，筚门圭窬，蓬户瓮牖；易衣而出，并日而食；上答之不敢以疑，上不答不敢以谄。其仕有如此者。

儒有今人与居，古人与稽；今世行之，后世以为楷；适弗逢世，上弗援，下弗推，谗谄之民有比党而危之者；身可危也，而志不可夺也；虽危起居，竟信其志，犹将不忘百姓之病也。其忧思有如此者。

儒有博学而不穷，笃行而不倦，幽居而不淫，上通而不困；礼之以和为贵，忠信之美，优游之法；慕贤而容众，毁方而瓦合。其宽裕有如此者。

儒有内称不辟亲，外举不辟怨；程功积事，推贤而进达之，不望其报，君得其志；苟利国家，不求富贵。其举贤援能有如此者。

儒有闻善以相告也，见善以相示也；爵位相先也，患难相死也；久相待也，远相致也。其任举有如此者。

儒有澡身而浴德，陈言而伏，静而正之，上弗知也，粗而翘之，又不急为也；不临深而为高，不加少而为多；世治不轻，世乱不沮；同弗与，异弗非也。其特立独行有如此者。

儒有上不臣天子，下不事诸侯；慎静而尚宽，强毅以与人，博学以知服；近文章，砥厉廉隅；虽分国，如锱铢，不臣不仕。其规为有如此者。

儒有合志同方，营道同术；并立则乐，相下不厌；久不相见，闻流言不信；其行本方立义，同而进，不同而退。其交友有如此者。

温良者，仁之本也。敬慎者，仁之地也。宽裕者，仁之作也。孙接者，仁之能也。礼节者，仁之貌也。言谈者，仁之文也。歌乐者，仁之和也。分散者，仁之施也。儒皆兼此而有之，犹且不敢言仁也。其尊让有如此者。

儒有不陨获于贫贱，不充诎于富贵，不慁君王，不累长上，不闵有司，故曰儒。今众人之命儒也妄，常以儒相诟病。

孔子至舍，哀公馆之，闻此言也，言加信，行加义，“终没吾世，不敢以儒为戏。”

大学第四十二

大学之道在明明德，在亲民，在止于至善。知止而后有定，定而后能静，静而后能安，安而后能虑，虑而后能得。物有本末，事有终始，知所先后，则近道矣。

古之欲明明德于天下者先治其国，欲治其国者先齐其家；欲齐其家者先修其身；欲修其身者先正其心；欲正其心者先诚其意；欲诚其意者，先致其知；致知在格物。物格而后知至，知至而后意诚，意诚而后心正，心正而后身修，身修而后家齐，家齐而后国治，国治而后天下平。

自天子以至于庶人，壹是皆以修身为本，其本乱而末治者，否矣。其所厚者薄，而其所薄者厚，未之有也。此谓知本，此谓知之至也。

所谓诚其意者，毋自欺也，如恶恶臭，如好好色。此之谓自谦。故君子必慎其独也。小人闲居为不善，无所不至，见君子而后厌然掩其不善而著其善，人之视己如见其肺肝然，则何益矣。此谓诚于中，形于外，故君子必慎其独也。曾子曰："十目所视，十手所指，其严乎！"富润屋，德润身，心广体胖，故君子必诚其意。

诗云："瞻彼淇澳，菉竹猗猗。有斐君子，如切如磋，如琢如磨。瑟兮僩兮，赫兮喧兮。有斐君子，终不可諠兮！"如切如磋者，道学也。如琢如磨者，自修也。瑟兮僩兮者，恂栗也。赫兮喧兮者，威仪也。有斐君子终不可諠兮者，道盛德至善，民之不能忘也。诗云："於戏前王不忘！"君子贤其贤而亲其亲，小人乐其乐而利其利，此以没世不忘也。

康诰曰："克明德。"大甲曰："顾諟天之明命。"帝典曰："克明峻德。"皆自明也。汤之盘铭曰："苟日新，日日新，又日新。"康诰曰："作新民。"诗曰："周虽旧邦，其命惟新。"是故君子无所不用其极。诗云："邦畿千里，惟民所止。"诗云："缗蛮黄鸟，止于丘隅。"子曰："于止，知其所止，可以人而不如鸟乎？"诗云："穆穆文王，於缉熙敬止。"为人君止于仁，为人臣止于敬，为人子止于孝，为人父止于慈，与国人交，止于信。

子曰："听讼，吾犹人也，必也使无讼乎！"无情者不得尽其辞，大畏民志。此谓知本。

所谓修身在正其心者，身有所忿懥则不得其正，有所恐惧则不得其正，有所好乐则不得其正，有所忧患则不得其正。心不在焉，视而不见，听而不闻，食而不知其味。此谓修身在正其心。

所谓齐其家在修其身者，人之其所亲爱而辟焉，之其所贱恶而辟焉，之其所畏敬而辟焉，之其所哀矜而辟焉，之其所敖惰而辟焉。故好而知其恶、恶而知其美者，天下鲜矣。故谚有之曰："人莫知其子之恶，莫知其苗之硕。"此谓身不修不可以齐其家。

所谓治国必先齐其家者，其家不可教而能教人者，无之。故君子不出家而成教于国。孝者所以事君也，弟者所以事长也，慈者所以使众也。康诰曰："如保赤子。"心诚求之，虽不中不远矣。未有学养子而后嫁者也！一家仁，一国兴仁；一家让，一国兴让；一人贪戾，一国作乱。其机如此。此谓一言偾事，一人定国。尧舜率天下以仁而民从之，桀纣率天下以暴而民从之。其所令反其所好而民不从。是故君子有诸己而后求诸人，无诸己而后非诸人，所藏乎身不恕而能喻诸人者，未之有也。故治国在齐其家。诗云："桃之夭夭，其叶蓁蓁。之子于归，宜其家人。"宜其家人，而后可以教国人。诗云："宜兄宜弟。"宜兄宜弟，而后可以教国人。诗云："其仪不忒，正是四国。"其为父子兄弟足法，而后民法之也，此谓治国在齐其家。

所谓平天下在治其国者，上老老而民兴孝，上长长而民兴弟，上恤孤而民不倍，是以君子有絜矩之道也。所恶于上毋以使下，所恶于下毋以事上，所恶于前毋以先后，所恶于后毋以从前，所恶于右毋以交于左，所恶于左毋以交于右，此之谓絜矩之道。诗云："乐只君子，民之父母。"民之所好好之，民之所恶恶之，此之谓民之父母。诗云："节彼南山，维石岩岩。赫赫师尹，民具尔瞻。"有国者不可以不慎，辟则为天下僇矣。诗云："殷之未丧师，克配上帝。仪监于殷，峻命不易。"道得众则得国，失众则失国。

是故君子先慎乎德。有德此有人，有人此有土，有土此有财，有财此有用。德者本也，财者末也。外本内末，争民施夺。是故财聚则民散，财散则民聚。是故言悖而出者亦悖而入，货悖而入者亦悖而出。康诰曰："惟命不于常。"道善则得之，不善则失之矣。楚书曰："楚国无以为宝，惟善以为宝。"

舅犯曰："亡人无以为宝，仁亲以为宝。"

秦誓曰："若有一介臣，断断兮，无他技；其心休休焉，其如有容焉。人之有技，若己有之；人之彦圣，其心好之，不啻若自其口出，寔能容之。以能保我子孙黎民，尚亦有利哉！人之有技，媢嫉以恶之；人之彦圣而违之，俾不通，寔不能容。以不能保我子孙黎民，亦曰殆哉！"唯仁人放流之，迸诸四夷，不与同中国。此谓唯仁人为能爱人，能恶人。见贤而不能举，举而不能先，命也。见不善而不能退，退而不能远，过也。好人之所恶，恶人之所好，是谓拂人之性，灾必逮夫身。是故君子有大道，必忠信以得之，骄泰以失之。

生财有大道。生之者众，食之者寡，为之者疾，用之者舒，则财恒足矣。仁者以财发身，不仁者以身发财。未有上好仁而下不好义者也，未有好义其事不终者也，未有府库财非其财者也。孟献子曰："畜马乘不察于鸡豚，伐冰之家不畜牛羊，百乘之家不畜聚敛之臣，与其有聚敛之臣，宁有盗臣。"此谓国不以利为利，以义为利也。长国家而务财用者，必自小人矣。彼为善之，小人之使为国家，灾害并至，虽有善者，亦无如之何矣。此谓国不以利为利，以义为利也。

冠义第四十三

凡人之所以为人者，礼义也。礼义之始，在于正容体，齐颜色，顺辞令。容体正，颜色齐，辞令顺，而后礼义备，以正君臣，亲父子，和长幼。君臣正，父子亲，长幼和，而后礼义立。故冠而后服备，服备而后容体正，颜色齐，辞令顺。故曰："冠者，礼之始也。"是故古者圣王重冠。

古者冠礼筮日、筮宾，所以敬冠事，敬冠事所以重礼，重礼所以为国本也。故冠于阼，以著代也。醮于客位，三加弥尊，加有成也。已冠而字之，成人之道也。见于母，母拜之，见于兄弟，兄弟拜之，成人而与为礼也。玄冠玄端奠挚于君，遂以挚见于乡大夫、乡先生，以成人见也。

成人之者，将责成人礼焉也。责成人礼焉者，将责为人子、为人弟、为人臣、为人少者之礼行焉。将责四者之行于人，其礼可不重与！

故孝弟忠顺之行立而后可以为人，可以为人而后可以治人也。故圣王重礼。故曰："冠者，礼之始也，嘉事之重者也。"是故古者重冠。重冠故行之于庙，行之于庙者，所以尊重事。尊重事而不敢擅重事，不敢擅重事，所以自卑而尊先祖也。

昏义第四十四

昏礼者，将合二姓之好，上以事宗庙，而下以继后世也，故君子重之。是以昏礼纳采、问名、纳征、请期，皆主人筵几于庙，而拜迎于门外，入，揖让而升，听命于庙，所以敬慎重正昏礼也。

父亲醮子而命之迎，男先于女也。子承命以迎，主人筵几于庙，而拜迎于门外。婿执雁入，揖让升堂，再拜奠雁，盖亲受之于父母也。降出，御妇车，而婿授绥，御轮三周；先俟于门外。妇至，婿揖妇以入，共牢而食，合卺而酳，所以合体同尊卑，以亲之也。

敬慎重正而后亲之，礼之大体，而所以成男女之别而立夫妇之义也。男女有别而后夫妇有义，夫妇有义而后父子有亲，父子有亲而后君臣有正。故曰："昏礼者，礼之本也。"

夫礼始于冠，本于昏，重于丧、祭，尊于朝、聘，和于射、乡，此礼之大体也。

夙兴，妇沐浴以俟见。质明，赞见妇于舅姑，执笲枣栗段修以见，赞醴妇，妇祭脯醢，祭醴，成妇礼也。舅姑入室，妇以特豚馈，明妇顺也。厥明，舅姑共飨妇以一献之礼，奠酬，舅姑先降自西阶，妇降自阼阶，以著代也。

成妇礼，明妇顺，又申之以著代，所以重责妇顺焉也。妇顺者，顺于舅姑，和于室人，而后当于夫，以成丝麻布帛之事，以审守委积盖藏。是故妇顺备而后内和理，内和理而后家可长久也。故圣王重之。

是以古者妇人先嫁三月，祖庙未毁，教于公宫，祖庙既毁，教于宗室。教以妇德、妇言、妇容、妇功，教成，祭之，牲用鱼，芼之以蘋藻，所以成妇顺也。

古者天子后立六宫、三夫人、九嫔、二十七世妇、八十一御妻，以听天下之内治，以明章妇顺，故天下内和而家理。天子立六官、三公、九卿、二十七大夫、八十一元士，以听天下之外治，以明章天下之男教，故外和而国治。故曰，天子听男教，后听女顺；天子理阳道，后治阴德；天子听外治，后听内职。教顺成俗，外内和顺，国家理治，此之谓盛德。

是故男教不修，阳事不得，适见于天，日为之食；妇顺不修，阴事不得，适见于天，月为之食。是故日食则天子素服而修六官之职，荡天下之阳事；月食则后素服而修六宫之职，荡天下之阴事。故天子之与后，犹日之与月，阴之与阳，相须而后成者也。天子修男教，父道也；后修女顺，母道也。故曰，天子之与后，犹父之与母也。故为天王服斩衰，服父之义也；为后服资衰，服母之义也。

乡饮酒义第四十五

乡饮酒之义。主人拜迎宾于庠门之外，入，三揖而后至阶，三让而后升，所以致尊让也。盥洗扬觯，所以致洁也。拜至、拜洗、拜受、拜送、拜既，所以致敬也。尊让洁敬也者，君子之所以相接也。君子尊让则不争，洁敬则不慢。不慢不争则远于斗辨矣，不斗辨则无暴乱之祸矣，斯君子之所以免于人祸也。故圣人制之以道乡人、士、君子。

尊于房户之间，宾主共之也。尊有玄酒，贵其质也。羞出自东房，主人共之也。洗当东荣，主人之所以自洁而以事宾也。

宾、主，象天地也。介、僎，象阴阳也。三宾，象三光也。让之三也，象月之三日而成魄也。四面之坐，象四时也。

天地严凝之气始于西南而盛于西北，此天地之尊严气也，此天地之义气也。天地温厚之气始于东北而盛于东南，此天地之盛德气也，此天地之仁气也。主人者尊宾，故坐宾于西北，而坐介于西南以辅宾。宾者，接人以义者也，故坐于西北；主人者，接人以德厚者也，故坐于东南而坐僎于东北以辅主人也。仁义接，宾主有事，俎豆有数，曰圣；圣立而将之以敬，曰礼；礼以体长幼，曰德。德也者，得于身也。故曰，古之学术道者，将以得身也，是故圣人务焉。

祭荐、祭酒，敬礼也。哜肺，尝礼也。啐酒，成礼也。于席末，言是席之正非专为饮食也，为行礼也，此所以贵礼而贱财也。卒觯，致实于西阶上，言是席之上非专为饮食也，此先礼而后财之义也。先礼而后财，则民作敬让而不争矣。

乡饮酒之礼，六十者坐，五十者立侍，以听政役，所以明尊长也。六十者三豆，七十者四豆，八十者五豆，九十者六豆，所以明养老也。民知尊长养老，而后乃能入孝弟；民入孝弟，出尊长养老，而后成教；成教而后国可安也。君子之所谓孝者，非家至而日见之也，合诸乡射，教之乡饮酒之礼，而孝弟之行立矣。孔子曰："吾观于乡，而知王道之易易也。"

主人亲速宾及介，而众宾自从之。至于门外，主人拜宾及介，而众宾自入，贵贱之义别矣。

三揖至于阶，三让，以宾升，拜至，献酬辞让之节繁；及介，省矣；至于众宾，升受，坐祭，立饮。不酢而降。隆杀之义别矣。

工入，升歌三终。主人献之；笙入三终，主人献之；间歌三终，合乐三终。工告乐备，遂出。一人扬觯，乃立司正焉，知其能和乐而不流也。

宾酬主人，主人酬介，介酬众宾，少长以齿，终于沃洗者焉，知其能弟长而无遗矣。

降说屦，升坐，修爵无数。饮酒之节，朝不废朝，莫不废夕。宾出，主人拜送，节文终遂焉。知其能安燕而不乱也。

贵贱明，隆杀辨，和乐而不流，弟长而无遗，安燕而不乱，此五行者足以正身安国矣。彼国安而天下安，故曰："吾观于乡而知王道之易易也。"

乡饮酒之义，立宾以象天，立主以象地，设介、僎以象日月，立三宾以象三光。古之制礼也，经之以天地，纪之以日月，参之以三光，政教之本也。

亨狗于东方，祖阳气之发于东方也。洗之在阼，其水在洗东，祖天地之左海也。尊有玄酒，教民不忘本也。

宾必南乡。东方者春，春之为言蠢也，产万物者圣也。南方者夏，夏之为言假也，养之、长之、假之，仁也。西方者秋，秋之为言愁也，愁之以时察，守义者也。北方者冬，冬之为言中也，中者藏也。是以天子之立也，左圣乡仁，右义偝藏也。介必东乡，介宾主也。主人必居东方。东方者春，春之为言蠢也，产万物者也。主人者造之，产万物者也。月者三日则成魄，三月则成时。是以礼有三让，建国必立三卿。三宾者，政教之本，礼之大参也。

射义第四十六

古者诸侯之射也，必先行燕礼；卿、大夫、士之射也，必先行乡饮酒之礼。故燕礼者，所以明君臣之义也；乡饮酒之礼者，所以明长幼之序也。

故射者，进退周还必中礼。内志正，外体直，然后持弓矢审固，持弓矢审固，然后可以言中。此可以观德行矣。

其节，天子以驺虞为节，诸侯以狸首为节；卿大夫以采蘋为节，士以采繁为节。驺虞者，乐官备也。狸首者，乐会时也；采蘋者，乐循法也。采繁者，乐不失职也。是故天子以备官为节，诸侯以时会天子为节，卿大夫以循法为节，士以不失职为节。故明乎其节之志，以不失其事，则功成而德行立。德行立则无暴乱之祸矣，功成则国安。故曰，射者所以观盛德也。

是故古者天子以射选诸侯、卿、大夫、士。射者，男子之事也，因而饰之以礼乐也。故事之尽礼乐而可数为以立德行者，莫若射，故圣王务焉。

是故古者天子之制，诸侯岁献，贡士于天子，天子试之于射宫。其容体比于礼，其节比于乐，而中多者，得与于祭；其容体不比于礼，其节不比于乐，而中少者，不得与于祭。数与于祭而君有庆，数不与于祭而君有让；数有庆而益地，数有让而削地。故曰，射者，射为诸侯也。是以诸侯君臣尽志于射以习礼乐。夫君臣习礼乐而以流亡者，未之有也。

故诗曰："曾孙侯氏，四正具举。大夫君子，凡以庶士。小大莫处，御于君所。以燕以射，则燕则誉。"言君臣相与尽志于射以习礼乐，则安则誉也。是以天子制之，而诸侯务焉。此天子之所以养诸侯而兵不用，诸侯自为正之具也。

孔子射于矍相之圃，盖观者如堵墙。射至于司马，使子路执弓矢出延射，曰："贲军之将，亡国之大夫，与为人后者，不入，其余皆入。"盖去者半，入者半。又使公罔之裘、序点扬觯而语。公罔之裘扬觯而语曰："幼壮孝弟，耆耋好礼，不从流俗，修身以俟死者，不，在此位也。"盖去者半，处者半。序点又扬觯而语曰："好学不倦，好礼不变，旄期称道不乱，者不？在此位也。"盖仅有存者。

射之为言者绎也，或曰舍也。绎者，各绎己之志也。故心平体正，持弓矢审固，持弓矢审固则射中矣。故曰："为人父者以为父鹄，为人子者以为子鹄，为人君者以为君鹄，为人臣者以为臣鹄。"故射者各射己之鹄。故天子之大射谓之射侯。射侯者，射为诸侯也。射中则得为诸侯，射不中则不得为诸侯。

天子将祭，必先习射于泽。泽者，所以择士也。已射于泽而后射于射宫。射中者得与于祭，不中者不得与于祭。不得与于祭者有让，削以地，得与于祭者有庆，益以地，进爵绌地是也。

故男子生，桑弧蓬矢六以射天地四方。天地四方者，男子之所有事也。故必先有志于其所有事，然后敢用谷也，饭食之谓也。

射者，仁之道也。射求正诸己，己正然后发；发而不中则不怨胜己者，反求诸己而已矣。孔子曰："君子无所争，必也射乎！揖让而升下而饮，其争也君子。"

孔子曰："射者何以射？何以听？循声而发，发而不失正鹄者，其唯贤者乎！若夫不肖之人，则彼将安能以中。"诗云："发彼有的，以祈尔爵。"祈，求也，求中以辞爵也。酒者，所以养老也，所以养病也。求中以辞爵者，辞养也。

燕义第四十七

古者周天子之官有庶子官。庶子官职诸侯、卿、大夫、士之庶子之卒，掌其戒令与其教治，别其等，正其位。国有大事，则率国子而致于大子，唯所用之。若有甲兵之事，则授之以车甲，合其卒伍，置其有司，以军法治之，司马弗正。凡国之政事，国子存游卒，使之修德学道，春合诸学，秋合诸射，以考其艺而进退之。

诸侯燕礼之义：君立阼阶之东南，南乡，尔卿大夫，皆少进，定位也。君席阼阶之上，居主位也。君独升立席上，西面特立，莫敢适之义也。

设宾主，饮酒之礼也。使宰夫为献主，臣莫敢与君亢礼也。不以公卿为宾而以大夫为宾，为疑也，明嫌之义也。宾入中庭，君降一等而揖之，礼之也。

君举旅于宾及君所赐爵，皆降，再拜稽首，升成拜，明臣礼也。君答拜之，礼无不答，明君上之礼也。臣下竭力尽能以立功于国，君必报之以爵禄，故臣下皆务竭力尽能以立功，是以国安而君宁。礼无不答，言上之不虚取于下也。上必明正道以道民，民道之而有功，然后取其什一，故上用足而下不匮也，是以上下和亲而不相怨也。和宁，礼之用也。此君臣上下之大义也。故曰，燕礼者，所以明君臣之义也。

席，小卿次上卿，大夫次小卿，士、庶子以次就位于下。献君，君举旅行酬；而后献卿，卿举旅行酬；而后献大夫，大夫举旅行酬；而后献士，士举旅行酬；而后献庶子。俎、豆、牲体、荐、羞，皆有等差，所以明贵贱也。

聘义第四十八

聘礼，上公七介，侯伯五介，子男三介，所以明贵贱也。介绍而传命，君子于其所尊弗敢质，敬之至也。三让而后传命，三让而后入庙门，三揖而后至阶，三让而后升，所以致尊让也。

君使士迎于竟，大夫郊劳，君亲拜迎于大门之内而庙受，北面拜贶，拜君命之辱，所以致敬也。敬让也者，君子之所以相接也。故诸侯相接以敬让，则不相侵陵。

卿为上摈，大夫为承摈，士为绍摈。君亲礼宾，宾私面私觌，致饔饩，还圭璋，贿赠，飨、食、燕，所以明宾客君臣之义也。

故天子制诸侯，比年小聘，三年大聘，相厉以礼。使者聘而误，主君弗亲飨食也，所以愧厉之也。诸侯相厉以礼，则外不相侵，内不相陵。此天子之所以养诸侯，兵不用而诸侯自为正之具也。

以圭璋聘，重礼也。已聘而还圭璋，此轻财而重礼之义也。诸侯相厉以轻财重礼，则民作让矣。

主国待客，出入三积，饩客于舍，五牢之具陈于内，米三十车，禾三十车，刍薪倍禾，皆陈于外，乘禽日五双，群介皆有饩牢，壹食再飨，燕与时赐无数，所以厚重礼也。古之用财者不能均如此，然而用财如此其厚者，言尽之于礼也。尽之于礼，则内君臣不相陵而外不相侵，故天子制之而诸侯务焉尔。

聘、射之礼，至大礼也。质明而始行事，日几中而后礼成，非强有力者弗能行也。故强有力者将以行礼也。酒清，人渴而不敢饮也；肉干，人饥而不敢食也；日莫人倦，齐庄正齐而不敢解惰：以成礼节，以正君臣，以亲父子，以和长幼。此众人之所难而君子行之，故谓之有行。有行之谓有义，有义之谓勇敢。故所贵于勇敢者，贵其能以立义也；所贵于立义者，贵其有行也；所贵于有行者，贵其行礼也。故所贵于勇敢者，贵其敢行礼义也。故勇敢、强有力者，天下无事则用之于礼义，天下有事则用之于战胜。用之于战胜则无敌，用之于礼义则顺治。外无敌，内顺治，此之谓盛德。故圣王之贵勇敢、强有力如此也。勇敢、强有力而不用之于礼义、战胜，而用之于争斗，则谓之乱人。刑罚行于国，所诛者乱人也。如此则民顺治而国安也。

子贡问于孔子曰：“敢问君子贵玉而贱珉者何也？为玉之寡而珉之多与？”孔子曰：“非为珉之多故贱之也、玉之寡故贵之也。夫昔者君子比德于玉焉：温润而泽，仁也。缜密以栗，知也。廉而不刿，义也。垂之如队，礼也。叩之，其声清越以长，其终诎然，乐也。瑕不掩瑜，瑜不掩瑕，忠也。孚尹旁达，信也。气如白虹，天也。精神见于山川，地也。圭璋特达，德也。天下莫不贵者，道也。诗云：‘言念君子，温其如玉。’故君子贵之也。”

丧服四制第四十九

凡礼之大体，体天地，法四时，则阴阳，顺人情，故谓之礼。訾之者，是不知礼之所由生也。夫礼吉凶异道，不得相干，取之阴阳也。丧有四制，变而从宜，取之四时也。有恩，有理，有节，有权，取之人情也。恩者仁也，理者义也，节者礼也，权者知也。仁、义、礼、智，人道具矣。

其恩厚者其服重，故为父斩衰三年，以恩制者也。

门内之治恩掩义，门外之治义断恩。资于事父以事君而敬同，贵贵尊尊，义之大者也。故为君亦斩衰三年，以义制者也。

三日而食，三月而沐，期而练，毁不灭性，不以死伤生也。丧不过三年，苴衰不补，坟墓不培，祥之日鼓素琴，告民有终也，以节制者也。

资于事父以事母而爱同，天无二日，土无二王，国无二君，家无二尊，以一治之也。故父在为母齐衰期者，见无二尊也。杖者何也？爵也。三日授子杖，五日授大夫杖，七日授士杖。或曰“担主”，或曰“辅病”。妇人、童子不杖，不能病也。百官备，百物具，不言而事行者，扶而起。言而后事行者，杖而起。身自执事而后行者，面垢而已。秃者不髽，伛者不袒，跛者不踊，老病不止酒肉。凡此八者，以权制者也。

始死，三日不怠，三月不解，期悲哀，三年忧，恩之杀也。圣人因杀以制节，此丧之所以三年，贤者不得过，不肖者不得不及。此丧之中庸也，王者之所常行也。

书曰“高宗谅暗，三年不言”，善之也。王者莫不行此礼。何以独善之也？曰：高宗者，武丁；武丁者，殷之贤王也，继世即位，而慈良于丧，当此之时，殷衰而复兴，礼废而复起，故善之。善之，故载之书中而高之，故谓之高宗。三年之丧，君不言。书云：“高宗谅暗，三年不言。”此之谓也。然而曰“言不文”者，谓臣下也。

礼，斩衰之丧，唯而不对；齐衰之丧，对而不言；大功之丧，言而不议；缌、小功之丧，议而不及乐。

父母之丧，衰冠、绳缨、菅屦，三日而食粥，三月而沐，期十三月而练冠，三年而祥。比终兹三节者，仁者可以观其爱焉，知者可以观其理焉，强者可以观其志焉。礼以治之，义以正之，孝子、弟弟、贞妇，皆可得而察焉。

周　易

周易目录

乾

䷀

乾。元亨，利贞。

初九：潜龙勿用。

九二：见龙在田，利见大人。

九三：君子终日乾乾，夕惕若厉，无咎。

九四：或跃在渊，无咎。

九五：飞龙在天，利见大人。

上九：亢龙有悔。

用九：见群龙无首，吉。

彖曰：大哉乾元！万物资始，乃统天。云行雨施，品物流形。大明终始，六位时成，时乘六龙以御天。乾道变化，各正性命，保合大和，乃利贞。首出庶物，万国咸宁。

象曰：天行健，君子以自强不息。“潜龙勿用”，阳在下也。“见龙在田”，德施普也。“终日乾乾”，反复道也。“或跃在渊”，进无咎也。“飞龙在天”，大人造也。“亢龙有悔”，盈不可久也。“用九”，天德不可为首也。

乾文言

文言曰：元者，善之长也；亨者，嘉之会也；利者，义之和也；贞者，事之干也。君子体仁足以长人，嘉会足以合礼，利物足以和义，贞固足以干事。君子行此四德者，故曰“乾，元、亨、利、贞”。

初九曰“潜龙勿用”，何谓也？子曰：“龙，德而隐者也。不易乎世，不成乎名，遁世无闷，不见是而无闷。乐则行之，忧则违之，确乎其不可拔，潜龙也。”

九二曰“见龙在田，利见大人”，何谓也？子曰：“龙德而正中者也。庸言之信，庸行之谨，闲邪存其诚，善世而不伐，德博而化。易曰‘见龙在田，利见大人’，君德也。”

九三曰“君子终日乾乾，夕惕若，厉无咎”，何谓也？子曰：“君子进德修业。忠信，所以进德也；修辞立其诚，所以居业也。知至至之，可与几也；知终终之，可与存义也。是故，居上位而不骄；在下位而不忧。故乾乾因其时而惕，虽危无咎矣。”

九四曰“或跃在渊，无咎”，何谓也？子曰：“上下无常，非为邪也；进退无恒，非离群也。君子进德修业，欲及时也，故无咎。”

九五曰“飞龙在天，利见大人”，何谓也？子曰：“同声相应，同气相求。水流湿，火就燥，云从龙，风从虎。圣人作而万物睹。本乎天者亲上，本乎地者亲下，则各从其类也。”

上九曰“亢龙有悔”，何谓也？子曰：“贵而无位，高而无民。贤人在下，位而无辅。是以动而有悔也。”

“潜龙勿用”，下也。“见龙在田”，时舍也。“终日乾乾”，行事也。“或跃在渊”，自试也。“飞龙在天”，上治也。“亢龙有悔”，穷之灾也。乾元“用九”，天下治也。

“潜龙勿用”，阳气潜藏。“见龙在田”，天下文明。“终日乾乾”，与时偕行。“或跃在渊”，乾道乃革。“飞龙在天”，乃位乎天德。“亢龙有悔”，与时偕极。乾元用九，乃见天则。

乾“元”者，始而亨者也。“利贞”者，性情也。乾始，能以美利利天下，不言所利，大矣哉，大哉乾乎！刚健中正，纯粹精也。六爻发挥，旁通情也。“时乘六龙”，以御天也。“云行雨施”，天下平也。

君子以成德为行，日可见之行也。“潜”之为言也，隐而未见，行而未成，是以君子弗用也。

君子学以聚之，问以辩之，宽以居之，仁以行之。易曰“见龙在田，利见大人”，君德也。

九三重刚而不中，上不在天，下不在田。故乾乾因其时而惕，虽危无咎矣。

九四重刚而不中，上不在天，下不在田，中不在人，故“或”之。或之者，疑之也，故无咎。

夫大人者，与天地合其德，与日月合其明，与四时合其序，与鬼神合其吉凶。先天而天弗违，后天而奉天时。天且弗违，而况于人乎！况于鬼神乎！

“亢”之为言也，知进而不知退，知存而不知亡，知得而不知丧。其唯圣人乎？知进退存亡而不失其正者，其唯圣人乎！

坤

䷁

坤。元亨。利牝马之贞。君子有攸往，先迷后得主。利。西南得朋，东北丧朋。安贞吉。

彖曰：至哉坤元！万物资生，乃顺承天。坤厚载物，德合无疆。含弘光大，品物咸亨。“牝马”地类，行地无疆。柔顺利贞。“君子”攸行，先迷失道，后顺得常。“西南得朋”，乃与类行；“东北丧朋”，乃终有庆。“安贞”之“吉”，应地无疆。

象曰：地势坤，君子以厚德载物。

初六：履霜，坚冰至。

象曰：“履霜，坚冰”，阴始凝也。驯致其道，至坚冰也。

六二：直方大。不习无不利。

象曰：六二之动，直以方也。“不习无不利”，地道光也。

六三：含章可贞。或从王事，无成有终。

象曰：“含章可贞”，以时发也。“或从王事”，知光大也。

六四：括囊。无咎无誉。

象曰：“括囊无咎”，慎不害也。

六五：黄裳，元吉。

象曰：“黄裳。元吉”，文在中也。

上六：龙战于野。其血玄黄。

象曰：“龙战于野”，其道穷也。

用六：利永贞。

象曰：“用六”永贞，以大终也。

坤文言

文言曰：坤至柔而动也刚，至静而德方。后得主而有常，含万物而化光。坤道其顺乎！承天而时行。

积善之家，必有余庆；积不善之家，必有余殃。臣弑其君，子弑其父，非一朝一夕之故，其所由来者渐矣，由辩之不早辩也。易曰“履霜，坚冰至”，盖言顺也。

直，其正也；方，其义也。君子敬以直内，义以方外，敬义立而德不孤。“直方大，不习无不利”，则不疑其所行也。

阴虽有美，含之以从王事，弗敢成也。地道也，妻道也，臣道也。地道无成，而代有终也。

天地变化，草木蕃。天地闭，贤人隐。易曰“括囊，无咎无誉”，盖言谨也。

君子黄中通理，正位居体。美在其中，而畅于四支，发于事业，美之至也！

阴疑于阳必“战”，为其嫌于无阳也，故称龙焉。犹未离其类也，故称“血”焉。夫“玄黄”者，天地之杂也，天玄而地黄。

屯

䷂

屯。元亨。利贞。勿用有攸往。利建侯。

彖曰:屯,刚柔始交而难生。动乎险中,大亨贞。雷雨之动满盈。天造草昧,宜建侯而不宁。

象曰:云雷屯,君子以经纶。

初九:磐桓。利居贞,利建侯。

象曰:虽“磐桓”,志行正也。以贵下贱,大得民也。

六二:屯如邅如,乘马班如。匪寇婚媾。女子贞不字,十年乃字。

象曰:六二之难,乘刚也。“十年乃字”,反常也。

六三:即鹿无虞,惟入于林中。君子几,不如舍。往吝。

象曰:“即鹿无虞”,以从禽也。君子舍之,往吝穷也。

六四:乘马班如,求婚媾。往吉无不利。

象曰:“求”而往,明也。

九五:屯其膏。小贞吉,大贞凶。

象曰:“屯其膏”,施未光也。

上六:乘马班如,泣血涟如。

象曰:“泣血涟如”,何可长也?

蒙

䷃

蒙。亨。匪我求童蒙，童蒙求我。初筮告，再三渎，渎则不告。利贞。

彖曰：蒙，山下有险。险而止，蒙。蒙“亨”，以亨行时中也。“匪我求童蒙，童蒙求我”，志应也。“初筮告”，以刚中也。“再三渎，渎则不告”，渎蒙也。蒙以养正，圣功也。

象曰：山下出泉，蒙。君子以果行育德。

初六：发蒙。利用刑人，用说桎梏。以往吝。

象曰：“利用刑人”，以正法也。

九二：包蒙吉。纳妇吉，子克家。

象曰：“子克家”，刚柔接也。

六三：勿用取女，见金夫不有躬。无攸利。

象曰：“勿用取女”，行不顺也。

六四：困蒙，吝。

象曰：“困蒙”之“吝”，独远实也。

六五：童蒙，吉。

象曰：“童蒙”之“吉”，顺以巽也。

上九：击蒙。不利为寇，利御寇。

象曰：“利用御寇”，上下顺也。

需

䷄

需。有孚，光亨，贞吉。利涉大川。

彖曰：需，须也。险在前也，刚健而不陷，其义不困穷矣。“需。有孚，光亨，贞吉”，位乎天，位以正中也。“利涉大川”，往有功也。

象曰：云上于天，需。君子以饮食宴乐。

初九：需于郊。利用恒，无咎。

象曰：“需于郊”，不犯难行也。“利用恒，无咎”，未失常也。

九二：需于沙，小有言，终吉。

象曰：“需于沙”，衍在中也。虽“小有言”，以终吉也。

九三：需于泥。致寇至。

象曰：“需于泥”，灾在外也。自我“致寇”，敬慎不败也。

六四：需于血，出自穴。

象曰：“需于血”，顺以听也。

九五：需于酒食，贞吉。

象曰：“酒食，贞吉”，以中正也。

上六：入于穴，有不速之客三人来，敬之终吉。

象曰：“不速之客”来，“敬之终吉”，虽不当位，未大失也。

讼

䷅

讼。有孚窒惕，中吉终凶。利见大人，不利涉大川。

彖曰：讼，上刚下险。险而健，讼。“讼。有孚窒惕，中吉”，刚来而得中也。“终凶”，讼不可成也。“利见大人”，尚中正也。“不利涉大川”，入于渊也。

象曰：天与水违行，讼。君子以作事谋始。

初六：不永所事，小有言，终吉。

象曰：“不永所事”，讼不可长也。虽“小有言”，其辩明也。

九二：不克讼，归而逋。其邑人三百户，无眚。

象曰：“不克讼，归〔而〕逋”，窜也。自下讼上，患至掇也。

六三：食旧德，贞厉，终吉。或从王事，无成。

象曰：“食旧德”，从上吉也。

九四：不克讼，复即命渝，安贞，吉。

象曰：“复即命渝，安贞”，不失也。

九五：讼，元吉。

象曰：“讼，元吉”，以中正也。

上九：或锡之鞶带，终朝三褫之。

象曰：以讼受服，亦不足敬也。

师

䷆

师。贞，丈人吉。无咎。

彖曰：“师”众也。“贞”正也。能以众正，可以王矣。刚中而应，行险而顺，以此毒天下，而民从之，吉，又何咎矣！

象曰：地中有水，师。君子以容民畜众。

初六：师出以律，否臧凶。

象曰：“师出以律”，失律凶也。

九二：在师中，吉，无咎。王三锡命。

象曰：“在师中，吉”，承天宠也。“王三锡命”，怀万邦也。

六三：师或舆尸，凶。

象曰：“师或舆尸”，大无功也。

六四：师左次，无咎。

象曰：“左次，无咎”，未失常也。

六五：田有禽。利执言，无咎。长子帅师，弟子舆尸。贞凶。

象曰：“长子帅师”，以中行也。“弟子舆尸”，使不当也。

上六：大君有命，开国承家，小人勿用。

象曰：“大君有命”，以正功也。“小人勿用”，必乱邦也。

比

䷇

比。吉。原筮。元永贞，无咎。不宁方来，后夫凶。

彖曰：比，吉也。比，辅也，下顺从也。“原筮。元永贞，无咎”，以刚中也。“不宁方来”，上下应也。“后夫凶”，其道穷也。

象曰：地上有水，比。先王以建万国，亲诸侯。

初六：有孚比之，无咎。有孚盈缶，终来有它，吉。

象曰：比之初六，有它吉也。

六二：比之自内，贞吉。

象曰：“比之自内”，不自失也。

六三：比之匪人。

象曰：“比之匪人”，不亦伤乎！

六四：外比之，贞吉。

象曰：外比于贤，以从上也。

九五：显比。王用三驱失前禽。邑人不诫，吉。

象曰：“显比”之吉，位正中也。舍逆取顺，“失前禽”也。“邑人不诫”，上使中也。

上六：比之无首，凶。

象曰：“比之无首”，无所终也。

小畜

䷈

小畜。亨,密云不雨,自我西郊。

彖曰:小畜,柔得位而上下应之,曰小畜。健而巽,刚中而志行,乃“亨”。“密云不雨”,尚往也。“自我西郊”,施未行也。

象曰:风行天上,小畜。君子以懿文德。

初九:复自道,何其咎?吉。

象曰:“复自道”,其义吉也。

九二:牵复,吉。

象曰:“牵复”在中,亦不自失也。

九三:舆说辐,夫妻反目。

象曰:“夫妻反目”,不能正室也。

六四:有孚,血去惕出,无咎。

象曰:“有孚”,“惕出”,上合志也。

九五:有孚挛如。富以其邻。

象曰:“有孚挛如”,不独富也。

上九:既雨既处。尚德载。妇贞厉。月几望,君子征凶。

象曰:“既雨既处”,德积载也。“君子征凶”,有所疑也。

履

䷉

履。履虎尾，不咥人。亨。

彖曰：履，柔履刚也。说而应乎乾，是以"履虎尾，不咥人。亨"。刚中正，履帝位而不疚，光明也。

象曰：上天下泽，履。君子以辩上下，定民志。

初九：素履，往无咎。

象曰："素履"之往，独行愿也。

九二：履道坦坦，幽人贞吉。

象曰："幽人贞吉"，中不自乱也。

六三：眇能视，跛能履。履虎尾，咥人，凶。武人为于大君。

象曰："眇能视"，不足以有明也；"跛能履"，不足以与行也。"咥人"之凶，位不当也。"武人为于大君"，志刚也。

九四：履虎尾，愬愬终吉。

象曰："愬愬终吉"，志行也。

九五：夬履，贞厉。

象曰："夬履，贞厉"，位正当也。

上九：视履考详，其旋元吉。

象曰："元吉"在上，大有庆也。

泰

䷊

泰。小往大来,吉亨。

彖曰:“泰,小往大来,吉亨”,则是天地交而万物通也;上下交而其志同也。内阳而外阴,内健而外顺。内君子而外小人,君子道长,小人道消也。

象曰:天地交,泰。后以财成天地之道,辅相天地之宜,以左右民。

初九:拔茅茹,以其汇。征吉。

象曰:“拔茅”、“征吉”,志在外也。

九二:包荒,用冯河,不遐遗。朋亡,得尚于中行。

象曰:“包荒”,“得尚于中行”,以光大也。

九三:无平不陂,无往不复。艰贞无咎。勿恤其孚,于食有福。

象曰:“无往不复”,天地际也。

六四:翩翩,不富以其邻。不戒以孚。

象曰:“翩翩,不富”,皆失实也。“不戒以孚”,中心愿也。

六五:帝乙归妹,以祉元吉。

象曰:“以祉元吉”,中以行愿也。

上六:城复于隍。勿用师,自邑告命。贞吝。

象曰:“城复于隍”,其命乱也。

否

䷋

〔否。〕否之匪人，不利君子贞。大往小来。

彖曰：“否之匪人，不利君子贞。大往小来”，则是天地不交而万物不通也。上下不交而天下无邦也。内阴而外阳，内柔而外刚，内小人而外君子。小人道长，君子道消也。

象曰：天地不交，否。君子以俭德辟难，不可荣以禄。

初六：拔茅茹，以其汇。贞吉亨。

象曰：“拔茅”，“贞吉”，志在君也。

六二：包承。小人吉，大人否亨。

象曰：“大人否亨”，不乱群也。

六三：包羞。

象曰：“包羞”，位不当也。

九四：有命无咎，畴离祉。

象曰：“有命无咎”，志行也。

九五：休否，大人吉。其亡，其亡！系于苞桑。

象曰：“大人”之吉，位正当也。

上九：倾否，先否后喜。

象曰：否终则倾，何可长也？

同人

䷌

〔同人。〕同人于野，亨，利涉大川。利君子贞。

彖曰：同人，柔得位得中而应乎乾，曰同人。同人曰“同人于野，亨，利涉大川”，乾行也。文明以健，中正而应。君子正也，唯君子为能通天下之志。

象曰：天与火，同人。君子以类族辨物。

初九：同人于门，无咎。

象曰：出门“同人”，又谁咎也？

六二：同人于宗，吝。

象曰：“同人于宗”，吝道也。

九三：伏戎于莽。升其高陵，三岁不兴。

象曰：“伏戎于莽”，敌刚也。“三岁不兴”，安行也。

九四：乘其墉，弗克攻，吉。

象曰：“乘其墉”，义弗克也。其“吉”，则困而反则也。

九五：同人先号咷而后笑。大师克相遇。

象曰：同人之“先”，以中直也。“大师”相遇，言相克也。

上九：同人于郊，无悔。

象曰：“同人于郊”，志未得也。

大有

䷍

大有。元亨。

彖曰:大有,柔得尊位大中,而上下应之曰大有。其德刚健而文明,应乎天而时行,是以“元亨”。

象曰:火在天上,大有。君子以遏恶扬善,顺天休命。

初九:无交害,匪咎。艰则无咎。

象曰:大有初九,无交害也。

九二:大车以载,有攸往,无咎。

象曰:“大车以载”,积中不败也。

九三:公用亨于天子,小人弗克。

象曰:“公用亨于天子”,小人害也。

九四:匪其尫,无咎。

象曰:“匪其尫,无咎”,明辩晳也。

六五:厥孚交如,威如,吉。

象曰:“厥孚交如”,信以发志也。“威如”之吉,易而无备也。

上九:自天佑之。吉无不利。

象曰:大有上吉,自天佑也。

谦

䷎

谦。亨，君子有终。

象曰：谦“亨”：天道下济而光明，地道卑而上行。天道亏盈而益谦，地道变盈而流谦，鬼神害盈而福谦，人道恶盈而好谦。谦尊而光，卑而不可逾，“君子”之“终”也。

象曰：地中有山，谦。君子以裒多益寡，称物平施。

初六：谦谦君子，用涉大川，吉。

象曰：“谦谦君子”，卑以自牧也。

六二：鸣谦，贞吉。

象曰：“鸣谦，贞吉”，中心得也。

九三：劳谦君子，有终吉。

象曰：“劳谦”君子，万民服也。

六四：无不利撝谦。

象曰：“无不利撝谦”，不违则也。

六五：不富以其邻。利用侵伐，无不利。

象曰：“利用侵伐”，征不服也。

上六：鸣谦。利用行师，征邑国。

象曰：“鸣谦”，志未得也。可用“行师，征邑国”也。

豫

䷏

豫。利建侯行师。

彖曰:豫,刚应而志行。顺以动,豫。豫顺以动,故天地如之,而况“建侯行师”乎!天地以顺动,故日月不过而四时不忒。圣人以顺动,则刑罚清而民服。豫之时义大矣哉!

象曰:雷出地奋,豫。先王以作乐崇德,殷荐之上帝,以配祖考。

初六:鸣豫,凶。

象曰:初六“鸣豫”,志穷凶也。

六二:介于石。不终日,贞吉。

象曰:“不终日,贞吉”,以中正也。

六三:盱豫,悔,迟有悔。

象曰:“盱豫”,“有悔”,位不当也。

九四:由豫,大有得。勿疑朋盍簪。

象曰:“由豫,大有得”,志大行也。

六五:贞疾,恒不死。

象曰:六五“贞疾”,乘刚也。“恒不死”,中未亡也。

上六:冥豫成,有渝无咎。

象曰:“冥豫”在上,何可长也?

随

䷐

随。元亨，利贞。无咎。

彖曰：随，刚来而下柔，动而说，随。大“亨”，贞“无咎”，而天下随时。随时之义大矣哉！

象曰：泽中有雷，随。君子以向晦入宴息。

初九：官有渝，贞吉。出门交有功。

象曰：“官有渝”，从正吉也。“出门交有功”，不失也。

六二：系小子，失丈夫。

象曰：“系小子”，弗兼与也。

六三：系丈夫，失小子。随有求得。利居贞。

象曰：“系丈夫”，志舍下也。

九四：随有获，贞凶。有孚在道以明，何咎？

象曰：“随有获”，其义凶也。“有孚在道”，明功也。

九五：孚于嘉，吉。

象曰：“孚于嘉，吉”，位正中也。

上六：拘系之乃从，维之。王用亨于西山。

象曰：“拘系之”，上穷也。

蛊

䷑

蛊。元亨。利涉大川。先甲三日，后甲三日。

彖曰：蛊，刚上而柔下，巽而止，蛊。蛊"元亨"，而天下治也。"利涉大川"，往有事也。"先甲三日，后甲三日"，终则有始，天行也。

象曰：山下有风，蛊。君子以振民育德。

初六：干父之蛊。有子，考无咎。厉终吉。

象曰："干父之蛊"，意承考也。

九二：干母之蛊，不可贞。

象曰："干母之蛊"，得中道也。

九三：干父之蛊，小有悔，无大咎。

象曰："干父之蛊"，终无咎也。

六四：裕父之蛊，往见吝。

象曰："裕父之蛊"，往未得也。

六五：干父之蛊，用誉。

象曰："干父之蛊，用誉"，承以德也。

上九：不事王侯，高尚其事。

象曰："不事王侯"，志可则也。

临

䷒

临。元亨，利贞，至于八月有凶。

象曰：临，刚浸而长，说而顺。刚中而应。大亨以正，天之道也。“至于八月有凶”，消不久也。

象曰：泽上有地，临。君子以教思无穷，容保民无疆。

初九：咸临，贞吉。

象曰：“咸临，贞吉”，志行正也。

九二：咸临，吉，无不利。

象曰：“咸临，吉，无不利”，未顺命也。

六三：甘临，无攸利。既忧之，无咎。

象曰：“甘临”，位不当也。“既忧之”，咎不长也。

六四：至临，无咎。

象曰：“至临，无咎”，位当也。

六五：知临，大君之宜，吉。

象曰：“大君之宜”，行中之谓也。

上六：敦临，吉，无咎。

象曰：“敦临”之吉，志在内也。

观

䷓

观。盥而不荐。有孚颙若。

彖曰:大观在上,顺而巽,中正以观天下,观。“盥而不荐。有孚颙若”,下观而化也。观天之神道,而四时不忒。圣人以神道设教,而天下服矣。

象曰:风行地上,观。先王以省方观民设教。

初六:童观,小人无咎,君子吝。

象曰:“初六:童观”,小人道也。

六二:窥观,利女贞。

象曰:“窥观”,“女贞”,亦可丑也。

六三:观我生进退。

象曰:“观我生进退”,未失道也。

六四:观国之光。利用宾于王。

象曰:“观国之光”,尚宾也。

九五:观我生,君子无咎。

象曰:“观我生”,观民也。

上九:观其生,君子无咎。

象曰:“观其生”,志未平也。

噬嗑

䷔

噬嗑。亨。利用狱。

彖曰:颐中有物,曰噬嗑。“噬嗑”而“亨”,刚柔分,动而明。雷电合而章。柔得中而上行,虽不当位,“利用狱”也。

象曰:雷电噬嗑,先王以明罚敕法。

初九:屦校灭趾,无咎。

象曰:“屦校灭趾”,不行也。

六二:噬肤灭鼻,无咎。

象曰:“噬肤灭鼻”,乘刚也。

六三:噬腊肉,遇毒,小吝无咎。

象曰:“遇毒”,位不当也。

九四:噬干胏,得金矢。利艰贞吉。

象曰:“利艰贞吉”,未光也。

六五:噬干肉,得黄金。贞厉无咎。

象曰:“贞厉无咎”,得当也。

上九:何校灭耳,凶。

象曰:“何校灭耳”,聪不明也。

贲

䷕

贲。亨。小利有攸往。

彖曰：贲"亨"，柔来而文刚，故"亨"；分刚上而文柔，故"小利有攸往"，天文也。文明以止，人文也。观乎天文，以察时变。观乎人文，以化成天下。

象曰：山下有火，贲。君子以明庶政，无敢折狱。

初九：贲其趾，舍车而徒。

象曰："舍车而徒"，义弗乘也。

六二：贲其须。

象曰："贲其须"，与上兴也。

九三：贲如濡如，永贞吉。

象曰："永贞"之"吉"，终莫之陵也。

六四：贲如皤如。白马翰如，匪寇婚媾。

象曰：六四当位，疑也。"匪寇婚媾"，终无尤也。

六五：贲于丘园，束帛戋戋。吝终吉。

象曰：六五之吉，有喜也。

上九：白贲，无咎。

象曰："白贲，无咎"，上得志也。

剥

䷖

剥。不利有攸往。

彖曰：剥，剥也，柔变刚也。“不利有攸往”，小人长也。顺而止之，观象也。君子尚消息盈虚，天行也。

象曰：山附于地，剥。上以厚下安宅。

初六：剥床以足，蔑。贞凶。

象曰：“剥床以足”，以灭下也。

六二：剥床以辨，蔑。贞凶。

象曰：“剥床以辨”，未有与也。

六三：剥之，无咎。

象曰：“剥之，无咎”，失上下也。

六四：剥床以肤，凶。

象曰：“剥床以肤”，切近灾也。

六五：贯鱼以宫人宠，无不利。

象曰：“以宫人宠”，终无尤也。

上九：硕果不食。君子得舆，小人剥庐。

象曰：“君子得舆”，民所载也。“小人剥庐”，终不可用也。

复

䷗

复。亨。出入无疾，朋来无咎。反复其道，七日来复。利有攸往。

彖曰：复"亨"，刚反。动而以顺行，是以"出入无疾，朋来无咎"。"反复其道，七日来复"，天行也。"利有攸往"，刚长也。复，其见天地之心乎！

象曰：雷在地中，复。先王以至日闭关，商旅不行，后不省方。

初九：不远复。无祇悔，元吉。

象曰："不远"之"复"，以修身也。

六二：休复，吉。

象曰："休复"之吉，以下仁也。

六三：频复，厉无咎。

象曰："频复"之"厉"，义无咎也。

六四：中行独复。

象曰："中行独复"，以从道也。

六五：敦复，无悔。

象曰："敦复，无悔"，中以自考也。

上六：迷复。凶，有灾眚。用行师，终有大败。以其国君凶。至于十年不克征。

象曰："迷复"之凶，反君道也。

无妄

䷘

无妄。元亨，利贞。其匪正，有眚，不利有攸往。

彖曰：无妄，刚自外来而为主于内。动而健，刚中而应，大亨以正，天之命也。“其匪正，有眚，不利有攸往”，无妄之往，何之矣？天命不佑，行矣哉！

象曰：天下雷行，物与无妄。先王以茂对时，育万物。

初九：无妄，往吉。

象曰：“无妄”之往，得志也。

六二：不耕获，不菑畬，则利有攸往。

象曰：“不耕获”，未富也。

六三：无妄之灾，或系之牛，行人之得，邑人之灾。

象曰：“行人”得牛，“邑人”灾也。

九四：可贞，无咎。

象曰：“可贞，无咎”，固有之也。

九五：无妄之疾，勿药有喜。

象曰：“无妄”之药，不可试也。

上九：无妄行有眚，无攸利。

象曰：“无妄”之行，穷之灾也。

大畜

䷙

大畜。利贞。不家食，吉。利涉大川。

彖曰：大畜，刚健笃实辉光，日新其德，刚上而尚贤，能止健，大正也。“不家食，吉”，养贤也。“利涉大川”，应乎天也。

象曰：天在山中，大畜。君子以多识前言往行，以畜其德。

初九：有厉，利已。

象曰：“有厉，利已”，不犯灾也。

九二：舆说輹。

象曰：“舆说輹”，中无尤也。

九三：良马逐，利艰贞。曰闲舆卫，利有攸往。

象曰：“利有攸往”，上合志也。

六四：童牛之牿，元吉。

象曰：六四“元吉”，有喜也。

六五：豶豕之牙，吉。

象曰：六五之“吉”，有庆也。

上九：何天之衢，亨。

象曰：“何天之衢”，道大行也。

颐

䷚

颐。贞吉。观颐，自求口实。

彖曰：颐“贞吉”，养正则吉也。“观颐”，观其所养也。“自求口实”，观其自养也。天地养万物，圣人养贤以及万民。颐之时大矣哉！

象曰：山下有雷，颐。君子以慎言语，节饮食。

初九：舍尔灵龟，观我朵颐，凶。

象曰：“观我朵颐”，亦不足贵也。

六二：颠颐，拂经于丘颐。征凶。

象曰：六二“征凶”，行失类也。

六三：拂颐，贞凶，十年勿用，无攸利。

象曰：“十年勿用”，道大悖也。

六四：颠颐，吉。虎视眈眈，其欲逐逐，无咎。

象曰：“颠颐”之“吉”，上施光也。

六五：拂经，居贞吉，不可涉大川。

象曰：“居贞”之吉，顺以从上也。

上九：由颐，厉吉。利涉大川。

象曰：“由颐，厉吉”，大有庆也。

大过

䷛

大过。栋桡。利有攸往，亨。

彖曰：大过，大者过也。“栋桡”本末弱也。刚过而中，巽而说行。“利有攸往”乃“亨”。大过之时大矣哉！

象曰：泽灭木，大过。君子以独立不惧，遁世无闷。

初六：藉用白茅，无咎。

象曰：“藉用白茅”，柔在下也。

九二：枯杨生稊，老夫得其女妻，无不利。

象曰：“老夫”“女妻”，过以相与也。

九三：栋桡，凶。

象曰：“栋桡”之“凶”，不可以有辅也。

九四：栋隆吉，有它吝。

象曰：“栋隆”之“吉”，不桡乎下也。

九五：枯杨生华，老妇得其士夫，无咎无誉。

象曰：“枯杨生华”，何可久也！“老妇”、“士夫”，亦可丑也！

上六：过涉灭顶，凶。无咎。

象曰：“过涉”之“凶”，不可咎也。

坎

䷜

习坎。有孚。维心亨，行有尚。

彖曰：习坎，重险也。水流而不盈，行险而不失其信。“维心亨”，乃以刚中也。“行有尚”，往有功也。天险，不可升也。地险，山川丘陵也。王公设险以守其国。坎之时用大矣哉！

象曰：水洊至，习坎。君子以常德行，习教事。

初六：习坎，入于坎窞，凶。

象曰：“习坎”入坎，失道凶也。

九二：坎有险，求小得。

象曰：“求小得”，未出中也。

六三：来之坎坎，险且枕。入于坎窞，勿用。

象曰：“来之坎坎”，终无功也。

六四：樽酒簋贰用缶，纳约自牖，终无咎。

象曰：“樽酒簋贰”，刚柔际也。

九五：坎不盈，祇既平，无咎。

象曰：“坎不盈”，中未大也。

上六：系用徽纆，置于丛棘，三岁不得，凶。

象曰：上六失道，凶“三岁”也。

离

䷝

离。利贞，亨。畜牝牛吉。

彖曰：离，丽也。日月丽乎天，百谷草木丽乎土。重明以丽乎正，乃化成天下。柔丽乎中正，故“亨”。是以“畜牝牛吉”也。

象曰：明两作，离。大人以继明照于四方。

初九：履错然，敬之无咎。

象曰：“履错”之“敬”，以辟咎也。

六二：黄离，元吉。

象曰：“黄离，元吉”，得中道也。

九三：日昃之离。不鼓缶而歌，则大耋之嗟，凶。

象曰：“日昃之离”，何可久也！

九四：突如其来如。焚如，死如，弃如。

象曰：“突如其来如”，无所容也。

六五：出涕沱若，戚嗟若。吉。

象曰：六五之吉，离王公也。

上九：王用出征，有嘉折首。获匪其丑，无咎。

象曰：“王用出征”，以正邦也。

咸

䷞

咸。亨，利贞。取女吉。

彖曰：咸，感也。柔上而刚下，二气感应以相与，止而说，男下女，是以“亨，利贞。取女吉”也。天地感而万物化生，圣人感人心而天下和平。观其所感，而天地万物之情可见矣！

象曰：山上有泽，咸。君子以虚受人。

初六：咸其拇。

象曰：“咸其拇”，志在外也。

六二：咸其腓，凶，居吉。

象曰：虽“凶，居吉”，顺不害也。

九三：咸其股，执其随，往吝。

象曰：“咸其股”，亦不处也。志在随人，所执下也。

九四：贞吉悔亡。憧憧往来，朋从尔思。

象曰：“贞吉悔亡”，未感害也。“憧憧往来”，未光大也。

九五：咸其脢，无悔。

象曰：“咸其脢”，志末也。

上六：咸其辅颊舌。

象曰：“咸其辅颊舌”，滕口说也。

恒

䷟

恒。亨。无咎，利贞。利有攸往。

彖曰：恒，久也。刚上而柔下，雷风相与，巽而动；刚柔皆应，恒。“恒，亨。无咎，利贞”，久于其道也。天地之道，恒久而不已也。“利有攸往”，终则有始也。日月得天而能久照，四时变化而能久成。圣人久于其道，而天下化成。观其所恒，而天地万物之情可见矣。

象曰：雷风恒。君子以立不易方。

初六：浚恒，贞凶，无攸利。

象曰：“浚恒”之凶，始求深也。

九二：悔亡。

象曰：九二“悔亡”，能久中也。

九三：不恒其德，或承之羞。贞吝。

象曰：“不恒其德”，无所容也。

九四：田无禽。

象曰：久非其位，安得禽也！

六五：恒其德。贞，妇人吉，夫子凶。

象曰：“妇人”贞吉，从一而终也。“夫子”制义，从妇凶也。

上六：振恒，凶。

象曰：“振恒”在上，大无功也。

遁

䷠

遁，亨，小利贞。

彖曰：遁“亨”，遁而亨也。刚当位而应，与时行也。“小利贞”，浸而长也。遁之时义大矣哉！

象曰：天下有山，遁。君子以远小人，不恶而严。

初六：遁尾，厉，勿用有攸往。

象曰：“遁尾”之“厉”，不往何灾也？

六二：执之用黄牛之革，莫之胜说。

象曰：执“用黄牛”，固志也。

九三：系遁，有疾厉。畜臣妾吉。

象曰：“系遁”之厉，有疾惫也。“畜臣妾吉”，不可大事也。

九四：好遁，君子吉，小人否。

象曰：君子“好遁”，“小人否”也。

九五：嘉遁，贞吉。

象曰：“嘉遁，贞吉”，以正志也。

上九：肥遁，无不利。

象曰：“肥遁，无不利”，无所疑也。

大壮

䷡

大壮。利贞。

彖曰：大壮，大者壮也。刚以动，故壮。大壮“利贞”，大者正也。正大而天地之情可见矣。

象曰：雷在天上，大壮。君子以非礼弗履。

初九：壮于趾。征凶有孚。

象曰：“壮于趾”，其“孚”穷也。

九二：贞吉。

象曰：九二“贞吉”，以中也。

九三：小人用壮，君子用罔。贞厉。羝羊触藩，羸其角。

象曰：“小人用壮”，君子罔也。

九四：贞吉悔亡。藩决不羸，壮于大舆之輹。

象曰：“藩决不羸”，尚往也。

六五：丧羊于易，无悔。

象曰：“丧羊于易”，位不当也。

上六：羝羊触藩，不能退，不能遂。无攸利，艰则吉。

象曰：“不能退，不能遂”，不详也。“艰则吉”，咎不长也。

晋

䷢

晋。康侯用锡马蕃庶，昼日三接。

彖曰：晋，进也。明出地上，顺而丽乎大明。柔进而上行，是以“康侯用锡马蕃庶，昼日三接”也。

象曰：“明出地上”，晋。君子以自昭明德。

初六：晋如摧如，贞吉。罔孚。裕无咎。

象曰：“晋如摧如”，独行正也。“裕无咎”，未受命也。

六二：晋如愁如。贞吉。受兹介福，于其王母。

象曰：“受兹介福”，以中正也。

六三：众允，悔亡。

象曰：“众允”之志，上行也。

九四：晋如鼫鼠，贞厉。

象曰：“鼫鼠，贞厉”，位不当也。

六五：悔亡，失得勿恤。往吉，无不利。

象曰：“失得勿恤”，往有庆也。

上九：晋其角，维用伐邑。厉吉无咎。贞吝。

象曰：“维用伐邑”，道未光也。

明夷

䷣

明夷。利艰贞。

彖曰：明入地中，“明夷”。内文明而外柔顺，以蒙大难，文王以之。“利艰贞”，晦其明也。内难而能正其志，箕子以之。

象曰：明入地中，明夷。君子以莅众，用晦而明。

初九：明夷于飞垂其翼。君子于行，三日不食。有攸往，主人有言。

象曰：“君子于行”，义不食也。

六二：明夷于左股。用拯马壮吉。

象曰：六二之“吉”，顺以则也。

九三：明夷于南狩，得其大首。不可疾贞。

象曰：“南狩”之志，乃大得也。

六四：入于左腹。获明夷之心于出门庭。

象曰：“入于左腹”，获心意也。

六五：箕子之明夷，利贞。

象曰：“箕子”之贞，明不可息也。

上六：不明晦。初登于天，后入于地。

象曰：“初登于天”，照四国也；“后入于地”，失则也。

家人

䷤

家人。利女贞。

彖曰：家人，女正位乎内，男正位乎外。男女正，天地之大义也。家人有严君焉，父母之谓也。父父、子子，兄兄、弟弟，夫夫、妇妇，而家道正。正家，而天下定矣。

象曰：风自火出，家人。君子以言有物而行有恒。

初九：闲有家，悔亡。

象曰："闲有家"，志未变也。

六二：无攸遂。在中馈，贞吉。

象曰：六二之"吉"，顺以巽也。

九三：家人嗃嗃，悔厉吉。妇子嘻嘻，终吝。

象曰："家人嗃嗃"，未失也；"妇子嘻嘻"，失家节也。

六四：富家，大吉。

象曰："富家，大吉"，顺在位也。

九五：王假有家，勿恤，吉。

象曰："王假有家"，交相爱也。

上九：有孚威如。终吉。

象曰："威如"之"吉"，反身之谓也。

睽

䷥

睽。小事吉。

彖曰：睽，火动而上，泽动而下，二女同居，其志不同行。说而丽乎明，柔进而上行，得中而应乎刚。是以“小事吉”。天地睽而其事同也，男女睽而其志通也，万物睽而其事类也。睽之时用大矣哉！

象曰：上火下泽，睽。君子以同而异。

初九：悔亡。丧马勿逐，自复。见恶人，无咎。

象曰：“见恶人”，以辟咎也。

九二：遇主于巷，无咎。

象曰：“遇主于巷”，未失道也。

六三：见舆曳，其牛掣其人。天且劓，无初有终。

象曰：“见舆曳”，位不当也。“无初有终”，遇刚也。

九四：睽孤遇元夫。交孚厉无咎。

象曰：“交孚”，“无咎”，志行也。

六五：悔亡。厥宗噬肤，往何咎？

象曰：“厥宗噬肤”，往有庆也。

上九：睽孤。见豕负涂，载鬼一车。先张之弧，后说之弧。匪寇婚媾。往遇雨则吉。

象曰：“遇雨”之吉，群疑亡也。

蹇

䷦

蹇。利西南，不利东北。利见大人。贞吉。

彖曰：蹇，难也，险在前也。见险而能止，知矣哉！蹇"利西南"，往得中也；"不利东北"，其道穷也。"利见大人"，往有功也。当位"贞吉"，以正邦也。蹇之时用大矣哉！

象曰：山上有水，蹇。君子以反身修德。

初六：往蹇来誉。

象曰："往蹇来誉"，宜待也。

六二：王臣蹇蹇，匪躬之故。

象曰："王臣蹇蹇"，终无尤也。

九三：往蹇来反。

象曰："往蹇来反"，内喜之也。

六四：往蹇来连。

象曰："往蹇来连"，当位实也。

九五：大蹇朋来。

象曰："大蹇朋来"，以中节也。

上六：往蹇来硕。吉，利见大人。

象曰："往蹇来硕"，志在内也。"利见大人"，以从贵也。

解

䷧

解。利西南，无所往。其来复吉。有攸往夙吉。

彖曰：解，险以动，动而免乎险，解。解“利西南”，往得众也。“其来复吉”，乃得中也。“有攸往夙吉”，往有功也。天地解而雷雨作，雷雨作而百果草木皆甲坼。解之时义大矣哉！

象曰：雷雨作，解。君子以赦过宥罪。

初六：无咎。

象曰：刚柔之际，义“无咎”也。

九二：田获三狐，得黄矢，贞吉。

象曰：九二“贞吉”，得中道也。

六三：负且乘，致寇至。贞吝。

象曰：“负且乘”，亦可丑也；自我致戎，又谁咎也！

九四：解而拇，朋至斯孚。

象曰：“解而拇”，未当位也。

六五：君子维有解，吉。有孚于小人。

象曰：君子“有解”，小人退也。

上六：公用射隼于高墉之上，获之。无不利。

象曰：“公用射隼”，以解悖也。

损

䷨

损。有孚。元吉,无咎,可贞。利有攸往。曷之用二簋?可用享。

彖曰:损,损下益上,其道上行。损而“有孚。元吉,无咎,可贞。利有攸往。曷之用二簋?可用享”,二簋应有时,损刚益柔有时。损益盈虚,与时偕行。

象曰:山下有泽,损。君子以惩忿窒欲。

初九:已事遄往。无咎,酌损之。

象曰:“已事遄往”,尚合志也。

九二:利贞,征凶。弗损益之。

象曰:九二“利贞”,中以为志也。

六三:三人行则损一人;一人行则得其友。

象曰:“一人”行,“三”则疑也。

六四:损其疾,使遄有喜,无咎。

象曰:“损其疾”,亦可喜也。

六五:或益之十朋之龟,弗克违,元吉。

象曰:六五“元吉”,自上祐也。

上九:弗损益之,无咎,贞吉。利有攸往。得臣无家。

象曰:“弗损益之”,大得志也。

益

䷩

益。利有攸往,利涉大川。

彖曰:益,损上益下,民说无疆。自上下下,其道大光。“利有攸往”中正有庆;“利涉大川”,木道乃行。益动而巽,日进无疆;天施地生,其益无方。凡益之道,与时偕行。

象曰:风雷益。君子以见善则迁,有过则改。

初九:利用为大作,元吉无咎。

象曰:“元吉无咎”,下不厚事也。

六二:或益之十朋之龟,弗克违。永贞吉。王用享于帝,吉。

象曰:“或益之”,自外来也。

六三:益之用凶事,无咎。有孚中行,告公用圭。

象曰:益“用凶事”,固有之也。

六四:中行告公从。利用为依迁国。

象曰:“告公从”,以益志也。

九五:有孚惠心。勿问元吉,有孚惠我德。

象曰:“有孚惠心”,勿问之矣。“惠我德”,大得志也。

上九:莫益之,或击之。立心无恒,凶。

象曰:“莫益之”,偏辞也。“或击之”,自外来也。

夬

䷪

夬。扬于王庭。孚号有厉。告自邑,不利即戎,利有攸往。

彖曰:夬,决也。刚决柔也。健而说,决而和。“扬于王庭”,柔乘五刚也。“孚号有厉”,其危乃光也。“告自邑,不利即戎”,所尚乃穷也。“利有攸往”,刚长乃终也。

象曰:泽上于天,夬。君子以施禄及下,居德则忌。

初九:壮于前趾。往不胜为咎。

象曰:“不胜”而往,咎也。

九二:惕号,莫夜有戎,勿恤。

象曰:“有戎,勿恤”,得中道也。

九三:壮于頄,有凶。君子夬夬,独行遇雨,若濡有愠,无咎。

象曰:“君子夬夬”,终无咎也。

九四:臀无肤。其行次且。牵羊悔亡,闻言不信。

象曰:“其行次且”,位不当也。“闻言不信”,聪不明也。

九五:苋陆夬夬,中行无咎。

象曰:“中行无咎”,中未光也。

上六:无号,终有凶。

象曰:“无号”之凶,终不可长也。

姤

䷫

姤。女壮，勿用取女。

彖曰：姤，遇也，柔遇刚也。“勿用取女”，不可与长也。天地相遇，品物咸章也。刚遇中正，天下大行也。姤之时义大矣哉！

象曰：天下有风，姤。后以施命诰四方。

初六：系于金柅，贞吉。有攸往，见凶。羸豕孚蹢躅。

象曰：“系于金柅”，柔道牵也。

九二：包有鱼，无咎，不利宾。

象曰：“包有鱼”，义不及宾也。

九三：臀无肤，其行次且，厉无大咎。

象曰：“其行次且”，行未牵也。

九四：包无鱼，起凶。

象曰：“无鱼”之“凶”，远民也。

九五：以杞包瓜，含章，有陨自天。

象曰：九五“含章”，中正也。“有陨自天”，志不舍命也。

上九：姤其角，吝，无咎。

象曰：“姤其角”，上穷吝也。

萃

䷬

萃。亨。王假有庙。利见大人，亨利贞。用大牲吉。利有攸往。

彖曰：萃，聚也。顺以说，刚中而应，故聚也。“王假有庙”，致孝享也。“利见大人，亨”，聚以正也。“用大牲吉。利有攸往”，顺天命也。观其所聚，而天地万物之情可见矣！

象曰：泽上于地，萃。君子以除戎器，戒不虞。

初六：有孚不终，乃乱乃萃。若号，一握为笑。勿恤，往无咎。

象曰：“乃乱乃萃”，其志乱也。

六二：引吉无咎，孚乃利用禴。

象曰：“引吉无咎”，中未变也。

六三：萃如嗟如，无攸利，往无咎，小吝。

象曰：“往无咎”，上巽也。

九四：大吉，无咎。

象曰：“大吉，无咎”，位不当也。

九五：萃有位，无咎。匪孚，元永贞，悔亡。

象曰：“萃有位”，志未光也。

上六：赍咨涕洟，无咎。

象曰：“赍咨涕洟”，未安上也。

升

䷭

升。元亨。用见大人,勿恤。南征吉。

彖曰:柔以时升,巽而顺,刚中而应,是以大亨。"用见大人,勿恤",有庆也。"南征吉",志行也。

象曰:地中生木,升。君子以顺德,积小以高大。

初六:允升,大吉。

象曰:"允升,大吉",上合志也。

九二:孚乃利用禴,无咎。

象曰:九二之"孚",有喜也。

九三:升虚邑。

象曰:"升虚邑",无所疑也。

六四:王用亨于岐山。吉,无咎。

象曰:"王用亨于岐山",顺事也。

六五:贞吉,升阶。

象曰:"贞吉,升阶",大得志也。

上六:冥升,利于不息之贞。

象曰:"冥升"在上,消不富也。

困

䷮

困。亨。贞大人吉,无咎。有言不信。

彖曰:困,刚掩也。险以说,困而不失其所。“亨”,其唯君子乎!“贞大人吉”,以刚中也。“有言不信”,尚口乃穷也。

象曰:泽无水,困。君子以致命遂志。

初六:臀困于株木,入于幽谷,三岁不觌。

象曰:“入于幽谷”,幽不明也。

九二:困于酒食。朱绂方来,利用享祀。征凶,无咎。

象曰:“困于酒食”,中有庆也。

六三:困于石,据于蒺藜。入于其宫,不见其妻,凶。

象曰:“据于蒺藜”,乘刚也。“入于其宫,不见其妻”,不详也。

九四:来徐徐。困于金车,吝有终。

象曰:“来徐徐”,志在下也。虽不当位,有与也。

九五:劓刖。困于赤绂,乃徐有说,利用祭祀。

象曰:“劓刖”,志未得也。“乃徐有说”,以中直也。“利用祭祀”,受福也。

上六:困于葛藟,于臲卼。曰动悔有悔,征吉。

象曰:“困于葛藟”,未当也。“动悔有悔”,吉行也。

井

䷯

井。改邑不改井。无丧无得。往来井井。汔至,亦未繘井。羸其瓶,凶。

象曰:巽乎水而上水,井。井养而不穷也。“改邑不改井”,乃以刚中也。“汔至,亦未繘井”,未有功也。“羸其瓶”,是以凶也。

象曰:木上有水,井。君子以劳民劝相。

初六:井泥不食,旧井无禽。

象曰:“井泥不食”,下也。“旧井无禽”,时舍也。

九二:井谷射鲋,瓮敝漏。

象曰:“井谷射鲋”,无与也。

九三:井渫不食,为我心恻。可用汲,王明并受其福。

象曰:“井渫不食”,行恻也。求“王明”,受福也。

六四:井甃,无咎。

象曰:“井甃,无咎”,修井也。

九五:井洌,寒泉食。

象曰:“寒泉”之食,中正也。

上六:井收勿幕。有孚元吉。

象曰:“元吉”在上,大成也。

革

䷰

革。已日乃孚，元亨。利贞，悔亡。

彖曰：革，水火相息，二女同居，其志不相得，曰革。“已日乃孚”，革而信之。文明以说，大亨以正。革而当，其悔乃亡。天地革而四时成。汤武革命，顺乎天而应乎人。革之时大矣哉！

象曰：泽中有火，革。君子以治历明时。

初九：巩用黄牛之革。

象曰：“巩用黄牛”，不可以有为也。

六二：已日乃革之。征吉，无咎。

象曰：“已日”，“革之”，行有嘉也。

九三：征凶，贞厉，革言三就，有孚。

象曰“革言三就”，又何之矣？

九四：悔亡，有孚改命。吉。

象曰：“改命”之吉，信志也。

九五：大人虎变，未占有孚。

象曰：“大人虎变”，其文炳也。

上六：君子豹变，小人革面。征凶，居贞吉。

象曰：“君子豹变”，其文蔚也。“小人革面”，顺以从君也。

鼎

䷱

鼎。元吉，亨。

彖曰：鼎，象也。以木巽火，亨饪也。圣人亨以享上帝，而大亨以养圣贤。巽而耳目聪明。柔进而上行，得中而应乎刚。是以元亨。

象曰：木上有火，鼎。君子以正位凝命。

初六：鼎颠趾，利出否。得妾以其子，无咎。

象曰："鼎颠趾"，未悖也。"利出否"，以从贵也。

九二：鼎有实。我仇有疾，不我能即，吉。

象曰："鼎有实"，慎所之也。"我仇有疾"，终无尤也。

九三：鼎耳革，其行塞，雉膏不食。方雨亏悔，终吉。

象曰："鼎耳革"，失其义也。

九四：鼎折足，覆公𫗧。其形渥，凶。

象曰："覆公𫗧"，信如何也？

六五：鼎黄耳，金铉。利贞。

象曰："鼎黄耳"，中以为实也。

上九：鼎玉铉，大吉无不利。

象曰："玉铉"在上，刚柔节也。

震

䷲

震。亨。震来虩虩,笑言哑哑。震惊百里,不丧匕鬯。

彖曰:“震,亨。震来虩虩”,恐致福也;“笑言哑哑”,后有则也。“震惊百里”,惊远而惧迩也。出可以守宗庙社稷,以为祭主也。

象曰:洊雷,震。君子以恐惧修省。

初九:震来虩虩,后笑言哑哑,吉。

象曰:“震来虩虩”,恐致福也。“笑言哑哑”,后有则也。

六二:震来厉。亿丧贝。跻于九陵,勿逐,七日得。

象曰:“震来厉”,乘刚也。

六三:震苏苏,震行无眚。

象曰:“震苏苏”,位不当也。

九四:震遂泥。

象曰:“震遂泥”,未光也。

六五:震往来厉。亿,无丧有事!

象曰:“震往来厉”,危行也。其事在中,大无丧也。

上六:震索索,视矍矍。征凶,震不于其躬。于其邻,无咎。婚媾有言。

象曰:“震索索”,未得中也。虽凶无咎,畏邻戒也。

艮

䷳

〔艮。〕艮其背，不获其身。行其庭不见其人，无咎。

彖曰：艮，止也。时止则止，时行则行，动静不失其时，其道光明。艮其止，止其所也。上下敌应，不相与也，是以“不获其身。行其庭不见其人，无咎”也。

象曰：兼山，艮。君子以思不出其位。

初六：艮其趾，无咎。利永贞。

象曰：“艮其趾”，未失正也。

六二：艮其腓。不拯其随，其心不快。

象曰：“不拯其随”，未退听也。

九三：艮其限，列其夤，厉薰心。

象曰：“艮其限”，危薰心也。

六四：艮其身，无咎。

象曰：“艮其身”，止诸躬也。

六五：艮其辅，言有序，悔亡。

象曰：“艮其辅”，以中正也。

上九：敦艮，吉。

象曰：“敦艮”之“吉”，以厚终也。

渐

䷴

渐。女归吉，利贞。

彖曰：渐之进也，女归吉也。进得位，往有功也。进以正，可以正邦也。其位，刚得中也。止而巽，动不穷也。

象曰：山上有木，渐。君子以居贤德善俗。

初六：鸿渐于干，小子厉，有言无咎。

象曰："小子"之"厉"，义无咎也。

六二：鸿渐于磐，饮食衎衎，吉。

象曰："饮食衎衎"，不素饱也。

九三：鸿渐于陆。夫征不复，妇孕不育，凶。利御寇。

象曰："夫征不复"，离群丑也。"妇孕不育"，失其道也。"利用御寇"，顺相保也。

六四：鸿渐于木。或得其桷，无咎。

象曰："或得其桷"，顺以巽也。

九五：鸿渐于陵。妇三岁不孕，终莫之胜，吉。

象曰："终莫之胜，吉"，得所愿也。

上九：鸿渐于陆，其羽可用为仪，吉。

象曰："其羽可用为仪，吉"，不可乱也。

归妹

䷵

归妹。征凶，无攸利。

彖曰：归妹，天地之大义也。天地不交而万物不兴。归妹，人之终始也。说以动，所归妹也。“征凶”，位不当也。“无攸利”，柔乘刚也。

象曰：泽上有雷，归妹。君子以永终知敝。

初九：归妹以娣。跛能履。征吉。

象曰：“归妹以娣”，以恒也。“跛能履”，吉相承也。

九二：眇能视，利幽人之贞。

象曰：“利幽人之贞”，未变常也。

六三：归妹以须，反归以娣。

象曰：“归妹以须”，未当也。

九四：归妹愆期，迟归有时。

象曰：“愆期”之志，有待而行也。

六五：帝乙归妹。其君之袂，不如其娣之袂良。月几望，吉。

象曰：“帝乙归妹”，“不如其娣之袂良也”。其位在中，以贵行也。

上六：女承筐，无实。士刲羊，无血。无攸利。

象曰：上六“无实”，承虚筐也。

丰

䷶

丰。亨。王假之,勿忧,宜日中。

彖曰:丰,大也。明以动,故丰。"王假之",尚大也。"勿忧,宜日中",宜照天下也。日中则昃,月盈则食,天地盈虚,与时消息,而况于人乎!况于鬼神乎!

象曰:雷电皆至,丰。君子以折狱致刑。

初九:遇其配主,虽旬无咎。往有尚。

象曰:"虽旬无咎",过旬灾也。

六二:丰其蔀,日中见斗。往得疑疾。有孚发若吉。

象曰:"有孚发若",信以发志也。

九三:丰其沛,日中见沬。折其右肱,无咎。

象曰:"丰其沛",不可大事也。"折其右肱",终不可用也。

九四:丰其蔀,日中见斗。遇其夷主,吉。

象曰:"丰其蔀",位不当也。"日中见斗",幽不明也。"遇其夷主",吉行也。

六五:来章,有庆誉。吉。

象曰:六五之"吉",有庆也。

上六:丰其屋,蔀其家。窥其户,阒其无人。三岁不觌,凶。

象曰:"丰其屋",天际翔也。"窥其户,阒其无人",自藏也。

旅

䷷

旅。小亨。旅贞吉。

彖曰:旅“小亨”,柔得中乎外而顺乎刚,止而丽乎明,是以“小亨。旅贞吉”也。旅之时义大矣哉!

象曰:山上有火,旅。君子以明慎用刑而不留狱。

初六:旅琐琐,斯其所取灾。

象曰:“旅琐琐”,志穷灾也。

六二:旅即次,怀其资,得童仆,贞。

象曰:“得童仆,贞”,终无尤也。

九三:旅焚其次,丧其童仆,贞厉。

象曰:“旅焚其次”,亦以伤矣。以旅与下,其义丧也。

九四:旅于处,得其资斧。我心不快。

象曰:“旅于处”,未得位也。“得其资斧”,心未快也。

六五:射雉,一矢亡,终以誉命。

象曰:“终以誉命”,上逮也。

上九:鸟焚其巢。旅人先笑后号咷,丧牛于易,凶。

象曰:以旅在上,其义焚也。“丧牛于易”,终莫之闻也。

巽

䷸

巽。小亨。利有攸往,利见大人。

彖曰:重巽以申命,刚巽乎中正而志行,柔皆顺乎刚,是以“小亨。利有攸往,利见大人”。

象曰:随风,巽。君子以申命行事。

初六:进退,利武人之贞。

象曰:“进退”,志疑也。“利武人之贞”,志治也。

九二:巽在床下。用史巫纷若。吉,无咎。

象曰:“纷若”之“吉”,得中也。

九三:频巽,吝。

象曰:“频巽”之“吝”,志穷也。

六四:悔亡,田获三品。

象曰:“田获三品”,有功也。

九五:贞吉悔亡,无不利。无初有终,先庚三日,后庚三日。吉。

象曰:九五之“吉”,位正中也。

上九:巽在床下,丧其资斧。贞凶。

象曰:“巽在床下”,上穷也。“丧其资斧”,正乎凶也。

兑

䷹

兑，亨，利贞。

彖曰：兑，说也。刚中而柔外，说以利贞，是以顺乎天而应乎人。说以先民，民忘其劳；说以犯难，民忘其死。说之大，民劝矣哉！

象曰：丽泽，兑。君子以朋友讲习。

初九：和兑，吉。

象曰：“和兑”之“吉”，行未疑也。

九二：孚兑，吉，悔亡。

象曰：“孚兑”之“吉”，信志也。

六三：来兑，凶。

象曰：“来兑”之“凶”，位不当也。

九四：商兑未宁，介疾有喜。

象曰：九四之“喜”，有庆也。

九五：孚于剥，有厉。

象曰：“孚于剥”，位正当也。

上六：引兑。

象曰：上六“引兑”，未光也。

涣

䷺

涣。亨。王假有庙。利涉大川,利贞。

彖曰:涣,亨,刚来而不穷,柔得位乎外而上同。“王假有庙”,王乃在中也。“利涉大川”,乘木有功也。

象曰:风行水上,涣。先王以享于帝立庙。

初六:用拯马壮,吉。

象曰:初六之“吉”,顺也。

九二:涣奔其机,悔亡。

象曰:“涣奔其机”,得愿也。

六三:涣其躬,无悔。

象曰:“涣其躬”,志在外也。

六四:涣其群,元吉。涣有丘,匪夷所思。

象曰:“涣其群,元吉”,光大也。

九五:涣汗其大号。涣王居,无咎。

象曰:“王居,无咎”,正位也。

上九:涣其血,去逖出,无咎。

象曰:“涣其血”,远害也。

节

䷻

节。亨。苦节，不可贞。

彖曰：节“亨”，刚柔分而刚得中。“苦节，不可贞”，其道穷也。说以行险，当位以节，中正以通。天地节而四时成。节以制度，不伤财，不害民。

象曰：泽上有水，节。君子以制数度，议德行。

初九：不出户庭，无咎。

象曰：“不出户庭”，知通塞也。

九二：不出门庭，凶。

象曰：“不出门庭，凶”，失时极也。

六三：不节若，则嗟若。无咎。

象曰：不节之嗟，又谁咎也？

六四：安节，亨。

象曰：“安节”之“亨”，承上道也。

九五：甘节，吉。往有尚。

象曰：“甘节”之“吉”，居位中也。

上六：苦节，贞，凶。悔亡。

象曰：“苦节，贞，凶”，其道穷也。

中孚

䷼

中孚。豚鱼,吉。利涉大川,利贞。

彖曰:中孚,柔在内而刚得中。说而巽。孚乃化邦也。“豚鱼,吉”,信及豚鱼也。“利涉大川”,乘木舟虚也。中孚以利贞,乃应乎天也。

象曰:泽上有风,中孚。君子以议狱缓死。

初九:虞吉。有它不燕。

象曰:初九“虞吉”,志未变也。

九二:鸣鹤在阴,其子和之。我有好爵,吾与尔靡之。

象曰:“其子和之”,中心愿也。

六三:得敌,或鼓或罢,或泣或歌。

象曰:“或鼓或罢”,位不当也。

六四:月几望,马匹亡,无咎。

象曰:“马匹亡”,绝类上也。

九五:有孚挛如,无咎。

象曰:“有孚挛如”,位正当也。

上九:翰音登于天,贞,凶。

象曰:“翰音登于天”,何可长也!

小过

䷽

小过。亨，利贞。可小事，不可大事。飞鸟遗之音，不宜上宜下，大吉。

彖曰：小过，小者过而“亨”也。过以“利贞”，与时行也。柔得中，是以“小事”吉也。刚失位而不中，是以“不可大事”也。有飞鸟之象焉，“飞鸟遗之音，不宜上宜下，大吉”，上逆而下顺也。

象曰：山上有雷，小过。君子以行过乎恭，丧过乎哀，用过乎俭。

初六：飞鸟以凶。

象曰：“飞鸟以凶”，不可如何也！

六二：过其祖，遇其妣。不及其君，遇其臣。无咎。

象曰：“不及其君”，臣不可过也。

九三：弗过防之，从或戕之。凶。

象曰：“从或戕之”，凶如何也？

九四：无咎。弗过遇之，往厉必戒。勿用永贞。

象曰：“弗过遇之”，位不当也。“往厉必戒”，终不可长也。

六五：密云不雨，自我西郊。公弋取彼在穴。

象曰：“密云不雨”，已上也。

上六：弗遇过之，飞鸟离之。凶，是谓灾眚。

象曰：“弗遇过之”，已亢也。

既济

䷾

既济。亨小，利贞。初吉终乱。

彖曰：既济"亨"，小者亨也。"利贞"，刚柔正而位当也。"初吉"，柔得中也。终止则乱，其道穷也。

象曰：水在火上，既济。君子以思患而预防之。

初九：曳其轮，濡其尾。无咎。

象曰："曳其轮"，义无咎也。

六二：妇丧其茀，勿逐，七日得。

象曰："七日得"，以中道也。

九三：高宗伐鬼方，三年克之。小人勿用。

象曰："三年克之"，惫也。

六四：繻有衣袽，终日戒。

象曰："终日戒"，有所疑也。

九五：东邻杀牛，不如西邻之禴祭，实受其福。

象曰："东邻杀牛"，不如西邻之时也。"实受其福"，吉大来也。

上六：濡其首，厉。

象曰："濡其首，厉"，何可久也？

未济

䷿

未济。亨。小狐汔济，濡其尾。无攸利。

彖曰：未济"亨"，柔得中也。"小狐汔济"，未出中也。"濡其尾。无攸利"，不续终也。虽不当位，刚柔应也。

象曰：火在水上，未济。君子以慎辨物居方。

初六：濡其尾，吝。

象曰："濡其尾"，亦不知极也。

九二：曳其轮，贞吉。

象曰：九二"贞吉"，中以行正也。

六三：未济，征凶。利涉大川。

象曰："未济，征凶"，位不当也。

九四：贞吉，悔亡。震用伐鬼方，三年有赏于大国。

象曰："贞吉，悔亡"，志行也。

六五：贞吉无悔，君子之光，有孚。吉。

象曰："君子之光"，其晖吉也。

上九：有孚于饮酒，无咎。濡其首，有孚失是。

象曰：饮酒"濡首"，亦不知节也。

系辞上

天尊地卑，乾坤定矣。卑高以陈，贵贱位矣。动静有常，刚柔断矣。方以类聚，物以群分，吉凶生矣。在天成象，在地成形，变化见矣。是故刚柔相摩，八卦相荡。鼓之以雷霆，润之以风雨；日月运行，一寒一暑。乾道成男，坤道成女。乾知大始，坤作成物。

乾以易知，坤以简能。易则易知，简则易从。易知则有亲，易从则有功。有亲则可久，有功则可大。可久则贤人之德，可大则贤人之业。易简而天下之理得矣。天下之理得，而成位乎其中矣。

圣人设卦观象，系辞焉而明吉凶，刚柔相推而生变化。是故，吉凶者，失得之象也；悔吝者，忧虞之象也；变化者，进退之象也；刚柔者，昼夜之象也。六爻之动，三极之道也。是故，君子所居而安者，易之序也；所乐而玩者，爻之辞也。是故，君子居则观其象而玩其辞，动则观其变而玩其占。是以自天佑之，吉无不利。

彖者，言乎象者也。爻者，言乎变者也。吉凶者，言乎其失得也。悔吝者，言乎其小疵也。无咎者，善补过也。是故，列贵贱者存乎位，齐小大者存乎卦，辩吉凶者存乎辞，忧悔吝者存乎介，震无咎者存乎悔。是故，卦有小大，辞有险易。辞也者，各指其所之。

易与天地准，故能弥纶天地之道。仰以观于天文，俯以察于地理，是故知幽明之故。原始反终，故知死生之说。

精气为物，游魂为变，是故知鬼神之情状。与天地相似，故不违。知周乎万物而道济天下，故不过。旁行而不流，乐天知命，故不忧。安土敦乎仁，故能爱。范围天地之化而不过，曲成万物而不遗，通乎昼夜之道而知，故神无方而易无体。

一阴一阳之谓道，继之者善也，成之者性也。仁者见之谓之仁，知者见之谓之知，百姓日用而不知，故君子之道鲜矣！

显诸仁，藏诸用，鼓万物而不与圣人同忧，盛德大业，至矣哉！富有之谓大业，日新之谓盛德。生生之谓易，成象之谓乾，效法之谓坤，极数知来之谓占，通变之谓事，阴阳不测之谓神。

夫易广矣大矣！以言乎远则不御，以言乎迩则静而正，以言乎天地之间则备矣。夫乾，其静也专，其动也直，是以大生焉。夫坤，其静也翕，其动也辟，是以广生焉。广大配天地，变通配四时，阴阳之义配日月，易简之善配至德。

子曰："易其至矣乎！夫易，圣人所以崇德而广业也。知崇礼卑。崇效天，卑法地。天地设位而易行乎其中矣！成性存存，道义之门。"圣人有以见天下之赜，而拟诸其形容，象其物宜，是故谓之象。圣人有以见天下之动，而观其会通，以行其典礼，系辞焉以断其吉凶，是故谓之爻。言天下之至赜而不可恶也，言天下之至动而不可乱也。拟之而后言，议之而后动，拟议以成其变化。

"鸣鹤在阴，其子和之。我有好爵，吾与尔靡之。"子曰："君子居其室，出其言善，则千里之外应之，况其迩者乎？居其室，出其言不善，则千里之外违之，况其迩者乎？言出乎身，加乎民；行发乎迩，见乎远。言行，君子之枢机；枢机之发，荣辱之主也。言行，君子之所以动天地也，可不慎乎？"

"同人，先号咷而后笑。"子曰："君子之道，或出或处，或默或语。二人同心，其利断金。同心之言，其臭如兰。"

初六："藉用白茅，无咎。"子曰："苟错诸地而可矣，藉之用茅，何咎之有？慎之至也。夫茅之为物薄，而用可重也，慎斯术也以往，其无所失矣！"

"劳谦，君子有终。吉。"子曰："劳而不伐，有功而不德，厚之至也。语以其功下人者也。德言盛，礼言恭；谦也者，致恭以存其位者也。"

"亢龙有悔。"子曰："贵而无位，高而无民，贤人在下，位而无辅，是以动而有悔也。"

"不出户庭，无咎。"子曰："乱之所生也，则言语以为阶。君不密则失臣，臣不密则失身，几事不密则害成。是以君子慎密而不出也。"

子曰："作易者其知盗乎！易曰：'负且乘，致寇至。'负也者，小人之事也；乘也者，君子之器也。小人而乘君子之器，盗思夺之矣；上慢下暴，盗思伐之矣。慢藏诲盗，冶容诲淫。易曰'负且乘，致寇至'，盗之招也。"

大衍之数五十，其用四十有九。分而为二以象两，挂一以象三，揲之以四以象四时，归奇于扐以象闰；五岁再闰，故再扐而后挂。天数五，地数五，五位相得而各有合。天数二十有五，地数三十，凡天地之数五十有五，此所以成变化而行鬼神也。

乾之策，二百一十有六；坤之策，百四十有四。凡三百有六十，当期之日。二篇之策，万有一千五百二十，当万物之数也。是故四营而成易，十有八变而成卦，八卦而小成。引而伸之，触类而长之，天下之能事毕矣。显道神德行，是故可与酬酢，可与佑神矣。子曰："知变化之道者，其知神之所为乎！"

易有圣人之道四焉：以言者尚其辞，以动者尚其变，以制器者尚其象，以卜筮者尚其占。是以君子将有为也，将有行也，问焉而以言，其受命也如响。无有远近幽深，遂知来物。非天下之至精，其孰能与于此！参伍以变，错综其数：通其变，遂成天地之文；极其数，遂定天下之象。非天下之至变，其孰能与于此！易无思也，无为也，寂然不动，感而遂通天下之故。非天下之至神，其孰能与于此！夫易，圣人之所以极深而研几也。唯深也，故能通天下之志；唯几也，故能成天下之务；唯神也，故不疾而速，不行而至。子曰"易有圣人之道四焉"者，此之谓也。

天一，地二，天三，地四，天五，地六，天七，地八，天九，地十。子曰："夫易何为者也？夫易，开物成务，冒天下之道，如斯而已者也。"是故，圣人以通天下之志，以定天下之业，以断天下之疑。是故，蓍之德圆而神，卦之德方以知，六爻之义易以贡。圣人以此洗心，退藏于密，吉凶与民同患。神以知来，知以藏往，其孰能与于此哉？古之聪明睿知、神武而不杀者夫。是以明于天之道，而察于民之故，是兴神物以前民用。圣人以此齐戒，以神明其德夫。是故阖户谓之坤，辟户谓之乾；一阖一辟谓之变，往来不穷谓之通；见乃谓之象，形乃谓之器；制而用之谓之法，利用出入、民咸用之谓之神。

是故易有太极，是生两仪，两仪生四象，四象生八卦，八卦定吉凶，吉凶生大业。是故法象莫大乎天地，变通莫大乎四时，县象着明莫大乎日月，崇高莫大乎富贵。备物致用，立成器以为天下利，莫大乎圣人。探赜索隐，钩深致远，以定天下之吉凶，成天下之亹亹者，莫大乎蓍龟。是故天生神物，圣人则之：天地变化，圣人效之；天垂象，见吉凶，圣人象之。河出图，洛出书，圣人则之。易有四象，所以示也。系辞焉，所以告也，定之以吉凶，所以断也。

易曰："自天佑之，吉无不利。"子曰："'佑'者助也。天之所助者顺也，人之所助者信也。履信思乎顺，又以尚贤也，是以'自天佑之，吉无不利'也。"

子曰："书不尽言，言不尽意。"然则圣人之意，其不可见乎？子曰："圣人立象以尽意，设卦以尽情伪，系辞焉以尽其言，变而通之以尽利，鼓之舞之以尽神。"

乾坤，其易之缊邪！乾坤成列，而易立乎其中矣。乾坤毁，则无以见易。易不可见，则乾坤或几乎息矣。是故形而上者谓之道，形而下者谓之器，化而裁之谓之变，推而行之谓之通，举而错之天下之民谓之事业。是故夫象，圣人有以见天下之赜，而拟诸其形容，象其物宜，是故谓之象。圣人有以见天下之动，而观其会通，以行其典礼，系辞焉以断其吉凶，是故谓之爻。极天下之赜者存乎卦，鼓天下之动者存乎辞，化而裁之存乎变，推而行之存乎通，神而明之存乎其人，默而成之，不言而信，存乎德行。

系辞下

八卦成列，象在其中矣；因而重之，爻在其中矣；刚柔相推，变在其中矣；系辞焉而命之，动在其中矣。

吉凶悔吝者，生乎动者也；刚柔者，立本者也；变通者，趣时者也。吉凶者，贞胜者也；天地之道，贞观者也；日月之道，贞明者也；天下之动，贞夫一者也。

夫乾确然，示人易矣；夫坤隤然，示人简矣。爻也者，效此者也；象也者，像此者也。爻象动乎内，吉凶见乎外；功业见乎变，圣人之情见乎辞。

天地之大德曰生，圣人之大宝曰位。何以守位？曰仁。何以聚人？曰财。理财、正辞、禁民为非，曰义。

古者包牺氏之王天下也，仰则观象于天，俯则观法于地，观鸟兽之文，与地之宜，近取诸身，远取诸物，于是始作八卦，以通神明之德，以类万物之情。作结绳而为罔罟，以佃以渔，盖取诸离。

包牺氏没，神农氏作，斫木为耜，揉木为耒，耒耨之利，以教天下，盖取诸益。

日中为市，致天下之民，聚天下之货，交易而退，各得其所，盖取诸噬嗑。

神农氏没，黄帝、尧、舜氏作，通其变，使民不倦，神而化之，使民宜之。易穷则变，变则通，通则久。是以“自天佑之，吉无不利”。

黄帝、尧、舜垂衣裳而天下治，盖取诸乾坤。

刳木为舟，剡木为楫，舟楫之利，以济不通，致远以利天下，盖取诸涣。

服牛乘马，引重致远，以利天下，盖取诸随。

重门击柝，以待暴客，盖取诸豫。

断木为杵，掘地为臼，臼杵之利，万民以济，盖取诸小过。

弦木为弧，剡木为矢。弧矢之利，以威天下，盖取诸睽。

上古穴居而野处，后世圣人易之以宫室，上栋下宇，以待风雨，盖取诸大壮。

古之葬者，厚衣之以薪，葬之中野，不封不树，丧期无数。后世圣人易之以棺椁，盖取诸大过。

上古结绳而治，后世圣人易之以书契，百官以治，万民以察，盖取诸夬。

是故易者，象也；象也者，像也。彖者，材也；爻也者，效天下之动者也。是故吉凶生而悔吝著也。

阳卦多阴，阴卦多阳。其故何也？阳卦奇，阴卦耦。其德行何也？阳一君而二民，君子之道也；阴二君而一民，小人之道也。

易曰："憧憧往来，朋从尔思。"子曰："天下何思何虑？天下同归而殊途，一致而百虑，天下何思何虑？日往则月来，月往则日来，日月相推而明生焉；寒往则暑来，暑往则寒来，寒暑相推而岁成焉。往者屈也，来者信也，屈信相感而利生焉。尺蠖之屈，以求信也；龙蛇之蛰，以存身也。精义入神，以致用也；利用安身，以崇德也。过此以往，未之或知也；穷神知化，德之盛也。"

易曰："困于石，据于蒺藜，入于其宫，不见其妻，凶。"子曰："非所困而困焉，名必辱；非所据而据焉，身必危。既辱且危，死期将至，妻其可得见邪？"

易曰："公用射隼于高墉之上，获之，无不利。"子曰："隼者，禽也；弓矢者，器也；射之者，人也。君子藏器于身，待时而动，何不利之有？动而不括，是以出而有获。语成器而动者也。"

子曰："小人不耻不仁，不畏不义，不见利不劝，不威不惩。小惩而大戒，此小人之福也。易曰：'屦校灭趾，无咎'，此之谓也。"

"善不积不足以成名，恶不积不足以灭身。小人以小善为无益而弗为也，以小恶为无伤而弗去也，故恶积而不可掩，罪大而不可解。易曰：'何校灭耳，凶。'"

子曰："危者，安其位者也；亡者，保其存者也；乱者，有其治者也。是故君子安而不忘危，存而不忘亡，治而不忘乱。是以身安而国家可保也。易曰：'其亡其亡，系于苞桑。'"

子曰："德薄而位尊，知小而谋大，力小而任重，鲜不及矣！易曰：'鼎折足，覆公𫗧，其形渥，凶。'言不胜其任也。"

子曰："知几其神乎？君子上交不谄，下交不渎，其知几乎！几者，动之微，吉之先见者也。君子见几而作，不俟终日。易曰：'介于石，不终日，贞吉。'介如石焉，宁用终日？断可识矣！君子知微知彰，知柔知刚，万夫之望。”

子曰：“颜氏之子，其殆庶几乎！有不善，未尝不知；知之，未尝复行也。易曰：‘不远复，无祇悔，元吉。’”

“天地絪缊，万物化醇。男女构精，万物化生。易曰：‘三人行，则损一人；一人行，则得其友。’言致一也。”

子曰：“君子安其身而后动，易其心而后语，定其交而后求：君子修此三者，故全也。危而动，则民不与也；惧而语，则民不应也；无交而求，则民不与也；莫之与，则伤之者至矣。易曰：‘莫或益之，或击之，立心勿恒，凶。’”

子曰：“乾坤，其易之门邪？乾，阳物也；坤，阴物也。阴阳合德而刚柔有体，以体天地之撰，以通神明之德。其称名也，杂而不越，于稽其类，其衰世之意邪？”

夫易，彰往而察来，而微显阐幽。开而当名，辨物，正言，断辞，则备矣。其称名也小，其取类也大；其旨远，其辞文；其言曲而中，其事肆而隐。因贰以济民行，以明失得之报。

易之兴也，其于中古乎？作易者，其有忧患乎？

是故履，德之基也；谦，德之柄也；复，德之本也；恒，德之固也；损，德之修也；益，德之裕也；困，德之辨也；井，德之地也；巽，德之制也。

履，和而至；谦，尊而光；复，小而辨于物；恒，杂而不厌；损，先难而后易；益，长裕而不设；困，穷而通；井，居其所而迁；巽，称而隐。

履以和行；谦以制礼；复以自知；恒以一德；损以远害；益以兴利；困以寡怨；井以辨义；巽以行权。

易之为书也不可远，为道也屡迁。变动不居，周流六虚，上下无常，刚柔相易，不可为典要，唯变所适。

其出入以度外内，使之惧，又明于忧患与故。无有师保，如临父母。初率其辞，而揆其方，既有典常。苟非其人，道不虚行。

易之为书也，原始要终，以为质也。六爻相杂，唯其时物也。其初难知，其上易知，本末也。初辞拟之，卒成之终。

若夫杂物撰德，辨是与非，则非其中爻不备。噫！亦要存亡吉凶，则居可知矣。知者观其彖辞，则思过半矣。

二与四同功而异位，其善不同：二多誉，四多惧，近也。柔之为道，不利远者；其要无咎，其用柔中也。三与五同功而异位：三多凶，五多功，贵贱之等也。其柔危，其刚胜邪？

易之为书也，广大悉备：有天道焉，有地道焉，有人道焉。兼三才而两之，故六。六者，非它也，三才之道也。道有变动，故曰爻；爻有等，故曰物；物相杂，故曰文；文不当，故吉凶生焉。

易之兴也，其当殷之末世，周之盛德邪？当文王与纣之事邪？是故其辞危。危者使平，易者使倾；其道甚大，百物不废。惧以终始，其要无咎，此之谓易之道也。

夫乾，天下之至健也，德行恒易以知险；夫坤，天下之至顺也，德行恒简以知阻。能说诸心，能研诸（侯之）虑，定天下之吉凶，成天下之亹亹者。是故变化云为，吉事有祥；象事知器，占事知来。

天地设位，圣人成能。人谋鬼谋，百姓与能。八卦以象告，爻彖以情言。刚柔杂居，而吉凶可见矣。变动以利言，吉凶以情迁。是故爱恶相攻而吉凶生，远近相取而悔吝生，情伪相感而利害生。凡易之情，近而不相得则凶。或害之，悔且吝。

将叛者，其辞惭；中心疑者，其辞枝；吉人之辞寡；躁人之辞多；诬善之人，其辞游；失其守者，其辞屈。

说　卦

昔者圣人之作易也，幽赞于神明而生蓍，参天两地而倚数，观变于阴阳而立卦，发挥于刚柔而生爻，和顺于道德而理于义，穷理尽性以至于命。昔者圣人之作易也，将以顺性命之理。是以立天之道，曰阴与阳；立地之道，曰柔与刚；立人之道，曰仁与义。兼三才而两之，故易六画而成卦；分阴分阳，迭用柔刚，故易六位而成章。天地定位，山泽通气，雷风相薄，水火不相射，八卦相错。数往者顺，知来者逆，是故易逆数也。

雷以动之，风以散之，雨以润之，日以烜之，艮以止之，兑以说之，乾以君之，坤以藏之。

帝出乎震，齐乎巽，相见乎离，致役乎坤，说言乎兑，战乎乾，劳乎坎，成言乎艮。

万物"出乎震"，震，东方也。"齐乎巽"，巽，东南也。齐也者，言万物之絜齐也。离也者，明也，万物皆相见，南方之卦也。圣人南面而听天下，向明而治，盖取诸此也。坤也者，地也，万物皆致养焉，故曰"致役乎坤"。兑，正秋也，万物之所说也，故曰"说言乎兑"。"战乎乾"，乾，西北之卦也，言阴阳相薄也。坎者，水也，正北方之卦也；劳卦也，万物之所归也，故曰"劳乎坎"。艮，东北之卦也，万物之所成终而所成始也，故曰"成言乎艮"。

"神"也者，妙万物而为言者也。动万物者莫疾乎雷，桡万物者莫疾乎风，燥万物者莫熯乎火，说万物者莫说乎泽，润万物者莫润乎水，终万物始万物者莫盛乎艮。故水火相逮，雷风不相悖，山泽通气，然后能变化，既成万物也。

乾，健也；坤，顺也；震，动也；巽，入也；坎，陷也；离，丽也；艮，止也；兑，说也。

乾为马，坤为牛，震为龙，巽为鸡，坎为豕，离为雉，艮为狗，兑为羊。

乾为首，坤为腹，震为足，巽为股，坎为耳，离为目，艮为手，兑为口。

乾，天也，故称乎父；坤，地也，故称乎母。震，一索而得男，故谓之长男；巽，一索而得女，故谓之长女。坎，再索而得男，故谓之中男；离，再索而得女，故谓之中女。艮，三索而得男，故谓之少男；兑，三索而得女，故谓之少女。

乾为天、为圜、为君、为父、为玉、为金、为寒、为冰、为大赤、为良马、为老马、为瘠马、为驳马、为木果。

坤为地、为母、为布、为釜、为吝啬、为均、为子母牛、为大舆、为文、为众、为柄。其于地也为黑。

震为雷、为龙、为玄黄、为旉、为大涂、为长子、为决躁、为苍筤竹、为萑苇。其于马也为善鸣、为馵足、为作足、为的颡。其于稼也为反生。其究为健、为蕃鲜。

巽为木、为风、为长女、为绳直、为工、为白、为长、为高、为进退、为不果、为臭。其于人也为寡发、为广颡、为多白眼。为近利市三倍。其究为躁卦。

坎为水、为沟渎、为隐伏、为矫輮、为弓轮。其于人也为加忧、为心病、为耳痛、为血卦、为赤。其于马也为美脊、为亟心、为下首、为薄蹄、为曳。其于舆也为多眚。为通、为月、为盗。其于木也为坚多心。

离为火、为日、为电、为中女、为甲胄、为戈兵。其于人也为大腹。为干卦。为鳖、为蟹、为蠃、为蚌、为龟。其于木也为科上槁。

艮为山、为径路、为小石、为门阙、为果蓏、为阍寺、为指、为狗、为鼠、为黔喙之属。其于木也为坚多节。

兑为泽、为少女、为巫、为口舌、为毁折、为附决。其于地也为刚卤。为妾、为羊。

序　卦

有天地，然后万物生焉。盈天地之间者唯万物，故受之以屯。屯者盈也，屯者物之始生也。物生必蒙，故受之以蒙。蒙者，蒙也，物之稚也。物稚不可不养也，故受之以需。需者饮食之道也。饮食必有讼，故受之以讼。讼必有众起，故受之以师。师者，众也。

众必有所比，故受之以比。比者，比也。比必有所畜，故受之以小畜。物畜然后有礼，故受之以履。履者，礼也。履而泰，然后安，故受之以泰。泰者，通也。物不可以终通，故受之以否。物不可以终否，故受之以同人。与人同者，物必归焉，故受之以大有。

有大者不可以盈，故受之以谦。有大而能谦必豫，故受之以豫。豫必有随，故受之以随。以喜随人者必有事，故受之以蛊。蛊者，事也。有事而后可大，故受之以临。临者，大也。物大然后可观，故受之以观。可观而后有所合，故受之以噬嗑。嗑者，合也。

物不可以苟合而已，故受之以贲。贲者，饰也。致饰然后亨则尽矣，故受之以剥。剥者，剥也。物不可以终尽，剥穷上反下，故受之以复。复则不妄矣，故受之以无妄。有无妄然后可畜，故受之以大畜。物畜然后可养，故受之以颐。颐者，养也。

不养则不可动，故受之以大过。物不可以终过，故受之以坎。坎者，陷也。陷必有所丽，故受之以离。离者，丽也。

有天地然后有万物，有万物然后有男女，有男女然后有夫妇，有夫妇然后有父子，有父子然后有君臣，有君臣然后有上下，有上下然后礼义有所错。夫妇之道，不可以不久也，故受之以恒。恒者，久也。

物不可以久居其所，故受之以遁。遁者，退也。物不可以终遁，故受之以大壮。物不可以终壮，故受之以晋。晋者，进也。进必有所伤，故受之以明夷。夷者，伤也。伤于外者必反于家，故受之以家人。家道穷必乖，故受之以睽。睽者，乖也。

乖必有难，故受之以蹇。蹇者，难也。物不可以终难，故受之以解。解者，缓也。缓必有所失，故受之以损。损而不已必益，故受之以益。益而不已必决，故受之以夬。夬者，决也。决必有所遇，故受之以姤。姤者，遇也。物相遇而后聚，故受之以萃。萃者，聚也。

聚而上者谓之升，故受之以升。升而不已必困，故受之以困。困乎上者必反下，故受之以井。井道不可不革，故受之以革。革物者莫若鼎，故受之以鼎。主器者莫若长子，故受之以震；震者，动也。物不可以终动，止之，故受之以艮；艮者，止也。

物不可以终止，故受之以渐。渐者，进也。进必有所归，故受之以归妹。得其所归者必大，故受之以丰。丰者，大也。穷大者必失其居，故受之以旅。旅而无所容，故受之以巽。巽者，入也。入而后说之，故受之以兑。兑者，说也。

说而后散之，故受之以涣。涣者，离也。物不可以终离，故受之以节。节而信之，故受之以中孚。有其信者必行之，故受之以小过。有过物者必济，故受之以既济。物不可穷也，故受之以未济。终焉。

杂　卦

乾刚坤柔。比乐师忧。临观之义，或与或求。屯见而不失其居，蒙杂而著。

震，起也；艮，止也。损益，盛衰之始也。大畜，时也；无妄，灾也。萃聚而升不来也。谦轻而豫怠也。噬嗑，食也；贲，无色也。兑见而巽伏也。随，无故也；蛊，则饬也。

剥，烂也；复，反也。晋，昼也；明夷，诛也。井通而困相遇也。咸，速也；恒，久也。涣，离也；节，止也。解，缓也；蹇，难也。

睽，外也；家人，内也。否、泰，反其类也。大壮则止；遁则退也。大有，众也；同人，亲也。革，去故也；鼎，取新也。小过，过也；中孚，信也。

丰，多故也；亲寡旅也。离上而坎下也。小畜，寡也；履，不处也。需，不进也；讼，不亲也。大过，颠也；姤，遇也，柔遇刚也。

渐，女归待男行也。颐，养正也；既济，定也。归妹，女之终也。未济，男之穷也。夬，决也，刚决柔也。君子道长，小人道忧也。

左　传

左传目录

隐　公

传

惠公元妃孟子。孟子卒，继室以声子，生隐公。

宋武公生仲子。仲子生而有文在其手，曰为鲁夫人，故仲子归于我。生桓公而惠公薨，是以隐公立而奉之。

（隐公元年）

经

（一·一）元年春王正月。

（一·二）三月，公及邾仪父盟于蔑。

（一·三）夏五月，郑伯克段于鄢。

（一·四）秋七月，天王使宰咺来归惠公、仲子之赗。

（一·五）九月，及宋人盟于宿。

（一·六）冬十有二月，祭伯来。

（一·七）公子益师卒。

传

（一·一）元年春，王周正月，不书即位，摄也。

（一·二）三月，公及邾仪父盟于蔑，邾子克也。未王命，故不书爵。曰"仪父"，贵之也。公摄位而欲求好于邾，故为蔑之盟。

（一·三）夏四月，费伯帅师城郎。不书，非公命也。

（一·四）初，郑武公娶于申，曰武姜，生庄公及共叔段。庄公寤生，惊姜氏，故名曰寤生，遂恶之。爱共叔段，欲立之。亟请于武公，公弗许。及庄公即位，为之请制。公曰："制，岩邑也，虢叔死焉。佗邑唯命。"请京，使居之，谓之京城大叔。祭仲曰："都，城过百雉，国之害也。先王之制：大都，不过参国之一；中，五之一；小，九之一。今京不度，非制也，君将不堪。"公曰："姜氏欲之，焉辟害？"对曰："姜氏何厌之有？不如早为之所，无使滋蔓！蔓，难图也。蔓草犹不可除，况君之宠弟乎？"公曰："多行不义，必自毙，子姑待之。"

既而大叔命西鄙、北鄙贰于己。公子吕曰："国不堪贰，君将若之何？欲与大叔，臣请事之；若弗与，则请除之，无生民心。”公曰：“无庸，将自及。”大叔又收贰以为己邑，至于廪延。子封曰：“可矣。厚将得众。”公曰：“不义，不昵。厚将崩。”

大叔完聚，缮甲兵，具卒乘，将袭郑，夫人将启之。公闻其期，曰：“可矣。”命子封帅车二百乘以伐京。京叛大叔段。段入于鄢。公伐诸鄢。五月辛丑，大叔出奔共。书曰：“郑伯克段于鄢。”段不弟，故不言弟；如二君，故曰克；称郑伯，讥失教也：谓之郑志。不言出奔，难之也。

遂置姜氏于城颍，而誓之曰：“不及黄泉，无相见也！”既而悔之。颍考叔为颍谷封人，闻之，有献于公。公赐之食。食舍肉。公问之。对曰：“小人有母，皆尝小人之食矣；未尝君之羹，请以遗之。”公曰：“尔有母遗，繄我独无！”颍考叔曰：“敢问何谓也？”公语之故，且告之悔。对曰：“君何患焉？若阙地及泉，隧而相见，其谁曰不然？”公从之。公入而赋：“大隧之中，其乐也融融。”姜出而赋：“大隧之外，其乐也泄泄。”遂为母子如初。君子曰：“颍考叔，纯孝也，爱其母，施及庄公。诗曰：‘孝子不匮，永锡尔类’，其是之谓乎！”

（一·五）秋七月，天王使宰咺来归惠公、仲子之赗。缓，且子氏未薨，故名。天子七月而葬，同轨毕至；诸侯五月，同盟至；大夫三月，同位至；士逾月，外姻至。赠死不及尸，吊生不及哀，豫凶事，非礼也。

（一·六）八月，纪人伐夷。夷不告，故不书。

（一·七）有蜚。不为灾，亦不书。

（一·八）惠公之季年，败宋师于黄。公立而求成焉。九月，及宋人盟于宿，始通也。

（一·九）冬十月庚申，改葬惠公。公弗临，故不书。惠公之薨也，有宋师，大子少，葬故有阙，是以改葬。

（一·十）卫侯来会葬，不见公，亦不书。

（一·十一）郑共叔之乱，公孙滑出奔卫。卫人为之伐郑，取廪延。郑人以王师、虢师伐卫南鄙。请师于邾，邾子使私于公子豫。豫请往，公弗许，遂行，及邾人、郑人盟于翼。不书，非公命也。

（一·十二）新作南门，不书，亦非公命也。

（一·十三）十二月，祭伯来，非王命也。

（一·十四）众父卒，公不与小敛，故不书日。

（隐公二年）

经

（二·一）二年春，公会戎于潜。

（二·二）夏五月，莒人入向。

（二·三）无骇帅师入极。

（二·四）秋八月庚辰，公及戎盟于唐。

（二·五）九月，纪裂繻来逆女。

（二·六）冬十月，伯姬归于纪。

（二·七）纪子帛、莒子盟于密。

（二·八）十有二月，乙卯，夫人子氏薨。

（二·九）郑人伐卫。

传

（二·一）二年春，公会戎于潜，修惠公之好也。戎请盟，公辞。

（二·二）莒子娶于向，向姜不安莒而归。夏，莒人入向，以姜氏还。

（二·三）司空无骇入极，费庈父胜之。

（二·四）戎请盟。秋，盟于唐，复修戎好也。

（二·五）九月，纪裂繻来逆女，卿为君逆也。

（二·六）冬，纪子帛、莒子盟于密，鲁故也。

（二·七）郑人伐卫，讨公孙滑之乱也。

（隐公三年）

经

（三·一）三年春王二月己巳，日有食之。

（三·二）三月庚戌，天王崩。

（三·三）夏四月辛卯，君氏卒。

（三·四）秋，武氏子来求赙。

（三·五）八月庚辰，宋公和卒。

（三·六）冬十有二月，齐侯、郑伯盟于石门。

（三·七）癸未，葬宋穆公。

传

（三·一）三年春王三月壬戌，平王崩。赴以庚戌，故书之。

（三·二）夏，君氏卒——声子也。不赴于诸侯，不反哭于寝，不祔于姑，故不曰“薨”。不称夫人，故不言葬，不书姓。为公故，曰“君氏”。

（三·三）郑武公、庄公为平王卿士。王贰于虢。郑伯怨王。王曰：“无之。”故周、郑交质。王子狐为质于郑，郑公子忽为质于周。王崩，周人将畀虢公政。四月，郑祭足帅师取温之麦。秋，又取成周之禾。周、郑交恶。君子曰：“信不由中，质无益也。明恕而行，要之以礼，虽无有质，谁能间之？苟有明信，涧、溪、沼、沚之毛，苹、蘩、蕰、藻之菜，筐、筥、锜、釜之器，潢、污、行、潦之水，可荐于鬼神，可羞于王公，而况君子结二国之信，行之以礼，又焉用质？风有采蘩、采苹，雅有行苇、泂酌，昭忠信也。”

（三·四）武氏子来求赙，王未葬也。

（三·五）宋穆公疾，召大司马孔父而属殇公焉，曰：“先君舍与夷而立寡人，寡人弗敢忘。若以大夫之灵，得保首领以没；先君若问与夷，其将何辞以对？请子奉之，以主社稷。寡人虽死，亦无悔焉。”对曰：“群臣愿奉冯也。”公曰：“不可。先君以寡人为贤，使主社稷。若弃德不让，是废先君之举也，岂曰能贤？光昭先君之令德，可不务乎？吾子其无废先君之功！”使公子冯出居于郑。八月庚辰，宋穆公卒，殇公即位。君子曰：“宋宣公可谓知人矣。立穆公，其子飨之，命以义夫！商颂曰：‘殷受命咸宜，百禄是荷’，其是之谓乎！”

（三·六）冬，齐、郑盟于石门，寻卢之盟也。庚戌，郑伯之车偾于济。

（三·七）卫庄公娶于齐东宫得臣之妹，曰庄姜，美而无子，卫人所为赋硕人也。又娶于陈，曰厉妫，生孝伯，早死。其娣戴妫，生桓公，庄姜以为己子。公子州吁，嬖人之子也。有宠而好兵，公弗禁。庄姜恶之。石碏谏曰：“臣闻爱子，教之以义方，弗纳于邪。骄、奢、淫、泆，所自邪也。四者之来，宠禄过也。将立州吁，乃定之矣；若犹未也，阶之为祸。夫宠而不骄，骄而能降，降而不憾，憾而能眕者，鲜矣。且夫贱妨贵，少陵长，远间亲，新间旧，小加大，淫破义，所谓六逆也；君义，臣行，父慈，子孝，兄爱，弟敬，所谓六顺也。去顺效逆，所以速祸也。君人者，将祸是务去，而速之，无乃不可乎？”弗听。其子厚与州吁游，禁之，不可。桓公立，乃老。

（隐公四年）

经

（四·一）四年春王二月，莒人伐杞，取牟、娄。

（四·二）戊申，卫州吁弑其君完。

（四·三）夏，公及宋公遇于清。

（四·四）宋公、陈侯、蔡人、卫人伐郑。

（四·五）秋，翚帅师会宋公、陈侯、蔡人、卫人伐郑。

（四·六）九月，卫人杀州吁于濮。

（四·七）冬十有二月，卫人立晋。

传

（四·一）四年春，卫州吁弑桓公而立。

（四·二）公与宋公为会，将寻宿之盟。未及期，卫人来告乱。夏，公及宋公遇于清。

（四·三）宋殇公之即位也，公子冯出奔郑。郑人欲纳之。及卫州吁立，将修先君之怨于郑，而求宠于诸侯，以和其民。使告于宋曰："君若伐郑，以除君害，君为主，敝邑以赋与陈、蔡从，则卫国之愿也。"宋人许之。于是陈、蔡方睦于卫，故宋公、陈侯、蔡人、卫人伐郑，围其东门，五日而还。公问于众仲曰："卫州吁其成乎？"对曰："臣闻以德和民，不闻以乱。以乱，犹治丝而棼之也。夫州吁，阻兵而安忍。阻兵，无众；安忍，无亲。众叛、亲离，难以济矣。夫兵，犹火也；弗戢，将自焚也。夫州吁弑其君，而虐用其民，于是乎不务令德，而欲以乱成，必不免矣。"

（四·四）秋，诸侯复伐郑。宋公使来乞师，公辞之。羽父请以师会之，公弗许。固请而行。故书曰"翚帅师"，疾之也。诸侯之师败郑徒兵，取其禾而还。

（四·五）州吁未能和其民，厚问定君于石子。石子曰："王觐为可。"曰："何以得觐？"曰："陈桓公方有宠于王。陈、卫方睦，若朝陈使请，必可得也。"厚从州吁如陈。石碏使告于陈曰："卫国褊小，老夫耄矣，无能为也。此二人者，实弑寡君，敢即图之。"陈人执之，而请莅于卫。九月，卫人使右宰丑莅杀州吁于濮。石碏使其宰獳羊肩莅杀石厚于陈。君子曰："石碏，纯臣也。恶州吁而厚与焉。'大义灭亲'，其是之谓乎！"

（四·六）卫人逆公子晋于邢。冬十二月，宣公即位。书曰"卫人立晋”，众也。

（隐公五年）

经

（五・一）五年春，公矢鱼于棠。

（五・二）夏四月，葬卫桓公。

（五・三）秋，卫师入郕。

（五・四）九月，考仲子之宫。初献六羽。

（五・五）邾人、郑人伐宋。

（五・六）螟。

（五・七）冬十有二月辛巳，公子彄卒。

（五・八）宋人伐郑，围长葛。

传

（五・一）五年春，公将如棠观鱼者。臧僖伯谏曰：“凡物不足以讲大事，其材不足以备器用，则君不举焉。君，将纳民于轨、物者也。故讲事以度轨量谓之轨，取材以章物采谓之物。不轨不物，谓之乱政。乱政亟行，所以败也。故春搜、夏苗、秋狝、冬狩，皆于农隙以讲事也。三年而治兵，入而振旅。归而饮至，以数军实。昭文章，明贵贱，辨等列，顺少长，习威仪也。鸟兽之肉不登于俎，皮革、齿牙、骨角、毛羽不登于器，则公不射，古之制也。若夫山林、川泽之实，器用之资，皁隶之事，官司之守，非君所及也。”公曰：“吾将略地焉。”遂往，陈鱼而观之，僖伯称疾不从。书曰“公矢鱼于棠”，非礼也，且言远地也。

（五・二）曲沃庄伯以郑人、邢人伐翼，王使尹氏、武氏助之。翼侯奔随。

（五・三）夏，葬卫桓公。卫乱，是以缓。

（五・四）四月，郑人侵卫牧，以报东门之役，卫人以燕师伐郑，郑祭足、原繁、泄驾以三军军其前，使曼伯与子元潜军军其后。燕人畏郑三军，而不虞制人。六月，郑二公子以制人败燕师于北制。君子曰：“不备不虞，不可以师。”

（五・五）曲沃叛王。秋，王命虢公伐曲沃，而立哀侯于翼。

（五・六）卫之乱也，郕人侵卫，故卫师入郕。

（五・七）九月，考仲子之宫，将万焉。公问羽数于众仲。对曰：

“天子用八，诸侯用六，大夫四，士二。夫舞，所以节八音而行八风，故自八以下。”公从之。于是初献六羽，始用六佾也。

（五·八）宋人取邾田。邾人告于郑曰：“请君释憾于宋，敝邑为道。”郑人以王师会之，伐宋，入其郛，以报东门之役。宋人使来告命。公闻其入郛也，将救之，问于使者曰：“师何及？”对曰：“未及国。”公怒，乃止。辞使者曰：“君命寡人同恤社稷之难，今问诸使者，曰：‘师未及国’，非寡人之所敢知也。”

（五·九）冬十二月辛巳，臧僖伯卒。公曰：“叔父有憾于寡人，寡人弗敢忘。”葬之加一等。

（五·十）宋人伐郑，围长葛，以报入郛之役也。

（隐公六年）

经

（六·一）六年春，郑人来渝平。

（六·二）夏五月辛酉，公会齐侯盟于艾。

（六·三）秋七月。

（六·四）冬，宋人取长葛。

传

（六·一）六年春，郑人来渝平，更成也。

（六·二）翼九宗五正、顷父之子嘉父逆晋侯于随，纳诸鄂，晋人谓之鄂侯。

（六·三）夏，盟于艾，始平于齐也。

（六·四）五月庚申，郑伯侵陈，大获。往岁，郑伯请成于陈，陈侯不许。五父谏曰：“亲仁善邻，国之宝也。君其许郑！”陈侯曰：“宋、卫实难，郑何能为？”遂不许。君子曰：“善不可失，恶不可长，其陈桓公之谓乎！长恶不悛，从自及也。虽欲救之，其将能乎？商书曰：‘恶之易也，如火之燎于原，不可乡迩，其犹可扑灭？’周任有言曰：‘为国家者，见恶如农夫之务去草焉，芟夷蕴崇之，绝其本根，勿使能殖，则善者信矣。’”

（六·五）秋，宋人取长葛。

（六·六）冬，京师来告饥，公为之请籴于宋、卫、齐、郑，礼也。

（六·七）郑伯如周，始朝桓王也。王不礼焉。周桓公言于王曰：“我周之东迁，晋、郑焉依。善郑以劝来者，犹惧不蔇，况不礼焉？郑不来矣。”

（隐公七年）

经

（七·一）七年春王三月，叔姬归于纪。

（七·二）滕侯卒。

（七·三）夏，城中丘。

（七·四）齐侯使其弟年来聘。

（七·五）秋，公伐邾。

（七·六）冬，天王使凡伯来聘。戎伐凡伯于楚丘以归。

传

（七·一）七年春，滕侯卒。不书名，未同盟也。凡诸侯同盟，于是称名，故薨则赴以名，告终称嗣也，以继好息民，谓之礼经。

（七·二）夏，城中丘。书不时也。

（七·三）齐侯使夷仲年来聘，结艾之盟也。

（七·四）秋，宋及郑平。七月庚申，盟于宿。公伐邾，为宋讨也。

（七·五）初，戎朝于周，发币于公卿，凡伯弗宾。冬，王使凡伯来聘。还，戎伐之于楚丘以归。

（七·六）陈及郑平。十二月，陈五父如郑莅盟。壬申，及郑伯盟，歃如忘。泄伯曰：“五父必不免，不赖盟矣。”郑良佐如陈莅盟，辛巳，及陈侯盟，亦知陈之将乱也。

（七·七）郑公子忽在王所，故陈侯请妻之，郑伯许之，乃成婚。

（隐公八年）

经

（八·一）八年春，宋公、卫侯遇于垂。

（八·二）三月，郑伯使宛来归祊。庚寅，我入祊。

（八·三）夏六月己亥，蔡侯考父卒。

（八·四）辛亥，宿男卒。

（八·五）秋七月庚午，宋公、齐侯、卫侯盟于瓦屋。

（八·六）八月，葬蔡宣公。

（八·七）九月辛卯，公及莒人盟于浮来。

（八·八）螟。

（八・九）冬十有二月，无骇卒。

传

（八・一）八年春，齐侯将平宋、卫，有会期。宋公以币请于卫，请先相见。卫侯许之，故遇于犬丘。

（八・二）郑伯请释泰山之祀而祀周公，以泰山之祊易许田。三月，郑伯使宛来归祊，不祀泰山也。

（八・三）夏，虢公忌父始作卿士于周。

（八・四）四月甲辰，郑公子忽如陈逆妇妫。辛亥，以妫氏归。甲寅，入于郑。陈针子送女，先配而后祖。针子曰："是不为夫妇，诬其祖矣。非礼也，何以能育？"

（八・五）齐人卒平宋、卫于郑。秋，会于温，盟于瓦屋，以释东门之役，礼也。

（八・六）八月丙戌，郑伯以齐人朝王，礼也。

（八・七）公及莒人盟于浮来，以成纪好也。

（八・八）冬，齐侯使来告成三国。公使众仲对曰："君释三国之图，以鸠其民，君之惠也。寡君闻命矣，敢不承受君之明德。"

（八・九）无骇卒，羽父请谥与族。公问族于众仲。众仲对曰："天子建德，因生以赐姓，胙之土而命之氏。诸侯以字为谥，因以为族。官有世功，则有官族。邑亦如之。"公命以字为展氏。

（隐公九年）

经

（九・一）九年春，天王使南季来聘。

（九・二）三月癸酉，大雨，震电。庚辰，大雨雪。

（九・三）挟卒。

（九・四）夏，城郎。

（九・五）秋七月。

（九・六）冬，公会齐侯于防。

传

（九・一）九年春王三月癸酉，大雨霖以震，书始也；庚辰，大雨雪，亦如之。书时失也。凡雨自三日以往为霖，平地尺为大雪。

（九・二）夏，城郎。书不时也。

（九・三）宋公不王，郑伯为王左卿士，以王命讨之。伐宋。宋以入郛之役怨公，不告命。公怒，绝宋使。

（九·四）秋，郑人以王命来告伐宋。

（九·五）冬，公会齐侯于防，谋伐宋也。

（九·六）北戎侵郑。郑伯御之，患戎师，曰："彼徒我车，惧其侵轶我也。"公子突曰："使勇而无刚者，尝寇而速去之。君为三覆以待之。戎轻而不整，贪而无亲；胜不相让，败不相救。先者见获，必务进；进而遇覆，必速奔。后者不救，则无继矣。乃可以逞。"从之。戎人之前遇覆者奔，祝聃逐之，衷戎师，前后击之，尽殪。戎师大奔。十一月，甲寅，郑人大败戎师。

（隐公十年）

经

（十·一）十年春王二月，公会齐侯、郑伯于中丘。

（十·二）夏，翚帅师会齐人、郑人伐宋。

（十·三）六月壬戌，公败宋师于菅。辛未，取郜。辛巳，取防。

（十·四）秋，宋人、卫人入郑。宋人、蔡人、卫人伐戴。郑伯伐取之。

（十·五）冬十月壬午，齐人、郑人入郕。

传

（十·一）十年春王正月，公会齐侯、郑伯于中丘。癸丑，盟于邓，为师期。

（十·二）夏五月，羽父先会齐侯、郑伯伐宋。

（十·三）六月戊申，公会齐侯、郑伯于老桃。壬戌，公败宋师于菅。庚午，郑师入郜；辛未，归于我。庚辰，郑师入防；辛巳，归于我。君子谓郑庄公于是乎可谓正矣，以王命讨不庭，不贪其土，以劳王爵，正之体也。

（十·四）蔡人、卫人、郕人不会王命。秋七月庚寅，郑师入郊，犹在郊。宋人、卫人入郑，蔡人从之伐戴。八月壬戌，郑伯围戴。癸亥，克之，取三师焉。宋、卫既入郑，而以伐戴召蔡人，蔡人怒，故不和而败。

（十·五）九月戊寅，郑伯入宋。

（十·六）冬，齐人、郑人入郕，讨违王命也。

（隐公十一年）

经

（十一・一）十有一年春，滕侯、薛侯来朝。

（十一・二）夏，公会郑伯于时来。

（十一・三）秋七月壬午，公及齐侯、郑伯入许。

（十一・四）冬十有一月壬辰，公薨。

传

（十一・一）十一年春，滕侯、薛侯来朝，争长。薛侯曰："我先封。"滕侯曰："我，周之卜正也；薛，庶姓也，我不可以后之。"公使羽父请于薛侯曰："君与滕君辱在寡人，周谚有之曰：'山有木，工则度之；宾有礼，主则择之。'周之宗盟，异姓为后。寡人若朝于薛，不敢与诸任齿。君若辱贶寡人，则愿以滕君为请。"薛侯许之，乃长滕侯。

（十一・二）夏，公会郑伯于郲，谋伐许也。郑伯将伐许。五月甲辰，授兵于大宫。公孙阏与颍考叔争车，颍考叔挟辀以走，子都拔棘以逐之。及大逵，弗及，子都怒。

（十一・三）秋七月，公会齐侯、郑伯伐许。庚辰，傅于许。颍考叔取郑伯之旗蝥弧以先登，子都自下射之，颠。瑕叔盈又以蝥弧登，周麾而呼曰："君登矣！"郑师毕登。壬午，遂入许。许庄公奔卫。齐侯以许让公。公曰："君谓许不共，故从君讨之。许既伏其罪矣，虽君有命，寡人弗敢与闻。"乃与郑人。

郑伯使许大夫百里奉许叔以居许东偏，曰："天祸许国，鬼神实不逞于许君，而假手于我寡人，寡人唯是一二父兄不能共亿，其敢以许自为功乎？寡人有弟，不能和协，而使糊其口于四方，其况能久有许乎？吾子其奉许叔以抚柔此民也，吾将使获也佐吾子。若寡人得没于地，天其以礼悔祸于许，无宁兹许公复奉其社稷，唯我郑国之有请谒焉，如旧婚媾，其能降以相从也。无滋他族实偪处此，以与我郑国争此土也。吾子孙其覆亡之不暇，而况能禋祀许乎？寡人之使吾子处此，不唯许国之为，亦聊以固吾圉也。"乃使公孙获处许西偏，曰："凡而器用财贿，无寘于许。我死，乃亟去之！吾先君新邑于此，王室而既卑矣，周之子孙日失其序。夫许，大岳之胤也。天而既厌周德矣，吾其能与许争乎？"君子谓郑庄公"于是乎有礼。礼，经国家，定社稷，序民人，利后嗣者也。许无刑而伐之，服而舍之，度德而处之，量力而行之，相时而动，无累后人，可谓知礼矣"。

（十一・四）郑伯使卒出豭，行出犬、鸡，以诅射颍考叔者。君子谓郑庄公“失政刑矣。政以治民，刑以正邪。既无德政，又无威刑，是以及邪。邪而诅之，将何益矣！”

（十一・五）王取邬、刘、苏、邘之田于郑，而与郑人苏忿生之田：温、原、絺、樊、隰郕、攒茅、向、盟、州、陉、隤、怀。君子是以知桓王之失郑也。恕而行之，德之则也，礼之经也。己弗能有，而以与人，人之不至，不亦宜乎？

（十一・六）郑、息有违言。息侯伐郑，郑伯与战于竟，息师大败而还。君子是以知息之将亡也：不度德，不量力，不亲亲，不征辞，不察有罪。犯五不韪，而以伐人，其丧师也，不亦宜乎？

（十一・七）冬十月，郑伯以虢师伐宋。壬戌，大败宋师，以报其入郑也。宋不告命，故不书。凡诸侯有命，告则书，不然则否。师出臧否，亦如之。虽及灭国，灭不告败，胜不告克，不书于策。

（十一・八）羽父请杀桓公，将以求大宰。公曰：“为其少故也，吾将授之矣。使营菟裘，吾将老焉。”羽父惧，反谮公于桓公而请弑之。公之为公子也，与郑人战于狐壤，止焉。郑人囚诸尹氏。赂尹氏，而祷于其主钟巫。遂与尹氏归，而立其主。十一月，公祭钟巫，齐于社圃，馆于寪氏。壬辰，羽父使贼弑公于寪氏，立桓公，而讨寪氏，有死者。不书葬，不成丧也。

桓 公

(桓公元年)

经

(一·一)元年春王正月，公即位。

(一·二)三月，公会郑伯于垂，郑伯以璧假许田。

(一·三)夏四月丁未。公及郑伯盟于越。

(一·四)秋，大水。

(一·五)冬十月。

传

(一·一)元年春，公即位，修好于郑。郑人请复祀周公，卒易祊田。公许之。三月，郑伯以璧假许田，为周公祊故也。

(一·二)夏四月丁未，公及郑伯盟于越，结祊成也。盟曰："渝盟，无享国！"

(一·三)秋，大水。凡平原出水为大水。

(一·四)冬，郑伯拜盟。

(一·五)宋华父督见孔父之妻于路，目逆而送之，曰："美而艳。"

(桓公二年)

经

(二·一)二年春王正月戊申，宋督弑其君与夷及其大夫孔父。

(二·二)滕子来朝。

(二·三)三月，公会齐侯、陈侯、郑伯于稷，以成宋乱。

(二·四)夏四月，取郜大鼎于宋。戊申，纳于太庙。

(二·五)秋七月，杞侯来朝。

(二·六)蔡侯、郑伯会于邓。

(二·七)九月，入杞。

(二·八)公及戎盟于唐。

(二·九)冬，公至自唐。

传

(二·一)二年春,宋督攻孔氏,杀孔父而取其妻。公怒,督惧,遂弑殇公。君子以督为有无君之心,而后动于恶,故先书弑其君。会于稷,以成宋乱,为赂故,立华氏也。宋殇公立,十年十一战,民不堪命。孔父嘉为司马,督为大宰,故因民之不堪命,先宣言曰:"司马则然。"已杀孔父而弑殇公,召庄公于郑而立之,以亲郑。以郜大鼎赂公,齐、陈、郑皆有赂,故遂相宋公。

(二·二)夏四月,取郜大鼎于宋。戊申,纳于太庙,非礼也。臧哀伯谏曰:"君人者,将昭德塞违,以临照百官,犹惧或失之,故昭令德以示子孙:是以清庙茅屋,大路越席,大羹不致,粢食不凿,昭其俭也。衮、冕、黻、珽,带、裳、幅、舄,衡、纨、纮、綖,昭其度也。藻、率、鞞、鞛,鞶、厉、游、缨,昭其数也。火、龙、黼、黻,昭其文也。五色比象,昭其物也。钖、鸾、和、铃,昭其声也。三辰旂旗,昭其明也。夫德,俭而有度,登降有数,文物以纪之,声明以发之,以临照百官。百官于是乎戒惧而不敢易纪律。今灭德立违,而寘其赂器于太庙,以明示百官。百官象之,其又何诛焉?国家之败由官邪也,官之失德,宠赂章也。郜鼎在庙,章孰甚焉?武王克商,迁九鼎于雒邑,义士犹或非之,而况将昭违乱之赂器于太庙,其若之何?"公不听。

周内史闻之曰:"臧孙达其有后于鲁乎!君违,不忘谏之以德。"

(二·三)秋七月,杞侯来朝,不敬。杞侯归,乃谋伐之。

(二·四)蔡侯、郑伯会于邓,始惧楚也。

(二·五)九月,入杞,讨不敬也。

(二·六)公及戎盟于唐,修旧好也。

(二·七)冬,公至自唐,告于庙也。凡公行,告于宗庙;反行,饮至、舍爵、策勋焉,礼也。特相会,往来称地,让事也。自参以上,则往称地,来称会,成事也。

(二·八)初,晋穆侯之夫人姜氏以条之役生大子,命之曰仇。其弟以千亩之战生,命之曰成师。

师服曰:"异哉,君之名子也!夫名以制义,义以出礼,礼以体政,政以正民,是以政成而民听。易则生乱。嘉耦曰妃,怨耦曰仇,古之命也。今君命大子曰仇,弟曰成师,始兆乱矣。兄其替乎!"

惠之二十四年,晋始乱,故封桓叔于曲沃。靖侯之孙栾宾傅之。

师服曰:"吾闻国家之立也,本大而末小,是以能固。故天子建国，诸侯立家，卿置侧室，大夫有贰宗，士有隶子弟，庶人、工商，各有分亲，皆有等衰。是以民服事其上，而下无觊觎。今晋，甸侯也，而建国，本既弱矣，其能久乎？”

惠之三十年，晋潘父弑昭侯而纳桓叔，不克。晋人立孝侯。惠之四十五年，曲沃庄伯伐翼，弑孝侯。翼人立其弟鄂侯。鄂侯生哀侯。哀侯侵陉庭之田。陉庭南鄙启曲沃伐翼。

（桓公三年）

经

（三·一）三年春正月，公会齐侯于嬴。

（三·二）夏，齐侯、卫侯胥命于蒲。

（三·三）六月，公会杞侯于郕。

（三·四）秋七月壬辰朔，日有食之，既。

（三·五）公子翚如齐逆女。

（三·六）九月，齐侯送姜氏于讙。

（三·七）公会齐侯于讙。

（三·八）夫人姜氏至自齐。

（三·九）冬，齐侯使其弟年来聘。

（三·十）有年。

传

（三·一）三年春，曲沃武公伐翼，次于陉庭。韩万御戎，梁弘为右。逐翼侯于汾隰，骖絓而止，夜获之，及栾共叔。

（三·二）会于嬴，成婚于齐也。

（三·三）夏，齐侯、卫侯胥命于蒲，不盟也。

（三·四）公会杞侯于郕，杞求成也。

（三·五）秋，公子翚如齐逆女，修先君之好，故曰“公子”。

（三·六）齐侯送姜氏于讙，非礼也。凡公女嫁于敌国：姊妹，则上卿送之，以礼于先君；公子，则下卿送之。于大国，虽公子，亦上卿送之。于天子，则诸卿皆行，公不自送。于小国，则上大夫送之。

（三·七）冬，齐仲年来聘，致夫人也。

（三·八）芮伯万之母芮姜恶芮伯之多宠人也，故逐之，出居于魏。

（桓公四年）

经

（四·一）四年春正月，公狩于郎。

（四·二）夏，天王使宰渠伯纠来聘。

传

（四·一）四年春正月，公狩于郎。书时，礼也。

（四·二）夏，周宰渠伯纠来聘。父在，故名。

（四·三）秋，秦师侵芮，败焉，小之也。

（四·四）冬，王师、秦师围魏，执芮伯以归。

（桓公五年）

经

（五·一）五年春正月甲戌、己丑，陈侯鲍卒。

（五·二）夏，齐侯、郑伯如纪。

（五·三）天王使仍叔之子来聘。

（五·四）葬陈桓公。

（五·五）城祝丘。

（五·六）秋，蔡人、卫人、陈人从王伐郑。

（五·七）大雩。

（五·八）螽。

（五·九）冬，州公如曹。

传

（五·一）五年春正月甲戌、己丑，陈侯鲍卒。再赴也。于是陈乱，文公子佗杀大子免而代之。公疾病而乱作，国人分散，故再赴。

（五·二）夏，齐侯、郑伯朝于纪，欲以袭之。纪人知之。

（五·三）王夺郑伯政，郑伯不朝。秋，王以诸侯伐郑，郑伯御之。

王为中军；虢公林父将右军，蔡人、卫人属焉；周公黑肩将左军，陈人属焉。

郑子元请为左拒，以当蔡人、卫人；为右拒，以当陈人，曰：“陈乱，民莫有斗心。若先犯之，必奔。王卒顾之，必乱。蔡、卫不枝，固将先奔。既而萃于王卒，可以集事。”从之。曼伯为右拒，祭仲足为左拒，原繁、高渠弥以中军奉公，为鱼丽之陈。先偏后伍，伍承弥缝。

战于繻葛。命二拒曰：“旝动而鼓！”蔡、卫、陈皆奔，王卒乱，郑师合以攻之，王卒大败。祝聃射王中肩，王亦能军。祝聃请从之。公曰："君子不欲多上人，况敢陵天子乎？苟自救也，社稷无陨，多矣。"

夜，郑伯使祭足劳王，且问左右。

（五·四）仍叔之子来聘，弱也。

（五·五）秋，大雩。书不时也。凡祀，启蛰而郊，龙见而雩，始杀而尝，闭蛰而烝。过则书。

（五·六）冬，淳于公如曹。度其国危，遂不复。

（桓公六年）

经

（六·一）六年春正月，寔来。

（六·二）夏四月，公会纪侯于成。

（六·三）秋八月壬午，大阅。

（六·四）蔡人杀陈佗。

（六·五）九月丁卯，子同生。

（六·六）冬，纪侯来朝。

传

（六·一）六年春，自曹来朝。书曰"寔来"，不复其国也。

（六·二）楚武王侵随，使薳章求成焉，军于瑕以待之。随人使少师董成。

斗伯比言于楚子曰："吾不得志于汉东也，我则使然。我张吾三军，而被吾甲兵，以武临之，彼则惧而协以谋我，故难间也。汉东之国，随为大。随张，必弃小国。小国离，楚之利也。少师侈，请羸师以张之。"熊率且比曰："季梁在，何益？"斗伯比曰："以为后图，少师得其君。"王毁军而纳少师。

少师归，请追楚师。随侯将许之。季梁止之，曰："天方授楚，楚之羸，其诱我也。君何急焉？臣闻小之能敌大也，小道大淫。所谓道，忠于民而信于神也。上思利民，忠也；祝史正辞，信也。今民馁而君逞欲，祝史矫举以祭，臣不知其可也。"公曰："吾牲牷肥腯，粢盛丰备，何则不信？"对曰："夫民，神之主也，是以圣王先成民而后致力于神。故奉牲以告曰'博硕肥腯'，谓民力之普存也，谓其畜之硕大蕃滋也，谓其不疾瘯蠡也，谓其备腯咸有也；奉盛以告曰：'洁粢丰盛'，谓其三时不害而民和年丰也；奉酒醴以告曰'嘉栗旨酒'，谓其上下皆有嘉德而无违心也。所谓馨香，无谗慝也。故务其三时，修其五教，亲其九族，以致其禋祀，于是乎民和而神降之福，故动则有成。今民各有心，而鬼神乏主；君虽独丰，其何福之有？君姑修政，而亲兄弟之国，庶免于难。"随侯惧而修政，楚不敢伐。

（六·三）夏，会于成，纪来咨谋齐难也。

（六·四）北戎伐齐，齐侯使乞师于郑。郑大子忽帅师救齐。六月，大败戎师，获其二帅大良、少良，甲首三百，以献于齐。

于是诸侯之大夫戍齐，齐人馈之饩，使鲁为其班。后郑。郑忽以其有功也，怒，故有郎之师。

公之未婚于齐也，齐侯欲以文姜妻郑大子忽。大子忽辞。人问其故。大子曰："人各有耦，齐大，非吾耦也。诗云：'自求多福。'在我而已，大国何为？"君子曰："善自为谋。"及其败戎师也，齐侯又请妻之。固辞。人问其故。大子曰："无事于齐，吾犹不敢。今以君命奔齐之急，而受室以归，是以师婚也。民其谓我何？"遂辞诸郑伯。

（六·五）秋，大阅，简车马也。

（六·六）九月丁卯，子同生。以大子生之礼举之，接以太牢，卜士负之，士妻食之，公与文姜、宗妇命之。公问名于申繻。对曰："名有五：有信，有义，有象，有假，有类。以名生为信，以德命为义，以类命为象，取于物为假，取于父为类。不以国，不以官，不以山川，不以隐疾，不以畜牲，不以器币。周人以讳事神，名，终将讳之。故以国则废名，以官则废职，以山川则废主，以畜牲则废祀，以器币则废礼。晋以僖侯废司徒，宋以武公废司空，先君献、武废二山，是以大物不可以命。"公曰："是其生也，与吾同物，命之曰同。"

（六·七）冬，纪侯来朝，请王命以求成于齐。公告不能。

（桓公七年）

经

（七·一）七年春二月己亥，焚咸丘。

（七·二）夏，谷伯绥来朝。邓侯吾离来朝。

传

（七·一）七年春，谷伯、邓侯来朝。名，贱之也。

（七·二）夏，盟、向求成于郑，既而背之。

（七·三）秋，郑人、齐人、卫人伐盟、向。王迁盟、向之民于郏。

（七・四）冬，曲沃伯诱晋小子侯杀之。

（桓公八年）

经

（八・一）八年春正月己卯，烝。

（八・二）天王使家父来聘。

（八・三）夏五月丁丑，烝。

（八・四）秋，伐邾。

（八・五）冬十月，雨雪。

（八・六）祭公来，遂逆王后于纪。

传

（八・一）八年春，灭翼。

（八・二）随少师有宠。楚斗伯比曰："可矣。雠有衅，不可失也。"夏，楚子合诸侯于沈鹿。黄、随不会。使薳章让黄。楚子伐随。军于汉、淮之间。季梁请下之，"弗许而后战，所以怒我而怠寇也。"少师谓随侯曰："必速战。不然，将失楚师。"随侯御之。望楚师。季梁曰："楚人上左，君必左，无与王遇。且攻其右。右无良焉，必败。偏败，众乃携矣。"少师曰："不当王，非敌也。"弗从。战于速杞。随师败绩。随侯逸。斗丹获其戎车，与其戎右少师。秋，随及楚平，楚子将不许。斗伯比曰："天去其疾矣，随未可克也。"乃盟而还。

（八・三）冬，王命虢仲立晋哀侯之弟缗于晋。

（八・四）祭公来，遂逆王后于纪，礼也。

（桓公九年）

经

（九・一）九年春，纪季姜归于京师。

（九・二）夏四月。

（九・三）秋七月。

（九・四）冬，曹伯使其世子射姑来朝。

传

（九・一）九年春，纪季姜归于京师。凡诸侯之女行，唯王后书。

（九・二）巴子使韩服告于楚，请与邓为好。楚子使道朔将巴客以聘于邓，邓南鄙鄾人攻而夺之币，杀道朔及巴行人。楚子使薳章让于邓。邓人弗受。

夏,楚使斗廉帅师及巴师围鄾。邓养甥、聃甥帅师救鄾。三逐巴师,不克。斗廉衡陈其师于巴师之中,以战,而北。邓人逐之,背巴师;而夹攻之。邓师大败。鄾人宵溃。

(九·三)秋,虢仲、芮伯、梁伯、荀侯、贾伯伐曲沃。

(九·四)冬,曹大子来朝。宾之以上卿,礼也。

享曹大子。初献,乐奏而叹。施父曰:“曹大子其有忧乎!非叹所也。”

(桓公十年)

经

(十·一)十年春王正月庚申,曹伯终生卒。

(十·二)夏五月,葬曹桓公。

(十·三)秋,公会卫侯于桃丘,弗遇。

(十·四)冬十有二月丙午,齐侯、卫侯、郑伯来战于郎。

传

(十·一)十年春,曹桓公卒。

(十·二)虢仲谮其大夫詹父于王。詹父有辞,以王师伐虢。夏,虢公出奔虞。

(十·三)秋,秦人纳芮伯万于芮。

(十·四)初,虞叔有玉,虞公求旃。弗献。既而悔之,曰:“周谚有之:‘匹夫无罪,怀璧其罪。’吾焉用此,其以贾害也?”乃献之。又求其宝剑。叔曰:“是无厌也。无厌,将及我。”遂伐虞公。故虞公出奔共池。

(十·五)冬,齐、卫、郑来战于郎,我有辞也。初,北戎病齐,诸侯救之,郑公子忽有功焉。齐人饩诸侯,使鲁次之。鲁以周班后郑。郑人怒,请师于齐。齐人以卫师助之,故不称侵伐。先书齐、卫,王爵也。

(桓公十一年)

经

(十一·一)十有一年春正月,齐人、卫人、郑人盟于恶曹。

(十一·二)夏五月癸未,郑伯寤生卒。

（十一・三）秋七月，葬郑庄公。

（十一・四）九月，宋人执郑祭仲。突归于郑。郑忽出奔卫。

（十一・五）柔会宋公、陈侯、蔡叔盟于折。

（十一・六）公会宋公于夫钟。

（十一・七）冬十有二月，公会宋公于阚。

传

（十一・一）十一年春，齐、卫、郑、宋盟于恶曹。

（十一・二）楚屈瑕将盟贰、轸。郧人军于蒲骚，将与随、绞、州、蓼伐楚师。莫敖患之。斗廉曰："郧人军其郊，必不诫。且日虞四邑之至也。君次于郊郢，以御四邑，我以锐师宵加于郧。郧有虞心而恃其城，莫有斗志。若败郧师，四邑必离。"莫敖曰："盍请济师于王？"对曰："师克在和，不在众。商、周之不敌，君之所闻也。成军以出，又何济焉？"莫敖曰："卜之？"对曰："卜以决疑。不疑，何卜？"遂败郧师于蒲骚，卒盟而还。

（十一・三）郑昭公之败北戎也，齐人将妻之。昭公辞。祭仲曰："必取之。君多内宠，子无大援，将不立。三公子皆君也。"弗从。

夏，郑庄公卒。

初，祭封人仲足有宠于庄公，庄公使为卿。为公娶邓曼，生昭公。故祭仲立之。宋雍氏女于郑庄公，曰雍姞，生厉公。雍氏宗，有宠于宋庄公，故诱祭仲而执之，曰："不立突，将死。"亦执厉公而求赂焉。祭仲与宋人盟，以厉公归而立之。

秋九月丁亥，昭公奔卫。己亥，厉公立。

（桓公十二年）

经

（十二・一）十有二年春正月。

（十二・二）夏六月壬寅，公会杞侯、莒子盟于曲池。

（十二・三）秋七月丁亥，公会宋公、燕人盟于谷丘。

（十二・四）八月壬辰，陈侯跃卒。

（十二・五）公会宋公于虚。

（十二・六）冬十有一月，公会宋公于龟。

（十二・七）丙戌，公会郑伯，盟于武父。

（十二・八）丙戌，卫侯晋卒。

（十二・九）十有二月，及郑师伐宋。丁未，战于宋。

传

（十二・一）十二年夏，盟于曲池，平杞、莒也。

（十二・二）公欲平宋、郑。秋，公及宋公盟于句渎之丘。宋成未可知也，故又会于虚；冬，又会于龟。宋公辞平，故与郑伯盟于武父，遂帅师而伐宋，战焉，宋无信也。

君子曰："苟信不继，盟无益也。诗云：'君子屡盟，乱是用长'，无信也。"

（十二・三）楚伐绞，军其南门。莫敖屈瑕曰："绞小而轻，轻则寡谋。请无捍采樵者以诱之。"从之，绞人获三十人。明日，绞人争出，驱楚役徒于山中。楚人坐其北门，而覆诸山下。大败之。为城下之盟而还。

（十二・四）伐绞之役，楚师分涉于彭。罗人欲伐之。使伯嘉谍之。三巡数之。

（桓公十三年）

经

（十三・一）十有三年春二月，公会纪侯、郑伯。己巳，及齐侯、宋公、卫侯、燕人战。齐师、宋师、卫师、燕师败绩。

（十三・二）三月，葬卫宣公。

（十三・三）夏，大水。

（十三・四）秋七月。

（十三・五）冬十月。

传

（十三・一）十三年春，楚屈瑕伐罗，斗伯比送之。还，谓其御曰："莫敖必败，举趾高，心不固矣。"遂见楚子，曰："必济师！"楚子辞焉。入告夫人邓曼。邓曼曰："大夫其非众之谓，其谓君抚小民以信，训诸司以德，而威莫敖以刑也。莫敖狃于蒲骚之役，将自用也，必小罗。君若不镇抚，其不设备乎！夫固谓君训众而好镇抚之，召诸司而劝之以令德，见莫敖而告诸天之不假易也。不然，夫岂不知楚师之尽行也？"楚子使赖人追之，不及。

莫敖使徇于师曰："谏者有刑！"及鄢，乱次以济，遂无次。且不设备。及罗，罗与卢戎两军之，大败之。莫敖缢于荒谷。群帅囚于冶父以听刑。楚子曰："孤之罪也。"皆免之。

（十三·二）宋多责赂于郑。郑不堪命，故以纪、鲁及齐与宋、卫、燕战。不书所战，后也。

（十三·三）郑人来请修好。

（桓公十四年）

经

（十四·一）十有四年春正月，公会郑伯于曹。

（十四·二）无冰。

（十四·三）夏五，郑伯使其弟语来盟。

（十四·四）秋八月壬申，御廪灾。

（十四·五）乙亥，尝。

（十四·六）冬十有二月丁巳，齐侯禄父卒。

（十四·七）宋人以齐人、蔡人、卫人、陈人伐郑。

传

（十四·一）十四年春，会于曹。曹人致饩，礼也。

（十四·二）夏，郑子人来寻盟，且修曹之会。

（十四·三）秋八月壬申，御廪灾。乙亥，尝，书不害也。

（十四·四）冬，宋人以诸侯伐郑，报宋之战也。焚渠门，入，及大逵。伐东郊，取牛首。以大宫之椽归为卢门之椽。

（桓公十五年）

经

（十五·一）十有五年春二月，天王使家父来求车。

（十五·二）三月乙未，天王崩。

（十五·三）夏四月己巳，葬齐僖公。

（十五·四）五月，郑伯突出奔蔡。

（十五·五）郑世子忽复归于郑。

（十五·六）许叔入于许。

（十五·七）公会齐侯于艾。

（十五·八）邾人、牟人、葛人来朝。

（十五·九）秋九月，郑伯突入于栎。

（十五·十）冬十有一月，公会宋公、卫侯、陈侯于袲，伐郑。

传

（十五·一）十五年春，天王使家父来求车，非礼也。诸侯不贡车服，天子不私求财。

（十五·二）祭仲专，郑伯患之，使其婿雍纠杀之。将享诸郊。雍姬知之，谓其母曰："父与夫孰亲？"其母曰："人尽夫也，父一而已，胡可比也？"遂告祭仲曰："雍氏舍其室而将享子于郊，吾惑之，以告。"祭仲杀雍纠，尸诸周氏之汪。公载以出，曰："谋及妇人，宜其死也。"夏，厉公出奔蔡。

（十五·三）六月乙亥，昭公入。

（十五·四）许叔入于许。

（十五·五）公会齐侯于艾，谋定许也。

（十五·六）秋，郑伯因栎人杀檀伯，而遂居栎。

（十五·七）冬，会于袲，谋伐郑，将纳厉公也。弗克而还。

（桓公十六年）

经

（十六·一）十有六年春正月，公会宋公、蔡侯、卫侯于曹。

（十六·二）夏四月，公会宋公、卫侯、陈侯、蔡侯伐郑。

（十六·三）秋七月，公至自伐郑。

（十六·四）冬，城向。

（十六·五）十有一月，卫侯朔出奔齐。

传

（十六·一）十六年春正月，会于曹，谋伐郑也。

（十六·二）夏，伐郑。

（十六·三）秋七月，公至自伐郑，以饮至之礼也。

（十六·四）冬，城向，书时也。

（十六·五）初，卫宣公烝于夷姜，生急子，属诸右公子。为之娶于齐，而美，公取之。生寿及朔。属寿于左公子。夷姜缢。宣姜与公子朔构急子。公使诸齐。使盗待诸莘，将杀之。寿子告之，使行。不可，曰："弃父之命，恶用子矣？有无父之国则可也。"及行，饮以酒。寿子载其旌以先，盗杀之。急子至，曰："我之求也，此何罪？请杀我乎！"又杀之。二公子故怨惠公。

十一月，左公子泄、右公子职立公子黔牟。惠公奔齐。

（桓公十七年）

经

（十七・一）十有七年春正月丙辰，公会齐侯、纪侯，盟于黄。

（十七・二）二月丙午，公会邾仪父，盟于趡。

（十七・三）夏五月丙午，及齐师战于奚。

（十七・四）六月丁丑，蔡侯封人卒。

（十七・五）秋八月，蔡季自陈归于蔡。

（十七・六）癸巳，葬蔡桓侯。

（十七・七）及宋人、卫人伐邾。

（十七・八）冬十月朔，日有食之。

传

（十七・一）十七年春，盟于黄，平齐、纪，且谋卫故也。

（十七・二）及邾仪父盟于趡，寻蔑之盟也。

（十七・三）夏，及齐师战于奚，疆事也。于是齐人侵鲁疆，疆吏来告。公曰："疆埸之事，慎守其一，而备其不虞。姑尽所备焉。事至而战，又何谒焉？"

（十七・四）蔡桓侯卒。蔡人召蔡季于陈。

（十七・五）秋，蔡季自陈归于蔡，蔡人嘉之也。

（十七・六）伐邾，宋志也。

（十七・七）冬十月朔，日有食之。不书日，官失之也。天子有日官，诸侯有日御。日官居卿以底日，礼也。日御不失日，以授百官于朝。

（十七・八）初，郑伯将以高渠弥为卿，昭公恶之，固谏，不听。昭公立，惧其杀己也，辛卯，弑昭公而立公子亹。君子谓昭公"知所恶矣"。公子达曰："高伯其为戮乎！复恶已甚矣。"

（桓公十八年）

经

（十八・一）十有八年春王正月，公会齐侯于泺。公与夫人姜氏遂如齐。

（十八・二）夏四月丙子，公薨于齐。

（十八・三）丁酉，公之丧至自齐。

（十八・四）秋七月。

（十八·五）冬十有二月己丑，葬我君桓公。

传

（十八·一）十八年春，公将有行，遂与姜氏如齐。申繻曰："女有家，男有室，无相渎也。谓之有礼。易此必败。"

公会齐侯于泺，遂及文姜如齐。齐侯通焉。公谪之。以告。

（十八·二）夏四月丙子，享公。使公子彭生乘公，公薨于车。

（十八·三）鲁人告于齐曰："寡君畏君之威，不敢宁居，来修旧好。礼成而不反，无所归咎，恶于诸侯。请以彭生除之。"齐人杀彭生。

（十八·四）秋，齐侯师于首止，子亹会之，高渠弥相。七月戊戌，齐人杀子亹，而轘高渠弥。祭仲逆郑子于陈而立之。

是行也，祭仲知之，故称疾不往。人曰："祭仲以知免。"仲曰："信也。"

（十八·五）周公欲弑庄王而立王子克。辛伯告王，遂与王杀周公黑肩。王子克奔燕。

初，子仪有宠于桓王，桓王属诸周公。辛伯谏曰："并后、匹嫡、两政、耦国，乱之本也。"周公弗从，故及。

庄　公

（庄公元年）

经

（一·一）元年春王正月。

（一·二）三月，夫人孙于齐。

（一·三）夏，单伯送王姬。

（一·四）秋，筑王姬之馆于外。

（一·五）冬十月乙亥，陈侯林卒。

（一·六）王使荣叔来锡桓公命。

（一·七）王姬归于齐。

（一·八）齐师迁纪郱、鄑、郚。

传

（一·一）元年春，不称即位，文姜出故也。

（一·二）三月，夫人孙于齐，不称姜氏，绝不为亲，礼也。

（一·三）秋，筑王姬之馆于外。为外，礼也。

（庄公二年）

经

（二·一）二年春王二月，葬陈庄公。

（二·二）夏，公子庆父帅师伐于余丘。

（二·三）秋七月，齐王姬卒。

（二·四）冬十有二月，夫人姜氏会齐侯于禚。

（二·五）乙酉，宋公冯卒。

传

（二·一）二年冬，夫人姜氏会齐侯于禚。书奸也。

（庄公三年）

经

（三·一）三年春王正月，溺会齐师伐卫。

（三·二）夏四月，葬宋庄公。

（三·三）五月葬桓王。

（三·四）秋，纪季以酅入于齐。

（三·五）冬，公次于滑。

传

（三·一）三年春，溺会齐师伐卫，疾之也。

（三·二）夏五月，葬桓王，缓也。

（三·三）秋，纪季以酅入于齐，纪于是乎始判。

（三·四）冬，公次于滑，将会郑伯，谋纪故也。郑伯辞以难。凡师，一宿为舍，再宿为信，过信为次。

（庄公四年）

经

（四·一）四年春王二月，夫人姜氏享齐侯于祝丘。

（四·二）三月，纪伯姬卒。

（四·三）夏，齐侯、陈侯、郑伯遇于垂。

（四·四）纪侯大去其国。

（四·五）六月乙丑，齐侯葬纪伯姬。

（四·六）秋七月。

（四·七）冬，公及齐人狩于禚。

传

（四·一）四年春王三月，楚武王荆尸，授师孑焉，以伐随。将齐，入告夫人邓曼曰："余心荡。"邓曼叹曰："王禄尽矣。盈而荡，天之道也。先君其知之矣，故临武事，将发大命，而荡王心焉。若师徒无亏，王薨于行，国之福也。"王遂行，卒于樠木之下。令尹斗祁、莫敖屈重除道、梁溠，营军临随，随人惧，行成。莫敖以王命入盟随侯，且请为会于汉汭而还。济汉而后发丧。

（四·二）纪侯不能下齐，以与纪季。夏，纪侯大去其国，违齐难也。

（庄公五年）

经

（五·一）五年春王正月。

（五・二）夏，夫人姜氏如齐师。

（五・三）秋，郳犁来来朝。

（五・四）冬，公会齐人、宋人、陈人、蔡人伐卫。

传

（五・一）五年秋，郳犁来来朝。名，未王命也。

（五・二）冬，伐卫，纳惠公也。

（庄公六年）

经

（六・一）六年春王正月，王人子突救卫。

（六・二）夏六月，卫侯朔入于卫。

（六・三）秋，公至自伐卫。

（六・四）螟。

（六・五）冬，齐人来归卫俘。

传

（六・一）六年春，王人救卫。夏，卫侯入，放公子黔牟于周，放宁跪于秦，杀左公子泄、右公子职，乃即位。君子以二公子之立黔牟"为不度矣。夫能固位者，必度于本末，而后立衷焉。不知其本，不谋；知本之不枝，弗强。诗云：'本枝百世。'"

（六・二）冬，齐人来归卫宝，文姜请之也。

（六・三）楚文王伐申，过邓。邓祁侯曰："吾甥也。"止而享之。骓甥、聃甥、养甥请杀楚子。邓侯弗许。三甥曰："亡邓国者，必此人也。若不早图，后君噬齐。其及图之乎！图之，此为时矣。"邓侯曰："人将不食吾余。"对曰："若不从三臣，抑社稷实不血食，而君焉取余？"弗从。还年，楚子伐邓。十六年，楚复伐邓，灭之。

（庄公七年）

经

（七・一）七年春，夫人姜氏会齐侯于防。

（七・二）夏四月辛卯，夜，恒星不见。夜中，星陨如雨。

（七・三）秋，大水。

（七・四）无麦、苗。

（七・五）冬，夫人姜氏会齐侯于谷。

传

（七·一）七年春，文姜会齐侯于防，齐志也。

（七·二）夏，恒星不见，夜明也。星陨如雨，与雨偕也。

（七·三）秋，无麦、苗，不害嘉谷也。

（庄公八年）

经

（八·一）八年春王正月，师次于郎，以俟陈人、蔡人。

（八·二）甲午，治兵。

（八·三）夏，师及齐师围郕。郕降于齐师。

（八·四）秋，师还。

（八·五）冬十有一月癸未，齐无知弑其君诸儿。

传

（八·一）八年春，治兵于庙，礼也。

（八·二）夏，师及齐师围郕。郕降于齐师。仲庆父请伐齐师。公曰："不可。我实不德，齐师何罪？罪我之由。夏书曰：'皋陶迈种德，德，乃降。'姑务修德，以待时乎！"

秋，师还。君子是以善鲁庄公。

（八·三）齐侯使连称、管至父戍葵丘，瓜时而往，曰："及瓜而代。"期戍，公问不至。请代，弗许。故谋作乱。

僖公之母弟曰夷仲年，生公孙无知，有宠于僖公，衣服礼秩如适。襄公绌之。二人因之以作乱。

连称有从妹在公宫，无宠，使间公。曰："捷，吾以汝为夫人。"

冬十二月，齐侯游于姑棼，遂田于贝丘。见大豕。从者曰："公子彭生也。"公怒，曰："彭生敢见！"射之。豕人立而啼。公惧，队于车。伤足，丧屦。反，诛屦于徒人费。弗得，鞭之，见血。走出，遇贼于门。劫而束之。费曰："我奚御哉？"袒而示之背。信之。费请先入。伏公而出，斗，死于门中。石之纷如死于阶下。遂入，杀孟阳于床。曰："非君也，不类。"见公之足于户下，遂弑之，而立无知。

初，襄公立，无常。鲍叔牙曰："君使民慢，乱将作矣。"奉公子小白出奔莒。乱作，管夷吾、召忽奉公子纠来奔。

（八·四）初，公孙无知虐于雍廪。

（庄公九年）

经

（九·一）九年春，齐人杀无知。

（九·二）公及齐大夫盟于蔇。

（九·三）夏，公伐齐，纳子纠。齐小白入于齐。

（九·四）秋七月丁酉，葬齐襄公。

（九·五）八月庚申，及齐师战于干时，我师败绩。

（九·六）九月，齐人取子纠杀之。

（九·七）冬，浚洙。

传

（九·一）九年春，雍廪杀无知。

（九·二）公及齐大夫盟于蔇，齐无君也。

（九·三）夏，公伐齐，纳子纠。桓公自莒先入。

（九·四）秋，师及齐师战于干时，我师败绩。公丧戎路，传乘而归。秦子、梁子以公旗辟于下道，是以皆止。

（九·五）鲍叔帅师来言曰："子纠，亲也，请君讨之。管、召，雠也，请受而甘心焉。"乃杀子纠于生窦。召忽死之。管仲请囚，鲍叔受之，及堂阜而税之。归而以告曰："管夷吾治于高傒，使相可也。"公从之。

（庄公十年）

经

（十·一）十年春王正月，公败齐师于长勺。

（十·二）二月，公侵宋。

（十·三）三月，宋人迁宿。

（十·四）夏六月，齐师、宋师次于郎。公败宋师于乘丘。

（十·五）秋九月，荆败蔡师于莘，以蔡侯献舞归。

（十·六）冬十月，齐师灭谭。谭子奔莒。

传

（十·一）十年春，齐师伐我。公将战。曹刿请见。其乡人曰："肉食者谋之，又何间焉？"刿曰："肉食者鄙，未能远谋。"乃入见，问何以战。公曰："衣食所安，弗敢专也，必以分人。"对曰："小惠未遍，民弗从也。"公曰："牺牲玉帛，弗敢加也，必以信。"对曰："小信未孚，神弗福也。”公曰：“小大之狱，虽不能察，必以情。”对曰：“忠之属也，可以一战。战，则请从。”

公与之乘。战于长勺。公将鼓之。刿曰：“未可。”齐人三鼓。刿曰：“可矣！”齐师败绩。公将驰之。刿曰：“未可。”下，视其辙，登轼而望之，曰：“可矣！”遂逐齐师。既克，公问其故。对曰：“夫战，勇气也。一鼓作气，再而衰，三而竭。彼竭我盈，故克之。夫大国，难测也，惧有伏焉。吾视其辙乱，望其旗靡，故逐之。”

（十・二）夏六月，齐师、宋师次于郎。公子偃曰：“宋师不整，可败也。宋败，齐必还。请击之。”公弗许。自雩门窃出，蒙皋比而先犯之。公从之。大败宋师于乘丘。齐师乃还。

（十・三）蔡哀侯娶于陈，息侯亦娶焉。息妫将归，过蔡。蔡侯曰：“吾姨也。”止而见之，弗宾。息侯闻之，怒，使谓楚文王曰：“伐我，吾求救于蔡而伐之。”楚子从之。秋九月，楚败蔡师于莘，以蔡侯献舞归。

（十・四）齐侯之出也，过谭，谭不礼焉。及其入也，诸侯皆贺，谭又不至。冬，齐师灭谭，谭无礼也。谭子奔莒，同盟故也。

（庄公十一年）

经

（十一・一）十有一年春王正月。

（十一・二）夏五月戊寅，公败宋师于鄑。

（十一・三）秋，宋大水。

（十一・四）冬，王姬归于齐。

传

（十一・一）十一年夏，宋为乘丘之役故，侵我。公御之。宋师未陈而薄之，败诸鄑。凡师，敌未陈曰败某师，皆陈曰战，大崩曰败绩。得俊曰克，覆而败之曰取某师，京师败曰王师败绩于某。

（十一・二）秋，宋大水。公使吊焉，曰：“天作淫雨，害于粢盛，若之何不吊？”对曰：“孤实不敬，天降之灾，又以为君忧，拜命之辱。”

臧文仲曰：“宋其兴乎！禹、汤罪己，其兴也悖焉；桀、纣罪人，其亡也忽焉。且列国有凶，称孤，礼也。言惧而名礼，其庶乎！”既而闻之曰公子御说之辞也。臧孙达曰：“是宜为君，有恤民之心。”

（十一・三）冬，齐侯来逆共姬。

（十一·四）乘丘之役，公以金仆姑射南宫长万，公右歂孙生搏之。宋人请之。宋公靳之，曰："始吾敬子；今子，鲁囚也，吾弗敬子矣。"病之。

（庄公十二年）

经

（十二·一）十有二年春王三月，纪叔姬归于酅。

（十二·二）夏四月。

（十二·三）秋八月甲午，宋万弑其君捷及其大夫仇牧。

（十二·四）冬十月，宋万出奔陈。

传

（十二·一）十二年秋，宋万弑闵公于蒙泽。遇仇牧于门，批而杀之。遇大宰督于东宫之西，又杀之。立子游。群公子奔萧，公子御说奔亳。南宫牛、猛获帅师围亳。

冬十月，萧叔大心及戴、武、宣、穆、庄之族，以曹师伐之。杀南宫牛于师，杀子游于宋，立桓公。猛获奔卫。南宫万奔陈，以乘车辇其母，一日而至。

宋人请猛获于卫。卫人欲勿与。石祁子曰："不可，天下之恶一也，恶于宋而保于我，保之何补？得一夫而失一国，与恶而弃好，非谋也。"卫人归之。亦请南宫万于陈，以赂。陈人使妇人饮之酒，而以犀革裹之。比及宋，手足皆见。宋人皆醢之。

（庄公十三年）

经

（十三·一）十有三年春，齐侯、宋人、陈人、蔡人、邾人会于北杏。

（十三·二）夏六月，齐人灭遂。

（十三·三）秋七月。

（十三·四）冬，公会齐侯盟于柯。

传

（十三·一）十三年春，会于北杏，以平宋乱。遂人不至。夏，齐人灭遂而戍之。

（十三·二）冬，盟于柯，始及齐平也。

（十三·三）宋人背北杏之会。

（庄公十四年）

经

（十四·一）十有四年春，齐人、陈人、曹人伐宋。

（十四·二）夏，单伯会伐宋。

（十四·三）秋七月，荆入蔡。

（十四·四）冬，单伯会齐侯、宋公、卫侯、郑伯于鄄。

传

（十四·一）十四年春，诸侯伐宋。齐请师于周。夏，单伯会之。取成于宋而还。

（十四·二）郑厉公自栎侵郑，及大陵，获傅瑕。傅瑕曰："苟舍我，吾请纳君。"与之盟而赦之。六月甲子，傅瑕杀郑子及其二子，而纳厉公。初，内蛇与外蛇斗于郑南门中，内蛇死。六年而厉公入。公闻之，问于申缙曰："犹有妖乎？"对曰："人之所忌，其气焰以取之。妖由人兴也。人无衅焉，妖不自作。人弃常，则妖兴，故有妖。"

厉王入，遂杀傅瑕。使谓原繁曰："傅瑕贰，周有常刑，既伏其罪矣。纳我而无二心者，吾皆许之上大夫之事，吾愿与伯父图之。且寡人出，伯父无里言。入，又不念寡人，寡人憾焉。"对曰："先君桓公命我先人典司宗祏。社稷有主，而外其心，其何贰如之？苟主社稷，国内之民，其谁不为臣？臣无二心，天之制也。子仪在位，十四年矣；而谋召君者，庸非二乎？庄公之子犹有八人，若皆以官爵行赂劝贰而可以济事，君其若之何？臣闻命矣。"乃缢而死。

（十四·三）蔡哀侯为莘故，绳息妫以语楚子。楚子如息，以食入享，遂灭息。以息妫归，生堵敖及成王焉。未言。楚子问之。对曰："吾一妇人，而事二夫，纵弗能死，其又奚言？"楚子以蔡侯灭息，遂伐蔡。秋七月，楚入蔡。君子曰："商书所谓'恶之易也，如火之燎于原，不可乡迩，其犹可扑灭'者，其如蔡哀侯乎！"

（十四·四）冬，会于鄄，宋服故也。

（庄公十五年）

经

（十五·一）十有五年春，齐侯、宋公、陈侯、卫侯、郑伯会于鄄。

（十五·二）夏，夫人姜氏如齐。

（十五·三）秋，宋人、齐人、邾人伐郳。

（十五・四）郑人侵宋。

（十五・五）冬十月。

传

（十五・一）十五年春，复会焉，齐始霸也。

（十五・二）秋，诸侯为宋伐郳。郑人间之而侵宋。

（庄公十六年）

经

（十六・一）十有六年春王正月。

（十六・二）夏，宋人、齐人、卫人伐郑。

（十六・三）秋，荆伐郑。

（十六・四）冬十有二月，会齐侯、宋公、陈侯、卫侯、郑伯、许男、滑伯、滕子同盟于幽。

（十六・五）邾子克卒。

传

（十六・一）十六年夏，诸侯伐郑，宋故也。

（十六・二）郑伯自栎入，缓告于楚。秋，楚伐郑，及栎，为不礼故也。

（十六・三）郑伯治与于雍纠之乱者，九月，杀公子阏，刖强鉏。公父定叔出奔卫。三年而复之，曰："不可使共叔无后于郑。"使以十月入，曰："良月也，就盈数焉。"君子谓强鉏不能卫其足。

（十六・四）冬，同盟于幽，郑成也。

（十六・五）王使虢公命曲沃伯以一军为晋侯。

（十六・六）初，晋武公伐夷，执夷诡诸。蔿国请而免之。既而弗报，故子国作乱，谓晋人曰："与我伐夷而取其地。"遂以晋师伐夷，杀夷诡诸。周公忌父出奔虢。惠王立而复之。

（庄公十七年）

经

（十七・一）十有七年春，齐人执郑詹。

（十七・二）夏，齐人歼于遂。

（十七・三）秋，郑詹自齐逃来。

（十七・四）冬，多麋。

传

（十七·一）十七年春，齐人执郑詹，郑不朝也。

（十七·二）夏，遂因氏、颌氏、工娄氏、须遂氏飨齐戍，醉而杀之，齐人歼焉。

（庄公十八年）

经

（十八·一）十有八年春王三月，日有食之。

（十八·二）夏，公追戎于济西。

（十八·三）秋，有蜮。

（十八·四）冬十月。

传

（十八·一）十八年春，虢公、晋侯朝王。王飨醴，命之宥。皆赐玉五瑴、马三匹，非礼也。王命诸侯，名位不同，礼亦异数，不以礼假人。

（十八·二）虢公、晋侯、郑伯使原庄公逆王后于陈。陈妫归于京师，实惠后。

（十八·三）夏，公追戎于济西。不言其来，讳之也。

（十八·四）秋，有蜮，为灾也。

（十八·五）初，楚武王克权，使斗缗尹之，以叛，围而杀之。迁权于那处，使阎敖尹之。及文王即位，与巴人伐申，而惊其师。巴人叛楚而伐那处，取之，遂门于楚。阎敖游涌而逸。楚子杀之。其族为乱。冬，巴人因之以伐楚。

（庄公十九年）

经

（十九·一）十有九年春王正月。

（十九·二）夏四月。

（十九·三）秋，公子结媵陈人之妇于鄄，遂及齐侯、宋公盟。

（十九·四）夫人姜氏如莒。

（十九·五）冬，齐人、宋人、陈人伐我西鄙。

传

（十九·一）十九年春，楚子御之，大败于津。还，鬻拳弗纳，遂伐黄。败黄师于踖陵。还，及湫，有疾。夏六月庚申，卒。鬻拳葬诸夕室。亦自杀也，而葬于绖皇。

初，鬻拳强谏楚子。楚子弗从。临之以兵，惧而从之。鬻拳曰："吾惧君以兵，罪莫大焉。"遂自刖也。楚人以为大阍，谓之大伯。使其后掌之。君子曰："鬻拳可谓爱君矣！谏以自纳于刑，刑犹不忘纳君于善。"

（十九·二）初，王姚嬖于庄王，生子颓。子颓有宠，蒍国为之师。及惠王即位，取蒍国之圃以为囿。边伯之宫近于王宫，王取之。王夺子禽祝跪与詹父田，而收膳夫之秩，故蒍国、边伯、石速、詹父、子禽、祝跪作乱，因苏氏。秋，五大夫奉子颓以伐王，不克，出奔温。苏子奉子颓以奔卫。卫师、燕师伐周。冬，立子颓。

（庄公二十年）

经

（二十·一）二十年春王二月，夫人姜氏如莒。

（二十·二）夏，齐大灾。

（二十·三）秋七月。

（二十·四）冬，齐人伐戎。

传

（二十·一）二十年春，郑伯和王室，不克。执燕仲父。夏，郑伯遂以王归。王处于栎。秋，王及郑伯入于邬。遂入成周。取其宝器而还。冬，王子颓享五大夫，乐及遍舞。郑伯闻之，见虢叔曰："寡人闻之：哀乐失时，殃咎必至。今王子颓歌舞不倦，乐祸也。夫司寇行戮，君为之不举，而况敢乐祸乎？奸王之位，祸孰大焉？临祸忘忧，忧必及之。盍纳王乎？"虢公曰："寡人之愿也。"

（庄公二十一年）

经

（二一·一）二十有一年春王正月。

（二一·二）夏五月辛酉，郑伯突卒。

（二一·三）秋七月戊戌，夫人姜氏薨。

（二一·四）冬十有二月，葬郑厉公。

传

(二一·一)二十一年春,胥命于弭。夏,同伐王城。

郑伯将王自圉门入。虢叔自北门入。杀王子颓及五大夫。

郑伯享王于阙西辟,乐备。王与之武公之略,自虎牢以东。原伯曰:"郑伯效尤,其亦将有咎!"五月,郑厉公卒。

王巡虢守,虢公为王宫于玤,王与之酒泉。

郑伯之享王也,王以后之鞶鉴予之。虢公请器,王予之爵。郑伯由是始恶于王。

冬,王归自虢。

(庄公二十二年)

经

(二二·一)二十有二年春王正月,肆大眚。

(二二·二)癸丑,葬我小君文姜。

(二二·三)陈人杀其公子御寇。

(二二·四)夏五月。

(二二·五)秋七月丙申,及齐高傒盟于防。

(二二·六)冬,公如齐纳币。

传

(二二·一)二十二年春,陈人杀其大子御寇。陈公子完与颛孙奔齐。颛孙自齐来奔。

齐侯使敬仲为卿。辞曰:"羁旅之臣幸若获宥,及于宽政,赦其不闲于教训,而免于罪戾,弛于负担,君之惠也。所获多矣,敢辱高位以速官谤?请以死告。诗云:'翘翘车乘,招我以弓。岂不欲往?畏我友朋。'"使为工正。

饮桓公酒,乐。公曰:"以火继之。"辞曰:"臣卜其昼,未卜其夜,不敢。"君子曰:"酒以成礼,不继以淫,义也;以君成礼,弗纳于淫,仁也。"

初,懿氏卜妻敬仲。其妻占之,曰:"吉。是谓'凤皇于飞,和鸣锵锵。有妫之后,将育于姜。五世其昌,并于正卿。八世之后,莫之与京。'"

陈厉公,蔡出也,故蔡人杀五父而立之。生敬仲。其少也,周史有以周易见陈侯者,陈侯使筮之,遇观☴☷之否☰☷,曰:"是谓'观国之光，利用宾于王。'此其代陈有国乎？不在此，其在异国；非此其身，在其子孙。光，远而自他有耀者也。坤，土也；巽，风也；乾，天也。风为天于土上，山也。有山之材，而照之以天光，于是乎居土上，故曰'观国之光，利用宾于王'。庭实旅百，奉之以玉帛，天地之美具焉，故曰'利用宾于王'。犹有观焉，故曰其在后乎！风行而着于土，故曰其在异国乎！若在异国，必姜姓也。姜，大岳之后也。山岳则配天。物莫能两大。陈衰，此其昌乎！"及陈之初亡也，陈桓子始大于齐；其后亡也，成子得政。

(庄公二十三年)

经

(二三・一)二十有三年春，公至自齐。

(二三・二)祭叔来聘。

(二三・三)夏，公如齐观社。

(二三・四)公至自齐。

(二三・五)荆人来聘。

(二三・六)公及齐侯遇于谷。

(二三・七)萧叔朝公。

(二三・八)秋，丹桓宫楹。

(二三・九)冬十有一月，曹伯射姑卒。

(二三・十)十有二月甲寅，公会齐侯盟于扈。

传

(二三・一)二十三年夏，公如齐观社，非礼也。曹刿谏曰："不可。夫礼，所以整民也。故会以训上下之则，制财用之节；朝以正班爵之义，帅长幼之序；征伐以讨其不然。诸侯有王，王有巡守，以大习之。非是，君不举矣。君举必书。书而不法，后嗣何观？"

(二三・二)晋桓、庄之族偪，献公患之。士蒍曰："去富子，则群公子可谋也已。"公曰："尔试其事。"士蒍与群公子谋，谮富子而去之。

(二三・三)秋，丹桓宫之楹。

(庄公二十四年)

经

(二四・一)二十有四年春王三月，刻桓宫桷。

（二四·二）葬曹庄公。

（二四·三）夏，公如齐逆女。

（二四·四）秋，公至自齐。

（二四·五）八月丁丑，夫人姜氏入。

（二四·六）戊寅，大夫宗妇觌，用币。

（二四·七）大水。

（二四·八）冬，戎侵曹。

（二四·九）曹羁出奔陈。

（二四·十）赤归于曹。

（二四·十一）郭公。

传

（二四·一）二十四年春，刻其桷，皆非礼也。御孙谏曰："臣闻之：'俭，德之共也；侈，恶之大也。'先君有共德，而君纳诸大恶，无乃不可乎？"

（二四·二）秋，哀姜至，公使宗妇觌，用币，非礼也。御孙曰："男贽，大者玉帛，小者禽鸟，以章物也。女贽，不过榛、栗、枣、修，以告虔也。今男女同贽，是无别也。男女之别，国之大节也；而由夫人乱之，无乃不可乎？"

（二四·三）晋士蒍又与群公子谋，使杀游氏之二子。士蒍告晋侯曰："可矣。不过二年，君必无患。"

（庄公二十五年）

经

（二五·一）二十有五年春，陈侯使女叔来聘。

（二五·二）夏五月癸丑，卫侯朔卒。

（二五·三）六月辛未朔，日有食之，鼓、用牲于社。

（二五·四）伯姬归于杞。

（二五·五）秋，大水，鼓、用牲于社、于门。

（二五·六）冬，公子友如陈。

传

（二五·一）二十五年春，陈女叔来聘，始结陈好也。嘉之，故不名。

（二五·二）夏六月辛未，朔，日有食之，鼓、用牲于社，非常也。

唯正月之朔，慝未作，日有食之，于是乎用币于社，伐鼓于朝。

（二五・三）秋，大水，鼓、用牲于社、于门，亦非常也。凡天灾，有币，无牲。非日、月之眚不鼓。

（二五・四）晋士蔿使群公子尽杀游氏之族，乃城聚而处之。

（二五・五）冬，晋侯围聚，尽杀群公子。

（庄公二十六年）

经

（二六・一）二十有六年春，公伐戎。

（二六・二）夏，公至自伐戎。

（二六・三）曹杀其大夫。

（二六・四）秋，公会宋人、齐人伐徐。

（二六・五）冬十有二月癸亥朔，日有食之。

传

（二六・一）二十六年春，晋士蔿为大司空。

（二六・二）夏，士蔿城绛，以深其宫。

（二六・三）秋，虢人侵晋。冬，虢人又侵晋。

（庄公二十七年）

经

（二七・一）二十有七年春，公会杞伯姬于洮。

（二七・二）夏六月，公会齐侯、宋公、陈侯、郑伯同盟于幽。

（二七・三）秋，公子友如陈，葬原仲。

（二七・四）冬，杞伯姬来。

（二七・五）莒庆来逆叔姬。

（二七・六）杞伯来朝。

（二七・七）公会齐侯于城濮。

传

（二七・一）二十七年春，公会杞伯姬于洮，非事也。天子非展义不巡守，诸侯非民事不举，卿非君命不越竟。

（二七・二）夏，同盟于幽，陈、郑服也。

（二七・三）秋，公子友如陈葬原仲，非礼也。原仲，季友之旧也。

（二七・四）冬，杞伯姬来，归宁也。凡诸侯之女，归宁曰来，出曰来归，夫人归宁曰如某，出曰归于某。

（二七·五）晋侯将伐虢。士蔿曰："不可。虢公骄，若骤得胜于我，必弃其民。无众而后伐之，欲御我，谁与？夫礼、乐、慈、爱，战所畜也。夫民，让事、乐和、爱亲、哀丧，而后可用也。虢弗畜也，亟战，将饥。"

（二七·六）王使召伯廖赐齐侯命，且请伐卫，以其立子颓也。

（庄公二十八年）

经

（二八·一）二十有八年春王三月甲寅，齐人伐卫。卫人及齐人战，卫人败绩。

（二八·二）夏四月丁未，邾子琐卒。

（二八·三）秋，荆伐郑，公会齐人、宋人救郑。

（二八·四）冬，筑郿。

（二八·五）大无麦、禾，臧孙辰告籴于齐。

传

（二八·一）二十八年春，齐侯伐卫，战，败卫师，数之以王命，取赂而还。

（二八·二）晋献公娶于贾，无子。烝于齐姜，生秦穆夫人及大子申生。又娶二女于戎，大戎狐姬生重耳，小戎子生夷吾。晋伐骊戎，骊戎男女以骊姬，归，生奚齐，其娣生卓子。骊姬嬖，欲立其子，赂外嬖梁五与东关嬖五，使言于公曰："曲沃，君之宗也；蒲与二屈，君之疆也；不可以无主。宗邑无主，则民不威；疆埸无主，则启戎心；戎之生心，民慢其政，国之患也。若使大子主曲沃，而重耳、夷吾主蒲与屈，则可以威民而惧戎，且旌君伐。"使俱曰："狄之广莫，于晋为都。晋之启土，不亦宜乎！"晋侯说之。夏，使大子居曲沃，重耳居蒲城，夷吾居屈。群公子皆鄙。唯二姬之子在绛。二五卒与骊姬谮群公子而立奚齐，晋人谓之二五耦。

（二八·三）楚令尹子元欲蛊文夫人，为馆于其宫侧，而振万焉。夫人闻之，泣曰："先君以是舞也习戎备也。今令尹不寻诸仇雠，而于未亡人之侧，不亦异乎！"御人以告子元。子元曰："妇人不忘袭雠，我反忘之！"

秋，子元以车六百乘伐郑，入于桔柣之门。子元、斗御强、斗梧、耿之不比为旆，斗班、王孙游、王孙喜殿。众车入自纯门，及逵市。县门不发。楚言而出。子元曰："郑有人焉。"诸侯救郑。楚师夜遁。郑人将奔桐丘，谍告曰："楚幕有乌。"乃止。

（二八·四）冬，饥，臧孙辰告籴于齐，礼也。

（二八·五）筑郿，非都也。凡邑：有宗庙先君之主曰都，无曰邑。邑曰筑，都曰城。

（庄公二十九年）

经

（二九·一）二十有九年春，新延厩。

（二九·二）夏，郑人侵许。

（二九·三）秋，有蜚。

（二九·四）冬十有二月，纪叔姬卒。

（二九·五）城诸及防。

传

（二九·一）二十九年春，新作延厩，书不时也。凡马，日中而出，日中而入。

（二九·二）夏，郑人侵许。凡师，有钟鼓曰伐，无曰侵，轻曰袭。

（二九·三）秋，有蜚，为灾也。凡物，不为灾，不书。

（二九·四）冬十二月，城诸及防，书，时也。凡土功，龙见而毕务，戒事也；火见而致用，水昏正而栽，日至而毕。

（二九·五）樊皮叛王。

（庄公三十年）

经

（三十·一）三十年春王正月。

（三十·二）夏，次于成。

（三十·三）秋七月，齐人降鄣。

（三十·四）八月癸亥，葬纪叔姬。

（三十·五）九月庚午朔，日有食之，鼓、用牲于社。

（三十·六）冬，公及齐侯遇于鲁济。

（三十·七）齐人伐山戎。

传

（三十·一）三十年春，王命虢公讨樊皮。夏四月丙辰，虢公入樊，执樊仲皮，归于京师。

（三十·二）楚公子元归自伐郑，而处王宫。斗射师谏，则执而梏之。秋，申公斗班杀子元。斗谷於菟为令尹，自毁其家，以纾楚国之难。

（三十·三）冬，遇于鲁济，谋山戎也。以其病燕故也。

（庄公三十一年）

经

（三一·一）三十有一年春，筑台于郎。

（三一·二）夏四月，薛伯卒。

（三一·三）筑台于薛。

（三一·四）六月，齐侯来献戎捷。

（三一·五）秋，筑台于秦。

（三一·六）冬，不雨。

传

（三一·一）三十一年夏六月，齐侯来献戎捷，非礼也。凡诸侯有四夷之功，则献于王，王以警于夷；中国则否。诸侯不相遗俘。

（庄公三十二年）

经

（三二·一）三十有二年春，城小谷。

（三二·二）夏，宋公、齐侯遇于梁丘。

（三二·三）秋七月癸巳，公子牙卒。

（三二·四）八月癸亥，公薨于路寝。

（三二·五）冬十月己未，子般卒。

（三二·六）公子庆父如齐。

（三二·七）狄伐邢。

传

（三二·一）三十二年春，城小谷，为管仲也。

（三二·二）齐侯为楚伐郑之故，请会于诸侯。宋公请先见于齐侯。夏，遇于梁丘。

（三二·三）秋七月，有神降于莘。

惠王问诸内史过曰："是何故也？"对曰："国之将兴，明神降之，监其德也；将亡，神又降之，观其恶也。故有得神以兴，亦有以亡，虞、夏、商、周皆有之。"王曰："若之何？"对曰："以其物享焉。其至之日，亦其物也。"王从之。内史过往，闻虢请命，反曰："虢必亡矣。虐而听于神。"

神居莘六月。虢公使祝应、宗区、史嚚享焉。神赐之土田。史嚚曰："虢其亡乎！吾闻之：国将兴，听于民；将亡，听于神。神，聪明正直而壹者也，依人而行。虢多凉德，其何土之能得？"

（三二·四）初，公筑台，临党氏，见孟任，从之。闷。而以夫人言，许之，割臂盟公。生子般焉。雩，讲于梁氏，女公子观之。圉人荦自墙外与之戏。子般怒，使鞭之。公曰："不如杀之，是不可鞭。荦有力焉，能投盖于稷门。"

公疾，问后于叔牙。对曰："庆父材。"问于季友。对曰："臣以死奉般。"公曰："乡者牙曰'庆父材'。"成季使以君命命僖叔，待于针巫氏，使针季酖之，曰："饮此，则有后于鲁国；不然，死且无后。"饮之，归，及逵泉而卒。立叔孙氏。

（三二·五）八月癸亥，公薨于路寝。子般即位，次于党氏。冬十月己未，共仲使圉人荦贼子般于党氏。成季奔陈。立闵公。

闵 公

（闵公元年）

经

（一·一）元年春王正月。

（一·二）齐人救邢。

（一·三）夏六月辛酉，葬我君庄公。

（一·四）秋八月，公及齐侯盟于落姑。季子来归。

（一·五）冬，齐仲孙来。

传

（一·一）元年春，不书即位，乱故也。

（一·二）狄人伐邢。管敬仲言于齐侯曰："戎狄豺狼，不可厌也；诸夏亲昵，不可弃也。宴安鸩毒，不可怀也。诗云：'岂不怀归，畏此简书。'简书，同恶相恤之谓也。请救邢以从简书。"齐人救邢。

（一·三）夏六月，葬庄公。乱故，是以缓。

（一·四）秋八月，公及齐侯盟于落姑，请复季友也。齐侯许之，使召诸陈，公次于郎以待之。"季子来归"，嘉之也。

（一·五）冬，齐仲孙湫来省难，书曰"仲孙"，亦嘉之也。仲孙归，曰："不去庆父，鲁难未已。"公曰："若之何而去之？"对曰："难不已，将自毙，君其待之！"公曰："鲁可取乎？"对曰："不可。犹秉周礼。周礼，所以本也。臣闻之：'国将亡，本必先颠，而后枝叶从之。'鲁不弃周礼，未可动也。君其务宁鲁难而亲之。亲有礼，因重固，间携贰，覆昏乱，霸王之器也。"

（一·六）晋侯作二军，公将上军，大子申生将下军。赵夙御戎，毕万为右，以灭耿、灭霍、灭魏。还，为大子城曲沃，赐赵夙耿，赐毕万魏，以为大夫。

士蒍曰："大子不得立矣。分之都城，而位以卿，先为之极，又焉得立？不如逃之，无使罪至。为吴大伯，不亦可乎？犹有令名，与其及也。且谚曰：'心苟无瑕，何恤乎无家？'天若祚大子，其无晋乎！"

卜偃曰："毕万之后必大。万，盈数也；魏，大名也。以是始赏，天启之矣。天子曰兆民，诸侯曰万民。今名之大，以从盈数，其必有众。”

初，毕万筮仕于晋，遇屯䷂之比䷇。辛廖占之，曰：“吉。屯固、比入，吉孰大焉？其必蕃昌。震为土，车从马，足居之，兄长之，母覆之，众归之，六体不易，合而能固，安而能杀，公侯之卦也。公侯之子孙，必复其始。”

（闵公二年）

经

（二·一）二年春王正月，齐人迁阳。

（二·二）夏五月乙酉，吉禘于庄公。

（二·三）秋八月辛丑，公薨。

（二·四）九月，夫人姜氏孙于邾。

（二·五）公子庆父出奔莒。

（二·六）冬，齐高子来盟。

（二·七）十有二月，狄入卫。

（二·八）郑弃其师。

传

（二·一）二年春，虢公败犬戎于渭汭。舟之侨曰：“无德而禄，殃也。殃将至矣。”遂奔晋。

（二·二）夏，吉禘于庄公，速也。

（二·三）初，公傅夺卜齮田，公不禁。秋八月辛丑，共仲使卜齮贼公于武闱。成季以僖公适邾。共仲奔莒，乃入，立之。以赂求共仲于莒，莒人归之。及密，使公子鱼请。不许，哭而往。共仲曰：“奚斯之声也。”乃缢。闵公，哀姜之娣叔姜之子也，故齐人立之。共仲通于哀姜，哀姜欲立之。闵公之死也，哀姜与知之，故孙于邾。齐人取而杀之于夷，以其尸归，僖公请而葬之。

（二·四）成季之将生也，桓公使卜楚丘之父卜之，曰：“男也，其名曰友，在公之右；间于两社，为公室辅。季氏亡，则鲁不昌。”又筮之，遇大有䷍之乾䷀，曰：“同复于父，敬如君所。”及生，有文在其手曰“友”，遂以命之。

（二·五）冬十二月，狄人伐卫。卫懿公好鹤，鹤有乘轩者。将战，国人受甲者皆曰：“使鹤！鹤实有禄位，余焉能战？”公与石祁子玦，与宁庄子矢，使守，曰："以此赞国，择利而为之。"与夫人绣衣，曰："听于二子！"渠孔御戎，子伯为右；黄夷前驱，孔婴齐殿。及狄人战于荧泽，卫师败绩，遂灭卫。卫侯不去其旗，是以甚败。狄人囚史华龙滑与礼孔，以逐卫人。二人曰："我，大史也，实掌其祭。不先，国不可得也。"乃先之。至，则告守曰："不可待也。"夜与国人出。狄入卫，遂从之，又败诸河。

初，惠公之即位也少，齐人使昭伯烝于宣姜，不可，强之。生齐子、戴公、文公、宋桓夫人、许穆夫人。文公为卫之多患也，先适齐。及败，宋桓公逆诸河，宵济。卫之遗民男女七百有三十人，益之以共、滕之民为五千人。立戴公以庐于曹。许穆夫人赋载驰。齐侯使公子无亏帅车三百乘、甲士三千人以戍曹。归公乘马，祭服五称，牛、羊、豕、鸡、狗皆三百与门材。归夫人鱼轩，重锦三十两。

（二·六）郑人恶高克，使帅师次于河上，久而弗召，师溃而归，高克奔陈。郑人为之赋清人。

（二·七）晋侯使大子申生伐东山皋落氏。里克谏曰："大子奉冢祀、社稷之粢盛，以朝夕视君膳者也，故曰冢子。君行则守，有守则从。从曰抚军，守曰监国，古之制也。夫帅师，专行谋，誓军旅，君与国政之所图也。非大子之事也。师在制命而已，禀命则不威，专命则不孝，故君之嗣适不可以帅师。君失其官，帅师不威，将焉用之？且臣闻皋落氏将战。君其舍之！"公曰："寡人有子，未知其谁立焉！"不对而退。

见大子。大子曰："吾其废乎？"对曰："告之以临民，教之以军旅，不共是惧，何故废乎？且子惧不孝，无惧弗得立。修己而不责人，则免于难。"

大子帅师，公衣之偏衣，佩之金玦。狐突御戎，先友为右。梁余子养御罕夷，先丹木为右。羊舌大夫为尉。先友曰："衣身之偏，握兵之要，在此行也，子其勉之，偏躬无慝，兵要远灾，亲以无灾，又何患焉？"狐突叹曰："时，事之征也；衣，身之章也；佩，衷之旗也。故敬其事，则命以始；服其身，则衣之纯；用其衷，则佩之度。今命以时卒，閟其事也；衣之尨服，远其躬也；佩以金玦，弃其衷也。服以远之，时以閟之；尨凉，冬杀，金寒，玦离，胡可恃也？虽欲勉之，狄可尽乎？"梁余子养曰："帅师者，受命于庙，受脤于社，有常服矣。不获而尨，命可知也。死而不孝，不如逃之。"罕夷曰："尨奇无常，金玦不复。虽复何为？君有心矣。”先丹木曰：“是服也，狂夫阻之。曰‘尽敌而反’，敌可尽乎？虽尽敌，犹可内谗，不如违之。”狐突欲行。羊舌大夫曰：“不可。违命不孝，弃事不忠。虽知其寒，恶不可取。子其死之！”

大子将战，狐突谏曰：“不可。昔辛伯谂周桓公云：‘内宠并后，外宠二政，嬖子配嫡，大都耦国，乱之本也。’周公弗从，故及于难。今乱本成矣，立可必乎？孝而安民，子其图之！与其危身以速罪也。”

（二·八）成风闻成季之繇，乃事之，而属僖公焉，故成季立之。

（二·九）僖之元年，齐桓公迁邢于夷仪。二年，封卫于楚丘。邢迁如归，卫国忘亡。

（二·十）卫文公大布之衣、大帛之冠，务材、训农，通商、惠工，敬教、劝学，授方、任能，元年，革车三十乘；季年，乃三百乘。

僖 公

(僖公元年)

经

(一·一)元年春王正月。

(一·二)齐师、宋师、曹师次于聂北,救邢。

(一·三)夏六月,邢迁于夷仪。

(一·四)齐师、宋师、曹师城邢。

(一·五)秋七月戊辰,夫人姜氏薨于夷,齐人以归。

(一·六)楚人伐郑。

(一·七)八月,公会齐侯、宋公、郑伯、曹伯、邾人于柽。

(一·八)九月,公败邾师于偃。

(一·九)冬十月壬午,公子友帅师败莒师于郦,获莒挐。

(一·十)十有二月丁巳,夫人氏之丧至自齐。

传

(一·一)元年春,不称即位,公出故也。公出复入,不书,讳之也。讳国恶,礼也。

(一·二)诸侯救邢。邢人溃,出奔师。师遂逐狄人,具邢器用而迁之,师无私焉。

(一·三)夏,邢迁于夷仪,诸侯城之,救患也。凡侯伯,救患、分灾、讨罪,礼也。

(一·四)秋,楚人伐郑,郑即齐故也。盟于荦,谋救郑也。

(一·五)九月,公败邾师于偃,虚丘之戍将归者也。

(一·六)冬,莒人来求赂,公子友败诸郦,获莒子之弟挐——非卿也,嘉获之也。公赐季友汶阳之田及费。

(一·七)夫人氏之丧至自齐。君子以齐人之杀哀姜也为已甚矣,女子,从人者也。

（僖公二年）

经

（二·一）二年春王正月，城楚丘。

（二·二）夏五月辛巳，葬我小君哀姜。

（二·三）虞师、晋师灭下阳。

（二·四）秋九月，齐侯、宋公、江人、黄人盟于贯。

（二·五）冬十月，不雨。

（二·六）楚人侵郑。

传

（二·一）二年春，诸侯城楚丘而封卫焉。不书所会，后也。

（二·二）晋荀息请以屈产之乘与垂棘之璧假道于虞以伐虢。公曰："是吾宝也。"对曰："若得道于虞，犹外府也。"公曰："宫之奇存焉。"对曰："宫之奇之为人也，懦而不能强谏。且少长于君，君昵之；虽谏，将不听。"乃使荀息假道于虞，曰："冀为不道，入自颠軨，伐鄍三门。冀之既病，则亦唯君故。今虢为不道，保于逆旅，以侵敝邑之南鄙。敢请假道，以请罪于虢。"虞公许之，且请先伐虢。宫之奇谏，不听，遂起师。夏，晋里克、荀息帅师会虞师，伐虢，灭下阳。先书虞，贿故也。

（二·三）秋，盟于贯，服江、黄也。

（二·四）齐寺人貂始漏师于多鱼。

（二·五）虢公败戎于桑田。晋卜偃曰："虢必亡矣。亡下阳不惧，而又有功，是天夺之鉴，而益其疾也。必易晋而不抚其民矣。不可以五稔。"

（二·六）冬，楚人伐郑，斗章囚郑聃伯。

（僖公三年）

经

（三·一）三年春王正月，不雨。

（三·二）夏四月，不雨。

（三·三）徐人取舒。

（三·四）六月，雨。

（三·五）秋，齐侯、宋公、江人、黄人会于阳谷。

（三·六）冬，公子友如齐莅盟。

（三・七）楚人伐郑。

传

（三・一）三年春不雨；夏六月雨。自十月不雨至于五月，不曰旱，不为灾也。

（三・二）秋，会于阳谷，谋伐楚也。

（三・三）齐侯为阳谷之会来寻盟。冬，公子友如齐莅盟。

（三・四）楚人伐郑，郑伯欲成。孔叔不可，曰："齐方勤我，弃德不祥。"

（三・五）齐侯与蔡姬乘舟于囿，荡公。公惧，变色；禁之，不可。公怒，归之，未绝之也。蔡人嫁之。

（僖公四年）

经

（四・一）四年春王正月，公会齐侯、宋公、陈侯、卫侯、郑伯、许男、曹伯侵蔡。蔡溃，遂伐楚，次于陉。

（四・二）夏，许男新臣卒。

（四・三）楚屈完来盟于师，盟于召陵。

（四・四）齐人执陈辕涛涂。

（四・五）秋，及江人、黄人伐陈。

（四・六）八月，公至自伐楚。

（四・七）葬许穆公。

（四・八）冬十有二月，公孙兹帅师会齐人、宋人、卫人、郑人、许人、曹人侵陈。

传

（四・一）四年春，齐侯以诸侯之师侵蔡。蔡溃，遂伐楚。楚子使与师言曰："君处北海，寡人处南海，唯是风马牛不相及也，不虞君之涉吾地也，何故？"管仲对曰："昔召康公命我先君大公曰：'五侯九伯，女实征之，以夹辅周室！'赐我先君履，东至于海，西至于河，南至于穆陵，北至于无棣。尔贡苞茅不入，王祭不共，无以缩酒，寡人是征。昭王南征而不复，寡人是问。"对曰："贡之不入，寡君之罪也，敢不共给？昭王之不复，君其问诸水滨！"师进，次于陉。

夏，楚子使屈完如师。师退，次于召陵。齐侯陈诸侯之师，与屈完乘而观之。齐侯曰："岂不谷是为？先君之好是继，与不谷同好如何?”对曰:“君惠徼福于敝邑之社稷,辱收寡君,寡君之愿也。”齐侯曰:“以此众战,谁能御之?以此攻城,何城不克?”对曰:“君若以德绥诸侯,谁敢不服?君若以力,楚国方城以为城,汉水以为池,虽众,无所用之。”屈完及诸侯盟。

(四·二)陈辕涛涂谓郑申侯曰:“师出于陈、郑之间,国必甚病。若出于东方,观兵于东夷,循海而归,其可也。”申侯曰:“善。”涛涂以告齐侯,许之。申侯见曰:“师老矣,若出于东方而遇敌,惧不可用也。若出于陈、郑之间,共其资粮屝屦,其可也。”齐侯说,与之虎牢。执辕涛涂。

(四·三)秋,伐陈,讨不忠也。

(四·四)许穆公卒于师,葬之以侯,礼也。凡诸侯薨于朝、会,加一等;死王事,加二等。于是有以衮敛。

(四·五)冬,叔孙戴伯帅师会诸侯之师侵陈。陈成,归辕涛涂。

(四·六)初,晋献公欲以骊姬为夫人,卜之,不吉;筮之,吉。公曰:“从筮。”卜人曰:“筮短龟长,不如从长。且其繇曰:‘专之渝,攘公之羭。一薰一莸,十年尚犹有臭。’必不可!”弗听,立之。生奚齐,其娣生卓子。

及将立奚齐,既与中大夫成谋,姬谓大子曰:“君梦齐姜,必速祭之!”大子祭于曲沃,归胙于公。公田,姬寘诸宫六日。公至,毒而献之。公祭之地,地坟。与犬,犬毙。与小臣,小臣亦毙。姬泣曰:“贼由大子。”大子奔新城。公杀其傅杜原款。

或谓大子:“子辞,君必辩焉。”大子曰:“君非姬氏,居不安、食不饱。我辞,姬必有罪。君老矣,吾又不乐。”曰:“子其行乎!”大子曰:“君实不察其罪,被此名也以出,人谁纳我?”十二月戊申,缢于新城。姬遂谮二公子曰:“皆知之。”重耳奔蒲,夷吾奔屈。

(僖公五年)

经

(五·一)五年春,晋侯杀其世子申生。

(五·二)杞伯姬来朝其子。

(五·三)夏,公孙兹如牟。

(五·四)公及齐侯、宋公、陈侯、卫侯、郑伯、许男、曹伯会王世子于首止。

(五·五)秋八月,诸侯盟于首止。

(五·六)郑伯逃归不盟。

(五·七)楚子灭弦,弦子奔黄。

(五·八)九月戊申朔,日有食之。

(五·十)冬,晋人执虞公。

传

(五·一)五年春王正月辛亥朔,日南至。公既视朔,遂登观台以望,而书,礼也。凡分、至、启、闭,必书云物,为备故也。晋侯使以杀大子申生之故来告。

(五·二)初,晋侯使士蒍为二公子筑蒲与屈,不慎,寘薪焉。夷吾诉之。公使让之。士蒍稽首而对曰:"臣闻之:无丧而戚,忧必雠焉无戎而城,雠必保焉。寇雠之保,又何慎焉?守官废命,不敬;固雠之保,不忠。失忠与敬,何以事君?诗云:'怀德惟宁,宗子惟城。'君其修德而固宗子,何城如之?三年将寻师焉,焉用慎?"退而赋曰:"狐裘龙茸,一国三公,吾谁适从?"及难,公使寺人披伐蒲。重耳曰:"君父之命不校。"乃徇曰:"校者,吾雠也。"逾垣而走。披斩其袪。遂出奔翟。

(五·三)夏,公孙兹如牟,娶焉。

(五·四)会于首止,会王大子郑,谋宁周也。

(五·五)陈辕宣仲怨郑申侯之反己于召陵,故劝之城其赐邑,曰:"美城之,大名也,子孙不忘。吾助子请。"乃为之请于诸侯而城之,美。遂谮诸郑伯,曰:"美城其赐邑,将以叛也。"申侯由是得罪。

(五·六)秋,诸侯盟。王使周公召郑伯,曰:"吾抚女以从楚,辅之以晋,可以少安。"郑伯喜于王命,而惧其不朝于齐也,故逃归不盟。孔叔止之,曰:"国君不可以轻,轻则失亲;失亲,患必至。病而乞盟,所丧多矣。君必悔之。"弗听,逃其师而归。

(五·七)楚斗谷于菟灭弦,弦子奔黄。于是江、黄、道、柏方睦于齐,皆弦姻也。弦子恃之而不事楚,又不设备,故亡。

(五·八)晋侯复假道于虞以伐虢。宫之奇谏曰:"虢,虞之表也;虢亡,虞必从之。晋不可启,寇不可玩。一之谓甚,其可再乎?谚所谓'辅车相依,唇亡齿寒'者,其虞、虢之谓也。"公曰:"晋,吾宗也,岂害我哉?"对曰:"大伯、虞仲,大王之昭也;大伯不从,是以不嗣。虢仲、虢叔,王季之穆也;为文王卿士,勋在王室,藏于盟府。将虢是灭,何爱于虞？且虞能亲于桓、庄乎？其爱之也，桓、庄之族何罪？而以为戮，不唯偪乎？亲以宠偪，犹尚害之，况以国乎？”公曰：“吾享祀丰洁，神必据我。”对曰：“臣闻之：鬼神非人实亲，惟德是依。故周书曰：‘皇天无亲，惟德是辅。’又曰：‘黍稷非馨，明德惟馨。’又曰：‘民不易物，惟德繄物。’如是，则非德，民不和、神不享矣。神所冯依，将在德矣。若晋取虞，而明德以荐馨香，神其吐之乎？”弗听，许晋使。宫之奇以其族行，曰：“虞不腊矣。在此行也，晋不更举矣。”

八月甲午，晋侯围上阳。问于卜偃曰：“吾其济乎？”对曰：“克之。”公曰：“何时？”对曰：“童谣云：‘丙之晨，龙尾伏辰；均服振振，取虢之旗。鹑之贲贲，天策焞焞，火中成军，虢公其奔。’其九月、十月之交乎！丙子旦，日在尾，月在策，鹑火中，必是时也。”

冬十二月丙子朔，晋灭虢。虢公丑奔京师。师还，馆于虞，遂袭虞，灭之。执虞公及其大夫井伯，以媵秦穆姬，而修虞祀，且归其职贡于王。故书曰“晋人执虞公”，罪虞，且言易也。

（僖公六年）

经

（六·一）六年春王正月。

（六·二）夏，公会齐侯、宋公、陈侯、卫侯、曹伯伐郑，围新城。

（六·三）秋，楚人围许，诸侯遂救许。

（六·四）冬，公至自伐郑。

传

（六·一）六年春，晋侯使贾华伐屈。夷吾不能守，盟而行。将奔狄，郤芮曰：“后出同走，罪也，不如之梁。梁近秦而幸焉。”乃之梁。

（六·二）夏，诸侯伐郑，以其逃首止之盟故也。围新密，郑所以不时城也。

（六·三）秋，楚子围许以救郑，诸侯救许，乃还。

（六·四）冬，蔡穆侯将许僖公以见楚子于武城。许男面缚，衔璧，大夫衰绖，士舆榇。楚子问诸逢伯。对曰：“昔武王克殷，微子启如是。武王亲释其缚，受其璧而祓之。焚其榇，礼而命之，使复其所。”楚子从之。

（僖公七年）

经

（七·一）七年春，齐人伐郑。

（七·二）夏，小邾子来朝。

（七·三）郑杀其大夫申侯。

（七·四）秋七月，公会齐侯、宋公、陈世子款、郑世子华盟于宁母。

（七·五）曹伯班卒。

（七·六）公子友如齐。

（七·七）冬，葬曹昭公。

传

（七·一）七年春，齐人伐郑。孔叔言于郑伯曰："谚有之曰：'心则不竞，何惮于病？'既不能强，又不能弱，所以毙也。国危矣，请下齐以救国。"公曰："吾知其所由来矣，姑少待我。"对曰："朝不及夕，何以待君？"

（七·二）夏，郑杀申侯以说于齐，且用陈辕涛涂之谮也。初，申侯，申出也，有宠于楚文王。文王将死，与之璧，使行，曰："唯我知女。女专利而不厌，予取予求，不女疵瑕也。后之人将求多于女，女必不免。我死，女必速行，无适小国，将不女容焉。"既葬，出奔郑，又有宠于厉公。子文闻其死也，曰："古人有言曰：'知臣莫若君'，弗可改也已。"

（七·三）秋，盟于宁母，谋郑故也。

管仲言于齐侯曰："臣闻之：招携以礼，怀远以德。德、礼不易，无人不怀。"齐侯修礼于诸侯，诸侯官受方物。

郑伯使大子华听命于会，言于齐侯曰："泄氏、孔氏、子人氏三族实违君命。君若去之以为成，我以郑为内臣，君亦无所不利焉。"齐侯将许之。管仲曰："君以礼与信属诸侯，而以奸终之，无乃不可乎？子父不奸之谓礼，守命共时之谓信，违此二者，奸莫大焉。"公曰："诸侯有讨于郑，未捷；今苟有衅，从之，不亦可乎？"对曰："君若绥之以德，加之以训，辞，而帅诸侯以讨郑。郑将覆亡之不暇，岂敢不惧？若揔其罪人以临之，郑有辞矣，何惧？且夫合诸侯以崇德也。会而列奸，何以示后嗣？夫诸侯之会，其德、刑、礼、义，无国不记。记奸之位，君盟替矣。作而不记，非盛德也。君其勿许！郑必受盟。夫子华既为大子，而求介于大国以弱其国，亦必不免。郑有叔詹、堵叔、师叔三良为政，未可间也。”齐侯辞焉。子华由是得罪于郑。

（七·四）冬，郑伯使请盟于齐。

（七·五）闰月，惠王崩。襄王恶大叔带之难，惧不立，不发丧，而告难于齐。

（僖公八年）

经

（八·一）八年春王正月，公会王人、齐侯、宋公、卫侯、许男、曹伯、陈世子款，盟于洮。郑伯乞盟。

（八·二）夏，狄伐晋。

（八·三）秋七月，禘于太庙，用致夫人。

（八·四）冬十有二月丁未，天王崩。

传

（八·一）八年春，盟于洮，谋王室也。郑伯乞盟，请服也。襄王定位而后发丧。

（八·二）晋里克帅师，梁由靡御，虢射为右，以败狄于采桑。梁由靡曰：“狄无耻，从之，必大克。”里克曰：“惧之而已，无速众狄。”虢射曰：“期年，狄必至，示之弱矣。”夏，狄伐晋，报采桑之役也。复期月。

（八·三）秋，禘，而致哀姜焉，非礼也。凡夫人，不薨于寝，不殡于庙，不赴于同，不祔于姑，则弗致也。

（八·四）冬，王人来告丧，难故也，是以缓。

（八·五）宋公疾，大子兹父固请曰：“目夷长且仁，君其立之！”公命子鱼。子鱼辞曰：“能以国让，仁孰大焉？臣不及也，且又不顺。”遂走而退。

（僖公九年）

经

（九·一）九年春三月丁丑，宋公御说卒。

（九·二）夏，公会宰周公、齐侯、宋子、卫侯、郑伯、许男、曹伯于葵丘。

（九·三）秋七月乙酉，伯姬卒。

（九·四）九月戊辰，诸侯盟于葵丘。

（九·五）甲子，晋侯佹诸卒。

（九·六）冬，晋里克杀其君之子奚齐。

传

（九·一）九年春，宋桓公卒。未葬而襄公会诸侯，故曰子。凡在丧，王曰小童，公侯曰子。

（九·二）夏，会于葵丘，寻盟，且修好，礼也。王使宰孔赐齐侯胙，曰："天子有事于文、武，使孔赐伯舅胙。"齐侯将下拜。孔曰："且有后命——天子使孔曰：'以伯舅耋老，加劳，赐一级，无下拜！'"对曰："天威不违颜咫尺，小白余敢贪天子之命，无下拜？恐陨越于下，以遗天子羞。敢不下拜？"下拜，登受。

（九·三）秋，齐侯盟诸侯于葵丘，曰："凡我同盟之人，既盟之后，言归于好。"宰孔先归，遇晋侯，曰："可无会也。齐侯不务德而勤远略，故北伐山戎，南伐楚，西为此会也。东略之不知，西则否矣。其在乱乎！君务靖乱，无勤于行。"晋侯乃还。

（九·四）九月，晋献公卒。里克、丕郑欲纳文公，故以三公子之徒作乱。初，献公使荀息傅奚齐。公疾，召之曰："以是藐诸孤，辱在大夫，其若之何？"稽首而对曰："臣竭其股肱之力，加之以忠贞。其济，君之灵也；不济，则以死继之。"公曰："何谓忠贞？"对曰："公家之利，知无不为，忠也；送往事居，耦俱无猜，贞也。"及里克将杀奚齐，先告荀息曰："三怨将作，秦、晋辅之，子将何如？"荀息曰："将死之。"里克曰："无益也。"荀叔曰："吾与先君言矣，不可以贰。能欲复言而爱身乎？虽无益也，将焉辟之？且人之欲善，谁不如我？我欲无贰，而能谓人已乎？"

冬十月，里克杀奚齐于次。书曰"杀其君之子"，未葬也。荀息将死之，人曰："不如立卓子而辅之。"荀息立公子卓以葬。十一月，里克杀公子卓于朝。荀息死之。君子曰："诗所谓'白圭之玷，尚可磨也；斯言之玷，不可为也'，荀息有焉。"

（九·五）齐侯以诸侯之师伐晋，及高梁而还，讨晋乱也。令不及鲁，故不书。

（九·六）晋郤芮使夷吾重赂秦以求入，曰："人实有国，我何爱焉？入而能民，土于何有？"从之。齐隰朋帅师会秦师纳晋惠公。秦伯谓郤芮曰："公子谁恃？"对曰："臣闻：亡人无党，有党必有雠。夷吾弱不好弄，能斗不过，长亦不改，不识其它。”公谓公孙枝曰：“夷吾其定乎？”对曰：“臣闻之：唯则定国。诗曰：‘不识不知，顺帝之则’，文王之谓也。又曰：‘不僭不贼，鲜不为则’，无好无恶，不忌不克之谓也。今其言多忌克，难哉！”公曰：“忌则多怨，又焉能克？是吾利也。”

（九・七）宋襄公即位，以公子目夷为仁，使为左师以听政，于是宋治。故鱼氏世为左师。

（僖公十年）

经

（十・一）十年春王正月，公如齐。

（十・二）狄灭温，温子奔卫。

（十・三）晋里克弑其君卓及其大夫荀息。

（十・四）夏，齐侯、许男伐北戎。

（十・五）晋杀其大夫里克。

（十・六）秋七月。

（十・七）冬，大雨雪。

传

（十・一）十年春，狄灭温，苏子无信也。苏子叛王即狄，又不能于狄，狄人伐之，王不救，故灭。苏子奔卫。

（十・二）夏四月，周公忌父、王子党会齐隰朋立晋侯。晋侯杀里克以说。将杀里克，公使谓之曰：“微子，则不及此。虽然，子杀二君与一大夫，为子君者，不亦难乎？”对曰：“不有废也，君何以兴？欲加之罪，其无辞乎？臣闻命矣。”伏剑而死。于是丕郑聘于秦，且谢缓赂，故不及。

（十・三）晋侯改葬共大子。秋，狐突适下国，遇大子。大子使登，仆，而告之曰：“夷吾无礼，余得请于帝矣，将以晋畀秦，秦将祀余。”对曰：“臣闻之：‘神不歆非类，民不祀非族。’君祀无乃殄乎？且民何罪？失刑、乏祀，君其图之！”君曰：“诺。吾将复请。七日，新城西偏将有巫者而见我焉。”许之，遂不见。及期而往，告之曰：“帝许我罚有罪矣，敝于韩。”

丕郑之如秦也，言于秦伯曰：“吕甥、郄称、冀芮实为不从，若重问以召之，臣出晋君，君纳重耳，蔑不济矣。”

冬，秦伯使泠至报、问，且召三子。郄芮曰：“币重而言甘，诱我也。"遂杀丕郑、祁举及七舆大夫:左行共华、右行贾华、叔坚、骓歂、累虎、特宫、山祁,皆里、丕之党也。丕豹奔秦,言于秦伯曰:"晋侯背大主而忌小怨,民弗与也。伐之,必出。"公曰:"失众,焉能杀?违祸,谁能出君?"

(僖公十一年)

经

(十一·一)十有一年春,晋杀其大夫丕郑父。

(十一·二)夏,公及夫人姜氏会齐侯于阳谷。

(十一·三)秋八月,大雩。

(十一·四)冬,楚人伐黄。

传

(十一·一)十一年春,晋侯使以丕郑之乱来告。

(十一·二)天王使召武公、内史过赐晋侯命,受玉惰。过归,告王曰:"晋侯其无后乎!王赐之命,而惰于受瑞,先自弃也已,其何继之有?礼,国之干也;敬,礼之舆也。不敬,则礼不行;礼不行,则上下昏,何以长世?"

(十一·三)夏,扬、拒、泉、皋、伊、雒之戎同伐京师,入王城,焚东门,王子带召之也。秦、晋伐戎以救周。秋,晋侯平戎于王。

(十一·四)黄人不归楚贡。冬,楚人伐黄。

(僖公十二年)

经

(十二·一)十有二年春王三月庚午,日有食之。

(十二·二)夏,楚人灭黄。

(十二·三)秋七月。

(十二·四)冬十有二月丁丑,陈侯杵臼卒。

传

(十二·一)十二年春,诸侯城卫楚丘之郛,惧狄难也。

(十二·二)黄人恃诸侯之睦于齐也,不共楚职,曰:"自郢及我九百里,焉能害我?"夏,楚灭黄。

(十二·三)王以戎难故,讨王子带。秋,王子带奔齐。

(十二·四)冬,齐侯使管夷吾平戎于王,使隰朋平戎于晋。王以上卿之礼飨管仲。管仲辞曰："臣，贱有司也。有天子之二守国、高在，若节春秋来承王命，何以礼焉？陪臣敢辞。"王曰："舅氏！余嘉乃勋！应乃懿德，谓督不忘。往践乃职，无逆朕命！"管仲受下卿之礼而还。君子曰："管氏之世祀也宜哉！让不忘其上。诗曰：'恺悌君子，神所劳矣。'"

（僖公十三年）

经

（十三·一）十有三年春，狄侵卫。

（十三·二）夏四月，葬陈宣公。

（十三·三）公会齐侯、宋公、陈侯、卫侯、郑伯、许男、曹伯于咸。

（十三·四）秋九月，大雩。

（十三·五）冬，公子友如齐。

传

（十三·一）十三年春，齐侯使仲孙湫聘于周，且言王子带。事毕，不与王言。归，复命曰："未可。王怒未怠，其十年乎？不十年，王弗召也。"

（十三·二）夏，会于咸，淮夷病杞故，且谋王室也。

（十三·三）秋，为戎难故，诸侯戍周。齐仲孙湫致之。

（十三·四）冬，晋荐饥，使乞籴于秦。秦伯谓子桑："与诸乎？"对曰："重施而报，君将何求？重施而不报，其民必携；携而讨焉，无众必败。"谓百里："与诸乎？"对曰："天灾流行，国家代有。救灾恤邻，道也。行道有福。"丕郑之子豹在秦，请伐晋。秦伯曰："其君是恶，其民何罪？"秦于是乎输粟于晋，自雍及绛相继，命之曰"泛舟之役"。

（僖公十四年）

经

（十四·一）十有四年春，诸侯城缘陵。

（十四·二）夏六月，季姬及鄫子遇于防。使鄫子来朝。

（十四·三）秋八月辛卯，沙鹿崩。

（十四·四）狄侵郑。

（十四·五）冬，蔡侯肸卒。

传

（十四·一）十四年春，诸侯城缘陵而迁杞焉，不书其人，有阙也。

（十四·二）鄫季姬来宁，公怒，止之，以鄫子之不朝也。夏，遇于防，而使来朝。

（十四·三）秋八月辛卯，沙鹿崩。晋卜偃曰："期年将有大咎，几亡国。"

（十四·四）冬，秦饥，使乞籴于晋，晋人弗与。庆郑曰："背施，无亲；幸灾，不仁；贪爱，不祥；怒邻，不义。四德皆失，何以守国？"虢射曰："皮之不存，毛将安傅？"庆郑曰："弃信背邻，患孰恤之？无信，患作；失援，必毙。是则然矣。"虢射曰："无损于怨，而厚于寇，不如勿与。"庆郑曰："背施幸灾，民所弃也。"近犹雠之，况怨敌乎？"弗听。退曰："君其悔是哉！"

（僖公十五年）

经

（十五·一）十有五年春王正月，公如齐。

（十五·二）楚人伐徐。

（十五·三）三月，公会齐侯、宋公、陈侯、卫侯、郑伯、许男、曹伯盟于牡丘，遂次于匡。公孙敖帅师及诸侯之大夫救徐。

（十五·四）夏五月，日有食之。

（十五·五）秋七月，齐师、曹师伐厉。

（十五·六）八月，螽。

（十五·七）九月，公至自会。

（十五·八）季姬归于鄫。

（十五·九）己卯晦，震夷伯之庙。

（十五·十）冬，宋人伐曹。

（十五·十一）楚人败徐于娄林。

（十五·十二）十有一月壬戌，晋侯及秦伯战于韩，获晋侯。

传

（十五·一）十五年春，楚人伐徐，徐即诸夏故也。三月，盟于牡丘，寻葵丘之盟，且救徐也。孟穆伯帅师及诸侯之师救徐，诸侯次于匡以待之。

（十五·二）夏五月，日有食之。不书朔与日，官失之也。

（十五·三）秋，伐厉，以救徐也。

（十五·四）晋侯之入也，秦穆姬属贾君焉，且曰："尽纳群公子。"晋侯烝于贾君，又不纳群公子，是以穆姬怨之。晋侯许赂中大夫，既而皆背之。赂秦伯以河外列城五，东尽虢略，南及华山，内及解梁城，既而不与。晋饥，秦输之粟；秦饥，晋闭之籴，故秦伯伐晋。

卜徒父筮之，吉："涉河，侯车败。"诘之。对曰："乃大吉也。三败，必获晋君。其卦遇蛊☶曰：'千乘三去，三去之余，获其雄狐。'夫狐蛊，必其君也。蛊之贞，风也；其悔，山也。岁云秋矣，我落其实，而取其材，所以克也。实落材亡，不败，何待？"

三败及韩。晋侯谓庆郑曰："寇深矣，若之何？"对曰："君实深之，可若何？"公曰："不孙！"卜右，庆郑吉，弗使。步扬御戎，家仆徒为右。乘小驷，郑入也。庆郑曰："古者大事，必乘其产。生其水土，而知其人心；安其教训，而服习其道；唯所纳之，无不如志。今乘异产，以从戎事，及惧而变，将与人易。乱气狡愤，阴血周作，张脉偾兴，外强中干。进退不可，周旋不能，君必悔之。"弗听。

九月，晋侯逆秦师，使韩简视师。复曰："师少于我，斗士倍我。"公曰："何故？"对曰："出因其资，入用其宠，饥食其粟，三施而无报，是以来也。今又击之，我怠、秦奋，倍犹未也。"公曰："一夫不可狃，况国乎？"遂使请战，曰："寡人不佞，能合其众而不能离也。君若不还，无所逃命。"秦伯使公孙枝对曰："君之未入，寡人惧之；入而未定列，犹吾忧也。苟列定矣，敢不承命？"韩简退曰："吾幸而得囚。"

壬戌，战于韩原。晋戎马还泞而止。公号庆郑，庆郑曰："愎谏、违卜，固败是求，又何逃焉？"遂去之。梁由靡御韩简，虢射为右，辂秦伯，将止之。郑以救公误之，遂失秦伯。秦获晋侯以归。晋大夫反首拔舍从之。秦伯使辞焉，曰："二三子何其戚也！寡人之从君而西也，亦晋之妖梦是践，岂敢以至？"晋大夫三拜稽首曰："君履后土而戴皇天，皇天后土实闻君之言，群臣敢在下风。"

穆姬闻晋侯将至，以大子罃、弘与女简璧登台而履薪焉。使以免服衰绖逆，且告曰："上天降灾，使我两君匪以玉帛相见，而以兴戎。若晋君朝以入，则婢子夕以死；夕以入，则朝以死。唯君裁之！"乃舍诸灵台。

大夫请以入。公曰："获晋侯以厚归也；既而丧归，焉用之？大夫其何有焉？且晋人戚忧以重我，天地以要我。不图晋忧，重其怒也；

我食吾言，背天地也。重怒难任，背天不祥，必归晋君。”公子絷曰：“不如杀之，无聚慝焉。”子桑曰：“归之而质其大子，必得大成。晋未可灭，而杀其君，只以成恶。且史佚有言曰：‘无始祸，无怙乱，无重怒。’重怒难任，陵人不祥。”乃许晋平。

晋侯使郤乞告瑕吕饴甥，且召之。子金教之言曰：“朝国人而以君命赏。且告之曰：‘孤虽归，辱社稷矣，其卜贰圉也。’”众皆哭，晋于是乎作爰田。吕甥曰：“君亡之不恤，而群臣是忧，惠之至也，将若君何？”众曰：“何为而可？”对曰：“征缮以辅孺子。诸侯闻之，丧君有君，群臣辑睦，甲兵益多。好我者劝，恶我者惧，庶有益乎！”众说，晋于是乎作州兵。

初，晋献公筮嫁伯姬于秦，遇归妹䷵之睽䷥。史苏占之，曰：“不吉。其繇曰：‘士刲羊，亦无衁也；女承筐，亦无贶也。西邻责言，不可偿也。归妹之睽，犹无相也。’震之离，亦离之震。‘为雷为火，为嬴败姬。车说其輹，火焚其旗，不利行师，败于宗丘。归妹睽孤，寇张之弧。侄其从姑，六年其逋，逃归其国，而弃其家，明年其死于高梁之虚。’”及惠公在秦，曰：“先君若从史苏之占，吾不及此夫！”韩简侍，曰：“龟，象也；筮，数也。物生而后有象，象而后有滋，滋而后有数。先君之败德，及可数乎？史苏是占，勿从何益？诗曰：‘下民之孽，匪降自天。僔沓背憎，职竞由人。’”

（十五·五）震夷伯之庙，罪之也，于是展氏有隐慝焉。

（十五·六）冬，宋人伐曹，讨旧怨也。

（十五·七）楚败徐于娄林，徐恃救也。

（十五·八）十月，晋阴饴甥会秦伯，盟于王城。

秦伯曰：“晋国和乎？”对曰：“不和。小人耻失其君而悼丧其亲，不惮征缮以立圉也，曰：‘必报雠，宁事戎狄。’君子爱其君而知其罪，不惮征缮以待秦命，曰：‘必报德，有死无二。’以此不和。”秦伯曰：“国谓君何？”对曰：“小人戚，谓之不免；君子恕，以为必归。小人曰：‘我毒秦，秦岂归君？’君子曰：‘我知罪矣，秦必归君。’贰而执之，服而舍之，德莫厚焉，刑莫威焉。服者怀德，贰者畏刑，此一役也，秦可以霸。纳而不定，废而不立，以德为怨，秦不其然。”秦伯曰：“是吾心也。”改馆晋侯，馈七牢焉。

蛾析谓庆郑曰：“盍行乎？”对曰：“陷君于败，败而不死，又使失刑，非人臣也。臣而不臣，行将焉入？”十一月，晋侯归。丁丑，杀庆郑而后入。是岁，晋又饥，秦伯又饩之粟，曰："吾怨其君，而矜其民。且吾闻唐叔之封也，箕子曰：'其后必大。'晋其庸可冀乎？姑树德焉，以待能者。"

于是秦始征晋河东，置官司焉。

（僖公十六年）

经

（十六・一）十有六年春王正月戊申朔，陨石于宋五。是月，六鹢退飞，过宋都。

（十六・二）三月壬申，公子季友卒。

（十六・三）夏四月丙申，鄫季姬卒。

（十六・四）秋七月甲子，公孙兹卒。

（十六・五）冬十有二月，公会齐侯、宋公、陈侯、卫侯、郑伯、许男、邢侯、曹伯于淮。

传

（十六・一）十六年春，陨石于宋五，陨星也。六鹢退飞，过宋都，风也。周内史叔兴聘于宋，宋襄公问焉，曰："是何祥也？吉凶焉在？"对曰："今兹鲁多大丧，明年齐有乱，君将得诸侯而不终。"退而告人曰："君失问。是阴阳之事，非吉凶所生也。吉凶由人。吾不敢逆君故也。"

（十六・二）夏，齐伐厉，不克，救徐而还。

（十六・三）秋，狄侵晋，取狐、厨、受铎，涉汾，及昆都，因晋败也。

（十六・四）王以戎难告于齐。齐征诸侯而戍周。

（十六・五）冬十一月乙卯，郑杀子华。

（十六・六）十二月，会于淮，谋鄫，且东略也。城鄫，役人病，有夜登丘而呼曰："齐有乱！"不果城而还。

（僖公十七年）

经

（十七・一）十有七年春，齐人、徐人伐英氏。

（十七・二）夏，灭项。

（十七・三）秋，夫人姜氏会齐侯于卞。

（十七・四）九月，公至自会。

(十七·五)冬十有二月乙亥,齐侯小白卒。

传

(十七·一)十七年春,齐人为徐伐英氏,以报娄林之役也。

(十七·二)夏,晋大子圉为质于秦,秦归河东而妻之。惠公之在梁也,梁伯妻之。梁嬴孕,过期。卜招父与其子卜之。其子曰:“将生一男一女。”招曰:“然。男为人臣,女为人妾。”故名男曰圉,女曰妾。及子圉西质,妾为宦女焉。

(十七·三)师灭项。淮之会,公有诸侯之事,未归,而取项。齐人以为讨,而止公。

(十七·四)秋,声姜以公故,会齐侯于卞。九月,公至。书曰“至自会”,犹有诸侯之事焉,且讳之也。

(十七·五)齐侯之夫人三,王姬、徐嬴、蔡姬皆无子。齐侯好内,多内宠,内嬖如夫人者六人:长卫姬,生武孟;少卫姬,生惠公;郑姬,生孝公;葛嬴,生昭公;密姬,生懿公;宋华子,生公子雍。公与管仲属孝公于宋襄公,以为大子。雍巫有宠于卫共姬,因寺人貂以荐羞于公,亦有宠。公许之立武孟。管仲卒,五公子皆求立。冬十月乙亥,齐桓公卒。易牙入,与寺人貂因内宠以杀群吏,而立公子无亏。孝公奔宋。十二月乙亥,赴。辛巳,夜殡。

(僖公十八年)

经

(十八·一)十有八年春王正月,宋公、曹伯、卫人、邾人伐齐。

(十八·二)夏,师救齐。

(十八·三)五月戊寅,宋师及齐师战于甗。齐师败绩。

(十八·四)狄救齐。

(十八·五)秋八月丁亥,葬齐桓公。

(十八·六)冬,邢人、狄人伐卫。

传

(十八·一)十八年春,宋襄公以诸侯伐齐。三月,齐人杀无亏。

(十八·二)郑伯始朝于楚。楚子赐之金,既而悔之,与之盟曰:“无以铸兵!”故以铸三钟。

(十八·三)齐人将立孝公,不胜四公子之徒,遂与宋人战。夏五月,宋败齐师于甗,立孝公而还。秋八月,葬齐桓公。

（十八·四）冬，邢人、狄人伐卫，围菟圃。卫侯以国让父兄子弟及朝众，曰："苟能治之，毁请从焉。"众不可，而后师于訾娄。狄师还。

（十八·五）梁伯益其国而不能实也，命曰新里，秦取之。

（僖公十九年）

经

（十九·一）十有九年春王三月，宋人执滕子婴齐。

（十九·二）夏六月，宋公、曹人、邾人盟于曹南。

（十九·三）鄫子会盟于邾。己酉，邾人执鄫子，用之。

（十九·四）秋，宋人围曹。

（十九·五）卫人伐邢。

（十九·六）冬，会陈人、蔡人、楚人、郑人，盟于齐。

（十九·七）梁亡。

传

（十九·一）十九年春，遂城而居之。

（十九·二）宋人执滕宣公。

（十九·三）夏，宋公使邾文公用鄫子于次睢之社，欲以属东夷。司马子鱼曰："古者六畜不相为用，小事不用大牲，而况敢用人乎？祭祀以为人也。民，神之主也。用人，其谁飨之？齐桓公存三亡国以属诸侯，义士犹曰薄德，今一会而虐二国之君，又用诸淫昏之鬼，将以求霸，不亦难乎？得死为幸。"

（十九·四）秋，卫人伐邢，以报菟圃之役。于是卫大旱，卜有事于山川，不吉。宁庄子曰："昔周饥，克殷而年丰。今邢方无道，诸侯无伯，天其或者欲使卫讨邢乎？"从之。师兴而雨。

（十九·五）宋人围曹，讨不服也。子鱼言于宋公曰："文王闻崇德乱而伐之，军三旬而不降。退修教而复伐之，因垒而降。诗曰：'刑于寡妻，至于兄弟，以御于家邦。'今君德无乃犹有所阙，而以伐人，若之何？盍姑内省德乎，无阙而后动。"

（十九·六）陈穆公请修好于诸侯，以无忘齐桓之德。冬，盟于齐，修桓公之好也。

（十九·七）梁亡，不书其主，自取之也。初，梁伯好土功，亟城而弗处。民罢而弗堪，则曰："某寇将至，乃沟公宫。"曰："秦将袭我。"民惧而溃，秦遂取梁。

(僖公二十年)

经

(二十·一)二十年春，新作南门。

(二十·二)夏，郜子来朝。

(二十·三)五月乙巳，西宫灾。

(二十·四)郑人入滑。

(二十·五)秋，齐人、狄人盟于邢。

(二十·六)冬，楚人伐随。

传

(二十·一)二十年春，新作南门。书不时也。凡启塞，从时。

(二十·二)滑人叛郑，而服于卫。夏，郑公子士、泄堵寇帅师入滑。

(二十·三)秋，齐、狄盟于邢，为邢谋卫难也。于是卫方病邢。

(二十·四)随以汉东诸侯叛楚。冬，楚国斗谷于菟帅师伐随，取成而还。君子曰："随之见伐，不量力也。量力而动，其过鲜矣。善败由己，而由人乎哉？诗曰：'岂不夙夜，谓行多露。'"

(二十·五)宋襄公欲合诸侯。臧文仲闻之曰："以欲从人，则可；以人从欲，鲜济。"

(僖公二十一年)

经

(二一·一)二十有一年春，狄侵卫。

(二一·二)宋人、齐人、楚人盟于鹿上。

(二一·三)夏，大旱。

(二一·四)秋，宋公、楚子、陈侯、蔡侯、郑伯、许男、曹伯会于盂。执宋公以伐宋。

(二一·五)冬，公伐邾。

(二一·六)楚人使宜申来献捷。

(二一·七)十有二月癸丑，公会诸侯盟于薄，释宋公。

传

(二一·一)二十一年春，宋人为鹿上之盟，以求诸侯于楚。楚人许之。公子目夷曰："小国争盟，祸也。宋其亡乎！幸而后败。"

(二一·二)夏，大旱。公欲焚巫、尪。臧文仲曰："非旱备也。修城郭、贬食、省用、务穑、劝分，此其务也。巫、尪何为？天欲杀之，则如勿生；若能为旱，焚之滋甚。"公从之。是岁也，饥而不害。

（二一・三）秋，诸侯会宋公于盂。子鱼曰："祸其在此乎！君欲已甚，其何以堪之？"于是楚执宋公以伐宋。冬，会于薄以释之。子鱼曰："祸犹未也，未足以惩君。"

（二一・四）任、宿、须句、颛臾，风姓也，实司大皞与有济之祀，以服事诸夏。邾人灭须句。须句子来奔，因成风也。成风为之言于公曰："崇明祀，保小寡，周礼也；蛮夷猾夏，周祸也。若封须句，是崇皞、济而修祀纾祸也。"

（僖公二十二年）

经

（二二・一）二十有二年春，公伐邾，取须句。

（二二・二）夏，宋公、卫侯、许男、滕子伐郑。

（二二・三）秋八月丁未，及邾人战于升陉。

（二二・四）冬十有一月己巳朔，宋公及楚人战于泓，宋师败绩。

传

（二二・一）二十二年春，伐邾，取须句，反其君焉，礼也。

（二二・二）三月，郑伯如楚。

（二二・三）夏，宋公伐郑。子鱼曰："所谓祸在此矣。"

（二二・四）初，平王之东迁也，辛有适伊川，见被发而祭于野者，曰："不及百年，此其戎乎！其礼先亡矣。"秋，秦、晋迁陆浑之戎于伊川。

（二二・五）晋大子圉为质于秦，将逃归，谓嬴氏曰："与子归乎？"对曰："子，晋大子，而辱于秦。子之欲归，不亦宜乎？寡君之使婢子侍执巾栉，以固子也。从子而归，弃君命也。不敢从，亦不敢言。"遂逃归。

（二二・六）富辰言于王曰："请召大叔。诗曰：'协比其邻，婚姻孔云。'吾兄弟之不协，焉能怨诸侯之不睦？"王说。王子带自齐复归于京师，王召之也。

（二二・七）邾人以须句故出师。公卑邾，不设备而御之。臧文仲曰："国无小，不可易也。无备，虽众，不可恃也。诗曰：'战战兢兢，如临深渊，如履薄冰。'又曰：'敬之敬之！天惟显思，命不易哉！'先王之明德，犹无不难也，无不惧也，况我小国乎！君其无谓邾小，蜂虿有毒，而况国乎！”弗听。八月丁未，公及邾师战于升陉，我师败绩。邾人获公胄，县诸鱼门。

（二二·八）楚人伐宋以救郑。宋公将战，大司马固谏曰：“天之弃商久矣，君将兴之，弗可赦也已。”弗听。

冬十一月己巳朔，宋公及楚人战于泓。宋人既成列，楚人未既济。司马曰：“彼众我寡，及其未既济也，请击之。”公曰：“不可。”既济而未成列，又以告。公曰：“未可。”既陈而后击之，宋师败绩。公伤股。门官歼焉。

国人皆咎公。公曰：“君子不重伤，不禽二毛。古之为军也，不以阻隘也。寡人虽亡国之余，不鼓不成列。”子鱼曰：“君未知战，勍敌之人，隘而不列，天赞我也；阻而鼓之，不亦可乎？犹有惧焉。且今之勍者，皆吾敌也。虽及胡耇，获则取之，何有于二毛？明耻、教战，求杀敌也。伤未及死，如何勿重？若爱重伤，则如勿伤；爱其二毛，则如服焉。三军以利用也，金鼓以声气也。利而用之，阻隘可也；声盛致志，鼓儳可也。”

（二二·九）丙子晨，郑文夫人芈氏、姜氏劳楚子于柯泽。楚子使师缙示之俘馘。君子曰：“非礼也。妇人送迎不出门，见兄弟不逾阈，戎事不迩女器。”丁丑，楚子入享于郑，九献，庭实旅百，加笾豆六品。享毕，夜出，文芈送于军。取郑二姬以归。叔詹曰：“楚王其不没乎！为礼卒于无别。无别不可谓礼。将何以没？”诸侯是以知其不遂霸也。

（僖公二十三年）

经

（二三·一）二十有三年春，齐侯伐宋，围缗。

（二三·二）夏五月庚寅，宋公兹父卒。

（二三·三）秋，楚人伐陈。

（二三·四）冬十有一月，杞子卒。

传

（二三·一）二十三年春，齐侯伐宋，围缗，以讨其不与盟于齐也。

（二三·二）夏五月，宋襄公卒，伤于泓故也。

（二三·三）秋，楚成得臣帅师伐陈，讨其贰于宋也。遂取焦、夷，城顿而还。子文以为之功，使为令尹。叔伯曰："子若国何？"对曰："吾以靖国也。夫有大功而无贵仕，其人能靖者与有几？"

（二三·四）九月，晋惠公卒。怀公立，命无从亡人，期，期而不至，无赦。狐突之子毛及偃从重耳在秦，弗召。冬，怀公执狐突，曰："子来则免。"对曰："子之能仕，父教之忠，古之制也。策名、委质，贰乃辟也。今臣之子，名在重耳，有年数矣。若又召之，教之贰也。父教子贰，何以事君？刑之不滥，君之明也，臣之愿也。淫刑以逞，谁则无罪？臣闻命矣。"乃杀之。卜偃称疾不出，曰："周书有之：'乃大明服。'己则不明，而杀人以逞，不亦难乎？民不见德，而唯戮是闻，其何后之有？"

（二三·五）十一月，杞成公卒。书曰"子"，杞，夷也。不书名，未同盟也。凡诸侯同盟，死则赴以名，礼也。赴以名，则亦书之，不然则否，辟不敏也。

（二三·六）晋公子重耳之及于难也，晋人伐诸蒲城。蒲城人欲战，重耳不可，曰："保君父之命而享其生禄，于是乎得人。有人而校，罪莫大焉。吾其奔也。"遂奔狄。从者狐偃、赵衰、颠颉、魏武子、司空季子。狄人伐廧咎如，获其二女叔隗、季隗，纳诸公子。公子取季隗，生伯鯈、叔刘，以叔隗妻赵衰，生盾。将适齐，谓季隗曰："待我二十五年，不来而后嫁。"对曰："我二十五年矣，又如是而嫁，则就木焉。请待子。"处狄十二年而行。

过卫，卫文公不礼焉。出于五鹿，乞食于野人，野人与之块。公子怒，欲鞭之。子犯曰："天赐也。"稽首受而载之。及齐，齐桓公妻之，有马二十乘。公子安之。从者以为不可。将行，谋于桑下。蚕妾在其上，以告姜氏。姜氏杀之，而谓公子曰："子有四方之志，其闻之者，吾杀之矣。"公子曰："无之。"姜曰："行也！怀与安，实败名。"公子不可。姜与子犯谋，醉而遣之。醒，以戈逐子犯。

及曹，曹共公闻其骈胁，欲观其裸。浴，薄而观之。僖负羁之妻曰："吾观晋公子之从者，皆足以相国。若以相，夫子必反其国。反其国，必得志于诸侯。得志于诸侯，而诛无礼，曹其首也。子盍蚤自贰焉！"乃馈盘飧、飧璧焉。公子受飧反璧。

及宋，宋襄公赠之以马二十乘。

及郑，郑文公亦不礼焉。叔詹谏曰："臣闻天之所启，人弗及也。晋公子有三焉，天其或者将建诸，君其礼焉！男女同姓，其生不蕃。

晋公子，姬出也，而至于今，一也。离外之患，而天不靖晋国，殆将启之，二也。有三士，足以上人，而从之，三也。晋、郑同侪，其过子弟固将礼焉，况天之所启乎！”弗听。

及楚，楚子飨之曰：“公子若反晋国，则何以报不谷？”对曰：“子、女、玉、帛，则君有之；羽、毛、齿、革，则君地生焉。其波及晋国者，君之余也；其何以报君？”曰：“虽然，何以报我？”对曰：“若以君之灵，得反晋国。晋、楚治兵，遇于中原，其辟君三舍。若不获命，其左执鞭、弭，右属櫜、鞬，以与君周旋。”子玉请杀之。楚子曰：“晋公子广而俭，文而有礼。其从者肃而宽，忠而能力。晋侯无亲，外内恶之。吾闻姬姓唐叔之后，其后衰者也，其将由晋公子乎！天将兴之，谁能废之？违天必有大咎。”乃送诸秦。

秦伯纳女五人，怀嬴与焉。奉匜沃盥，既而挥之。怒，曰：“秦、晋，匹也，何以卑我？”公子惧，降服而囚。他日，公享之。子犯曰：“吾不如衰之文也，请使衰从。”公子赋河水。公赋六月。赵衰曰：“重耳拜赐！”公子降，拜，稽首，公降一级而辞焉。衰曰：“君称所以佐天子者命重耳，重耳敢不拜？”

（僖公二十四年）

经

（二四·一）二十有四年春王正月。

（二四·二）夏，狄伐郑。

（二四·三）秋七月。

（二四·四）冬，天王出居于郑。

（二四·五）晋侯夷吾卒。

传

（二四·一）二十四年春王正月，秦伯纳之。不书，不告入也。

及河，子犯以璧授公子，曰：“臣负羁绁从君巡于天下，臣之罪甚多矣，臣犹知之，而况君乎？请由此亡。”公子曰：“所不与舅氏同心者，有如白水！”投其璧于河。

济河，围令狐，入桑泉，取臼衰。二月甲午，晋师军于庐柳。秦伯使公子絷如晋师。师退，军于郇。辛丑，狐偃及秦、晋之大夫盟于郇。壬寅，公子入于晋师。丙午，入于曲沃。丁未，朝于武宫。戊申，使杀怀公于高梁。不书，亦不告也。

吕、郤畏偪，将焚公宫而弑晋侯。寺人披请见。公使让之，且辞焉，曰："蒲城之役，君命一宿，女即至。其后余从狄君以田渭滨，女为惠公来求杀余，命女三宿，女中宿至。虽有君命，何其速也？夫袪犹在。女其行乎！"对曰："臣谓君之入也，其知之矣。若犹未也，又将及难。君命无二，古之制也。除君之恶，唯力是视。蒲人、狄人，余何有焉？今君即位，其无蒲、狄乎！齐桓公置射钩，而使管仲相。君若易之，何辱命焉？行者甚众，岂唯刑臣？"公见之，以难告。三月，晋侯潜会秦伯于王城。己丑晦，公宫火。瑕甥、郤芮不获公，乃如河上，秦伯诱而杀之。晋侯逆夫人嬴氏以归。秦伯送卫于晋三千人，实纪纲之仆。

初，晋侯之竖头须，守藏者也。其出也，窃藏以逃，尽用以求纳之。及入，求见。公辞焉以沐。谓仆人曰："沐则心覆，心覆则图反，宜吾不得见也。居者为社稷之守，行者为羁绁之仆，其亦可也，何必罪居者？国君而雠匹夫，惧者甚众矣。"仆人以告，公遽见之。狄人归季隗于晋，而请其二子。文公妻赵衰，生原同、屏括、楼婴。赵姬请逆盾与其母，子余辞。姬曰："得宠而忘旧，何以使人？必逆之！"固请，许之。来，以盾为才，固请于公，以为嫡子，而使其三子下之；以叔隗为内子，而己下之。

晋侯赏从亡者，介之推不言禄，禄亦弗及。推曰："献公之子九人，唯君在矣。惠、怀无亲，外内弃之。天未绝晋，必将有主。主晋祀者，非君而谁？天实置之，而二三子以为己力，不亦诬乎？窃人之财，犹谓之盗，况贪天之功以为己力乎？下义其罪，上赏其奸；上下相蒙，难与处矣。"其母曰："盍亦求之？以死，谁怼？"对曰："尤而效之，罪又甚焉。且出怨言，不食其食。"其母曰："亦使知之，若何？"对曰："言，身之文也。身将隐，焉用文之？——是求显也。"其母曰："能如是乎？与女偕隐。"遂隐而死。晋侯求之不获。以上绵为之田，曰："以志吾过，且旌善人。"

（二四·二）郑之入滑也，滑人听命。师还，又即卫。郑公子士、泄堵俞弥帅师伐滑。王使伯服、游孙伯如郑请滑。郑伯怨惠王之入而不与厉公爵也，又怨襄王之与卫滑也。故不听王命，而执二子。王怒，将以狄伐郑。富辰谏曰："不可。臣闻之：大上以德抚民，其次亲亲，以相及也。昔周公吊二叔之不咸，故封建亲戚以蕃屏周。管、蔡、郕、霍、鲁、卫、毛、聃、郜、雍、曹、滕、毕、原、酆、郇，文之昭也。邘、晋、应、韩，武之穆也。凡、蒋、邢、茅、胙、祭，周公之胤也。召穆公思周德之不类，故纠合宗族于成周而作诗，曰：'常棣之华，鄂不韡韡。凡今之人，莫如兄弟。'其四章曰：'兄弟阋于墙，外御其侮。'如是，则兄弟虽有小忿，不废懿亲。今天子不忍小忿以弃郑亲，其若之何？庸勋、亲亲、昵近、尊贤，德之大者也。即聋、从昧、与顽、用嚚，奸之大者也。弃德崇奸，祸之大者也。郑有平、惠之勋，又有厉、宣之亲，弃嬖宠而用三良，于诸姬为近，四德具矣。耳不听五声之和为聋，目不别五色之章为昧，心不则德义之经为顽，口不道忠信之言为嚚。狄皆则之，四奸具矣。周之有懿德也，犹曰'莫如兄弟'，故封建之。其怀柔天下也，犹惧有外侮；捍御侮者，莫如亲亲，故以亲屏周。召穆公亦云。今周德既衰，于是乎又渝周、召，以从诸奸，无乃不可乎？民未忘祸，王又兴之，其若文、武何？"王弗听，使颓叔、桃子出狄师。

夏，狄伐郑，取栎。王德狄人，将以其女为后。富辰谏曰："不可。臣闻之曰：'报者倦矣，施者未厌。'狄固贪惏，王又启之。女德无极，妇怨无终，狄必为患。"王又弗听。

初，甘昭公有宠于惠后，惠后将立之，未及而卒。昭公奔齐，王复之，又通于隗氏。王替隗氏。颓叔、桃子曰："我实使狄，狄其怨我。"遂奉大叔以狄师攻王。王御士将御之，王曰："先后其谓我何？宁使诸侯图之。"王遂出，及坎欿，国人纳之。

秋，颓叔、桃子奉大叔以狄师伐周，大败周师，获周公忌父、原伯、毛伯、富辰。王出适郑，处于泛。大叔以隗氏居于温。

（二四·三）郑子华之弟子臧出奔宋，好聚鹬冠。郑伯闻而恶之，使盗诱之。八月，盗杀之于陈、宋之间。君子曰："服之不衷，身之灾也。诗曰：'彼己之子，不称其服。'子臧之服，不称也夫！诗曰：'自诒伊戚'，其子臧之谓矣。夏书曰：'地平天成'，称也。"

（二四·四）宋及楚平，宋成公如楚。还，入于郑。郑伯将享之，问礼于皇武子。对曰："宋，先代之后也，于周为客，天子有事，膰焉；有丧，拜焉。丰厚可也。"郑伯从之，享宋公，有加，礼也。

（二四·五）冬，王使来告难，曰："不谷不德，得罪于母弟之宠子带，鄙在郑地泛，敢告叔父。"臧文仲对曰："天子蒙尘于外，敢不奔问官守？"王使简师父告于晋，使左鄢父告于秦。

天子无出，书曰"天王出居于郑"，辟母弟之难也。天子凶服、降名，礼也。

（二四·六）郑伯与孔将钼、石甲父、侯宣多省视官具于泛，而后听其私政，礼也。

（二四·七）卫人将伐邢，礼至曰："不得其守，国不可得也。我请昆弟仕焉。"乃往，得仕。

（僖公二十五年）

经

（二五·一）二十有五年春王正月丙午，卫侯毁灭邢。

（二五·二）夏四月癸酉，卫侯毁卒。

（二五·三）宋荡伯姬来逆妇。

（二五·四）宋杀其大夫。

（二五·五）秋，楚人围陈，纳顿子于顿。

（二五·六）葬卫文公。

（二五·七）冬十有二月癸亥，公会卫子、莒庆，盟于洮。

传

（二五·一）二十五年春，卫人伐邢，二礼从国子巡城，掖以赴外，杀之。正月丙午，卫侯毁灭邢。同姓也，故名。礼至为铭曰："余掖杀国子，莫余敢止。"

（二五·二）秦伯师于河上，将纳王。狐偃言于晋侯曰："求诸侯莫如勤王。诸侯信之，且大义也。继文之业，而信宣于诸侯，今为可矣。"

使卜偃卜之，曰："吉。遇黄帝战于阪泉之兆。"公曰："吾不堪也。"对曰："周礼未改，今之王，古之帝也。"公曰："筮之！"筮之，遇大有䷍之睽䷥，曰："吉。遇'公用享于天子'之卦。战克而王飨，吉孰大焉？且是卦也，天为泽以当日，天子降心以逆公，不亦可乎？大有去睽而复，亦其所也。"

晋侯辞秦师而下。三月甲辰，次于阳樊，右师围温，左师逆王。夏四月丁巳，王入于王城。取大叔于温，杀之于隰城。

戊午，晋侯朝王。王飨醴，命之宥。请隧，弗许，曰："王章也。未有代德，而有二王，亦叔父之所恶也。"与之阳樊、温、原、攒茅之田。晋于是始启南阳。

阳樊不服，围之。仓葛呼曰："德以柔中国，刑以威四夷，宜吾不敢服也。此谁非王之亲姻，其俘之也？"乃出其民。

(二五·三)秋,秦、晋伐鄀。楚斗克、屈御寇以申、息之师戍商密。秦人过析,隈入而系舆人,以围商密,昏而傅焉。宵,坎血加书,伪与子仪、子边盟者。商密人惧,曰:“秦取析矣!戍人反矣!”乃降秦师。秦师囚申公子仪、息公子边以归。楚令尹子玉追秦师,弗及。遂围陈,纳顿子于顿。

(二五·四)冬,晋侯围原,命三日之粮。原不降,命去之。谍出,曰:“原将降矣。”军吏曰:“请待之。”公曰:“信,国之宝也,民之所庇也。得原失信,何以庇之?所亡滋多。”退一舍而原降。迁原伯贯于冀。赵衰为原大夫,狐溱为温大夫。

(二五·五)卫人平莒于我,十二月,盟于洮,修卫文公之好,且及莒平也。

(二五·六)晋侯问原守于寺人勃鞮,对曰:“昔赵衰以壶飧从径,馁而弗食。”故使处原。

(僖公二十六年)

经

(二六·一)二十有六年春王正月己未,公会莒子、卫宁速,盟于向。

(二六·二)齐人侵我西鄙,公追齐师,至酅,弗及。

(二六·三)夏,齐人伐我北鄙。

(二六·四)卫人伐齐。

(二六·五)公子遂如楚乞师。

(二六·六)秋,楚人灭夔,以夔子归。

(二六·七)冬,楚人伐宋,围缗。公以楚师伐齐,取谷。

(二六·八)公至自伐齐。

传

(二六·一)二十六年春王正月,公会莒兹丕公、宁庄子,盟于向,寻洮之盟也。

(二六·二)齐师侵我西鄙,讨是二盟也。

(二六·三)夏,齐孝公伐我北鄙,卫人伐齐,洮之盟故也。公使展喜犒师,使受命于展禽。齐侯未入竟,展喜从之,曰:“寡君闻君亲举玉趾,将辱于敝邑,使下臣犒执事。”齐侯曰:“鲁人恐乎?”对曰:“小人恐矣,君子则否。”齐侯曰:“室如县罄,野无青草,何恃而不恐?”对曰："恃先王之命。昔周公、大公股肱周室，夹辅成王。成王劳之，而赐之盟，曰：'世世子孙无相害也！'载在盟府，大师职之。桓公是以纠合诸侯而谋其不协，弥缝其阙而匡救其灾，昭旧职也。及君即位，诸侯之望曰：'其率桓之功！'我敝邑用不敢保聚，曰：'岂其嗣世九年，而弃命废职？其若先君何？君必不然。'恃此以不恐。"齐侯乃还。

（二六·四）东门襄仲、臧文仲如楚乞师。臧孙见子玉而道之伐齐、宋，以其不臣也。

（二六·五）夔子不祀祝融与鬻熊，楚人让之。对曰："我先王熊挚有疾，鬼神弗赦，而自窜于夔，吾是以失楚，又何祀焉？"秋，楚成得臣、斗宜申帅师灭夔，以夔子归。

（二六·六）宋以其善于晋侯也，叛楚即晋。冬，楚令尹子玉、司马子西帅师伐宋，围缗。

公以楚师伐齐，取谷。凡师，能左右之曰以。寘桓公子雍于谷，易牙奉之以为鲁援。楚申公叔侯戍之。桓公之子七人，为七大夫于楚。

（僖公二十七年）

经

（二七·一）二十有七年春，杞子来朝。

（二七·二）夏六月庚寅，齐侯昭卒。

（二七·三）秋八月乙未，葬齐孝公。

（二七·四）乙巳，公子遂帅师入杞。

（二七·五）冬，楚人、陈侯、蔡侯、郑伯、许男围宋。

（二七·六）十有二月甲戌，公会诸侯，盟于宋。

传

（二七·一）二十七年春，杞桓公来朝。用夷礼，故曰"子"。公卑杞，杞不共也。

（二七·二）夏，齐孝公卒。有齐怨，不废丧纪，礼也。

（二七·三）秋，入杞，责无礼也。

（二七·四）楚子将围宋，使子文治兵于睽，终朝而毕，不戮一人。子玉复治兵于蒍，终日而毕，鞭七人，贯三人耳。国老皆贺子文。子文饮之酒。蒍贾尚幼，后至，不贺。子文问之。对曰："不知所贺。子之传政于子玉，曰：'以靖国也。'靖诸内而败诸外，所获几何？子玉之败，子之举也。举以败国，将何贺焉？子玉刚而无礼，不可以治民，过三百乘，其不能以入矣。苟入而贺，何后之有？”

冬，楚子及诸侯围宋。宋公孙固如晋告急。先轸曰：“报施救患，取威定霸，于是乎在矣。”狐偃曰：“楚始得曹，而新昏于卫，若伐曹、卫，楚必救之，则齐、宋免矣。”于是乎搜于被庐，作三军，谋元帅。赵衰曰：“郤谷可。臣亟闻其言矣，说礼、乐而敦诗、书。诗、书，义之府也；礼、乐，德之则也；德、义，利之本也。夏书曰：‘赋纳以言，明试以功，车服以庸。’君其试之！”乃使郤谷将中军，郤溱佐之。使狐偃将上军，让于狐毛而佐之。命赵衰为卿，让于栾枝、先轸。使栾枝将下军，先轸佐之。荀林父御戎，魏犨为右。

晋侯始入而教其民，二年，欲用之。子犯曰：“民未知义，未安其居。”于出乎出定襄王，入务利民，民怀生矣。将用之。子犯曰：“民未知信，未宣其用。”于是乎伐原以示之信。民易资者，不求丰焉，明征其辞。公曰：“可矣乎？”子犯曰：“民未知礼，未生其共。”于是乎大搜以示之礼，作执秩以正其官。民听不惑，而后用之。出谷戍，释宋围，一战而霸，文之教也。

（僖公二十八年）

经

（二八·一）二十有八年春，晋侯侵曹，晋侯伐卫。

（二八·二）公子买戍卫，不卒戍，刺之。

（二八·三）楚人救卫。

（二八·四）三月丙午，晋侯入曹，执曹伯。畀宋人。

（二八·五）夏四月己巳，晋侯、齐师、宋师、秦师及楚人战于城濮，楚师败绩。

（二八·六）楚杀其大夫得臣。

（二八·七）卫侯出奔楚。

（二八·八）五月癸丑，公会晋侯、齐侯、宋公、蔡侯、郑伯、卫子、莒子，盟于践土。

（二八·九）陈侯如会。

（二八·十）公朝于王所。

（二八·十一）六月，卫侯郑自楚复归于卫。卫元咺出奔晋。

（二八·十二）陈侯款卒。

(二八·十三)秋,杞伯姬来。

(二八·十四)公子遂如齐。

(二八·十五)冬,公会晋侯、齐侯、宋公、蔡侯、郑伯、陈子、莒子、邾子、秦人于温。

(二八·十六)天王狩于河阳。

(二八·十七)壬申,公朝于王所。

(二八·十八)晋人执卫侯,归之于京师。卫元咺自晋复归于卫。

(二八·十九)诸侯遂围许。

(二八·二十)曹伯襄复归于曹,遂会诸侯围许。

传

(二八·一)二十八年春,晋侯将伐曹,假道于卫。卫人弗许。还自南河济,侵曹、伐卫。正月戊申,取五鹿。二月,晋郤谷卒。原轸将中军,胥臣佐下军,上德也。晋侯、齐侯盟于敛盂。卫侯请盟,晋人弗许。卫侯欲与楚,国人不欲,故出其君,以说于晋。卫侯出居于襄牛。

(二八·二)公子买戍卫,楚人救卫,不克。公惧于晋,杀子丛以说焉。谓楚人曰:"不卒戍也。"

(二八·三)晋侯围曹,门焉,多死。曹人尸诸城上,晋侯患之。听舆人之谋曰:"称舍于墓。"师迁焉。曹人凶惧,为其所得者,棺而出之。因其凶也而攻之。三月丙午,入曹,数之以其不用僖负羁,而乘轩者三百人也,且曰献状。令无入僖负羁之宫而免其族,报施也。魏犨、颠颉怒,曰:"劳之不图,报于何有?"爇僖负羁氏。魏犨伤于胸。公欲杀之,而爱其材。使问,且视之。病,将杀之。魏犨束胸见使者,曰:"以君之灵,不有宁也!"距跃三百,曲踊三百。乃舍之。杀颠颉以徇于师,立舟之侨以为戎右。

宋人使门尹般如晋师告急。公曰:"宋人告急,舍之则绝,告楚不许。我欲战矣,齐、秦未可,若之何?"先轸曰:"使宋舍我而赂齐、秦,藉之告楚。我执曹君,而分曹、卫之田以赐宋人。楚爱曹、卫,必不许也。喜赂、怒顽,能无战乎?"公说,执曹伯,分曹、卫之田以畀宋人。

楚子入居于申,使申叔去谷,使子玉去宋,曰:"无从晋师!晋侯在外十九年矣,而果得晋国。险阻艰难,备尝之矣;民之情伪,尽知之矣。天假之年,而除其害,天之所置,其可废乎?军志曰:'允当则归。'又曰:'知难而退。'又曰:'有德不可敌。'此三志者,晋之谓矣。"子玉使伯棼请战,曰:"非敢必有功也,愿以间执谗慝之口。"王怒,少与之师，唯西广、东宫与若敖之六卒实从之。

子玉使宛春告于晋师曰："请复卫侯而封曹，臣亦释宋之围。"子犯曰："子玉无礼哉！君取一，臣取二，不可失矣。"先轸曰："子与之！定人之谓礼，楚一言而定三国，我一言而亡之。我则无礼，何以战乎？不许楚言，是弃宋也；救而弃之，谓诸侯何？楚有三施，我有三怨，怨雠已多，将何以战？不如私许复曹、卫以携之，执宛春以怒楚，既战而后图之。"公说。乃拘宛春于卫，且私许复曹、卫，曹、卫告绝于楚。

子玉怒，从晋师。晋师退。军吏曰："以君辟臣，辱也；且楚师老矣，何故退？"子犯曰："师直为壮，曲为老，岂在久乎？微楚之惠不及此，退三舍辟之，所以报也。背惠食言，以亢其雠，我曲楚直，其众素饱，不可谓老。我退而楚还，我将何求？若其不还，君退臣犯，曲在彼矣。"退三舍。楚众欲止，子玉不可。

夏四月戊辰，晋侯、宋公、齐国归父、崔夭、秦小子慭次于城濮。楚师背酅而舍，晋侯患之。听舆人之诵曰："原田每每，舍其旧而新是谋。"公疑焉。子犯曰："战也！战而捷，必得诸侯。若其不捷，表里山河，必无害也。"公曰："若楚惠何？"栾贞子曰："汉阳诸姬，楚实尽之。思小惠而忘大耻，不如战也。"晋侯梦与楚子搏，楚子伏己而盬其脑，是以惧。子犯曰："吉。我得天，楚伏其罪，吾且柔之矣。"

子玉使斗勃请战，曰："请与君之士戏，君冯轼而观之，得臣与寓目焉。"晋侯使栾枝对曰："寡君闻命矣。楚君之惠，未之敢忘，是以在此。为大夫退，其敢当君乎？既不获命矣，敢烦大夫，谓二三子：'戒尔车乘，敬尔君事，诘朝将见。'"晋车七百乘，韅、靷、鞅、靽。晋侯登有莘之虚以观师，曰："少长有礼，其可用也。"遂伐其木，以益其兵。己巳，晋师陈于莘北，胥臣以下军之佐当陈、蔡。子玉以若敖之六卒将中军，曰："今日必无晋矣。"子西将左，子上将右。胥臣蒙马以虎皮，先犯陈、蔡。陈、蔡奔，楚右师溃。狐毛设二旆而退之。栾枝使舆曳柴而伪遁，楚师驰之，原轸、郤溱以中军公族横击之。狐毛、狐偃以上军夹攻子西，楚左师溃。楚师败绩。子玉收其卒而止，故不败。

晋师三日馆、谷，及癸酉而还。甲午，至于衡雍，作王宫于践土。

乡役之三月，郑伯如楚致其师。为楚师既败而惧，使子人九行成于晋。晋栾枝入盟郑伯。五月丙午，晋侯及郑伯盟于衡雍。

丁未，献楚俘于王：驷介百乘，徒兵千。郑伯傅王，用平礼也。己酉，王享醴，命晋侯宥。王命尹氏及王子虎、内史叔兴父策命晋侯为侯伯，赐之大辂之服、戎辂之服，彤弓一、彤矢百，玈弓矢千，秬鬯一卣，虎贲三百人，曰："王谓叔父：'敬服王命，以绥四国，纠逖王慝。'"晋侯三辞，从命，曰："重耳敢再拜稽首，奉扬天子之丕显休命。"受策以出。出入三觐。

卫侯闻楚师败，惧，出奔楚，遂适陈，使元咺奉叔武以受盟。癸亥，王子虎盟诸侯于王庭，要言曰："皆奖王室，无相害也！有渝此盟，明神殛之，俾队其师，无克祚国，及而玄孙，无有老幼。"君子谓是盟也信，谓晋于是役也，能以德攻。

（二八·四）初，楚子玉自为琼弁、玉缨，未之服也。先战，梦河神谓己曰："畀余！余赐女孟诸之麋。"弗致也。大心与子西使荣黄谏，弗听。荣季曰："死而利国，犹或为之，况琼玉乎？是粪土也。而可以济师，将何爱焉？"弗听。出，告二子曰："非神败令尹，令尹其不勤民，实自败也。"既败，王使谓之曰："大夫若入，其若申、息之老何？"子西、孙伯曰："得臣将死，二臣止之曰：'君其将以为戮。'"及连谷而死。

晋侯闻之而后喜可知也，曰："莫余毒也已。芳吕臣实为令尹，奉己而已，不在民矣。"

（二八·五）或诉元咺于卫侯曰："立叔武矣。"其子角从公，公使杀之。咺不废命，奉夷叔以入守。六月，晋人复卫侯。宁武子与卫人盟于宛濮曰："天祸卫国，君臣不协，以及此忧也。今天诱其衷，使皆降心以相从也。不有居者，谁守社稷？不有行者，谁捍牧圉？不协之故，用昭乞盟于尔大神以诱天衷。自今日以往，既盟之后，行者无保其力，居者无惧其罪。有渝此盟，以相及也。明神先君，是纠是殛。"国人闻此盟也，而后不贰。

卫侯先期入，宁子先，长牂守门，以为使也，与之乘而入。公子歂犬、华仲前驱，叔孙将沐，闻君至，喜，捉发走出，前驱射而杀之。公知其无罪也，枕之股而哭之。歂犬走出，公使杀之。元咺出奔晋。

（二八·六）城濮之战，晋中军风于泽，亡大旆之左旃。祁瞒奸命，司马杀之，以徇于诸侯，使茅茷代之。师还。壬午，济河。舟之侨先归，士会摄右。秋七月丙申，振旅，恺以入于晋，献俘、授馘，饮至、大赏，征会讨贰。杀舟之侨以徇于国，民于是大服。君子谓文公其能刑矣，三罪而民服。诗云："惠此中国，以绥四方"，不失赏、刑之谓也。

（二八·七）冬，会于温，讨不服也。

（二八·八）卫侯与元咺讼，宁武子为辅，针庄子为坐，士荣为大士。卫侯不胜。杀士荣，刖针庄子，谓宁俞忠而免之。执卫侯，归之于京师，寘诸深室。宁子职纳橐饘焉。元咺归于卫，立公子瑕。

（二八·九）是会也，晋侯召王，以诸侯见，且使王狩。仲尼曰："以臣召君，不可以训。故书曰'天王狩于河阳'，言非其地也，且明德也。"

（二八·十）壬申，公朝于王所。

（二八·十一）丁丑，诸侯围许。

（二八·十二）晋侯有疾，曹伯之竖侯獳货筮史，使曰以曹为解："齐桓公为会而封异姓，今君为会而灭同姓。曹叔振铎，文之昭也；先君唐叔，武之穆也。且合诸侯而灭兄弟，非礼也；与卫偕命，而不与偕复，非信也；同罪异罚，非刑也。礼以行义，信以守礼，刑以正邪。舍此三者，君将若之何？"公说，复曹伯，遂会诸侯于许。晋侯作三行以御狄。荀林父将中行，屠击将右行，先蔑将左行。

（僖公二十九年）

经

（二九·一）二十有九年春，介葛卢来。

（二九·二）公至自围许。

（二九·三）夏六月，会王人、晋人、宋人、齐人、陈人、蔡人、秦人，盟于翟泉。

（二九·四）秋，大雨雹。

（二九·五）冬，介葛卢来。

传

（二九·一）二十九年春，介葛卢来朝，舍于昌衍之上。公在会，馈之刍、米，礼也。

（二九·二）夏，公会王子虎、晋狐偃、宋公孙固、齐国归父、陈辕涛涂、秦小子慭，盟于翟泉，寻践土之盟，且谋伐郑也。卿不书，罪之也。在礼，卿不会公侯，会伯子男可也。

（二九·三）秋，大雨雹，为灾也。

（二九·四）冬，介葛卢来，以未见公故，复来朝。礼之，加燕好。介葛卢闻牛鸣，曰："是生三牺，皆用之矣。其音云。"问之而信。

（僖公三十年）

经

（三十·一）三十年春王正月。

（三十·二）夏，狄侵齐。

（三十·三）秋，卫杀其大夫元咺及公子瑕。卫侯郑归于卫。

（三十·四）晋人、秦人围郑。

（三十·五）介人侵萧。

（三十·六）冬，天王使宰周公来聘。

（三十·七）公子遂如京师，遂如晋。

传

（三十·一）三十年春，晋人侵郑，以观其可攻与否。狄间晋之有郑虞也。夏，狄侵齐。

（三十·二）晋侯使医衍酖卫侯。宁俞货医，使薄其酖，不死。公为之请，纳玉于王与晋侯，皆十瑴，王许之。秋，乃释卫侯。卫侯使赂周歂、冶廑曰："苟能纳我，吾使尔为卿。"周、冶杀元咺及子适、子仪。公入，祀先君，周、冶既服，将命，周歂先入，及门，遇疾而死。冶廑辞卿。

（三十·三）九月甲午，晋侯、秦伯围郑，以其无礼于晋，且贰于楚也。晋军函陵，秦军氾南。佚之狐言于郑伯曰："国危矣，若使烛之武见秦君，师必退。"公从之。辞曰："臣之壮也，犹不如人；今老矣，无能为也已。"公曰："吾不能早用子，今急而求子，是寡人之过也。然郑亡，子亦有不利焉。"许之。夜，缒而出。见秦伯曰："秦、晋围郑，郑既知亡矣。若亡郑而有益于君，敢以烦执事。越国以鄙远，君知其难也，焉用亡郑以陪邻？邻之厚，君之薄也。若舍郑以为东道主，行李之往来，共其乏困，君亦无所害，且君尝为晋君赐矣，许君焦、瑕，朝济而夕设版焉，君之所知也。夫晋，何厌之有？既东封郑，又欲肆其西封。不阙秦，焉取之？阙秦以利晋，唯君图之。"秦伯说，与郑人盟，使杞子、逢孙、扬孙戍之，乃还。

子犯请击之。公曰："不可。微夫人之力不及此。因人之力而敝之，不仁；失其所与，不知；以乱易整，不武。吾其还也。"亦去之。

初，郑公子兰出奔晋，从于晋侯伐郑，请无与围郑。许之，使待命于东。郑石甲父、侯宣多逆以为大子，以求成于晋，晋人许之。

（三十·四）冬，王使周公阅来聘，飨有昌歜、白黑、形盐。辞曰：

"国君，文足昭也，武可畏也，则有备物之飨，以象其德；荐五味，羞嘉谷，盐虎形，以献其功。吾何以堪之？"

（三十·五）东门襄仲将聘于周，遂初聘于晋。

（僖公三十一年）

经

（三一·一）三十有一年春，取济西田。

（三一·二）公子遂如晋。

（三一·三）夏四月，四卜郊，不从，乃免牲。犹三望。

（三一·四）秋七月。

（三一·五）冬，杞伯姬来求妇。

（三一·六）狄围卫。十有二月，卫迁于帝丘。

传

（三一·一）三十一年春，取济西田，分曹地也。使臧文仲往，宿于重馆。重馆人告曰："晋新得诸侯，必亲其共。不速行，将无及也。"从之。分曹地，自洮以南，东傅于济，尽曹地也。

（三一·二）襄仲如晋，拜曹田也。

（三一·三）夏四月，四卜郊，不从，乃免牲，非礼也。犹三望，亦非礼也。礼不卜常祀，而卜其牲、日。牛卜日曰牲。牲成而卜郊，上怠慢也。望，郊之细也，不郊，亦无望可也。

（三一·四）秋，晋搜于清原，作五军以御狄。赵衰为卿。

（三一·五）冬，狄围卫，卫迁于帝丘，卜曰三百年。卫成公梦康叔曰："相夺予享。"公命祀相。宁武子不可，曰："鬼神非其族类，不歆其祀。杞、鄫何事？相之不享于此久矣，非卫之罪也，不可以间成王、周公之命祀，请改祀命。"

（三一·六）郑泄驾恶公子瑕，郑伯亦恶之，故公子瑕出奔楚。

（僖公三十二年）

经

（三二·一）三十有二年春王正月。

（三二·二）夏四月己丑，郑伯捷卒。

（三二·三）卫人侵狄。秋，卫人及狄盟。

（三二·四）冬十有二月己卯，晋侯重耳卒。

传

(三二·一)三十二年春,楚斗章请平于晋,晋阳处父报之,晋、楚始通。

(三二·二)夏,狄有乱,卫人侵狄,狄请平焉。秋,卫人及狄盟。

(三二·三)冬,晋文公卒。庚辰,将殡于曲沃。出绛,柩有声如牛。卜偃使大夫拜,曰:"君命大事:将有西师过轶我,击之,必大捷焉。"杞子自郑使告于秦曰:"郑人使我掌其北门之管,若潜师以来,国可得也。"穆公访诸蹇叔。蹇叔曰:"劳师以袭远,非所闻也。师劳力竭,远主备之,无乃不可乎? 师之所为,郑必知之,勤而无所,必有悖心。且行千里,其谁不知?"公辞焉。召孟明、西乞、白乙,使出师于东门之外。蹇叔哭之曰:"孟子! 吾见师之出而不见其入也!"公使谓之曰:"尔何知! 中寿,尔墓之木拱矣。"蹇叔之子与师,哭而送之曰:"晋人御师必于殽,殽有二陵焉。其南陵,夏后皋之墓也;其北陵,文王之所辟风雨也。必死是间,余收尔骨焉!"秦师遂东。

(僖公三十三年)

经

(三三·一)三十有三年春王二月,秦人入滑。

(三三·二)齐侯使国归父来聘。

(三三·三)夏四月辛巳,晋人及姜戎败秦师于殽。

(三三·四)癸巳,葬晋文公。

(三三·五)狄侵齐。

(三三·六)公伐邾,取訾娄。

(三三·七)秋,公子遂帅师伐邾。

(三三·八)晋人败狄于箕。

(三三·九)冬十月,公如齐。

(三三·十)十有二月,公至自齐。

(三三·一一)乙巳,公薨于小寝。

(三三·一二)陨霜不杀草。李、梅实。

(三三·一三)晋人、陈人、郑人伐许。

传

(三三·一)三十三年春,秦师过周北门,左右免胄而下,超乘者三百乘。王孙满尚幼,观之,言于王曰:"秦师轻而无礼,必败。轻则寡谋,无礼则脱。入险而脱,又不能谋,能无败乎?”及滑,郑商人弦高将市于周,遇之,以乘韦先,牛十二犒师,曰:“寡君闻吾子将步师出于敝邑,敢犒从者。不腆敝邑,为从者之淹,居则具一日之积,行则备一夕之卫。”且使遽告于郑。郑穆公使视客馆,则束载、厉兵、秣马矣。使皇武子辞焉,曰:“吾子淹久于敝邑,唯是脯资、饩牵竭矣,为吾子之将行也,郑之有原圃,犹秦之有具囿也,吾子取其麋鹿,以闲敝邑,若何?”杞子奔齐,逢孙、扬孙奔宋。孟明曰:“郑有备矣,不可冀也。攻之不克,围之不继,吾其还也。”灭滑而还。

(三三·二)齐国庄子来聘,自郊劳至于赠贿,礼成而加之以敏。臧文仲言于公曰:“国子为政,齐犹有礼,君其朝焉!臣闻之:服于有礼,社稷之卫也。”

(三三·三)晋原轸曰:“秦违蹇叔,而以贪勤民,天奉我也。奉不可失,敌不可纵。纵敌,患生;违天,不祥。必伐秦师!”栾枝曰:“未报秦施,而伐其师,其为死君乎?”先轸曰:“秦不哀吾丧,而伐吾同姓,秦则无礼,何施之为?吾闻之:‘一日纵敌,数世之患也。’谋及子孙,可谓死君乎?”遂发命,遽兴姜戎。子墨衰绖,梁弘御戎,莱驹为右。

夏四月辛巳,败秦师于殽,获百里孟明视、西乞术、白乙丙以归。遂墨以葬文公,晋于是始墨。文嬴请三帅,曰:“彼实构吾二君,寡君若得而食之,不厌,君何辱讨焉?使归就戮于秦,以逞寡君之志,若何?”公许之。先轸朝,问秦囚。公曰:“夫人请之,吾舍之矣。”先轸怒曰:“武夫力而拘诸原,妇人暂而免诸国,堕军实而长寇雠,亡无日矣!”不顾而唾。公使阳处父追之,及诸河,则在舟中矣。释左骖,以公命赠孟明。孟明稽首曰:“君之惠,不以累臣衅鼓,使归就戮于秦,寡君之以为戮,死且不朽。若从君惠而免之,三年将拜君赐。”

秦伯素服郊次,乡师而哭曰:“孤违蹇叔,以辱二三子,孤之罪也。不替孟明,孤之过也,大夫何罪?且吾不以一眚掩大德。”

(三三·四)狄侵齐,因晋丧也。

(三三·五)公伐邾,取訾娄,以报升陉之役。邾人不设备。秋,襄仲复伐邾。

(三三·六)狄伐晋,及箕。八月戊子,晋侯败狄于箕。郤缺获白狄子。先轸曰:“匹夫逞志于君,而无讨,敢不自讨乎?”免胄入狄师,死焉。狄人归其元,面如生。

初,臼季使,过冀,见冀缺耨,其妻馌之,敬,相待如宾。与之归,言诸文公曰："敬，德之聚也。能敬必有德。德以治民，君请用之！臣闻之：出门如宾，承事如祭，仁之则也。"公曰："其父有罪，可乎？"对曰："舜之罪也殛鲧，其举也兴禹。管敬仲，桓之贼也，实相以济。康诰曰：'父不慈，子不祗，兄不友，弟不共，不相及也。'诗曰：'采葑采菲，无以下体。'君取节焉可也。"文公以为下军大夫。反自箕，襄公以三命命先且居将中军，以再命命先茅之县赏胥臣，曰："举郤缺，子之功也。"以一命命郤缺为卿，复与之冀，亦未有军行。

（三三・七）冬，公如齐朝，且吊有狄师也。反，薨于小寝，即安也。

（三三・八）晋、陈、郑伐许，讨其贰于楚也。

（三三・九）楚令尹子上侵陈、蔡。陈、蔡成，遂伐郑，将纳公子瑕。门于桔柣之门，瑕覆于周氏之汪，外仆髡屯禽之以献。文夫人敛而葬之郐城之下。

（三三・十）晋阳处父侵蔡，楚子上救之，与晋师夹泜而军。阳子患之，使谓子上曰："吾闻之：'文不犯顺，武不违敌。'子若欲战，则吾退舍，子济而陈，迟速唯命。不然，纾我。老师费财，亦无益也。"乃驾以待。子上欲涉，大孙伯曰："不可。晋人无信，半涉而薄我，悔败何及？不如纾之。"乃退舍。阳子宣言曰："楚师遁矣。"遂归。楚师亦归。大子商臣谮子上曰："受晋赂而辟之，楚之耻也。罪莫大焉。"王杀子上。

（三三・一一）葬僖公，缓作主，非礼也。凡君薨，卒哭而祔，祔而作主，特祀于主，烝、尝、禘于庙。

文 公

（文公元年）

经

（一·一）元年春王正月，公即位。

（一·二）二月癸亥，日有食之。

（一·三）天王使叔服来会葬。

（一·四）夏四月丁巳，葬我君僖公。

（一·五）天王使毛伯来锡公命。

（一·六）晋侯伐卫。

（一·七）叔孙得臣如京师。

（一·八）卫人伐晋。

（一·九）秋，公孙敖会晋侯于戚。

（一·十）冬十月丁未，楚世子商臣弑其君頵。

（一·十一）公孙敖如齐。

传

（一·一）元年春，王使内史叔服来会葬。公孙敖闻其能相人也，见其二子焉。叔服曰："谷也食子，难也收子。谷也丰下，必有后于鲁国。"

（一·二）于是闰三月，非礼也。先王之正时也，履端于始，举正于中，归余于终。履端于始，序则不愆；举正于中，民则不惑；归余于终，事则不悖。

（一·三）夏四月丁巳，葬僖公。

（一·四）王使毛伯卫来赐公命。叔孙得臣如周拜。

（一·五）晋文公之季年，诸侯朝晋，卫成公不朝，使孔达侵郑，伐绵、訾及匡。晋襄公既祥，使告于诸侯而伐卫，及南阳。先且居曰："效尤，祸也。请君朝王，臣从师。"晋侯朝王于温。先且居、胥臣伐卫。五月辛酉朔，晋师围戚。六月戊戌，取之，获孙昭子。卫人使告于陈。陈共公曰："更伐之，我辞之。"卫孔达帅师伐晋。君子以为古。古者，越国而谋。

（一・六）秋，晋侯疆戚田，故公孙敖会之。

（一・七）初，楚子将以商臣为大子，访诸令尹子上。子上曰："君之齿未也，而又多爱，黜乃乱也。楚国之举，恒在少者。且是人也，蜂目而豺声，忍人也，不可立也。"弗听。既，又欲立王子职，而黜大子商臣。商臣闻之而未察，告其师潘崇曰："若之何而察之？"潘崇曰："享江芈而勿敬也。"从之。江芈怒曰："呼！役夫！宜君王之欲杀女而立职也。"告潘崇曰："信矣。"潘崇曰："能事诸乎？"曰："不能。""能行乎？"曰："不能。""能行大事乎？"曰："能。"

冬十月，以宫甲围成王。王请食熊蹯而死。弗听。丁未，王缢。谥之曰"灵"，不瞑；曰"成"，乃瞑。

穆王立，以其为大子之室与潘崇，使为大师，且掌环列之尹。

（一・八）穆伯如齐，始聘焉，礼也。凡君即位，卿出并聘，践修旧好，要结外援，好事邻国，以卫社稷，忠、信、卑让之道也。忠，德之正也；信，德之固也；卑让，德之基也。

（一・九）殽之役，晋人既归秦师，秦大夫及左右皆言于秦伯曰："是败也，孟明之罪也，必杀之。"秦伯曰："是孤之罪也。周芮良夫之诗曰：'大风有隧，贪人败类。听言则对，诵言如醉。匪用其良，覆俾我悖。'是贪故也，孤之谓矣。孤实贪以祸夫子，夫子何罪？"复使为政。

（文公二年）

经

（二・一）二年春王二月甲子，晋侯及秦师战于彭衙，秦师败绩。

（二・二）丁丑，作僖公主。

（二・三）三月乙巳，及晋处父盟。

（二・四）夏六月，公孙敖会宋公、陈侯、郑伯、晋士縠盟于垂陇。

（二・五）自十有二月不雨，至于秋七月。

（二・六）八月丁卯，大事于大庙，跻僖公。

（二・七）冬，晋人、宋人、陈人、郑人伐秦。

（二・八）公子遂如齐纳币。

传

（二・一）二年春，秦孟明视帅师伐晋，以报殽之役。二月，晋侯御之，先且居将中军，赵衰佐之。王官无地御戎，狐鞫居为右。甲子，及秦师战于彭衙，秦师败绩。晋人谓秦“拜赐之师”。战于殽也，晋梁弘御戎，莱驹为右。战之明日，晋襄公缚秦囚，使莱驹以戈斩之。囚呼，莱驹失戈，狼瞫取戈以斩囚，禽之以从公乘。遂以为右。箕之役，先轸黜之，而立续简伯。狼瞫怒。其友曰：“盍死之？”瞫曰：“吾未获死所。”其友曰：“吾与女为难。”瞫曰：“周志有之：‘勇则害上，不登于明堂。’死而不义，非勇也。共享之谓勇。吾以勇求右，无勇而黜，亦其所也。谓上不我知，黜而宜，乃知我矣。子姑待之。”及彭衙，既陈，以其属驰秦师，死焉。晋师从之，大败秦师。

君子谓“狼瞫于是乎君子。诗曰：‘君子如怒，乱庶遄沮。’又曰：‘王赫斯怒，爰整其旅。’怒不作乱，而以从师，可谓君子矣。”秦伯犹用孟明。孟明增修国政，重施于民。赵成子言于诸大夫曰：“秦师又至，将必辟之。惧而增德，不可当也。诗曰：‘毋念尔祖，聿修厥德。’孟明念之矣。念德不怠，其可敌乎？”

（二·二）丁丑，作僖公主。书不时也。

（二·三）晋人以公不朝来讨，公如晋。夏四月己巳，晋人使阳处父盟公以耻之。书曰“及晋处父盟”，以厌之也。适晋不书，讳之也。

（二·四）公未至，六月，穆伯会诸侯及晋司空士縠盟于垂陇，晋讨卫故也。书“士縠”，堪其事也。

陈侯为卫请成于晋，执孔达以说。

（二·五）秋八月丁卯，大事于大庙，跻僖公，逆祀也。于是夏父弗忌为宗伯，尊僖公，且明见曰：“吾见新鬼大，故鬼小。先大后小，顺也。跻圣贤，明也。明、顺，礼也。”

君子以为失礼。礼无不顺。祀，国之大事也，而逆之，可谓礼乎？子虽齐圣，不先父食久矣。故禹不先鲧，汤不先契，文、武不先不窋。宋祖帝乙，郑祖厉王，犹上祖也。是以鲁颂曰：“春秋匪解，享祀不忒，皇皇后帝，皇祖后稷。”君子曰：“礼，谓其后稷亲而先帝也。”诗曰：“问我诸姑，遂及伯姊。”君子曰：“礼，谓其姊亲而先姑也。”

仲尼曰：“臧文仲，其不仁者三，不知者三。下展禽，废六关，妾织蒲，三不仁也。作虚器，纵逆祀，祀爰居，三不知也。”

（二·六）冬，晋先且居、宋公子成、陈辕选、郑公子归生伐秦，取汪及彭衙而还，以报彭衙之役。卿不书，为穆公故，尊秦也，谓之崇德。

（二·七）襄仲如齐纳币，礼也。凡君即位，好舅甥，修婚姻，娶元妃以奉粢盛，孝也。孝，礼之始也。

（文公三年）

经

（三·一）三年春王正月，叔孙得臣会晋人、宋人、陈人、卫人、郑人伐沈。沈溃。

（三·二）夏五月，王子虎卒。

（三·三）秦人伐晋。

（三·四）秋，楚人围江。

（三·五）雨螽于宋。

（三·六）冬，公如晋。十有二月己巳，公及晋侯盟。

（三·七）晋阳处父帅师伐楚以救江。

传

（三·一）三年春，庄叔会诸侯之师伐沈，以其服于楚也。沈溃。凡民逃其上曰溃，在上曰逃。

（三·二）卫侯如陈，拜晋成也。

（三·三）夏四月乙亥，王叔文公卒，来赴，吊如同盟，礼也。

（三·四）秦伯伐晋，济河焚舟，取王官及郊，晋人不出。遂自茅津济，封殽尸而还。遂霸西戎，用孟明也。

君子是以知秦穆之为君也，举人之周也，与人之壹也；孟明之臣也，其不解也，能惧思也；子桑之忠也，其知人也，能举善也。诗曰："于以采蘩？于沼、于沚。于以用之？公侯之事"，秦穆有焉。"夙夜匪解，以事一人'，孟明有焉。"诒厥孙谋，以燕翼子"，子桑有焉。

（三·五）秋，雨螽于宋，队而死也。

（三·六）楚师围江，晋先仆伐楚以救江。

冬，晋以江故告于周，王叔桓公、晋阳处父伐楚以救江，门于方城，遇息公子朱而还。

（三·七）晋人惧其无礼于公也，请改盟。公如晋，及晋侯盟。晋侯飨公，赋菁菁者莪。庄叔以公降拜，曰："小国受命于大国，敢不慎仪？君贶之以大礼，何乐如之？抑小国之乐，大国之惠也。"晋侯降，辞。登，成拜。公赋嘉乐。

（文公四年）

经

（四·一）四年春，公至自晋。

（四·二）夏，逆妇姜于齐。

（四·三）狄侵齐。

（四·四）秋，楚人灭江。

（四·五）晋侯伐秦。

（四·六）卫侯使宁俞来聘。

（四·七）冬十有一月壬寅，夫人风氏薨。

传

（四·一）四年春，晋人归孔达于卫，以为卫之良也，故免之。

（四·二）夏，卫侯如晋拜。

（四·三）曹伯如晋会正。

（四·四）逆妇姜于齐，卿不行，非礼也。君子是以知出姜之不允于鲁也，曰："贵聘而贱逆之，君而卑之，立而废之，弃信而坏其主，在国必乱，在家必亡。不允宜哉！诗曰：'畏天之威，于时保之'，敬主之谓也。"

（四·五）秋，晋侯伐秦，围邧、新城，以报王官之役。

（四·六）楚人灭江，秦伯为之降服，出次，不举，过数。大夫谏。公曰："同盟灭，虽不能救，敢不矜乎？吾自惧也。"

君子曰："诗云：'惟彼二国，其政不获；惟此四国，爰究爰度'，其秦穆之谓矣。"

（四·七）卫宁武子来聘，公与之宴，为赋湛露及彤弓。不辞，又不答赋。使行人私焉。对曰："臣以为肄业及之也。昔诸侯朝正于王，王宴乐之，于是乎赋湛露，则天子当阳，诸侯用命也。诸侯敌王所忾，而献其功，王于是乎赐之彤弓一、彤矢百、玈弓矢千，以觉报宴。今陪臣来继旧好，君辱贶之，其敢干大礼以自取戾？"

（四·八）冬，成风薨。

（文公五年）

经

（五·一）五年春王正月，王使荣叔归含，且赗。

（五·二）三月辛亥，葬我小君成风。

(五·三)王使召伯来会葬。

(五·四)夏,公孙敖如晋。

(五·五)秦人入鄀。

(五·六)秋,楚人灭六。

(五·七)冬十月甲申,许男业卒。

传

(五·一)五年春,王使荣叔来含且赗,召昭公来会葬,礼也。

(五·二)初,鄀叛楚即秦,又贰于楚。夏,秦人入鄀。

(五·三)六人叛楚即东夷。秋,楚成大心、仲归帅师灭六。

(五·四)冬,楚公子燮灭蓼。臧文仲闻六与蓼灭,曰:"皋陶、庭坚不祀忽诸。德之不建,民之无援,哀哉!"

(五·五)晋阳处父聘于卫,反过宁,宁嬴从之,及温而还,其妻问之,嬴曰:"以刚。商书曰:'沈渐刚克,高明柔克。'夫子壹之,其不没乎!天为刚德,犹不干时,况在人乎?且华而不实,怨之所聚也。犯而聚怨,不可以定身。余惧不获其利而离其难,是以去之。"晋赵成子、栾贞子、霍伯、臼季皆卒。

(文公六年)

经

(六·一)六年春,葬许僖公。

(六·二)夏,季孙行父如陈。

(六·三)秋,季孙行父如晋。

(六·四)八月乙亥,晋侯驩卒。

(六·五)冬十月,公子遂如晋。

(六·六)葬晋襄公。

(六·七)晋杀其大夫阳处父。

(六·八)晋狐射姑出奔狄。

(六·九)闰月不告月,犹朝于庙。

传

(六·一)六年春,晋搜于夷,舍二军。使狐射姑将中军,赵盾佐之。阳处父至自温,改搜于董,易中军。阳子,成季之属也,故党于赵氏,且谓赵盾能,曰:"使能,国之利也。"是以上之。宣子于是乎始为国政,制事典,正法罪,辟狱刑,董逋逃,由质要,治旧洿,本秩礼,续常职，出滞淹。既成，以授太傅阳子与大师贾佗，使行诸晋国，以为常法。

（六·二）臧文仲以陈、卫之睦也，欲求好于陈。夏，季文子聘于陈，且娶焉。

（六·三）秦伯任好卒，以子车氏之三子奄息、仲行、针虎为殉，皆秦之良也。国人哀之，为之赋黄鸟。

君子曰："秦穆之不为盟主也宜哉！死而弃民。先王违世，犹诒之法，而况夺之善人乎？诗云：'人之云亡，邦国殄瘁。'无善人之谓。若之何夺之"？古之王者知命之不长，是以并建圣哲，树之风声，分之采物，着之话言，为之律度，陈之艺极，引之表仪，予之法制，告之训典，教之防利，委之常秩，道之礼则，使毋失其土宜，众隶赖之，而后即命。圣王同之。今纵无法以遗后嗣，而又收其良以死，难以在上矣。"君子是以知秦之不复东征也。

（六·四）秋，季文子将聘于晋，使求遭丧之礼以行。其人曰："将焉用之？"文子曰："备豫不虞，古之善教也。求而无之，实难。过求，何害？"

（六·五）八月乙亥，晋襄公卒。灵公少，晋人以难故，欲立长君。赵孟曰："立公子雍。好善而长，先君爱之，且近于秦。秦，旧好也。置善则固，事长则顺，立爱则孝，结旧则安。为难故，故欲立长君。有此四德者，难必抒矣。"贾季曰："不如立公子乐。辰嬴嬖于二君，立其子，民必安之。"赵孟曰："辰嬴贱，班在九人，其子何震之有？且为二君嬖，淫也。为先君子，不能求大，而出在小国，辟也。母淫子辟，无威；陈小而远，无援，将何安焉？杜祁以君故，让偪姞而上之；以狄故，让季隗而己次之，故班在四。先君是以爱其子，而仕诸秦，为亚卿焉。秦大而近，足以为援；母义子爱，足以威民。立之，不亦可乎？"使先蔑、士会如秦逆公子雍。贾季亦使召公子乐于陈，赵孟使杀诸郫。

（六·六）贾季怨阳子之易其班也，而知其无援于晋也，九月，贾季使续鞫居杀阳处父。书曰"晋杀其大夫"，侵官也。

（六·七）冬十月，襄仲如晋葬襄公。

（六·八）十一月丙寅，晋杀续简伯。贾季奔狄。宣子使臾骈送其帑。

夷之搜，贾季戮臾骈，臾骈之人欲尽杀贾氏以报焉。臾骈曰："不可。吾闻前志有之曰：'敌惠敌怨，不在后嗣，忠之道也。'夫子礼于贾季,我以其宠报私怨,无乃不可乎? 介人之宠,非勇也。损怨益仇,非知也。以私害公,非忠也。释此三者,何以事夫子?”尽具其帑与其器用财贿,亲帅捍之,送致诸竟。

(六・九)闰月不告朔,非礼也。闰以正时,时以作事,事以厚生,生民之道于是乎在矣。不告闰朔,弃时政也,何以为民?

(文公七年)

经

(七・一)七年春,公伐邾。

(七・二)三月甲戌,取须句。

(七・三)遂城郚。

(七・四)夏四月,宋公王臣卒。

(七・五)宋人杀其大夫。

(七・六)戊子,晋人及秦人战于令狐。晋先蔑奔秦。

(七・七)狄侵我西鄙。

(七・八)秋八月,公会诸侯、晋大夫,盟于扈。

(七・九)冬,徐伐莒。

(七・十)公孙敖如莒莅盟。

传

(七・一)七年春,公伐邾,间晋难也。

(七・二)三月甲戌,取须句,寘文公子焉,非礼也

(七・三)夏四月,宋成公卒。于是公子成为右师,公孙友为左师,乐豫为司马,鳞矔为司徒,公子荡为司城,华御事为司寇。

昭公将去群公子,乐豫曰:“不可。公族,公室之枝叶也,若去之,则本根无所庇荫矣。葛藟犹能庇其本根,故君子以为比,况国君乎?此谚所谓‘庇焉而纵寻斧焉’者也。必不可。君其图之! 亲之以德,皆股肱也,谁敢携贰? 若之何去之?”不听。穆、襄之族率国人以攻公,杀公孙固、公孙郑于公宫。六卿和公室,乐豫舍司马以让公子卬。昭公即位而葬。书曰“宋人杀其大夫”,不称名,众也,且言非其罪也。

(七・四)秦康公送公子雍于晋,曰:“文公之入也无卫,故有吕、郤之难。”乃多与之徒卫。

穆嬴日抱大子以啼于朝,曰:“先君何罪? 其嗣亦何罪? 舍适嗣不立而外求君,将焉寘此?”出朝,则抱以适赵氏,顿首于宣子曰:“先

君奉此子也而属诸子曰:'此子也才,吾受子之赐;不才,吾唯子之怨。'今君虽终,言犹在耳,而弃之,若何?"宣子与诸大夫皆患穆嬴,且畏偪,乃背先蔑而立灵公,以御秦师。箕郑居守。赵盾将中军,先克佐之;荀林父佐上军;先蔑将下军,先都佐之。步招御戎,戎津为右。及堇阴。宣子曰:"我若受秦,秦则宾也;不受,寇也。既不受矣,而复缓师,秦将生心。先人有夺人之心,军之善谋也。逐寇如追逃,军之善政也。"训卒,利兵,秣马,蓐食,潜师夜起。戊子,败秦师于令狐,至于刳首。

己丑,先蔑奔秦,士会从之。

先蔑之使也,荀林父止之,曰:"夫人、大子犹在,而外求君,此必不行。子以疾辞,若何?不然,将及。摄卿以往,可也,何必子?同官为寮,吾尝同寮,敢不尽心乎?"弗听。为赋板之三章,又弗听。及亡,荀伯尽送其帑及其器用财贿于秦,曰:"为同寮故也。"

士会在秦三年,不见士伯。其人曰:"能亡人于国,不能见于此,焉用之?"士季曰:"吾与之同罪,非义之也,将何见焉?"及归,遂不见。

(七·五)狄侵我西鄙,公使告于晋。赵宣子使因贾季问酆舒,且让之。酆舒问于贾季曰:"赵衰、赵盾孰贤?"对曰:"赵衰,冬日之日也;赵盾,夏日之日也。"

(七·六)秋八月,齐侯、宋公、卫侯、陈侯、郑伯、许男、曹伯会晋赵盾,盟于扈,晋侯立故也。公后至,故不书所会。凡会诸侯,不书所会,后也。后至,不书其国,辟不敏也。

(七·七)穆伯娶于莒,曰戴己,生文伯;其娣声己生惠叔。戴己卒,又聘于莒,莒人以声己辞,则为襄仲聘焉。

冬,徐伐莒,莒人来请盟,穆伯如莒莅盟,且为仲逆。及鄢陵,登城见之,美,自为娶之。仲请攻之,公将许之。叔仲惠伯谏曰:"臣闻之:'兵作于内为乱,于外为寇;寇犹及人,乱自及也。'今臣作乱而君不禁,以启寇雠,若之何?"公止之。惠伯成之,使仲舍之,公孙敖反之,复为兄弟如初。从之。

(七·八)晋郤缺言于赵宣子曰:"日卫不睦,故取其地。今已睦矣,可以归之。叛而不讨,何以示威?服而不柔,何以示怀?非威非怀,何以示德?无德,何以主盟?子为正卿,以主诸侯,而不务德,将若之何?夏书曰:'戒之用休,董之用威,劝之以九歌,勿使坏。'九功之德皆可歌也,谓之九歌。六府、三事,谓之九功。水、火、金、木、土、谷，谓之六府；正德、利用、厚生，谓之三事。义而行之，谓之德、礼。无礼不乐，所由叛也。若吾子之德，莫可歌也，其谁来之？盍使睦者歌吾子乎？”宣子说之。

（文公八年）

经

（八·一）八年春王正月。

（八·二）夏四月。

（八·三）秋八月戊申，天王崩。

（八·四）冬十月壬午，公子遂会晋赵盾，盟于衡雍。

（八·五）乙酉，公子遂会雒戎，盟于暴。

（八·六）公孙敖如京师，不至而复。丙戌，奔莒。

（八·七）螽。

（八·八）宋人杀其大夫司马。宋司城来奔。

传

（八·一）八年春，晋侯使解扬归匡、戚之田于卫，且复致公婿池之封，自申至于虎牢之竟。

（八·二）夏，秦人伐晋，取武城，以报令狐之役。

（八·三）秋，襄王崩。

（八·四）晋人以扈之盟来讨。冬，襄仲会晋赵孟盟于衡雍，报扈之盟也。遂会伊雒之戎。书曰“公子遂”，珍之也。

（八·五）穆伯如周吊丧，不至，以币奔莒，从己氏焉。

（八·六）宋襄夫人，襄王之姊也，昭公不礼焉。夫人因戴氏之族，以杀襄公之孙孔叔、公孙钟离及大司马公子卬，皆昭公之党也。司马握节以死，故书以官。司城荡意诸来奔，效节于府人而出。公以其官逆之，皆复之。亦书以官，皆贵之也。

（八·七）夷之搜，晋侯将登箕郑父、先都，而使士縠、梁益耳将中军。先克曰：“狐、赵之勋，不可废也。”从之。先克夺蒯得田于堇阴。故箕郑父、先都、士縠、梁益耳、蒯得作乱。

（文公九年）

经

（九·一）九年春，毛伯来求金。

（九·二）夫人姜氏如齐。

（九·三）二月，叔孙得臣如京师。辛丑，葬襄王。

（九·四）晋人杀其大夫先都。

（九·五）三月，夫人姜氏至自齐。

（九·六）晋人杀其大夫士縠及箕郑父。

（九·七）楚人伐郑。

（九·八）公子遂会晋人、宋人、卫人、许人，救郑。

（九·九）夏，狄侵齐。

（九·十）秋八月，曹伯襄卒。

（九·十一）九月癸酉，地震。

（九·十二）冬，楚子使椒来聘。

（九·十三）秦人来归僖公、成风之禭。

（九·十四）葬曹共公。

传

（九·一）九年春王正月己酉，使贼杀先克。乙丑，晋人杀先都、梁益耳。

（九·二）毛伯卫来求金，非礼也。不书王命，未葬也。

（九·三）二月，庄叔如周葬襄王。

（九·四）三月甲戌，晋人杀箕郑父、士縠、蒯得。

（九·五）范山言于楚子曰："晋君少，不在诸侯，北方可图也。"楚子师于狼渊以伐郑。囚公子坚、公子尨及乐耳。郑及楚平。

（九·六）公子遂会晋赵盾、宋华耦、卫孔达、许大夫救郑，不及楚师。卿不书，缓也，以惩不恪。

（九·七）夏，楚侵陈，克壶丘，以其服于晋也。

（九·八）秋，楚公子朱自东夷伐陈，陈人败之，获公子茷。陈惧，乃及楚平。

（九·九）冬，楚子越椒来聘，执币傲。叔仲惠伯曰："是必灭若敖氏之宗。傲其先君，神弗福也。"

（九·十）秦人来归僖公、成风之禭，礼也。诸侯相吊贺也，虽不当事，苟有礼焉，书也，以无忘旧好。

（文公十年）

经

（十·一）十年春王三月辛卯，臧孙辰卒。

（十·二）夏，秦伐晋。

（十·三）楚杀其大夫宜申。

（十·四）自正月不雨，至于秋七月。

（十·五）及苏子盟于女栗。

（十·六）冬，狄侵宋。

（十·六）楚子、蔡侯次于厥貉。

传

（十·一）十年春，晋人伐秦，取少梁。

（十·二）夏，秦伯伐晋，取北征。

（十·三）初，楚范巫矞似谓成王与子玉、子西曰："三君皆将强死。"城濮之役，王思之，故使止子玉曰："毋死。"不及。止子西，子西缢而县绝，王使适至，遂止之，使为商公。沿汉溯江，将入郢。王在渚宫，下，见之，惧而辞曰："臣免于死，又有谗言，谓臣将逃，臣归死于司败也。"王使为工尹，又与子家谋弑穆王。穆王闻之，五月，杀斗宜申及仲归。

（十·四）秋七月，及苏子盟于女栗，顷王立故也。

（十·五）陈侯、郑伯会楚子于息。冬，遂及蔡侯次于厥貉，将以伐宋。

宋华御事曰："楚欲弱我也，先为之弱乎？何必使诱我？我实不能，民何罪？"乃逆楚子，劳且听命。遂道以田孟诸。宋公为右盂，郑伯为左盂。期思公复遂为右司马，子朱及文之无畏为左司马，命夙驾载燧。宋公违命，无畏抶其仆以徇。

或谓子舟曰："国君不可戮也。"子舟曰："当官而行，何强之有？诗曰：'刚亦不吐，柔亦不茹'，'毋纵诡随，以谨罔极'。是亦非辟强也。敢爱死以乱官乎？"

（十·六）厥貉之会，麇子逃归。

（文公十一年）

经

（十一·一）十有一年春，楚子伐麇。

（十一・二）夏，叔彭生会晋郤缺于承匡。

（十一・三）秋，曹伯来朝。

（十一・四）公子遂如宋。

（十一・五）狄侵齐。

（十一・六）冬十月甲午，叔孙得臣败狄于咸。

传

（十一・一）十一年春，楚子伐麇。成大心败麇师于防渚。潘崇复伐麇，至于锡穴。

（十一・二）夏，叔仲惠伯会晋郤缺于承匡，谋诸侯之从于楚者。

（十一・三）秋，曹文公来朝，即位而来见也。

（十一・四）襄仲聘于宋，且言司城荡意诸而复之。因贺楚师之不害也。

（十一・五）鄋瞒侵齐，遂伐我。公卜使叔孙得臣追之，吉。侯叔夏御庄叔，绵房甥为右，富父终甥驷乘。冬十月甲午，败狄于咸，获长狄侨如。富父终甥 其喉以戈，杀之。埋其首于子驹之门。以命宣伯。

初，宋武公之世，鄋瞒伐宋。司徒皇父帅师御之。耏班御皇父充石，公子穀甥为右，司寇牛父驷乘，以败狄于长丘，获长狄缘斯。皇父之二子死焉，宋公于是以门赏耏班，使食其征，谓之耏门。

晋之灭潞也，获侨如之弟焚如。齐襄公之二年，鄋瞒伐齐。齐王子成父获其弟荣如。埋其首于周首之北门。卫人获其季弟简如。鄋瞒由是遂亡。

（十一・六）郕大子朱儒自安于夫钟，国人弗徇。

（文公十二年）

经

（十二・一）十有二年春王正月，郕伯来奔。

（十二・二）杞伯来朝。

（十二・三）二月庚子，子叔姬卒。

（十二・四）夏，楚人围巢。

（十二・五）秋，滕子来朝。

（十二・六）秦伯使术来聘。

（十二・七）冬十有二月戊午，晋人、秦人战于河曲。

（十二·八）季孙行父帅师城诸及郓。

传

（十二·一）十二年春，郕伯卒，郕人立君。大子以夫钟与郕邽来奔。公以诸侯逆之，非礼也，故书曰“郕伯来奔”。不书地，尊诸侯也。

（十二·二）杞桓公来朝，始朝公也。且请绝叔姬而无绝婚，公许之。二月，叔姬卒。不言“杞”，绝也。书“叔姬”，言非女也。

（十二·三）楚令尹大孙伯卒，成嘉为令尹。群舒叛楚。夏，子孔执舒子平及宗子，遂围巢。

（十二·四）秋，滕昭公来朝，亦始朝公也。

（十二·五）秦伯使西乞术来聘，且言将伐晋。襄仲辞玉，曰：“君不忘先君之好，照临鲁国，镇抚其社稷，重之以大器，寡君敢辞玉。”对曰：“不腆敝器，不足辞也。”主人三辞。宾答曰：“寡君愿徼福于周公、鲁公以事君，不腆先君之敝器，使下臣致诸执事，以为瑞节，要结好命，所以藉寡君之命，结二国之好，是以敢致之。”襄仲曰：“不有君子，其能国乎？国无陋矣。”厚贿之。

（十二·六）秦为令狐之役故，冬，秦伯伐晋，取羁马。晋人御之。赵盾将中军，荀林父佐之。郤缺将上军，臾骈佐之。栾盾将下军，胥甲佐之。范无恤御戎，以从秦师于河曲。臾骈曰：“秦不能久，请深垒固军以待之。”从之。秦人欲战。秦伯谓士会曰：“若何而战？”对曰：“赵氏新出其属曰臾骈，必实为此谋，将以老我师也。赵有侧室曰穿，晋君之婿也，有宠而弱，不在军事；好勇而狂，且恶臾骈之佐上军也。若使轻者肆焉，其可。”秦伯以璧祈战于河。

十二月戊午，秦军掩晋上军。赵穿追之不及。反，怒曰：“裹粮坐甲，固敌是求。敌至不击，将何俟焉？”军吏曰：“将有待也。”穿曰：“我不知谋，将独出。”乃以其属出。宣子曰：“秦获穿也，获一卿矣。秦以胜归，我何以报？”乃皆出战，交绥。秦行人夜戒晋师曰：“两君之士皆未憖也，明日请相见也。”臾骈曰：“使者目动而言肆，惧我也，将遁矣。薄诸河，必败之。”胥甲、赵穿当军门呼曰：“死伤未收而弃之，不惠也。不待期而薄人于险，无勇也。”乃止。秦师夜遁。复侵晋，入瑕。

（十二·七）城诸及郓，书时也。

（文公十三年）

经

（十三·一）十有三年春王正月。

（十三·二）夏五月壬午，陈侯朔卒。

（十三·三）邾子蘧蒢卒。

（十三·四）自正月不雨，至于秋七月。

（十三·五）大室屋坏。

（十三·六）冬，公如晋。卫侯会公于沓。

（十三·七）狄侵卫。

（十三·八）十有二月己丑，公及晋侯盟。

（十三·九）公还自晋，郑伯会公于棐。

传

（十三·一）十三年春，晋侯使詹嘉处瑕，以守桃林之塞。

（十三·二）晋人患秦之用士会也，夏，六卿相见于诸浮。赵宣子曰："随会在秦，贾季在狄，难日至矣，若之何？"中行桓子曰："请复贾季，能外事，且由旧勋。"郤成子曰："贾季乱，且罪大，不如随会。能贱而有耻，柔而不犯；其知足使也。且无罪。"

乃使魏寿余伪以魏叛者，以诱士会。执其帑于晋，使夜逸。请自归于秦，秦伯许之。履士会之足于朝，秦伯师于河西，魏人在东，寿余曰："请东人之能与夫二三有司言者，吾与之先。"使士会。士会辞曰："晋人，虎狼也。若背其言，臣死、妻子为戮，无益于君，不可悔也。"秦伯曰："若背其言，所不归尔帑者，有如河！"乃行。绕朝赠之以策，曰："子无谓秦无人，吾谋适不用也。"既济，魏人噪而还。秦人归其帑。其处者为刘氏。

（十三·三）邾文公卜迁于绎。史曰："利于民而不利于君。"邾子曰："苟利于民，孤之利也。天生民而树之君，以利之也。民既利矣，孤必与焉。"左右曰："命可长也，君何弗为？"邾子曰："命在养民。死之短长，时也。民苟利矣，迁也，吉莫如之！"遂迁于绎。五月，邾文公卒。君子曰："知命。"

（十三·四）秋七月，大室之屋坏，书不共也。

（十三·五）冬，公如晋朝，且寻盟。卫侯会公于沓，请平于晋。公还，郑伯会公于棐，亦请平于晋。公皆成之。郑伯与公宴于棐，子家赋鸿雁。季文子曰："寡君未免于此。"文子赋四月。子家赋载驰之四章。文子赋采薇之四章。郑伯拜。公答拜。

（文公十四年）

经

（十四・一）十有四年春王正月，公至自晋。

（十四・二）邾人伐我南鄙，叔彭生帅师伐邾。

（十四・三）夏五月乙亥，齐侯潘卒。

（十四・四）六月，公会宋公、陈侯、卫侯、郑伯、许男、曹伯、晋赵盾。癸酉，同盟于新城。

（十四・五）秋七月，有星孛入于北斗。

（十四・六）公至自会。

（十四・七）晋人纳捷菑于邾，弗克纳。

（十四・八）九月甲申，公孙敖卒于齐。

（十四・九）齐公子商人弑其君舍。

（十四・十）宋子哀来奔。

（十四・十一）冬，单伯如齐。

（十四・十二）齐人执单伯。

（十四・十三）齐人执子叔姬。

传

（十四・一）十四年春，顷王崩。周公阅与王孙苏争政，故不赴。凡崩、薨，不赴，则不书。祸、福，不告，亦不书。惩不敬也。

（十四・二）邾文公之卒也，公使吊焉，不敬。邾人来讨，伐我南鄙，故惠伯伐邾。

（十四・三）子叔姬妃齐昭公，生舍。叔姬无宠，舍无威。公子商人骤施于国。而多聚士，尽其家，贷于公有司以继之。夏五月，昭公卒，舍即位。

（十四・四）邾文公元妃齐姜，生定公；二妃晋姬，生捷菑。文公卒，邾人立定公。捷菑奔晋。

（十四・五）六月，同盟于新城，从于楚者服，且谋邾也。

（十四・六）秋七月乙卯，夜，齐商人杀舍而让元。元曰："尔求之久矣。我能事尔，尔不可使多蓄憾，将免我乎？尔为之！"

（十四・七）有星孛入于北斗。周内史叔服曰："不出七年，宋、齐、晋之君皆将死乱。"

（十四·八）晋赵盾以诸侯之师八百乘纳捷菑于邾。邾人辞曰："齐出貜且长。"宣子曰："辞顺，而弗从，不祥。"乃还。

（十四·九）周公将与王孙苏讼于晋，王叛王孙苏，而使尹氏与聃启讼周公于晋。赵宣子平王室而复之。

（十四·十）楚庄王立，子孔、潘崇将袭群舒，使公子燮与子仪守，而伐舒蓼。二子作乱。城郢，而使贼杀子孔，不克而还。八月，二子以楚子出。将如商密，庐戢梨及叔麇诱之，遂杀斗克及公子燮。

初，斗克囚于秦，秦有殽之败，而使归求成。成而不得志，公子燮求令尹而不得，故二子作乱。

（十四·十一）穆伯之从己氏也。鲁人立文伯。穆伯生二子于莒，而求复。文伯以为请。襄仲使无朝听命。复而不出。三年而尽室以复适莒。文伯疾，而请曰："谷之子弱，请立难也。"许之。文伯卒，立惠叔。穆伯请重赂以求复。惠叔以为请，许之。将来，九月，卒于齐。告丧，请葬，弗许。

（十四·十二）宋高哀为萧封人，以为卿，不义宋公而出，遂来奔。书曰"宋子哀来奔"，贵之也。

（十四·十三）齐人定懿公，使来告难，故书以"九月"。齐公子元不顺懿公之为政也，终不曰"公"，曰"夫己氏"。

（十四·十四）襄仲使告于王，请以王宠求昭姬于齐，曰："杀其子，焉用其母？请受而罪之。"冬，单伯如齐请子叔姬，齐人执之。又执子叔姬。

（文公十五年）

经

（十五·一）十有五年春，季孙行父如晋。

（十五·二）三月，宋司马华孙来盟。

（十五·三）夏，曹伯来朝。

（十五·四）齐人归公孙敖之丧。

（十五·五）六月辛丑朔，日有食之。鼓、用牲于社。

（十五·六）单伯至自齐。

（十五·七）晋郤缺帅师伐蔡。戊申，入蔡。

（十五·八）秋，齐人侵我西鄙。

（十五·九）季孙行父如晋。

（十五·十）冬十有一月，诸侯盟于扈。

（十五·十一）十有二月，齐人来归子叔姬。

（十五·十二）齐侯侵我西鄙，遂伐曹，入其郛。

传

（十五·一）十五年春，季文子如晋，为单伯与子叔姬故也。

（十五·二）三月，宋华耦来盟，其官皆从之。书曰“宋司马华孙”，贵之也。

公与之宴。辞曰：“君之先臣督得罪于宋殇公，名在诸侯之策。臣承其祀，其敢辱君？请承命于亚旅。”鲁人以为敏。

（十五·三）夏，曹伯来朝，礼也。诸侯五年再相朝，以修王命，古之制也。

（十五·四）齐人或为孟氏谋，曰：“鲁，尔亲也，饰棺寘诸堂阜，鲁必取之。”从之。卞人以告。惠叔犹毁以为请，立于朝以待命。许之。取而殡之。齐人送之。书曰“齐人归公孙敖之丧”，为孟氏，且国故也。葬视共仲。声己不视，帷堂而哭。襄仲欲勿哭。惠伯曰：“丧，亲之终也。虽不能始，善终可也。史佚有言曰：‘兄弟致美。’救乏、贺善、吊灾、祭敬、丧哀，情虽不同，毋绝其爱，亲之道也。子无失道，何怨于人？”襄仲说。帅兄弟以哭之。

他年，其二子来，孟献子爱之，闻于国。或谮之曰：“将杀子。”献子以告季文子。二子曰：“夫子以爱我闻，我以将杀子闻，不亦远于礼乎？远礼不如死。”一人门于句鼆，一人门于戾丘，皆死。

（十五·五）六月辛丑朔，日有食之。鼓、用牲于社，非礼也。日有食之，天子不举，伐鼓于社；诸侯用币于社，伐鼓于朝，以昭事神、训民、事君，示有等威，古之道也。

（十五·六）齐人许单伯请而赦之，使来致命。书曰“单伯至自齐”，贵之也。

（十五·七）新城之盟，蔡人不与。晋郤缺以上军、下军伐蔡，曰：“君弱，不可以怠。”戊申，入蔡，以城下之盟而还。凡胜国，曰灭之；获大城焉，曰入之。

（十五·八）秋，齐人侵我西鄙，故季文子告于晋。

（十五·九）冬十一月，晋侯、宋公、卫侯、蔡侯、陈侯、郑伯、许男、曹伯盟于扈，寻新城之盟，且谋伐齐也。齐人赂晋侯，故不克而还。于是有齐难，是以公不会。书曰“诸侯盟于扈”，无能为故也。凡诸侯会，公不与，不书，讳君恶也。与而不书，后也。

（十五・十）齐人来归子叔姬，王故也。

（十五・十一）齐侯侵我西鄙，谓诸侯不能也。遂伐曹，入其郛，讨其来朝也。季文子曰："齐侯其不免乎？己则无礼，而讨于有礼者，曰：'女何故行礼？'礼以顺天，天之道也。己则反天，而又以讨人，难以免矣。诗曰：'胡不相畏？不畏于天。'君子之不虐幼贱，畏于天也。在周颂曰：'畏天之威，于时保之。'不畏于天，将何能保？以乱取国，奉礼以守，犹惧不终；多行无礼，弗能在矣。"

（文公十六年）

经

（十六・一）十有六年春，季孙行父会齐侯于阳谷，齐侯弗及盟。

（十六・二）夏五月，公四不视朔。

（十六・三）六月戊辰，公子遂及齐侯盟于郪丘。

（十六・四）秋八月辛未，夫人姜氏薨。

（十六・五）毁泉台。

（十六・六）楚人、秦人、巴人灭庸。

（十六・七）冬十有一月，宋人弑其君杵臼。

传

（十六・一）十六年春王正月，及齐平。公有疾，使季文子会齐侯于阳谷。请盟，齐侯不肯，曰："请俟君间。"

（十六・二）夏五月，公四不视朔，疾也。公使襄仲纳赂于齐侯，故盟于郪丘。

（十六・三）有蛇自泉宫出，入于国，如先君之数。秋八月辛未，声姜薨。毁泉台。

（十六・四）楚大饥，戎伐其西南，至于阜山，师于大林。又伐其东南，至于阳丘，以侵訾枝。庸人帅群蛮以叛楚，麇人率百濮聚于选，将伐楚。于是申、息之北门不启。

楚人谋徙于阪高。芳贾曰："不可。我能往，寇亦能往，不如伐庸。夫麇与百濮，谓我饥不能师，故伐我也。若我出师，必惧而归。百濮离居，将各走其邑，谁暇谋人？"乃出师。旬有五日，百濮乃罢。

自庐以往，振廪同食。次于句澨。使庐戢梨侵庸，及庸方城。庸人逐之，囚子扬窗。三宿而逸，曰："庸师众，群蛮聚焉，不如复大师，且起王卒,合而后进。"师叔曰:"不可。姑又与之遇以骄之。彼骄我怒,而后可克,先君蚡冒所以服陉隰也。"又与之遇,七遇皆北,唯裨、儵、鱼人实逐之。

庸人曰:"楚不足与战矣。"遂不设备。楚子乘驲,会师于临品,分为二队,子越自石溪,子贝自仞以伐庸。秦人、巴人从楚师。群蛮从楚子盟,遂灭庸。

(十六·五)宋公子鲍礼于国人,宋饥,竭其粟而贷之。年自七十以上,无不馈诒也,时加羞珍异。无日不数于六卿之门。国之材人,无不事也;亲自桓以下,无不恤也。公子鲍美而艳,襄夫人欲通之,而不可,乃助之施。昭公无道,国人奉公子鲍以因夫人。于是华元为右师,公孙友为左师,华耦为司马,鳞鱹为司徒,荡意诸为司城,公子朝为司寇。初,司城荡卒,公孙寿辞司城,请使意诸为之。既而告人曰:"君无道,吾官近,惧及焉。弃官,则族无所庇。子,身之贰也,姑纾死焉。虽亡子,犹不亡族。"

既,夫人将使公田孟诸而杀之。公知之,尽以宝行。荡意诸曰:"盍适诸侯?"公曰:"不能其大夫至于君祖母以及国人,诸侯谁纳我?且既为人君,而又为人臣,不如死。"尽以其宝赐左右而使行。夫人使谓司城去公。对曰:"臣之而逃其难,若后君何?"

冬十一月甲寅,宋昭公将田孟诸,未至,夫人王姬使帅甸攻而杀之。荡意诸死之。书曰"宋人弑其君杵臼",君无道也。

文公即位,使母弟须为司城。华耦卒,而使荡虺为司马。

(文公十七年)

经

(十七·一)十有七年春,晋人、卫人、陈人、郑人伐宋。

(十七·二)夏四月癸亥,葬我小君声姜。

(十七·三)齐侯伐我西鄙。六月癸未,公及齐侯盟于谷。

(十七·四)诸侯会于扈。

(十七·五)秋,公至自谷。

(十七·六)冬,公子遂如齐。

传

(十七·一)十七年春,晋荀林父、卫孔达、陈公孙宁、郑石楚伐宋,讨曰:"何故弑君?"犹立文公而还。卿不书,失其所也。

（十七·二）夏四月癸亥，葬声姜。有齐难，是以缓。

（十七·三）齐侯伐我北鄙，襄仲请盟。六月，盟于谷。

（十七·四）晋侯搜于黄父，遂复合诸侯于扈，平宋也。公不与会，齐难故也。书曰"诸侯"，无功也。于是晋侯不见郑伯，以为贰于楚也。郑子家使执讯而与之书，以告赵宣子，曰："寡君即位三年，召蔡侯而与之事君。九月，蔡侯入于敝邑以行。敝邑以侯宣多之难，寡君是以不得与蔡侯偕。十一月，克减侯宣多，而随蔡侯以朝于执事。十二年六月，归生佐寡君之嫡夷，以请陈侯于楚而朝诸君。十四年七月，寡君又朝以蒇陈事。十五年五月，陈侯自敝邑往朝于君。往年正月，烛之武往朝夷也。八月，寡君又往朝。以陈、蔡之密迩于楚，而不敢贰焉，则敝邑之故也。虽敝邑之事君，何以不免？在位之中，一朝于襄，而再见于君。夷与孤之二三臣相及于绛。虽我小国，则蔑以过之矣。今大国曰：'尔未逞吾志。'敝邑有亡，无以加焉。

"古人有言曰：'畏首畏尾，身其余几？'又曰：'鹿死不择音。'小国之事大国也：德，则其人也；不德，则其鹿也，铤而走险，急何能择？命之罔极，亦知亡矣，将悉敝赋以待于儵。唯执事命之。文公二年六月壬申，朝于齐。四年，二月壬戌，为齐侵蔡，亦获成于楚。居大国之间，而从于强令，岂其罪也？大国若弗图，无所逃命。"晋巩朔行成于郑，赵穿、公婿池为质焉。

（十七·五）秋，周甘歜败戎于邥垂，乘其饮酒也。

（十七·六）冬十月，郑大子夷、石楚为质于晋。

（十七·七）襄仲如齐，拜谷之盟。复曰："臣闻齐人将食鲁之麦。以臣观之，将不能。齐君之语偷。臧文仲有言曰：'民主偷，必死。'"

（文公十八年）

经

（十八·一）十有八年春王二月丁丑，公薨于台下。

（十八·二）秦伯罃卒。

（十八·三）夏五月戊戌，齐人弑其君商人。

（十八·四）六月癸酉，葬我君文公。

（十八·五）秋，公子遂、叔孙得臣如齐。

（十八·六）冬十月，子卒。

（十八·七）夫人姜氏归于齐。

（十八·八）季孙行父如齐。

（十八·九）莒弑其君庶其。

传

（十八·一）十八年春，齐侯戒师期，而有疾。医曰："不及秋，将死。"公闻之，卜，曰："尚无及期！"惠伯令龟。卜楚丘占之，曰："齐侯不及期，非疾也；君亦不闻。令龟有咎。"二月丁丑，公薨。

（十八·二）齐懿公之为公子也，与邴歜之父争田，弗胜。及即位，乃掘而刖之，而使歜仆。纳阎职之妻，而使职骖乘。

夏五月，公游于申池。二人浴于池，歜以扑挟职。职怒。歜曰："人夺女妻而不怒，一挟女，庸何伤？"职曰："与刖其父而弗能病者何如？"乃谋弑懿公，纳诸竹中。归，舍爵而行。齐人立公子元。

（十八·三）六月，葬文公。

（十八·四）秋，襄仲、庄叔如齐，惠公立故，且拜葬也。

文公二妃敬嬴生宣公。敬嬴嬖，而私事襄仲。宣公长，而属诸襄仲。襄仲欲立之，叔仲不可。仲见于齐侯而请之。齐侯新立，而欲亲鲁，许之。

（十八·五）冬十月，仲杀恶及视，而立宣公。书曰"子卒"，讳之也。

仲以君命召惠伯，其宰公冉务人止之曰："入必死。"叔仲曰："死君命可也。"公冉务人曰："若君命，可死；非君命，何听？"弗听，乃入，杀而埋之马矢之中。公冉务人奉其帑以奔蔡，既而复叔仲氏。

（十八·六）夫人姜氏归于齐，大归也。将行，哭而过市，曰："天乎！仲为不道，杀嫡立庶。"市人皆哭。鲁人谓之哀姜。

（十八·七）莒纪公生大子仆，又生季佗，爱季佗而黜仆，且多行无礼于国。仆因国人以弑纪公，以其宝玉来奔，纳诸宣公。公命与之邑，曰："今日必授！"季文子使司寇出诸竟，曰："今日必达！"公问其故。季文子使大史克对曰："先大夫臧文仲教行父事君之礼，行父奉以周旋，弗敢失队，曰：'见有礼于其君者，事之，如孝子之养父母也；见无礼于其君者，诛之，如鹰鹯之逐鸟雀也。'先君周公制周礼曰：'则以观德，德以处事，事以度功，功以食民。'作誓命曰：'毁则为贼，掩贼为藏。窃贿为盗，盗器为奸。主藏之名，赖奸之用，为大凶德，有常，无赦。在九刑不忘。'行父还观莒仆，莫可则也。孝敬、忠信为基德，盗贼、藏奸为凶德。夫莒仆，则其孝敬，则弑君父矣；则其忠信，则窃宝玉矣。其人，则盗贼也；其器，则奸兆也。保而利之，则主藏也。以训则昏，民无则焉。不度于善，而皆在于凶德，是以去之。

“昔高阳氏有才子八人：苍舒、隤敳、梼戭、大临、龙降、庭坚、仲容、叔达，齐、圣、广、渊、明、允、笃、诚，天下之民谓之八恺。高辛氏有才子八人：伯奋、仲堪、叔献、季仲、伯虎、仲熊、叔豹、季狸，忠、肃、共、懿、宣、慈、惠、和，天下之民谓之八元。此十六族也，世济其美，不陨其名。以至于尧，尧不能举。舜臣尧，举八恺，使主后土，以揆百事，莫不时序，地平天成。举八元，使布五教于四方，父义、母慈、兄友、弟共、子孝，内平外成。

“昔帝鸿氏有不才子，掩义隐贼，好行凶德；丑类恶物。顽嚚不友，是与比周，天下之民谓之浑敦。少皞氏有不才子，毁信废忠，崇饰恶言；靖谮庸回，服谗搜慝，以诬盛德，天下之民谓之穷奇。颛顼氏有不才子，不可教训，不知话言；告之则顽，舍之则嚚，傲很明德，以乱天常，天下之民谓之梼杌。此三族也，世济其凶，增其恶名，以至于尧，尧不能去。缙云氏有不才子，贪于饮食，冒于货贿，侵欲崇侈，不可盈厌，聚敛积实，不知纪极，不分孤寡，不恤穷匮，天下之民以比三凶，谓之饕餮。舜臣尧，宾于四门，流四凶族，浑敦、穷奇、梼杌、饕餮，投诸四裔，以御螭魅。是以尧崩而天下如一，同心戴舜，以为天子，以其举十六相、去四凶也。故虞书数舜之功，曰‘慎徽五典，五典克从’，无违教也。曰‘纳于百揆，百揆时序’，无废事也。曰‘宾于四门，四门穆穆’，无凶人也。

“舜有大功二十而为天子，今行父虽未获一吉人，去一凶矣。于舜之功，二十之一也，庶几免于戾乎！”

（十八·八）宋武氏之族道昭公子，将奉司城须以作乱。十二月，宋公杀母弟须及昭公子，使戴、庄、桓之族攻武氏于司马子伯之馆，遂出武、穆之族。使公孙师为司城。公子朝卒，使乐吕为司寇，以靖国人。

宣　公

（宣公元年）

经

（一・一）元年春王正月，公即位。

（一・二）公子遂如齐逆女。

（一・三）三月，遂以夫人妇姜至自齐。

（一・四）夏，季孙行父如齐。

（一・五）晋放其大夫胥甲父于卫。

（一・六）公会齐侯于平州。

（一・七）公子遂如齐。

（一・八）六月，齐人取济西田。

（一・九）秋，邾子来朝。

（一・十）楚子、郑人侵陈，遂侵宋。晋赵盾帅师救陈。宋公、陈侯、卫侯、曹伯会晋师于棐林，伐郑。

（一・十一）冬，晋赵穿帅师侵崇。

（一・十二）晋人、宋人伐郑。

传

（一・一）元年春王正月，公子遂如齐逆女。尊君命也。

（一・二）三月，遂以夫人妇姜至自齐。尊夫人也。

（一・三）夏，季文子如齐，纳赂以请会。

（一・四）晋人讨不用命者，放胥甲父于卫。而立胥克。先辛奔齐。

（一・五）会于平州，以定公位。

（一・六）东门襄仲如齐拜成。

（一・七）六月，齐人取济西之田，为立公故，以赂齐也。

（一・八）宋人之弑昭公也，晋荀林父以诸侯之师伐宋，宋及晋平，宋文公受盟于晋。又会诸侯于扈，将为鲁讨齐，皆取赂而还。郑穆公曰："晋不足与也。"遂受盟于楚。陈共公之卒，楚人不礼焉。陈灵公受盟于晋。秋，楚子侵陈，遂侵宋。晋赵盾帅师救陈、宋。会于棐林，以伐郑也。楚蒍贾救郑，遇于北林，囚晋解扬。晋人乃还。

（一·九）晋欲求成于秦。赵穿曰："我侵崇，秦急崇，必救之。吾以求成焉。"冬，赵穿侵崇。秦弗与成。

（一·十）晋人伐郑，以报北林之役。于是晋侯侈，赵宣子为政，骤谏而不入，故不竞于楚。

（宣公二年）

经

（二·一）二年春王二月壬子，宋华元帅师及郑公子归生帅师，战于大棘。宋师败绩，获宋华元。

（二·二）秦师伐晋。

（二·三）夏，晋人、宋人、卫人、陈人侵郑。

（二·四）秋九月乙丑，晋赵盾弑其君夷皋。

（二·五）冬十月乙亥，天王崩。

传

（二·一）二年春，郑公子归生命于楚伐宋，宋华元、乐吕御之。二月壬子，战于大棘。宋师败绩。囚华元，获乐吕，及甲车四百六十乘，俘二百五十人，馘百。

狂狡辂郑人，郑人入于井。倒戟而出之，获狂狡。君子曰："失礼违命，宜其为禽也。戎，昭果毅以听之之谓礼。杀敌为果，致果为毅。易之，戮也。"

将战，华元杀羊食士，其御羊斟不与。及战，曰："畴昔之羊，子为政；今日之事，我为政。"与入郑师，故败。君子谓羊斟非人也，以其私憾，败国殄民，于是刑孰大焉？诗所谓"人之无良"者，其羊斟之谓乎！残民以逞。

宋人以兵车百乘、文马百驷以赎华元于郑。半入，华元逃归。立于门外，告而入。见叔牂，曰："子之马然也？"对曰："非马也，其人也。"既合而来奔。

宋城，华元为植，巡功。城者讴曰："睅其目，皤其腹，弃甲而复。于思于思，弃甲复来。"使其骖乘谓之曰："牛则有皮，犀兕尚多，弃甲则那？"役人曰："从其有皮，丹漆若何？"华元曰："去之！夫其口众我寡。"

（二·二）秦师伐晋，以报崇也，遂围焦。夏，晋赵盾救焦，遂自阴地，及诸侯之师侵郑，以报大棘之役。

楚斗椒救郑，曰："能欲诸侯，而恶其难乎？"遂次于郑，以待晋师。赵盾曰："彼宗竞于楚，殆将毙矣。姑益其疾。"乃去之。

（二·三）晋灵公不君：厚敛以雕墙；从台上弹人，而观其辟丸也；宰夫胹熊蹯不熟，杀之，寘诸畚，使妇人载以过朝。赵盾、士季见其手，问其故，而患之。将谏，士季曰："谏而不入，则莫之继也。会请先，不入，则子继之。"三进，及溜，而后视之，曰："吾知所过矣，将改之。"稽首而对曰："人谁无过，过而能改，善莫大焉！诗曰：'靡不有初，鲜克有终。'夫如是，则能补过者鲜矣。君能有终，则社稷之固也，岂惟群臣赖之。又曰：'衮职有阙，惟仲山甫补之'，能补过也。君能补过，衮不废矣。"

犹不改。宣子骤谏，公患之，使鉏麑贼之。晨往，寝门辟矣，盛服将朝。尚早，坐而假寐。麑退，叹而言曰："不忘恭敬，民之主也。贼民之主，不忠；弃君之命，不信。有一于此，不如死也。"触槐而死。

秋九月，晋侯饮赵盾酒，伏甲，将攻之。其右提弥明知之，趋登，曰："臣侍君宴，过三爵，非礼也。"遂扶以下。公嗾夫獒焉，明搏而杀之。盾曰："弃人用犬，虽猛何为！"斗且出。提弥明死之。

初，宣子田于首山，舍于翳桑，见灵辄饿，问其病。曰："不食三日矣。"食之，舍其半。问之。曰："宦三年矣，未知母之存否，今近焉，请以遗之。"使尽之，而为之箪食与肉，寘诸橐以与之。既而与为公介，倒戟以御公徒而免之。问何故。对曰："翳桑之饿人也。"问其名居，不告而退，遂自亡也。

乙丑，赵穿攻灵公于桃园。宣子未出山而复。大史书曰"赵盾弑其君"，以示于朝。宣子曰："不然。"对曰："子为正卿，亡不越竟，反不讨贼，非子而谁？"宣子曰："乌呼！诗曰'我之怀矣，自诒伊戚'，其我之谓矣。"孔子曰："董狐，古之良史也，书法不隐。赵宣子，古之良大夫也，为法受恶。惜也，越竟乃免。"

宣子使赵穿逆公子黑臀于周而立之。壬申，朝于武宫。

（二·四）初，丽姬之乱，诅无畜群公子，自是晋无公族。及成公即位，乃宦卿之适而为之田，以为公族。又宦其余子，亦为余子；其庶子为公行。晋于是有公族、余子、公行。赵盾请以括为公族，曰："君姬氏之爱子也。微君姬氏，则臣狄人也。"公许之。冬，赵盾为旄车之族，使屏季以其故族为公族大夫。

（宣公三年）

经

（三·一）三年春王正月，郊牛之口伤，改卜牛。牛死，乃不郊。犹三望。

（三·二）葬匡王。

（三·三）楚子伐陆浑之戎。

（三·四）夏，楚人侵郑。

（三·五）秋，赤狄侵齐。

（三·六）宋师围曹。

（三·七）冬十月丙戌，郑伯兰卒。

（三·八）葬郑穆公。

传

（三·一）三年春，不郊，而望，皆非礼也。望，郊之属也。不郊，亦无望可也。

（三·二）晋侯伐郑，及郔。郑及晋平，士会入盟。

（三·三）楚子伐陆浑之戎，遂至于雒，观兵于周疆。定王使王孙满劳楚子。楚子问鼎之大小、轻重焉。对曰："在德不在鼎。昔夏之方有德也，远方图物，贡金九牧，铸鼎象物，百物而为之备，使民知神、奸。故民入川泽、山林，不逢不若。螭魅罔两，莫能逢之。用能协于上下，以承天休。桀有昏德，鼎迁于商，载祀六百。商纣暴虐，鼎迁于周。德之休明，虽小，重也。其奸回昏乱，虽大，轻也。天祚明德，有所厎止。成王定鼎于郏鄏，卜世三十，卜年七百，天所命也。周德虽衰，天命未改。鼎之轻重，未可问也。"

（三·四）夏，楚人侵郑，郑即晋故也。

（三·五）宋文公即位三年，杀母弟须及昭公子，武氏之谋也。使戴、桓之族攻武氏于司马子伯之馆，尽逐武、穆之族。武、穆之族以曹师伐宋。秋，宋师围曹，报武氏之乱也。

（三·六）冬，郑穆公卒。

初，郑文公有贱妾曰燕姞，梦天使与己兰，曰："余为伯儵。余，而祖也。以是为而子。以兰有国香，人服媚之如是。"既而文公见之，与之兰而御之。辞曰："妾不才，幸而有子。将不信，敢征兰乎？"公曰："诺。"生穆公，名之曰兰。

文公报郑子之妃曰陈妫，生子华、子臧。子臧得罪而出。诱子华而杀之南里，使盗杀子臧于陈、宋之间。又娶于江，生公子士。朝于楚，楚人鸩之，及叶而死。又娶于苏，生子瑕、子俞弥。俞弥早卒。泄驾恶瑕，文公亦恶之，故不立也。公逐群公子，公子兰奔晋，从晋文公伐郑。石癸曰："吾闻姬、姞耦，其子孙必蕃。姞，吉人也，后稷之元妃也。今公子兰，姞甥也，天或启之，必将为君，其后必蕃。先纳之，可以亢宠。"与孔将钼、侯宣多纳之，盟于大宫而立之，以与晋平。

穆公有疾，曰："兰死，吾其死乎！吾所以生也。"刈兰而卒。

（宣公四年）

经

（四·一）四年春王正月，公及齐侯平莒及郯。莒人不肯。公伐莒，取向。

（四·二）秦伯稻卒。

（四·三）夏六月乙酉，郑公子归生弑其君夷。

（四·四）赤狄侵齐。

（四·五）秋，公如齐。

（四·六）公至自齐。

（四·七）冬，楚子伐郑。

传

（四·一）四年春，公及齐侯平莒及郯，莒人不肯。公伐莒，取向，非礼也。平国以礼，不以乱。伐而不治，乱也。以乱平乱，何治之有？无治，何以行礼？

（四·二）楚人献鼋于郑灵公。公子宋与子家将见。子公之食指动，以示子家，曰："他日我如此，必尝异味。"及入，宰夫将解鼋，相视而笑。公问之，子家以告。及食大夫鼋，召子公而弗与也。子公怒，染指于鼎，尝之而出。公怒，欲杀子公。子公与子家谋先。子家曰："畜老，犹惮杀之，而况君乎？"反谮子家。子家惧而从之。夏，弑灵公。

书曰"郑公子归生弑其君夷"，权不足也。君子曰："仁而不武，无能达也。凡弑君，称君，君无道也；称臣，臣之罪也。"

郑人立子良。辞曰："以贤，则去疾不足；以顺，则公子坚长。"乃立襄公。

襄公将去穆氏，而舍子良。子良不可，曰："穆氏宜存，则固愿也。

若将亡之，则亦皆亡，去疾何为？”乃舍之，皆为大夫。

（四·三）初，楚司马子良生子越椒。子文曰：“必杀之！是子也，熊虎之状而豺狼之声；弗杀，必灭若敖氏矣。谚曰：‘狼子野心。’是乃狼也，其可畜乎？”子良不可。子文以为大戚。及将死，聚其族，曰：“椒也知政，乃速行矣，无及于难。”且泣曰：“鬼犹求食，若敖氏之鬼不其馁而！”

及令尹子文卒，斗般为令尹，子越为司马。蒍贾为工正，谮子扬而杀之，子越为令尹，己为司马。子越又恶之，乃以若敖氏之族，圄伯嬴于轑阳而杀之，遂处烝野，将攻王。王以三王之子为质焉，弗受。师于漳澨。秋七月戊戌，楚子与若敖氏战于皋浒。伯棼射王，汰辀及鼓跗，着于丁宁。又射，汰辀，以贯笠毂。师惧，退。王使巡师曰：“吾先君文王克息，获三矢焉，伯棼窃其二，尽于是矣。”鼓而进之，遂灭若敖氏。

初，若敖氏娶于䢵，生斗伯比。若敖卒，从其母畜于䢵，淫于䢵子之女，生子文焉。䢵夫人使弃诸梦中。虎乳之。䢵子田，见之，惧而归。夫人以告，遂使收之。楚人谓乳谷，谓虎于菟，故命之曰斗谷于菟。以其女妻伯比。实为令尹子文。

其孙箴尹克黄使于齐，还及宋，闻乱。其人曰：“不可以入矣。”箴尹曰：“弃君之命，独谁受之？君，天也，天可逃乎？”遂归，复命，而自拘于司败。王思子文之治楚国也，曰：“子文无后，何以劝善？”使复其所，改命曰生。

（四·四）冬，楚子伐郑，郑未服也。

（宣公五年）

经

（五·一）五年春，公如齐。

（五·二）夏，公至自齐。

（五·三）秋九月，齐高固来逆叔姬。

（五·四）叔孙得臣卒。

（五·五）冬，齐高固及子叔姬来。

（五·六）楚人伐郑。

传

(五·一)五年春,公如齐。高固使齐侯止公,请叔姬焉。

(五·二)夏,公至自齐,书过也。

(五·三)秋九月,齐高固来逆女,自为也。故书曰“逆叔姬”,卿自逆也。

(五·四)冬,来,反马也。

(五·五)楚子伐郑。陈及楚平。晋荀林父救郑,伐陈。

(宣公六年)

经

(六·一)六年春,晋赵盾、卫孙免侵陈。

(六·二)夏四月。

(六·三)秋八月,螽。

(六·四)冬十月。

传

(六·一)六年春,晋、卫侵陈,陈即楚故也。

(六·二)夏,定王使子服求后于齐。

(六·三)秋,赤狄伐晋,围怀及邢丘。晋侯欲伐之。中行桓子曰:“使疾其民,以盈其贯。将可殪也。周书曰:‘殪戎殷’,此类之谓也。”

(六·四)冬,召桓公逆王后于齐。

(六·五)楚人伐郑,取成而还。

(六·六)郑公子曼满与王子伯廖语,欲为卿。伯廖告人曰:“无德而贪,其在周易丰䷶之离䷝,弗过之矣。”间一岁,郑人杀之。

(宣公七年)

经

(七·一)七年春,卫侯使孙良夫来盟。

(七·二)夏,公会齐侯伐莱。

(七·三)秋,公至自伐莱。

(七·四)大旱。

(七·五)冬,公会晋侯、宋公、卫侯、郑伯、曹伯于黑壤。

传

（七·一）七年春，卫孙桓子来盟，始通。且谋会晋也。

（七·二）夏，公会齐侯伐莱，不与谋也。凡师出，与谋曰“及”，不与谋曰“会”。

（七·三）赤狄侵晋，取向阴之禾。

（七·四）郑及晋平，公子宋之谋也，故相郑伯以会。冬，盟于黑壤。王叔桓公临之，以谋不睦。晋侯之立也，公不朝焉，又不使大夫聘，晋人止公于会。盟于黄父，公不与盟。以赂免。故黑壤之盟不书，讳之也。

（宣公八年）

经

（八·一）八年春，公至自会。

（八·二）夏六月，公子遂如齐，至黄乃复。

（八·三）辛巳，有事于太庙，仲遂卒于垂。壬午，犹绎。万入，去籥。

（八·四）戊子，夫人嬴氏薨。

（八·五）晋师、白狄伐秦。

（八·六）楚人灭舒蓼。

（八·七）秋七月甲子，日有食之，既。

（八·八）冬十月己丑，葬我小君敬嬴。雨，不克葬。庚寅，日中而克葬。

（八·九）城平阳。

（八·十）楚师伐陈。

传

（八·一）八年春，白狄及晋平。夏，会晋伐秦。晋人获秦谍，杀诸绛市，六日而苏。

（八·二）有事于太庙，襄仲卒而绎，非礼也。

（八·三）楚为众舒叛，故伐舒蓼，灭之。楚子疆之。及滑汭，盟吴、越而还。

（八·四）晋胥克有蛊疾，郤缺为政。秋，废胥克，使赵朔佐下军。

（八·五）冬，葬敬嬴，旱，无麻，始用葛茀。雨，不克葬，礼也。礼，卜葬，先远日，避不怀也。

（八・六）城平阳，书时也。

（八・七）陈及晋平。楚师伐陈，取成而还。

（宣公九年）

经

（九・一）九年春王正月，公如齐。

（九・二）公至自齐。

（九・三）夏，仲孙蔑如京师。

（九・四）齐侯伐莱。

（九・五）秋，取根牟。

（九・六）八月，滕子卒。

（九・七）九月，晋侯、宋公、卫侯、郑伯、曹伯会于扈。

（九・八）晋荀林父帅师伐陈。

（九・九）辛酉，晋侯黑臀卒于扈。

（九・十）冬十月癸酉，卫侯郑卒。

（九・十一）宋人围滕。

（九・十二）楚子伐郑。

（九・十三）晋郤缺帅师救郑。

（九・十四）陈杀其大夫泄冶。

传

（九・一）九年春，王使来征聘。夏，孟献子聘于周。王以为有礼，厚贿之。

（九・二）秋，取根牟，言易也。

（九・三）滕昭公卒。

（九・四）会于扈，讨不睦也。陈侯不会。晋荀林父以诸侯之师伐陈。晋侯卒于扈，乃还。

（九・五）冬，宋人围滕，因其丧也。

（九・六）陈灵公与孔宁、仪行父通于夏姬，皆衷其衵服，以戏于朝。泄冶谏曰："公卿宣淫，民无效焉，且闻不令。君其纳之！"公曰："吾能改矣。"公告二子。二子请杀之，公弗禁，遂杀泄冶。

孔子曰："诗云：'民之多辟，无自立辟。'其泄冶之谓乎！"

（九・七）楚子为厉之役故，伐郑。

（九・八）晋郤缺救郑。郑伯败楚师于柳棼。国人皆喜，唯子良忧曰："是国之灾也，吾死无日矣。"

（宣公十年）

经

（十·一）十年春，公如齐。

（十·二）公至自齐。

（十·三）齐人归我济西田。

（十·四）夏四月丙辰，日有食之。

（十·五）己巳，齐侯元卒。

（十·六）齐崔氏出奔卫。

（十·七）公如齐。

（十·八）五月，公至自齐。

（十·九）癸巳，陈夏征舒弑其君平国。

（十·十）六月，宋师伐滕。

（十·十一）公孙归父如齐。葬齐惠公。

（十·十二）晋人、宋人、卫人、曹人伐郑。

（十·十三）秋，天王使王季子来聘。

（十·十四）公孙归父帅师伐邾，取绎。

（十·十五）大水。

（十·十六）季孙行父如齐。

（十·十七）冬，公孙归父如齐。

（十·十八）齐侯使国佐来聘。

（十·十九）饥。

（十·二十）楚子伐郑。

传

（十·一）十年春，公如齐。齐侯以我服故，归济西之田。

（十·二）夏，齐惠公卒。崔杼有宠于惠公，高、国畏其偪也，公卒而逐之，奔卫。书曰"崔氏"，非其罪也；且告以族，不以名。凡诸侯之大夫违，告于诸侯曰："某氏之守臣某，失守宗庙，敢告。"所有玉帛之使者则告；不然，则否。

（十·三）公如齐奔丧。

（十·四）陈灵公与孔宁、仪行父饮酒于夏氏。公谓行父曰："征舒似女。"对曰："亦似君。"征舒病之。公出，自其厩射而杀之。二子奔楚。

（十・五）滕人恃晋而不事宋，六月，宋师伐滕。

（十・六）郑及楚平，诸侯之师伐郑，取成而还。

（十・七）秋，刘康公来报聘。

（十・八）师伐邾，取绎。

（十・九）季文子初聘于齐。

（十・十）冬，子家如齐，伐邾故也。

（十・十一）国武子来报聘。

（十・十二）楚子伐郑。晋士会救郑。逐楚师于颍北。诸侯之师戍郑。

（十・十三）郑子家卒。郑人讨幽公之乱，斫子家之棺，而逐其族。改葬幽公，谥之曰"灵"。

（宣公十一年）

经

（十一・一）十有一年春王正月。

（十一・二）夏，楚子、陈侯、郑伯盟于辰陵。

（十一・三）公孙归父会齐人伐莒。

（十一・四）秋，晋侯会狄于攒函。

（十一・五）冬十月，楚人杀陈夏征舒。

（十一・六）丁亥，楚子入陈。

（十一・七）纳公孙宁、仪行父于陈。

传

（十一・一）十一年春，楚子伐郑及栎。子良曰："晋、楚不务德而兵争，与其来者可也。晋、楚无信，我焉得有信？"乃从楚。夏，楚盟于辰陵，陈、郑服也。

（十一・二）楚左尹子重侵宋，王待诸郔。

（十一・三）令尹蒍艾猎城沂，使封人虑事，以授司徒。量功命日，分财用，平板干，称畚筑，程土物，议远迩，略基趾，具糇粮，度有司。事三旬而成，不愆于素。

（十一・四）晋郤成子求成于众狄。众狄疾赤狄之役，遂服于晋。秋，会于攒函，众狄服也。是行也，诸大夫欲召狄。郤成子曰："吾闻之：非德，莫如勤，非勤，何以求人？能勤，有继。其从之也。诗曰：

'文王既勤止。'文王犹勤,况寡德乎?"

(十一·五)冬,楚子为陈夏氏乱故,伐陈。谓陈人:"无动!将讨于少西氏。"遂入陈,杀夏征舒,轘诸栗门。因县陈。陈侯在晋。申叔时使于齐,反,复命而退。王使让之,曰:"夏征舒为不道,弑其君,寡人以诸侯讨而戮之,诸侯、县公皆庆寡人,女独不庆寡人,何故?"对曰:"犹可辞乎?"王曰:"可哉!"曰:"夏征舒弑其君,其罪大矣;讨而戮之,君之义也。抑人亦有言曰:'牵牛以蹊人之田,而夺之牛。牵牛以蹊者,信有罪矣;而夺之牛,罚已重矣。'诸侯之从也,曰讨有罪也。今县陈,贪其富也。以讨召诸侯,而以贪归之,无乃不可乎?"王曰:"善哉!吾未之闻也。反之,可乎?"对曰:"吾侪小人所谓'取诸其怀而与之'也。"乃复封陈。乡取一人焉以归,谓之夏州。故书曰"楚子入陈。纳公孙宁、仪行父于陈",书有礼也。

(十一·六)厉之役,郑伯逃归,自是楚未得志焉。郑既受盟于辰陵,又徼事于晋。

(宣公十二年)

经

(十二·一)十有二年春,葬陈灵公。

(十二·二)楚子围郑。

(十二·三)夏六月乙卯,晋荀林父帅师及楚子战于邲,晋师败绩。

(十二·四)秋七月。

(十二·五)冬十有二月戊寅,楚子灭萧。

(十二·六)晋人、宋人、卫人、曹人同盟于清丘。

(十二·七)宋师伐陈。卫人救陈。

传

(十二·一)十二年春,楚子围郑,旬有七日。郑人卜行成,不吉;卜临于大宫,且巷出车,吉。国人大临,守陴者皆哭。楚子退师。郑人修城。进复围之,三月,克之。入自皇门,至于逵路。郑伯肉袒牵羊以逆,曰:"孤不天,不能事君,使君怀怒以及敝邑,孤之罪也,敢不唯命是听?其俘诸江南,以实海滨,亦唯命;其翦以赐诸侯,使臣妾之,亦唯命。若惠顾前好,徼福于厉、宣、桓、武,不泯其社稷,使改事君,夷于九县,君之惠也,孤之愿也,非所敢望也。敢布腹心,君实图之。”左右曰：“不可许也，得国无赦。”王曰：“其君能下人，必能信用其民矣，庸可几乎？”退三十里而许之平。潘尪入盟，子良出质。

（十二·二）夏六月，晋师救郑。荀林父将中军，先縠佐之；士会将上军，郤克佐之；赵朔将下军，栾书佐之。赵括、赵婴齐为中军大夫，巩朔、韩穿为上军大夫，荀首、赵同为下军大夫。韩厥为司马。及河，闻郑既及楚平，桓子欲还，曰：“无及于郑而剿民，焉用之？楚归而动，不后。”随武子曰：“善。会闻用师，观衅而动。德刑、政事、典礼，不易，不可敌也，不为是征。楚君讨郑，怒其贰而哀其卑。叛而伐之，服而舍之，德刑成矣。伐叛，刑也；柔服，德也，二者立矣。昔岁入陈，今兹入郑，民不罢劳，君无怨讟，政有经矣。荆尸而举，商农工贾，不败其业，而卒乘辑睦，事不奸矣。蔿敖为宰，择楚国之令典；军行，右辕，左追蓐，前茅虑无，中权后劲。百官象物而动，军政不戒而备，能用典矣。

“其君之举也，内姓选于亲，外姓选于旧。举不失德，赏不失劳。老有加惠，旅有施舍。君子小人，物有服章。贵有常尊，贱有等威，礼不逆矣。德立刑行，政成事时，典从礼顺，若之何敌之？见可而进，知难而退，军之善政也。兼弱攻昧，武之善经也。子姑整军而经武乎！犹有弱而昧者，何必楚？仲虺有言曰：‘取乱侮亡’，兼弱也。汋曰：‘于铄王师！遵养时晦’，耆昧也。武曰：‘无竞惟烈。’抚弱耆昧，以务烈所，可也。”彘子曰：“不可。晋所以霸，师武、臣力也。今失诸侯，不可谓力；有敌而不从，不可谓武。由我失霸，不如死。且成师以出，闻敌强而退，非夫也。命为军帅，而卒以非夫，唯群子能，我弗为也。”以中军佐济。

知庄子曰：“此师殆哉！周易有之：在师䷆之临䷒，曰：‘师出以律，否臧，凶。’执事顺成为臧，逆为否。众散为弱，川壅为泽。有律以如己也，故曰律。否臧，且律竭也。盈而以竭，夭且不整，所以凶也。不行谓之临，有帅而不从，临孰甚焉？此之谓矣。果遇，必败，彘子尸之，虽免而归，必有大咎。”韩献子谓桓子曰：“彘子以偏师陷，子罪大矣。子为元帅，师不用命，谁之罪也？失属亡师，为罪已重，不如进也。事之不捷，恶有所分。与其专罪，六人同之，不犹愈乎？”师遂济。

楚子北师次于郔。沈尹将中军，子重将左，子反将右，将饮马于河而归。闻晋师既济，王欲还，嬖人伍参欲战。令尹孙叔敖弗欲，曰：“昔岁入陈，今兹入郑，不无事矣。战而不捷，参之肉其足食乎？”参曰："若事之捷，孙叔为无谋矣。不捷，参之肉将在晋军，可得食乎？"令尹南辕、反旆，伍参言于王曰："晋之从政者新，未能行令。其佐先縠刚愎不仁，未肯用命。其三帅者，专行不获。听而无上，众谁适从？此行也，晋师必败。且君而逃臣，若社稷何？"王病之，告令尹改乘辕而北之，次于管以待之。

晋师在敖、鄗之间。郑皇戌使如晋师，曰："郑之从楚，社稷之故也，未有贰心。楚师骤胜而骄，其师老矣，而不设备。子击之，郑师为承，楚师必败。"彘子曰："败楚服郑，于此在矣。必许之！"栾武子曰："楚自克庸以来，其君无日不讨国人而训之于民生之不易、祸至之无日、戒惧之不可以怠；在军，无日不讨军实而申儆之于胜之不可保、纣之百克而卒无后，训之以若敖、蚡冒筚路蓝缕以启山林。箴之曰：'民生在勤，勤则不匮。'不可谓骄。先大夫子犯有言曰：'师直为壮，曲为老。'我则不德，而徼怨于楚。我曲楚直，不可谓老。其君之戎分为二广，广有一卒，卒偏之两。右广初驾，数及日中，左则受之，以至于昏。内官序当其夜，以待不虞。不可谓无备。子良，郑之良也；师叔，楚之崇也。师叔入盟，子良在楚，楚、郑亲矣。来劝我战，我克则来，不克遂往，以我卜也！郑不可从。"赵括、赵同曰："率师以来，唯敌是求。克敌、得属，又何俟？必从彘子！"知季曰："原、屏，咎之徒也。"赵庄子曰："栾伯善哉！实其言，必长晋国。"

楚少宰如晋师，曰："寡君少遭闵凶，不能文。闻二先君之出入此行也，将郑是训定，岂敢求罪于晋？二三子无淹久！"随季对曰："昔平王命我先君文侯曰：'与郑夹辅周室，毋废王命！'今郑不率，寡君使群臣问诸郑，岂敢辱候人？敢拜君命之辱。"彘子以为谄，使赵括从而更之曰："行人失辞。寡君使群臣迁大国之迹于郑，曰：'无辟敌！'群臣无所逃命。"

楚子又使求成于晋，晋人许之，盟有日矣。楚许伯御乐伯，摄叔为右，以致晋师。许伯曰："吾闻致师者，御靡旌摩垒而还。"乐伯曰："吾闻致师者，左射以菆，代御执辔，御下，两马、掉鞅而还。"摄叔曰："吾闻致师者，右入垒，折馘、执俘而还。"皆行其所闻而复。晋人逐之，左右角之。乐伯左射马，而右射人，角不能进。矢一而已。麋兴于前，射麋丽龟。晋鲍癸当其后，使摄叔奉麋献焉，曰："以岁之非时，献禽之未至，敢膳诸从者。"鲍癸止之，曰："其左善射，其右有辞，君子也。"既免。

晋魏锜求公族未得，而怒，欲败晋师。请致师，弗许。请使，许之。遂往，请战而还。楚潘党逐之，及荧泽，见六麋，射一麋以顾献，曰："子有军事，兽人无乃不给于鲜？敢献于从者。"叔党命去之。赵旃求卿未得，且怒于失楚之致师者，请挑战，弗许。请召盟，许之，与魏锜皆命而往。郤献子曰："二憾往矣，弗备，必败。"彘子曰："郑人劝战，弗敢从也；楚人求成，弗能好也。师无成命，多备何为？"士季曰："备之善。若二子怒楚，楚人乘我，丧师无日矣，不如备之。楚之无恶，除备而盟，何损于好？若以恶来，有备不败。且虽诸侯相见，军卫不彻，警也。"彘子不可。士季使巩朔、韩穿帅七覆于敖前，故上军不败。赵婴齐使其徒先具舟于河，故败而先济。

潘党既逐魏锜，赵旃夜至于楚军，席于军门之外，使其徒入之。楚子为乘广三十乘，分为左右。右广鸡鸣而驾，日中而说；左则受之，日入而说。许偃御右广，养由基为右；彭名御左广，屈荡为右。乙卯，王乘左广以逐赵旃。赵旃弃车而走林，屈荡搏之，得其甲裳。晋人惧二子之怒楚师也，使軘车逆之。潘党望其尘，使骋而告曰："晋师至矣！"楚人亦惧王之入晋军也，遂出陈。孙叔曰："进之！宁我薄人，无人薄我。诗云：'元戎十乘，以先启行'，先人也。军志曰：'先人有夺人之心'，薄之也。"遂疾进师，车驰、卒奔，乘晋军。桓子不知所为，鼓于军中曰："先济者有赏！"中军、下军争舟，舟中之指可掬也。

晋师右移，上军未动。工尹齐将右拒卒以逐下军。楚子使唐狡与蔡鸠居告唐惠侯曰："不谷不德而贪，以遇大敌，不谷之罪也。然楚不克，君之羞也。敢藉君灵，以济楚师。"使潘党率游阙四十乘，从唐侯以为左拒，以从上军。驹伯曰："待诸乎？"随季曰："楚师方壮，若萃于我，吾师必尽，不如收而去之。分谤、生民，不亦可乎？"殿其卒而退，不败。

王见右广，将从之乘。屈荡户之，曰："君以此始，亦必以终。"自是楚之乘广先左。

晋人或以广队不能进，楚人惎之脱扃。少进，马还，又惎之拔旆投衡，乃出。顾曰："吾不如大国之数奔也。"

赵旃以其良马二济其兄与叔父，以他马反。遇敌不能去，弃车而走林。逢大夫与其二子乘，谓其二子无顾。顾曰："赵叟在后。"怒之，使下，指木曰："尸女于是。"授赵旃绥，以免。明日，以表尸之，皆重获在木下。楚熊负羁囚知䓨，知庄子以其族反之，厨武子御，下军之士多从之。每射，抽矢，菆，纳诸厨子之房。厨子怒曰："非子之求，而蒲之爱，董泽之蒲，可胜既乎？"知季曰："不以人子，吾子其可得乎？吾不可以苟射故也。"射连尹襄老，获之，遂载其尸；射公子谷臣，囚之。以二者还。

及昏，楚师军于邲。晋之余师不能军，宵济，亦终夜有声。

丙辰，楚重至于邲，遂次于衡雍。潘党曰："君盍筑武军而收晋尸以为京观？臣闻克敌必示子孙，以无忘武功。"楚子曰："非尔所知也。夫文，止戈为武。武王克商，作颂曰：'载戢干戈，载櫜弓矢。我求懿德，肆于时夏，允王保之。'又作武，其卒章曰：'耆定尔功。'其三曰：'铺时绎思，我徂惟求定。'其六曰：'绥万邦，屡丰年。'夫武，禁暴、戢兵、保大、定功、安民、和众、丰财者也，故使子孙无忘其章。今我使二国暴骨，暴矣；观兵以威诸侯，兵不戢矣；暴而不戢，安能保大？犹有晋在，焉得定功？所违民欲犹多，民何安焉？无德而强争诸侯，何以和众？利人之几，而安人之乱，以为己荣，何以丰财？武有七德，我无一焉，何以示子孙？其为先君宫，告成事而已，武非吾功也。古者明王伐不敬，取其鲸鲵而封之，以为大戮，于是乎有京观以惩淫慝。今罪无所，而民皆尽忠以死君命，又可以为京观乎？"祀于河，作先君宫，告成事而还。

（十二·三）是役也，郑石制实入楚师，将以分郑，而立公子鱼臣。辛未，郑杀仆叔及子服。君子曰："史佚所谓'毋怙乱'者，谓是类也。诗曰：'乱离瘼矣，爰其适归'，归于怙乱者也夫！"

（十二·四）郑伯、许男如楚。

（十二·五）秋，晋师归，桓子请死，晋侯欲许之。士贞子谏曰："不可。城濮之役，晋师三日谷，文公犹有忧色。左右曰：'有喜而忧，如有忧而喜乎？'公曰：'得臣犹在，忧未歇也。困兽犹斗，况国相乎？'及楚杀子玉，公喜而后可知也。曰：'莫余毒也已。'是晋再克而楚再败也。楚是以再世不竞。今天或者大警晋也，而又杀林父以重楚胜，其无乃久不竞乎？林父之事君也，进思尽忠，退思补过，社稷之卫也，若之何杀之？夫其败也，如日月之食焉，何损于明？"晋侯使复其位。

（十二·六）冬，楚子伐萧，宋华椒以蔡人救萧。萧人囚熊相宜僚及公子丙。王曰："勿杀，吾退。"萧人杀之。王怒，遂围萧。萧溃。

申公巫臣曰："师人多寒。"王巡三军，拊而勉之，三军之士皆如挟纩。遂傅于萧。还无社与司马卯言，号申叔展。叔展曰："有麦曲乎？”曰：“无。”“有山鞠穷乎？”曰：“无。”“河鱼腹疾奈何？”曰：“目于眢井而拯之。”“若为茅绖，哭井则己。”明日，萧溃。申叔视其井，则茅绖存焉，号而出之。

（十二·七）晋原縠、宋华椒、卫孔达、曹人同盟于清丘，曰：“恤病，讨贰。”于是卿不书，不实其言也。

（十二·八）宋为盟故，伐陈。卫人救之，孔达曰：“先君有约言焉。若大国讨，我则死之。”

（宣公十三年）

经

（十三·一）十有三年春，齐师伐莒。

（十三·二）夏，楚子伐宋。

（十三·三）秋，螽。

（十三·四）冬，晋杀其大夫先縠。

传

（十三·一）十三年春，齐师伐莒，莒恃晋而不事齐故也。

（十三·二）夏，楚子伐宋，以其救萧也。君子曰：“清丘之盟，唯宋可以免焉。”

（十三·三）秋，赤狄伐晋，及清，先縠召之也。

（十三·四）冬，晋人讨邲之败与清之师，归罪于先縠而杀之，尽灭其族。君子曰：”‘恶之来也，己则取之’，其先縠之谓乎！”

（十三·五）清丘之盟，晋以卫之救陈也，讨焉。使人弗去，曰：“罪无所归，将加而师。”孔达曰：“苟利社稷，请以我说，罪我之由。我则为政，而亢大国之讨，将以谁任？我则死之。”

（宣公十四年）

经

（十四·一）十有四年春，卫杀其大夫孔达。

（十四·二）夏五月壬申，曹伯寿卒。

（十四·三）晋侯伐郑。

（十四·四）秋九月，楚子围宋。

（十四·五）葬曹文公。

（十四·六）冬，公孙归父会齐侯于谷。

传

（十四·一）十四年春，孔达缢而死，卫人以说于晋而免。遂告于诸侯曰："寡君有不令之臣达，构我敝邑于大国，既伏其罪矣。敢告。"卫人以为成劳，复室其子，使复其位。

（十四·二）夏，晋侯伐郑，为邲故也。告于诸侯，搜焉而还。中行桓子之谋也，曰："示之以整，使谋而来。"郑人惧，使子张代子良于楚。郑伯如楚，谋晋故也。郑以子良为有礼，故召之。

（十四·三）楚子使申舟聘于齐，曰："无假道于宋。"亦使公子冯聘于晋，不假道于郑。申舟以孟诸之役恶宋，曰："郑昭、宋聋，晋使不害，我则必死。"王曰："杀女，我伐之。"见犀而行。及宋，宋人止之。华元曰："过我而不假道，鄙我也。鄙我，亡也。杀其使者，必伐我。伐我，亦亡也。亡一也。"乃杀之。楚子闻之，投袂而起。屦及于窒皇，剑及于寝门之外，车及于蒲胥之市。秋九月，楚子围宋。

（十四·四）冬，公孙归父会齐侯于谷，见晏桓子，与之言鲁，乐。桓子告高宣子曰："子家其亡乎！怀于鲁矣。怀必贪，贪必谋人。谋人，人亦谋己。一国谋之，何以不亡？"

（十四·五）孟献子言于公曰："臣闻小国之免于大国也，聘而献物，于是有庭实旅百；朝而献功，于是有容貌采章，嘉淑而有加货，谋其不免也。诛而荐贿，则无及也。今楚在宋，君其图之！"公说。

（宣公十五年）

经

（十五·一）十有五年春，公孙归父会楚子于宋。

（十五·二）夏五月，宋人及楚人平。

（十五·三）六月癸卯，晋师灭赤狄潞氏，以潞子婴儿归。

（十五·四）秦人伐晋。

（十五·五）王札子杀召伯、毛伯。

（十五·六）秋，螽。

（十五·七）仲孙蔑会齐高固于无娄。

（十五·八）初税亩。

（十五·九）冬，蝝生。

（十五·十）饥。

传

（十五·一）十五年春，公孙归父会楚子于宋。

（十五·二）宋人使乐婴齐告急于晋，晋侯欲救之。伯宗曰："不可。古人有言曰：'虽鞭之长，不及马腹。'天方授楚，未可与争。虽晋之强，能违天乎？谚曰：'高下在心。'川泽纳污，山薮藏疾，瑾瑜匿瑕，国君含垢，天之道也。君其待之！"乃止。

使解扬如宋，使无降楚，曰："晋师悉起，将至矣。"郑人囚而献诸楚。楚子厚赂之，使反其言。不许。三而许之。登诸楼车，使呼宋而告之。遂致其君命。楚子将杀之，使与之言曰："尔既许不谷而反之，何故？非我无信，女则弃之。速即尔刑！"对曰："臣闻之：君能制命为义，臣能承命为信，信载义而行之为利。谋不失利，以卫社稷，民之主也。义无二信，信无二命。君之赂臣，不知命也。受命以出，有死无陨，又可赂乎？臣之许君，以成命也。死而成命，臣之禄也。寡君有信臣，下臣获考，死又何求？"楚子舍之以归。

夏五月，楚师将去宋，申犀稽首于王之马前曰："毋畏知死而不敢废王命，王弃言焉。"王不能答。申叔时仆，曰："筑室，反耕者，宋必听命。"从之。宋人惧，使华元夜入楚师，登子反之床，起之曰："寡君使元以病告，曰：'敝邑易子而食，析骸以爨。虽然，城下之盟，有以国毙，不能从也。去我三十里，唯命是听。'"子反惧，与之盟，而告王。退三十里，宋及楚平。华元为质。盟曰："我无尔诈，尔无我虞。"

（十五·三）潞子婴儿之夫人，晋景公之姊也。酆舒为政而杀之，又伤潞子之目。晋侯将伐之。诸大夫皆曰："不可。酆舒有三俊才，不如待后之人。"伯宗曰："必伐之。狄有五罪，俊才虽多，何补焉？不祀，一也。耆酒，二也。弃仲章而夺黎氏地，三也。虐我伯姬，四也。伤其君目，五也。怙其俊才而不以茂德，兹益罪也。后之人或者将敬奉德义以事神人，而申固其命，若之何待之？不讨有罪，曰'将待后，后有辞而讨焉'，毋乃不可乎？夫恃才与众，亡之道也。商纣由之，故灭。天反时为灾，地反物为妖，民反德为乱，乱则妖灾生。故文，反正为乏。尽在狄矣。"晋侯从之。六月癸卯，晋荀林父败赤狄于曲梁，辛亥，灭潞。酆舒奔卫，卫人归诸晋，晋人杀之。

（十五·四）王孙苏与召氏、毛氏争政，使王子捷杀召戴公及毛伯卫，卒立召襄。

秋七月，秦桓公伐晋，次于辅氏。壬午，晋侯治兵于稷，以略狄土，立黎侯而还。及雒，魏颗败秦师于辅氏，获杜回，秦之力人也。初，魏武子有嬖妾，无子。武子疾，命颗曰："必嫁是。"疾病，则曰："必以为殉！"及卒，颗嫁之，曰："疾病则乱，吾从其治也。"及辅氏之役，颗见老人结草以亢杜回。杜回踬而颠，故获之。夜梦之曰："余，而所嫁妇人之父也。尔用先人之治命，余是以报。"

（十五·六）晋侯赏桓子狄臣千室，亦赏士伯以瓜衍之县，曰："吾获狄土，子之功也。微子，吾丧伯氏矣。"羊舌职说是赏也，曰："周书所谓'庸庸祗祗'者，谓此物也夫。士伯庸中行伯，君信之，亦庸士伯，此之谓明德矣。文王所以造周，不是过也。故诗曰：'陈锡哉周'，能施也。率是道也，其何不济？"

（十五·七）晋侯使赵同献狄俘于周，不敬。刘康公曰："不及十年，原叔必有大咎。天夺之魄矣。"

（十五·八）初税亩，非礼也。谷出不过藉，以丰财也。

（十五·九）冬，蝝生，饥。幸之也。

（宣公十六年）

经

（十六·一）十有六年春王正月，晋人灭赤狄甲氏及留吁。

（十六·二）夏，成周宣榭火。

（十六·三）秋，郯伯姬来归。

（十六·四）冬，大有年。

传

（十六·一）十六年春，晋士会帅师灭赤狄甲氏及留吁、铎辰。三月，献狄俘。晋侯请于王，戊申，以黻冕命士会将中军，且为大傅。于是晋国之盗逃奔于秦。羊舌职曰："吾闻之，'禹称善人，不善人远'，此之谓也夫。诗曰：'战战兢兢，如临深渊，如履薄冰'，善人在上也。善人在上，则国无幸民。谚曰：'民之多幸，国之不幸也'，是无善人之谓也。"

（十六·二）夏，成周宣榭火，人火之也。凡火，人火曰火，天火曰灾。

（十六·三）秋，郯伯姬来归，出也。

（十六·四）为毛、召之难故，王室复乱，王孙苏奔晋。晋人复之。冬，晋侯使士会平王室，定王享之。原襄公相礼。殽烝。武季私问其故。王闻之，召武子曰："季氏！而弗闻乎？王享有体荐，宴有折俎。公当享，卿当宴。王室之礼也。"武子归而讲求典礼，以修晋国之法。

（宣公十七年）

经

（十七·一）十有七年春王正月庚子，许男锡我卒。

（十七·二）丁未，蔡侯申卒。

（十七·三）夏，葬许昭公。

（十七·四）葬蔡文公。

（十七·五）六月癸卯，日有食之。

（十七·六）己未，公会晋侯、卫侯、曹伯、邾子同盟于断道。

（十七·七）秋，公至自会。

（十七·八）冬十有一月壬午，公弟叔肸卒。

传

（十七·一）十七年春，晋侯使郄克征会于齐。齐顷公帷妇人使观之。郄子登，妇人笑于房。献子怒，出而誓曰："所不此报，无能涉河！"献子先归，使栾京庐待命于齐，曰："不得齐事，无复命矣。"郄子至，请伐齐。晋侯弗许。请以其私属，又弗许。

齐侯使高固、晏弱、蔡朝、南郭偃会。及敛盂，高固逃归。夏，会于断道，讨贰也。盟于卷楚，辞齐人。晋人执晏弱于野王，执蔡朝于原，执南郭偃于温。苗贲皇使，见晏桓子。归，言于晋侯曰："夫晏子何罪？昔者诸侯事吾先君，皆如不逮，举言群臣不信，诸侯皆有贰志。齐君恐不得礼，故不出，而使四子来。左右或沮之，曰：'君不出，必执吾使。'故高子及敛盂而逃。夫三子者曰：'若绝君好，宁归死焉。'为是犯难而来。吾若善逆彼，以怀来者，吾又执之，以信齐沮，吾不既过矣乎？过而不改，而又久之，以成其悔，何利之有焉？使反者得辞，而害来者，以惧诸侯，将焉用之？"晋人缓之，逸。

秋八月，晋师还。

（十七·二）范武子将老，召文子曰："燮乎！吾闻之：喜怒以类者鲜，易者实多。诗曰：'君子如怒，乱庶遄沮。君子如祉，乱庶遄已。'君子之喜怒，以已乱也。弗已者，必益之。郄子其或者欲已乱于齐乎？不然，余惧其益之也。余将老，使郄子逞其志，庶有豸乎！尔从二三子唯敬。"乃请老。郄献子为政。

（十七·三）冬，公弟叔肸卒，公母弟也。凡大子之母弟，公在曰公子，不在曰弟。凡称弟，皆母弟也。

（宣公十八年）

经

（十八·一）十有八年春，晋侯、卫世子臧伐齐。

（十八·二）公伐杞。

（十八·三）夏四月。

（十八·四）秋七月，邾人戕鄫子于鄫。

（十八·五）甲戌，楚子旅卒。

（十八·六）公孙归父如晋。

（十八·七）冬十月壬戌，公薨于路寝。

（十八·八）归父还自晋，至笙。遂奔齐。

传

（十八·一）十八年春，晋侯、卫大子臧伐齐，至于阳谷。齐侯会晋侯盟于缯，以公子强为质于晋。晋师还。蔡朝、南郭偃逃归。

（十八·二）夏，公使如楚乞师，欲以伐齐。

（十八·三）秋，邾人戕鄫子于鄫。凡自内虐其君曰弑，自外曰戕。

（十八·四）楚庄王卒，楚师不出。既而用晋师，楚于是乎有蜀之役。

（十八·五）公孙归父以襄仲之立公也，有宠，欲去三桓，以张公室。与公谋而聘于晋，欲以晋人去之。冬，公薨。季文子言于朝曰："使我杀适立庶以失大援者，仲也夫！"臧宣叔怒曰："当其时不能治也，后之人何罪？子欲去之，许请去之。"遂逐东门氏。子家还，及笙，坛帷，复命于介。既复命，袒、括发，即位哭，三踊而出。遂奔齐。书曰"归父还自晋"，善之也。

成　公

（成公元年）

经

（一·一）元年春王正月，公即位。

（一·二）二月辛酉，葬我君宣公。

（一·三）无冰。

（一·四）三月，作丘甲。

（一·五）夏，臧孙许及晋侯盟于赤棘。

（一·六）秋，王师败绩于茅戎。

（一·七）冬十月。

传

（一·一）元年春，晋侯使瑕嘉平戎于王，单襄公如晋拜成。刘康公徼戎，将遂伐之。叔服曰："背盟而欺大国，此必败。背盟，不祥；欺大国，不义；神、人弗助，将何以胜？"不听，遂伐茅戎。三月癸未，败绩于徐吾氏。

（一·二）为齐难故，作丘甲。

（一·三）闻齐将出楚师，夏，盟于赤棘。

（一·四）秋，王人来告败。

（一·五）冬，臧宣叔令修赋、缮完、具守备，曰："齐、楚结好，我新与晋盟，晋、楚争盟，齐师必至。虽晋人伐齐，楚必救之，是齐、楚同我也。知难而有备，乃可以逞。"

（成公二年）

经

（二·一）二年春，齐侯伐我北鄙。

（二·二）夏四月丙戌，卫孙良夫帅师及齐师战于新筑，卫师败绩。

（二·三）六月癸酉，季孙行父、臧孙许、叔孙侨如、公孙婴齐帅师会晋郤克、卫孙良夫、曹公子首及齐侯战于鞌，齐师败绩。

（二·四）秋七月，齐侯使国佐如师。已酉，及国佐盟于袁娄。

（二·五）八月壬午，宋公鲍卒。

（二·六）庚寅，卫侯速卒。

（二·七）取汶阳田。

（二·八）冬，楚师、郑师侵卫。

（二·九）十有一月，公会楚公子婴齐于蜀。

（二·十）丙申，公及楚人、秦人、宋人、陈人、卫人、郑人、齐人、曹人、邾人、薛人、鄫人盟于蜀。

传

（二·一）二年春，齐侯伐我北鄙，围龙。顷公之嬖人卢蒲就魁门焉。龙人囚之。齐侯曰："勿杀，吾与而盟，无入而封。"弗听，杀而膊诸城上。齐侯亲鼓，士陵城。三日，取龙。遂南侵，及巢丘。

（二·二）卫侯使孙良夫、石稷、宁相、向禽将侵齐，与齐师遇。石子欲还。孙子曰："不可。以师伐人，遇其师而还，将谓君何？若知不能，则如无出。今既遇矣，不如战也。"

夏，有……。

石成子曰："师败矣，子不少须，众惧尽。子丧师徒，何以复命？"皆不对。又曰："子，国卿也。陨子，辱矣。子以众退，我此乃止。"且告车来甚众。齐师乃止，次于鞫居。新筑人仲叔于奚救孙桓子，桓子是以免。

既，卫人赏之以邑，辞，请曲县、繁缨以朝。许之。

仲尼闻之曰："惜也，不如多与之邑。唯器与名，不可以假人，君之所司也。名以出信，信以守器，器以藏礼，礼以行义，义以生利，利以平民，政之大节也。若以假人，与人政也。政亡，则国家从之，弗可止也已。"

（二·三）孙桓子还于新筑，不入，遂如晋乞师。臧宣叔亦如晋乞师。皆主郤献子。晋侯许之七百乘。郤子曰："此城濮之赋也。有先君之明与先大夫之肃，故捷。克于先大夫，无能为役，请八百乘。"许之。郤克将中军，士燮佐上军，栾书将下军，韩厥为司马，以救鲁、卫。臧宣叔逆晋师，且道之。季文子帅师会之。及卫地，韩献子将斩人，郤献子驰，将救之。至，则既斩之矣。郤子使速以徇，告其仆曰："吾以分谤也。"

师从齐师于莘。六月壬申，师至于靡笄之下。齐侯使请战，曰：

"子以君师辱于敝邑，不腆敝赋，诘朝请见。"对曰："晋与鲁、卫，兄弟也，来告曰：'大国朝夕释憾于敝邑之地。'寡君不忍，使群臣请于大国，无令舆师淹于君地。能进不能退，君无所辱命。"齐侯曰："大夫之许，寡人之愿也；若其不许，亦将见也。"齐高固入晋师，桀石以投人，禽之而乘其车，系桑本焉，以徇齐垒，曰："欲勇者贾余余勇！"

癸酉，师陈于鞌。邴夏御齐侯，逢丑父为右。晋解张御郤克，郑丘缓为右。齐侯曰："余姑翦灭此而朝食。"不介马而驰之。郤克伤于矢，流血及屦，未绝鼓音，曰："余病矣！"张侯曰："自始合，而矢贯余手及肘，余折以御。左轮朱殷，岂敢言病？吾子忍之！"缓曰："自始合，苟有险，余必下推车，子岂识之？然子病矣！"张侯曰："师之耳目，在吾旗鼓，进退从之。此车一人殿之，可以集事。若之何其以病败君之大事也？擐甲执兵，固即死也，病未及死，吾子勉之！"左并辔，右援枹而鼓。马逸不能止，师从之。齐师败绩。逐之，三周华不注。

韩厥梦子舆谓己曰："旦辟左右！"故中御而从齐侯。邴夏曰："射其御者，君子也。"公曰："谓之君子而射之，非礼也。"射其左，越于车下。射其右，毙于车中。綦毋张丧车，从韩厥曰："请寓乘！"从左右，皆肘之，使立于后。韩厥俛，定其右。逢丑父与公易位。将及华泉，骖絓于木而止。丑父寝于轏中，蛇出于其下，以肱击之，伤而匿之，故不能推车而及。韩厥执絷马前，再拜稽首，奉觞加璧以进，曰："寡君使群臣为鲁、卫请，曰：'无令舆师陷入君地。'下臣不幸，属当戎行，无所逃隐。且惧奔辟，而忝两君。臣辱戎士，敢告不敏，摄官承乏。"丑父使公下，如华泉取饮。郑周父御佐车，宛茷为右，载齐侯以免。韩厥献丑父，郤献子将戮之，呼曰："自今无有代其君任患者，有一于此，将为戮乎？"郤子曰："人不难以死免其君，我戮之，不祥，赦之，以劝事君者。"乃免之。

齐侯免，求丑父三入三出。每出，齐师以帅退。入于狄卒，狄卒皆抽戈楯冒之。以入于卫师，卫师免之。遂自徐关入。齐侯见保者，曰："勉之！齐师败矣！"辟女子。女子曰："君免乎？"曰："免矣。"曰："锐司徒免乎？"曰："免矣。"曰："苟君与吾父免矣，可若何？"乃奔。齐侯以为有礼。既而问之，辟司徒之妻也。予之石窌。

晋师从齐师，入自丘舆。击马陉。

齐侯使宾媚人赂以纪甗、玉磬与地。不可，则听客之所为。宾媚人致赂。晋人不可，曰："必以萧同叔子为质，而使齐之封内尽东其亩。”对曰：“萧同叔子非他，寡君之母也。若以匹敌，则亦晋君之母也。吾子布大命于诸侯，而曰必质其母以为信，其若王命何？且是以不孝令也。诗曰：‘孝子不匮，永锡尔类。’若以不孝令于诸侯，其无乃非德类也乎？先王疆理天下，物土之宜，而布其利。故诗曰：‘我疆我理，南东其亩。’今吾子疆理诸侯，而曰‘尽东其亩’而已，唯吾子戎车是利，无顾土宜，其无乃非先王之命也乎？反先王则不义，何以为盟主？其晋实有阙。四王之王也，树德而济同欲焉；五伯之霸也，勤而抚之，以役王命。今吾子求合诸侯，以逞无疆之欲，诗曰：‘布政优优，百禄是遒。’子实不优，而弃百禄，诸侯何害焉？不然，寡君之命使臣，则有辞矣。曰：‘子以君师辱于敝邑，不腆敝赋，以犒从者。畏君之震，师徒桡败。吾子惠徼齐国之福，不泯其社稷，使继旧好，唯是先君之敝器、土地不敢爱。子又不许，请收合余烬，背城借一。敝邑之幸，亦云从也；况其不幸，敢不唯命是听？’”

鲁、卫谏曰：“齐疾我矣。其死亡者，皆亲昵也。子若不许，雠我必甚。唯子，则又何求？子得其国宝，我亦得地，而纾于难，其荣多矣。齐、晋亦唯天所授，岂必晋？”晋人许之，对曰：“群臣帅赋舆，以为鲁、卫请。若苟有以借口，而复于寡君，君之惠也。敢不唯命是听？”

禽郑自师逆公。秋七月，晋师及齐国佐盟于爰娄。使齐人归我汶阳之田。公会晋师于上鄍。赐三帅先路三命之服。司马、司空、舆帅、候正、亚旅皆受一命之服。

（二·四）八月，宋文公卒，始厚葬，用蜃炭，益车马，始用殉，重器备。椁有四阿，棺有翰、桧。君子谓华元、乐举于是乎不臣。臣，治烦去惑者也，是以伏死而争。今二子者，君生则纵其惑，死又益其侈，是弃君于恶也，何臣之为？

（二·五）九月，卫穆公卒，晋三子自役吊焉，哭于大门之外。卫人逆之，妇人哭于门内。送亦如之。遂常以葬。

（二·六）楚之讨陈夏氏也，庄王欲纳夏姬。申公巫臣曰：“不可。君召诸侯，以讨罪也；今纳夏姬，贪其色也。贪色为淫，淫为大罚。周书曰：‘明德慎罚’，文王所以造周也。明德，务崇之之谓也；慎罚，务去之之谓也。若兴诸侯，以取大罚，非慎之也。君其图之！”王乃止。子反欲取之，巫臣曰：“是不祥人也。是夭子蛮，杀御叔，弑灵侯，戮夏南，出孔、仪，丧陈国，何不祥如是？人生实难，其有不获死乎？天下多美妇人，何必是？”子反乃止。王以予连尹襄老。襄老死于邲，不获其尸。其子黑要烝焉。巫臣使道焉，曰："归，吾聘女。"又使自郑召之曰："尸可得也，必来逆之。"姬以告王。王问诸屈巫。对曰："其信。知罃之父，成公之嬖也，而中行伯之季弟也，新佐中军，而善郑皇戌，甚爱此子。其必因郑而归王子与襄老之尸以求之。郑人惧于邲之役，而欲求媚于晋，其必许之。"

王遣夏姬归。将行，谓送者曰："不得尸，吾不反矣。"巫臣聘诸郑，郑伯许之。及共王即位，将为阳桥之役，使屈巫聘于齐，且告师期。巫臣尽室以行。申叔跪从其父，将适郢，遇之，曰："异哉！夫子有三军之惧，而又有桑中之喜，宜将窃妻以逃者也。"及郑，使介反币，而以夏姬行。将奔齐。齐师新败，曰："吾不处不胜之国。"遂奔晋，而因郤至，以臣于晋。晋人使为邢大夫。子反请以重币锢之。王曰："止！其自为谋也则过矣，其为吾先君谋也则忠。忠，社稷之固也，所盖多矣。且彼若能利国家，虽重币，晋将可乎？若无益于晋，晋将弃之，何劳锢焉？"

（二·七）晋师归，范文子后入。武子曰："无为吾望尔也乎？"对曰："师有功，国人喜以逆之，先入，必属耳目焉，是代帅受名也，故不敢。"武子曰："吾知免矣。"

郤伯见，公曰："子之力也夫！"对曰："君之训也，二三子之力也，臣何力之有焉？"范叔见，劳之如郤伯。对曰："庚所命也，克之制也，燮何力之有焉？"栾伯见，公亦如之。对曰："燮之诏也，士用命也，书何力之有焉？"

（二·八）宣公使求好于楚，庄王卒，宣公薨，不克作好。公即位，受盟于晋，会晋伐齐。卫人不行使于楚，而亦受盟于晋，从于伐齐。故楚令尹子重为阳桥之役以救齐。将起师，子重曰："君弱，群臣不如先大夫，师众而后可。诗曰：'济济多士，文王以宁。'夫文王犹用众，况吾侪乎？且先君庄王属之曰：'无德以及远方，莫如惠恤其民，而善用之。'"乃大户，已责，逮鳏，救乏，赦罪。悉师，王卒尽行。彭名御戎，蔡景公为左，许灵公为右。二君弱，皆强冠之。

冬，楚师侵卫，遂侵我师于蜀。使臧孙往。辞曰："楚远而久，固将退矣。无功而受名，臣不敢。"楚侵及阳桥，孟孙请往赂之以执斫、执针、织纴，皆百人，公衡为质，以请盟。楚人许平。

十一月，公及楚公子婴齐、蔡侯、许男、秦右大夫说、宋华元、陈公孙宁、卫孙良夫、郑公子去疾及齐国之大夫盟于蜀。卿不书，匮盟也。

于是乎畏晋而窃与楚盟,故曰“匮盟”。蔡侯、许男不书,乘楚车也,谓之失位。君子曰:“位其不可不慎也乎!蔡、许之君,一失其位,不得列于诸侯,况其下乎!诗曰:‘不解于位,民之攸塈。’其是之谓矣。”

楚师及宋,公衡逃归。臧宣叔曰:“衡父不忍数年之不宴,以弃鲁国,国将若之何?谁居?后之人必有任是夫!国弃矣。”是行也,晋辟楚,畏其众也。君子曰:“众之不可以已也。大夫为政,犹以众克,况明君而善用其众乎?大誓所谓商兆民离,周十人同者,众也。”

(二·九)晋侯使巩朔献齐捷于周。王弗见,使单襄公辞焉,曰:“蛮夷戎狄,不式王命,淫湎毁常,王命伐之,则有献捷。王亲受而劳之,所以惩不敬、劝有功也。兄弟甥舅,侵败王略,王命伐之,告事而已,不献其功,所以敬亲昵、禁淫慝也。今叔父克遂,有功于齐,而不使命卿镇抚王室,所使来抚余一人,而巩伯实来,未有职司于王室,又奸先王之礼。余虽欲于巩伯,其敢废旧典以忝叔父?夫齐,甥舅之国也,而大师之后也,宁不亦淫从其欲以怒叔父,抑岂不可谏诲?”士庄伯不能对。王使委于三吏,礼之如侯伯克敌使大夫告庆之礼,降于卿礼一等。王以巩伯宴,而私贿之。使相告之曰:“非礼也,勿籍!”

(成公三年)

经

(三·一)三年春王正月,公会晋侯、宋公、卫侯、曹伯伐郑。

(三·二)辛亥,葬卫穆公。

(三·三)二月,公至自伐郑。

(三·四)甲子,新宫灾。三日哭。

(三·五)乙亥,葬宋文公。

(三·六)夏,公如晋。

(三·七)郑公子去疾帅师伐许。

(三·八)公至自晋。

(三·九)秋,叔孙侨如帅师围棘。

(三·十)大雩。

(三·十一)晋郤克、卫孙良夫伐廧咎如。

(三·十二)冬十有一月,晋侯使荀庚来聘。

(三·十三)卫侯使孙良夫来聘。

(三·十四)丙午,及荀庚盟。

（三・十五）丁未，及孙良夫盟。

（三・十六）郑伐许。

传

（三・一）三年春，诸侯伐郑，次于伯牛，讨邲之役也，遂东侵郑。郑公子偃帅师御之，使东鄙覆诸鄤，败诸丘舆。皇戌如楚献捷。

（三・二）夏，公如晋，拜汶阳之田。

（三・三）许恃楚而不事郑，郑子良伐许。

（三・四）晋人归楚公子谷臣与连尹襄老之尸于楚，以求知䓨。于是荀首佐中军矣，故楚人许之。王送知䓨，曰："子其怨我乎？"对曰："二国治戎，臣不才，不胜其任，以为俘馘。执事不以衅鼓，使归即戮，君之惠也。臣实不才，又谁敢怨？"王曰："然则德我乎？"对曰："二国图其社稷，而求纾其民，各惩其忿，以相宥也。两释累囚，以成其好。二国有好，臣不与及，其谁敢德？"王曰："子归，何以报我？"对曰："臣不任受怨，君亦不任受德，无怨无德，不知所报。"王曰："虽然，必告不谷。"对曰："以君之灵，累臣得归骨于晋，寡君之以为戮，死且不朽。若从君之惠而免之，以赐君之外臣首；首其请于寡君，而以戮于宗，亦死且不朽。若不获命，而使嗣宗职，次及于事，而帅偏师，以修封疆。虽遇执事，其弗敢违，其竭力致死，无有二心，以尽臣礼，所以报也。"王曰："晋未可与争。"重为之礼而归之。

（三・五）秋，叔孙侨如围棘，取汶阳之田。棘不服，故围之。

（三・六）晋郤克、卫孙良夫伐廧咎如，讨赤狄之余焉。廧咎如溃，上失民也。

（三・七）冬十一月，晋侯使荀庚来聘，且寻盟。卫侯使孙良夫来聘，且寻盟。公问诸臧宣叔曰："中行伯之于晋也，其位在三；孙子之于卫也，位为上卿，将谁先？"对曰："次国之上卿，当大国之中，中当其下，下当其上大夫。小国之上卿，当大国之下卿，中当其上大夫，下当其下大夫。上下如是，古之制也。卫在晋，不得为次国。晋为盟主，其将先之。"丙午，盟晋；丁未，盟卫，礼也。

（三・八）十二月甲戌，晋作六军。韩厥、赵括、巩朔、韩穿、荀骓、赵旃皆为卿，赏鞌之功也。

（三・九）齐侯朝于晋，将授玉。郤克趋进曰："此行也，君为妇人之笑辱也，寡君未之敢任。"晋侯享齐侯。齐侯视韩厥。韩厥曰："君知厥也乎？"齐侯曰："服改矣。"韩厥登，举爵曰："臣之不敢爱死，为两君之在此堂也。”

（三・十）荀罃之在楚也，郑贾人有将寘诸褚中以出。既谋之，未行，而楚人归之。贾人如晋，荀罃善视之，如实出己。贾人曰：“吾无其功，敢有其实乎？吾小人，不可以厚诬君子。”遂适齐。

（成公四年）

经

（四・一）四年春，宋公使华元来聘。

（四・二）三月壬申，郑伯坚卒。

（四・三）杞伯来朝。

（四・四）夏四月甲寅，臧孙许卒。

（四・五）公如晋。

（四・六）葬郑襄公。

（四・七）秋，公至自晋。

（四・八）冬，城郓。

（四・九）郑伯伐许。

传

（四・一）四年春，宋华元来聘，通嗣君也。

（四・二）杞伯来朝，归叔姬故也。

（四・三）夏，公如晋。晋侯见公，不敬。季文子曰：“晋侯必不免。诗曰：‘敬之敬之！天惟显思，命不易哉！’夫晋侯之命在诸侯矣，可不敬乎！”

（四・四）秋，公至自晋，欲求成于楚而叛晋。季文子曰：“不可。晋虽无道，未可叛也。国大、臣睦，而迩于我，诸侯听焉，未可以贰。史佚之志有之曰：‘非我族类，其心必异。’楚虽大，非吾族也，其肯字我乎？”公乃止。

（四・五）冬十一月，郑公孙申帅师疆许田。许人败诸展陂。郑伯伐许，取鉏任、泠敦之田。晋栾书将中军，荀首佐之，士燮佐上军，以救许伐郑，取氾、祭。楚子反救郑，郑伯与许男讼焉，皇戌摄郑伯之辞。子反不能决也，曰：“君若辱在寡君，寡君与其二三臣共听两君之所欲，成其可知也。不然，侧不足以知二国之成。”

（四・六）晋赵婴通于赵庄姬。

（成公五年）

经

（五·一）五年春王正月，杞叔姬来归。

（五·二）仲孙蔑如宋。

（五·三）夏，叔孙侨如会晋荀首于谷。

（五·四）梁山崩。

（五·五）秋，大水。

（五·六）冬十有一月己酉，天王崩。

（五·七）十有二月己丑，公会晋侯、齐侯、宋公、卫侯、郑伯、曹伯、邾子、杞伯同盟于虫牢。

传

（五·一）五年春，原、屏放诸齐。婴曰："我在，故栾氏不作。我亡，吾二昆其忧哉。且人各有能、有不能，舍我，何害？"弗听。婴梦天使谓己："祭余，余福女。"使问诸士贞伯。贞伯曰："不识也。"既而告其人曰："神福仁而祸淫。淫而无罚，福也。祭，其得亡乎？"祭之，之明日而亡。

（五·二）孟献子如宋，报华元也。

（五·三）夏，晋荀首如齐逆女，故宣伯餫诸谷。

（五·四）梁山崩，晋侯以传召伯宗。伯宗辟重，曰："辟传！"重人曰："待我，不如捷之速也。"问其所。曰："绛人也。"问绛事焉。曰："梁山崩，将召伯宗谋之。"问将若之何。曰："山有朽壤而崩，可若何？国主山川，故山崩川竭，君为之不举、降服、乘缦、彻乐、出次，祝币，史辞以礼焉。其如此而已。虽伯宗，若之何？"伯宗请见之。不可。遂以告，而从之。

（五·五）许灵公愬郑伯于楚。六月，郑悼公如楚讼，不胜，楚人执皇戌及子国。故郑伯归，使公子偃请成于晋。秋八月，郑伯及晋赵同盟于垂棘。

（五·六）宋公子围龟为质于楚而归，华元享之。请鼓噪以出，鼓噪以复入，曰："习攻华氏。"宋公杀之。

（五·七）冬，同盟于虫牢，郑服也。

（五·七）诸侯谋复会，宋公使向为人辞以子灵之难。

（五·八）十一月己酉，定王崩。

(成公六年)

经

(六·一)六年春王正月,公至自会。

(六·二)二月辛巳,立武宫。

(六·三)取鄟。

(六·四)卫孙良夫帅师侵宋。

(六·五)夏六月,邾子来朝。

(六·六)公孙婴齐如晋。

(六·七)壬申,郑伯费卒。

(六·八)秋,仲孙蔑、叔孙侨如帅师侵宋。

(六·九)楚公子婴齐帅师伐郑。

(六·十)冬,季孙行父如晋。

(六·十一)晋栾书帅师救郑。

传

(六·一)六年春,郑伯如晋拜成,子游相,授玉于东楹之东。士贞伯曰:"郑伯其死乎!自弃也已。视流而行速,不安其位,宜不能久。"

(六·二)二月,季文子以鞌之功立武宫,非礼也。听于人以救其难,不可以立武。立武由己,非由人也。

(六·三)取鄟,言易也。

(六·四)三月,晋伯宗、夏阳说、卫孙良夫、宁相、郑人、伊雒之戎、陆浑、蛮氏侵宋,以其辞会也。师于针。卫人不保。说欲袭卫,曰:"虽不可入,多俘而归,有罪不及死。"伯宗曰:"不可。卫唯信晋,故师在其郊而不设备。若袭之,是弃信也。虽多卫俘,而晋无信,何以求诸侯?"乃止。师还,卫人登陴。

(六·五)晋人谋去故绛,诸大夫皆曰:"必居郇、瑕氏之地,沃饶而近盬,国利君乐,不可失也。韩献子将新中军,且为仆大夫。公揖而入。献子从。公立于寝庭,谓献子曰:"何如?"对曰:"不可。郇、瑕氏土薄水浅,其恶易覯。易覯则民愁,民愁则垫隘,于是乎有沉溺重膇之疾。不如新田,土厚水深,居之不疾,有汾、浍以流其恶,且民从教,十世之利也。夫山、泽、林、盬,国之宝也。国饶,则民骄佚。近宝,公室乃贫。不可谓乐。"公说,从之。夏四月丁丑,晋迁于新田。

(六·六)六月,郑悼公卒。

（六·七）子叔声伯如晋，命伐宋。

（六·八）秋，孟献子、叔孙宣伯侵宋，晋命也。

（六·九）楚子重伐郑，郑从晋故也。

（六·十）冬，季文子如晋，贺迁也。

（六·十一）晋栾书救郑，与楚师遇于绕角。楚师还。晋师遂侵蔡。楚公子申、公子成以申、息之师救蔡，御诸桑隧。赵同、赵括欲战，请于武子，武子将许之。知庄子、范文子、韩献子谏曰："不可。吾来救郑，楚师去我，吾遂至于此，是迁戮也。戮而不已，又怒楚师，战必不克。虽克，不令。成师以出，而败楚之二县，何荣之有焉？若不能败，为辱已甚，不如还也。"乃遂还。

（六·十一）于是军帅之欲战者众。或谓栾武子曰："圣人与众同欲，是以济事，子盍从众？子为大政，将酌于民者也。子之佐十一人，其不欲战者，三人而已。欲战者可谓众矣。商书曰：'三人占，从二人'，众故也。"武子曰："善钧从众。夫善，众之主也。三卿为主，可谓众矣。从之，不亦可乎？"

（成公七年）

经

（七·一）七年春王正月，鼷鼠食郊牛角，改卜牛。鼷鼠又食其角，乃免牛。

（七·二）吴伐郯。

（七·三）夏五月，曹伯来朝。

（七·四）不郊，犹三望。

（七·五）秋，楚公子婴齐帅师伐郑。

（七·六）公会晋侯、齐侯、宋公、卫侯、曹伯、莒子、邾子、杞伯救郑。八月戊辰，同盟于马陵。

（七·七）公至自会。

（七·八）吴入州来。

（七·九）冬，大雩。

（七·十）卫孙林父出奔晋。

传

（七·一）七年春，吴伐郯，郯成。

季文子曰："中国不振旅，蛮夷入伐，而莫之或恤。无吊者也夫！

诗曰：'不吊昊天，乱靡有定'，其此之谓乎！有上不吊，其谁不受乱？吾亡无日矣。"君子曰："知惧如是，斯不亡矣。"

（七·二）郑子良相成公以如晋，见，且拜师。

（七·三）夏，曹宣公来朝。

（七·四）秋，楚子重伐郑，师于氾。诸侯救郑。郑共仲、侯羽军楚师，囚郧公钟仪，献诸晋。八月，同盟于马陵，寻虫牢之盟，且莒服故也。晋人以钟仪归，囚诸军府。

（七·五）楚围宋之役，师还，子重请取于申、吕以为赏田。王许之。申公巫臣曰："不可。此申、吕所以邑也，是以为赋，以御北方。若取之，是无申、吕也，晋、郑必至于汉。"王乃止。子重是以怨巫臣。子反欲取夏姬，巫臣止之，遂取以行，子反亦怨之。及共王即位，子重、子反杀巫臣之族子阎、子荡及清尹弗忌及襄老之子黑要，而分其室。子重取子阎之室，使沈尹与王子罢分子荡之室，子反取黑要与清尹之室。巫臣自晋遗二子书，曰："尔以谗慝贪婪事君，而多杀不辜，余必使尔罢于奔命以死。"

（七·五）巫臣请使于吴，晋侯许之。吴子寿梦说之。乃通吴于晋，以两之一卒适吴，舍偏两之一焉。与其射御，教吴乘车，教之战陈，教之叛楚。寘其子狐庸焉，使为行人于吴。吴始伐楚、伐巢、伐徐，子重奔命。马陵之会，吴入州来，子重自郑奔命。子重、子反于是乎一岁七奔命。蛮夷属于楚者，吴尽取之，是以始大，通吴于上国。

（七·六）卫定公恶孙林父。冬，孙林父出奔晋。卫侯如晋，晋反戚焉。

（成公八年）

经

（八·一）八年春，晋侯使韩穿来言汶阳之田，归之于齐。

（八·二）晋栾书帅师侵蔡。

（八·三）公孙婴齐如莒。

（八·四）宋公使华元来聘。

（八·五）夏，宋公使公孙寿来纳币。

（八·六）晋杀其大夫赵同、赵括。

（八·七）秋七月，天子使召伯来赐公命。

（八·八）冬十月癸卯，杞叔姬卒。

（八·九）晋侯使士燮来聘。

（八·十）叔孙侨如会晋士燮、齐人、邾人伐郯。

（八·十一）卫人来媵。

传

（八·一）八年春，晋侯使韩穿来言汶阳之田，归之于齐。季文子饯之，私焉，曰："大国制义，以为盟主，是以诸侯怀德畏讨，无有贰心。谓汶阳之田，敝邑之旧也，而用师于齐，使归诸敝邑。今有二命，曰'归诸齐'。信以行义，义以成命，小国所望而怀也。信不可知，义无所立，四方诸侯，其谁不解体？诗曰：'女也不爽，士贰其行。士也罔极，二三其德。'七年之中，一与一夺，二三孰甚焉？士之二三，犹丧妃耦，而况霸主？霸主将德是以，而二三之，其何以长有诸侯乎？诗曰：'犹之未远，是用大简。'行父惧晋之不远犹而失诸侯也，是以敢私言之。"

（八·二）晋栾书侵蔡，遂侵楚，获申骊。楚师之还也，晋侵沈，获沈子揖初，从知、范、韩也。君子曰："从善如流，宜哉！诗曰：'恺悌君子，遐不作人？'求善也夫！作人，斯有功绩矣。"是行也，郑伯将会晋师，门于许东门，大获焉。

（八·三）声伯如莒，逆也。

（八·四）宋华元来聘，聘共姬也。

（八·五）夏，宋公使公孙寿来纳币，礼也。

（八·六）晋赵庄姬为赵婴之亡故，谮之于晋侯，曰："原、屏将为乱。"栾、郤为征。六月，晋讨赵同、赵括。武从姬氏畜于公宫。以其田与祁奚。韩厥言于晋侯曰："成季之勋，宣孟之忠，而无后，为善者其惧矣。三代之令王皆数百年保天之禄。夫岂无辟王？赖前哲以免也。周书曰：'不敢侮鳏寡'，所以明德也。"乃立武，而反其田焉。

（八·七）秋，召桓公来赐公命。

（八·八）晋侯使申公巫臣如吴，假道于莒。与渠丘公立于池上，曰："城已恶。"莒子曰："辟陋在夷，其孰以我为虞？"对曰："夫狡焉思启封疆以利社稷者，何国蔑有？唯然，故多大国矣。唯或思或纵也。勇夫重闭，况国乎？"

（八·九）冬，杞叔姬卒。来归自杞，故书。

（八·十）晋士燮来聘，言伐郯也，以其事吴故。公赂之，请缓师。文子不可，曰："君命无贰，失信不立。礼无加货，事无二成。君后诸侯，是寡君不得事君也。燮将复之。”季孙惧，使宣伯帅师会伐郯。

（八·十一）卫人来媵共姬，礼也。凡诸侯嫁女，同姓媵之，异姓则否。

（成公九年）

经

（九·一）九年春王正月，杞伯来逆叔姬之丧以归。

（九·二）公会晋侯、齐侯、宋公、卫侯、郑伯、曹伯、莒子、杞伯，同盟于蒲。

（九·三）公至自会。

（九·四）二月，伯姬归于宋。

（九·五）夏，季孙行父如宋致女。

（九·六）晋人来媵。

（九·七）秋七月丙子，齐侯无野卒。

（九·八）晋人执郑伯。

（九·九）晋栾书帅师伐郑。

（九·十）冬十有一月，葬齐顷公。

（九·十一）楚公子婴齐帅师伐莒。庚申，莒溃。楚人入郓。

（九·十二）秦人、白狄伐晋。

（九·十三）郑人围许。

（九·十四）城中城。

传

（九·一）九年春，杞桓公来逆叔姬之丧，请之也。杞叔姬卒，为杞故也。逆叔姬，为我也。

（九·二）为归汶阳之田故，诸侯贰于晋。晋人惧，会于蒲，以寻马陵之盟。季文子谓范文子曰：“德则不竞，寻盟何为？”范文子曰：“勤以抚之，宽以待之，坚强以御之，明神以要之，柔服而伐贰，德之次也。”是行也，将始会吴，吴人不至。

（九·三）二月，伯姬归于宋。

（九·四）楚人以重赂求郑，郑伯会楚公子成于邓。

（九·五）夏，季文子如宋致女，复命，公享之。赋韩奕之五章。穆姜出于房，再拜，曰：“大夫勤辱，不忘先君，以及嗣君，施及未亡人，先君犹有望也。敢拜大夫之重勤。”又赋绿衣之卒章而入。

(九·六)晋人来媵,礼也。

(九·七)秋,郑伯如晋,晋人讨其贰于楚也,执诸铜鞮。

(九·八)栾书伐郑,郑人使伯蠲行成,晋人杀之,非礼也。兵交,使在其间可也。楚子重侵陈以救郑。

(九·九)晋侯观于军府,见钟仪。问之曰:"南冠而絷者,谁也?"有司对曰:"郑人所献楚囚也。"使税之。召而吊之。再拜稽首。问其族。对曰:"泠人也。"公曰:"能乐乎?"对曰:"先父之职官也,敢有二事?"使与之琴,操南音。公曰:"君王何如?"对曰:"非小人之所得知也。"固问之。对曰:"其为大子也,师、保奉之,以朝于婴齐而夕于侧也。不知其它。"公语范文子。文子曰:"楚囚,君子也。言称先职,不背本也;乐操土风,不忘旧也;称大子,抑无私也;名其二卿,尊君也。不背本,仁也;不忘旧,信也;无私,忠也;尊君,敏也。仁以接事,信以守之,忠以成之,敏以行之。事虽大,必济。君盍归之,使合晋、楚之成?"公从之,重为之礼,使归求成。

(九·十)冬,十一月,楚子重自陈伐莒,围渠丘。渠丘城恶,众溃,奔莒。戊申,楚入渠丘。莒人囚楚公子平。楚人曰:"勿杀,吾归而俘。"莒人杀之。楚师围莒。莒城亦恶,庚申,莒溃。楚遂入郓,莒无备故也。

君子曰:"恃陋而不备,罪之大者也,备豫不虞,善之大者也。莒恃其陋,而不修城郭,浃辰之间,而楚克其三都,无备也夫!诗曰:'虽有丝、麻,无弃菅、蒯;虽有姬、姜,无弃蕉萃;凡百君子,莫不代匮。'言备之不可以已也。"

(九·十一)秦人、白狄伐晋,诸侯贰故也。

(九·十二)郑人围许,示晋不急君也。是则公孙申谋之,曰:"我出师以围许,为将改立君者,而纾晋使,晋必归君。"

(九·十三)城中城,书,时也。

(九·十四)十二月,楚子使公子辰如晋,报钟仪之使,请修好、结成。

(成公十年)

经

(十·一)十年春,卫侯之弟黑背帅师侵郑。

(十·二)夏四月,五卜郊,不从,乃不郊。

（十·三）五月，公会晋侯、齐侯、宋公、卫侯、曹伯，伐郑。

（十·四）齐人来媵。

（十·五）丙午，晋侯獳卒。

（十·六）秋七月，公如晋。

（十·七）冬十月。

传

（十·一）十年春，晋侯使籴茷如楚，报大宰子商之使也。

（十·二）卫子叔黑背侵郑，晋命也。

（十·三）郑公子班闻叔申之谋。三月，子如立公子繻。夏四月，郑人杀繻，立髡顽，子如奔许。栾武子曰："郑人立君，我执一人焉，何益？不如伐郑而归其君，以求成焉。"晋侯有疾，五月，晋立大子州蒲以为君，而会诸侯伐郑。郑子罕赂以襄钟，子然盟于修泽，子驷为质。辛巳，郑伯归。

（十·四）晋侯梦大厉，被发及地，搏膺而踊，曰："杀余孙，不义。余得请于帝矣！"坏大门及寝门而入。公惧，入于室。又坏户。公觉，召桑田巫。巫言如梦。公曰："何如？"曰："不食新矣。"公疾病，求医于秦。秦伯使医缓为之。未至，公梦疾为二竖子，曰："彼，良医也，惧伤我，焉逃之？"其一曰："居肓之上、膏之下，若我何？"医至，曰："疾不可为也，在肓之上、膏之下，攻之不可，达之不及，药不至焉，不可为也。"公曰："良医也。"厚为之礼而归之。六月丙午，晋侯欲麦，使甸人献麦，馈人为之。召桑田巫，示而杀之。将食，张，如厕，陷而卒。小臣有晨梦负公以登天，及日中，负晋侯出诸厕，遂以为殉。

（十·五）郑伯讨立君者，戊申，杀叔申、叔禽。君子曰："忠为令德，非其人犹不可，况不令乎？"

（十·六）秋，公如晋。晋人止公，使送葬。于是籴茷未反。

（十·七）冬，葬晋景公。公送葬，诸侯莫在。鲁人辱之，故不书，讳之也。

（成公十一年）

经

（十一·一）十有一年春王三月，公至自晋。

（十一·二）晋侯使郤犨来聘，己丑，及郤犨盟。

（十一·三）夏，季孙行父如晋。

（十一・四）秋，叔孙侨如如齐。

（十一・五）冬十月。

传

（十一・一）十一年春王三月，公至自晋。晋人以公为贰于楚，故止公。公请受盟，而后使归。

（十一・二）郄犨来聘，且莅盟。

（十一・三）声伯之母不聘，穆姜曰："吾不以妾为姒。"生声伯而出之，嫁于齐管于奚，生二子而寡，以归声伯。声伯以其外弟为大夫，而嫁其外妹于施孝叔。郄犨来聘，求妇于声伯。声伯夺施氏妇以与之。妇人曰："鸟兽犹不失俪，子将若何？"曰："吾不能死亡。"妇人遂行。生二子于郄氏。郄氏亡，晋人归之施氏。施氏逆诸河，沈其二子。妇人怒曰："已不能庇其伉俪而亡之，又不能字人之孤而杀之，将何以终？"遂誓施氏。

（十一・四）夏，季文子如晋报聘，且莅盟也。

（十一・五）周公楚恶惠、襄之偪也，且与伯与争政，不胜，怒而出。及阳樊，王使刘子复之，盟于鄄而入。三日复出，奔晋。

（十一・六）秋，宣伯聘于齐，以修前好。

（十一・七）晋郄至与周争鄇田，王命刘康公、单襄公讼诸晋。郄至曰："温，吾故也，故不敢失。"刘子、单子曰："昔周克商，使诸侯抚封，苏忿生以温为司寇，与檀伯达封于河。苏氏即狄，又不能于狄而奔卫。襄王劳文公而赐之温，狐氏、阳氏先处之，而后及子。若治其故，则王官之邑也，子安得之？"晋侯使郄至勿敢争。

（十一・八）宋华元善于令尹子重，又善于栾武子，闻楚人既许晋籴茷成，而使归复命矣。冬，华元如楚，遂如晋，合晋、楚之成。

（十一・九）秦、晋为成，将会于令狐。晋侯先至焉。秦伯不肯涉河，次于王城，使史颗盟晋侯于河东。晋郄犨盟秦伯于河西。范文子曰："是盟也何益？齐盟，所以质信也。会所，信之始也。始之不从，其可质乎？"秦伯归而背晋成。

（成公十二年）

经

（十二・一）十有二年春，周公出奔晋。

（十二・二）夏，公会晋侯、卫侯于琐泽。

（十二·三）秋，晋人败狄于交刚。

（十二·四）冬十月。

传

（十二·一）十二年春，王使以周公之难来告。书曰“周公出奔晋”，凡自周无出，周公自出故也。

（十二·二）宋华元克合晋、楚之成，夏五月，晋士燮会楚公子罢、许偃。癸亥，盟于宋西门之外，曰：“凡晋、楚无相加戎，好恶同之，同恤灾危，备救凶患。若有害楚，则晋伐之；在晋，楚亦如之。交贽往来，道路无壅；谋其不协，而讨不庭。有渝此盟，明神殛之，俾队其师，无克胙国。”郑伯如晋听成，会于琐泽，成故也。

（十二·三）狄人间宋之盟以侵晋，而不设备。秋，晋人败狄于交刚。

晋郤至如楚聘，且莅盟。楚子享之，子反相，为地室而县焉。郤至将登，金奏作于下，惊而走出。子反曰：“日云莫矣，寡君须矣，吾子其入也！”宾曰：“君不忘先君之好，施及下臣，贶之以大礼，重之以备乐。如天之福，两君相见，何以代此？下臣不敢。”子反曰：“如天之福，两君相见，无亦唯是一矢以相加遗，焉用乐？寡君须矣，吾子其入也！”宾曰：“若让之以一矢，祸之大者，其何福之为？世之治也，诸侯间于天子之事，则相朝也，于是乎有享宴之礼。享以训共俭，宴以示慈惠。共俭以行礼，而慈惠以布政。政以礼成，民是以息。百官承事，朝而不夕，此公侯之所以捍城其民也。故诗曰：‘赳赳武夫，公侯干城。’及其乱也，诸侯贪冒，侵欲不忌，争寻常以尽其民，略其武夫以为己腹心、股肱、爪牙。故诗曰：‘赳赳武夫，公侯腹心。’天下有道，则公侯能为民干城，而制其腹心。乱则反之。今吾子之言，乱之道也，不可以为法。然吾子，主也，至敢不从？”遂入，卒事。归以语范文子。文子曰：“无礼，必食言，吾死无日矣夫！”

（十二·四）冬，楚公子罢如晋聘，且莅盟。十二月，晋侯及楚公子罢盟于赤棘。

（成公十三年）

经

（十三·一）十有三年春，晋侯使郤锜来乞师。

（十三·二）三月，公如京师。

（十三·三）夏五月，公自京师，遂会晋侯、齐侯、宋公、卫侯、郑伯、曹伯、邾人、滕人伐秦。

（十三·四）曹伯卢卒于师。

（十三·五）秋七月，公至自伐秦。

（十三·六）冬，葬曹宣公。

传

（十三·一）十三年春，晋侯使郤锜来乞师，将事不敬。孟献子曰："郤氏其亡乎！礼，身之干也；敬，身之基也。郤子无基。且先君之嗣卿也，受命以求师，将社稷是卫，而惰，弃君命也，不亡何为？"

（十三·二）三月，公如京师。宣伯欲赐，请先使。王以行人之礼礼焉。孟献子从。王以为介而重贿之。

公及诸侯朝王，遂从刘康公、成肃公会晋侯伐秦。成子受脤于社，不敬。刘子曰："吾闻之：民受天地之中以生，所谓命也。是以有动作礼义威仪之则，以定命也。能者养以之福，不能者败以取祸。是故君子勤礼，小人尽力。勤礼莫如致敬，尽力莫如敦笃。敬在养神，笃在守业。国之大事，在祀与戎。祀有执膰，戎有受脤，神之大节也。今成子惰，弃其命矣，其不反乎！"

（十三·三）夏四月戊午，晋侯使吕相绝秦，曰：

昔逮我献公及穆公相好，戮力同心，申之以盟誓，重之以婚姻。天祸晋国，文公如齐，惠公如秦。无禄，献公即世。穆公不忘旧德，俾我惠公用能奉祀于晋。又不能成大勋，而为韩之师。亦悔于厥心，用集我文公，是穆之成也。文公躬擐甲胄，跋履山川，逾越险阻，征东之诸侯，虞、夏、商、周之胤而朝诸秦，则亦既报旧德矣。郑人怒君之疆埸，我文公帅诸侯及秦围郑。秦大夫不询于我寡君，擅及郑盟。诸侯疾之，将致命于秦。文公恐惧，绥静诸侯，秦师克还无害，则是我有大造于西也。无禄，文公即世，穆为不吊，蔑死我君，寡我襄公，迭我殽地，奸绝我好，伐我保城，殄灭我费滑，散离我兄弟，挠乱我同盟，倾覆我国家。我襄公未忘君之旧勋，而惧社稷之陨，是以有殽之师。犹愿赦罪于穆公。穆公弗听，而即楚谋我。天诱其衷，成王陨命，穆公是以不克逞志于我。穆、襄即世，康、灵即位。康公，我之自出，又欲阙翦我公室，倾覆我社稷，帅我蝥贼，以来荡摇我边疆，我是以有令狐之役。康犹不悛，入我河曲，伐我涑川，俘我王官，翦我羁马，我是以有河曲之战。东道之不通,则是康公绝我好也。

及君之嗣也,我君景公引领西望曰:“庶抚我乎!”君亦不惠称盟,利吾有狄难,入我河县,焚我箕、郜,芟夷我农功,虔刘我边陲,我是以有辅氏之聚。君亦悔祸之延,而欲徼福于先君献、穆,使伯车来命我景公曰:“吾与女同好弃恶,复修旧德,以追念前勋。”言誓未就,景公即世,我寡君是以有令狐之会。君又不祥,背弃盟誓。白狄及君同州,君之仇雠,而我婚姻也。君来赐命曰:“吾与女伐狄。”寡君不敢顾婚姻,畏君之威,而受命于吏。君有二心于狄,曰:“晋将伐女。”狄应且憎,是用告我。楚人恶君之二三其德也,亦来告我曰:“秦背令狐之盟,而来求盟于我:‘昭告昊天上帝、秦三公、楚三王曰:“余虽与晋出入,余唯利是视。”不谷恶其无成德,是用宣之,以惩不壹。’诸侯备闻此言,斯是用痛心疾首,昵就寡人,寡人帅以听命,唯好是求。君若惠顾诸侯,矜哀寡人,而赐之盟,则寡人之愿也,其承宁诸侯以退,岂敢徼乱?君若不施大惠,寡人不佞,其不能以诸侯退矣。敢尽布之执事,俾执事实图利之。”

秦桓公既与晋厉公为令狐之盟,而又召狄与楚,欲道以伐晋,诸侯是以睦于晋。晋栾书将中军,荀庚佐之;士燮将上军,郤锜佐之;韩厥将下军,荀罃佐之;赵旃将新军,郤至佐之。郤毅御戎,栾针为右。孟献子曰:“晋帅乘和,师必有大功。”五月丁亥,晋师以诸侯之师及秦师战于麻隧。秦师败绩,获秦成差及不更女父。曹宣公卒于师。师遂济泾,及侯丽而还。迓晋侯于新楚。成肃公卒于瑕。

(十三·四)六月丁卯夜,郑公子班自訾求入于大宫,不能,杀子印、子羽,反军于市。己巳,子驷帅国人盟于大宫,遂从而尽焚之,杀子如、子駹、孙叔、孙知。

(十三·五)曹人使公子负刍守,使公子欣时逆曹伯之丧。秋,负刍杀其大子而自立也。诸侯乃请讨之。晋人以其役之劳,请俟他年。冬,葬曹宣公。既葬,子臧将亡,国人皆将从之。成公乃惧,告罪,且请焉。乃反,而致其邑。

(成公十四年)

经

(十四·一)十有四年春王正月,莒子朱卒。

（十四·二）夏，卫孙林父自晋归于卫。

（十四·三）秋，叔孙侨如如齐逆女。

（十四·四）郑公子喜帅师伐许。

（十四·五）九月，侨如以夫人妇姜氏至自齐。

（十四·六）冬十月庚寅，卫侯臧卒。

（十四·七）秦伯卒。

传

（十四·一）十四年春，卫侯如晋，晋侯强见孙林父焉。定公不可。夏，卫侯既归，晋侯使郤犨送孙林父而见之。卫侯欲辞。定姜曰："不可。是先君宗卿之嗣也，大国又以为请。不许，将亡。虽恶之，不犹愈于亡乎？君其忍之！安民而宥宗卿，不亦可乎？"卫侯见而复之。卫侯飨苦成叔，宁惠子相。苦成叔傲。宁子曰："苦成家其亡乎！古之为享食也，以观威仪、省祸福也，故诗曰：'兕觥其觩，旨酒思柔。彼交匪傲，万福来求。'今夫子傲，取祸之道也。"

（十四·二）秋，宣伯如齐逆女。称族，尊君命也。

（十四·三）八月，郑子罕伐许，败焉。戊戌，郑伯复伐许。庚子，入其郛。许人平以叔申之封。

（十四·四）九月，侨如以夫人妇姜氏至自齐。舍族，尊夫人也。故君子曰："春秋之称，微而显，志而晦，婉而成章，尽而不污，惩恶而劝善，非圣人，谁能修之？"

（十四·五）卫侯有疾，使孔成子、宁惠子立敬姒之子衎以为大子。冬十月，卫定公卒。夫人姜氏既哭而息，见大子之不哀也，不内酌饮，叹曰："是夫也，将不唯卫国之败，其必始于未亡人。乌呼！天祸卫国也夫！吾不获鱄也使主社稷。"大夫闻之，无不耸惧。孙文子自是不敢舍其重器于卫，尽寘诸戚，而甚善晋大夫。

（成公十五年）

经

（十五·一）十有五年春王二月，葬卫定公。

（十五·二）三月乙巳，仲婴齐卒。

（十五·三）癸丑，公会晋侯、卫侯、郑伯、曹伯、宋世子成、齐国佐、邾人，同盟于戚。晋侯执曹伯归于京师。

（十五·四）公至自会。

（十五·五）夏六月，宋公固卒。

（十五·六）楚子伐郑。

（十五·七）秋八月庚辰，葬宋共公。

（十五·八）宋华元出奔晋。

（十五·九）宋华元自晋归于宋。

（十五·十）宋杀其大夫山。

（十五·十一）宋鱼石出奔楚。

（十五·十二）冬十有一月，叔孙侨如会晋士燮、齐高无咎、宋华元、卫孙林父、郑公子鳅、邾人会吴于钟离。

（十五·十二）许迁于叶。

传

（十五·一）十五年春，会于戚，讨曹成公也。执而归诸京师。书曰"晋侯执曹伯"，不及其民也。凡君不道于其民，诸侯讨而执之，则曰："某人执某侯"，不然则否。诸侯将见子臧于王而立之。子臧辞曰："前志有之曰：'圣达节，次守节，下失节。'为君非吾节也。虽不能圣，敢失守乎？"遂逃，奔宋。

（十五·二）夏六月，宋共公卒。

（十五·三）楚将北师，子囊曰："新与晋盟而背之，无乃不可乎？"子反曰："敌利则进，何盟之有？"申叔时老矣，在申，闻之，曰："子反必不免。信以守礼，礼以庇身，信、礼之亡，欲免，得乎？"

楚子侵郑，及暴隧。遂侵卫，及首止。郑子罕侵楚，取新石。

栾武子欲报楚。韩献子曰："无庸，使重其罪，民将叛之。无民，孰战？"

（十五·四）秋八月，葬宋共公。于是华元为右师，鱼石为左师，荡泽为司马，华喜为司徒，公孙师为司城，向为人为大司寇，鳞朱为少司寇，向带为大宰，鱼府为少宰。荡泽弱公室，杀公子肥。华元曰："我为右师，君臣之训，师所司也。今公室卑，而不能正，吾罪大矣。不能治官，敢赖宠乎？"乃出奔晋。

二华，戴族也；司城，庄族也；六官者皆桓族也。鱼石将止华元。鱼府曰："右师反，必讨，是无桓氏也。"鱼石曰："古师苟获反，虽许之讨，必不敢。且多大功，国人与之，不反，惧桓氏之无祀于宋也。右师讨，犹有戌在。桓氏虽亡，必偏。"鱼石自止华元于河上。请讨，许之，乃反。使华喜、公孙师帅国人攻荡氏，杀子山。书曰"宋杀其大夫山”，言背其族也。

鱼石、向为人、鳞朱、向带、鱼府出舍于睢上，华元使止之，不可。冬十月，华元自止之，不可，乃反。鱼府曰：“今不从，不得入矣。右师视速而言疾，有异志焉。若不我纳，今将驰矣。”登丘而望之，则驰骋而从之。则决睢澨、闭门登陴矣。左师、二司寇、二宰遂出奔楚。华元使向戌为左师、老佐为司马，乐裔为司寇，以靖国人。

（十五·五）晋三郤害伯宗，谮而杀之，及栾弗忌。伯州犁奔楚。韩献子曰：“郤氏其不免乎！善人，天地之纪也，而骤绝之，不亡何待？”初，伯宗每朝，其妻必戒之曰：“‘盗憎主人，民恶其上。’子好直言，必及于难。”

（十五·六）十一月，会吴于钟离，始通吴也。

（十五·七）许灵公畏偪于郑，请迁于楚。辛丑，楚公子申迁许于叶。

（成公十六年）

经

（十六·一）十有六年春王正月，雨，木冰。

（十六·二）夏四月辛未，滕子卒。

（十六·三）郑公子喜帅师侵宋。

（十六·四）六月丙寅朔，日有食之。

（十六·五）晋侯使栾黡来乞师。

（十六·六）甲午晦，晋侯及楚子、郑伯战于鄢陵。楚子、郑师败绩。

（十六·七）楚杀其大夫公子侧。

（十六·八）秋，公会晋侯、齐侯、卫侯、宋华元、邾人于沙随，不见公。

（十六·九）公至自会。

（十六·十）公会尹子、晋侯、齐国佐、邾人伐郑。

（十六·十一）曹伯归自京师。

（十六·十二）九月，晋人执季孙行父，舍之于苕丘。

（十六·十三）冬十月乙亥，叔孙侨如出奔齐。

（十六·十四）十有二月乙丑，季孙行父及晋郤犨盟于扈。

（十六·十五）公至自会。

（十六·十六）乙酉，刺公子偃。

传

（十六·一）十六年春，楚子自武城使公子成以汝阴之田求成于郑。郑叛晋，子驷从楚子盟于武城。

（十六·二）夏四月，滕文公卒。

（十六·三）郑子罕伐宋，宋将钽、乐惧败诸汋陂。退，舍于夫渠，不儆。郑人覆之，败诸汋陵，获将钽、乐惧。宋恃胜也。

（十六·四）卫侯伐郑，至于鸣雁，为晋故也。

（十六·五）晋侯将伐郑。范文子曰："若逞吾愿，诸侯皆叛，晋可以逞。若唯郑叛，晋国之忧，可立俟也。"栾武子曰："不可以当吾世而失诸侯，必伐郑。"乃兴师。栾书将中军，士燮佐之；郤锜将上军，荀偃佐之；韩厥将下军，郤至佐新军。荀罃居守。郤犨如卫，遂如齐，皆乞师焉。栾黡来乞师。孟献子曰："有胜矣。"戊寅，晋师起。

郑人闻有晋师，使告于楚，姚句耳与往。楚子救郑。司马将中军，令尹将左，右尹子辛将右。过申，子反入见申叔时，曰："师其何如？"对曰："德、刑、详、义、礼、信，战之器也。德以施惠，刑以正邪，详以事神，义以建利，礼以顺时，信以守物。民生厚而德正，用利而事节，时顺而物成，上下和睦，周旋不逆，求无不具，各知其极。故诗曰：'立我烝民，莫匪尔极。'是以神降之福，时无灾害，民生敦庬，和同以听，莫不尽力以从上命，致死以补其阙，此战之所由克也。今楚内弃其民，而外绝其好；渎齐盟，而食话言，奸时以动，而疲民以逞。民不知信，进退罪也。人恤所底，其谁致死？子其勉之！吾不复见子矣。"姚句耳先归，子驷问焉。对曰："其行速，过险而不整。速则失志，不整，丧列。志失列丧，将何以战？楚惧不可用也。"

五月，晋师济河。闻楚师将至，范文子欲反，曰："我伪逃楚，可以纾忧。夫合诸侯，非吾所能也，以遗能者。我若群臣辑睦以事君，多矣。"武子曰："不可。"六月，晋、楚遇于鄢陵。范文子不欲战。郤至曰："韩之战，惠公不振旅；箕之役，先轸不反命；邲之师，荀伯不复从，皆晋之耻也。子亦见先君之事矣。今我辟楚，又益耻也。"文子曰："吾先君之亟战也，有故。秦、狄、齐、楚皆强，不尽力，子孙将弱。今三强服矣，敌楚而已。惟圣人能外内无患。自非圣人，外宁必有内忧，盍释楚以为外惧乎？"

甲午晦，楚晨压晋军而陈。军吏患之。范丐趋进，曰："塞井夷灶，陈于军中，而疏行首。晋、楚唯天所授，何患焉？”文子执戈逐之，曰：“国之存亡，天也，童子何知焉！”栾书曰：“楚师轻窕，固垒而待之，三日必退。退而击之，必获胜焉。”郤至曰：“楚有六间，不可失也。其二卿相恶，王卒以旧，郑陈而不整，蛮军而不陈，陈不违晦，在陈而嚣，合而加嚣。各顾其后，莫有斗心；旧不必良，以犯天忌，我必克之。”

楚子登巢车，以望晋军。子重使大宰伯州犁侍于王后。王曰：“骋而左右，何也？”曰：“召军吏也。”“皆聚于中军矣。”曰：“合谋也。”“张幕矣。”曰：“虔卜于先君也。”“彻幕矣。”曰：“将发命也。”“甚嚣，且尘上矣。”曰：“将塞井夷灶而为行也。”“皆乘矣，左右执兵而下矣。”曰：“听誓也。”“战乎？”曰：“未可知也。”“乘而左右皆下矣。”曰：“战祷也。”伯州犁以公卒告王。苗贲皇在晋侯之侧，亦以王卒告。皆曰：“国士在，且厚，不可当也。”苗贲皇言于晋侯曰：“楚之良，在其中军王族而已。请分良以击其左右，而三军萃于王卒，必大败之。”公筮之。史曰：“吉。其卦遇复　，曰：‘南国蹙，射其元王，中厥目。’国蹙、王伤，不败何待？”公从之。

有淖于前，乃皆左右相违于淖。步毅御晋厉公，栾针为右。彭名御楚共王，潘党为右。石首御郑成公，唐苟为右。栾、范以其族夹公行。陷于淖。栾书将载晋侯。针曰：“书退！国有大任，焉得专之？且侵官，冒也；失官，慢也；离局，奸也。有三罪焉，不可犯也。”乃掀公以出于淖。

癸巳，潘尪之党与养由基蹲甲而射之，彻七札焉。以示王，曰：“君有二臣如此，何忧于战？”王怒曰：“大辱国！诘朝尔射，死艺。”吕锜梦射月，中之，退入于泥。占之，曰：“姬姓，日也；异姓，月也，必楚王也。射而中之，退入于泥，亦必死矣。”及战，射共王中目。王召养由基，与之两矢，使射吕锜，中项，伏弢。以一矢复命。

郤至三遇楚子之卒，见楚子，必下，免胄而趋风。楚子使工尹襄问之以弓，曰：“方事之殷也，有韎韦之跗注，君子也。识见不谷而趋，无乃伤乎？”郤至见客，免胄承命，曰：“君之外臣至从寡君之戎事，以君之灵，间蒙甲胄，不敢拜命。敢告不宁，君命之辱。为事之故，敢肃使者。”三肃使者而退。

晋韩厥从郑伯，其御杜溷罗曰：“速从之？其御屡顾，不在马，可及也。”韩厥曰：“不可以再辱国君。”乃止。郤至从郑伯，其右茀翰胡曰：“谍辂之，余从之乘，而俘以下。”郤至曰：“伤国君有刑。”亦止。石首曰："卫懿公唯不去其旗，是以败于荧。"乃内旌于韬中。唐苟谓石首曰："子在君侧，败者壹大。我不如子，子以君免，我请止。"乃死。

楚师薄于险，叔山冉谓养由基曰："虽君有命，为国故，子必射。"乃射，再发，尽殪。叔山冉搏人以投，中车，折轼。晋师乃止。囚楚公子茷。栾针见子重之旌，请曰："楚人谓夫旌，子重之麾也，彼其子重也。日臣之使于楚也，子重问晋国之勇，臣对曰：'好以众整。'曰：'又何如？'臣对曰：'好以暇。'今两国治戎，行人不使，不可谓整；临事而食言，不可谓暇。请摄饮焉。"公许之。使行人执榼承饮，造于子重，曰："寡君乏使，使针御持矛，是以不得犒从者，使某摄饮。"子重曰："夫子尝与吾言于楚，必是故也。不亦识乎！"受而饮之，免使者而复鼓。旦而战，见星未已。

子反命军吏察夷伤，补卒乘，缮甲兵，展车马，鸡鸣而食，唯命是听。晋人患之。苗贲皇徇曰："搜乘、补卒，秣马、利兵，修陈、固列，蓐食、申祷，明日复战！"乃逸楚囚。王闻之，召子反谋。谷阳竖献饮于子反，子反醉而不能见。王曰："天败楚也夫！余不可以待。"乃宵遁。晋入楚军，三日谷。范文子立于戎马之前，曰："君幼，诸臣不佞，何以及此？君其戒之！周书曰：'惟命不于常'，有德之谓。"

楚师还，及瑕，王使谓子反曰："先大夫之覆师徒者，君不在。子无以为过，不谷之罪也。"子反再拜稽首曰："君赐臣死，死且不朽。臣之卒实奔，臣之罪也。"子重复谓子反曰："初陨师徒者，而亦闻之矣。盍图之！"对曰："虽微先大夫有之，大夫命侧，侧敢不义？侧亡君师，敢忘其死？"王使止之，弗及而卒。战之日，齐国佐、高无咎至于师，卫侯出于卫，公出于坏隤。宣伯通于穆姜，欲去季、孟而取其室。将行，穆姜送公，而使逐二子。公以晋难告，曰："请反而听命。"姜怒，公子偃、公子钼趋过，指之曰："女不可，是皆君也。"公待于坏隤，申宫、儆备、设守，而后行，是以后。使孟献子守于公宫。

（十六·六）秋，会于沙随，谋伐郑也。宣伯使告郤犨曰："鲁侯待于坏隤，以待胜者。"郤犨将新军，且为公族大夫，以主东诸侯。取货于宣伯，而诉公于晋侯。晋侯不见公。

（十六·七）曹人请于晋曰："自我先君宣公即世，国人曰：'若之何？忧犹未弭。'而又讨我寡君，以亡曹国社稷之镇公子，是大泯曹也，先君无乃有罪乎？若有罪，则君列诸会矣。君唯不遗德、刑，以伯诸侯，岂独遗诸敝邑？敢私布之。"

（十六·八）七月，公会尹武公及诸侯伐郑。将行，姜又命公如初。公又申守而行。诸侯之师次于郑西，我师次于督扬，不敢过郑。子叔声伯使叔孙豹请逆于晋师，为食于郑郊。师逆以至。声伯四日不食以待之，食使者而后食。

（十六·九）诸侯迁于制田，知武子佐下军，以诸侯之师侵陈，至于鸣鹿。遂侵蔡。未反，诸侯迁于颍上。戊午，郑子罕宵军之，宋、齐、卫皆失军。

（十六·十）曹人复请于晋。晋侯谓子臧："反，吾归而君。"子臧反，曹伯归。子臧尽致其邑与卿而不出。

（十六·十一）宣伯使告郤犨曰："鲁之有季、孟，犹晋之有栾、范也，政令于是乎成。今其谋曰：'晋政多门，不可从也。宁事齐、楚，有亡而已，蔑从晋矣。'若欲得志于鲁，请止行父而杀之，我毙蔑也，而事晋，蔑有贰矣。鲁不贰，小国必睦。不然，归必叛矣。"九月，晋人执季文子于苕丘。公还，待于郓，使子叔声伯请季孙于晋。郤犨曰："苟去仲孙蔑，而止季孙行父，吾与子国，亲于公室。"对曰："侨如之情，子必闻之矣。若去蔑与行父，是大弃鲁国，而罪寡君也。若犹不弃，而惠徼周公之福，使寡君得事晋君，则夫二人者，鲁国社稷之臣也。若朝亡之，鲁必夕亡。以鲁之密迩仇雠，亡而为雠，治之何及？"郤犨曰："吾为子请邑。"对曰："婴齐，鲁之常隶也，敢介大国以求厚焉？承寡君之命以请，若得所请，吾子之赐多矣，又何求？"范文子谓栾武子曰："季孙于鲁，相二君矣。妾不衣帛，马不食粟，可不谓忠乎？信谗慝而弃忠良，若诸侯何？子叔婴齐奉君命无私，谋国家不贰，图其身不忘其君。若虚其请，是弃善人也。子其图之！"乃许鲁平，赦季孙。

冬十月，出叔孙侨如而盟之。侨如奔齐。十二月，季孙及郤犨盟于扈。归，刺公子偃。召叔孙豹于齐而立之。

齐声孟子通侨如，使立于高、国之间。侨如曰："不可以再罪。"奔卫，亦间于卿。

（十六·十二）晋侯使郤至献楚捷于周，与单襄公语，骤称其伐。单子语诸大夫曰："温季其亡乎！位于七人之下，而求掩其上。怨之所聚，乱之本也。多怨而阶乱，何以在位？夏书曰：'怨岂在明？不见是图。'将慎其细也。今而明之，其可乎？"

(成公十七年)

经

(十七·一)十有七年春,卫北宫括帅师侵郑。

(十七·二)夏,公会尹子、单子、晋侯、齐侯、宋公、卫侯、曹伯、邾人伐郑。

(十七·三)六月乙酉,同盟于柯陵。

(十七·四)秋,公至自会。

(十七·五)齐高无咎出奔莒。

(十七·六)九月辛丑,用郊。

(十七·七)晋侯使荀罃来乞师。

(十七·八)冬,公会单子、晋侯、宋公、卫侯、曹伯、齐人、邾人伐郑。

(十七·九)十有一月,公至自伐郑。

(十七·十)壬申,公孙婴齐卒于狸脤。

(十七·十一)十有二月丁巳朔,日有食之。

(十七·十二)邾子貜且卒。

(十七·十三)晋杀其大夫郤锜、郤犨、郤至。

(十七·十四)楚人灭舒庸。

传

(十七·一)十七年春王正月,郑子驷侵晋虚、滑。卫北宫括救晋,侵郑,至于高氏。夏五月,郑大子髡顽、侯獳为质于楚,楚公子成、公子寅戍郑。

(十七·二)公会尹武公、单襄公及诸侯伐郑,自戏童至于曲洧。

(十七·三)晋范文子反自鄢陵,使其祝宗祈死,曰:"君骄侈而克敌,是天益其疾也,难将作矣。爱我者唯祝我,使我速死,无及于难——范氏之福也。六月戊辰,士燮卒。

(十七·四)乙酉,同盟于柯陵,寻戚之盟也。

(十七·五)楚子重救郑,师于首止。诸侯还。

(十七·六)齐庆克通于声孟子,与妇人蒙衣乘辇而入于闳。鲍牵见之,以告国武子。武子召庆克而谓之。庆克久不出,而告夫人曰:"国子谪我。"夫人怒。国子相灵公以会,高、鲍处守。及还,将至,闭门而索客。孟子诉之曰:"高、鲍将不纳君,而立公子角,国子知之。"秋七月壬寅,刖鲍牵而逐高无咎。无咎奔莒。高弱以卢叛。齐人来召鲍国而立之。

初，鲍国去鲍氏而来为施孝叔臣。施氏卜宰，匡句须吉。施氏之宰有百室之邑。与匡句须邑，使为宰，以让鲍国而致邑焉。施孝叔曰："子实吉。"对曰："能与忠良，吉孰大焉？"鲍国相施氏忠，故齐人取以为鲍氏后。仲尼曰："鲍庄子之知不如葵，葵犹能卫其足。"

（十七·七）冬，诸侯伐郑。十月庚午，围郑。楚公子申救郑，师于汝上。十一月，诸侯还。

（十七·八）初，声伯梦涉洹，或与己琼瑰食之，泣而为琼瑰盈其怀，从而歌之曰："济洹之水，赠我以琼瑰。归乎归乎，琼瑰盈吾怀乎！"惧不敢占也。还自郑，壬申，至于狸脤而占之，曰："余恐死，故不敢占也。今众繁而从余三年矣，无伤也。"言之，之莫而卒。

（十七·九）齐侯使崔杼为大夫，使庆克佐之，帅师围卢。国佐从诸侯围郑，以难请而归。遂如卢师，杀庆克，以谷叛。齐侯与之盟于徐关而复之。十二月，卢降。使国胜告难于晋，待命于清。

（十七·十）晋厉公侈，多外嬖。反自鄢陵，欲尽去群大夫，而立其左右。胥童以胥克之废也，怨郤氏，而嬖于厉公。郤锜夺夷阳五田，五亦嬖于厉公。郤犨与长鱼矫争田，执而梏之，与其父母妻子同一辕。既，矫亦嬖于厉公。栾书怨郤至，以其不从己而败楚师也，欲废之。使楚公子茷告公曰："此战也，郤至实召寡君，以东师之未至也，与军帅之不具也，曰：'此必败，吾因奉孙周以事君。'"公告栾书，书曰："其有焉。不然，岂其死之不恤，而受敌使乎？君盍尝使诸周而察之？"郤至聘于周，栾书使孙周见之。公使觇之，信。遂怨郤至。

厉公田，与妇人先杀而饮酒，后使大夫杀。郤至奉豕，寺人孟张夺之，郤至射而杀之。公曰："季子欺余！"

厉公将作难，胥童曰："必先三郤。族大，多怨。去大族，不逼；敌多怨，有庸。"公曰："然。"郤氏闻之，郤锜欲攻公，曰："虽死，君必危。"郤至曰："人所以立，信、知、勇也。信不叛君，知不害民，勇不作乱。失兹三者，其谁与我？死而多怨，将安用之？君实有臣而杀之，其谓君何？我之有罪，吾死后矣。若杀不辜，将失其民，欲安，得乎？待命而已。受君之禄，是以聚党。有党而争命，罪孰大焉？"壬午，胥童、夷羊五帅甲八百将攻郤氏，长鱼矫请无用众，公使清沸魋助之。抽戈结衽，而伪讼者。三郤将谋于榭，矫以戈杀驹伯、苦成叔于其位。温季曰："逃威也。"遂趋。矫及诸其车，以戈杀之。皆尸诸朝。

胥童以甲劫栾书、中行偃于朝。矫曰："不杀二子，忧必及君。"公曰："一朝而尸三卿，余不忍益也。"对曰："人将忍君。臣闻：乱在外为奸，在内为轨。御奸以德，御轨以刑。不施而杀，不可谓德；臣偪而不讨，不可谓刑。德、刑不立，奸、轨并至，臣请行。"遂出奔狄。公使辞于二子曰："寡人有讨于郤氏，郤氏既伏其辜矣，大夫无辱，其复职位！"皆再拜稽首曰："君讨有罪，而免臣于死，君之惠也。二臣虽死，敢忘君德？"乃皆归。公使胥童为卿。公游于匠丽氏，栾书、中行偃遂执公焉。召士丐，士丐辞，召韩厥，韩厥辞，曰："昔吾畜于赵氏，孟姬之谗，吾能违兵。古人有言曰：'杀老牛莫之敢尸'，而况君乎？二三子不能事君，焉用厥也？"

（十七·十一）舒庸人以楚师之败也，道吴人围巢，伐驾，围厘、虺，遂恃吴而不设备。楚公子橐师袭舒庸，灭之。

（十七·十二）闰月乙卯晦，栾书、中行偃杀胥童。民不与郤氏，胥童道君为乱，故皆书曰"晋杀其大夫。"

（成公十八年）

经

（十八·一）十有八年春王正月，晋杀其大夫胥童。

（十八·二）庚申，晋弑其君州蒲。

（十八·三）齐杀其大夫国佐。

（十八·四）公如晋。

（十八·五）夏，楚子、郑伯伐宋。宋鱼石复入于彭城。

（十八·六）公至自晋。

（十八·七）晋侯使士丐来聘。

（十八·八）秋，杞伯来朝。

（十八·九）八月，邾子来朝。

（十八·十）筑鹿囿。

（十八·十一）己丑，公薨于路寝。

（十八·十二）冬，楚人、郑人侵宋。

（十八·十三）晋侯使士鲂来乞师。

（十八·十四）十有二月，仲孙蔑会晋侯、宋公、卫侯、邾子、齐崔杼，同盟于虚朾。

（十八·十五）丁未，葬我君成公。

传

（十八·一）十八年春王正月庚申，晋栾书、中行偃使程滑弑厉公，葬之于翼东门之外，以车一乘。使荀罃、士鲂逆周子于京师而立之，生十四年矣。大夫逆于清原。周子曰："孤始愿不及此，虽及此，岂非天乎！抑人之求君，使出命也。立而不从，将安用君？二三子用我今日，否亦今日。共而从君，神之所福也。"对曰："群臣之愿也，敢不唯命是听？"庚午，盟而入，馆于伯子同氏。辛巳，朝于武宫。逐不臣者七人。周子有兄而无慧，不能辨菽麦，故不可立。

（十八·二）齐为庆氏之难故，甲申晦，齐侯使士华免以戈杀国佐于内宫之朝。师逃于夫人之宫。书曰"齐杀其大夫国佐"，弃命、专杀、以谷叛故也。使清人杀国胜。国弱来奔。王湫奔莱。庆封为大夫，庆佐为司寇。既，齐侯反国弱，使嗣国氏，礼也。

（十八·三）二月乙酉朔，晋悼公即位于朝。始命百官，施舍、已责，逮鳏寡，振废滞，匡乏困，救灾患，禁淫慝，薄赋敛，宥罪戾，节器用，时用民，欲无犯时。使魏相、士鲂、魏颉、赵武为卿；荀家、荀会、栾黡、韩无忌为公族大夫，使训卿之子弟共俭孝弟。使士渥浊为大傅，使修范武子之法；右行辛为司空，使修士蒍之法。弁纠御戎，校正属焉，使训诸御知义。荀宾为右，司士属焉，使训勇力之士时使。卿无共御，立军尉以摄之。祁奚为中军尉，羊舌职佐之；魏绛为司马，张老为候奄。铎遏寇为上军尉，籍偃为之司马，使训卒乘，亲以听命。程郑为乘马御，六驺属焉，使训群驺知礼。凡六官之长，皆民誉也。举不失职，官不易方，爵不逾德，师不陵正，旅不偪师，民无谤言，所以复霸也。

（十八·四）公如晋，朝嗣君也。

（十八·五）夏六月，郑伯侵宋，及曹门外。遂会楚子伐宋，取朝郏。楚子辛、郑皇辰侵城郜，取幽丘。同伐彭城，纳宋鱼石、向为人、鳞朱、向带、鱼府焉，以三百乘戍之而还。书曰"复入"。凡去其国，国逆而立之，曰"入"；复其位，曰"复归"；诸侯纳之，曰"归"；以恶曰"复入"。宋人患之。西鉏吾曰："何也？若楚人与吾同恶，以德于我，吾固事之也，不敢贰矣。大国无厌，鄙我犹憾。不然，而收吾憎，使赞其政，以间吾衅，亦吾患也。今将崇诸侯之奸而披其地，以塞夷庚。逞奸而携服，毒诸侯而惧吴、晋，吾庸多矣，非吾忧也。且事晋何为？晋必恤之。"

（十八·六）公至自晋。晋范宣子来聘，且拜朝也。君子谓晋于是乎有礼。

（十八·七）秋，杞桓公来朝，劳公，且问晋故。公以晋君语之。杞伯于是骤朝于晋而请为婚。

（十八·八）七月，宋老佐、华喜围彭城，老佐卒焉。

（十八·九）八月，邾宣公来朝，即位而来见也。

（十八·十）筑鹿囿，书不时也。

（十八·十一）己丑，公薨于路寝，言道也。

（十八·十二）冬十一月，楚子重救彭城，伐宋。宋华元如晋告急。韩献子为政，曰："欲求得人，必先勤之。成霸、安疆，自宋始矣。"晋侯师于台谷以救宋。遇楚师于靡角之谷，楚师还。

（十八·十三）晋士鲂来乞师。季文子问师数于臧武仲，对曰："伐郑之役，知伯实来，下军之佐也。今彘季亦佐下军，如伐郑可也。事大国，无失班爵而加敬焉，礼也。"从之。

（十八·十四）十二月，孟献子会于虚朾，谋救宋也。宋人辞诸侯而请师以围彭城。孟献子请于诸侯而先归会葬。

（十八·十五）丁未，葬我君成公，书顺也。

襄公

（襄公元年）

经

（一·一）元年春王正月，公即位。

（一·二）仲孙蔑会晋栾黡、宋华元、卫宁殖、曹人、莒人、邾人、滕人、薛人，围宋彭城。

（一·三）夏，晋韩厥帅师伐郑，仲孙蔑会齐崔杼、曹人、邾人、杞人，次于鄫。

（一·四）秋，楚公子壬夫帅师侵宋。

（一·五）九月辛酉，天王崩。

（一·六）邾子来朝。

（一·七）冬，卫侯使公孙剽来聘。晋侯使荀罃来聘。

传

（一·一）元年春己亥，围宋彭城。非宋地，追书也。于是为宋讨鱼石，故称宋，且不登叛人也，谓之宋志。彭城降晋，晋人以宋五大夫在彭城者归，寘诸瓠丘。齐人不会彭城，晋人以为讨。二月，齐大子光为质于晋。

（一·二）夏五月，晋韩厥、荀偃帅诸侯之师伐郑，入其郛，败其徒兵于洧上。于是东诸侯之师次于鄫，以待晋师。晋师自郑以鄫之师侵楚焦夷及陈。晋侯、卫侯次于戚，以为之援。

（一·三）秋，楚子辛救郑，侵宋吕、留。郑子然侵宋，取犬丘。

（一·四）九月，邾子来朝，礼也。

（一·五）冬，卫子叔、晋知武子来聘，礼也。凡诸侯即位，小国朝之，大国聘焉，以继好、结信、谋事、补阙，礼之大者也。

（襄公二年）

经

（二·一）二年春王正月，葬简王。

（二·二）郑师伐宋。

（二·三）夏五月庚寅，夫人姜氏薨。

（二·四）六月庚辰，郑伯睔卒。

（二·五）晋师、宋师、卫宁殖侵郑。

（二·六）秋七月，仲孙蔑会晋荀罃、宋华元、卫孙林父、曹人、邾人于戚。

（二·七）己丑，葬我小君齐姜。

（二·八）叔孙豹如宋。

（二·九）冬，仲孙蔑会晋荀罃、齐崔杼、宋华元、卫孙林父、曹人、邾人、滕人、薛人、小邾人于戚，遂城虎牢。

（二·十）楚杀其大夫公子申。

传

（二·一）二年春，郑师侵宋，楚令也。

（二·二）齐侯伐莱，莱人使正舆子赂夙沙卫以索马牛，皆百匹，齐师乃还。君子是以知齐灵公之为“灵”也。

（二·三）夏，齐姜薨。初，穆姜使择美檟，以自为榇与颂琴，季文子取以葬。君子曰：“非礼也。礼无所逆。妇，养姑者也。亏姑以成妇，逆莫大焉。诗曰：‘其惟哲人，告之话言，顺德之行。’季孙于是为不哲矣。且姜氏，君之妣也。诗曰：‘为酒为醴，烝畀祖妣，以洽百礼，降福孔偕。’”

（二·四）齐侯使诸姜、宗妇来送葬，召莱子。莱子不会，故晏弱城东阳以偪之。

（二·五）郑成公疾，子驷请息肩于晋。公曰：“楚君以郑故，亲集矢于其目，非异人任，寡人也。若背之，是弃力与言，其谁昵我？免寡人，唯二三子。”

秋七月庚辰，郑伯睔卒。于是子罕当国，子驷为政，子国为司马。晋师侵郑。诸大夫欲从晋。子驷曰：“官命未改。”

会于戚，谋郑故也。孟献子曰：“请城虎牢以偪郑。”知武子曰：“善。鄫之会，吾子闻崔子之言，今不来矣。滕、薛、小邾之不至，皆齐故也。寡君之忧不唯郑。罃将复于寡君而请于齐。得请而告，吾子之功也。若不得请，事将在齐。吾子之请，诸侯之福也，岂唯寡君赖之！”

（二·六）穆叔聘于宋，通嗣君也。

（二·七）冬，复会于戚，齐崔武子及滕、薛、小邾之大夫皆会，知武子之言故也。遂城虎牢。郑人乃成。

(二·八)楚公子申为右司马,多受小国之赂,以偪子重、子辛。楚人杀之,故书曰"楚杀其大夫公子申。"

(襄公三年)

经

(三·一)三年春,楚公子婴齐帅师伐吴。

(三·二)公如晋。

(三·三)夏四月壬戌,公及晋侯盟于长樗。

(三·四)公至自晋。

(三·五)六月,公会单子、晋侯、宋公、卫侯、郑伯、莒子、邾子、齐世子光。己未,同盟于鸡泽。

(三·六)陈侯使袁侨如会。

(三·七)戊寅,叔孙豹及诸侯之大夫及陈袁侨盟。

(三·八)秋,公至自会。

(三·九)冬晋荀罃帅师伐许。

传

(三·一)三年春,楚子重伐吴,为简之师。克鸠兹,至于衡山。使邓廖帅组甲三百、被练三千,以侵吴。吴人要而击之,获邓廖。其能免者,组甲八十、被练三百而已。子重归,既饮至三日,吴人伐楚,取驾。驾,良邑也;邓廖,亦楚之良也。君子谓子重于是役也,所获不如所亡。楚人以是咎子重。子重病之,遂遇心疾而卒。

(三·二)公如晋,始朝也。夏,盟于长樗。孟献子相。公稽首。知武子曰:"天子在,而君辱稽首,寡君惧矣。"孟献子曰:"以敝邑介在东表,密迩仇雠,寡君将君是望,敢不稽首?"

(三·三)晋为郑服故,且欲修吴好,将合诸侯。使士丐告于齐曰:"寡君使丐,以岁之不易不虞之不戒,寡君愿与一二兄弟相见,以谋不协。请君临之,使丐乞盟。"齐侯欲勿许,而难为不协,乃盟于耏外。

(三·四)祁奚请老,晋侯问嗣焉。称解狐,其雠也,将立之而卒。又问焉。对曰:"午也可。"于是羊舌职死矣,晋侯曰:"孰可以代之?"对曰:"赤也可。"于是使祁午为中军尉,羊舌赤佐之。君子谓祁奚于是能举善矣。称其雠,不为谄;立其子,不为比;举其偏,不为党。商书曰:“无偏无党,王道荡荡”,其祁奚之谓矣。解狐得举,祁午得位,伯华得官,建一官而三物成,能举善也。夫唯善,故能举其类。诗云:“惟其有之,是以似之”,祁奚有焉。

(三·五)六月,公会单顷公及诸侯。己未,同盟于鸡泽。晋侯使荀会逆吴子于淮上,吴子不至。

(三·六)楚子辛为令尹,侵欲于小国,陈成公使袁侨如会求成。

晋侯使和组父告于诸侯。秋,叔孙豹及诸侯之大夫及陈袁侨盟,陈请服也。

(三·七)晋侯之弟扬干乱行于曲梁,魏绛戮其仆。晋侯怒,谓羊舌赤曰:“合诸侯,以为荣也。扬干为戮,何辱如之?必杀魏绛,无失也!”对曰:“绛无贰志,事君不辟难,有罪不逃刑,其将来辞,何辱命焉?”言终,魏绛至,授仆人书,将伏剑。士鲂、张老止之。公读其书,曰:“日君乏使,使臣斯司马。臣闻:‘师众以顺为武,军迅死无犯为敬。’君合诸侯,臣敢不敬?君师不武,执见敬,罪莫大焉。臣惧其死,以及扬干,无所逃罪。不能致训,至于用钺,臣之罪重,敢有不从以怒君心?请归死于司寇。”公跣而出曰:“寡人之言,亲爱也;吾子之讨,军礼也。寡人有弟,弗能教训,使干大命,寡人之过也。子无重寡人之过,敢以为请。”晋侯以魏绛为能以刑佐民矣,反役,与之礼食,使佐新军。张老为中军司马,士富为候奄。

(三·八)楚司马公子何忌侵陈,陈叛故也。

(三·九)许灵公事楚,不会于鸡泽。冬,晋知武子帅师伐许。

(襄公四年)

经

(四·一)四年春王三月。己酉,陈侯午卒。

(四·二)夏,叔孙豹如晋。

(四·三)秋七月戊子,夫人姒氏薨。

(四·四)葬陈成公。

(四·五)八月辛亥,葬我小君定姒。

(四·六)冬,公如晋。

(四·七)陈人围顿。

传

(四·一)四年春,楚师为陈叛故,犹在繁阳。韩献子患之,言于朝曰："文王帅殷之叛国以事纣，唯知时也。今我易之，难哉！"

（四·二）三月，陈成公卒。楚人将伐陈，闻丧乃止。陈人不听命。臧武仲闻之，曰："陈不服于楚，必亡。大国行礼焉，而不服，在大犹有咎，而况小乎？"夏，楚彭名侵陈，陈无礼故也。

（四·三）穆叔如晋，报知武子之聘也。晋侯享之，金奏肆夏之三，不拜。工歌文王之三，又不拜。歌鹿鸣之三，三拜。

韩献子使行人子员问之曰："子以君命辱于敝邑，先君之礼，藉之以乐，以辱吾子。吾子舍其大，而重拜其细。敢问何礼也？"对曰："三夏，天子所以享元侯也，使臣弗敢与闻。文王，两君相见之乐也，臣不敢及。鹿鸣，君所以嘉寡君也，敢不拜嘉？四牡，君所以劳使臣也，敢不重拜？皇皇者华，君教使臣曰：'必谘于周。'臣闻之：访问于善为咨，咨亲为询，咨礼为度，咨事为诹，咨难为谋。臣获五善，敢不重拜？"

（四·四）秋，定姒薨。不殡于庙，无榇，不虞。匠庆谓季文子曰："子为正卿，而小君之丧不成，不终君也。君长，谁受其咎？"

初，季孙为己树六槚于蒲圃东门之外，匠庆请木，季孙曰："略。"匠庆用蒲圃之槚，季孙不御。君子曰："志所谓'多行无礼，必自及也'，其是之谓乎！"

（四·五）冬，公如晋听政。晋侯享公，公请属鄫。晋侯不许。孟献子曰："以寡君之密迩于仇雠，而愿固狂，无失官命。鄫无赋于司马，为执事朝夕之命敝邑，敝邑褊小，阙而为罪，寡君是以愿借助焉。"晋侯许之。

（四·六）楚人使顿间陈而侵伐之，故陈人围顿。

（四·七）无终子嘉父使孟乐如晋，因魏庄子纳虎豹之皮，以请和诸戎。晋侯曰："戎狄无亲而贪，不如伐之。"魏绛曰："诸侯新服，陈新来和，将观于我。我德则睦，否则携贰。劳师于戎，而楚伐陈，必弗能救，是弃陈也。诸华必叛。戎，禽兽也。获戎失华，无乃不可乎？夏训有之曰：'有穷后羿——'公曰："后羿何如？"对曰："昔有夏之方衰也，后羿自鉏迁于穷石，因夏民以代夏政。恃其射也，不修民事，而淫于原兽，弃武罗、伯因、熊髡、龙圉，而用寒浞。寒浞，伯明氏之谗子弟也，伯明后寒弃之，夷羿收之，信而使之，以为己相。浞行媚于内而施赂于外，愚弄其民而虞羿于田。树之诈慝，以取其国家，外内咸服。羿犹不悛，将归自田，家众杀而亨之，以食其子，其子不忍食诸，死于穷门。靡奔有鬲氏。浞因羿室，生浇及豷，恃其谗慝诈伪而不德于民，使浇用师，灭斟灌及斟寻氏。处浇于过，处豷于戈。靡自有鬲氏，收二国之烬，以灭浞而立少康。少康灭浇于过，后杼灭豷于戈，有穷由是遂亡，失人故也。昔周辛甲之为大史也，命百官，官箴王阙。于虞人之箴曰：'芒芒禹迹，画为九州岛，经启九道。民有寝、庙，兽有茂草；各有攸处，德用不扰。在帝夷羿，冒于原兽，忘其国恤，而思其麀牡。武不可重，用不恢于夏家。兽臣司原，敢告仆夫。'虞箴如是，可不惩乎？"于是晋侯好田，故魏绛及之。

公曰："然则莫如和戎乎？"对曰："和戎有五利焉：戎狄荐居，贵货易土，土可贾焉，一也。边鄙不耸，民狎其野，穑人成功，二也。戎狄事晋，四邻振动，诸侯威怀，三也。以德绥戎，师徒不勤，甲兵不顿，四也。鉴于后羿，而用德度，远至迩安，五也。君其图之！"公说，使魏绛盟诸戎。修民事，田以时。

（四·八）冬十月，邾人、莒人伐鄫，臧纥救鄫，侵邾，败于狐骀。国人逆丧者皆髽，鲁于是乎始髽。国人诵之曰："臧之狐裘，败我于狐骀。我君小子，朱儒是使。朱儒朱儒，使我败于邾。"

（襄公五年）

经

（五·一）五年春，公至自晋。

（五·二）夏，郑伯使公子发来聘。

（五·三）叔孙豹、鄫世子巫如晋。

（五·四）仲孙蔑、卫孙林父会吴于善道。

（五·五）秋，大雩。

（五·六）楚杀其大夫公子壬夫。

（五·七）公会晋侯、宋公、陈侯、卫侯、郑伯、曹伯、莒子、邾子、滕子、薛伯、齐世子光、吴人、鄫人于戚。

（五·八）公至自会。

（五·九）冬，戍陈。

（五·十）楚公子贞帅师伐陈。

（五·十一）公会晋侯、宋公、卫侯、郑伯、曹伯、莒子、邾子、滕子、薛伯、齐世子光救陈。

（五·十二）十有二月，公至自救陈。

(五·十三)辛未,季孙行父卒。

传

(五·一)五年春,公至自晋。

(五·二)王使王叔陈生愬戎于晋,晋人执之。士鲂如京师,言王叔之贰于戎也。

(五·三)夏,郑子国来聘,通嗣君也。

(五·四)穆叔觌鄫大子于晋,以成属鄫。书曰"叔孙豹、鄫大子巫如晋",言比诸鲁大夫也。

(五·五)吴子使寿越如晋,辞不会于鸡泽之故,且请听诸侯之好。晋人将为之合诸侯,使鲁、卫先会吴,且告会期。故孟献子、孙文子会吴于善道。

(五·六)秋,大雩,旱也。

(五·七)楚人讨陈叛故,曰:"由令尹子辛实侵欲焉。"乃杀之。书曰"楚杀其大夫公子壬夫",贪也。君子谓楚共王于是不刑。诗曰:"周道挺挺,我心扃扃。讲见令,集人来定。"己则无信,而杀人以逞,不亦难乎!夏书曰:"成允成功。"

(五·八)九月丙午,盟于戚,会吴,且命戍陈也。穆叔以属鄫为不利,使鄫大夫听命于会。

(五·九)楚子囊为令尹。范宣子曰:"我丧陈矣。楚人讨贰而立子囊,必改行而疾讨陈。陈近于楚,民朝夕急,能无往乎?有陈,非吾事也;无之而后可。"冬,诸侯戍陈。子囊伐陈。十一月甲午,会于城棣以救之。

(五·十)季文子卒。大夫入敛,公在位。宰庀家器为葬备,无衣帛之妾,无食粟之马,无藏金玉,无重器备,君子是以知季文子之忠于公室也——相三君矣,而无私积,可不谓忠乎?

(襄公六年)

经

(六·一)六年春王三月,壬午,杞伯姑容卒。

(六·二)夏,宋华弱来奔。

(六·三)秋,葬杞桓公。

(六·四)滕子来朝。

(六·五)莒人灭鄫。

（六·六）冬，叔孙豹如邾。

（六·七）季孙宿如晋。

（六·八）十有二月，齐侯灭莱。

传

（六·一）六年春，杞桓公卒。始赴以名，同盟故也。

（六·二）宋华弱与乐辔少相狎，长相优，又相谤也。子荡怒，以弓梏华弱于朝。平公见之，曰："司武而梏于朝，难以胜矣。"遂逐之。夏，宋华弱来奔。司城子罕曰："同罪异罚，非刑也。专戮于朝，罪孰大焉？"亦逐子荡。子荡射子罕之门，曰："几日而不我从！"子罕善之如初。

（六·三）秋，滕成公来朝，始朝公也。

（六·四）莒人灭鄫，鄫恃赂也。

（六·五）冬，穆叔如邾，聘，且修平。

（六·六）晋人以鄫故来讨，曰："何故亡鄫？"季武子如晋见，且听命。

（六·七）十一月，齐侯灭莱，莱恃谋也。于郑子国之来聘也四月，晏弱城东阳，而遂围莱。甲寅，堙之环城，傅于堞。及杞桓公卒之月，乙未，王湫帅师及正舆子、棠人军齐师，齐师大败之。丁未，入莱。莱共公浮柔奔棠，正舆子、王湫奔莒，莒人杀之。四月，陈无宇献莱宗器于襄宫。晏弱围棠，十一月丙辰而灭之。迁莱于郳。高厚、崔杼定其田。

（襄公七年）

经

（七·一）七年春，郯子来朝。

（七·二）夏四月，三卜郊，不从，乃免牲。

（七·三）小邾子来朝。

（七·四）城费。

（七·五）秋，季孙宿如卫。

（七·六）八月，螽。

（七·七）冬十月，卫侯使孙林父来聘。壬戌，及孙林父盟。

（七·八）楚公子贞帅师围陈。

（七·九）十有二月，公会晋侯、宋公、陈侯、卫侯、曹伯、莒子、邾子于鄬。郑伯髡顽如会，未见诸侯，丙戌，卒于鄵。

（七·十）陈侯逃归。

传

（七·一）七年春，郯子来朝，始朝公也。

（七·二）夏四月，三卜郊，不从，乃免牲。

孟献子曰："吾乃今而后知有卜、筮。夫郊祀后稷，以祈农事也。是故启蛰而郊，郊而后耕。今既耕而卜郊，宜其不从也。"

（七·三）南遗为费宰。叔仲昭伯为隧正，欲善季氏，而求媚于南遗。谓遗："请城费，吾多与而役。"故季氏城费。

（七·四）小邾穆公来朝，亦始朝公也。

（七·五）秋，季武子如卫，报子叔之聘，且辞缓报，非贰也。

（七·六）冬十月，晋韩献子告老，公族穆子有废疾，将立之。辞曰："诗曰：'岂不夙夜？谓行多露。'又曰：'弗躬弗亲，庶民弗信。'无忌不才，让其可乎？请立起也。与田苏游，而曰'好仁'。诗曰：'靖共尔位，好是正直。神之听之，介尔景福。'恤民为德，正直为正，正曲为直，参和为仁。如是则神听之，介福降之。立之，不亦可乎？"

庚戌，使宣子朝，遂老。晋侯谓韩无忌仁，使掌公族大夫。

（七·七）卫孙文子来聘，且拜武子之言，而寻孙桓子之盟。公登亦登。叔孙穆子相，趋进，曰："诸侯之会，寡君未尝后卫君。今吾子不后寡君，寡君未知所过。吾子其少安！"孙子无辞，亦无悛容。

穆叔曰："孙子必亡。为臣而君，过而不悛，亡之本也。诗曰：'退食自公，委蛇委蛇'，谓从者也。衡而委蛇，必折。"

（七·八）楚子囊围陈，会于鄬以救之。郑僖公之为大子也，于成之十六年与子罕适晋，不礼焉。又与子丰适楚，亦不礼焉。及其元年朝于晋，子丰欲愬诸晋而废之，子罕止之。及将会于鄬子驷相，又不礼焉。侍者谏，不听；又谏，杀之。及鄵，子驷使贼夜弑僖公，而以疟疾赴于诸侯。简公生五年，奉而立之。

（七·九）陈人患楚。庆虎、庆寅谓楚人曰："吾使公子黄往，而执之。"楚人从之。二庆使告陈侯于会，曰："楚人执公子黄矣。君若不来，群臣不忍社稷宗庙，惧有二图。"陈侯逃归。

（襄公八年）

经

（八・一）八年春王正月，公如晋。

（八・二）夏，葬郑僖公。

（八・三）郑人侵蔡，获蔡公子燮。

（八・四）季孙宿会晋侯、郑伯、齐人、宋人、卫人、邾人于邢丘。

（八・五）公至自晋。

（八・六）莒人伐我东鄙。

（八・七）秋九月，大雩。

（八・八）冬，楚公子贞帅师伐郑。

（八・九）晋侯使士丐来聘。

传

（八・一）八年春，公如晋，朝，且听朝聘之数。

（八・二）郑群公子以僖公之死也，谋子驷。子驷先之。夏四月庚辰，辟杀子狐、子熙、子侯、子丁。孙击、孙恶出奔卫。

（八・三）庚寅，郑子国、子耳侵蔡，获蔡司马公子燮。郑人皆喜，唯子产不顺，曰："小国无文德而有武功，祸莫大焉。楚人来讨，能勿从乎？从之，晋师必至。晋、楚伐郑，自今郑国不四、五年弗得宁矣。"子国怒之曰："尔何知！国有大命，而有正卿，童子言焉，将为戮矣！"

（八・四）五月甲辰，会于邢丘，以命朝聘之数，使诸侯之大夫听命。季孙宿、齐高厚、宋向戌、卫宁殖、邾大夫会之。郑伯献捷于会，故亲听命。大夫不书，尊晋侯也。

（八・五）莒人伐我东鄙，以疆鄫田。

（八・六）秋九月，大雩，旱也。

（八・七）冬，楚子囊伐郑，讨其侵蔡也。子驷、子国、子耳欲从楚，子孔、子蟜、子展欲待晋。子驷曰："周诗有之曰：'俟河之清，人寿几何？兆云询多，职竞作罗。'谋之多族，民之多违，事滋无成。民急矣，姑从楚，以纾吾民。晋师至，吾又从之。敬共币帛，以待来者，小国之道也。牺牲玉帛，待于二竟，以待强者而庇民焉。寇不为害，民不罢病，不亦可乎？"

子展曰："小所以事大，信也。小国无信，兵乱日至，亡无日矣。五会之信，今将背之，虽楚救我，将安用之？亲我无成，鄙我是欲，不可从也。不如待晋。晋君方明，四军无阙，八卿和睦，必不弃郑。楚师辽远，粮食将尽，必将速归，何患焉？舍之闻之：杖莫如信。完守以老楚，杖信以待晋，不亦可乎？”

子驷曰：“诗云：‘谋夫孔多，是用不集。发言盈庭，谁敢执其咎？如匪行迈谋，是用不得于道。’请从楚，騑也受其咎。”

乃及楚平，使王子伯骈告于晋曰：“君命敝邑：‘修而车赋，儆而师徒，以讨乱略。’蔡人不从，敝邑之人不敢宁处，悉索敝赋，以讨于蔡，获司马燮，献于邢丘。今楚来讨曰：‘女何故称兵于蔡？’焚我郊保，冯陵我城郭。敝邑之众，夫妇男女，不遑启处，以相救也。翦焉倾覆，无所控告。民死亡者，非其父兄，即其子弟。夫人愁痛，不知所庇。民知穷困，而受盟于楚。孤也与其二三臣不能禁止，不敢不告。”

知武子使行人子员对之曰：“君有楚命，亦不使一个行李告于寡君，而即安于楚。君之所欲也，谁敢违君？寡君将帅诸侯以见于城下。唯君图之！”

（八・八）晋范宣子来聘，且拜公之辱，告将用师于郑。

公享之。宣子赋摽有梅。季武子曰：“谁敢哉？今譬于草木，寡君在君，君之臭味也。欢以承命，何时之有？”武子赋角弓。宾将出，武子赋彤弓。宣子曰：“城濮之役，我先君文公献功于衡雍，受彤弓于襄王，以为子孙藏。丐也，先君守官之嗣也，敢不承命？”君子以为知礼。

（襄公九年）

经

（九・一）九年春，宋灾。

（九・二）夏，季孙宿如晋。

（九・三）五月辛酉，夫人姜氏薨。

（九・四）秋八月癸未，葬我小君穆姜。

（九・五）冬，公会晋侯、宋公、卫侯、曹伯、莒子、邾子、滕子、薛伯、杞伯、小邾子、齐世子光伐郑。十有二月己亥，同盟于戏。

（九・六）楚子伐郑。

传

（九・一）九年春，宋灾，乐喜为司城以为政，使伯氏司里。火所未至，彻小屋，涂大屋，陈畚局；具绠缶，堪器；量轻重，蓄水潦，积土涂；巡丈城，缮守备，表火道。使华臣具正徒，令隧正纳郊保，奔火所。

使华阅讨右官，官庀其司。向戌讨左，亦如之。使乐遄庀刑器，亦如之。使皇郧命校正出马，工正出车，劳兵，庀武守。使西钼吾庀府守，令司宫、巷伯儆宫。二师令四乡正敬享，祝宗用马于四墉，祀盘庚于西门之外。

晋侯问于士弱曰："吾闻之：宋灾于是乎知有天道，何故？"对曰："古之火正，或食于心，或食于咮，以出内火。是故咮为鹑火，心为大火。陶唐氏之火正阏伯居商丘，祀大火而火纪时焉。相土因之，故商主大火。商人阅其祸败之衅，必始于火，是以日知其有天道也。"公曰："可必乎？"对曰："在道。国乱无象，不可知也。"

（九·二）夏，季武子如晋，报宣子之聘也。

（九·三）穆姜薨于东宫。始往而筮之，遇艮之八☶。史曰："是谓艮之随☱。随，其出也。君必速出！"姜曰："亡！是于周易曰：'随，元、亨、利、贞，无咎。'元，体之长也；亨，嘉之会也；利，义之和也；贞，豆干也。体仁足以长人，嘉德足以合礼，利物足以和义，贞固足以干事。然，故不可诬也，是以虽随无咎。今我妇人而与于乱。固在下位而有不仁，不可谓元。不靖国家，不可谓亨。作而害身，不可谓利。弃位而姣，不可谓贞。有四德者，随而无咎。我皆无之，岂随也哉？我则取恶，能无咎乎？必死于此，弗得出矣。"

（九·四）秦景公使士雃乞师于楚，将以伐晋，楚子许之。子囊曰："不可，当今吾不能与晋争。晋君类能而使之，举不失选，官不易方；其卿让于善，其大夫不失守，其士竞于教，其庶人力于农穑，商工皂隶不知迁业。韩厥老矣，知罃禀焉以为政。范丐少于中行偃而上之，使佐中军。韩起少于栾黡，而栾黡、士鲂上之，使佐上军。魏绛多功，以赵武为贤，而为之佐。君明臣忠，上让下竞。当是时也，晋不可敌，豆而后可。君其图之！"王曰："吾既许之矣，虽不及晋，必将出师。"

秋，楚子师于武城，以为秦援。

秦人侵晋。晋饥，弗能报也。

（九·五）冬十月，诸侯伐郑。庚午，季武子、齐崔杼、宋皇郧从荀罃、士丐门于鄟门，卫北宫括、曹人、邾人从荀偃、韩起门于师之梁，滕人、薛人从栾黡、士鲂门于北门，杞人、郳人从赵武、魏绛斩行栗。甲戌，师于氾。令于诸侯曰："修器备，盛糇粮，归老幼，居疾于虎牢，肆眚，围郑。"

郑人恐，乃行成。中行献子曰："遂围之，以待楚人之救也，而与之战，不然，无成。"知武子曰："许之盟而还师，以敝楚人。吾三分四军，与诸侯之锐，以逆来者，于我未病，楚不能矣。犹愈于战。暴骨以逞，不可以争。大劳未艾。君子劳心，小人劳力，先王之制也。"诸侯皆不欲战，乃许郑成。十一月己亥，同盟于戏，郑服也。

将盟，郑六卿公子騑、公子发、公子嘉、公孙辄、公孙虿、公孙舍之及其大夫、门子，皆从郑伯。晋士庄子为载书曰："自今日既盟之后，郑国而不唯晋命是听，而或有异志者，有如此盟！"公子騑趋进曰："天祸郑国，使介居二大国之间，大国不加德音，而乱以要之，使其鬼神不获歆其禋祀，其民人不获享其土利，夫妇辛苦垫隘，无所底告。自今日既盟之后，郑国而不唯有礼与强可以庇民者是从，而敢有异志者，亦如之！"荀偃曰："改载书！"公孙舍之曰："昭大神要言焉。若可改也，大国亦可叛也。"知武子谓献子曰："我实不德，而要人以盟，岂礼也哉？非礼，何以主盟？姑盟而退，修德息师而来，终必获郑，何必今日？我之不德，民将弃我，岂唯郑？若能休和，远人将至，何恃于郑？"乃盟而还。

（九·六）晋人不得志于郑，以诸侯复伐之。十二月癸亥，门其三门。闰月戊寅，济于阴阪，侵郑。次于阴口而还。子孔曰："晋师可击也，师老而劳，且有归志，必大克之。"子展曰："不可。"

（九·七）公送晋侯，晋侯以公宴于河上，问公年。季武子对曰："会于沙随之岁，寡君以生。"晋侯曰："十二年矣，是谓一终，一星终也。国君十五而生子，冠而生子，礼也。君可以冠矣。大夫盍为冠具？"武子对曰："君冠，必以裸享之礼行之，以金石之乐节之，以先君之祧处之。今寡君在行，未可具也，请及兄弟之国而假备焉。"晋侯曰："诺。"公还，及卫，冠于成公之庙，假钟磬焉，礼也。

（九·八）楚子伐郑。子驷将及楚平，子孔、子蟜曰："与大国盟，口血未干而背之，可乎？"子驷、子展曰："吾盟固云'唯强是从'，今楚师至，晋不我救，则楚强矣。盟誓之言，岂敢背之？且要盟无质，神弗临也。所临唯信，信者，言之瑞也，善之主也，是故临之。明神不蠲要盟，背之，可也。"乃及楚平。公子罢戎入盟，同盟于中分。楚庄夫人卒，王未能定郑而归。

（九·九）晋侯归，谋所以息民。魏绛请施舍，输积聚以贷。自公以下，苟有积者，尽出之。国无滞积，亦无困人；公无禁利，亦无贪民。

祈以币更，宾以特牲，器用不作，车服从给。行之期年，国乃有节。三驾而楚不能与争。

（襄公十年）

经

（十·一）十年春，公会晋侯、宋公、卫侯、曹伯、莒子、邾子、滕子、薛伯、杞伯、小邾子、齐世子光会吴于柤。

（十·二）夏五月甲午，遂灭偪阳。

（十·三）公至自会。

（十·四）楚公子贞、郑公孙辄帅师伐宋。

（十·五）晋师伐秦。

（十·六）秋，莒人伐我东鄙。

（十·七）公会晋侯、宋公、卫侯、曹伯、莒子、邾子、齐世子光、滕子、薛伯、杞伯、小邾子伐郑。

（十·八）冬，盗杀郑公子騑、公子发、公孙辄。

（十·九）戍郑虎牢。

（十·十）楚公子贞帅师救郑。

（十·十一）公至自伐郑。

传

（十·一）十年春，会于柤，会吴子寿梦也。

三月癸丑，齐高厚相大子光，以先会诸侯于钟离，不敬。士庄子曰："高子相大子以会诸侯，将社稷是卫，而皆不敬，弃社稷也，其将不免乎！"夏四月戊午，会于柤。

（十·二）晋荀偃、士丐请伐偪阳，而封宋向戌焉。荀罃曰："城小而固，胜之不武，弗胜为笑。"固请。丙寅，围之，弗克。孟氏之臣秦堇父辇重如役。偪阳人启门，诸侯之士门焉。县门发，郰人纥抉之。以出门者，狄虒弥建大车之轮，而蒙之以甲，以为橹。左执之，右拔戟，以成一队。孟献子曰："诗所谓'有力如虎'者也。"主人县布，堇父登之，及堞而绝之。队则又县之。苏而复上者三，主人辞焉，乃退。带其断以徇于军三日。

诸侯之师久于偪阳，荀偃、士丐请于荀罃曰："水潦将降，惧不能归，请班师。"知伯怒，投之以机，出于其间，曰："女成二事，而后告余。余恐乱命，以不女违。女既勤君而兴诸侯，牵帅老夫以至于此，既无武守，而又欲易余罪，曰：'是实班师。不然，克矣。'余羸老也，可重任乎？七日不克，必尔乎取之！"五月庚寅，荀偃、士丐帅卒攻偪阳，亲受矢石，甲午，灭之。书曰"遂灭偪阳"，言自会也。

以与向戌。向戌辞曰："君若犹辱镇抚宋国，而以偪阳光启寡君，群臣安矣，其何贶如之！若专赐臣，是臣兴诸侯以自封也，其何罪大焉！敢以死请。"乃予宋公。

宋公享晋侯于楚丘，请以桑林。荀罃辞。荀偃、士丐曰："诸侯宋、鲁，于是观礼。鲁有禘乐，宾祭用之。宋以桑林享君，不亦可乎？"舞，师题以旌夏。晋侯惧而退入于房。去旌，卒享而还。及着雍，疾。卜，桑林见。荀偃、士丐欲奔请祷焉，荀罃不可，曰："我辞礼矣，彼则以之。犹有鬼神，于彼加之。"晋侯有间，以偪阳子归，献于武宫，谓之夷俘。偪阳，妘姓也。使周内史选其族嗣纳诸霍人，礼也。师归，孟献子以秦堇父为右。生秦丕兹，卒尼。

（十・三）六月，楚子囊、郑子耳伐宋，师于訾毋。庚午，围宋，门于桐门。

（十・四）晋荀罃伐秦，报其侵也。

（十・五）卫侯救宋，师于襄牛。郑子展曰："必伐卫。不然，是不与楚也。得罪于晋，又得罪于楚，国将若之何？"子驷曰："国病矣。"子展曰："得罪于二大国，必亡。病，不犹愈于亡乎？"诸大夫皆以为然。故郑皇耳帅师侵卫，楚令也。孙文子卜追之，献兆于定姜。姜氏问繇。曰："兆如山陵，有夫出征，而丧其雄。"姜氏曰："征者丧雄，御寇之利也。大夫图之！"卫人追之，孙蒯获郑皇耳于犬丘。

（十・六）秋七月，楚子囊、郑子耳侵我西鄙。还，围萧。八月丙寅，克之。九月，子耳侵宋北鄙。

孟献子曰："郑其有灾乎！师竞已甚。周犹不堪竞，况郑乎！有灾，其执政之三士乎！"

（十・七）莒人间诸侯之有事也，故伐我东鄙。

（十・八）诸侯伐郑，齐崔杼使大子光先至于师，故长于滕。己酉，师于牛首。

（十・九）初，子驷与尉止有争，将御诸侯之师，而黜其车。尉止获，又与之争。子驷抑尉止曰："尔车非礼也。"遂弗使献。初，子驷为田洫，司氏、堵氏、侯氏、子师氏皆丧田焉。故五族聚群不逞之人因公子之徒以作乱。

于是子驷当国，子国为司马，子耳为司空，子孔为司徒。冬十月戊辰，尉止、司臣、侯晋、堵女父、子师仆帅贼以入，晨攻执政于西宫之朝，杀子驷、子国、子耳，劫郑伯以如北宫。子孔知之，故不死。书曰"盗"，言无大夫焉。

子西闻盗，不儆而出，尸而追盗。盗入于北宫，乃归，授甲，臣妾多逃，器用多丧。子产闻盗，为门者，庀群司，闭府库，慎闭藏，完守备，成列而后出，兵车十七乘。尸而攻盗于北宫，子蟜帅国人助之，杀尉止、子师仆，盗众尽死。侯晋奔晋，堵女父、司臣、尉翩、司齐奔宋。

子孔当国，为载书，以位序、听政辟。大夫、诸司、门子弗顺，将诛之。子产止之，请为之焚书。子孔不可，曰："为书以定国，众怒而焚之，是众为政也，国不亦难乎？"子产曰："众怒难犯，专欲难成，合二难以安国，危之道也。不如焚书以安众，子得所欲，众亦得安，不亦可乎？专欲无成，犯众兴祸，子必从之！"乃焚书于仓门之外，众而后定。

（十·十）诸侯之师城虎牢而戍之，晋师城梧及制，士鲂、魏绛戍之。书曰"戍郑虎牢"，非郑地也，言将归焉。郑及晋平。

（十·十一）楚子囊救郑。十一月，诸侯之师还郑而南，至于阳陵。楚师不退。知武子欲退，曰："今我逃楚，楚必骄，骄则可与战矣。"栾黡曰："逃楚，晋之耻也。合诸侯以益耻，不如死。我将独进。"师遂进。己亥，与楚师夹颍而军。

子蟜曰："诸侯既有成行，必不战矣。从之将退，不从亦退。退，楚必围我。犹将退也，不如从楚，亦以退之。"宵涉颍，与楚人盟。栾黡欲伐郑师，荀罃不可，曰："我实不能御楚，又不能庇郑，郑何罪？不如致怨焉而还。今伐其师，楚必救之。战而不克，为诸侯笑。克不可命，不如还也。"丁未，诸侯之师还，侵郑北鄙而归。楚人亦还。

（十·十二）王叔陈生与伯舆争政，王右伯舆。王叔陈生怒而出奔。及河，王复之，杀史狡以说焉。不入，遂处之。晋侯使士丐平王室，王叔与伯舆讼焉。王叔之宰与伯舆之大夫瑕禽坐狱于王庭，士丐听之。王叔之宰曰："筚门闺窦之人而皆陵其上，其难为上矣。"瑕禽曰："昔平王东迁，吾七姓从王，牲用喋，王赖之，而赐之骍旄之盟，曰：'世世无失职。'若筚门闺窦，其能来东底乎？且王何赖焉？今自王叔之相也，政以贿成，而刑放于宠。官之师旅，不胜其富，吾能无筚门闺窦乎？唯大国图之！下而无直，则何谓正矣？"范宣子曰："天子所右，寡君亦右之；所左，亦左之。"使王叔氏与伯舆合要，王叔氏不能举其契。王叔奔晋。不书，不告也。单靖公为卿士以相王室。

（襄公十一年）

经

（十一·一）十有一年春王正月，作三军。

（十一·二）夏四月，四卜郊，不从，乃不郊。

（十一·三）郑公孙舍之帅师侵宋。

（十一·四）公会晋侯、宋公、卫侯、曹伯、齐世子光、莒子、邾子、滕子、薛伯、杞伯、小邾子伐郑。

（十一·五）秋七月己未，同盟于亳城北。

（十一·六）公至自伐郑。

（十一·七）楚子、郑伯伐宋。

（十一·八）公会晋侯、宋公、卫侯、曹伯、齐世子光、莒子、邾子、滕子、薛伯、杞伯、小邾子伐郑，会于萧鱼。

（十一·九）公至自会。

（十一·十）楚人执郑行人良霄。

（十一·十一）冬，秦人伐晋。

传

（十一·一）十一年春，季武子将作三军，告叔孙穆子曰："请为三军，各征其军。"穆子曰："政将及子，子必不能。"武子固请之。穆子曰："然则盟诸？"乃盟诸僖闳，诅诸五父之衢。

正月，作三军，三分公室而各有其一。三子各毁其乘。季氏使其乘之人，以其役邑入者无征，不入者倍征。孟氏使半为臣，若子若弟。叔孙氏使尽为臣，不然不舍。

（十一·二）郑人患晋、楚之故，诸大夫曰："不从晋，国几亡。楚弱于晋，晋不吾疾也。晋疾，楚将辟之。何为而使晋师致死于我？楚弗敢敌，而后可固与也。"子展曰："与宋为恶，诸侯必至，吾从之盟。楚师至，吾又从之，则晋怒甚。晋能骤来，楚将不能，吾乃固与晋。"大夫说之，使疆埸之司恶于宋。宋向戌侵郑，大获。子展曰："师而伐宋可矣。若我伐宋，诸侯之伐我必疾，吾乃听命焉，且告于楚。楚师至，吾乃与之盟，而重赂晋师，乃免矣。"夏，郑子展侵宋。

（十一·三）四月，诸侯伐郑。己亥，齐大子光、宋向戌先至于郑，门于东门。其莫，晋荀罃至于西郊，东侵旧许。卫孙林父侵其北鄙。

六月，诸侯会于北林，师于向。右还，次于琐。围郑，观兵于南门，西济于济隧。郑人惧，乃行成。

秋七月，同盟于亳。范宣子曰："不慎，必失诸侯。诸侯道敝而无成，能无贰乎？"乃盟。载书曰："凡我同盟，毋蕴年，毋壅利，毋保奸，毋留慝，救灾患，恤祸乱，同好恶，奖王室。或间兹命，司慎、司盟，名山、名川，群神、群祀，先王、先公，七姓十二国之祖，明神殛之，俾失其民，队命亡氏，踣其国家。"

（十一·四）楚子囊乞旅于秦。秦右大夫詹帅师从楚子，将以伐郑。郑伯逆之。丙子，伐宋。

（十一·五）九月，诸侯悉师以复伐郑，郑人使良霄、大宰石㚟如楚，告将服于晋，曰："孤以社稷之故，不能怀君。君若能以玉帛绥晋，不然，则武震以摄威之，孤之愿也。"楚人执之。书曰"行人"，言使人也。诸侯之师观兵于郑东门。郑人使王子伯骈行成。甲戌，晋赵武入盟郑伯。冬十月丁亥，郑子展出盟晋侯。十二月戊寅，会于萧鱼。庚辰，赦郑囚，皆礼而归之；纳斥候；禁侵掠。晋侯使叔肸告于诸侯。公使臧孙纥对曰："凡我同盟，小国有罪，大国致讨，苟有以藉手，鲜不赦宥，寡君闻命矣。"

郑人赂晋侯以师悝、师触、师蠲；广车、軘车淳十五乘，甲兵备，凡兵车百乘；歌钟二肆，及其镈、磬；女乐二八。

晋侯以乐之半赐魏绛，曰："子教寡人和诸戎狄以正诸华，八年之中，九合诸侯，如乐之和，无所不谐，请与子乐之。"辞曰："夫和戎狄，国之福也；八年之中，九合诸侯，诸侯无慝，君之灵也，二三子之劳也，臣何力之有焉？抑臣愿君安其乐而思其终也。诗曰：'乐只君子，殿天子之邦。乐只君子，福禄攸同。便蕃左右，亦是帅从。'夫乐以安德，义以处之，礼以行之，信以守之，仁以厉之，而后可以殿邦国、同福禄、来远人，所谓乐也。书曰：'居安思危。'思则有备，有备无患。敢以此规。"公曰："子之教，敢不承命？抑微子，寡人无以待戎，不能济河。夫赏，国之典也，藏在盟府，不可废也。子其受之！"魏绛于是乎始有金石之乐，礼也。

（十一·六）秦庶长鲍、庶长武帅师伐晋以救郑。鲍先入晋地，士鲂御之，少秦师而弗设备。壬午，武济自辅氏，与鲍交伐晋师。己丑，秦、晋战于栎，晋师败绩，易秦故也。

(襄公十二年)

经

(十二·一)十有二年春王二月,莒人伐我东鄙,围台。

(十二·二)季孙宿帅师救台,遂入郓。

(十二·三)夏,晋侯使士鲂来聘。

(十二·四)秋九月,吴子乘卒。

(十二·五)冬,楚公子贞帅师侵宋。

(十二·六)公如晋。

传

(十二·一)十二年春,莒人伐我东鄙,围台。季武子救台,遂入郓,取其钟以为公盘。

(十二·二)夏,晋士鲂来聘,且拜师。

(十二·三)秋,吴子寿梦卒,临于周庙,礼也。凡诸侯之丧,异姓临于外,同姓于宗庙,同宗于祖庙,同族于祢庙。是故鲁为诸姬,临于周庙;为邢、凡、蒋、茅、胙、祭,临于周公之庙。

(十二·四)冬,楚子囊、秦庶长无地伐宋,师于杨梁,以报晋之取郑也。

(十二·五)灵王求后于齐,齐侯问对于晏桓子。桓子对曰:"先王之礼辞有之。天子求后于诸侯,诸侯对曰:'夫妇所生若而人,妾妇之子若而人。'无女而有姊妹及姑姊妹,则曰:'先守某公之遗女若而人。'"齐侯许婚。王使阴里结之。

(十二·六)公如晋朝,且拜士鲂之辱,礼也。

(十二·七)秦嬴归于楚。楚司马子庚聘于秦,为夫人宁,礼也。

(襄公十三年)

经

(十三·一)十有三年春,公至自晋。

(十三·二)夏,取邿。

(十三·三)秋九月庚辰,楚子审卒。

(十三·四)冬,城防。

传

(十三·一)十三年春,公至自晋,孟献子书劳于庙,礼也。

(十三·二)夏,邿乱,分为三。师救邿,遂取之。凡书取,言易也;用大师焉曰灭;弗地曰入。

(十三·三)荀罃、士鲂卒,晋侯搜于绵上以治兵。使士丐将中军,辞曰:"伯游长。昔臣习于知伯,是以佐之,非能贤也。请从伯游。"荀偃将中军,士丐佐之。使韩起将上军,辞以赵武。又使栾黡,辞曰:"臣不如韩起,韩起愿上赵武,君其听之。"使赵武将上军,韩起佐之;栾黡将下军,魏绛佐之。新军无帅,晋侯难其人,使其什吏率其卒乘官属,以从于下军,礼也。晋国之民是以大和,诸侯遂睦。

君子曰:"让,礼之主也。范宣子让,其下皆让,栾黡为汰,弗敢违也。晋国以平,剧赖之,刑善也夫!一人刑善,百姓休和,可不务乎!书曰:'一人有庆,兆民赖之,其宁惟永',其是之谓乎!周之兴也,其诗曰:'仪刑文王,万邦作孚',言刑善也。及其衰也,其诗曰:'大夫不均,我从事独贤',言不让也。世之治也,君子尚能而让其下,小人农力以其上,是以上下有礼,而谗慝黜远,由不争也,谓之懿德。及其乱也,君子称其功以加小人,小人伐其技以冯君子,是以上下无礼,乱虐并生,由争善也,谓之昏德。国家之敝,恒必由之。"

(十三·四)楚子疾,告大夫曰:"不谷不德,少主社稷。生十年而丧先君,未及习师保之教训而应受多福,是以不德,而亡师于鄢;以辱社稷,为大夫忧,其弘多矣。若以大夫之灵,获保首领以殁于地,唯是春秋窀穸之事、所以从先君于祢庙者,请为'灵'若'厉'。大夫择焉。"莫对。及五命,乃许。秋,楚共王卒。子囊谋谥。大夫曰:"君有命矣。"子囊曰:"君命以共,若之何毁之?赫赫楚国,而君临之,抚有蛮夷,奄征南海,以属诸夏,而知其过,可不谓共乎?请谥之'共'。"大夫从之。

(十三·五)吴侵楚,养由基奔命,子庚以师继之。养叔曰:"吴乘我丧,谓我不能师也,必易我而不戒。子为三覆以待我,我请诱之。"子庚从之。战于庸浦,大败吴师,获公子党。君子以吴为不吊,诗曰:"不吊昊天,乱靡有定。"

(十三·六)冬,城防。书事,时也。于是将早城,臧武仲请俟毕农事,礼也。

(十三·七)郑良霄、大宰石臭犹在楚。石臭言于子囊曰:"先王卜征五年,而岁习其祥,祥习则行。不习,则增修德而改卜。今楚实不竞,行人何罪?止郑一卿,以除其偪,使睦而疾楚,以固于晋,焉用之?使归而废其使,怨其君以疾其大夫,而相牵引也,不犹愈乎?"楚人归之。

（襄公十四年）

经

（十四·一）十有四年春王正月，季孙宿、叔老会晋士丐、齐人、宋人、卫人、郑公孙虿、曹人、莒人、邾人、滕人、薛人、杞人、小邾人会吴于向。

（十四·二）二月乙未朔，日有食之。

（十四·三）夏四月，叔孙豹会晋荀偃、齐人、宋人、卫北宫括、郑公孙虿、曹人、莒人、邾人、滕人、薛人、杞人、小邾人伐秦。

（十四·四）己未，卫侯出奔齐。

（十四·五）莒人侵我东鄙。

（十四·六）秋，楚公子贞帅师伐吴。

（十四·七）冬，季孙宿会晋士丐、宋华阅、卫孙林父、郑公孙虿、莒人、邾人于戚。

传

（十四·一）十四年春，吴告败于晋。会于向，为吴谋楚故也。范宣子寮之不德也，以退吴人。

执莒公子务娄，以其通楚使也。

将执戎子驹支，范宣子亲数诸朝，曰："来！姜戎氏！昔秦人迫逐乃祖吾离于瓜州，乃祖吾离被苫盖、蒙荆寒来归我先君，我先君惠公有不腆之田，与女剖分而食之。今诸侯之事我寡君不如昔者，盖言语漏泄，则职女之由。诘朝之事，尔无与焉。与，将执女。"对曰："昔秦人负恃其众，贪于土地，逐我诸戎。惠公蠲其大德，谓我诸戎，是四岳之裔胄也，毋是翦弃。赐我南鄙之田，狐狸所居，豺狼所嗥。我诸戎除翦其荆棘，驱其狐狸豺狼，以为先君不侵不叛之臣，至于今不贰。昔文公与秦伐郑，秦人窃与郑盟而舍戍焉，于是乎有殽之师。晋御其上，戎亢其下，秦师不复，我诸戎实然。譬如捕鹿，晋人角之，诸戎掎之，与晋踣之。戎何以不免？自是以来，晋之百役，与我诸戎相继于时，以从执政，犹殽志也，岂敢离逖？今官之师旅无乃实有所阙，以携诸侯而罪我诸戎！我诸戎饮食衣服不与华同，贽币不通，言语不达，何恶之能为？不与于会，亦无瞢焉。"赋青蝇而退。宣子辞焉，使即协会，成恺悌也。

于是子叔齐子为季武子介以会，自是晋人轻鲁币而益敬其使。

（十四·二）吴子诸樊既除丧，将立季札。季札辞曰："曹宣公之卒也，诸侯与曹人不义曹君，将立子臧。子臧去之，遂弗为也，以成曹君。君子曰'能守节'。君，义嗣也，谁敢奸君，有国，非吾节也。札虽不才，愿附于子臧，以无失节。"固立之，弃其室而耕，乃舍之。

（十四·三）夏，诸侯之大夫从晋侯伐秦，以报栎之役也。晋侯待于竟，使六卿帅诸侯之师以进。及泾，不济。叔向见叔孙穆子，穆子赋匏有苦叶，叔向退而具舟。鲁人、莒人先济。郑子蟜见卫北宫懿子曰："与人而不固，取恶莫甚焉，若社稷何？"懿子说。二子见诸侯之师而劝之济。济泾而次。秦人毒泾上流，师人多死。郑司马子蟜帅郑师以进，师皆从之，至于棫林，不获成焉。荀偃令曰："鸡鸣而驾，塞井夷灶，唯余马首是瞻。"栾黡曰："晋国之命，未是有也。余马首欲东。"乃归。下军从之。左史谓魏庄子曰："不待中行伯乎？"庄子曰："夫子命从帅，栾伯，吾帅也，吾将从之。从帅，所以待夫子也。"伯游曰："吾令实过，悔之何及！多遗秦禽。"乃命大还。晋人谓之"迁延之役。"栾黡曰："此役也，报栎之败也。役又无功，晋之耻也。吾有二位于戎路，敢不耻乎？"与士鞅驰秦师，死焉。士鞅反。栾黡谓士匄曰："余弟不欲往，而子召之。余弟死，而子来，是而子杀余之弟也。弗逐，余亦将杀之。"士鞅奔秦。

于是齐崔杼、宋华阅、仲江会伐秦。不书，惰也。向之会亦如之。卫北宫括不书于向，书于伐秦，摄也。

秦伯问于士鞅曰："晋大夫其谁先亡？"对曰："其栾氏乎！"秦伯曰："以其汰乎？"对曰："然。栾黡汰虐已甚，犹可以免，其在盈乎！"秦伯曰："何故？"对曰："武子之德在民，如周人之思召公焉，爱其甘棠，况其子乎？栾黡死，盈之善未能及人，武子所施没矣，而黡之怨实章，将于是乎在。"秦伯以为知言，为之请于晋而复之。

（十四·四）卫献公戒孙文子、宁惠子食，皆服而朝，日旰不召，而射鸿于囿。二子从之，不释皮冠而与之言。二子怒。孙文子如戚，孙蒯入使。公饮之酒，使大师歌巧言之卒章。大师辞。师曹请为之。初，公有嬖妾，使师曹诲之琴，师曹鞭之。公怒，鞭师曹三百。故师曹欲歌之，以怒孙子，以报公。公使歌之，遂诵之。蒯惧，告文子。文子曰："君忌我矣，弗先，必死。"并帑于戚而入，见蘧伯玉，曰："君之暴虐，子所知也。大惧社稷之倾覆，将若之何？"对曰："君制其国，臣敢奸之？虽奸之，庸知愈乎？”遂行，从近关出。

公使子蟜、子伯、子皮与孙子盟于丘宫，孙子皆杀之。四月己未，子展奔齐，公如鄄。使子行请于孙子，孙子又杀之。公出奔齐，孙氏追之，败公徒于阿泽，鄄人执之。

初，尹公佗学射于庾公差，庾公差学射于公孙丁。二子追公，公孙丁御公。子鱼曰：“射为背师，不射为戮，射为礼乎？”射两軥而还。

尹公佗曰：“子为师，我则远矣。”乃反之。公孙丁授公辔而射之，贯臂。

子鲜从公。及竟，公使祝宗告亡，且告无罪。定姜曰：“无神，何告？若有，不可诬也。有罪，若何告无？舍大臣而与小臣谋，一罪也。先君有冢卿以为师保，而蔑之，二罪也。余以巾栉事先君，而暴妾使余，三罪也。告亡而已，无告无罪！”公使厚成叔吊于卫，曰：“寡君使瘠，闻君不抚社稷，而越在他竟，若之何不吊？以同盟之故，使瘠敢私于执事，曰：‘有君不吊，有臣不敏；君不赦宥，臣亦不帅职，增淫发泄，其若之何？’卫人使大叔仪对，曰：“群臣不佞，得罪于寡君。寡君不以即刑，而悼弃之，以为君忧。君不忘先君之好，辱吊群臣，又重恤之。敢拜君命之辱，重拜大贶。”厚孙归，复命，语臧武仲曰：“卫君其必归乎！有大叔仪以守，有母弟鱄以出。或抚其内，或营其外，能无归乎！”

齐人以郲寄卫侯。及其复也，以郲粮归。右宰谷从而逃归，卫人将杀之。辞曰：“余不说初矣。余狐裘而羔袖。”乃赦之。

卫人立公孙剽，孙林父、宁殖相之，以听命于诸侯。卫侯在郲，臧纥如齐唁卫侯。卫侯与之言，虐。退而告其人曰：“卫侯其不得入矣。其言粪土也。亡而不变，何以复国？”子展、子鲜闻之，见臧纥，与之言，道。臧孙说，谓其人曰：“卫君必入。夫二子者，或挽之，或推之，欲无入，得乎？”

（十四·五）师归自伐秦。晋侯舍新军，礼也。成国不过半天子之军。周为六军，诸侯之大者，三军可也。于是知朔生盈而死，盈生六年而武子卒，彘裘亦幼，皆未可立也。新军无帅，故舍之。

（十四·六）师旷侍于晋侯。晋侯曰：“卫人出其君，不亦甚？”对曰：“或者其君实甚。良君将赏善而刑淫，养民如子，盖之如天，容之如地；民奉其君，爱之如父母，仰之如日月，敬之如神明，畏之如雷霆，其可出乎？夫君，神之主而民之望也。若困民之主，匮神乏祀，百姓绝望，社稷无主，将安用之？弗去何为？天生民而立之君，使司牧之，勿使失性。有君而为之贰，使师保之，勿使过度。是故天子有公，诸侯有卿，卿置侧室，大夫有贰宗，士有朋友，庶人、工商、皂隶、牧圉皆有亲昵，以相辅佐也。善则赏之，过则匡之，患则救之，失则革之。自王以下各有父兄子弟以补察其政。史为书，瞽为诗，工诵箴谏，大夫规诲，士传言，庶人谤，商旅于市，百工献艺。故夏书曰：'遒人以木铎徇于路，官师相规，工执艺沈谏。'正月孟春，于是乎有之，谏失常也。天之爱民殃，岂其使一人肆于民上，以从其淫，而弃天地之性？必不然矣。"

（十四·七）秋，楚子为庸浦之役故，子囊师于棠，以伐吴。吴人不出而还。子囊殿，以吴为不能而弗儆。吴人自皋舟之隘要而击之。楚人不能相救，吴人败之，获楚公子宜谷。

（十四·八）王使刘定公赐齐侯命，曰："昔伯舅大公右我先王，股肱周室，师保万民。世胙大师，以表东海。王室之不坏，繄伯舅是赖。今余命女环，兹率舅氏之典，纂乃祖考，无忝乃旧。敬之哉！无废朕命！"

（十四·九）晋侯问卫故于中行献子。对曰："不如因而定之。卫有君矣，伐之，未可以得志，而勤诸侯。史佚有言曰：'因重而抚之。'仲虺有言曰：'亡者侮之，乱者取之。推亡、固存，国之道也。'君其定卫以待时乎！"

冬，会于戚，谋定卫也。

（十四·十）范宣子假羽毛于齐而弗归，齐人始贰。

（十四·十一）楚子囊还自伐吴，卒。将死，遗言谓子庚："必城郢！"君子谓子囊忠。君薨，不忘增其名；将死，不忘卫社稷，可不谓忠乎？忠，民之望也。诗曰："行归于周，万民所望"，忠也。

（襄公十五年）

经

（十五·一）十有五年春，宋公使向戌来聘。二月己亥，及向戌盟于刘。

（十五·二）刘夏逆王后于齐。

（十五·三）夏，齐侯伐我北鄙，围成。公救成，至遇。

（十五·四）季孙宿、叔孙豹帅师城成郛。

（十五·五）秋八月丁巳，日有食之。

（十五·六）邾人伐我南鄙。

（十五·七）冬十有一月癸亥，晋侯周卒。

传

（十五·一）十五年春，宋向戌来聘，且寻盟。见孟献子，尤其室，曰："子有令闻而美其室，非所望也。"对曰："我在晋，吾兄为之。毁之重劳，且不敢间。"

（十五·二）官师从单靖公逆王后于齐。卿不行，非礼也。

（十五·三）楚公子午为令尹，公子罢戎为右尹，蒍子冯为大司马，公子橐师为右司马，公子成为左司马，屈到为莫敖，公子追舒为箴尹，屈荡为连尹，养由基为宫厩尹，以靖国人。君子谓楚于是乎能官人。官人，国之急也。能官人，则民无觎心。诗云："嗟我怀人，寘彼周行"，能官人也。王及公、侯、伯、子、男，甸、采、卫大夫，各居其列，所谓周行也。

（十五·四）郑尉氏、司氏之乱，其余盗在宋。郑人以子西、伯有、子产之故，纳赂于宋，以马四十乘，与师茷、师慧。三月，公孙黑为质焉。司城子罕以堵女父、尉翩、司齐与之，良司臣而逸之，托诸季武子，武子寘诸卞。郑人醢三人也。师慧过宋朝，将私焉。其相曰："朝也。"慧曰："无人焉。"相曰："朝也，何故无人？"慧曰："必无人焉。若犹有人，岂其以千乘之相易淫乐之蒙？必无人焉故也。"子罕闻之，固请而归之。夏，齐侯围成，贰于晋故也。于是乎城成郛。

（十五·六）秋，邾人伐我南鄙，使告于晋。晋将为会以讨邾、莒，晋侯有疾，乃止。冬，晋悼公卒，遂不克会。

（十五·七）郑公孙夏如晋奔丧，子蟜送葬。

（十五·八）宋人或得玉，献诸子罕。子罕弗受。献玉者曰："以示玉人，玉人以为宝也，故敢献之。"子罕曰："我以不贪为宝，尔以玉为宝。若以与我，皆丧宝也，不若人有其宝。"稽首而告曰："小人怀璧，不可以越乡，纳此以请死也。"子罕寘诸其里，使玉人为之攻之，富而后使复其所。

（十五·九）十二月，郑人夺堵狗之妻，而归诸范氏。

（襄公十六年）

经

（十六·一）十有六年春王正月，葬晋悼公。

（十六·二）三月，公会晋侯、宋公、卫侯、郑伯、曹伯、莒子、邾子、薛伯、杞伯、小邾子于溴梁。戊寅，大夫盟。

（十六·三）晋人执莒子、邾子以归。

（十六·四）齐侯伐我北鄙。

（十六·五）夏，公至自会。

（十六·六）五月甲子，地震。

（十六·七）叔老会郑伯、晋荀偃、卫宁殖、宋人伐许。

（十六·八）秋，齐侯伐我北鄙，围成。

（十六·九）大雩。

（十六·十）冬，叔孙豹如晋。

传

（十六·一）十六年春，葬晋悼公。平公即位，羊舌肸为傅，张君臣为中军司马，祁奚、韩襄、栾盈、士鞅为公族大夫，虞丘书为乘马御。改服、修官，烝于曲沃。警守而下，会于溴梁。命归侵田。以我故，执邾宣公、莒犂比公，且曰“通齐、楚之使”。晋侯与诸侯宴于温，使诸大夫舞，曰：“歌诗必类。”齐高厚之诗不类。荀偃怒，且曰：“诸侯有异志矣。”使诸大夫盟高厚，高厚逃归。于是叔孙豹、晋荀偃、宋向戌、卫宁殖、郑公孙虿、小邾之大夫盟，曰：“同讨不庭。”

（十六·二）许男请迁于晋。诸侯遂迁许，许大夫不可，晋人归诸侯。

郑子蟜闻将伐许，遂相郑伯以从诸侯之师。穆叔从公。齐子帅师会晋荀偃。书曰“会郑伯”，为夷故也。

（十六·二）夏六月，次于棫林。庚寅，伐许，次于函氏。

（十六·三）晋荀偃、栾黡帅师伐楚，以报宋杨梁之役。楚公子格帅师，及晋师战于湛阪。楚师败绩。晋师遂侵方城之外，复伐许而还。

（十六·四）秋，齐侯围成，孟孺子速徼之。齐侯曰：“是好勇，去之以为之名。”速遂塞海陉而还。

（十六·五）冬，穆叔如晋聘，且言齐故。晋人曰：“以寡君之未禘祀，与民之未息，不然，不敢忘。”穆叔曰：“以齐人之朝夕释憾于敝邑之地，是以大请。敝邑之急，朝不及夕，引领西望曰：‘庶几乎！’比执豆间，恐无及也。”见中行献子，赋圻父。献子曰：“偃知罪矣，敢不从执沈同恤社稷，而使鲁及此？”见范宣子，赋鸿雁之卒章。宣子曰：“丐在此，敢使鲁无鸠乎？”

（襄公十七年）

经

（十七·一）十有七年春王二月，庚午，邾子牼卒。

（十七·二）宋人伐陈。

（十七·三）夏，卫石买帅师伐曹。

（十七·四）秋，齐侯伐我北鄙，围桃。高厚帅师伐我北鄙，围防。

（十七·五）九月，大雩。

（十七·六）宋华臣出奔陈。

（十七·七）冬，邾人伐我南鄙。

传

（十七·一）十七年春，宋庄朝伐陈，获司徒卬，卑宋也。

（十七·二）卫孙蒯田于曹隧，饮马于重丘，毁其瓶。重丘人闭门而诟之，曰：“亲逐而君，尔父为厉。是之不忧，而何以田为？”夏，卫石买、孙蒯伐曹，取重丘。曹人愬于晋。

（十七·三）齐人以其未得志于我故，秋，齐侯伐我北鄙，围桃。高厚围臧纥于防。师自阳关逆臧孙，至于旅松。郰叔纥、臧畴、臧贾帅甲三百，宵犯齐师，送之而复。齐师去之。

齐人获臧坚，齐侯使夙沙卫唁之，且曰“无死”。坚稽首曰：“拜命之辱。抑君赐不终，姑又使其刑臣礼于士。”以杙抉其伤而死。

（十七·四）冬，邾人伐我南鄙，为齐故也。

（十七·五）宋华阅卒，华臣弱皋比之室，使贼杀其宰华吴，贼六人以铍杀诸卢门合左师之后。左师惧，曰：“老夫无罪。”贼曰：“皋比私有讨于吴。”遂幽其妻，曰：“畀余而大璧。”宋公闻之，曰：“臣也不唯其宗室是暴，大乱宋国之政，必逐之。”左师曰：“臣也，亦卿也。大臣不顺，国之耻也。不如盖之。”乃舍之。左师为己短策，苟过华臣之门，必骋。

十一月甲午，国人逐瘈狗。瘈狗入于华臣氏，国人从之。华臣惧，遂奔陈。

（十七·六）宋皇国父为大宰，为平公筑台，妨于农收。子罕请俟农功之毕，公弗许。筑者讴曰：“泽门之晳，实兴我役。邑中之黔，实慰我心。”子罕闻之，亲执扑，以行筑者，而抶其不勉者，曰：“吾侪小人皆有阖庐以辟燥湿寒暑。今君为一台,而不速成,何以为役?”讴者乃止。或问其故。子罕曰:“宋国区区,而有诅有祝,祸之本也。”

(十七·七)齐晏桓子卒,晏婴粗缞斩,苴绖、带、杖,菅屦,食鬻,居倚庐,寝苫,枕草。其老曰:“非大夫之礼也。”曰:“唯卿为大夫。”

(襄公十八年)

经

(十八·一)十有八年春,白狄来。

(十八·二)夏,晋人执卫行人石买。

(十八·三)秋,齐师伐我北鄙。

(十八·四)冬十月,公会晋侯、宋公、卫侯、郑伯、曹伯、莒子、邾子、滕子、薛伯、杞伯、小邾子同围齐。

(十八·五)曹伯负刍卒于师。

(十八·六)楚公子午帅师伐郑。

传

(十八·一)十八年春,白狄始来。

(十八·二)夏,晋人执卫行人石买于长子,执孙蒯于纯留,为曹故也。

(十八·三)秋,齐侯伐我北鄙。中行献子将伐齐,梦与厉公讼,弗胜。公以戈击之,首队于前,跪而戴之,奉之以走,见梗阳之巫皋。他日,见诸道,与之言,同。巫曰:“今兹主必死。若有事于东方,则可以逞。”献子许诺。

晋侯伐齐,将济河,献子以朱丝系玉二瑴,而祷曰:“齐环怙恃其险,负其众庶,弃好背盟,陵虐神主。曾臣彪将率诸侯以讨焉,其官臣偃实先后之。苟捷有功,无作神羞,官臣偃无敢复济。唯尔有神裁之。”沈玉而济。

冬十月,会于鲁济,寻湨梁之言,同伐齐。齐侯御诸平阴,堑防门而守之,广里。夙沙卫曰:“不能战,莫如守险。”弗听。诸侯之士门焉,齐人多死。范宣子告析文子,曰:“吾知子,敢匿情乎?鲁人、莒人皆请以车千乘自其乡入,既许之矣。若入,君必失国。子盍图之!”子家以告公。公恐。晏婴闻之,曰:“君固无勇,而又闻是,弗能久矣。”

齐侯登巫山以望晋师。晋人使司马斥山泽之险,虽所不至,必旆而疏陈之。使乘车者左实右伪,以旆先,舆曳柴而从之。齐侯见之,畏其众也，乃脱归。丙寅晦，齐师夜遁。师旷告晋侯曰："鸟乌之声乐，齐师其遁。"邢伯告中行伯曰："有班马之声，齐师其遁。"叔向告晋侯曰："城上有乌，齐师其遁。"

十一月丁卯朔，入平阴，遂从齐师。夙沙卫连大车以塞隧而殿。殖绰、郭最曰："子殿国师，齐之辱也。子姑先乎！"乃代之殿。卫杀马于隘以塞道。晋州绰及之，射殖绰，中肩，两矢夹脰，曰："止，将为三军获；不止，将取其衷。"顾曰："为私誓。"州绰曰："有如日！"乃弛弓而自后缚之。其右具丙亦舍兵而缚郭最，皆衿甲而缚，坐于中军之鼓下。

晋人欲逐归者，鲁、卫请攻险。己卯，荀偃、士丐以中军克京兹。乙酉，魏绛、栾盈以下军克邿；赵武、韩起以上军围卢，弗克。十二月戊戌，及秦周，伐雍门之萩。范鞅门于雍门，其御追喜以戈杀犬于门中；孟庄子斩其槆以为公琴。己亥，焚雍门及西郭、南郭。刘难、士弱率诸侯之师焚申池之竹木。壬寅，焚东郭、北郭，范鞅门于扬门。州绰门于东闾，左骖迫，还于东门中，以枚数阖。齐侯驾，将走邮棠。大子与郭荣扣马，曰："师速而疾，略也。将退矣，君何惧焉？且社稷之主不可以轻，轻则失众。君必待之！"将犯之。大子抽剑断鞅，乃止。甲辰，东侵及潍，南及沂。

（十八·四）郑子孔欲去诸大夫，将叛晋而起楚师以去之。使告子庚，子庚弗许。楚子闻之，使杨豚尹宜告子庚曰："国人谓不谷主社稷而不出师，死不从礼。不谷即位，于今五年，师徒不出，人其以不谷为自逸而忘先君之业矣。大夫图之，其若之何？"子庚叹曰："君王其谓午怀安乎！吾以利社稷也。"见使者，稽首而对曰："诸侯方睦于晋，臣请尝之。若可，君而继之。不可，收师而退，可以无害，君亦无辱。"

子庚帅师治兵于汾。于是子蟜、伯有、子张从郑伯伐齐，子孔、子展、子西守。二子知子孔之谋，完守入保。子孔不敢会楚师。

楚师伐郑，次于鱼陵。右师城上棘，遂涉颍。次于旃然。旃子冯、公子格率锐师侵费滑、胥靡、献于、雍梁，右回梅山，侵郑东北，至于虫牢而反。子庚门于纯门，信于城下而还，涉于鱼齿之下。甚雨及之。楚师多冻，役徒几尽。晋人闻有楚师，师旷曰："不害。吾骤歌北风，又歌南风，南风不竞，多死声。楚必无功。"董叔曰："天道多在西北。南师不时，必无功。"叔向曰："在其君之德也。"

（襄公十九年）

经

（十九・一）十有九年春王正月，诸侯盟于祝柯。晋人执邾子。

（十九・二）公至自伐齐。

（十九・三）取邾田，自漷水。

（十九・四）季孙宿如晋。

（十九・五）葬曹成公。

（十九・六）夏，卫孙林父帅师伐齐。

（十九・七）秋七月辛卯，齐侯环卒。

（十九・八）晋士丐帅师侵齐，至谷，闻齐侯卒，乃还。

（十九・九）八月丙辰，仲孙蔑卒。

（十九・十）齐杀其大夫高厚。

（十九・十一）郑杀其大夫公子嘉。

（十九・十二）冬，葬齐灵公。

（十九・十三）城西郛。

（十九・十四）叔孙豹会晋士丐于柯。

（十九・十五）城武城。

传

（十九・一）十九年春，诸侯还自沂上，盟于督扬，曰："大毋侵小。"执邾悼公，以其伐我故。遂次于泗上，疆我田，取邾田，自漷水归之于我。

晋侯先归。公享晋六卿于蒲圃，赐之三命之服；军尉、司马、司空、舆尉、候奄皆受一命之服；贿荀偃束锦、加璧、乘马，先吴寿梦之鼎。

荀偃瘅疽，生疡于头。济河，及着雍，病，目出。大夫先归者皆反。士丐请见，弗内。请后，曰："郑甥可。"二月甲寅，卒，而视，不可含。宣子盥而抚之，曰："事吴敢不如事主！"犹视。栾怀子曰："其为未卒事于齐故也乎？"乃复抚之曰："主苟终，所不嗣灶齐者，有如河！"乃瞑，受含。宣子出，曰："吾浅之为丈夫也。"

（十九・二）晋栾鲂帅师从卫孙文子伐齐。

（十九・三）季武子如晋拜师，晋侯享之。范宣子为政，赋黍苗。季武子兴，再拜稽首，曰："小国之仰大国也，如百谷之仰膏雨焉。若常膏之，其天下辑睦，岂唯敝邑？"赋六月。

（十九·四）季武子以所得于齐之兵作林钟而铭鲁功焉。臧武仲谓季孙曰："非礼也。夫铭，天子令德，诸侯言时计功，大夫称伐。今称伐，则下等也；计功，则借人也；言时，则妨民多矣，何以为铭？且夫大伐小，取其所得，以作彝器，铭其功烈，以示子孙，昭明德而惩无礼也。今将借人之力以救其死，若之何铭之？小国幸于大国，而昭所获焉以怒之，亡之道也。"

（十九·五）齐侯娶于鲁，曰颜懿姬，无子。其侄鬷声姬，生光，以为大子。诸子仲子、戎子，戎子嬖。仲子生牙，属诸戎子。戎子请以为大子，许之。仲子曰："不可。废常，不祥；间诸侯，难。光之立也，列于诸侯矣。今无故而废之，是专黜诸侯，而以难犯不祥也。君必悔之。"公曰："在我而已。"遂东大子光。使高厚傅牙，以为大子，夙沙卫为少傅。齐侯疾，崔杼微逆光，疾病而立之。光杀戎子，尸诸朝，非礼也。妇人无刑。虽有刑，不在朝市。

夏五月壬辰晦，齐灵公卒。庄公即位。执公子牙于句渎之丘。以夙沙卫易己，卫奔高唐以叛。

（十九·六）晋士丐侵齐，及谷，闻丧而还，礼也。

（十九·七）于四月丁未，郑公孙虿卒，赴于晋大夫。范宣子言于晋侯，以其善于伐秦也。六月，晋侯请于王，王追赐之大路，使以行，礼也。

（十九·八）秋八月，齐崔杼杀高厚于洒蓝，而兼其室。书曰"齐杀其大夫"，从君于昏也。

（十九·九）郑子孔之为政也专，国人患之，乃讨西宫之难与纯门之师。子孔当罪，以其甲及子革、子良氏之甲守。甲辰，子展、子西率国人伐之，杀子孔而分其室。书曰"郑杀其大夫"，专也。

子然、子孔，宋子之子也；士子孔，圭妫之子也。圭妫之班亚宋子，而相亲也；二子孔亦相亲也。僖之四年，子然卒；简之元年，士子孔卒。司徒孔实相子革、子良之室，三室如一，故及于难。子革、子良出奔楚。子革为右尹。郑人使子展当国，子西听政，立子产为卿。

（十九·十）齐庆封围高唐，弗克。冬十一月，齐侯围之。见卫在城上，号之，乃下。问守备焉，以无备告。揖之，乃登。闻师将傅，食高唐人。殖绰、工偻会夜缒纳师，醢卫于军。

（十九·十一）城西郛，惧齐也。

（十九·十二）齐及晋平，盟于大隧。故穆叔会范宣子于柯。穆叔见叔向，赋载驰之四章。叔向曰："肸敢不承命！"穆叔归，曰："齐犹未也，不可以不惧。"乃城武城。

(十九·十三)卫石共子卒，悼子不哀。孔成子曰："是谓蹶其本，必不有其宗。"

(襄公二十年)

经

(二十·一)二十年春王正月辛亥，仲孙速会莒人盟于向。

(二十·二)夏六月庚申，公会晋侯、齐侯、宋公、卫侯、郑伯、曹伯、莒子、邾子、滕子、薛伯、杞伯、小邾子盟于澶渊。

(二十·三)秋，公至自会。

(二十·四)仲孙速帅师伐邾。

(二十·五)蔡杀其大夫公子燮。蔡公子履出奔楚。

(二十·六)陈侯之弟黄出奔楚。

(二十·七)叔老如齐。

(二十·八)冬十月丙辰朔，日有食之。

(二十·九)季孙宿如宋。

传

(二十·一)二十年春，及莒平。孟庄子会莒人盟于向，督扬之盟故也。

(二十·二)夏，盟于澶渊，齐成故也。

(二十·三)邾人骤至，以诸侯之迂能报也。秋，孟庄子伐邾以报之。

(二十·四)蔡公子燮欲以蔡之晋，蔡人杀之。公子履，其母弟也，故出奔楚。

陈庆虎、庆寅畏公子黄之偪，愬诸楚曰："与蔡司马同谋。"楚人以为讨，公子黄出奔楚。初，蔡文侯欲事晋，曰："先君与于践土之盟，晋不可弃，且兄弟也。"畏楚，不能行而卒。楚人使蔡无常，公子燮求从先君以利蔡，不能而死。书曰"蔡杀其大夫公子燮"，言不与民同欲也；"陈侯之弟黄出奔楚"，言非其罪也。公子黄将出奔，呼于国曰："庆氏无道，求专陈国，暴蔑其君，而去其亲，五年不灭，是无天也。"

(二十·五)齐子初聘于齐，礼也。

(二十·六)冬，季武子如宋，报向戌之聘也。褚师段逆之以受享，赋常棣之七章以卒。宋人重贿之。归，复命，公享之，赋鱼丽之卒章。公赋南山有台。武子去所，曰："臣不堪也。"

（二十・七）卫宁惠子疾，召悼子曰："吾得罪于君，悔而无及也。名藏在诸侯之策，曰'孙林父、宁殖出其君'。君入，则掩之。若能掩之，则吾子也。若不能，犹有鬼神，吾有馁而已，不来食矣。"悼子许诺，惠子遂卒。

（襄公二十一年）

经

（二一・一）二十有一年春王正月，公如晋。

（二一・二）邾庶其以漆、闾丘来奔。

（二一・三）夏，公至自晋。

（二一・四）秋，晋栾盈出奔楚。

（二一・五）九月庚戌朔，日有食之。

（二一・六）冬十月庚辰朔，日有食之。

（二一・七）曹伯来朝。

（二一・八）公会晋侯、齐侯、宋公、卫侯、郑伯、曹伯、莒子、邾子于商任。

传

（二一・一）二十一年春，公如晋，拜师及取邾田也。

（二一・二）邾庶其以漆、闾丘来奔，季武子以公姑姊妻之，皆有赐于其从者。于是鲁多盗。季孙谓臧武仲曰："子盍诘盗？"武仲曰："不可诘也。纥又不能。"季孙曰："我有四封，而诘其盗，何故不可？子为司寇，将盗是务去，若之何不能？"武仲曰："子召外盗而大礼焉，何以止吾盗？子为正卿，而来外盗；使纥去之，将何以能？庶其窃邑于邾以来，子以姬氏妻之，而与之邑。其从者皆有赐焉。若大盗礼焉以君之姑姊与其大邑，其次皁牧舆马，其小者衣裳剑带，是赏盗也。赏而去之，其或难焉。纥也闻之：在上位者洒濯其心，壹以待人；轨度其信，可明征也，而后可以治人。夫上之所为，民之归也。上所不为，而民或为之，是以加刑罚焉，而莫敢不惩。若上之所为，而民亦为之，乃其所也，又可禁乎？夏书曰：'念兹在兹，释兹在兹，名言兹在兹，允出兹在兹，惟帝念功'，将谓由己壹也。信由己台，而后功可念也。"

庶其非卿也，以地来，虽贱，必书，重地也。

（二一·三）齐侯使庆佐为大夫，复讨公子牙之党，执公子买于句渎之丘。公子钼来奔。叔孙还奔燕。

（二一·四）夏，楚子庚卒。楚子使薳子冯为令尹，访于申叔豫。叔豫曰："国多宠而王弱，国不可为也。"遂以疾辞。方暑，阙地，下冰而床焉。重茧，衣裘，鲜食而寝。楚子使医视之。复曰："瘠则甚矣，而血气未动。"乃使子南为令尹。

（二一·五）栾桓子娶于范宣子，生怀子。范鞅以其亡也，怨栾氏，故与栾盈为公族大夫而不相能。桓子卒，栾祁与其老州宾通，几亡室矣。怀子患之。祁惧其讨也，愬诸宣子曰："盈将为乱，以范氏为死桓主而专政矣，曰：'吾父逐鞅也，不怒而以宠报之，又与吾同官而专之。吾父死而益富。死吾父而专于国，有死而已，吾蔑从之矣。'其谋如是，惧害于主，吾不敢不言。"范鞅为之征。怀子好施，士多归之。宣子畏其多士也，信之。怀子为下卿，宣子使城着而遂逐之。秋，栾盈出奔楚。宣子杀箕遗、黄渊、嘉父、司空靖、邴豫、董叔、邴师、申书、羊舌虎、叔罴，囚伯华、叔向、籍偃。

人谓叔向曰："子离于罪，其为不知乎？"叔向曰："与其死亡若何？诗曰：'优哉游哉，聊以卒岁'，知也。"

乐王鲋见叔向，曰："吾为子请。"叔向弗应。出，不拜。其人皆咎叔向。叔向曰："必祁大夫。"室老闻之，曰："乐王鲋言于君，无不行，求赦吾子，吾子不许。祁大夫所不能也，而曰必由之，何也？"叔向曰："乐王鲋，从君者也，何能行？祁大夫外举不弃雠，内举不失亲，其独遗我乎？诗曰：'有觉德行，四国顺之。'夫子觉者也。"

晋侯问叔向之罪于乐王鲋。对曰："不弃其亲，其有焉。"于是祁奚老矣，闻之，乘驲而见宣子，曰："诗曰：'惠我无疆，子孙保之。'书曰：'圣有谟勋，明征定保。'夫谋而鲜过、惠训不倦者，叔向有焉，社稷之固也，犹将十世宥之，以劝能者。今壹不免其身，以弃社稷，不亦惑乎？鲧殛而禹兴；伊尹放大甲而相之，卒无怨色；管、蔡为戮，周公右王。若之何其以虎也弃社稷？子为善，谁敢不勉？多杀何为？"宣子说，与之乘，以言诸公而免之。不见叔向而归，叔向亦不告免焉而朝。

初，叔向之母妒叔虎之母美而不使，其子皆谏其母。其母曰："深山大泽，实生龙蛇。彼美，余惧其生龙蛇以祸女。女敝族也。国多大宠，不仁人间之，不亦难乎？余何爱焉？"使往视寝，生叔虎，美而有勇力，栾怀子嬖之，故羊舌氏之族及于难。

栾盈过于周，周西鄙掠之。辞于行人曰："天子陪臣盈得罪于王之守臣，将逃罪。罪重于郊甸，无所伏窜，敢布其死：昔陪臣书能输力于王室，王施惠焉。其子黡不能保任其父之劳。大君若不弃书之力，亡臣犹有所逃。若弃书之力，而思黡之罪，臣戮余也，将归死于尉氏，不敢还矣。敢布四体，唯大君命焉。"王曰："尤而效之，其又甚焉。"使司徒禁掠栾氏者，归所取焉，使候出诸轘辕。

（二一・六）冬，曹武公来朝，始见也。

（二一・七）会于商任，锢栾氏也。齐侯、卫侯不敬。叔向曰："二君者必不免。会朝，礼之经也；礼，政之舆也；政，身之守也。怠礼，失政；失政，不立，是以乱也。"

（二一・八）知起、中行喜、州绰、邢蒯出奔齐，皆栾氏之党也。乐王鲋谓范宣子曰："盍反州绰、邢蒯？勇士也。"宣子曰："彼栾氏之勇也，余何获焉？"王鲋曰："子为彼栾氏，乃亦子之勇也。"

齐庄公朝，指殖绰、郭最曰："是寡人之雄也。"州绰曰："君以为雄，谁敢不雄？然臣不敏，平阴之役，先二子鸣。"庄公为勇爵，殖绰、郭最欲与焉。州绰曰："东闾之役，臣左骖迫，还于门中，识其枚数，其可以与于此乎？"公曰："子为晋君也。"对曰："臣为隶新，然二子者，譬于禽兽，臣食其肉而寝处其皮矣。"

（襄公二十二年）

经

（二二・一）二十有二年春王正月，公至自会。

（二二・二）夏四月。

（二二・三）秋七月辛酉，叔老卒。

（二二・四）冬，公会晋侯、齐侯、宋公、卫侯、郑伯、曹伯、莒子、邾子、薛伯、杞伯、小邾子于沙随。

（二二・五）公至自会。

（二二・六）楚杀其大夫公子追舒。

传

（二二・一）二十二年春，臧武仲如晋。雨，过御叔。御叔在其邑，将饮酒，曰："焉用圣人？我将饮酒而已。雨行，何以圣为？"穆叔闻之，曰："不可使也，而傲使人，国之蠹也。"令倍其赋。

（二二・二）夏，晋人征朝于郑。郑人使少正公孙侨对曰："在晋先君悼公九年，我寡君于是即位。即位八月，而我先大夫子驷从寡君以朝于执事，执事不礼于寡君，寡君惧。因是行也，我二年六月朝于楚，晋是以有戏之役。楚人犹竞，而申礼于敝邑。敝邑欲从执事而惧为大尤，曰：'晋其谓我不共有礼？'是以不敢携贰于楚。我四年三月，先大夫子蟜又从寡君以观衅于楚，晋于是乎有萧鱼之役。谓我敝邑，迩在晋国，譬诸草木，吾臭味也，而何敢差池？楚亦不竞，寡君尽其土实，重之以宗器，以受齐盟。遂帅群臣随于执事，以会岁终。贰于楚者子侯、石盂，归而讨之。溴梁之明年，子蟜老矣，公孙夏从寡君以朝于君，见于尝酎，与执燔焉。间二年，闻君将靖东夏四月，又朝以听事期。不朝之间，无岁不聘，无役不从。以大国政令之无常，国家罢病，不虞荐至，无日不惕，岂敢忘职？大国若安定之，其朝夕在庭，何辱命焉？若不恤其患而以为口实，其无乃不堪任命而翦为仇雠？敝邑是惧，其敢忘君命？委诸执事，执事实重图之。"

(二二·三)秋，栾盈自楚适齐。晏平仲言于齐侯曰："商任之会，受命于晋。今纳栾氏，将安用之？小所以事大，信也。失信，不立。君其图之。"弗听。退告陈文子曰："君人执信，臣人执共。忠、信、笃、敬，上下同之，天之道也。君自弃也，弗能久矣。"

(二二·四)九月，郑公孙黑肱有疾，归邑于公，召室老、宗人立段，而使黜官、薄祭。祭以特羊，殷以少牢，足以共祀，尽归其余邑，曰："吾闻之：生于乱世，贵而能贫，民无求焉，可以后亡。敬共事君与二三子。生在敬戒，不在富也。"己巳，伯张卒。君子曰："善戒。诗曰：'慎尔侯度，用戒不虞'，郑子张其有焉。"

(二二·五)冬，会于沙随，复锢栾氏也。

栾盈犹在齐。晏子曰："祸将作矣。齐将伐晋，不可以不惧。"

(二二·六)楚观起有宠于令尹子南，未益禄而有马数十乘。楚人患之，王将讨焉。子南之子弃疾为王御士，王每见之，必泣。弃疾曰："君三泣臣矣，敢问谁之罪也？"王曰："令尹之不能，尔所知也。国将讨焉，尔其居乎？"对曰："父戮子居，君焉用之？泄命重刑，臣亦不为。"王遂杀子南于朝，轘观起于四竟。

子南之臣谓弃疾："请徙子尸于朝。"曰："君臣有礼，唯二三子。"三日，弃疾请尸。王许之。既葬，其徒曰："行乎？"曰："吾与杀吾父，行将焉入？"曰："然则臣王乎？"曰："弃父事雠，吾弗忍也。"遂缢而死。

复使薳子冯为令尹，公子齮为司马，屈建为莫敖。有宠于薳子者八人，皆无禄而多马。他日朝，与申叔豫言，弗应而退。从之，入于人中。又从之，遂归。退朝，见之，曰："子三困我于朝，吾惧，不敢不见。吾过，子姑告我，何疾我也？"对曰："吾不免是惧，何敢告子？"曰："何故？"对曰："昔观起有宠于子南，子南得罪，观起车裂，何故不惧？"自御而归，不能当道。至，谓八人者曰："吾见申叔，夫子所谓生死而肉骨也。知我者如夫子则可；不然，请止。"辞八人者，而后王安之。

（二二・七）十二月，郑游贩将归晋，未出竟，遭逆妻者，夺之，以馆于邑。丁巳，其夫攻子明，杀之，以其妻行。子展废良而立大叔，曰："国卿，君之贰也，民之主也，不可以苟。请舍子明之类。求亡妻者，使复其所。使游氏勿怨。"曰："无昭恶也。"

（襄公二十三年）

经

（二三・一）二十有三年春王二月癸酉朔，日有食之。

（二三・二）三月己巳，杞伯丐卒。

（二三・三）夏，邾畀我来奔。

（二三・四）葬杞孝公。

（二三・五）陈杀其大夫庆虎及庆寅。

（二三・六）陈侯之弟黄自楚归于陈。

（二三・七）晋栾盈复入于晋，入于曲沃。

（二三・八）秋，齐侯伐卫，遂伐晋。

（二三・九）八月，叔孙豹帅师救晋，次于雍榆。

（二三・十）己卯，仲孙速卒。

（二三・十一）冬十月乙亥，臧孙纥出奔邾。

（二三・十二）晋人杀栾盈。

（二三・十三）齐侯袭莒。

传

（二三・一）二十三年春，杞孝公卒，晋悼夫人丧之。平公不彻乐，非礼也。礼，为邻国阙。

（二三・二）陈侯如楚，公子黄愬二庆于楚，楚人召之。使庆乐往，杀之。庆氏以陈叛。夏，屈建从陈侯围陈。陈人城，板队而杀人。役人相命，各杀其长，遂杀庆虎、庆寅。楚人纳公子黄。君子谓庆氏不义，不可肆也。故书曰："惟命不于常。"

（二三·三）晋将嫁女于吴，齐侯使析归父媵之，以藩载栾盈及其士，纳诸曲沃。栾盈夜见胥午而告之。对曰："不可。天之所废，谁能兴之？子必不免。吾非爱死也，知不集也。"盈曰："虽然，因子而死，吾无悔矣。我实不天，子无咎焉。"许诺。伏之而觞曲沃人，乐作，午言曰："今也得栾孺子何如？"对曰："得主而为之死，犹不死也。"皆叹，有泣者。爵行，又言。皆曰："得主，何贰之有！"盈出，遍拜之。

四月，栾盈帅曲沃之甲，因魏献子，以昼入绛。初，栾盈佐魏庄子于下军，献子私焉，故因之。赵氏以原、屏之难怨栾氏。韩、赵方睦。中行氏以伐秦之役怨栾氏，而固与范氏和亲。知悼子少，而听于中行氏。程郑嬖于公。唯魏氏及七舆大夫与之。

乐王鲋侍坐于范宣子。或告曰："栾氏至矣。"宣子惧。桓子曰："奉君以走固宫，必无害也。且栾氏多怨，子为政，栾氏自外，子在位，其利多矣。既有利权，又执民柄，将何惧焉？栾氏所得，其唯魏氏乎，而可强取也。夫克乱在权，子无懈矣！"

公有姻丧，王鲋使宣子墨缞冒绖，二妇人辇以如公，奉公以如固宫。范鞅逆魏舒，则成列既乘，将逆栾氏矣。趋进，曰："栾氏帅贼以入，鞅之父与二三子在君所矣，使鞅逆吾子。鞅请骖乘。"持带，遂超乘。右抚剑，左援带，命驱之出。仆请，鞅曰："之公。"宣子逆诸阶，执其手，赂之以曲沃。

初，斐豹，隶也，著于丹书。栾氏之力臣曰督戎，国人惧之。斐豹谓宣子曰："苟焚丹书，我杀督戎。"宣子喜，曰："而杀之，所不请于君焚丹书者，有如日！"乃出豹而闭之。督戎从之。逾隐而待之，督戎逾入，豹自后击而杀之。

范氏之徒在台后，栾氏乘公门。宣子谓鞅曰："矢及君屋，死之！"鞅用剑以帅卒，栾氏退，摄车从之。遇栾乐，曰："乐免之。死，将讼女于天。"乐射之，不中；又注，则乘槐本而覆。或以戟钩之，断肘而死。栾鲂伤。栾盈奔曲沃。晋人围之。

（二三·四）秋，齐侯伐卫。先驱，谷荣御王孙挥，召扬为右；申驱，成秩御莒恒，申鲜虞之傅挚为右。曹开御戎，晏父戎为右。贰广，上之登御邢公，卢蒲癸为右；启，牢成御襄罢师，狼蘧疏为右；胠，商子车御侯朝，桓跳为右；大殿，商子游御夏之御寇，崔如为右；烛庸之越驷乘。自卫将遂伐晋。

晏平仲曰："君恃勇力，以伐盟主。若不济，国之福也。不德而有功，忧必及君。”崔杼谏曰：“不可。臣闻之：小国间大国之败而毁焉，必受其咎。君其图之。”弗听。陈文子见崔武子，曰：“将如君何？”武子曰：“吾言于君，君弗听也。以为盟主，而利其难。群臣若急，君于何有？子姑止之。”文子退，告其人曰：“崔子将死乎！谓君甚而又过之，不得其死。过君以义，犹自抑也，况以恶乎？”

齐侯遂伐晋，取朝歌。为二队，入孟门，登大行。张武军于荧庭，戍郫邵，封少水，以报平阴之役，乃还。赵胜帅东阳之师以追之，获晏牦。八月，叔孙豹帅师救晋，次于雍榆，礼也。

（二三·五）季武子无适子，公弥长，而爱悼子，欲立之。访于申丰曰：“弥与纥，吾皆爱之，欲择才焉而立之。”申丰趋退，归，尽室将行。他日，又访焉。对曰：“其然，将具敝车而行。”乃止。访于臧纥。臧纥曰：“饮我酒，吾为子立之。”季氏饮大夫酒，臧纥为客。既献，臧孙命北面重席，新樽絜之。召悼子，降逆之。大夫皆起及乃旅而召公鉏，使与之齿。季孙失色。

季氏以公鉏为马正，愠而不出。闵子马见之，曰：“子无然。祸福无门，唯人所召。为人子者，患不孝不患无所。敬共父命，何常之有？若能孝敬，富倍季氏可也。奸回不轨，祸涪下民可也。”公鉏然之，敬共朝夕，恪居官次。季孙喜，使饮己酒，而以具往，尽舍旃。故公鉏氏富，又出为公左宰。

孟孙恶臧孙，季孙爱之。孟氏之御驺丰点好羯也，曰：“从余言必为孟孙。”再三云，羯从之。孟庄子疾，丰点谓公鉏：“苟立羯，请雠臧氏。”公鉏谓季孙曰：“孺子秩固其所也。若羯立，则季氏信有力于臧氏矣。”弗应。己卯，孟孙卒。公鉏奉羯立于户侧。季孙至，入哭而出，曰：“秩焉在？”公鉏曰：“羯在此矣。”季孙曰：“孺子长。”公鉏曰：“何长之有？唯其才也。且夫子之命也。”遂立羯。秩奔邾。

臧孙入哭，甚哀，多涕。出，其御曰：“孟孙之恶子也，而哀如是。季孙若死，其若之何？”臧孙曰：“季孙之爱我，疾疢也；孟孙之恶我，药石也。美疢不如恶石。夫石犹生我，疢之美，其毒滋多。孟孙死，吾亡无日矣。”孟氏闭门，告于季孙曰：“臧氏将为乱，不使我葬。”季孙不信。臧孙闻之，戒。冬十月，孟氏将辟，藉除于臧氏。臧孙使正夫助之，除于东门，甲从己而视之。孟氏又告季孙。季孙怒，命攻臧氏。乙亥，臧纥斩鹿门之关以出奔邾。

初，臧宣叔娶于铸，生贾及为而死。继室以其侄，穆姜之姨子也，生纥，长于公宫。姜氏爱之，故立之。臧贾、臧为出在铸。臧武仲自邾使告臧贾，且致大蔡焉，曰："纥不佞，失守宗祧，敢告不吊。纥之罪不及不祀，子以大蔡纳请，其可。"贾曰："是家之祸也，非子之过也。贾闻命矣。"再拜受龟，使为以纳请，遂自为也。臧孙如防，使来告曰："纥非能害也，知不足也。非敢私请。苟守先祀，无废二勋，敢不辟邑？"乃立臧为。臧纥致防而奔齐。其人曰："其盟我乎？"臧孙曰："无辞。"将盟臧氏，季孙召外史掌恶臣而问盟首焉。对曰："盟东门氏也，曰'毋或如东门遂不听公命，杀适立庶'。盟叔孙氏也，曰'毋或如叔孙侨如欲废国常，荡覆公室'。"季孙曰："臧孙之罪皆不及此。"孟椒曰："盍以其犯门斩关？"季孙用之，乃盟臧氏，曰："毋或如臧孙纥干国之纪，犯门斩关！"臧孙闻之，曰："国有人焉，谁居？其孟椒乎！"

（二三·六）晋人克栾盈于曲沃，尽杀栾氏之族党。栾鲂出奔宋。书曰"晋人杀栾盈"，不言大夫，言自外也。

（二三·七）齐侯还自晋，不入，遂袭莒。门于且于，伤股而退。明日，将复战，期于寿舒。杞殖、华还载甲夜入且于之隧，宿于莒郊。明日，先遇莒子于蒲侯氏。莒子重赂之，使无死，曰："请有盟。"华周对曰："贪货弃命，亦君所恶也。昏而受命，日未中而弃之，何以事君？"莒子亲鼓之，从而伐之，获杞梁。莒人行成。齐侯归，遇杞梁之妻于郊，使吊之。辞曰："殖之有罪，何辱命焉？若免于罪，犹有先人之敝庐在，下妾不得与郊吊。"齐侯吊诸其室。

（二三·八）齐侯将为臧纥田。臧孙闻之，见齐侯。与之言伐晋，对曰："多则多矣，抑君似鼠。夫鼠，昼伏夜动，不穴于寝庙，畏人故也。今君闻晋之乱而后作焉，宁将事之，非鼠如何？"乃弗与田。仲尼曰："知之难也。有臧武仲之知，而不容于鲁国，抑有由也，作不顺而施不恕也。夏书曰：'念兹在兹'，顺事、恕施也。"

（襄公二十四年）

经

（二四·一）二十有四年春，叔孙豹如晋。

（二四·二）仲孙羯帅师侵齐。

（二四·三）夏，楚子伐吴。

（二四·四）秋七月甲子朔，日有食之，既。

（二四·五）齐崔杼帅师伐莒。

（二四·六）大水。

（二四·七）八月癸巳朔，日有食之。

（二四·八）公会晋侯、宋公、卫侯、郑伯、曹伯、莒子、邾子、滕子、薛伯、杞伯、小邾子于夷仪。

（二四·九）冬，楚子、蔡侯、陈侯、许男伐郑。

（二四·十）公至自会。

（二四·十一）陈针宜咎出奔楚。

（二四·十二）叔孙豹如京师。

（二四·十三）大饥。

传

（二四·一）二十四年春，穆叔如晋，范宣子逆之，问焉，曰："古人有言曰：'死而不朽'，何谓也？"穆叔未对。宣子曰："昔丐之祖，自虞以上为陶唐氏，在夏为御龙氏，在商为豕韦氏，在周为唐杜氏，晋主夏盟为范氏，其是之谓乎！"穆叔曰："以豹所闻，此之谓世禄，非不朽也。鲁有先大夫曰臧文仲，既没，其言立，其是之谓乎！豹闻之：'大上有立德，其次有立功，其次有立言。'虽久不废，此之谓不朽。若夫保姓受氏，以守宗祊，世不绝祀，无国无之。禄之大者，不可谓不朽。"

（二四·二）范宣子为政，诸侯之币重，郑人病之。二月，郑伯如晋，子产寓书于子西，以告宣子，曰："子为晋国，四邻诸侯不闻令德，而闻重币，侨也惑之。侨闻君子长国家者，非无贿之患，而无令名之难。夫诸侯之贿聚于公室，则诸侯贰。若吾子赖之，则晋国贰。诸侯贰，则晋国坏；晋国贰，则子之家坏，何没没也？将焉用贿？夫令名，德之舆也；德，国家之基也。有基无坏，无亦是务乎！有德则乐，乐则能久。诗云：'乐只君子，邦家之基'，有令德也夫！'上帝临女，无贰尔心'，有令名也夫！恕思以明德，则令名载而行之，是以远至迩安。毋宁使人谓子'子实生我'，而谓'子浚我以生'乎？象有齿以焚其身，贿也。"

宣子说，乃轻币。是行也，郑伯朝晋，为重币故，且请伐陈也。郑伯稽首，宣子辞。子西相，曰："以陈国之介恃大国，而陵虐于敝邑，寡君是以请请罪焉，敢不稽首？"

（二四·三）孟孝伯侵齐，晋故也。

（二四·四）夏，楚子为舟师以伐吴，不为军政，无功而还。

（二四·五）齐侯既伐晋而惧，将欲见楚子。楚子使薳启强如齐聘,且请期。齐社,搜军实,使客观之。陈文子曰:“齐将有寇。吾闻之:兵不戢,必取其族。”

(二四·六)秋,齐侯闻将有晋师,使陈无宇从薳启强如楚,辞,且乞师。崔杼帅师送之,遂伐莒,侵介根。

(二四·七)会于夷仪,将以伐齐。水,不克。

(二四·八)冬,楚子伐郑以救齐,门于东门,次于棘泽。诸侯还救郑。晋侯使张骼、辅跞致楚师,求御于郑。郑人卜宛射犬,吉。子大叔戒之曰:“大国之人不可与也。”对曰:“无有众寡,其上一也。”大叔曰:“不然。部娄无松柏。”二子在幄,坐射犬于外;既食,而后食之。使御广车而行,己皆乘乘车。将及楚师,而后从之乘,皆踞转而鼓琴。近,不告而驰之。皆取胄于橐而胄,入垒,皆下,搏人以投,收禽挟囚。弗待而出。皆超乘,抽弓而射。既免,复踞转而鼓琴,曰:“公孙!同乘,兄弟也,胡再不谋?”对曰:“曩者志入而已,今则怯也。”皆笑,曰:“公孙之亟也!”楚子自棘泽还,使薳启强帅师送陈无宇。

(二四·九)吴人为楚舟师之役故,召舒鸠人。舒鸠人叛楚。楚子师于荒浦,使沈尹寿与师祁犁让之。舒鸠子敬逆二子,而告无之,且请受盟。二子复命。王欲伐之。薳子曰:“不可。彼告不叛,且请受盟,而又伐之,伐无罪也。姑归息民,以待其卒。卒而不贰,吾又何求?若犹叛我,无辞,有庸。”乃还。

(二四·十)陈人复讨庆氏之党,针宜咎出奔楚。

(二四·十一)齐人城郏。穆叔如周聘,且贺城。王嘉其有礼也,赐之大路。

(二四·十二)晋侯嬖程郑,使佐下军。郑行人公孙挥如晋聘,程郑问焉,曰:“敢问降阶何由?”子羽不能对,归以语然明。然明曰:“是将死矣。不然,将亡。贵而知惧,惧而思降,乃得其阶。下人而已,又何问焉?且夫既登而求降阶者,知人也,不在程郑。其有亡衅乎!不然,其有惑疾,将死而忧也。”

(襄公二十五年)

经

(二五·一)二十有五年春,齐崔杼帅师伐我北鄙。

(二五·二)夏五月乙亥,齐崔杼弑其君光。

(二五·三)公会晋侯、宋公、卫侯、郑伯、曹伯、莒子、邾子、滕子、薛伯、杞伯、小邾子于夷仪。

（二五·四）六月壬子，郑公孙舍之帅师入陈。

（二五·五）秋八月己巳，诸侯同盟于重丘。

（二五·六）公至自会。

（二五·七）卫侯入于夷仪。

（二五·八）楚屈建帅师灭舒鸠。

（二五·九）冬，郑公孙夏帅师伐陈。

（二五·十）十有二月，吴子遏伐楚，门于巢，卒。

传

（二五·一）二十五年春，齐崔杼帅师伐我北鄙，以报孝伯之师也。公患之，使告于晋。孟公绰曰："崔子将有大志，不在病我，必速归，何患焉？其来也不寇，使民不严，异于他日。"齐师徒归。

（二五·二）齐棠公之妻，东郭偃之姊也。东郭偃臣崔武子。棠公死，偃御武子以吊焉。见棠姜而美之，使偃取之。偃曰："男女辨姓，今君出自丁，臣出自桓，不可。"武子筮之，遇困䷮之大过䷛。史皆曰"吉"。示陈文子，文子曰："夫从风，风陨妻，不可娶也。且其繇曰：'困于石，据于蒺梨，入于其宫，不见其妻，凶。'困于石，往不济也；据于蒺梨，所恃伤也；入于其宫，不见其妻，凶，无所归也。"崔子曰："嫠也，何害？先夫当之矣。"遂取之。

庄公通焉，骤如崔氏，以崔子之冠赐人。侍者曰："不可。"公曰："不为崔子，其无冠乎？"崔子因是，又以其间伐晋也，曰："晋必将报。"欲弑公以说于晋，而不获间。公鞭侍人贾举，而又近之，乃为崔子间公。

夏五月，莒为且于之役故，莒子朝于齐。甲戌，飨诸北郭，崔子称疾，不视事。乙亥，公问崔子，遂从姜氏。姜入于室，与崔子自侧户出。公拊楹而歌。侍人贾举止众从者而入，闭门。甲兴，公登台而请，弗许；请盟，弗许；请自刃于庙，弗许。皆曰："君之臣杼疾病，不能听命。近于公宫，陪臣干掫有淫者，不知二命。"公逾墙，又射之，中股，反队，遂弑之。贾举、州绰、邴师、公孙敖、封具、铎父、襄伊、偻堙皆死。祝佗父祭于高唐，至复命，不说弁而死于崔氏。申蒯，侍渔者，退，谓其宰曰："尔以帑免，我将死。"其宰曰："免，是反子之义也。"与之皆死。崔氏杀鬷蔑于平阴。

晏子立于崔氏之门外，其人曰："死乎？"曰："独吾君也乎哉，吾死也?”曰:“行乎?”曰:“吾罪也乎哉,吾亡也?”曰:“归乎?”曰:“君死,安归?君民者,岂以陵民?社稷是主。臣君者,岂为其口实,社稷是养。故君为社稷死,则死之;为社稷亡,则亡之。若为己死,而为己亡,非其私昵,谁敢任之?且人有君而弑之,吾焉得死之?而焉得亡之?将庸何归?”门启而入,枕尸股而哭,兴,三踊而出。人谓崔子必杀之。崔子曰:“民之望也,舍之,得民。”

卢蒲癸奔晋,王何奔莒。

叔孙宣伯之在齐也,叔孙还纳其女于灵公,嬖,生景公。丁丑,崔杼立而相之,庆封为左相,盟国人于大宫,曰:“所不与崔、庆者。”晏子仰天叹曰:“婴所不唯忠于君、利社稷者是与,有如上帝!”乃歃。辛巳,公与大夫及莒子盟。

大史书曰:“崔杼弑其君。”崔子杀之。其弟嗣书,而死者二人。其弟又书,乃舍之。南史氏闻大史尽死,执简以往。闻既书矣,乃还。闾丘婴以帷缚其妻而载之,与申鲜虞乘而出,鲜虞推而下之,曰:“君昏不能匡,危不能救,死不能死,而知匿其昵,其谁纳之?”行及弇中,将舍。婴曰:“崔、庆其追我。”鲜虞曰:“一与一,谁能惧我?”遂舍,枕辔而寝,食马而食,驾而行。出弇中,谓婴曰:“速驱之!崔、庆之众,不可当也。”遂来奔。崔氏侧庄公于北郭。丁亥,葬诸士孙之里。四翣,不跸,下车七乘,不以兵甲。

(二五·三)晋侯济自泮,会于夷仪,伐齐,以报朝歌之役。齐人以庄公说,使隰鉏请成,庆封如师。男女以班。赂晋侯以宗器、乐器。自六正、五吏、三十帅、三军之大夫、百官之正长师旅及处守者皆有赂。晋侯许之。使叔向告于诸侯。公使子服惠伯对曰:“君舍有罪,以靖小国,君之惠也。寡君闻命矣。”

(二五·四)晋侯使魏舒、宛没逆卫侯,将使卫与之夷仪。崔子止其帑,以求五鹿。

(二五·五)初,陈侯会楚子伐郑,当陈隧者,井堙木刊,郑人怨之。六月,郑子展、子产帅车七百乘伐陈,宵突陈城,遂入之。陈侯扶其大子偃师奔墓,遇司马桓子,曰:“载余!”曰:“将巡城。”遇贾获,载其母妻,下之,而授公车。公曰:“舍而母。”辞曰:“不祥。”与其妻扶其母以奔墓,亦免。子展命师无入公宫,与子产亲御诸门。陈侯使司马桓子赂以宗器。陈侯免,拥社,使其众男女别而累,以待于朝。子展执絷而见,再拜稽首承饮而进献。子美入,数俘而出。祝祓社,司徒致民，司马致节，司空致地，乃还。

（二五・六）秋七月己巳，同盟于重丘，齐成故也。

（二五・七）赵文子为政，令薄诸侯之币，而重其礼。穆叔见之，谓穆叔曰："自今以往，兵其少弭矣。齐崔、庆新得政，将求善于诸侯。武也知楚令尹。若敬行其礼，道之以文辞，以靖诸侯，兵可以弭。"

（二五・八）楚薳子冯卒，屈建为令尹，屈荡为莫敖。舒鸠人卒叛，楚令尹子木伐之，及离城，吴人救之。子木遽以右师先，子强、息桓、子捷、子骈、子盂帅左师以退。吴人居其间七日。子强曰："久将垫隘，隘乃禽也，不如速战。请以其私卒诱之，简师，陈以待我。我克则进，奔则亦视之，乃可以免。不然，必为吴禽。"从之。五人以其私卒先击吴师，吴师奔；登山以望，见楚师不继，复逐之，傅诸其军，简师会之。吴师大败。遂围舒鸠，舒鸠溃。八月，楚灭舒鸠。

（二五・九）卫献公入于夷仪。

（二五・十）郑子产献捷于晋，戎服将事。晋人问陈之罪。对曰："昔虞阏父为周陶正，以服事我先王。我先王赖其利器用也，与其神明之后也，庸以元女大姬配胡公，而封诸陈，以备三恪。则我周之自出，至于今是赖。桓公之乱，蔡人欲立其出，我先君庄公奉五父而立之，蔡人杀之，我又与蔡人奉戴厉公。至于庄、宣皆我之自立。夏氏之乱，成公播荡，又我之自入，君所知也。今陈忘周之大德，蔑我大惠，弃我姻亲，介恃楚众，以凭陵我敝邑，不可亿逞，我是以有往年之告。未获成命，则有我东门之役。当陈隧者，井堙木刊。敝邑大惧不竞而耻大姬，天诱其衷，启敝邑心。陈知其罪，授手于我。用敢献功。"晋人曰："何故侵小？"对曰："先王之命，唯罪所在，各致其辟。且昔天子之地一圻，列国一同，自是以衰。今大国多数圻矣，若无侵小，何以至焉？"晋人曰："何故戎服？"对曰："我先君武、庄为平、桓卿士。城濮之役，文公布命曰：'各复旧职。'命我文公戎服辅王，以授楚捷——不敢废王命故也。"士庄伯不能诘，复于赵文子。文子曰："其辞顺。犯顺，不祥。"乃受之。

冬十月，子展相郑伯如晋，拜陈之功。子西复伐陈，陈及郑平。仲尼曰："志有之：'言以足志，文以足言。'不言，谁知其志？言之无文，行而不远。晋为伯，郑入陈，非文辞不为功。慎辞哉！"

（二五・十一）楚芀掩为司马，子木使庀赋，数甲兵。甲午，芀掩书土田，度山林，鸠薮泽，辨京陵，表淳卤，数疆潦，规偃猪，町原防，牧隰皋，井衍沃，量入修赋，赋车籍马，赋车兵、徒兵、甲楯之数。既成，以授子木，礼也。

（二五·十二）十二月，吴子诸樊伐楚，以报舟师之役。门于巢。巢牛臣曰：“吴王勇而轻，若启之，将亲门。我获射之，必殪。是君也死，疆其少安。”从之。吴子门焉，牛臣隐于短墙以射之，卒。

（二五·十三）楚子以灭舒鸠赏子木。辞曰：“先大夫蒍子之功也。”以与蒍掩。

（二五·十四）晋程郑卒，子产始知然明，问为政焉。对曰：“视民如子。见不仁者，诛之如鹰鹯之逐鸟雀也。”子产喜，以语子大叔，且曰：“他日，吾见蔑之面而已，今吾见其心矣。”子大叔问政于子产。子产曰：“政如农功，日夜思之，思其始而成其终，朝夕而行之。行无越思，如农之有畔，其过鲜矣。”

（二五·十五）卫献公自夷仪使与宁喜言，宁喜许之。大叔文子闻之，曰：“乌呼！诗所谓‘我躬不说，皇恤我后’者，宁子可谓不恤其后矣。将可乎哉？殆必不可。君子久行，思其终也，思其复也。书曰：‘慎始而敬终，终以不困。’诗曰：‘夙夜匪解，以事一人。’今宁子视君不如弈棋，其何以免乎？弈者举棋不定，不胜其耦；而况置君而弗定乎？必不免矣。九世之卿族，一举而灭之，可哀也哉！”

（二五·十六）会于夷仪之岁，齐人城郏。其五月，秦、晋为成，晋韩起如秦莅盟，秦伯车如晋莅盟。成而不结。

（襄公二十六年）

经

（二六·一）二十有六年春王二月辛卯，卫宁喜弑其君剽。

（二六·二）卫孙林父入于戚以叛。

（二六·三）甲午，卫侯衎复归于卫。

（二六·四）夏，晋侯使荀吴来聘。

（二六·五）公会晋人、郑良霄、宋人、曹人于澶渊。

（二六·六）秋，宋公杀其世子痤。

（二六·七）晋人执卫宁喜。

（二六·八）八月壬午，许男宁卒于楚。

（二六·九）冬，楚子、蔡侯、陈侯伐郑。

（二六·十）葬许灵公。

传

（二六·一）二十六年春，秦伯之弟针如晋修成，叔向命召行人子员。行人子朱曰："朱也当御。"三云，叔向不应。子朱怒，曰："班爵同，何以黜朱于朝？"抚剑从之。叔向曰："秦、晋不和久矣。今日之事，幸而集，晋国赖之。不集，三军暴骨。子员道二国之言无私，子常易之。奸以事君者，吾所能御也。"拂衣从之。人救之。平公曰："晋其庶乎！吾臣之所争者大。"师旷曰："公室惧卑。臣不心竞而力争，不务德而争善，私欲已侈，能无卑乎？"

（二六·二）卫献公使子鲜为复，辞。敬姒强命之。对曰："君无信，臣惧不免。"敬姒曰："虽然，以吾故也。"许诺。初，献公使与宁喜言，宁喜曰："必子鲜在。不然，必败。"故公使子鲜。子鲜不获命于敬姒，以公命与宁喜言，曰："苟反，政由宁氏，祭则寡人。"宁喜告蘧伯玉。伯玉曰："瑗不得闻君之出，敢闻其入？"遂行，从近关出。告右宰谷。右宰谷曰："不可。获罪于两君，天下谁畜之？"悼子曰："吾受命于先人，不可以贰。"谷曰："我请使焉而观之。"遂见公于夷仪。反，曰："君淹恤在外十二年矣，而无忧色，亦无宽言，犹夫人也。若不已，死无日矣。"悼子曰："子鲜在。"右宰谷曰："子鲜在，何益？多而能亡，于我何为？"悼子曰："虽然，不可以已。"

孙文子在戚，孙嘉聘于齐，孙襄居守。二月庚寅，宁喜、右宰谷伐孙氏，不克，伯国伤。宁子出舍于郊。伯国死，孙氏夜哭。国人召宁子，宁子复攻孙氏，克之。辛卯，杀子叔及大子角。书曰"宁喜弑其君剽"，言罪之在宁氏也。孙林父以戚如晋。书曰"入于戚以叛"，罪孙氏也。臣之禄，君实有之。义则进，否则奉身而退。专禄以周旋，戮也。

甲午，卫侯入。书曰"复归"，国纳之也。大夫逆于竟者，执其手而与之言；道逆者，自车揖之；逆于门者，颔之而已。公至，使让大叔文子曰："寡人淹恤在外，二三子皆使寡人朝夕闻卫国之言，吾子独不在寡人。古人有言曰：'非所怨，勿怨。'寡人怨矣。"对曰："臣知罪矣。臣不佞，不能负羁绁以从扞牧圉，臣之罪一也。有出者，有居者，臣不能贰，通外内之言以事君，臣之罪二也。有二罪，敢忘其死？"乃行，从近关出。公使止之。

（二六·三）卫人侵戚东鄙，孙氏愬于晋，晋戍茅氏。殖绰伐茅氏，杀晋戍三百人。孙蒯追之，弗敢击。文子曰："厉之不如。"遂从卫师，败之圉。雍钽获殖绰。复愬于晋。

（二六·四）郑伯赏入陈之功，三月甲寅朔，享子展，赐之先路三命之服，先八邑；赐子产次路再命之服，先六邑。子产辞邑，曰："自上以下，降杀以两，礼也。臣之位在四，且子展之功也，臣不敢及赏礼，请辞邑。"公固予之，乃受三邑。公孙挥曰："子产其将知政矣。让不失礼。"

（二六·五）晋人为孙氏故，召诸侯，将以讨卫也。夏，中行穆子来聘，召公也。

（二六·六）楚子、秦人侵吴，及雩娄，闻吴有备而还。遂侵郑。五月，至于城麇。郑皇颉戍之，出，与楚师战，败。穿封戌囚皇颉，公子围与之争之，正于伯州犁。伯州犁曰："请问于囚。"乃立囚。伯州犁曰："所争，君子也，其何不知？"上其手，曰："夫子为王子围，寡君之贵介弟也。"下其手，曰："此子为穿封戌，方城外之县尹也。谁获子？"囚曰："颉遇王子，弱焉。"戌怒，抽戈逐王子围，弗及。楚人以皇颉归。

印堇父与皇颉戍城麇，楚人囚之，以献于秦。郑人取货于印氏以请之，子大叔为令正，以为请。子产曰："不获。受楚之功，而取货于郑，不可谓国，秦不其然。若曰'拜君之勤郑国。微君之惠，楚师其犹在敝邑之城下'，其可。"弗从，遂行。秦人不予。更币，从子产，而后获之。

（二六·七）六月，公会晋赵武、宋向戌、郑良霄、曹人于澶渊，以讨卫，疆戚田。取卫西鄙懿氏六十以与孙氏。

赵武不书，尊公也。向戌不书，后也。郑先宋，不失所也。于是卫侯会之。晋人执宁喜、北宫遗，使女齐以先归。卫侯如晋，晋人执而囚之于士弱氏。

秋七月，齐侯、郑伯为卫侯故如晋，晋侯兼享之。晋侯赋嘉乐。国景子相齐侯，赋蓼萧。子展相郑伯，赋缁衣。叔向命晋侯拜二君，曰："寡君敢拜齐君之安我先君之宗祧也，敢拜郑君之不贰也。"国子使晏平仲私于叔向，曰："晋君宣其明德于诸侯，恤其患而补其阙，正其违而治其烦，所以为盟主也。今为臣执君，若之何？"叔向告赵文子，文子以告晋侯。晋侯言卫侯之罪，使叔向告二君。国子赋辔之柔矣，子展赋将仲子兮，晋侯乃许归卫侯。叔向曰："郑七穆，罕氏其后亡者也，子展俭而壹。"

（二六·八）初，宋芮司徒生女子，赤而毛，弃诸堤下，共姬之妾取以人，名之曰弃。长而美。平公入夕，共姬与之食。公见弃也而视之尤。姬纳诸御，嬖，生佐，恶而婉。大子痤美而很，合左师畏而恶之。寺人惠墙伊戾为大子内师而无宠。秋，楚客聘于晋，过宋。大子知之，请野享之，公使往。伊戾请从之。公曰："夫不恶女乎？"对曰："小人之事君子也，恶之不敢远，好之不敢近，敬以待命，敢有贰心乎？纵有共其外，莫共其内，臣请往也。"遣之。至则坎用牲，加书征之，而骋告公曰："大子将为乱，既与楚客盟矣。"公曰："为我子，又何求？"对曰："欲速。"公使视之，则信有焉。问诸夫人与左师，则皆曰："固闻之。"公囚大子。大子曰："唯佐也能免我。"召而使请，曰："日中不来，吾知死矣。"左师闻之，聒而与之语。过期，乃缢而死。佐为大子。公徐闻其无罪也，乃亨伊戾。左师见夫人之步马者，问之。对曰："君夫人氏也。"左师曰："谁为君夫人？余胡弗知？"圉人归，以告夫人。夫人使馈之锦与马，先之以玉，曰："君之妾弃使某献。"左师改命曰"君夫人"，而后再拜稽首受之。

（二六·九）郑伯归自晋，使子西如晋聘，辞曰："寡君来烦执事，惧不免于戾，使夏谢不敏。"君子曰："善事大国。"

（二六·十）初，楚伍参与蔡太师子朝友，其子伍举与声子相善也。伍举娶于王子牟。王子牟为申公而亡，楚人曰："伍举实送之。"伍举奔郑，将遂奔晋。声子将如晋，遇之于郑郊，班荆相与食，而言复故。声子曰："子行也，吾必复子。"及宋向戌将平晋、楚，声子通使于晋，还如楚。令尹子木与之语，问晋故焉，且曰："晋大夫与楚孰贤？"对曰："晋卿不如楚，其大夫则贤，皆卿材也。如杞梓、皮革，自楚往也。虽楚有材，晋实用之。"子木曰："夫独无族姻乎？"对曰："虽有，而用楚材实多。归生闻之：善为国者，赏不僭而刑不滥。赏僭，则惧及淫人；刑滥，则惧及善人。若不幸而过，宁僭，无滥。与其失善，宁其利淫。无善人，则国从之。诗曰：'人之云亡，邦国殄瘁'，无善人之谓也。故夏书曰'与其杀不辜，宁失不经'，惧失善也。商颂有之曰：'不僭不滥，不敢怠皇。命于下国，封建厥福'，此汤所以获天福也。古之治民者，劝赏而畏刑，恤民不倦。赏以春夏，刑以秋冬。是以将赏，为之加膳，加膳则饫赐，此以知其劝赏也。将刑，为之不举，不举则彻乐，此以知其畏刑也。夙兴夜寐，朝夕临政，此以知其恤民也。三者，礼之大节也。有礼无败。今楚多淫刑，其大夫逃死于四方，而为之谋主，以害楚国，不可救疗，所谓不能也。子仪之乱，析公奔晋，晋人寘诸戎车之殿，以为谋主。绕角之役，晋将遁矣，析公曰：'楚师轻窕，易震荡也。若多鼓钧声，以夜军之，楚师必遁。'晋人从之，楚师宵溃。晋遂侵蔡，袭沈，获其君，败申、息之师于桑隧，获申丽而还。郑于是不敢南面。楚失华夏，则析公之为也。雍子之父兄谮雍子，君与大夫不善是也，雍子奔晋，晋人与之鄐，以为谋主。彭城之役，晋、楚遇于靡角之谷。晋将遁矣，雍子发命于军曰：'归老幼，反孤疾，二人役，归一人。简兵搜乘，秣马蓐食，师陈焚次，明日将战。'行归者，而逸楚囚。楚师宵溃，晋降彭城而归诸宋，以鱼石归。楚失东夷，子辛死之，则雍子之为也。子反与子灵争夏姬，而雍害其事，子灵奔晋，晋人与之邢，以为谋主，捍御北狄，通吴于晋，教吴叛楚，教之乘车、射御、驱侵，使其子狐庸为吴行人焉。吴于是伐巢、取驾、克棘、入州来，楚罢于奔命，至今为患，则子灵之为也。若敖之乱，伯贲之子贲皇奔晋，晋人与之苗，以为谋主。鄢陵之役，楚晨压晋军而陈。晋将遁矣，苗贲皇曰：'楚师之良在其中军王族而已，若塞井夷灶，成陈以当之，栾、范易行以诱之，中行、二郤必克二穆，吾乃四萃于其王族，必大败之。'晋人从之，楚师大败，王夷师熸，子反死之。郑叛、吴兴，楚失诸侯，则苗贲皇之为也。"子木曰："是皆然矣。"声子曰："今又有甚于此。椒举娶于申公子牟，子牟得戾而亡，君大夫谓椒举：'女实遣之。'惧而奔郑，引领南望，曰：'庶几赦余。'亦弗图也。今在晋矣。晋人将与之县，以比叔向。彼若谋害楚国，岂不为患？"子木惧，言诸王，益其禄爵而复之。声子使椒鸣逆之。

(二六・十一)许灵公如楚，请伐郑，曰："师不兴，孤不归矣。"八月，卒于楚。楚子曰："不伐郑，何以求诸侯？"

冬十月，楚子伐郑，郑人将御之。子产曰："晋、楚将平，诸侯将和，楚王是故昧于一来。不如使逞而归，乃易成也。夫小人之性衅于勇、啬于祸、以足其性而求名焉者，非国家之利也，若何从之？"子展说，不御寇。十二月乙酉，入南里，堕其城。涉于乐氏，门于师之梁。县门发，获九人焉。涉于泛而归。而后葬许灵公。

(二六・十二)卫人归卫姬于晋，乃释卫侯。君子是以知平公之失政也。

(二六・十三)晋韩宣子聘于周，王使请事。对曰："晋士起将归时事于宰旅，无他事矣。"王闻之，曰："韩氏其昌阜于晋乎！辞不失旧。"

（二六・十四）齐人城郏之岁，其夏，齐乌余以廪丘奔晋，袭卫羊角，取之；遂袭我高鱼。有大雨，自其窦入，介于其库，以登其城，克而取之。又取邑于宋。于是范宣子卒，诸侯弗能治也。及赵文子为政，乃卒治之。文子言于晋侯曰："晋为盟主，诸侯或相侵也，则讨而使归其地。今乌余之邑，皆讨类也，而贪之，是无以为盟主也。请归之。"公曰："诺。孰可使也？"对曰："胥梁带能无用师。"晋侯使往。

（襄公二十七年）

经

（二七・一）二十有七年春，齐侯使庆封来聘。

（二七・二）夏，叔孙豹会晋赵武、楚屈建、蔡公孙归生、卫石恶、陈孔奂、郑良霄、许人、曹人于宋。

（二七・三）卫杀其大夫宁喜。

（二七・四）卫侯之弟鱄出奔晋。

（二七・五）秋七月辛巳，豹及诸侯之大夫盟于宋。

（二七・六）冬十有二月乙亥朔，日有食之。

传

（二七・一）二十七年春，胥梁带使诸丧邑者具车徒以受地，必周。使乌余具车徒以受封。乌余以其众出，使诸侯伪效乌余之封者，而遂执之，尽获之。皆取其邑，而归诸侯。诸侯是以睦于晋。

（二七・二）齐庆封来聘，其车美。孟孙谓叔孙曰："庆季之车，不亦美乎！"叔孙曰："豹闻之：'服美不称，必以恶终。'美车何为？"叔孙与庆封食，不敬。为赋相鼠，亦不知也。

（二七・三）卫宁喜专，公患之，公孙免余请杀之。公曰："微宁子，不及此。吾与之言矣。事未可知，只成恶名，止也。"对曰："臣杀之，君勿与知。"乃与公孙无地、公孙臣谋，使攻宁氏，弗克，皆死。公曰："臣也无罪，父子死余矣！"夏，免余复攻宁氏，杀宁喜及右宰谷，尸诸朝。石恶将会宋之盟，受命而出，衣其尸，枕之股而哭之。欲敛以亡，惧不免，且曰："受命矣。"乃行。

子鲜曰："逐我者出，纳我者死。赏罚无章，何以沮劝？君失其信，而国无刑，不亦难乎！且鱄实使之。"遂出奔晋。公使止之，不可。及河，又使止之，止使者而盟于河。托于木门，不乡卫国而坐。木门大夫劝之仕，不可，曰："仕而废其事，罪也；从之，昭吾所以出也。将谁懟乎？吾不可以立于人之朝矣。”终身不仕。公丧之如税服终身。

公与免余邑六十，辞曰：“唯卿备百邑，臣六十矣。下有上禄，乱也。臣弗敢闻。且宁子唯多邑，故死，臣惧死之速及也。”公固与之，受其半。以为少师。公使为卿，辞曰：“大叔仪不贰，能赞大事，君其命之。”乃使文子为卿。

（二七·四）宋向戌善于赵文子，又善于令尹子木，欲弭诸侯之兵以为名。如晋，告赵孟。赵孟谋于诸大夫。韩宣子曰：“兵，民之残也，财用之蠹，小国之大灾也。将或弭之，虽曰不可，必将许之。弗许，楚将许之，以召诸侯，则我失为盟主矣。”晋人许之。如楚，楚亦许之。如齐，齐人难之。陈文子曰：“晋、楚许之，我焉得已？且人曰‘弭兵’，而我弗许，则固携吾民矣，将焉用之？”齐人许之。告于秦，秦亦许之。皆告于小国，为会于宋。

五月甲辰，晋赵武至于宋。丙午，郑良霄至。六月丁未朔，宋人享赵文子，叔向为介。司马置折俎，礼也。仲尼使举是礼也，以为多文辞。戊申，叔孙豹、齐庆封、陈须无、卫石恶至。甲寅，晋荀盈从赵武至。丙辰，邾悼公至。壬戌，楚公子黑肱先至，成言于晋。丁卯，宋向戌如陈，从子木成言于楚。戊辰，滕成公至。子木谓向戌，请晋、楚之从交相见也。庚午，向戌复于赵孟。赵孟曰：“晋、楚、齐、秦，匹也，晋之不能于齐，犹楚之不能于秦也。楚君若能使秦君辱于敝邑，寡君敢不固请于齐？”壬申，左师复言于子木，子木使驲谒诸王。王曰：“释齐、秦，他国请相见也。”秋七月戊寅，左师至。是夜也，赵孟及子皙盟，以齐言。庚辰，子木至自陈。陈孔奂、蔡公孙归生至。曹、许之大夫皆至。以藩为军。

晋、楚各处其偏。伯夙谓赵孟曰：“楚氛甚恶，惧难。”赵孟曰：“吾左还，入于宋，若我何？”辛巳，将盟于宋西门之外。楚人衷甲。伯州犁曰：“合诸侯之师，以为不信，无乃不可乎？夫诸侯望信于楚，是以来服。若不信，是弃其所以服诸侯也。”固请释甲。子木曰：“晋、楚无信久矣，事利而已。苟得志焉，焉用有信？”大宰退，告人曰：“令尹将死矣，不及三年。求逞志而弃信，志将逞乎？志以发言，言以出信，信以立志。参以定之。信亡，何以及三？”赵孟患楚衷甲，以告叔向。叔向曰：“何害也？匹夫一为不信，犹不可，单毙其死。若合诸侯之卿，以为不信，必不捷矣。食言者不病，非子之患也。夫以信召人，而以僭济之，必莫之与也，安能害我？且吾因宋以守病，则夫能致死。

与宋致死，虽倍楚可也，子何惧焉？又不及是。曰弭兵以召诸侯，而称兵以害我，吾庸多矣；非所患也。”

季武子使谓叔孙以公命曰：“视邾、滕。”既而齐人请邾，宋人请滕，皆不与盟。叔孙曰：“邾、滕，人之私也；我，列国也，何故视之？宋、卫，吾匹也。”乃盟。故不书其族，言违命也。

晋、楚争先。晋人曰：“晋固为诸侯盟主，未有先晋者也。”楚人曰：“子言晋、楚匹也，若晋常先，是楚弱也。且晋、楚狎主诸侯之盟也久矣，岂专在晋？”叔向谓赵孟曰：“诸侯归晋之德只，非归其尸盟也。子务德，无争先。且诸侯盟，小国固必有尸盟者，楚为晋细，不亦可乎？”乃先楚人。书先晋，晋有信也。

壬午，宋公兼享晋、楚之大夫，赵孟为客，子木与之言，弗能对；使叔向侍言焉，子木亦不能对也。

乙酉，宋公及诸侯之大夫盟于蒙门之外。子木问于赵孟曰：“范武子之德何如？”对曰：“夫子之家事治，言于晋国无隐情，其祝史陈信于鬼神无愧辞。”子木归以语王。王曰：“尚矣哉！能歆神、人，宜其光辅五君以为盟主也。”子木又语王曰：“宜晋之伯也，有叔向以佐其卿，楚无以当之，不可与争。”

晋荀盈遂如楚莅盟。

（二七・五）郑伯享赵孟于垂陇，子展、伯有、子西、子产、子大叔、二子石从。赵孟曰：“七子从君，以宠武也。请皆赋，以卒君贶，武亦以观七子之志。”子展赋草虫，赵孟曰：“善哉，民之主也！抑武也，不足以当之。”伯有赋鹑之贲贲，赵孟曰：“床笫之言不逾阈，况在野乎？非使人之所得闻也。”子西赋黍苗之四章，赵孟曰：“寡君在，武何能焉！”子产赋隰桑，赵孟曰：“武请受其卒章。”子大叔赋野有蔓草，赵孟曰：“吾子之惠也。”印段赋蟋蟀，赵孟曰：“善哉，保家之主也！吾有望矣。”公孙段赋桑扈，赵孟曰：“‘匪交匪敖’，福将焉往？若保是言也，欲辞福禄，得乎？”

卒享，文子告叔向曰：“伯有将为戮矣。诗以言志，志诬其上而公怨之，以为宾荣，其能久乎？幸而后亡。”叔向曰：“然，已侈，所谓不及五稔者，夫子之谓矣。”文子曰：“其余皆数世之主也。子展其后亡者也，在上不忘降。印氏其次也，乐而不荒。乐以安民，不淫以使之，后亡，不亦可乎！”

（二七・六）宋左师请赏，曰：“请免死之邑。”公与之邑六十，以示子罕。子罕曰："凡诸侯小国，晋、楚所以兵威之，畏而后上下慈和，慈和而后能安靖其国家，以事大国，所以存也。无威则骄，骄则乱生，乱生必灭，所以亡也。天生五材，民并用之，废一不可，谁能去兵？兵之设久矣，所以威不轨而昭文德也。圣人以兴，乱人以废。废兴、存亡、昏明之术，皆兵之由也，而子求去之，不亦诬乎！以诬道蔽诸侯，罪莫大焉。纵无大讨，而又求赏，无厌之甚也。"削而投之。左师辞邑。

向氏欲攻司城。左师曰："我将亡，夫子存我，德莫大焉。又可攻乎？"君子曰："'彼己之子，邦之司直'，乐喜之谓乎！'何以恤我，我其收之'，向戌之谓乎！"

（二七·七）齐崔杼生成及强而寡，娶东郭姜，生明。东郭姜以孤入，曰棠无咎，与东郭偃相崔氏。崔成有疾而废之，而立明。成请老于崔，崔子许之，偃与无咎弗予，曰："崔，宗邑也，必在宗主。"成与强怒，将杀之，告庆封曰："夫子之身，亦子所知也，唯无咎与偃是从，父兄莫得进矣。大恐害夫子，敢以告。"庆封曰："子姑退。吾图之。"告卢蒲嫳。卢蒲嫳曰："彼，君之雠也。天或者将弃彼矣。彼实家乱，子何病焉？崔之薄，庆之厚也。"他日又告。庆封曰："苟利夫子，必去之。难，吾助女。"

九月庚辰，崔成、崔强杀东郭偃、棠无咎于崔氏之朝。崔子怒而出，其众皆逃，求人使驾，不得。使圉人驾，寺人御而出，且曰："崔氏有福，止余犹可。"遂见庆封。庆封曰："崔、庆一也。是何敢然？请为子讨之。"使卢蒲嫳帅甲以攻崔氏。崔氏堞其宫而守之。弗克，使国人助之，遂灭崔氏，杀成与强，而尽俘其家，其妻缢。嫳复命于崔子，且御而归之。至，则无归矣。乃缢。崔明夜辟诸大墓。辛巳，崔明来奔。庆封当国。

（二七·八）楚薳罢如晋莅盟，晋侯享之。将出赋既醉。叔向曰："薳氏之有后于楚国也，宜哉！承君命，不忘敏。子荡将知政矣。敏以事君，必能养民，政其焉往？"

（二七·九）崔氏之乱，申鲜虞来奔，仆赁于野，以丧庄公。冬，楚人召之，遂如楚，为右尹。

（二七·十）十一月乙亥朔，日有食之。辰在申，司历过也，再失闰矣。

（襄公二十八年）

经

（二八·一）二十有八年春，无冰。

（二八·二）夏，卫石恶出奔晋。

（二八·三）邾子来朝。

（二八·四）秋八月，大雩。

（二八·五）仲孙羯如晋。

（二八·六）冬，齐庆封来奔。

（二八·七）十有一月，公如楚。

（二八·八）十有二月甲寅，天王崩。

（二八·九）乙未，楚子昭卒。

传

（二八·一）二十八年春，无冰。梓慎曰："今兹宋、郑其饥乎！岁在星纪，而淫于玄枵。以有时灾，阴不堪阳。蛇乘龙。龙，宋、郑之星也。宋、郑必饥。玄枵，虚中也。枵，秏名也。土虚而民秏，不饥何为？"

（二八·二）夏，齐侯、陈侯、蔡侯、北燕伯、杞伯、胡子、沈子、白狄朝于晋，宋之盟故也。齐侯将行，庆封曰："我不与盟，何为于晋？"陈文子曰："先事后贿，礼也。小事大，未获事焉，从之如志，礼也。虽不与盟，敢叛晋乎？重丘之盟，未可忘也。子其劝行！"

（二八·三）卫人讨宁氏之党，故石恶出奔晋。卫人立其从子圃，以守石氏之祀，礼也。

（二八·四）邾悼公来朝，时事也。

（二八·五）秋八月，大雩，旱也。

（二八·六）蔡侯归自晋，入于郑。郑伯享之，不敬。子产曰："蔡侯其不免乎！日其过此也，君使子展廷劳于东门之外，而傲。吾曰犹将更之。今还受享而惰，乃其心也。君小国，事大国，而惰傲以为己心，将得死乎？若不免，必由其子。其为君也，淫而不父。侨闻之：如是者，恒有子祸。"

（二八·七）孟孝伯如晋，告将为宋之盟故如楚也。

（二八·八）蔡侯之如晋也，郑伯使游吉如楚。及汉，楚人还之，曰："宋之盟，君实亲辱。今吾子来，寡君谓吾子姑还，吾将使驲奔问诸晋而以告。"子大叔曰："宋之盟，君命将利小国，而亦使安定其社稷，镇抚其民人，以礼承天之休，此君之宪令，而小国之望也。寡君是故使吉奉其皮币，以岁之不易，聘于下执事。今执事有命曰：女何与政令之有？必使而君弃而封守，跋涉山川，蒙犯霜露，以逞君心。小国将君是望，敢不唯命是听？无乃非盟载之言，以阙君德，而执事有不利焉，小国是惧。不然，其何劳之敢惮？”

子大叔归，复命。告子展曰：“楚子将死矣。不修其政德，而贪昧于诸侯，以逞其愿，欲久，得乎？周易有之：在复䷗之颐䷚，曰‘迷复，凶’，其楚子之谓乎！欲复其愿，而弃其本，复归无所，是谓迷复，能无凶乎？君其往也，送葬而归，以快楚心。楚不几十年，未能恤诸侯也，吾乃休吾民矣。”裨灶曰：“今兹周王及楚子皆将死。岁弃其次，而旅于明年之次，以害鸟帑，周、楚恶之。”

九月，郑游吉如晋，告将朝于楚以从宋之盟。子产相郑伯以如楚。舍不为坛。外仆言曰：“昔先大夫相先君适四国，未尝不为坛。自是至今亦皆循之。今子草舍，无乃不可乎？”子产曰：“大适小，则为坛；小适大，苟舍而已，焉用坛？侨闻之，大适小有五美：宥其罪戾，赦其过失，救其灾患，赏其德刑，教其不及。小国不困，怀服如归，是故作坛以昭其功，宣告后人，无怠于德。小适大有五恶：说其罪戾，请其不足，行其政事，共其职贡，从其时命。不然，则重其币帛，以贺其福而吊其凶，皆小国之祸也，焉用作坛以昭其祸？所以告子孙，无昭祸焉可也。”

（二八・九）齐庆封好田而耆酒，与庆舍政，则以其内实迁于卢蒲嫳氏，易内而饮酒数日，国迁朝焉。使诸亡人得贼者，以告而反之，故反卢蒲癸。癸臣子之，有宠，妻之。庆舍之士谓卢蒲癸曰：“男女辨姓，子不辟宗，何也？”曰：“宗不余辟，余独焉辟之？赋诗断章，余取所求焉，恶识宗？”癸言王何而反之，二人皆嬖，使执寝戈而先后之。

公膳日双鸡，饔人窃更之以鹜。御者知之，则去其肉，而以其洎馈。子雅、子尾怒。庆封告卢蒲嫳。卢蒲嫳曰：“譬之如禽兽，吾寝处之矣。”使析归父告晏平仲。平仲曰：“婴之众不足用也，知无能谋也。言弗敢出，有盟可也。”子家曰：“子之言云，又焉用盟？”告北郭子车。子车曰：“人各有以事君，非佐之所能也。”陈文子谓桓子曰：“祸将作矣，吾其何得？”对曰：“得庆氏之木百车于庄。”文子曰：“可慎守也已。”

卢蒲癸、王何卜攻庆氏，示子之兆，曰：“或卜攻雠，敢献其兆。”子之曰："克，见血。"冬十月，庆封田于莱，陈无宇从。丙辰，文子使召之，请曰："无宇之母疾病，请归。"庆季卜之，示之兆，曰："死。"奉龟而泣，乃使归。庆嗣闻之，曰："祸将作矣。"谓子家："速归，祸作必于尝，归犹可及也。"子家弗听，亦无悛志。子息曰："亡矣！幸而获在吴、越。"陈无宇济水，而戕舟发梁。

卢蒲姜谓癸曰："有事而不告我，必不捷矣。"癸告之。姜曰："夫子愎，莫之止，将不出。我请止之。"癸曰："诺。"十一月乙亥，尝于大公之庙，庆舍莅事。卢蒲姜告之，且止之，弗听，曰："谁敢者？"遂如公。麻婴为尸，庆奊为上献。卢蒲癸、王何执寝戈，庆氏以其甲环公宫。陈氏、鲍氏之圉人为优。庆氏之马善惊，士皆释甲束马，而饮酒，且观优，至于鱼里。栾、高、陈、鲍之徒介庆氏之甲。子尾抽桷，击扉三，卢蒲癸自后刺子之，王何以戈击之，解其左肩。犹援庙桷，动于甍。以俎、壶投，杀人而后死。遂杀庆绳、麻婴。公惧，鲍国曰："群臣为君故也。"陈须无以公归，税服而如内宫。

庆封归，遇告乱者。丁亥，伐西门，弗克。还伐北门，克之。入，伐内宫，弗克。反，陈于岳，请战，弗许，遂来奔。献车于季武子，美泽可以监。展庄叔见之，曰："车甚泽，人必瘁，宜其亡也。"叔孙穆子食庆封，庆封汜祭。穆子不说，使工为之诵茅鸱，亦不知。既而齐人来让，奔吴。吴句余予之朱方，聚其族焉而居之，富于其旧。子服惠伯谓叔孙曰："天殆富淫人，庆封又富矣。"穆子曰："善人富谓之赏，淫人富谓之殃。天其殃之也，其将聚而歼旃。"

（二八・十）癸巳，天王崩。未来赴，亦未书，礼也。

（二八・十一）崔氏之乱，丧群公子，故鉏在鲁，叔孙还在燕，贾在句渎之丘。及庆氏亡，皆召之，具其器用，而反其邑焉。与晏子邶殿其鄙六十，弗受。子尾曰："富，人之所欲也。何独弗欲？"对曰："庆氏之邑足欲，故亡。吾邑不足欲也，益之以邶殿，乃足欲。足欲，亡无日矣。在外，不得宰吾一邑。不受邶殿，非恶富也，恐失富也。且夫富，如布帛之有幅焉。为之制度，使无迁也。夫民，生厚而用利，于是乎正德以幅之，使无黜嫚，谓之幅利。利过则为败。吾不敢贪多，所谓幅也。"与北郭佐邑六十，受之。与子雅邑，辞多受少。与子尾邑，受而稍致之。公以为忠，故有宠。释卢蒲嫳于北竟。

求崔杼之尸，将戮之，不得。叔孙穆子曰："必得之。武王有乱臣十人，崔杼其有乎？不十人，不足以葬。"既，崔杼之臣曰："与我其拱璧，吾献其柩。”于是得之。十二月乙亥朔，齐人迁庄公，殡于大寝，以其棺尸崔杼于市。国人犹知之，皆曰：“崔子也。”

（二八·十二）为宋之盟故，公及宋公、陈侯、郑伯、许男如楚。公过郑，郑伯不在，伯有廷劳于黄崖，不敬。穆叔曰：“伯有无戾于郑，郑必有大咎。敬，民之主也，而弃之，何以承守？郑人不讨，必受其辜。济泽之阿，行潦之苹藻，寘诸宗室，季兰尸之，敬也。敬可弃乎？”

及汉，楚康王卒。公欲反。叔仲昭伯曰：“我楚国之为，岂为一人？行也！”子服惠伯曰：“君子有远虑，小人从迩。饥寒之不恤，谁遑其后？不如姑归也。”叔孙穆子曰：“叔仲子专之矣；子服子，始学者也。”荣成伯曰：“远图者，忠也。”公遂行。宋向戌曰：“我一人之为，非为楚也。饥寒之不恤，谁能恤楚？姑归而息民，待其立君而为之备。”宋公遂反。

（二八·十三）楚屈建卒，赵文子丧之如同盟，礼也。

（二八·十四）王人来告丧，问崩日，以甲寅告，故书之，以征过也。

（襄公二十九年）

经

（二九·一）二十有九年春王正月，公在楚。

（二九·二）夏五月，公至自楚。

（二九·三）庚午，卫侯衎卒。

（二九·四）阍弑吴子余祭。

（二九·五）仲孙羯会晋荀盈、齐高止、宋华定、卫世叔仪、郑公孙段、曹人、莒人、滕人、薛人、小邾人城杞。

（二九·六）晋侯使士鞅来聘。

（二九·七）杞子来盟。

（二九·八）吴子使札来聘。

（二九·九）秋九月，葬卫献公。

（二九·十）齐高止出奔北燕。

（二九·十一）冬，仲孙羯如晋。

传

（二九·一）二十九年春王正月，公在楚，释不朝正于庙也。

楚人使公亲襚，公患之。穆叔曰：“祓殡而襚，则布币也。”乃使巫以桃、茢先祓殡。楚人弗禁,既而悔之。

(二九·二)二月癸卯,齐人葬庄公于北郭。

(二九·三)夏四月,葬楚康王,公及陈侯、郑伯、许男送葬,至于西门之外,诸侯之大夫皆至于墓。楚郏敖即位,王子围为令尹。郑行人子羽曰:"是谓不宜,必代之昌。松柏之下,其草不殖。"

(二九·四)公还,及方城。季武子取卞,使公冶问,玺书追而与之,曰:"闻守卞者将叛,臣帅徒以讨之,既得之矣。敢告。"公冶致使而退,及舍,而后闻取卞。公曰:"欲之而言叛,只见疏也。"公谓公冶曰:"吾可以入乎?"对曰:"君实有国,谁敢违君?"公与公冶冕服。固辞,强之而后受。公欲无入。荣成伯赋式微,乃归。五月,公至自楚。

公冶致其邑于季氏,而终不入焉。曰:"欺其君,何必使余?"季孙见之,则言季氏如他日;不见则终不言季氏。及疾,聚其臣,曰:"我死,必无以冕服敛,非德赏也。且无使季氏葬我。"

(二九·五)葬灵王,郑上卿有事。子展使印段往。伯有曰:"弱,不可。"子展曰:"与其莫往,弱,不犹愈乎?诗云:'王事靡盬,不遑启处。'东西南北,谁敢宁处?坚事晋、楚,以蕃王室也。王事无旷,何常之有?"遂使印段如周。

(二九·六)吴人伐越,获俘焉,以为阍,使守舟。吴子余祭观舟,阍以刀弑之。

(二九·七)郑子展卒,子皮即位。于是郑饥,而未及麦,民病。子皮以子展之命饩国人粟,户一钟,是以得郑国之民,故罕氏常掌国政,以为上卿。宋司城子罕闻之,曰:"邻于善,民之望也。"宋亦饥,请于平公,出公粟以贷;使大夫皆贷。司城氏贷而不书,为大夫之无者贷。宋无饥人。叔向闻之,曰:"郑之罕,宋之乐,其后亡者也,二者其皆得国乎!民之归也。施而不德,乐氏加焉,其以宋升降乎!"

晋平公,杞出也,故治杞。六月,知悼子合诸侯之大夫以城杞,孟孝伯会之,郑子大叔与伯石往。子大叔见大叔文子,与之语。文子曰:"甚乎其城杞也!"子大叔曰:"若之何哉!晋国不恤周宗之阙,而夏肄是屏,其弃诸姬,亦可知也已。诸姬是弃,其谁归之?吉也闻之:弃同即异,是谓离德。诗曰:'协比其邻,婚姻孔云。'晋不邻矣,其谁云之?"

(二九·九)齐高子容与宋司徒见知伯,女齐相礼。宾出,司马侯言于知伯曰:"二子皆将不免。子容专,司徒侈,皆亡家之主也。"知伯曰："何如？"对曰："专则速及，侈将以其力毙，专则人实毙之，将及矣。"

（二九·十）范献子来聘，拜城杞也。公享之，展庄叔执币。射者三耦。公臣不足，取于家臣。家臣展瑕、展王父为一耦；公臣公巫召伯、仲颜庄叔为一耦，鄫鼓父、党叔为一耦。

（二九·十一）晋侯使司马女叔侯来治杞田，弗尽归也。晋悼夫人愠曰："齐也取货，先君若有知也，不尚取之。"公告叔侯。叔侯曰："虞、虢、焦、滑、霍、扬、韩、魏，皆姬姓也，晋是以大。若非侵小，将何所取？武、献以下，兼国多矣，谁得治之？杞，夏余也，而即东夷。鲁，周公之后也，而睦于晋。以杞封鲁犹可，而何有焉？鲁之于晋也，职贡不乏，玩好时至，公卿大夫相继于朝，史不绝书，府无虚月。如是可矣，何必瘠鲁以肥杞？且先君而有知也，毋宁夫人，而焉用老臣？"

（二九·十二）杞文公来盟，书曰"子"，贱之也。

（二九·十三）吴公子札来聘，见叔孙穆子，说之。谓穆子曰："子其不得死乎！好善而不能择人。吾闻君子务在择人。吾子为鲁宗卿，而任其大政，不慎举，何以堪之？祸必及子！"

请观于周乐。使工为之歌周南、召南，曰："美哉！始基之矣，犹未也，然勤而不怨矣。"为之歌邶、墉、卫，曰："美哉渊乎！忧而不困者也。吾闻卫康叔、武公之德如是，是其卫风乎！"为之歌王，曰："美哉！思而不惧，其周之东乎！"为之歌郑，曰："美哉！其细已甚，民弗堪也。是其先亡乎！"为之歌齐，曰："美哉，泱泱乎！大风也哉！表东海者，其大公乎！国未可量也。"为之歌豳，曰："美哉，荡乎！乐而不淫，其周公之东乎！"为之歌秦，曰："此之谓夏声。夫能夏则大，大之至也，其周之旧乎！"为之歌魏，曰："美哉，沨沨乎！大而婉，险而易行，以德辅此，则明主也。"为之歌唐，曰："思深哉！其有陶唐氏之遗民乎！不然，何其忧之远也？非令德之后，谁能若是？"为之歌陈，曰："国无主，其能久乎！"自郐以下无讥焉。为之歌小雅，曰："美哉！思而不贰，怨而不言，其周德之衰乎？犹有先王之遗民焉。"为之歌大雅，曰："广哉，熙熙乎！曲而有直体，其文王之德乎！"为之歌颂，曰："至矣哉！直而不倨，曲而不屈，迩而不偪，远而不携，迁而不淫，复而不厌，哀而不愁，乐而不荒，用而不匮，广而不宣，施而不费，取而不贪，处而不底，行而不流。五声和，八风平。节有度，守有序，盛德之所同也。"

见舞象箾、南籥者，曰："美哉！犹有憾。"见舞大武者，曰："美哉！

周之盛也，其若此乎！”见舞韶濩者，曰：“圣人之弘也，而犹有惭德，圣人之难也。”见舞大夏者，曰：“美哉！勤而不德，非禹，其谁能修之？”见舞韶箾者，曰：“德至矣哉，大矣！如天之无不帱也，如地之无不载也。虽甚盛德，其蔑以加于此矣，观止矣。若有他乐，吾不敢请已。”

其出聘也，通嗣君也。故遂聘于齐，说晏平仲，谓之曰：“子速纳邑与政。无邑无政，乃免于难。齐国之政将有所归，未获所归，难未歇也。”故晏子因陈桓子以纳政与邑，是以免于栾、高之难。

聘于郑，见子产，如旧相识。与之缟带，子产献纻衣焉。谓子产曰：“郑之执政侈，难将至矣，政必及子。子为政，慎之以礼。不然，郑国将败。”适卫，说蘧瑗、史狗、史鳅、公子荆、公叔发、公子朝，曰：“卫多君子，未有患也。”

自卫如晋，将宿于戚，闻钟声焉，曰：“异哉！吾闻之也：辩而不德，必加于戮。夫子获罪于君以在此，惧犹不足，而又何乐？夫子之在此也，犹燕之巢于幕上。君又在殡，而可以乐乎？”遂去之。文子闻之，终身不听琴瑟。适晋，说赵文子、韩宣子、魏献子，曰：“晋国其萃于三族乎！”说叔向。将行，谓叔向曰：“吾子勉之！君侈而多良，大夫皆富，政将在家。吾子好直，必思自免于难。”

（二九・十四）秋九月，齐公孙虿、公孙灶放其大夫高止于北燕。乙未，出。书曰“出奔”，罪高止也。高止好以事自为功且专，故难及之。

（二九・十五）冬，孟孝伯如晋，报范叔也。

（二九・十六）为高氏之难故，高竖以卢叛。十月庚寅，闾丘婴帅师围卢。高竖曰：“苟使高氏有后，请致邑。”齐人立敬仲之曾孙酀，良敬仲也。十一月乙卯，高竖致卢而出奔晋，晋人城绵而寘旃。

（二九・十七）郑伯有使公孙黑如楚，辞曰：“楚、郑方恶，而使余往，是杀余也。”伯有曰：“世行也。”子皙曰：“可则往，难则已，何世之有？”伯有将强使之。子皙怒，将伐伯有氏，大夫和之。十二月己巳，郑大夫盟于伯有氏。裨谌曰：“是盟也，其与几何？诗曰：‘君子屡盟，乱是用长。’今是长乱之道也，祸未歇也，必三年而后能纾。”然明曰：“政将焉往？”裨谌曰：“善之代不善，天命也，其焉辟子产？举不逾等，则位班也。择善而举，则世隆也。天又除之，夺伯有魄，子西即世，将焉辟之？天祸郑久矣，其必使子产息之，乃犹可以戾。不然，将亡矣。”

（襄公三十年）

经

（三十·一）三十年春王正月，楚子使薳罢来聘。

（三十·二）夏四月，蔡世子般弑其君固。

（三十·三）五月甲午，宋灾，宋伯姬卒。

（三十·四）天王杀其弟佞夫。

（三十·五）王子瑕奔晋。

（三十·六）秋七月，叔弓如宋，葬宋共姬。

（三十·七）郑良霄出奔许，自许入于郑，郑人杀良霄。

（三十·八）冬十月，葬蔡景公。

（三十·九）晋人、齐人、宋人、卫人、郑人、曹人、莒人、邾人、滕人、薛人、杞人、小邾人，会于澶渊，宋灾故。

传

（三十·一）三十年春王正月，楚子使薳罢来聘，通嗣君也。穆叔问王子围之为政何如。对曰："吾侪小人食而听事，犹惧不给命，而不免于戾，焉与知政？"固问焉，不告。穆叔告大夫曰："楚令尹将有大事，子荡将与焉，助之匿其情矣。"

（三十·二）子产相郑伯以如晋，叔向问郑国之政焉。对曰："吾得见与否，在此岁也。驷、良方争，未知所成。若有所成，吾得见，乃可知也。"叔向曰："不既和矣乎？"对曰："伯有侈而愎，子皙好在人上，莫能相下也。虽其和也，犹相积恶也，恶至无日矣。"

（三十·三）二月癸未，晋悼夫人食舆人之城杞者，绛县人或年长矣，无子而往与于食，有与疑年，使之年。曰："臣，小人也，不知纪年。臣生之岁，正月甲子朔，四百有四十五甲子矣，其季于今三之一也。"吏走问诸朝。师旷曰："鲁叔仲惠伯会郤成子于承匡之岁也。是岁也，狄伐鲁，叔孙庄叔于是乎败狄于咸，获长狄侨如及虺也、豹也，而皆以名其子。七十三年矣。"史赵曰："亥有二首六身，下二如身，是其日数也。"士文伯曰："然则二万六千六百有六旬也。"赵孟问其县大夫，则其属也。召之而谢过焉，曰："武不才，任君之大事，以晋国之多虞，不能由吾子，使吾子辱在泥涂久矣，武之罪也。敢谢不才。"遂仕之，使助为政。辞以老。与之田，使为君复陶，以为绛县师，而废其舆尉。

于是鲁使者在晋，归以语诸大夫。季武子曰："晋未可偷也。有赵孟以为大夫，有伯瑕以为佐，有史赵、师旷而咨度焉，有叔向、女齐以师保其君。其朝多君子，其庸可偷乎？勉事之而后可。”

（三十·四）夏四月己亥，郑伯及其大夫盟。君子是以知郑难之不已也。

（三十·五）蔡景侯为大子般娶于楚，通焉。大子弑景侯。

（三十·六）初，王儋季卒，其子括将见王，而叹。单公子愆期为灵王御士，过诸廷，闻其叹，而言曰："乌乎！必有此夫！"入以告王，且曰："必杀之！不戚而愿大，视躁而足高，心在他矣。不杀，必害。"王曰："童子何知！"及灵王崩，儋括欲立王子佞夫。佞夫弗知。戊子，儋括围芳，逐成愆。成愆奔平畤。五月癸巳，尹言多、刘毅、单蔑、甘过、巩成杀佞夫。括、瑕、廖奔晋。书曰"天王杀其弟佞夫"，罪在王也。

（三十·七）或叫于宋太庙曰："嘻嘻，出出。"鸟鸣于亳社，如曰"嘻嘻"。甲午，宋大灾。宋伯姬卒，待姆也。君子谓宋共姬女而不妇。女待人，妇义事也。

（三十·八）六月，郑子产如陈莅盟，归，复命。告大夫曰："陈，亡国也，不可与也。聚禾粟，缮城郭，恃此二者，而不抚其民。其君弱植，公子侈，大子卑，大夫敖，政多门，以介于大国，能无亡乎？不过十年矣。"

（三十·九）秋七月，叔弓如宋，葬共姬也。

（三十·十）郑伯有耆酒为窟室，而夜饮酒击钟焉。朝至，未已。朝者曰："公焉在？"其人曰："吾公在壑谷。"皆自朝布路而罢。既而朝，则又将使子皙如楚，归而饮酒。庚子，子皙以驷氏之甲伐而焚之。伯有奔雍梁，醒而后知之。遂奔许。

大夫聚谋。子皮曰："仲虺之志云：'乱者取之，亡者侮之。'推亡固存，国之利也。罕、驷、丰同生，伯有汰侈，故不免。"人谓子产就直助强。子产曰："岂为我徒？国之祸难，谁知所敝？或主强直，难乃不生。姑成吾所。"辛丑，子产敛伯有氏之死者而殡之，不及谋而遂行。印段从之。子皮止之。众曰："人不我顺，何止焉？"子皮曰："夫子礼于死者，况生者乎？"遂自止之。壬寅，子产入。癸卯，子石入。皆受盟于子皙氏。乙巳，郑伯及其大夫盟于大宫，盟国人于师之梁之外。

伯有闻郑人之盟己也怒，闻子皮之甲不与攻己也喜，曰："子皮与我矣。"癸丑晨，自墓门之渎入，因马师颉介于襄库，以伐旧北门。驷带率国人以伐之。皆召子产。子产曰："兄弟而及此，吾从天所与。"

伯有死于羊肆。子产禭之,枕之股而哭之,敛而殡诸伯有之臣在市侧者,既而葬诸斗城。子驷氏欲攻子产。子皮怒之,曰:"礼,国之干也。杀有礼,祸莫大焉。"乃止。

于是游吉如晋还,闻难,不入。复命于介。八月甲子,奔晋。驷带追之,及酸枣。与子上盟,用两珪质于河。使公孙肸入盟大夫。己巳,复归。

书曰"郑人杀良霄",不称大夫,言自外入也。

于子蟜之卒也,将葬,公孙挥与裨灶晨会事焉。过伯有氏,其门上生莠。子羽曰:"其莠犹在乎?"于是岁在降娄,降娄中而旦。裨灶指之曰:"犹可以终岁,岁不及此次也已。"及其亡也,岁在娵訾之口,其明年乃及降娄。

仆展从伯有,与之皆死。羽颉出奔晋,为任大夫。

鸡泽之会,郑乐成奔楚,遂适晋。羽颉因之,与之比而事赵文子,言伐郑之说焉。以宋之盟故,不可。子皮以公孙鉏为马师。

(三十・十一)楚公子围杀大司马蒍掩而取其室。申无宇曰:"王子必不免。善人,国之主也。王子相楚国,将善是封殖,而虐之,是祸国也。且司马,令尹之偏,而王之四体也。绝民之主,去身之偏,艾王之体,以祸其国,无不祥大焉,何以得免?"

(三十・十二)为宋灾故,诸侯之大夫会,以谋归宋财。冬十月,叔孙豹会晋赵武、齐公孙虿、宋向戌、卫北宫佗、郑罕虎及小邾之大夫会于澶渊。既而无归于宋,故不书其人。

君子曰:"信其不可不慎乎!澶渊之会,卿不书,不信也夫。诸侯之上卿,会而不信,宠名皆弃,不信之不可也如是。诗曰:'文王陟降,在帝左右',信之谓也。又曰:'淑慎尔止,无载尔伪',不信之谓也。"书曰"某人某人会于澶渊,宋灾故",尤之也。不书鲁大夫,讳之也。

(三十・十三)郑子皮授子产政。辞曰:"国小而偪,族大宠多,不可为也。"子皮曰:"虎帅以听,谁敢犯子?子善相之。国无小,小能事大,国乃宽。"

子产为政,有事伯石,赂与之邑。子大叔曰:"国皆其国也,奚独赂焉?"子产曰:"无欲实难。皆得其欲,以从其事,而要其成。非我有成,其在人乎?何爱于邑,邑将焉往?"子大叔曰:"若四国何?"子产曰:"非相违也,而相从也,四国何尤焉?郑书有之曰:'安定国家,必大焉先。'姑先安大,以待其所归。"既伯石惧而归邑,卒与之。伯有既死，使大史命伯石为卿，辞。大史退，则请命焉。复命之，又辞。如是三，乃受策入拜。子产是以恶其为人也，使次己位。

子产使都鄙有章，上下有服；田有封洫，庐井有伍。大人之忠俭者，从而与之；泰侈者因而毙之。丰卷将祭，请田焉。弗许，曰："唯君用鲜，众给而已。"子张怒，退而征役。子产奔晋，子皮止之，而逐丰卷。丰卷奔晋。子产请其田里，三年而复之，反其田里及其入焉。从政一年，舆人诵之曰："取我衣冠而褚之，取我田畴而伍之。孰杀子产，吾其与之！"及三年，又诵之曰："我有子弟，子产诲之；我有田畴，子产殖之。子产而死，谁其嗣之？"

（襄公三十一年）

经

（三一·一）三十有一年春王正月。

（三一·二）夏六月辛巳，公薨于楚宫。

（三一·三）秋九月癸巳，子野卒。

（三一·四）己亥，仲孙羯卒。

（三一·五）冬十月，滕子来会葬。

（三一·六）癸酉，葬我君襄公。

（三一·七）十有一月，莒人弑其君密州。

传

（三一·一）三十一年春王正月，穆叔至自会。见孟孝伯，语之曰："赵孟将死矣。其语偷，不似民主。且年未盈五十而谆谆焉如八九十者，弗能久矣。若赵孟死，为政者其韩子乎！吾子盍与季孙言之，可以树善，君子也。晋君将失政矣，若不树焉，使早备鲁，既而政在大夫，韩子懦弱，大夫多贪，求欲无厌，齐、楚未足与也，鲁其惧哉！"孝伯曰："人生几何，谁能无偷？朝不及夕，将安用树？"穆叔出，而告人曰："孟孙将死矣。吾语诸赵孟之偷也，而又甚焉。"又与季孙语晋故，季孙不从。及赵文子卒，晋公室卑，政在侈家。韩宣子为政，不能图诸侯。鲁不堪晋求，谗慝弘多，是以有平丘之会。

（三一·二）齐子尾害闾丘婴，欲杀之，使帅师以伐阳州。我问师故。夏五月，子尾杀闾丘婴，以说于我师。工偻洒、渻灶、孔虺、贾寅出奔莒。出群公子。

（三一·三）公作楚宫。穆叔曰："大誓云：'民之所欲，天必从之。'君欲楚也夫，故作其宫。若不复适楚，必死是宫也。"六月辛巳，公薨于楚宫。叔仲带窃其拱璧，以与御人，纳诸其怀，而从取之，由是得罪。立胡女敬归之子子野，次于季氏。秋九月癸巳，卒，毁也。

（三一·四）己亥，孟孝伯卒。立敬归之娣齐归之子公子裯。穆叔不欲，曰："大子死，有母弟则立之，无则立长。年钧择贤，义钧则卜，古之道也。非适嗣，何必娣之子？且是人也，居丧而不哀，在戚而有嘉容，是谓不度。不度之人，鲜不为患。若果立之，必为季氏忧。"武子不听，卒立之。比及葬，三易衰，衰衽如故衰。于是昭公十九年矣，犹有童心，君子是以知其不能终也。

（三一·五）冬十月，滕成公来会葬，惰而多涕。子服惠伯曰："滕君将死矣。怠于其位，而哀已甚，兆于死所矣，能无从乎？"

（三一·六）癸酉，葬襄公。公薨之月，子产相郑伯以如晋，晋侯以我丧故，未之见也。子产使尽坏其馆之垣而纳车马焉。士文伯让之曰："敝邑以政刑之不修，寇盗充斥，无若诸侯之属辱在寡君者何，是以令吏人完客所馆，高其闬闳，厚其墙垣，以无忧客使。今吾子坏之，虽从者能戒，其若异客何？以敝邑之为盟主，缮完葺墙，以待宾客。若皆毁之，其何以共命？寡君使丐请命。"对曰："以敝邑褊小，介于大国，诛求无时，是以不敢宁居，悉索敝赋，以来会时事。逢执事之不间，而未得见；又不获闻命，未知见时。不敢输币，亦不敢暴露。则输之，则君之府实也，非荐陈之，不敢输也。其暴露之，则恐燥湿之不时而朽蠹，以重敝邑之罪。侨闻文公之为盟主也，宫室卑庳，无观台榭，以崇大诸侯之馆，馆如公寝；库厩缮修，司空以时平易道路，圬人以时塓馆宫室；诸侯宾至，甸设庭燎，仆人巡宫；车马有所，宾从有代，巾车脂辖，隶人、牧、圉各瞻其事；百官之属各展其物；公不留宾，而亦无废事；忧乐同之，事则巡之；教其不知，而恤其不足。宾至如归，无宁灾患；不畏寇盗，而亦不患燥湿。今铜鞮之宫数里，而诸侯舍于隶人，门不容车，而不可逾越；盗贼公行，而天疠不戒。宾见无时，命不可知。若又勿坏，是无所藏币以重罪也。敢请执事：将何所命之？虽君之有鲁丧，亦敝邑之忧也。若获荐币，修垣而行，君之惠也，敢惮勤劳！"文伯复命。赵文子曰："信。我实不德，而以隶人之垣以赢诸侯，是吾罪也。"使士文伯谢不敏焉。

晋侯见郑伯，有加礼，厚其宴好而归之。乃筑诸侯之馆。叔向曰："辞之不可以已也如是夫！子产有辞，诸侯赖之，若之何其释辞也？诗曰：‘辞之辑矣，民之协矣；辞之绎矣，民之莫矣’，其知之矣。”

（三一·七）郑子皮使印段如楚，以适晋告，礼也。

（三一·八）莒犂比公生去疾及展舆。既立展舆，又废之。犂比公虐，国人患之。十一月，展舆因国人以攻莒子，弑之，乃立。去疾奔齐，齐出也。展舆，吴出也。书曰“莒人弑其君买朱鉏”，言罪之在也。

（三一·九）吴子使屈狐庸聘于晋，通路也。赵文子问焉，曰：“延州来季子其果立乎？巢陨诸樊，阍戕戴吴，天似启之，何如？”对曰：“不立。是二王之命也，非启季子也。若天所启，其在今嗣君乎！甚德而度。德不失民，度不失事。民亲而事有序，其天所启也。有吴国者，必此君之子孙实终之。季子，守节者也，虽有国，不立。”

（三一·十）十二月，北宫文子相卫襄公以如楚，宋之盟故也。过郑，印段迋劳于棐林，如聘礼而以劳辞。文子入聘。子羽为行人，冯简子与子大叔逆客。事毕而出，言于卫侯曰：“郑有礼，其数世之福也，其无大国之讨乎！诗云：‘谁能执热，逝不以濯？’礼之于政，如热之有濯也。濯以救热，何患之有？”

子产之从政也，择能而使之：冯简子能断大事，子大叔美秀而文，公孙挥能知四国之为，而辨于其大夫之族姓、班位、贵贱、能否，而又善为辞令。裨谌能谋，谋于野则获，谋于邑则否。郑国将有诸侯之事，子产乃问四国之为于子羽，且使多为辞令；与裨谌乘以适野，使谋可否；而告冯简子使断之。事成，乃授子大叔使行之，以应对宾客，是以鲜有败事。北宫文子所谓有礼也。

（三一·十一）郑人游于乡校，以论执政。然明谓子产曰：“毁乡校何如？”子产曰：“何为？夫人朝夕退而游焉，以议执政之善否。其所善者，吾则行之；其所恶者，吾则改之，是吾师也。若之何毁之？我闻忠善以损怨，不闻作威以防怨。岂不遽止？然犹防川。大决所犯，伤人必多，吾不克救也。不如小决使道，不如吾闻而药之也。”然明曰：“蔑也今而后知吾子之信可事也。小人实不才，若果行此，其郑国实赖之，岂唯二三臣？”仲尼闻是语也，曰：“以是观之，人谓子产不仁，吾不信也。”

（三一·十二）子皮欲使尹何为邑。子产曰：“少，未知可否。”子皮曰：“愿，吾爱之，不吾叛也。使夫往而学焉，夫亦愈知治矣。”子产曰：“不可。人之爱，人求利之也。今吾子爱人则以政，犹未能操刀而使割也，其伤实多。子之爱人，伤之而已，其谁敢求爱于子？子于郑国，栋也。栋折榱崩，侨将厌焉，敢不尽言？子有美锦，不使人学制焉。大官、大邑，身之所庇也，而使学者制焉，其为美锦不亦多乎？侨闻学而后入攻，未闻以政学者也。若果行此，必有所害。譬如田猎，射御贯则能获禽，若未尝登车射御，则败绩厌覆是惧，何暇思获？"子皮曰："善哉！虎不敏。吾闻君子务知大者、远者，小人务知小者、近者。我，小人也。衣服附在吾身，我知而慎之；大官、大邑所以庇身也，我远而慢之。微子之言，吾不知也。他日我曰：子为郑国，我为吾家，以庇焉，其可也。今而后知不足。自今请，虽吾家，听子而行。"子产曰："人心之不同如其面焉，吾岂敢谓子面如吾面乎？抑心所谓危，亦以告也。"子皮以为忠，故委政焉，子产是以能为郑国。

（三一·十三）卫侯在楚，北宫文子见令尹围之威仪，言于卫侯曰："令尹似君矣，将有他志。虽获其志，不能终也。诗云：'靡不有初，鲜克有终。'终之实难，令尹其将不免。"公曰："子何以知之？"对曰："诗云：'敬慎威仪，惟民之则。'令尹无威仪，民无则焉。民所不则，以在民上，不可以终。"

公曰："善哉！何谓威仪？"对曰："有威而可畏谓之威，有仪而可象谓之仪。君有君之威仪，其臣畏而爱之，则而象之，故能有其国家，令闻长世。臣有臣之威仪，其下畏而爱之，故能守其官职，保族宜家。顺是以下皆如是，是以上下能相固也。卫诗曰：'威仪棣棣，不可选也'，言君臣、上下、父子、兄弟、内外、大小皆有威仪也。周诗曰：'朋友攸摄，摄以威仪'，言朋友之道必相教训以威仪也。周书数文王之德曰：'大国畏其力，小国怀其德'，言畏而爱之也。诗云：'不识不知，顺帝之则'，言则而象之也。纣囚文王七年，诸侯皆从之囚，纣于是乎惧而归之，可谓爱之。文王伐崇，再驾而降为臣，蛮夷帅服，可谓畏之。文王之功，天下诵而歌舞之，可谓则之。文王之行，至今为法，可谓象之。有威仪也。故君子在位可畏，施舍可爱，进退可度，周旋可则，容止可观，作事可法，德行可象，声气可乐；动作有文，言语有章，以临其下，谓之有威仪也。"

昭　公

（昭公元年）

经

（一・一）元年春王正月，公即位。

（一・二）叔孙豹会晋赵武、楚公子围、齐国弱、宋向戌、卫齐恶、陈公子招、蔡公孙归生、郑罕虎、许人、曹人于虢。

（一・三）三月，取郓。

（一・四）夏，秦伯之弟针出奔晋。

（一・五）六月丁巳，邾子华卒。

（一・六）晋荀吴帅师败狄于大卤。

（一・七）秋，莒去疾自齐入于莒。莒展舆出奔吴。

（一・八）叔弓帅师疆郓田。

（一・九）葬邾悼公。

（一・十）冬十有一月己酉，楚子麇卒。

（一・十一）楚公子比出奔晋。

传

（一・一）元年春，楚公子围聘于郑，且娶于公孙段氏。伍举为介。将入馆，郑人恶之，使行人子羽与之言，乃馆于外。既聘，将以众逆。子产患之，使子羽辞曰："以敝邑褊小，不足以容从者，请墠听命。"令尹命大宰伯州犁对曰："君辱贶寡大夫围，谓围将使丰氏抚有而室。围布几筵，告于庄、共之庙而来。若野赐之，是委君贶于草莽也，是寡大夫不得列于诸卿也。不宁唯是，又使围蒙其先君，将不得为寡君老，其蔑以复矣。唯大夫图之！"子羽曰："小国无罪，恃实其罪。将恃大国之安靖己，而无乃包藏祸心以图之。小国失恃，而惩诸侯，使莫不憾者，距违君命，而有所壅塞不行是惧。不然，敝邑，馆人之属也，其敢爱丰氏之祧？"伍举知其有备也，请垂橐而入。许之。

正月乙未，入，逆而出。遂会于虢，寻宋之盟也。祁午谓赵文子曰："宋之盟，楚人得志于晋。今令尹之不信，诸侯之所闻也。子弗戒，惧又如宋。子木之信称于诸侯，犹诈晋而驾焉，况不信之尤者乎？

楚重得志于晋，晋之耻也。子相晋国，以为盟主，于今七年矣。再合诸侯，三合大夫，服齐、狄，宁东夏，平秦乱，城淳于，师徒不顿，国家不罢，民无谤讟，诸侯无怨，天无大灾，子之力也。有令名矣，而终之以耻，午也是惧，吾子其不可以不戒。”文子曰：“武受赐矣。然宋之盟，子木有祸人之心，武有仁人之心，是楚所以驾于晋也。今武犹是心也，楚又行僭，非所害也。武将信以为本，循而行之。譬如农夫，是穮是蓘；虽有饥馑，必有丰年。且吾闻之：能信不为人下，吾未能也。诗曰：‘不僭不贼，鲜不为则’，信也。能为人则者，不为人下矣。吾不能是难，楚不为患。”楚令尹围请用牲读旧书加于牲上而已，晋人许之。

三月甲辰，盟。楚公子围设服离卫。叔孙穆子曰：“楚公子美矣，君哉！”郑子皮曰：“二执戈者前矣。”蔡子家曰：“蒲宫有前，不亦可乎？”楚伯州犁曰：“此行也，辞而假之寡君。”郑行人挥曰：“假不反矣。”伯州犁曰：“子姑忧子皙之欲背诞也。”子羽曰：“当璧犹在，假而不反，子其无忧乎？”齐国子曰：“吾代二子愍矣。”陈公子招曰：“不忧何成？二子乐矣。”卫齐子曰：“苟或知之，虽忧何害？”宋合左师曰：“大国令，小国共，吾知共而已。”晋乐王鲋曰：“小旻之卒章善矣，吾从之。”

退会，子羽谓子皮曰：“叔孙绞而婉，宋左师简而礼，乐王鲋字而敬，子与子家持之，皆保世之主也。齐、卫、陈大夫其不免乎！国子代人忧，子招乐忧，齐子虽忧弗害，夫弗及而忧，与可忧而乐，与忧而弗害，皆取忧之道也，忧必及之。大誓曰：‘民之所欲，天必从之。’三大夫兆忧，忧能无至乎？言以知物，其是之谓矣。”

（一・二）季武子伐莒，取郓。莒人告于会。楚告于晋曰：“寻盟未退，而鲁伐莒，渎齐盟，请戮其使。”乐桓子相赵文子，欲求货于叔孙，而为之请。使请带焉，弗与。梁其踁曰：“货以藩身，子何爱焉？”叔孙曰：“诸侯之会，卫社稷也。我以货免，鲁必受师，是祸之也，何卫之为？人之有墙，以蔽恶也；墙之隙坏，谁之咎也？卫而恶之，吾又甚焉。虽怨季孙，鲁国何罪？叔出季处，有自来矣，吾又谁怨？然鲋也贿，弗与，不已。”召使者，裂裳帛而与之，曰：“带其褊矣。”

赵孟闻之，曰：“临患不忘国，忠也；思难不越官，信也；图国忘死，贞也；谋主三者，义也。有是四者，又可戮乎？”乃请诸楚曰：“鲁虽有罪，其执事不辟难，畏威而敬命矣。子若免之，以劝左右，可也。若子之群吏，处不辟污，出不逃难，其何患之有？患之所生，污而不治，难而不守，所由来也。能是二者，又何患焉？不靖其能，其谁从之？鲁叔孙豹可谓能矣，请免之，以靖能者。子会而赦有罪，又赏其贤，诸侯其谁不欣焉望楚而归之，视远如迩？疆埸之邑，一彼一此，何常之有？王、伯之令也，引其封疆，而树之官，举之表旗，而着之制令，过则有刑，犹不可壹。于是乎虞有三苗，夏有观、扈，商有姺、邳，周有徐、奄。自无令王，诸侯逐进，狎主齐盟，其又可壹乎？恤大舍小，足以为盟主，又焉用之？封疆之削，何国蔑有？主齐盟者，谁能辩焉？吴、濮有衅，楚之执事岂其顾盟？莒之疆事，楚勿与知，诸侯无烦，不亦可乎？莒、鲁争郓，为日久矣。苟无大害于其社稷，可无亢也。去烦宥善，莫不竞劝。子其图之。"固请诸楚，楚人许之，乃免叔孙。

（一·三）令尹享赵孟，赋大明之首章。赵孟赋小宛之二章。事毕，赵孟谓叔向曰："令尹自以为王矣，何如？"对曰："王弱，令尹强，其可哉！虽可，不终。"赵孟曰："何故？"对曰："强以克弱而安之，强不义也。不义而强，其毙必速。诗曰：'赫赫宗周，褒姒灭之'，强不义也。令尹为王，必求诸侯。晋少懦矣，诸侯将往。若获诸侯，其虐滋甚，民弗堪也，将何以终？夫以强取，不义而克，必以为道。道以淫虐，弗可久已矣。"

（一·四）夏四月，赵孟、叔孙豹、曹大夫入于郑，郑伯兼享之。子皮戒赵孟，礼终，赵孟赋瓠叶。子皮遂戒穆叔，且告之。穆叔曰："赵孟欲一献，子其从之。"子皮曰："敢乎？"穆叔曰："夫人之所欲也，又何不敢？"及享，具五献之笾豆于幕下。赵孟辞，私于子产曰："武请于冢宰矣。"乃用一献。赵孟为客。礼终乃宴。穆叔赋鹊巢，赵孟曰："武不堪也。"又赋采蘩，曰："小国为蘩，大国省穑而用之，其何实非命？"子皮赋野有死麕之卒章，赵孟赋常棣，且曰："吾兄弟比以安，尨也可使无吠。"穆叔、子皮及曹大夫兴，拜，举兕爵，曰："小国赖子，知免于戾矣。"饮酒乐，赵孟出曰："吾不复此矣。"

（一·五）天王使刘定公劳赵孟于颍，馆于雒汭。刘子曰："美哉禹功！明德远矣。微禹，吾其鱼乎！吾与子弁冕端委，以治民、临诸侯，禹之力也。子盍亦远绩禹功而大庇民乎？"对曰："老夫罪戾是惧，焉能恤远？吾侪偷食，朝不谋夕，何其长也？"刘子归，以语王曰："谚所谓老将知而耄及之者，其赵孟之谓乎！为晋正卿，以主诸侯，而侪于隶人，朝不谋夕，弃神、人矣。神怒、民叛，何以能久？赵孟不复年矣。神怒，不歆其祀；民叛，不即其事。祀、事不从，又何以年？"

（一·六）叔孙归，曾夭御季孙以劳之。旦及日中不出。曾夭谓曾阜，曰："旦及日中，吾知罪矣。鲁以相忍为国也。忍其外，不忍其内，焉用之？"阜曰："数月于外，一旦于是，庸何伤？贾而欲赢，而恶嚣乎？"阜谓叔孙曰："可以出矣。"叔孙指楹，曰："虽恶是，其可去乎？"乃出见之。

（一·七）郑徐吾犯之妹美，公孙楚聘之矣，公孙黑又使强委禽焉。犯惧，告子产。子产曰："是国无政，非子之患也。唯所欲与。"犯请于二子，请使女择焉。皆许之。子皙盛饰入，布币而出。子南戎服入，左右射，超乘而出。女自房观之，曰："子皙信美矣，抑子南，夫也。夫夫妇妇，所谓顺也。"适子南氏。子皙怒，既而櫜甲以见子南，欲杀之而取其妻。子南知之，执戈逐之，及冲，击之以戈。子皙伤而归，告大夫曰："我好见之，不知其有异志也，故伤。"

大夫皆谋之。子产曰："直钧，幼贱有罪，罪在楚也。"乃执子南，而数之，曰："国之大节有五，女皆奸之。畏君之威，听其政，尊其贵，事其长，养其亲，五者所以为国也。今君在国，女用兵焉，不畏威也；奸国之纪，不听政也；子皙，上大夫，女，嬖大夫，而弗下之，不尊贵也；幼而不忌，不事长也；兵其从兄，不养亲也。君曰：'余不女忍杀，宥女以远。'勉，速行乎，无重而罪！"五月庚辰，郑放游楚于吴。将行子南，子产咨于大叔。大叔曰："吉不能亢身，焉能亢宗？彼，国政也，非私难也。子图郑国，利则行之，又何疑焉？周公杀管叔而蔡蔡叔，夫岂不爱？王室故也。吉若获戾，子将行之，何有于诸游？"

（一·八）秦后子有宠于桓，如二君于景。其母曰："弗去，惧选。"癸卯，针适晋，其车千乘。书曰"秦伯之弟针出奔晋"，罪秦伯也。后子享晋侯，造舟于河，十里舍车，自雍及绛。归取酬币，终事八反。司马侯问焉，曰："子之车尽于此而已乎？"对曰："此之谓多矣。若能少此，吾何以得见？"女叔齐以告公，且曰："秦公子必归。臣闻君子能知其过，必有令图。令图，天所赞也。"

后子见赵孟。赵孟曰："吾子其曷归？"对曰："针惧选于寡君，是以在此，将待嗣君。"赵孟曰："秦君何如？"对曰："无道。"赵孟曰："亡乎？"对曰："何为？一世无道，国未艾也。国于天地，有与立焉。不数世淫，弗能毙也。"赵孟曰："夭乎？"对曰："有焉。"赵孟曰："其几何？"对曰："针闻之：国无道而年谷和熟，天赞之也。鲜不五稔。"赵孟视荫，曰："朝夕不相及，谁能待五？"后子出，而告人曰："赵孟将死矣。

主民，玩岁而愒日，其与几何？”

（一·九）郑为游楚乱故，六月丁巳，郑伯及其大夫盟于公孙段氏。罕虎、公孙侨、公孙段、印段、游吉、驷带私盟于闺门之外，实薰隧。公孙黑强与于盟，使大史书其名，且曰“七子”。子产弗讨。

（一·十）晋中行穆子败无终及群狄于大原，崇卒也。将战，魏舒曰：“彼徒我车，所遇又厄，以什共车，必克。困诸厄，又克。请皆卒，自我始。”乃毁车以为行，五乘为三伍。荀吴之嬖人不肯即卒，斩以徇。为五陈以相离，两于前，伍于后，专为右角，参为左角，偏为前拒，以诱之。翟人笑之。未陈而薄之，大败之。

（一·十一）莒展舆立，而夺群公子秩。公子召去疾于齐。秋，齐公子鉏纳去疾，展舆奔吴。

叔弓帅师疆郓田，因莒乱也。于是莒务娄、瞀胡及公子灭明以大厖与常仪靡奔齐。

君子曰：“莒展之不立，弃人也夫！人可弃乎？诗曰：‘无竞维人’，善矣。”

（一·十二）晋侯有疾，郑伯使公孙侨如晋聘，且问疾。叔向问焉，曰：“寡君之疾病，卜人曰‘实沈、台骀为祟’，史莫之知。敢问此何神也？”子产曰：“昔高辛氏有二子，伯曰阏伯，季曰实沈，居于旷林，不相能也，日寻干戈，以相征讨。后帝不臧，迁阏伯于商丘，主辰。商人是因，故辰为商星。迁实沈于大夏，主参，唐人是因，以服事夏、商。其季世曰唐叔虞。当武王邑姜方震大叔，梦帝谓己：‘余命而子曰虞，将与之唐，属诸参，而蕃育其子孙。’及生，有文在其手曰虞，遂以命之。及成王灭唐，而封大叔焉，故参为晋星。由是观之，则实沈，参神也。“昔金天氏有裔子曰昧，为玄冥师，生允格、台骀。台骀能业其官，宣汾、洮，障大泽，以处大原。帝用嘉之，封诸汾川，沈、姒、蓐、黄实守其祀。今晋主汾而灭之矣。由是观之，则台骀，汾神也。抑此二者，不及君身。山川之神，则水旱疠疫之灾于是乎禜之；日月星辰之神，则雪霜风雨之不时，于是乎禜之。“若君身，则亦出入、饮食、哀乐之事也，山川、星辰之神又何为焉？侨闻之，君子有四时：朝以听政，昼以访问，夕以修令，夜以安身。于是乎节宣其气，勿使有所壅闭湫底以露其体，兹心不爽，而昏乱百度。今无乃壹之，则生疾矣。侨又闻之：内官不及同姓，其生不殖。美先尽矣，则相生疾，君子是以恶之。故志曰：‘买妾不知其姓，则卜之。’违此二者，古之所慎也。男女辨姓，礼之大司也。今君内实有四姬焉，其无乃是也乎？若由是二者，弗可为也已。四姬有省犹可，无则必生疾矣。”叔向曰：“善哉！肸未之闻也，此皆然矣。”

叔向出，行人挥送之。叔向问郑故焉，且问子皙。对曰：“其与几何！无礼而好陵人，怙富而卑其上，弗能久矣。”晋侯闻子产之言，曰：“博物君子也。”重贿之。

晋侯求医于秦，秦伯使医和视之，曰：“疾不可为也，是谓近女室，疾如蛊。非鬼非食，惑以丧志。良臣将死，天命不佑。”公曰：“女不可近乎？”对曰：“节之。先王之乐，所以节百事也，故有五节；迟速本末以相及，中声以降。五降之后，不容弹矣。于是有烦手淫声，慆堙心耳，乃忘平和，君子弗听也。物亦如之。至于烦，乃舍也已，无以生疾。君子之近琴瑟，以仪节也，非以慆心也。天有六气，降生五味，发为五色，征为五声。淫生六疾。六气曰阴、阳、风、雨、晦、明也，分为四时，序为五节，过则为菑：阴淫寒疾，阳淫热疾，风淫末疾，雨淫腹疾，晦淫惑疾，明淫心疾。女，阳物而晦时，淫则生内热惑蛊之疾。今君不节、不时，能无及此乎？”

出，告赵孟。赵孟曰：“谁当良臣？”对曰：“主是谓矣。主相晋国，于今八年，晋国无乱，诸侯无阙，可谓良矣。和闻之：国之大臣，荣其宠禄、任其大节。有菑祸兴，而无改焉，必受其咎。今君至于淫以生疾，将不能图恤社稷，祸孰大焉？主不能御，吾是以云也。”赵孟曰：“何谓蛊？”对曰：“淫溺惑乱之所生也。于文：皿虫为蛊。谷之飞亦为蛊。在周易：女惑男、风落山谓之蛊䷑。皆同物也。”赵孟曰：“良医也。”厚其礼而归之。

（一·十三）楚公子围使公子黑肱、伯州犁城犨、栎、郏。郑人惧。子产曰：“不害。令尹将行大事，而先除二子也。祸不及郑，何患焉？”

冬，楚公子围将聘于郑，伍举为介。未出竟，闻王有疾而还。伍举遂聘。十一月己酉，公子围至，入问王疾，缢而弑之，遂杀其二子幕及平夏。右尹子干出奔晋，宫厩尹子皙出奔郑。杀大宰伯州犁于郏。葬王于郏，谓之“郏敖”。使赴于郑，伍举问应为后之辞焉，对曰：“寡大夫围。”伍举更之曰：“共王之子围为长。”

子干奔晋，从车五乘，叔向使与秦公子同食，皆百人之饩。赵文子曰：“秦公子富。”叔向曰：“底禄以德，德钧以年，年同以尊。公子以国，不闻以富。且夫以千乘去其国，强御已甚。诗曰：‘不侮鳏寡，不畏强御。'秦、楚，匹也。"使后子与子干齿，辞曰："针惧选，楚公子不获，是以皆来，亦唯命。且臣与羁齿，无乃不可乎？史佚有言曰：'非羁，何忌？'"

（一・十四）楚灵王即位，薳罢为令尹，薳启强为大宰。郑游吉如楚葬郏敖，且聘立君。归，谓子产曰："具行器矣。楚王汰侈，而自说其事，必合诸侯，吾往无日矣。"子产曰："不数年未能也。"

（一・十五）十二月，晋既烝，赵孟适南阳，将会孟子余。甲辰朔，烝于温，庚戌，卒。郑伯如晋吊，及雍乃复。

（昭公二年）

经

（二・一）二年春，晋侯使韩起来聘。

（一・二）夏，叔弓如晋。

（一・三）秋，郑杀其大夫公孙黑。

（一・四）冬，公如晋，至河乃复。

（一・五）季孙宿如晋。

传

（二・一）二年春，晋侯使韩宣子来聘，且告为政，而来见，礼也。观书于大史氏，见易象与鲁春秋，曰："周礼尽在鲁矣，吾乃今知周公之德与周之所以王也。"公享之，季武子赋绵之卒章。韩子赋角弓。季武子拜，曰："敢拜子之弥缝敝邑，寡君有望矣。"武子赋节之卒章。既享，宴于季氏。有嘉树焉，宣子誉之。武子曰："宿敢不封殖此树，以无忘角弓。"遂赋甘棠。宣子曰："起不堪也，无以及召公。"

宣子遂如齐纳币。见子雅。子雅召子旗，使见宣子。宣子曰："非保家之主也，不臣。"见子尾。子尾见强，宣子谓之如子旗。大夫多笑之，唯晏子信之，曰："夫子，君子也。君子有信，其有以知之矣。"自齐聘于卫，卫侯享之。北宫文子赋淇澳，宣子赋木瓜。

（二・二）夏四月，韩须如齐逆女。齐陈无宇送女，致少姜。少姜有宠于晋侯，晋侯谓之少齐。谓陈无宇非卿，执诸中都。少姜为之请，曰："送从逆班。畏大国也，犹有所易，是以乱作。"

（二・三）叔弓聘于晋，报宣子也。晋侯使郊劳，辞曰："寡君使弓来继旧好，固曰'女无敢为宾'，彻命于执事，敝邑弘矣，敢辱郊使？请辞。"致馆，辞曰："寡君命下臣来继旧好，好合使成，臣之禄也。敢辱大馆!"叔向曰:"子叔子知礼哉! 吾闻之曰:'忠信,礼之器也;卑让,礼之宗也。'辞不忘国,忠信也;先国后己,卑让也。诗曰:'敬慎威仪,以近有德。'夫子近德矣。"

(二·四)秋,郑公孙黑将作乱,欲去游氏而代其位,伤疾作而不果。驷氏与诸大夫欲杀之。子产在鄙,闻之,惧弗及,乘遽而至。使吏数之,曰:"伯有之乱,以大国之事,而未尔讨也。尔有乱心无厌,国不女堪。专伐伯有,而罪一也;昆弟争室,而罪二也;熏隧之盟,汝矫君位,而罪三也。有死罪三,何以堪之? 不速死,大刑将至。"再拜稽首,辞曰:"死在朝夕,无助天为虐。"子产曰:"人谁不死? 凶人不终,命也。作凶事,为凶人。不助天,其助凶人乎!"请以印为褚师。子产曰:"印也若才,君将任之;不才,将朝夕从女。女罪之不恤,而又何请焉? 不速死,司寇将至。"七月壬寅,缢。尸诸周氏之衢,加木焉。

(二·五)晋少姜卒,公如晋,及河,晋侯使士文伯来辞,曰:"非伉俪也,请君无辱。"公还。季孙宿遂致服焉。叔向言陈无宇于晋侯曰:"彼何罪? 君使公族逆之,齐使上大夫送之,犹曰不共,君求以贪。国则不共,而执其使。君刑已颇,何以为盟主? 且少姜有辞。"冬十月,陈无宇归。十一月,郑印段如晋吊。

(昭公三年)

经

(三·一)三年春王正月丁未,滕子原卒。

(三·二)夏,叔弓如滕。

(三·三)五月,葬滕成公。

(三·四)秋,小邾子来朝。

(三·五)八月,大雩。

(三·六)冬,大雨雹。

(三·七)北燕伯款出奔齐。

传

(三·一)三年春王正月,郑游吉如晋,送少姜之葬。梁丙与张趯见之。梁丙曰:"甚矣哉,子之为此来也!"子大叔曰:"将得已乎! 昔文、襄之霸也,其务不烦诸侯,令诸侯三岁而聘,五岁而朝,有事而会,不协而盟。君薨,大夫吊,卿共葬事;夫人,士吊,大夫送葬。足以昭礼、命事、谋阙而已,无加命矣。今嬖宠之丧,不敢择位,而数于守适,唯惧获戾，岂敢惮烦？少姜有宠而死，齐必继室。今兹吾又将来贺，不唯此行也。”张趯曰：“善哉，吾得闻此数也！然自今子其无事矣。譬如火焉，火中，寒暑乃退。此其极也，能无退乎？晋将失诸侯，诸侯求烦不获。”二大夫退。子大叔告人曰：“张趯有知，其犹在君子之后乎！”

（三·二）丁未，滕子原卒。同盟，故书名。

（三·三）齐侯使晏婴请继室于晋，曰：“寡君使婴曰：‘寡人愿事君朝夕不倦，将奉质币以无失时，则国家多难，是以不获。不腆先君之适以备内官，焜耀寡人之望，则又无禄，早世陨命，寡人失望。君若不忘先君之好，惠顾齐国，辱收寡人，徼福于大公、丁公，照临敝邑，镇抚其社稷，则犹有先君之适及遗姑姊妹若而人。君若不弃敝邑，而辱使董振择之，以备嫔嫱，寡人之望也。’”韩宣子使叔向对曰：“寡君之愿也。寡君不能独任其社稷之事，未有伉俪，在缞绖之中，是以未敢请。君有辱命，惠莫大焉。若惠顾敝邑，抚有晋国，赐之内主，岂唯寡君，举群臣实受其贶，其自唐叔以下实宠嘉之。”

既成婚，晏子受礼，叔向从之宴，相与语。叔向曰：“齐其何如？”晏子曰：“此季世也，吾弗知齐其为陈氏矣。公弃其民，而归于陈氏。齐旧四量，豆、区、釜、钟。四升为豆，各自其四，以登于釜。釜十则钟。陈氏三量皆登一焉，钟乃大矣。以家量贷，而以公量收之。山木如市，弗加于山；鱼、盐、蜃、蛤，弗加于海。民参其力，二入于公，而衣食其一。公聚朽蠹，而三老冻馁，国之诸市，屦贱踊贵。民人痛疾，而或燠休之。其爱之如父母，而归之如流水。欲无获民，将焉辟之？箕伯、直柄、虞遂、伯戏，其相胡公、大姬已在齐矣。”叔向曰：“然，虽吾公室，今亦季世也。戎马不驾，卿无军行，公乘无人，卒列无长。庶民罢敝，而宫室滋侈。道殣相望，而女富溢尤。民闻公命，如逃寇雠。栾、郤、胥、原、狐、续、庆、伯降在皂隶，政在家门，民无所依。君日不悛，以乐慆忧。公室之卑，其何日之有？谗鼎之铭曰：‘昧旦丕显，后世犹怠。’况日不悛，其能久乎？”晏子曰：“子将若何？”叔向曰：“晋之公族尽矣。肸闻之：公室将卑，其宗族枝叶先落，则公室从之。肸之宗十一族，唯羊舌氏在而已。肸又无子，公室无度，幸而得死岂其获祀？”

初，景公欲更晏子之宅，曰：“子之宅近市，湫隘嚣尘，不可以居，请更诸爽垲者。”辞曰：“君之先臣容焉，臣不足以嗣之，于臣侈矣。且小人近市，朝夕得所求，小人之利也，敢烦里旅？”公笑曰：“子近市，识贵贱乎?"对曰:"既利之,敢不识乎?"公曰:"何贵? 何贱?"于是景公繁于刑,有鬻踊者,故对曰:"踊贵,屦贱。"既已告于君,故与叔向语而称之。景公为是省于刑。君子曰:"仁人之言,其利博哉! 晏子一言,而齐侯省刑。诗曰:'君子如祉,乱庶遄已',其是之谓乎!"

及晏子如晋,公更其宅。反,则成矣。既拜,乃毁之,而为里室,皆如其旧,则使宅人反之,曰:"谚曰:'非宅是卜,唯邻是卜。'二三子先卜邻矣。违卜不祥。君子不犯非礼,小人不犯不祥,古之制也。吾敢违诸乎?"卒复其旧宅,公弗许;因陈桓子以请,乃许之。

(三·四)夏四月,郑伯如晋,公孙段相,甚敬而卑,礼无违者。晋侯嘉焉,授之以策,曰:"子丰有劳于晋国,余闻而弗忘。赐女州田,以胙乃旧勋。"伯石再拜稽首,受策以出。

君子曰:"礼,其人之急也乎! 伯石之汰也,一为礼于晋,犹荷其禄,况以礼终始乎! 诗曰:'人而无礼,胡不遄死',其是之谓乎!"

初,州县,栾豹之邑也。及栾氏亡,范宣子、赵文子、韩宣子皆欲之。文子曰:"温,吾县也。"二宣子曰:"自郄称以别,三传矣。晋之别县不唯州,谁获治之?"文子病之,乃舍之。二宣子曰:"吾不可以正议而自与也。"皆舍之。及文子为政,赵获曰:"可以取州矣。"文子曰:"退! 二子之言,义也。违义,祸也。余不能治余县,又焉用州,其以徼祸也? 君子曰:'弗知实难。'知而弗从,祸莫大焉。有言州必死!"丰氏故主韩氏,伯石之获州也,韩宣子为之请之,为其复取之之故。

(三·五)五月,叔弓如滕,葬滕成公,子服椒为介。及郊,遇懿伯之忌,敬子不入。惠伯曰:"公事有公利,无私忌。椒请先入。"乃先受馆。敬子从之。

(三·六)晋韩起如齐逆女。公孙虿为少姜之有宠也,以其子更公女,而嫁公子。人谓宣子:"子尾欺晋,晋胡受之?"宣子曰:"我欲得齐,而远其宠,宠将来乎?"

(三·七)秋七月,郑罕虎如晋,贺夫人,且告曰:"楚人日征敝邑以不朝立王之故。敝邑之往,则畏执事其谓寡君而固有外心;其不往,则宋之盟云。进退罪也。寡君使虎布之。"宣子使叔向对曰:"君若辱有寡君,在楚何害? 修宋盟也。君苟思盟,寡君乃知免于戾矣。君若不有寡君,虽朝夕辱于敝邑,寡君猜焉。君实有心,何辱命焉? 君其往也! 苟有寡君,在楚犹在晋也。"

张趯使谓大叔曰:"自子之归也,小人粪除先人之敝庐,曰:'子其将来。'今子皮实来，小人失望。"大叔曰："吉贱，不获来，畏大国、尊夫人也。且孟曰'而将无事'，吉庶几焉。"

（三·八）小邾穆公来朝，季武子欲卑之。穆叔曰："不可。曹、滕二邾实不忘我好，敬以逆之，犹惧其贰，又卑一睦，焉逆群好也？其如旧而加敬焉。志曰：'能敬无灾。'又曰：'敬逆来者，天所福也。'"季孙从之。

（三·九）八月，大雩，旱也。

（三·十）齐侯田于莒，卢蒲嫳见，泣，且请曰："余发如此种种，余奚能为？"公曰："诺。吾告二子。"归而告之。子尾欲复之，子雅不可，曰："彼其发短而心甚长，其或寝处我矣。"九月，子雅放卢蒲嫳于北燕。

（三·十一）燕简公多嬖宠，欲去诸大夫而立其宠人。冬，燕大夫比以杀公之外嬖。公惧，奔齐。书曰"北燕伯款出奔齐"，罪之也。

（三·十二）十月，郑伯如楚，子产相。楚子享之，赋吉日。既享，子产乃具田备，王以田江南之梦。

（三·十三）齐公孙灶卒。司马灶见晏子，曰："又丧子雅矣。"晏子曰："惜也！子旗不免，殆哉！姜族弱矣，而妫将始昌。二惠竞爽犹可，又弱一个焉，姜其危哉！"

（昭公四年）

经

（四·一）四年春王正月，大雨雹。

（四·二）夏，楚子、蔡侯、陈侯、郑伯、许男、徐子、滕子、顿子、胡子、沈子、小邾子、宋世子佐、淮夷会于申。

（四·三）楚人执徐子。

（四·四）秋七月，楚子、蔡侯、陈侯、许男、顿子、胡子、沈子、淮夷伐吴，执齐庆封，杀之。遂灭赖。

（四·五）九月，取鄫。

（四·六）冬十有二月乙卯，叔孙豹卒。

传

（四·一）四年春王正月，许男如楚，楚子止之；遂止郑伯，复田江南，许男与焉。

使椒举如晋求诸侯，二君待之。椒举致命曰："寡君使举曰：日君有惠，赐盟于宋，曰：‘晋、楚之从交相见也。’以岁之不易，寡人愿结欢于二三君，使举请间。君若苟无四方之虞，则愿假宠以请于诸侯。”晋侯欲勿许。司马侯曰：“不可。楚王方侈，天或者欲逞其心，以厚其毒，而降之罚，未可知也。其使能终，亦未可知也。晋、楚唯天所相，不可与争。君其许之，而修德以待其归。若归于德，吾犹将事之，况诸侯乎？若适淫虐，楚将弃之，吾又谁与争？”公曰：“晋有三不殆，其何敌之有？国险而多马，齐、楚多难；有是三者，何乡而不济？”对曰：“恃险与马而虞邻国之难，是三殆也。四岳、三涂、阳城、大室、荆山、中南，九州岛之险也，是不一姓。“冀之北土，马之所生，无兴国焉。恃险与马，不可以为固也，从古以然。是以先王务修德音以亨神人，不闻其务险与马也。邻国之难，不可虞也。或多难以固其国，启其疆土；或无难以丧其国，失其守宇，若何虞难？齐有仲孙之难，而获桓公，至今赖之。晋有里、丕之难而获文公，是以为盟主。卫、邢无难，敌亦丧之。故人之难，不可虞也。恃此三者而不修政德，亡于不暇，又何能济？君其许之！纣作淫虐，文王惠和，殷是以陨，周是以兴，夫岂争诸侯？”乃许楚使。使叔向对曰：“寡君有社稷之事，是以不获春秋时见。诸侯，君实有之，何辱命焉？”椒举遂请昏，晋侯许之。

楚子问于子产曰：“晋其许我诸侯乎？”对曰：“许君。晋君少安，不在诸侯。其大夫多求，莫匡其君。在宋之盟又曰如一。若不许君，将焉用之？”王曰：“诸侯其来乎？”对曰：“必来。从宋之盟，承君之欢，不畏大国，何故不来？不来者，其鲁、卫、曹、邾乎！曹畏宋，邾畏鲁，鲁、卫偪于齐而亲于晋，唯是不来。其余，君之所及也，谁敢不至？”王曰：“然则吾所求者无不可乎？”对曰：“求逞于人，不可；与人同欲，尽济。”

（四・二）大雨雹。季武子问于申丰曰：“雹可御乎？”对曰：“圣人在上，无雹。虽有，不为灾。古者日在北陆而藏冰，西陆朝觌而出之。其藏冰也，深山穷谷，固阴沍寒，于是乎取之。其出之也，朝之禄位，宾、食、丧、祭，于是乎用之。其藏之也，黑牡、秬黍以享司寒。其出之也，桃弧棘矢，以除其灾。其出入也时。食肉之禄，冰皆与焉。大夫命妇丧浴用冰。祭寒而藏之，献羔而启之，公始用之，火出而毕赋，自命夫命妇至于老疾，无不受冰。山人取之，县人传之，舆人纳之，隶人藏之。夫冰以风壮，而以风出。其藏之也周，其用之也遍，则冬无愆阳，夏无伏阴，春无凄风，秋无苦雨，雷出不震，无菑霜雹，疠疾不降，民不夭札。今藏川池之冰弃而不用，风不越而杀，雷不发而震。雹之为菑，谁能御之？七月之卒章，藏冰之道也。”

（四·三）夏，诸侯如楚，鲁、卫、曹、邾不会。曹、邾辞以难，公辞以时祭，卫侯辞以疾。郑伯先待于申。六月丙午，楚子合诸侯于申。椒举言于楚子曰：“臣闻诸侯无归，礼以为归。今君始得诸侯，其慎礼矣。霸之济否，在此会也。夏启有钧台之享，商汤有景亳之命，周武有孟津之誓，成有岐阳之搜，康有酆宫之朝，穆有涂山之会，齐桓有召陵之师，晋文有践土之盟。君其何用？宋向戌、郑公孙侨在，诸侯之良也，君其选焉。”王曰：“吾用齐桓。”王使问礼于左师与子产。左师曰：“小国习之，大国用之，敢不荐闻？”献公合诸侯之礼六。子产曰：“小国共职，敢不荐守？”献伯子男会公之礼六。君子谓合左师善守先代，子产善相小国。

王使椒举侍于后以规过，卒事不规。王问其故，对曰：“礼，吾所未见者有六焉，又何以规？”宋大子佐后至，王田于武城，久而弗见。椒举请辞焉。王使往，曰：“属有宗祧之事于武城，寡君将堕币焉，敢谢后见。”徐子，吴出也，以为贰焉，故执诸申。

楚子示诸侯侈。椒举曰：“夫六王、二公之事，皆所以示诸侯礼也，诸侯所由用命也。夏桀为仍之会，有缗叛之。商纣为黎之搜，东夷叛之；周幽为大室之盟，戎狄叛之，皆所以示诸侯汏也，诸侯所由弃命也。今君以汏，无乃不济乎？”王弗听。子产见左师曰：“吾不患楚矣。汏而愎谏，不过十年。”左师曰：“然。不十年侈，其恶不远。远恶而后弃。善亦如之，德远而后兴。”

（四·四）秋七月，楚子以诸侯伐吴，宋大子、郑伯先归，宋华费遂、郑大夫从。使屈申围朱方，八月甲申，克之，执齐庆封而尽灭其族。将戮庆封，椒举曰：“臣闻无瑕者可以戮人。庆封惟逆命，是以在此，其肯从于戮乎？播于诸侯，焉用之？”王弗听，负之斧钺，以徇于诸侯，使言曰：“无或如齐庆封弑其君，弱其孤，以盟其大夫！”庆封曰：“无或如楚共王之庶子围弑其君——兄之子麇——而代之，以盟诸侯！”王使速杀之。

遂以诸侯灭赖。赖子面缚衔璧，士袒，舆榇从之，造于中军。王问诸椒举，对曰：“成王克许，许僖公如是。王亲释其缚，受其璧，焚其榇。”王从之。迁赖于鄢。

楚子欲迁许于赖，使斗韦龟与公子弃疾城之而还。申无宇曰：

"楚祸之首将在此矣。召诸侯而来,伐国而克,城竟莫校,王心不违,民其居乎?民之不处,其谁堪之?不堪王命,乃祸乱也。"

(四·五)九月,取鄫,言易也。莒乱,着丘公立而不抚鄫,鄫叛而来,故曰取。凡克邑,不用师徒曰取。

(四·六)郑子产作丘赋,国人谤之,曰:"其父死于路,己为蚕尾,以令于国,国将若之何?"子宽以告。子产曰:"何害?苟利社稷,死生以之。且吾闻为善者不改其度,故能有济也。民不可逞,度不可改。诗曰:'礼义不愆,何恤于人言?'吾不迁矣。"浑罕曰:"国氏其先亡乎!君子作法于凉,其敝犹贪。作法于贪,敝将若之何?姬在列者,蔡及曹、滕其先亡乎!偪而无礼。郑先卫亡,偪而无法。政不率法,而制于心。民各有心,何上之有?"

(四·七)冬,吴伐楚,入棘、栎、麻,以报朱方之役。楚沈尹射奔命于夏汭,葴尹宜咎城钟离,薳启疆城巢,然丹城州来。东国水,不可以城。彭生罢赖之师。

(四·八)初,穆子去叔孙氏,及庚宗,遇妇人,使私为食而宿焉。问其行,告之故,哭而送之。适齐,娶于国氏,生孟丙、仲壬。梦天压己,弗胜,顾而见人,黑而上偻,深目而豭喙,号之曰:"牛!助余!"乃胜之。旦而皆召其徒,无之。且曰:"志之!"及宣伯奔齐,馈之。宣伯曰:"鲁以先子之故,将存吾宗,必召女。召女,何如?"对曰:"愿之久矣。"

鲁人召之,不告而归。既立,所宿庚宗之妇人献以雉。问其姓,对曰:"余子长矣,能奉雉而从我矣。"召而见之,则所梦也。未问其名,号之曰"牛",曰:"唯。"皆召其徒使视之,遂使为竖。有宠,长使为政。公孙明知叔孙于齐,归,未逆国姜,子明取之,故怒,其子长而后使逆之。

田于丘莸,遂遇疾焉。竖牛欲乱其室而有之,强与孟盟,不可。叔孙为孟钟,曰:"尔未际,飨大夫以落之。"既具,使竖牛请日。入,弗谒;出,命之日。及宾至,闻钟声。牛曰:"孟有北妇人之客。"怒,将往,牛止之。宾出,使拘而杀诸外。牛又强与仲盟,不可。仲与公御莱书观于公,公与之环,使牛入示之。入,不示;出,命佩之。牛谓叔孙:"见仲而何?"叔孙曰:"何为?"曰:"不见,既自见矣,公与之环而佩之矣。"遂逐之,奔齐。疾急,命召仲,牛许而不召。杜泄见,告之饥渴,授之戈。对曰:"求之而至,又何去焉?"竖牛曰:"夫子疾病,不欲见人。”使寘馈于个而退。牛弗进，则置虚命彻。十二月癸丑，叔孙不食；乙卯，卒。牛立昭子而相之。

公使杜泄葬叔孙，竖牛赂叔仲昭子与南遗，使恶杜泄于季孙而去之。杜泄将以路葬，且尽卿礼。南遗谓季孙曰：“叔孙未乘路，葬焉用之？且冢卿无路，介卿以葬，不亦左乎？”季孙曰：“然。”使杜泄舍路。不可，曰：“夫子受命于朝而聘于王，王思旧勋而赐之路，复命而致之君。君不敢逆王命而复赐之，使三官书之。吾子为司徒，实书名；夫子为司马，与工正书服；孟孙为司空以书勋。今死而弗以，是弃君命也。书在公府而弗以，是废三官也。若命服，生弗敢服，死又不以，将焉用之？”乃使以葬。季孙谋去中军，竖牛曰：“夫子固欲去之。”

（昭公五年）

经

（五·一）五年春王正月，舍中军。

（五·二）楚杀其大夫屈申。

（五·三）公如晋。

（五·四）夏，莒牟夷以牟娄及防、兹来奔。

（五·五）秋七月，公至自晋。

（五·六）戊辰，叔弓帅师败莒师于蚡泉。

（五·七）秦伯卒。

（五·八）冬，楚子、蔡侯、陈侯、许男、顿子、沈子、徐人、越人伐吴。

传

（五·一）五年春王正月，舍中军，卑公室也。毁中军于施氏，成诸臧氏。初作中军，三分公室，而各有其一。季氏尽征之，叔孙氏臣其子弟，孟氏取其半焉。及其舍之也，四分公室，季氏择二，二子各一，皆尽征之，而贡于公。

以书使杜泄告于殡，曰：“子固欲毁中军，既毁之矣，故告。”杜泄曰：“夫子唯不欲毁也，故盟诸僖闳，诅诸五父之衢。”受其书而投之，帅士而哭之。

叔仲子谓季孙曰：“带受命于子叔孙曰：‘葬鲜者自西门。’”季孙命杜泄。杜泄曰：“卿丧自朝，鲁礼也。吾子为国政，未改礼而又迁之。群臣惧死，不敢自也。”既葬而行。

仲至自齐，季孙欲立之。南遗曰："叔孙氏厚，则季氏薄。彼实家乱，子勿与知，不亦可乎？"南遗使国人助竖牛以攻诸大库之庭，司宫射之，中目而死。竖牛取东鄙三十邑以与南遗。

昭子即位，朝其家众，曰："竖牛祸叔孙氏，使乱大从，杀适立庶；又披其邑，将以赦罪，罪莫大焉。必速杀之！"竖牛惧，奔齐。孟、仲之子杀诸塞关之外。投其首于宁风之棘上。仲尼曰："叔孙昭子之不劳，不可能也。周任有言曰：'为政者不赏私劳，不罚私怨。'诗云：'有觉德行，四国顺之。'"

初，穆子之生也，庄叔以周易筮之，遇明夷䷣之谦䷎，以示卜楚丘。楚丘曰："是将行，而归为子祀。以谗人入，其名曰牛，卒以馁死。明夷，日也。日之数十，故有十时，亦当十位。自王已下，其二为公、其三为卿。日上其中，食日为二，旦日为三。明夷之谦，明而未融，其当旦乎，故曰'为子祀'。日之谦，当鸟，故曰'明夷于飞'。明而未融，故曰'垂其翼'。象日之动，故曰'君子于行'。当三在旦，故曰'三日不食'。离，火也；艮，山也。离为火，火焚山，山败。于人为言。败言为谗，故曰'有攸往。主人有言'。言必谗也。纯离为牛，世乱谗胜，胜将适离，故曰'其名曰牛。'谦不足，飞不翔；垂不峻，翼不广。故曰'其为子后乎'。吾子，亚卿也；抑少不终。"

（五・二）楚子以屈申为贰于吴，乃杀之。以屈生为莫敖，使与令尹子荡如晋逆女。过郑，郑伯劳子荡于氾，劳屈生于菟氏。晋侯送女于邢丘。子产相郑伯会晋侯于邢丘。

（五・三）公如晋，自郊劳至于赠贿，无失礼。晋侯谓女叔齐曰："鲁侯不亦善于礼乎？"对曰："鲁侯焉知礼！"公曰："何为？自郊劳至于赠贿，礼无违者，何故不知？"对曰："是仪也，不可谓礼。礼，所以守其国、行其政令、无失其民者也。今政令在家，不能取也；有子家羁，弗能用也；奸大国之盟，陵虐小国；利人之难，不知其私。公室四分，民食于他。思莫在公，不图其终。为国君，难将及身，不恤其所。礼之本末将于此乎在，而屑屑焉习仪以亟。言善于礼，不亦远乎？"君子谓叔侯于是乎知礼。

（五・四）晋韩宣子如楚送女，叔向为介。郑子皮、子大叔劳诸索氏。大叔谓叔向曰："楚王汏侈已甚，子其戒之！"叔向曰："汏侈已甚，身之灾也，焉能及人？若奉吾币帛，慎吾威仪；守之以信，行之以礼；敬始而思终，终无不复。从而不失仪，敬而不失威；道之以训辞，奉之以旧法，考之以先王，度之以二国，虽汰侈，若我何？”

及楚。楚子朝其大夫，曰：“晋，吾仇敌也。苟得志焉，无恤其它。今其来者，上卿、上大夫也。若吾以韩起为阍，以羊舌肸为司宫，足以辱晋，吾亦得志矣。可乎？”大夫莫对。薳启强曰：“可。苟有其备，何故不可？耻匹夫不可以无备，况耻国乎？是以圣王务行礼，不求耻人。朝聘有珪，享眺有璋，小有述职，大有巡功。设机而不倚，爵盈而不饮；宴有好货，飧有陪鼎，入有郊劳，出有赠贿，礼之至也。国家之败，失之道也，则祸乱兴。城濮之役，晋无楚备，以败于邲。邲之役，楚无晋备，以败于鄢。自鄢以来，晋不失备，而加之以礼，重之以睦，是以楚弗能报，而求亲焉。既获姻亲，又欲耻之，以召寇雠，备之若何，谁其重此？若有其人，耻之可也。若其未有，君亦图之。晋之事君，臣曰可矣：求诸侯而麇至；求婚而荐女，君亲送之，上卿及上大夫致之。犹欲耻之，君其亦有备矣。不然，奈何？韩起之下，赵成、中行吴、魏舒、范鞅、知盈；羊舌肸之下，祁午、张趯、籍谈、女齐、梁丙、张骼、辅跞、苗贲皇，皆诸侯之选也。韩襄为公族大夫，韩须受命而使矣；箕襄、邢带、叔禽、叔椒、子羽，皆大家也。韩赋七邑，皆成县也。羊舌四族，皆强家也。晋人若丧韩起、杨肸，五卿、八大夫辅韩须、杨石，因其十家九县，长毂九百，其余四十县，遗守四千，奋其武怒，以报其大耻。伯华谋之，中行伯、魏舒帅之，其蔑不济矣。君将以亲易怨，实无礼以速寇，而未有其备，使群臣往遗之禽，以逞君心，何不可之有？”王曰：“不谷之过也，大夫无辱。”厚为韩子礼。王欲敖叔向以其所不知，而不能，亦厚其礼。

韩起反，郑伯劳诸圉。辞不敢见，礼也。

（五・五）郑罕虎如齐，娶于子尾氏。晏子骤见之。陈桓子问其故。对曰：“能用善人，民之主也。”

（五・六）夏，莒牟夷以牟娄及防、兹来奔。牟夷非卿而书，尊地也。莒人愬于晋，晋侯欲止公。范献子曰：“不可。人朝而执之，诱也；讨不以师，而诱以成之，惰也。为盟主而犯此二者，无乃不可乎！请归之，间而以师讨焉。”乃归公。秋七月，公至自晋。

（五・七）莒人来讨，不设备。戊辰，叔弓败诸蚡泉，莒未陈也。

（五・八）冬十月，楚子以诸侯及东夷伐吴，以报棘、栎、麻之役。薳射以繁扬之师会于夏汭。越大夫常寿过帅师会楚子于琐。闻吴师出，薳启强帅师从之，遽不设备，吴人败诸鹊岸。楚子以驲至于罗汭。

吴子使其弟蹶由犒师，楚人执之，将以衅鼓。王使问焉，曰：“女卜来吉乎？”对曰：“吉。寡君闻君将治兵于敝邑，卜之以守龟，曰：‘余亟使人犒师，请行以观王怒之疾徐，而为之备，尚克知之！’龟兆告吉，曰：‘克可知也。’君若骓焉好逆使臣，滋敝邑休怠，而忘其死，亡无日矣。今君奋焉震电冯怒，虐执使臣，将以衅鼓，则吴知所备矣。敝邑虽羸，若早修完，其可以息师。难易有备，可谓吉矣。且吴社稷是卜，岂为一人？使臣获衅军鼓，而敝邑知备，以御不虞，其为吉，孰大焉？国之守龟，其何事不卜？一臧一否，其谁能常之？城濮之兆，其报在邲。今此行也，其庸有报志？”乃弗杀。

楚师济于罗汭，沈尹赤会楚子，次于莱山，薳射帅繁扬之师先入南怀，楚师从之，及汝清。吴不可入。楚子遂观兵于坻箕之山。是行也，吴早设备，楚无功而还，以蹶由归。楚子惧吴，使沈尹射待命于巢，薳启强待命于雩娄，礼也。

（五・九）秦后子复归于秦，景公卒故也。

（昭公六年）

经

（六・一）六年春王正月，杞伯益姑卒。

（六・二）葬秦景公。

（六・三）夏，季孙宿如晋。

（六・四）葬杞文公。

（六・五）宋华合比出奔卫。

（六・六）秋九月，大雩。

（六・七）楚薳罢帅师伐吴。

（六・八）冬，叔弓如楚。

（六・九）齐侯伐北燕。

传

（六・一）六年春王正月，杞文公卒。吊如同盟，礼也。

（六・二）大夫如秦，葬景公，礼也。

（六・三）三月，郑人铸刑书。叔向使诒子产书，曰：“始吾有虞于子，今则已矣。昔先王议事以制，不为刑辟，惧民之有争心也。犹不可禁御，是故闲之以义，纠之以政，行之以礼，守之以信，奉之以仁；制为禄位，以劝其从；严断刑罚，以威其淫。惧其未也，故诲之以忠，耸之以行，教之以务，使之以和，临之以敬，莅之以强，断之以刚；犹求圣哲之上、明察之官、忠信之长、慈惠之师，民于是乎可任使也，而不生祸乱。民知有辟，则不忌于上。并有争心，以征于书，而徼幸以成之，弗可为矣。

“夏有乱政，而作禹刑；商有乱政，而作汤刑；周有乱政，而作九刑：三辟之兴，皆叔世也。今吾子相郑国，作封洫，立谤政，制参辟，铸刑书，将以靖民，不亦难乎？诗曰：‘仪式刑文王之德，日靖四方。’又曰：‘仪刑文王，万邦作孚。’如是，何辟之有？民知争端矣，将弃礼而征于书，锥刀之末，将尽争之。乱狱滋丰，贿赂并行。终子之世，郑其败乎？肸闻之：‘国将亡，必多制’，其此之谓乎！”

复书曰：“若吾子之言——侨不才，不能及子孙，吾以救世也。既不承命，敢忘大惠！”士文伯曰：“火见，郑其火乎！火未出，而作火以铸刑器，藏争辟焉。火如象之，不火何为？”

（六·四）夏，季孙宿如晋，拜莒田也。晋侯享之，有加笾。武子退，使行人告曰：“小国之事大国也，苟免于讨，不敢求贶。得贶不过三献。今豆有加，下臣弗堪，无乃戾也？”韩宣子曰：“寡君以为欢也。”对曰：“寡君犹未敢，况下臣——君之隶也，敢闻加贶？”固请彻加，而后卒事。晋人以为知礼，重其好货。

（六·五）宋寺人柳有宠，大子佐恶之。华合比曰：“我杀之。”柳闻之，乃坎、用牲、埋书，而告公曰：“合比将纳亡人之族，既盟于北郭矣。”公使视之，有焉，遂逐华合比。合比奔卫。于是华亥欲代右师，乃与寺人柳比，从为之征，曰：“闻之久矣。”公使代之。见于左师，左师曰：“女夫也必亡。女丧而宗室，于人何有？人亦于女何有？诗曰：‘宗子维城，毋俾城坏，毋独斯畏。’女其畏哉！”

（六·六）六月丙戌，郑灾。

（六·七）楚公子弃疾如晋，报韩子也。过郑，郑罕虎、公孙侨、游吉从郑伯以劳诸柤，辞不敢见。固请，见之。见如见王。以其乘马八匹私面。见子皮如上卿，以马六匹；见子产以马四匹；见子大叔以马二匹。禁刍牧采樵，不入田，不樵树，不采蓺，不抽屋，不强丐。誓曰：“有犯命者，君子废，小人降！”舍不为暴，主不慁宾。往来如是，郑三卿皆知其将为王也。

韩宣子之适楚也，楚人弗逆。公子弃疾及晋竟，晋侯将亦弗逆。叔向曰：“楚辟，我衷，若何效辟？诗曰：‘尔之教矣，民胥效矣。’从我而已，焉用效人之辟？书曰：'圣作则。'无宁以善人为则，而则人之辟乎？匹夫为善，民犹则之，况国君乎？"晋侯说，乃逆之。

秋九月，大雩，旱也。

（六·九）徐仪楚聘于楚，楚子执之，逃归。惧其叛也，使薳泄伐徐。吴人救之。令尹子荡帅师伐吴，师于豫章，而次于干溪。吴人败其师于房钟，获宫厩尹弃疾。子荡归罪于薳泄而杀之。

（六·十）冬，叔弓如楚，聘，且吊败也。

（六·十一）十一月，齐侯如晋，请伐北燕也。士丐相士鞅逆诸河，礼也。晋侯许之。十二月，齐侯遂伐北燕，将纳简公。晏子曰："不入。燕有君矣，民不贰。吾君贿，左右谄谀，作大事不以信，未尝可也。"

（昭公七年）

经

（七·一）七年春王正月，暨齐平。

（七·二）三月，公如楚。

（七·三）叔孙婼如齐莅盟。

（七·四）夏四月甲辰朔，日有食之。

（七·五）秋八月，戊辰，卫侯恶卒。

（七·六）九月，公至自楚。

（七·七）冬十有一月癸未，季孙宿卒。

（七·八）十有二月癸亥，葬卫襄公。

传

（七·一）七年春王正月，暨齐平，齐求之也。癸巳，齐侯次于虢。燕人行成，曰："敝邑知罪，敢不听命？先君之敝器请以谢罪。"公孙皙曰："受服而退，俟衅而动，可也。"二月戊午，盟于濡上。燕人归燕姬，赂以瑶瓮、玉椟、斝耳。不克而还。

（七·二）楚子之为令尹也，为王旌以田。芋尹无宇断之，曰："一国两君，其谁堪之？"及即位，为章华之宫，纳亡人以实之。无宇之阍入焉。无宇执之，有司弗与，曰："执人于王宫，其罪大矣。"执而谒诸王。王将饮酒，无宇辞曰："天子经略，诸侯正封，古之制也。封略之内，何非君土？食土之毛，谁非君臣？故诗曰：'普天之下，莫非王土；率土之滨，莫非王臣。'天有十日，人有十等。下所以事上，上所以共神也。故王臣公，公臣大夫，大夫臣士，士臣皁，皁臣舆，舆臣隶，隶臣僚，僚臣仆，仆臣台。马有圉，牛有牧，以待百事。今有司曰：‘女胡执人于王宫？’将焉执之？周文王之法曰：‘有亡，荒阅’，所以得天下也。吾先君文王作仆区之法，曰：‘盗所隐器，与盗同罪’，所以封汝也。若从有司，是无所执逃臣也。逃而舍之，是无陪台也。王事无乃阙乎？昔武王数纣之罪以告诸侯曰：‘纣为天下逋逃主，萃渊薮。’故夫致死焉。君王始求诸侯而则纣，无乃不可乎？若以二文之法取之，盗有所在矣。”王曰：“取而臣以往。盗有宠，未可得也。”遂赦之。

（七・三）楚子成章华之台，愿与诸侯落之。大宰薳启强曰：“臣能得鲁侯。”薳启强来召公，辞曰：“昔先君成公命我先大夫婴齐曰：‘吾不忘先君之好，将使衡父照临楚国，镇抚其社稷，以辑宁尔民。’婴齐受命于蜀。奉承以来，弗敢失陨，而致诸宗祧。曰我先君共王引领北望，日月以冀，传序相授，于今四王矣。嘉惠未至，唯襄公之辱临我丧。孤与其二三臣悼心失图，社稷之不皇，况能怀思君德？今君若步玉趾，辱见寡君，宠灵楚国，以信蜀之役，致君之嘉惠，是寡君既受贶矣，何蜀之敢望？其先君鬼神实嘉赖之，岂唯寡君？君若不来，使臣请问行期，寡君将承质币而见于蜀，以请先君之贶。”

公将往，梦襄公祖。梓慎曰：“君不果行。襄公之适楚也，梦周公祖而行。今襄公实祖，君其不行！”子服惠伯曰：“行！先君未尝适楚，故周公祖以道之；襄公适楚矣，而祖以道君。不行，何之？”三月，公如楚。郑伯劳于师之梁。孟僖子为介，不能相仪。及楚，不能答郊劳。

（七・四）夏四月甲辰朔，日有食之。晋侯问于士文伯曰：“谁将当日食？”对曰：“鲁、卫恶之。卫大，鲁小。”公曰：“何故？”对曰：“去卫地如鲁地，于是有灾，鲁实受之。其大咎其卫君乎！鲁将上卿。”公曰：“诗所谓‘彼日而食，于何不臧’者，何也？”对曰：“不善政之谓也。国无政，不用善，则自取谪于日月之灾，故政不可不慎也。务三而已：一曰择人，二曰因民，三曰从时。”

（七・五）晋人来治杞田，季孙将以成与之。谢息为孟孙守，不可，曰：“人有言曰：‘虽有挈瓶之知，守不假器，礼也。’夫子从君，而守臣丧邑，虽吾子亦有猜焉。”季孙曰：“君之在楚，于晋罪也。又不听晋，鲁罪重矣。晋师必至，吾无以待之，不如与之。间晋而取诸杞。吾与子桃，成反，谁敢有之？是得二成也。鲁无忧，而孟孙益邑，子何病焉？”辞以无山，与之莱、柞。乃迁于桃。晋人为杞取成。

（七·六）楚子享公于新台，使长鬣者相。好以大屈。既而悔之。薳启强闻之，见公。公语之，拜贺。公曰："何贺？"对曰："齐与晋、越欲此久矣。寡君无适与也，而传诸君。君其备御三邻，慎守宝矣，敢不贺乎？"公惧，乃反之。

（七·七）郑子产聘于晋。晋侯有疾，韩宣子逆客，私焉，曰："寡君寝疾，于今三月矣，并走群望，有加而无瘳。今梦黄熊入于寝门，其何厉鬼也？"对曰："以君之明，子为大政，其何厉之有？昔尧殛鲧于羽山，其神化为黄熊，以入于羽渊，实为夏郊，三代祀之。晋为盟主，其或者未之祀也乎！"韩子祀夏郊。晋侯有间，赐子产莒之二方鼎。

（七·八）子产为丰施归州田于韩宣子，曰："日君以夫公孙段为能任其事，而赐之州田。今无禄早世，不获久享君德。其子弗敢有，不敢以闻于君，私致诸子。"宣子辞。子产曰："古人有言曰：'其父析薪，其子弗克负荷。'施将惧不能任其先人之禄，其况能任大国之赐？纵吾子为政而可，后之人若属有疆埸之言，敝邑获戾，而丰氏受其大讨。吾子取州，是免敝邑于戾，而建置丰氏也。敢以为请。"宣子受之，以告晋侯。晋侯以与宣子。宣子为初言，病有之，以易原县于乐大心。

（七·九）郑人相惊以伯有，曰："伯有至矣！"则皆走，不知所往。铸刑书之岁二月，或梦伯有介而行，曰："壬子，余将杀带也。明年壬寅，余又将杀段也。"及壬子，驷带卒，国人益惧。齐、燕平之月，壬寅，公孙段卒，国人愈惧。其明月，子产立公孙泄及良止以抚之，乃止。子大叔问其故。子产曰："鬼有所归，乃不为厉，吾为之归也。"大叔曰："公孙泄何为？"子产曰："说也。为身无义而图说，从政有所反之，以取媚也。不媚，不信。不信，民不从也。"

及子产适晋，赵景子问焉，曰："伯有犹能为鬼乎？"子产曰："能。人生始化曰魄，既生魄，阳曰魂。用物精多，则魂魄强，是以有精爽至于神明。匹夫匹妇强死，其魂魄犹能冯依于人，以为淫厉，况良霄——我先君穆公之胄，子良之孙，子耳之子，敝邑之卿、从政三世矣。郑虽无腆，抑谚曰'蕞尔国'，而三世执其政柄，其用物也弘矣，其取精也多矣，其族又大，所冯厚矣，而强死，能为鬼，不亦宜乎！"

（七·十）子皮之族饮酒无度，故马师氏与子皮氏有恶。齐师还自燕之月，罕朔杀罕欣魋。罕朔奔晋。韩宣子问其位于子产。子产曰："君之羁臣，苟得容以逃死，何位之敢择？卿违，从大夫之位；罪人以其罪降，古之制也。朔于敝邑，亚大夫也；其官，马师也，获戾而逃，唯执政所寘之。得免其死，为惠大矣，又敢求位？”宣子为子产之敏也，使从嬖大夫。

（七·十一）秋八月，卫襄公卒。晋大夫言于范献子曰：“卫事晋为睦，晋不礼焉，庇其贼人而取其地，故诸侯贰。诗曰：‘䳭鸰在原，兄弟急难。’又曰：‘死丧之威，兄弟孔怀。’兄弟之不睦，于是乎不吊；况远人，谁敢归之？今又不礼于卫之嗣，卫必叛我，是绝诸侯也。”献子以告韩宣子。宣子说，使献子如卫吊，且反戚田。

卫齐恶告丧于周，且请命。王使郕简公如卫吊，且追命襄公曰：“叔父陟恪，在我先王之左右，以佐事上帝，余敢忘高圉、亚圉？”

（七·十二）九月，公至自楚。孟僖子病不能相礼，乃讲学之，苟能礼者从之。及其将死也，召其大夫，曰：“礼，人之干也。无礼，无以立。吾闻将有达者曰孔丘，圣人之后也，而灭于宋。其祖弗父何以有宋而授厉公；及正考父佐戴、武、宣，三命兹益共，故其鼎铭云：‘一命而偻，再命而伛，三命而俯，循墙而走，亦莫余敢侮。饘于是，鬻于是，以餬余口。’其共也如是。臧孙纥有言曰：‘圣人有明德者，若不当世，其后必有达人。’今其将在孔丘乎！我若获没，必属说与何忌于夫子，使事之，而学礼焉，以定其位。”故孟懿子与南宫敬叔师事仲尼。仲尼曰：“能补过者，君子也。诗曰：‘君子是则是效’，孟僖子可则效已矣。”

（七·十三）单献公弃亲用羁。冬十月辛酉，襄、顷之族杀献公而立成公。

（七·十四）十一月，季武子卒。晋侯谓伯瑕曰：“吾所问日食，从矣。可常乎？”对曰：“不可。六物不同，民心不壹，事序不类，官职不则，同始异终，胡可常也？诗曰：‘或燕燕居息，或憔悴事国’，其异终也如是。”公曰：“何谓六物？”对曰：“岁、时、日、月、星、辰，是谓也。公曰：“多语寡人辰而莫同，何谓辰？”对曰：“日月之会是谓辰，故以配日。”

（七·十五）卫襄公夫人姜氏无子，嬖人婤姶生孟絷。孔成子梦康叔谓己：“立元，余使羁之孙圉与史苟相之。”史朝亦梦康叔谓己：“余将命而子苟与孔烝鉏之曾孙圉相元。”史朝见成子，告之梦，梦协。晋韩宣子为政聘于诸侯之岁，婤姶生子，名之曰元。孟絷之足不良能行。孔成子以周易筮之，曰：“元尚享卫国，主其社稷。”遇屯䷂。又曰:"余尚立絷,尚克嘉之。"遇屯䷂之比䷇。以示史朝。史朝曰:"'元亨',又何疑焉?"成子曰:"非长之谓乎?"对曰:"康叔名之,可谓长矣。孟非人也,将不列于宗,不可谓长。且其繇曰:'利建侯。'嗣吉,何建?建非嗣也。二卦皆云,子其建之!康叔命之,二卦告之,筮袭于梦,武王所用也,弗从何为?弱足者居。侯主社稷,临祭祀,奉民人,事鬼神,从会朝,又焉得居?各以所利,不亦可乎?"故孔成子立灵公。十二月癸亥,葬卫襄公。

(昭公八年)

经

(八·一)八年春,陈侯之弟招杀陈世子偃师。

(八·二)夏四月辛丑,陈侯溺卒。

(八·三)叔弓如晋。

(八·四)楚人执陈行人干征师杀之。

(八·五)陈公子留出奔郑。

(八·六)秋,搜于红。

(八·七)陈人杀其大夫公子过。

(八·八)大雩。

(八·九)冬十月壬午,楚师灭陈。执陈公子招,放之于越。杀陈孔奂。

(八·十)葬陈哀公。

传

(八·一)八年春,石言于晋魏榆。晋侯问于师旷曰:"石何故言?"对曰:"石不能言,或冯焉。不然,民听滥也。抑臣又闻之曰:'作事不时,怨讟动于民,则有非言之物而言。'今宫室崇侈,民力雕尽,怨讟并作,莫保其性,石言,不亦宜乎?"于是晋侯方筑虒祁之宫,叔向曰:"子野之言君子哉!君子之言,信而有征,故怨远于其身;小人之言,僭而无征,故怨咎及之。诗曰:'哀哉不能言,匪舌是出,唯躬是瘁。哿矣能言,巧言如流,俾躬处休。'其是之谓乎!是宫也成,诸侯必叛,君必有咎,夫子知之矣。"

(八·二)陈哀公元妃郑姬生悼大子偃师,二妃生公子留,下妃生公子胜。二妃嬖,留有宠,属诸司徒招与公子过。哀公有废疾,三月甲申,公子招、公子过杀悼大子偃师而立公子留。夏四月辛亥,哀公缢。干征师赴于楚，且告有立君。公子胜愬之于楚。楚人执而杀之。公子留奔郑。

书曰"陈侯之弟招杀陈世子偃师"，罪在招也；"楚人执陈行人干征师杀之，"罪不在行人也。

（八·三）叔弓如晋，贺虒祁也。游吉相郑伯以如晋，亦贺虒祁也。史赵见子大叔，曰："甚哉其相蒙也！可吊也，而又贺之。"子大叔曰："若何吊也？其非唯我贺，将天下实贺。"

（八·四）秋，大搜于红，自根牟至于商、卫，革车千乘。

（八·五）七月甲戌，齐子尾卒。子旗欲治其室。丁丑，杀梁婴。八月庚戌，逐子成、子工、子车，皆来奔，而立子良氏之宰。其臣曰："孺子长矣，而相吾室，欲兼我也。"授甲，将攻之。陈桓子善于子尾，亦授甲，将助之。或告子旗，子旗不信，则数人告。将往，又数人告于道，遂如陈氏。桓子将出矣，闻之而还，游服而逆之，请命。对曰："闻强氏授甲将攻子，子闻诸？"曰："弗闻。""子盍亦授甲，无宇请从。"子旗曰："子胡然？彼，孺子也。吾诲之，犹惧其不济，吾又宠秩之——其若先人何？子盍谓之。周书曰：'惠不惠，茂不茂'，康叔所以服弘大也。"桓子稽颡曰："顷、灵福子，吾犹有望。"遂和之如初。

（八·六）陈公子招归罪于公子过而杀之。九月，楚公子弃疾帅师奉孙吴围陈，宋戴恶会之。冬十一月壬午，灭陈。舆嬖袁克杀马毁玉以葬。楚人将杀之，请寘之，既又请私。私于幄，加绖于颡而逃。

使穿封戌为陈公，曰："城麇之役不谄。"侍饮酒于王，王曰："城麇之役，汝知寡人之及此，汝其辟寡人乎！"对曰："若知君之及此，臣必致死礼以息楚国。"

晋侯问于史赵曰："陈其遂亡乎？"对曰："未也。"公曰："何故？"对曰："陈，颛顼之族也，岁在鹑火，是以卒灭。陈将如之。今在析木之津，犹将复由。且陈氏得政于齐而后陈卒亡。自幕至于瞽瞍无违命，舜重之以明德，寘德于遂。遂世守之。及胡公不淫，故周赐之姓，使祀虞帝。臣闻盛德必百世祀。虞之世数未也，继守将在齐，其兆既存矣。"

（昭公九年）

经

（九·一）九年春，叔弓会楚子于陈。

（九・二）许迁于夷。

（九・三）夏四月，陈灾。

（九・四）秋，仲孙貜如齐。

（九・五）冬，筑郎囿。

传

（九・一）九年春，叔弓、宋华亥、郑游吉、卫赵黡会楚子于陈。

（九・二）二月庚申，楚公子弃疾迁许于夷，实城父。取州来、淮北之田以益之，伍举授许男田。然丹迁城父人于陈，以夷濮西田益之。迁方城外人于许。

（九・三）周甘人与晋阎嘉争阎田。晋梁丙、张趯率阴戎伐颍。王使詹桓伯辞于晋曰："我自夏以后稷，魏、骀、芮、岐、毕，吾西土也。及武王克商，蒲姑、商奄，吾东土也；巴、濮、楚、邓，吾南土也；肃慎、燕、亳，吾北土也。吾何迩封之有？文、武、成、康之建母弟，以蕃屏周，亦其废队是为，岂如弁髦，而因以敝之。"先王居梼杌于四裔，以御螭魅，故允姓之奸居于瓜州。伯父惠公归自秦，而诱以来，使偪我诸姬，入我郊甸，则戎焉取之。戎有中国，谁之咎也？后稷封殖天下，今戎制之，不亦难乎？伯父图之！我在伯父，犹衣服之有冠冕，木水之有本原，民人之有谋主也。伯父若裂冠毁冕，拔本塞原，专弃谋主，虽戎狄，其何有余一人？"叔向谓宣子曰："文之伯也，岂能改物？翼戴天子，而加之以共。自文以来，世有衰德，而暴灭宗周，以宣示其侈；诸侯之贰，不亦宜乎？且王辞直，子其图之。"宣子说。王有姻丧，使赵成如周吊，且致阎田与襚，反颍俘。王亦使宾滑执甘大夫襄以说于晋，晋人礼而归之。

（九・四）夏四月，陈灾。郑裨灶曰："五年陈将复封，封五十二年而遂亡。"子产问其故。对曰："陈，水属也；火，水妃也。而楚所相也。今火出而火陈，逐楚而建陈也。妃以五成，故曰五年。岁五及鹑火，而后陈卒亡，楚克有之，天之道也，故曰五十二年。"

（九・五）晋荀盈如齐逆女，还，六月，卒于戏阳。殡于绛，未葬。晋侯饮酒，乐。膳宰屠蒯趋入，请佐公使尊，许之。而遂酌以饮工，曰："女为君耳，将司聪也。辰在子卯，谓之疾日，君彻宴乐，学人舍业，为疾故也。君之卿佐，是谓股肱。股肱或亏，何痛如之？女弗闻而乐，是不聪也。"又饮外嬖嬖叔，曰："女为君目，将司明也。服以旌礼，礼以行事，事有其物，物有其容。今君之容，非其物也；而女不见，是不明也。"亦自饮也，曰："味以行气，气以实志，志以定言，言以出令。臣实司味，二御失官，而君弗命，臣之罪也。"公说，彻酒。初，公欲废知氏而立其外嬖，为是悛而止。秋八月，使荀跞佐下军以说焉。

(九·六)孟僖子如齐殷聘，礼也。

(九·七)冬，筑郎囿。书时也。季平子欲其速成也，叔孙昭子曰："诗曰：'经始勿亟，庶民子来。'焉用速成，其以勦民也？无囿犹可；无民，其可乎？"

(昭公十年)

经

(十·一)十年春王正月。

(十·二)夏，齐栾施来奔。

(十·三)秋七月，季孙意如、叔弓、仲孙貜帅师伐莒。

(十·四)戊子，晋侯彪卒。

(十·五)九月，叔孙貜如晋，葬晋平公。

(十·六)十有二月甲子，宋公成卒。

传

(十·一)十年春王正月，有星出于婺女。郑裨灶言于子产曰："七月戊子，晋君将死。今兹岁在颛顼之虚，姜氏、任氏实守其地，居其维首，而有妖星焉，告邑姜也。邑姜，晋之妣也。天以七纪，戊子逢公以登，星斯于是乎出，吾是以讥之。"

(十·二)齐惠栾、高氏皆耆酒，信内多怨，强于陈、鲍氏而恶之。

夏，有告陈桓子曰："子旗、子良将攻陈、鲍。"亦告鲍氏。桓子授甲而如鲍氏。遭子良醉而骋，遂见文子，则亦授甲矣。使视二子，则皆将饮酒。桓子曰："彼虽不信，闻我授甲，则必逐我。及其饮酒也，先伐诸。"陈、鲍方睦，遂伐栾、高氏。子良曰："先得公，陈、鲍焉往？"遂伐虎门。

晏平仲端委立于虎门之外，四族召之，无所往。其徒曰："助陈、鲍乎？"曰："何善焉？""助栾、高乎？"曰："庸愈乎？""然则归乎？"曰："君伐，焉归？"公召之而后入。公卜使王黑以灵姑銔率，吉，请断三尺焉而用之。五月庚辰，战于稷，栾、高败，又败诸庄。国人追之，又败诸鹿门。栾施、高强来奔。陈、鲍分其室。

晏子谓桓子："必致诸公！让，德之主也。让之谓懿德。凡有血气，皆有争心，故利不可强，思义为愈。义，利之本也。蕴利生孽。姑使无蕴乎！可以滋长。”

桓子尽致诸公，而请老于莒。桓子召子山，私具幄幕、器用、从者之衣屦，而反棘焉。子商亦如之，而反其邑。子周亦如之，而与之夫于。反子城、子公、公孙捷，而皆益其禄。凡公子、公孙之无禄者，私分之邑。国之贫约孤寡者，私与之粟。曰：“诗云：‘陈锡载周’，能施也。桓公是以霸。”公与桓子莒之旁邑，辞。穆孟姬为之请高唐，陈氏始大。

（十·三）秋七月，平子伐莒，取郠。献俘，始用人于亳社。臧武仲在齐闻之，曰：“周公其不飨鲁祭乎！周公飨义，鲁无义。诗曰：‘德音孔昭，视民不佻。’佻之谓甚矣，而壹用之，将谁福哉？”

（十·四）戊子，晋平公卒。郑伯如晋，及河，晋人辞之。游吉遂如晋。九月，叔孙婼、齐国弱、宋华定、卫北宫喜、郑罕虎、许人、曹人、莒人、邾人、滕人、薛人、杞人、小邾人如晋，葬平公也。

郑子皮将以币行，子产曰：“丧焉用币？用币必百两，百两必千人。千人至，将不行。不行，必尽用之。几千人而国不亡？”子皮固请以行。既葬，诸侯之大夫欲因见新君。叔孙昭子曰：“非礼也。”弗听。叔向辞之曰：“大夫之事毕矣，而又命孤。孤斩焉在衰绖之中，其以嘉服见，则丧礼未毕；其以丧服见，是重受吊也，大夫将若之何？”皆无辞以见。

子皮尽用其币。归，谓子羽曰：“非知之实难，将在行之。夫子知之矣，我则不足。书曰：‘欲败度，纵败礼’，我之谓矣。夫子知度与礼矣，我实纵欲，而不能自克也。”

昭子至自晋，大夫皆见，高强见而退。昭子语诸大夫曰：“为人子不可不慎也哉！昔庆封亡，子尾多受邑，而稍致诸君，君以为忠，而甚宠之。将死，疾于公宫，辇而归，君亲推之。其子不能任，是以在此。忠为令德，其子弗能任，罪犹及之，难不慎也。丧夫人之力，弃德、旷宗，以及其身，不亦害乎？诗曰：‘不自我先，不自我后’，其是之谓乎！”

（十·五）冬十二月，宋平公卒。初，元公恶寺人柳，欲杀之。及丧，柳炽炭于位，将至，则去之。比葬，又有宠。

（昭公十一年）

经

（十一·一）十有一年春王二月，叔弓如宋。

（十一·二）葬宋平公。

（十一·三）夏四月丁巳，楚子虔诱蔡侯般杀之于申。

（十一·四）楚公子弃疾帅师围蔡。

（十一·五）五月甲申，夫人归氏薨。

（十一·六）大搜于比蒲。

（十一·七）仲孙貜会邾子，盟于祲祥。

（十一·八）秋，季孙意如会晋韩起、齐国弱、宋华亥、卫北宫佗、郑罕虎、曹人、杞人于厥慭。

（十一·九）九月己亥，葬我小君齐归。

（十一·十）冬十有一月丁酉，楚师灭蔡，执蔡世子有以归，用之。

传

（十一·一）十一年春王二月，叔弓如宋，葬平公也。

（十一·二）景王问于苌弘曰："今兹诸侯何实吉？何实凶？"对曰："蔡凶。此蔡侯般弑其君之岁也，岁在豕韦，弗过此矣。楚将有之，然壅也。岁及大梁，蔡复，楚凶，天之道也。"

楚子在申，召蔡灵侯。灵侯将往，蔡大夫曰："王贪而无信，唯蔡于感。今币重而言甘，诱我也，不如无往。"蔡侯不可。三月丙申，楚子伏甲而飨蔡侯于申，醉而执之。夏四月丁巳，杀之。刑其士七十人。公子弃疾帅师围蔡。

韩宣子问于叔向曰："楚其克乎？"对曰："克哉！蔡侯获罪于其君，而不能其民，天将假手于楚以毙之，何故不克？然肸闻之：不信以幸，不可再也。楚王奉孙吴以讨于陈，曰：'将定而国。'陈人听命，而遂县之。今又诱蔡而杀其君，以围其国，虽幸而克，必受其咎，弗能久矣。桀克有缗，以丧其国；纣克东夷，而陨其身。楚小位下，而亟暴于二王，能无咎乎？天之假助不善，非祚之也，厚其凶恶而降之罚也。且譬之如天其有五材而将用之，力尽而敝之，是以无拯，不可没振。"

（十一·三）五月，齐归薨。大搜于比蒲，非礼也。

（十一·四）孟僖子会邾庄公，盟于祲祥，修好礼也。泉丘人有女，梦以其帷幕孟氏之庙，遂奔僖子，其僚从之。盟于清丘之社，曰："有子，无相弃也！"僖子使助薳氏之簉。反自祲祥，宿于薳氏，生懿子及南宫敬叔于泉丘人。其僚无子,使字敬叔。

(十一·五)楚师在蔡,晋荀吴谓韩宣子曰:"不能救陈,又不能救蔡,物以无亲。晋之不能亦可知也已。为盟主而不恤亡国,将焉用之?"

秋,会于厥慭,谋救蔡也。郑子皮将行。子产曰:"行不远,不能救蔡也。蔡小而不顺,楚大而不德,天将弃蔡以壅楚,盈而罚之,蔡必亡矣。且丧君而能守者鲜矣。三年,王其有咎乎!美恶周必复,王恶周矣。"晋人使狐父请蔡于楚,弗许。

(十一·六)单子会韩宣子于戚,视下言徐。叔向曰:"单子其将死乎!朝有着定,会有表;衣有襘,带有结。会朝之言必闻于表着之位,所以昭事序也;视不过结襘之中,所以道容貌也。言以命之,容貌以明之,失则有阙。今单子为王官伯,而命事于会,视不登带,言不过步,貌不道容,而言不昭矣。不道,不共;不昭,不从。无守气矣。"

(十一·七)九月,葬齐归,公不戚。晋士之送葬者,归以语史赵。史赵曰:"必为鲁郊。"侍者曰:"何故?"曰:"归姓也,不思亲,祖不归也。"叔向曰:"鲁公室其卑乎!君有大丧,国不废搜;有三年之丧,而无一日之戚。国不恤丧,不忌君也;君无戚容,不顾亲也。国不忌君,君不顾亲,能无卑乎?殆其失国。"

(十一·八)冬十一月,楚子灭蔡,用隐大子于冈山。申无宇曰:"不祥。五牲不相为用,况用诸侯乎!王必悔之!"

(十一·九)十二月,单成公卒。

(十一·十)楚子城陈、蔡、不羹。使弃疾为蔡公。王问于申无宇曰:"弃疾在蔡何如?"对曰:"择子莫如父,择臣莫如君。"郑庄公城栎而寘子元焉,使昭公不立。齐桓公城谷而寘管仲焉,至于今赖之。臣闻五大不在边,五细不在庭;亲不在外,羁不在内。今弃疾在外,郑丹在内,君其少戒!"王曰:"国有大城,何如?"对曰:"郑京、栎实杀曼伯,宋萧、亳实杀子游,齐渠丘实杀无知,卫蒲、戚实出献公。若由是观之,则害于国。末大必折,尾大不掉,君所知也。"

(昭公十二年)

经

(十二·一)十有二年春,齐高偃帅师纳北燕伯于阳。

(十二·二)三月壬申,郑伯嘉卒。

（十二・三）夏，宋公使华定来聘。

（十二・四）公如晋，至河乃复。

（十二・五）五月，葬郑简公。

（十二・六）楚杀其大夫成熊。

（十二・七）秋七月。

（十二・八）冬十月，公子慭出奔齐。

（十二・九）楚子伐徐。

（十二・十）晋伐鲜虞。

传

（十二・一）十二年春，齐高偃纳北燕伯款于唐，因其众也。

（十二・二）三月，郑简公卒。将为葬除，及游氏之庙，将毁焉。子大叔使其除徒执用以立，而无庸毁，曰："子产过女，而问何故不毁，乃曰：'不忍庙也。诺，将毁矣。'"既如是，子产乃使辟之。司墓之室有当道者，毁之，则朝而堋；弗毁，则日中而堋。子大叔请毁之，曰："无若诸侯之宾何？"子产曰："诸侯之宾能来会吾丧，岂惮日中？无损于宾，而民不害，何故不为？"遂弗毁，日中而葬。君子谓子产于是乎知礼。礼，无毁人以自成也。

（十二・三）夏，宋华定来聘，通嗣君也。享之，为赋蓼萧，弗知，又不答赋。昭子曰："必亡。宴语之不怀，宠光之不宣，令德之不知，同福之不受，将何以在？"

（十二・四）齐侯、卫侯、郑伯如晋，朝嗣君也。公如晋，至河，乃复。取郠之役，莒人愬于晋，晋有平公之丧，未之治也，故辞公。公子慭遂如晋。晋侯享诸侯，子产相郑伯，辞于享，请免丧而后听命。晋人许之，礼也。晋侯以齐侯宴，中行穆子相。投壶，晋侯先，穆子曰："有酒如淮，有肉如坻。寡君中此，为诸侯师。"中之。齐侯举矢，曰："有酒如渑，有肉如陵。寡人中此，与君代兴。"亦中之。伯瑕谓穆子曰："子失辞。吾固师诸侯矣，壶何为焉，以其中俊也？齐君弱吾君，归弗来矣。"穆子曰："吾军帅强御，卒乘竞劝，今犹古也，齐将何事？"公孙叟趋进，曰："日旰君勤，可以出矣！"以齐侯出。

（十二・五）楚子谓成虎，若敖之余也，遂杀之。或谮成虎于楚子，成虎知之，而不能行。书曰"楚杀其大夫成虎"，怀宠也。

（十二・六）六月，葬郑简公。

（十二・七）晋荀吴伪会齐师者，假道于鲜虞，遂入昔阳。秋八月壬午，灭肥，以肥子绵皋归。

（十二·八）周原伯绞虐，其舆臣使曹逃。冬十月壬申朔，原舆人逐绞，而立公子跪寻。绞奔郊。

（十二·九）甘简公无子，立其弟过。过将去成、景之族。成、景之族赂刘献公，丙申，杀甘悼公，而立成公之孙鳅。丁酉，杀献大子之傅庾皮之子过，杀瑕辛于市，及宫嬖绰、王孙没、刘州鸠、阴忌、老阳子。

（十二·十）季平子立，而不礼于南蒯。南蒯谓子仲："吾出季氏，而归其室于公，子更其位，我以费为公臣。"子仲许之。南蒯语叔仲穆子，且告之故。

季悼子之卒也，叔孙昭子以再命为卿。及平子伐莒克之，更受三命。叔仲子欲构二家，谓平子曰："三命逾父兄，非礼也。"平子曰："然。"故使昭子。昭子曰："叔孙氏有家祸，杀适立庶，故婼也及此。若因祸以毙之，则闻命矣。若不废君命，则固有着矣。"昭子朝而命吏曰："婼将与季氏讼，书辞无颇。"季孙惧而归罪于叔仲子。故叔仲小、南蒯、公子慭谋季氏。慭告公，而遂从公如晋。南蒯惧不克，以费叛如齐。子仲还，及卫，闻乱，逃介而先。及郊，闻费叛，遂奔齐。

南蒯之将叛也，其乡人或知之，过之而叹，且言曰："恤恤乎，湫乎攸乎！深思而浅谋，迩身而远志，家臣而君图，有人矣哉！"南蒯枚筮之，遇坤☷之比☵☷曰："黄裳元吉"，以为大吉也。示子服惠伯曰："即欲有事，何如？"惠伯曰："吾尝学此矣，忠信之事则可，不然，必败。外强内温，忠也；和以率贞，信也，故曰'黄裳元吉'。黄，中之色也；裳，下之饰也；元，善之长也。中不忠，不得其色；下不共，不得其饰；事不善，不得其极。外内倡和为忠，率事以信为共，供养三德为善，非此三者弗当。且夫易不可以占险，将何事也？且可饰乎？中美能黄，上美为元，下美则裳，参成可筮。犹有阙也，筮虽吉，未也。"

将适费，饮乡人酒。乡人或歌之曰："我有圃，生之杞乎！从我者子乎，去我者鄙乎，倍其邻者耻乎！已乎已乎！非吾党之士乎！"平子欲使昭子逐叔仲小。小闻之，不敢朝。昭子命吏谓小待政于朝，曰："吾不为怨府。"

（十二·十一）楚子狩于州来，次于颍尾，使荡侯、潘子、司马督、嚣尹午、陵尹喜帅师围徐以惧吴。楚子次于干溪，以为之援。雨雪，王皮冠，秦复陶，翠被豹舄，执鞭以出。仆析父从。右尹子革夕，王见之，去冠、被，舍鞭，与之语曰："昔我先王熊绎与吕汲、王孙牟、燮父、禽父并事康王，四国皆有分，我独无有。今吾使人于周，求鼎以为分，王其与我乎？"对曰："与君王哉！昔我先王熊绎辟在荆山，筚路蓝缕以处草莽，跋涉山林以事天子，唯是桃弧棘矢以共御王事。齐，王舅也；晋及鲁、卫，王母弟也。楚是以无分，而彼皆有。今周与四国服事君王，将唯命是从，岂其爱鼎？"

王曰："昔我皇祖伯父昆吾，旧许是宅。今郑人贪赖其田，而不我与。我若求之，其与我乎？"对曰："与君王哉！周不爱鼎，郑敢爱田？"王曰："昔诸侯远我而畏晋，今我大城陈、蔡不羹，赋皆千乘，子与有劳焉，诸侯其畏我乎？"对曰："畏君王哉！是四国者，专足畏也。又加之以楚，敢不畏君王哉？"工尹路请曰："君王命剥圭以为戚柲，敢请命。"王入视之。析父谓子革："吾子，楚国之望也。今与王言如响，国其若之何？"子革曰："摩厉以须，王出，吾刃将斩矣。"王出，复语。左史倚相趋过，王曰："是良史也，子善视之！是能读三坟、五典、八索、九丘。"对曰："臣尝问焉：昔穆王欲肆其心，周行天下，将皆必有车辙马迹焉。祭公谋父作祈招之诗以止王心，王是以获没于祗宫。臣问其诗而不知也。若问远焉，其焉能知之？"王曰："子能乎？"对曰："能。其诗曰：'祈招之愔愔，式昭德音。思我王度，式如玉，式如金。形民之力，而无醉饱之心。'"王揖而入，馈不食，寝不寐，数日，不能自克，以及于难。

仲尼曰："古也有志：'克己复礼，仁也。'信善哉！楚灵王若能如是，岂其辱于干溪？"

（十二·十二）晋伐鲜虞，因肥之役也。

（昭公十三年）

经

（十三·一）十有三年春，叔弓帅师围费。

（十三·二）夏四月，楚公子比自晋归于楚，弑其君虔于干溪。

（十三·三）楚公子弃疾杀公子比。

（十三·四）秋，公会刘子、晋侯、齐侯、宋公、卫侯、郑伯、曹伯、莒子、邾子、滕子、薛伯、杞伯、小邾子于平丘。

（十三·五）八月甲戌，同盟于平丘。公不与盟。

（十三·六）晋人执季孙意如以归。

（十三·七）公至自会。

（十三·八）蔡侯庐归于蔡。陈侯吴归于陈。

（十三·九）冬十月，葬蔡灵公。

（十三·十）公如晋，至河乃复。

（十三·十一）吴灭州来。

传

（十三·一）十三年春，叔弓围费，弗克，败焉。平子怒，令见费人执之，以为囚俘。冶区夫曰："非也，若见费人，寒者衣之，饥者食之，为之令主，而共其乏困，费来如归，南氏亡矣。民将叛之，谁与居邑？若惮之以威，惧之以怒，民疾而叛，为之聚也。若诸侯皆然，费人无归，不亲南氏，将焉入矣？"平子从之，费人叛南氏。

（十三·二）楚子之为令尹也，杀大司马薳掩而取其室。及即位，夺薳居田；迁许而质许围。蔡洧有宠于王，王之灭蔡也，其父死焉，王使与于守而行。申之会，越大夫戮焉。王夺斗韦龟中犨，又夺成然邑，而使为郊尹。蔓成然故事蔡公。故薳氏之族及薳居、许围、蔡洧、蔓成然，皆王所不礼也，因群丧职之族，启越大夫常寿过作乱，围固城，克息舟，城而居之。

观起之死也，其子从在蔡，事朝吴，曰："今不封蔡，蔡不封矣。我请试之。"以蔡公之命召子干、子皙，及郊，而告之情，强与之盟，入袭蔡。蔡公将食，见之而逃。观从使子干食，坎，用牲，加书，而速行。己徇于蔡，曰："蔡公召二子，将纳之，与之盟而遣之矣，将师而从之。"蔡人聚，将执之。辞曰："失贼成军，而杀余何益？"乃释之。朝吴曰："二三子若能死亡，则如违之，以待所济。若求安定，则如与之，以济所欲。且违上，何适而可？"众曰："与之！"乃奉蔡公，召二子而盟于邓，依陈、蔡人以国。楚公子比、公子黑肱、公子弃疾、蔓成然、蔡朝吴帅陈、蔡不羹、许、叶之师，因四族之徒，以入楚。及郊，陈、蔡欲为名，故请为武军。蔡公知之，曰："欲速，且役病矣，请藩而已。"乃藩为军。蔡公使须务牟与史猈先入，因正仆人杀大子禄及公子罢敌。公子比为王，公子黑肱为令尹，次于鱼陂。公子弃疾为司马，先除王宫，使观从从师于干溪，而遂告之，且曰："先归复所，后者劓。"师及訾梁而溃。

王闻群公子之死也，自投于车下，曰："人之爱其子也，亦如余乎？"侍者曰："甚焉，小人老而无子，知挤于沟壑矣。"王曰："余杀人子多矣，能无及此乎？"右尹子革曰："请待于郊，以听国人。"王曰："众怒不可犯也。”曰：“若入于大都，而乞师于诸侯。”王曰：“皆叛矣。”曰：“若亡于诸侯，以听大国之图君也。”王曰：“大福不再，只取辱焉。”然丹乃归于楚。王沿夏，将欲入鄢。芋尹无宇之子申亥曰：“吾父再奸王命，王弗诛，惠孰大焉？君不可忍，惠不可弃，吾其从王。”乃求王，遇诸棘闱以归。夏五月癸亥，王缢于芋尹申亥氏。申亥以其二女殉而葬之。

观从谓子干曰：“不杀弃疾，虽得国，犹受祸也。”子干曰：“余不忍也。”子玉曰：“人将忍子，吾不忍俟也。”乃行。国每夜骇曰：“王入矣！”乙卯夜，弃疾使周走而呼曰：“王至矣！”国人大惊。使蔓成然走告子干、子晳曰：“王至矣，国人杀君司马，将来矣。君若早自图也，可以无辱。众怒如水火焉，不可为谋。”又有呼而走至者，曰：“众至矣！”二子皆自杀。丙辰，弃疾即位，名曰熊居。葬子干于訾，实訾敖。杀囚，衣之王服，而流诸汉，乃取而葬之，以靖国人。使子旗为令尹。

楚师还自徐，吴人败诸豫章，获其五帅。

平王封陈、蔡，复迁邑，致群赂，施舍宽民，宥罪举职。召观从，王曰：“唯尔所欲。”对曰：“臣之先佐开卜。”乃使为卜尹。使枝如子躬聘于郑，且致犨、栎之田。事毕弗致。郑人请曰：“闻诸道路，将命寡君以犨、栎，敢请命。”对曰：“臣未闻命。”既复，王问犨、栎，降服而对曰：“臣过失命，未之致也。”王执其手，曰：“子毋勤！姑归，不谷有事，其告子也。”

他年，芋尹申亥以王柩告，乃改葬之。

初，灵王卜曰：“余尚得天下！”不吉。投龟，诟天而呼曰：“是区区者而不余畀，余必自取之。”民患王之无厌也，故从乱如归。

初，共王无冢适，有宠子五人，无适立焉。乃大有事于群望，而祈曰：“请神择于五人者，使主社稷。”乃遍以璧见于群望，曰：“当璧而拜者，神所立也，谁敢违之？”既，乃与巴姬密埋璧于大室之庭，使五人齐，而长入拜。康王跨之，灵王肘加焉，子干、子晳皆远之。平王弱，抱而入，再拜，皆厌纽。斗韦龟属成然焉，且曰：“弃礼违命，楚其危哉！”

子干归，韩宣子问于叔向曰：“子干其济乎！”对曰：“难。”宣子曰：“同恶相求，如市贾焉，何难？”对曰：“无与同好，谁与同恶？取国有五难：有宠而无人，一也；有人而无主，二也；有主而无谋，三也；有谋而无民，四也；有民而无德，五也。子干在晋，十三年矣。晋、楚之从，不闻达者，可谓无人。族尽亲叛，可谓无主。无衅而动，可谓无谋。为羁终世，可谓无民。亡无爱征，可谓无德。王虐而不忌，楚君子干，涉五难以弑旧君，谁能济之？有楚国者，其弃疾乎！君陈、蔡，城外属焉。苛慝不作，盗贼伏隐，私欲不违，民无怨心。先神命之，国民信之。芈姓有乱，必季实立，楚之常也。获神，一也；有民，二也；令德，三也；宠贵，四也；居常，五也。有五利以去五难，谁能害之？子干之官，则右尹也；数其贵宠，则庶子也；以神所命，则又远之。其贵亡矣，其宠弃矣。民无怀焉，国无与焉，将何以立？"宣子曰："齐桓、晋文不亦是乎？"对曰："齐桓，卫姬之子也，有宠于僖；有鲍叔牙、宾须无、隰朋以为辅佐；有莒、卫以为外主；有国、高以为内主；从善如流，下善齐肃；不藏贿，不从欲，施舍不倦，求善不厌。是以有国，不亦宜乎？我先君文公，狐季姬之子也，有宠于献；好学而不贰，生十七年，有士五人。有先大夫子余、子犯以为腹心，有魏犨、贾佗以为股肱，有齐、宋、秦、楚以为外主，有栾、郤、狐、先以为内主，亡十九年，守志弥笃。惠、怀弃民，民从而与之。献无异亲，民无异望。天方相晋，将何以代文？此二君者，异于子干。共有宠子，国有奥主；无施于民，无援于外；去晋而不送，归楚而不逆，何以冀国？"

（十三·三）晋成虒祁，诸侯朝而归者皆有贰心。为取郠故，晋将以诸侯来讨。叔向曰："诸侯不可以不示威。"乃并征会，告于吴。秋，晋侯会吴子于良，水道不可，吴子辞，乃还。

七月丙寅，治兵于邾南。甲车四千乘。羊舌鲋摄司马，遂合诸侯于平丘。子产、子大叔相郑伯以会，子产以幄、幕九张行，子大叔以四十，既而悔之，每舍，损焉。及会，亦如之。

次于卫地，叔鲋求货于卫，淫刍荛者。卫人使屠伯馈叔向羹与一箧锦，曰："诸侯事晋，未敢携贰；况卫在君之宇下，而敢有异志？刍荛者异于他日，敢请之。"叔向受羹反锦，曰："晋有羊舌鲋者，渎货无厌，亦将及矣。为此役也，子若以君命赐之，其已。"客从之，未退而禁之。

晋人将寻盟，齐人不可。晋侯使叔向告刘献公曰："抑齐人不盟，若之何？"对曰："盟以底信，君苟有信，诸侯不贰，何患焉？告之以文辞，董之以武师，虽齐不许，君庸多矣。天子之老请帅王赋，'元戎十乘，以先启行'，迟速唯君。"叔向告于齐曰："诸侯求盟，已在此矣。今君弗利，寡君以为请。"对曰："诸侯讨贰，则有寻盟。若皆用命，何盟之寻？"叔向曰："国家之败，有事而无业，事则不经；有业而无礼，经则不序；有礼而无威，序则不共；有威而不昭，共则不明。不明弃共，百事不终，所由倾覆也。“是故明王之制，使诸侯岁聘以志业，间朝以讲礼，再朝而会以示威，再会而盟以显昭明。志业于好，讲礼于等，示威于众，昭明于神。自古以来，未之或失也。存亡之道，恒由是兴。晋礼主盟，惧有不治；奉承齐牺，而布诸君，求终事也。君曰‘余必废之’，何齐之有？唯君图之。寡君闻命矣。”齐人惧，对曰：“小国言之，大国制之，敢不听从？既闻命矣，敬共以往，迟速唯君。”叔向曰：“诸侯有间矣，不可以不示众。”八月辛未，治兵，建而不旆。壬申，复旆之。诸侯畏之。

邾人、莒人愬于晋曰：“鲁朝夕伐我，几亡矣。我之不共，鲁故之以。”晋侯不见公。使叔向来辞曰：“诸侯将以甲戌盟，寡君知不得事君矣，请君无勤。”子服惠伯对曰：“君信蛮夷之诉，以绝兄弟之国，弃周公之后，亦唯君。寡君闻命矣。”叔向曰：“寡君有甲车四千乘在，虽以无道行之，必可畏也。况其率道，其何敌之有？牛虽瘠，偾于豚上，其畏不死？南蒯、子仲之忧，其庸可弃乎？若奉晋之众，用诸侯之师，因邾、莒、杞、鄫之怒，以讨鲁罪，间其二忧，何求而弗克？”鲁人惧，听命。

甲戌，同盟于平丘，齐服也。令诸侯日中造于除。癸酉，退朝。子产命外仆速张于除，子大叔止之，使待明日。及夕，子产闻其未张也，使速往，乃无所张矣。

及盟，子产争承，曰：“昔天子班贡，轻重以列。列尊贡重，周之制也。卑而贡重者，甸服也。郑伯，男也，而使从公侯之贡，惧弗给也，敢以为请。诸侯靖兵，好以为事。行理之命，无月不至，贡之无艺，小国有阙，所以得罪也。诸侯修盟，存小国也。贡献无极，亡可待也。存亡之制，将在今矣。”自日中以争，至于昏，晋人许之。既盟，子大叔咎之曰：“诸侯若讨，其可渎乎？”子产曰：“晋政多门，贰偷之不暇，何暇讨？国不竞亦陵，何国之为？”

公不与盟。晋人执季孙意如，以幕蒙之，使狄人守之。司铎射怀锦，奉壶饮冰，以蒲伏焉。守者御之，乃与之锦而入。晋人以平子归，子服湫从。

子产归，未至，闻子皮卒，哭，且曰：“吾已！无为为善矣。唯夫子知我。”仲尼谓子产：“于是行也，足以为国基矣。诗曰：‘乐只君子，邦家之基。子产，君子之求乐者也。且曰：“合诸侯，艺贡事，礼也。’”

（十三·四）鲜虞人闻晋师之悉起也，而不警边，且不修备。晋荀吴自着雍以上军侵鲜虞，及中人，驱冲竞，大获而归。

（十三·五）楚之灭蔡也，灵王迁许、胡、沈、道、房、申于荆焉。平王即位，既封陈、蔡，而皆复之，礼也。隐大子之子庐归于蔡，礼也。悼大子之子吴归于陈，礼也。

（十三·六）冬十月，葬蔡灵公，礼也。

（十三·七）公如晋。荀吴谓韩宣子曰："诸侯相朝，讲旧好也。执其卿而朝其君，有不好焉，不如辞之。"乃使士景伯辞公于河。

（十三·八）吴灭州来，令尹子旗请伐吴。王弗许，曰："吾未抚民人，未事鬼神，未修守备，未定国家，而用民力，败不可悔。州来在吴，犹在楚也。子姑待之。"

（十三·九）季孙犹在晋，子服惠伯私于中行穆子曰："鲁事晋，何以不如夷之小国？鲁，兄弟也，土地犹大，所命能具。若为夷弃之，使事齐、楚，其何瘳于晋？亲亲与大，赏共罚否，所以为盟主也。子其图之！谚曰：'臣一主二。'吾岂无大国？"穆子告韩宣子，且曰："楚灭陈、蔡，不能救，而为夷执亲，将焉用之？"乃归季孙。惠伯曰："寡君未知其罪，合诸侯而执其老。若犹有罪，死命可也。若曰无罪而惠免之，诸侯不闻，是逃命也，何免之为？请从君惠于会。"宣子患之，谓叔向曰："子能归季孙乎？"对曰："不能。鲋也能。"乃使叔鱼。叔鱼见季孙，曰："昔鲋也得罪于晋君，自归于鲁君，微武子之赐，不至于今。虽获归骨于晋，犹子则肉之，敢不尽情？归子而不归，鲋也闻诸吏，将为子除馆于西河，其若之何？"且泣。平子惧，先归。惠伯待礼。

（昭公十四年）

经

（十四·一）十有四年春，意如至自晋。

（十四·二）三月，曹伯滕卒。

（十四·三）夏四月。

（十四·四）秋，葬曹武公。

（十四·五）八月，莒子去疾卒。

（十四·六）冬，莒杀其公子意恢。

传

（十四·一）十四年春，意如至自晋，尊晋罪己也。尊晋罪己，礼也。

（十四·二）南蒯之将叛也，盟费人。司徒老祁、虑癸伪废疾，使请于南蒯曰："臣愿受盟而疾兴。若以君灵不死，请待间而盟。"许之。二子因民之欲叛也，请朝众而盟。遂劫南蒯曰："群臣不忘其君，畏子以及今，三年听命矣。子若弗图，费人不忍其君，将不能畏子矣。子何所不逞欲？请送子。"请期五日。遂奔齐。侍饮酒于景公。公曰："叛夫！"对曰："臣欲张公室也。"子韩皙曰："家臣而欲张公室，罪莫大焉。"司徒老祁、虑癸来归费，齐侯使鲍文子致之。

（十四·三）夏，楚子使然丹简上国之兵于宗丘，且抚其民。分贫，振穷；长孤幼，养老疾；收介特，救灾患；宥孤寡，赦罪戾；诘奸慝，举淹滞；礼新，叙旧；禄勋，合亲；任良，物官。使屈罢简东国之兵于召陵亦如之。好于边疆。息民五年，而后用师，礼也。

（十四·四）秋八月，莒着丘公卒，郊公不戚，国人弗顺，欲立着丘公之弟庚舆。蒲余侯恶公子意恢，而善于庚舆；郊公恶公子铎，而善于意恢。公子铎因蒲余侯而与之谋曰："尔杀意恢，我出君而纳庚舆。"许之。

（十四·五）楚令尹子旗有德于王，不知度，与养氏比，而求无厌。王患之。九月甲午，楚子杀斗成然，而灭养氏之族。使斗辛居郧，以无忘旧勋。

（十四·六）冬十二月，蒲余侯兹夫杀莒公子意恢。郊公奔齐。公子铎逆庚舆于齐，齐隰党、公子钽送之，有赂田。

（十四·七）晋邢侯与雍子争鄐田，久而无成。士景伯如楚，叔鱼摄理。韩宣子命断旧狱，罪在雍子。雍子纳其女于叔鱼，叔鱼蔽罪邢侯。邢侯怒，杀叔鱼与雍子于朝。宣子问其罪于叔向。叔向曰："三人同罪，施生戮死可也。雍子自知其罪，而赂以买直；鲋也鬻狱，邢侯专杀，其罪一也。己恶而掠美为昏，贪以败官为墨，杀人不忌为贼。夏书曰：'昏、墨、贼，杀'，皋陶之刑也，请从之。"乃施邢侯而尸雍子与叔鱼于市。

仲尼曰："叔向，古之遗直也。治国制刑，不隐于亲。三数叔鱼之恶，不为末减。曰义也夫，可谓直矣！平丘之会，数其贿也，以宽卫国，晋不为暴。归鲁季孙，称其诈也，以宽鲁国，晋不为虐。邢侯之狱，言其贪也，以正刑书，晋不为颇。三言而除三恶，加三利。杀亲益荣，犹义也夫！"

（昭公十五年）

经

（十五・一）十有五年春王正月，吴子夷末卒。

（十五・二）二月癸酉，有事于武宫。籥入，叔弓卒。去乐，卒事。

（十五・三）夏，蔡朝吴出奔郑。

（十五・四）六月丁巳朔，日有食之。

（十五・五）秋，晋荀吴帅师伐鲜虞。

（十五・六）冬，公如晋。

传

（十五・一）十五年春，将禘于武公，戒百官。梓慎曰："禘之日其有咎乎！吾见赤黑之祲，非祭祥也，丧氛也。其在莅事乎！"二月癸酉，禘。叔弓莅事，籥入而卒。去乐，卒事，礼也。

（十五・二）楚费无极害朝吴之在蔡也，欲去之，乃谓之曰："王唯信子，故处子于蔡，子亦长矣，而在下位，辱必求之，吾助子请。"又谓其上之人曰："王唯信吴，故处诸蔡，二三子莫之如也，而在其上，不亦难乎？弗图，必及于难。"夏，蔡人逐朝吴，朝吴出奔郑。王怒，曰："余唯信吴，故寘诸蔡。且微吴，吾不及此。女何故去之？"无极对曰："臣岂不欲吴？然而前知其为人之异也。吴在蔡，蔡必速飞。去吴，所以翦其翼也。"

（十五・三）六月乙丑，王大子寿卒。

（十五・四）秋八月戊寅，王穆后崩。

（十五・五）晋荀吴帅师伐鲜虞，围鼓。鼓人或请以城叛，穆子弗许。左右曰："师徒不勤，而可以获城，何故不为？"穆子曰："吾闻诸叔向曰：'好恶不愆，民知所适，事无不济。'或以吾城叛，吾所甚恶也；人以城来，吾独何好焉？赏所甚恶，若所好何？若其弗赏，是失信也，何以庇民？力能则进，否则退，量力而行。吾不可以欲城而迩奸，所丧滋多。"使鼓人杀叛人而缮守备。围鼓三月，鼓人或请降。使其民见，曰："犹有食色，姑修而城。"军吏曰："获城而弗取，勤民而顿兵，何以事君？"穆子曰："吾以事君也。获一邑而教民怠，将焉用邑？邑以贾怠，不如完旧。贾怠无卒，弃旧不祥。鼓人能事其君，我亦能事吾君。率义不爽，好恶不愆，城可获而民知义所，有死命而无二心，不亦可乎？"鼓人告食竭力尽，而后取之。克鼓而反，不戮一人，以鼓子鸢鞮归。

（十五·六）冬，公如晋，平丘之会故也。

（十五·七）十二月，晋荀跞如周，葬穆后，籍谈为介。既葬，除丧，以文伯宴，樽以鲁壶。王曰："伯氏，诸侯皆有以镇抚王室，晋独无有，何也？"文伯揖籍谈。对曰："诸侯之封也，皆受明器于王室，以镇抚其社稷，故能荐彝器于王。晋居深山，戎狄之与邻，而远于王室，王灵不及，拜戎不暇，其何以献器？"王曰："叔氏，而忘诸乎！叔父唐叔，成王之母弟也，其反无分乎？密须之鼓与其大路，文所以大搜也；阙巩之甲，武所以克商也，唐叔受之，以处参虚，匡有戎狄。其后襄之二路，戚钺、秬鬯，彤弓、虎贲，文公受之，以有南阳之田，抚征东夏，非分而何？夫有勋而不废，有绩而载，奉之以土田，抚之以彝器，旌之以车服，明之以文章，子孙不忘，所谓福也。福祚之不登，叔父焉在？且昔而高祖孙伯黡司晋之典籍，以为大政，故曰籍氏。及辛有之二子董之晋，于是乎有董史。女，司典之后也，何故忘之？"籍谈不能对。宾出，王曰："籍父其无后乎！数典而忘其祖。"籍谈归，以告叔向。叔向曰："王其不终乎！吾闻之：所乐必卒焉。今王乐忧，若卒以忧，不可谓终。王一岁而有三年之丧二焉，于是乎以丧宾宴，又求彝器，乐忧甚矣，且非礼也。彝器之来，嘉功之由，非由丧也。三年之丧，虽贵遂服，礼也。王虽弗遂，宴乐以早，亦非礼也。礼，王之大经也。一动而失二礼，无大经矣。言以考典，典以志经。忘经而多言，举典，将焉用之？"

（昭公十六年）

经

（十六·一）十有六年春，齐侯伐徐。

（十六·二）楚子诱戎蛮子杀之。

（十六·三）夏，公至自晋。

（十六·四）秋八月己亥，晋侯夷卒。

（十六·五）九月，大雩。

（十六·六）季孙意如如晋。

（十六·七）冬十月，葬晋昭公。

传

（十六·一）十六年春王正月，公在晋，晋人止公。不书，讳之也。

（十六·二）齐侯伐徐。

楚子闻蛮氏之乱也与蛮子之无质也，使然丹诱戎蛮子嘉杀之，遂取蛮氏。既而复立其子焉，礼也。

二月丙申，齐师至于蒲隧，徐人行成。徐子及郯人、莒人会齐侯，盟于蒲隧，赂以甲父之鼎。叔孙昭子曰："诸侯之无伯，害哉！齐君之无道也，兴师而伐远方，会之，有成而还，莫之亢也。无伯也夫！诗曰：'宗周既灭，靡所止戾。正大夫离居，莫知我肄'，其是之谓乎！"

（十六·三）三月，晋韩起聘于郑，郑伯享之。子产戒曰："苟有位于朝，无有不共恪！"孔张后至，立于客间，执政御之；适客后，又御之；适县间。客从而笑之。事毕，富子谏曰："夫大国之人，不可不慎也，几为之笑，而不陵我？我皆有礼，夫犹鄙我。国而无礼，何以求荣？孔张失位，吾子之耻也。"子产怒曰："发命之不衷，出令之不信，刑之颇类，狱之放纷，会朝之不敬，使命之不听，取陵于大国，罢民而无功，罪及而弗知，侨之耻也。孔张，君之昆孙子孔之后也，执政之嗣也，为嗣大夫；承命以使，周于诸侯；国人所尊，诸侯所知。立于朝而祀于家，有禄于国，有赋于军，丧、祭有职，受脤、归脤。其祭在庙，已有着位。在位数世，世守其业，而忘其所，侨焉得耻之？辟邪之人而皆及执政，是先王无刑罚也。子宁以他规我。"

宣子有环，其一在郑商。宣子谒诸郑伯，子产弗与，曰："非官府之守器也，寡君不知。"子大叔、子羽谓子产曰："韩子亦无几求，晋国亦未可以贰。晋国、韩子不可偷也。若属有谗人交斗其间，鬼神而助之以兴其凶怒，悔之何及？吾子何爱于一环，其以取憎于大国也？盍求而与之？"子产曰："吾非偷晋而有二心，将终事之，是以弗与，忠信故也。侨闻君子非无贿之难，立而无令名之患。侨闻为国非不能事大字小之难，无礼以定其位之患。夫大国之人令于小国，而皆获其求，将何以给之？一共一否，为罪滋大。大国之求，无礼以斥之，何餍之有？吾且为鄙邑，则失位矣。若韩子奉命以使而求玉焉，贪淫甚矣，独非罪乎？出一玉以起二罪，吾又失位，韩子成贪，将焉用之？且吾以玉贾罪，不亦锐乎？"

韩子买诸贾人，既成贾矣。商人曰："必告君大夫！"韩子请诸子产曰："日起请夫环，执政弗义，弗敢复也。今买诸商人，商人曰'必以闻'，敢以为请。"子产对曰："昔我先君桓公与商人皆出自周，庸次比耦以艾杀此地，斩之蓬、蒿、藜、藋，而共处之；世有盟誓，以相信也，曰：'尔无我叛，我无强贾，毋或匄夺。尔有利市宝贿，我勿与知。'恃此质誓，故能相保以至于今。今吾子以好来辱，而谓敝邑强夺商人，是教敝邑背盟誓也，毋乃不可乎！吾子得玉，而失诸侯，必不为也。若大国令，而共无艺，郑鄙邑也，亦弗为也。侨若献玉，不知所成。敢私布之。”韩子辞玉，曰：“起不敏，敢求玉以徼二罪？敢辞之。”

夏四月，郑六卿饯宣子于郊。宣子曰：“二三君子请皆赋，起亦以知郑志。”子齹赋野有蔓草。宣子曰：“孺子善哉！吾有望矣。”子产赋郑之羔裘。宣子曰：“起不堪也。”子大叔赋褰裳。宣子曰：“起在此，敢勤子至于他人乎？”子大叔拜。宣子曰：“善哉，子之言是！不有是事，其能终乎？”子游赋风雨。子旗赋有女同车。子柳赋萚兮。宣子喜，曰：“郑其庶乎！二三君子以君命贶起，赋不出郑志，皆昵燕好也。二三君子，数世之主也，可以无惧矣。”宣子皆献马焉，而赋我将。子产拜，使五卿皆拜，曰：“吾子靖乱，敢不拜德！”宣子私觐于子产以玉与马，曰：“子命起舍夫玉，是赐我玉而免吾死也，敢不藉手以拜！”

（十六·四）公至自晋，子服昭伯语季平子曰：“晋之公室其将遂卑矣。君幼弱，六卿强而奢傲，将因是以习，习实为常，能无卑乎！”平子曰：“尔幼，恶识国？”

（十六·五）秋八月，晋昭公卒。

（十六·六）九月，大雩，旱也。

（十六·六）郑大旱，使屠击、祝款、竖柎有事于桑山。斩其木，不雨。子产曰：“有事于山，蓺山林也；而斩其木，其罪大矣。”夺之官邑。

（十六·七）冬十月，季平子如晋葬昭公。平子曰：“子服回之言犹信。子服氏有子哉！”

（昭公十七年）

经

（十七·一）十有七年春，小邾子来朝。

（十七·二）夏六月甲戌朔，日有食之。

（十七·三）秋，郯子来朝。

（十七·四）八月，晋荀吴帅师灭陆浑之戎。

（十七·五）冬，有星孛于大辰。

（十七·六）楚人及吴战于长岸。

传

（十七·一）十七年春，小邾穆公来朝，公与之燕。季平子赋采叔，穆公赋菁菁者莪。昭子曰：“不有以国，其能久乎？”

（十七·二）夏六月甲戌朔，日有食之。祝史请所用币。昭子曰：“日有食之，天子不举，伐鼓于社；诸侯用币于社，伐鼓于朝，礼也。”平子御之，曰：“止也。唯正月朔，慝未作，日有食之，于是乎有伐鼓用币，礼也。其余则否。”大史曰：“在此月也。日过分而未至，三辰有灾，于是乎百官降物；君不举，辟移时；乐奏鼓，祝用币，史用辞。故夏书曰：‘辰不集于房，瞽奏鼓，啬夫驰，庶人走’，此月朔之谓也。当夏四月，是谓孟夏。”平子弗从。昭子退，曰：“夫子将有异志，不君君矣。”

（十七·三）秋，郯子来朝，公与之宴。昭子问焉，曰：“少皞氏鸟名官，何故也？”郯子曰：“吾祖也，我知之。昔者黄帝氏以云纪，故为云师而云名；炎帝氏以火纪，故为火师而火名；共工氏以水纪，故为水师而水名；大皞氏以龙纪，故为龙师而龙名。“我高祖少皞挚之立也，凤鸟适至，故纪于鸟，为鸟师而鸟名：凤鸟氏，历正也；玄鸟氏，司分者也；伯赵氏，司至者也；青鸟氏，司启者也；丹鸟氏，司闭者也。祝鸠氏，司徒也；雎鸠氏，司马也；鸤鸠氏，司空也；爽鸠氏，司寇也；鹘鸠氏，司事也。五鸠，鸠民者也。五雉为五工正，利器用、正度量，夷民者也。九扈为九农正，扈民无淫者也。自颛顼以来，不能纪远，乃纪于近。为民师而命以民事，则不能故也。”仲尼闻之，见于郯子而学之。既而告人曰：“吾闻之：‘天子失官，官学在四夷’，犹信。”

（十七·四）晋侯使屠蒯如周，请有事于雒与三涂。苌弘谓刘子曰：“客容猛，非祭也，其伐戎乎！陆浑氏甚睦于楚，必是故也。君其备之！”乃警戒备。九月丁卯，晋荀吴帅师涉自棘津，使祭史先用牲于雒。陆浑人弗知，师从之。庚午，遂灭陆浑，数之以其贰于楚也。陆浑子奔楚，其众奔甘鹿。周大获。宣子梦文公携荀吴而授之陆浑，故使穆子帅师，献俘于文宫。

（十七·五）冬，有星孛于大辰，西及汉。申须曰：“彗所以除旧布新也。天事恒象，今除于火，火出必布焉，诸侯其有火灾乎！”梓慎曰：“往年吾见之，是其征也。火出而见，今兹火出而章，必火入而伏，其居火也久矣，其与不然乎？火出，于夏为三月，于商为四月，于周为五月。夏数得天，若火作，其四国当之，在宋、卫、陈、郑乎！宋，大辰之虚也；陈，大皞之虚也；郑，祝融之虚也，皆火房也。星孛及汉，汉，水祥也。卫，颛顼之虚也，故为帝丘，其星为大水，水，火之牡也。其以丙子若壬午作乎！水火所以合也。若火入而伏，必以壬午，不过其见之月。”郑裨灶言于子产曰：“宋、卫、陈、郑将同日火。若我用瓘斝玉瓒，郑必不火。”子产弗与。

（十七・六）吴伐楚，阳丐为令尹，卜战，不吉。司马子鱼曰：“我得上流，何故不吉？且楚故，司马令龟，我请改卜。”令曰：“鲂也以其属死之，楚师继之，尚大克之！”吉。战于长岸，子鱼先死，楚师继之，大败吴师，获其乘舟余皇。使随人与后至者守之，环而堑之，及泉，盈其隧炭，陈以待命。吴公子光请于其众，曰：“丧先王之乘舟，岂唯光之罪？众亦有焉。请藉取之以救死。”众许之。使长鬣者三人潜伏于舟侧，曰：“我呼余皇，则对。师夜从之。”三呼，皆迭对。楚人从而杀之。楚师乱，吴人大败之，取余皇以归。

（昭公十八年）

经

（十八・一）十有八年春王三月，曹伯须卒。

（十八・二）夏五月壬午，宋、卫、陈、郑灾。

（十八・三）六月，邾人入鄅。

（十八・四）秋，葬曹平公。

（十八・五）冬，许迁于白羽。

传

（十八・一）十八年春王二月乙卯，周毛得杀毛伯过而代之。苌弘曰：“毛得必亡。是昆吾稔之日也，侈故之以。而毛得以济侈于王都，不亡，何待？”

（十八・二）三月，曹平公卒。

（十八・三）夏五月，火始昏见。丙子，风。梓慎曰：“是谓融风，火之始也；七日，其火作乎！”戊寅，风甚。壬午，大甚。宋、卫、陈、郑皆火。梓慎登大庭氏之库以望之，曰：“宋、卫、陈、郑也。”数日皆来告火。裨灶曰：“不用吾言，郑又将火。”郑人请用之，子产不可。子大叔曰：“宝以保民也，若有火，国几亡。可以救亡，子何爱焉？”子产曰：“天道远，人道迩，非所及也，何以知之？灶焉知天道？是亦多言矣，岂不或信？”遂不与。亦不复火。

郑之未灾也，里析告子产曰：“将有大祥，民震动，国几亡。吾身泯焉，弗良及也。国迁，其可乎？”子产曰：“虽可，吾不足以定迁矣。”

及火，里析死矣，未葬，子产使舆三十人迁其柩。火作，子产辞晋公子、公孙于东门，使司寇出新客，禁旧客勿出于宫。使子宽、子上巡群屏摄，至于大宫。使公孙登徙大龟，使祝史徙主祏于周庙，告于先君。使府人、库人各儆其事。商成公儆司宫，出旧宫人，寘诸火所不及。司马、司寇列居火道，行火所焮。城下之人伍列登城。明日，使野司寇各保其征，郊人助祝史除于国北，禳火于玄冥、回禄，祈于四墉。书焚室而宽其征，与之材。三日哭，国不市。使行人告于诸侯。宋、卫皆如是。陈不救火，许不吊灾，君子是以知陈、许之先亡也。

（十八·四）六月，鄅人藉稻，邾人袭鄅。鄅人将闭门，邾人羊罗摄其首焉，遂入之，尽俘以归。鄅子曰："余无归矣。"从帑于邾，邾庄公反鄅夫人，而舍其女。

（十八·五）秋，葬曹平公。往者见周原伯鲁焉，与之语，不说学。归以语闵子马。闵子马曰："周其乱乎！夫必多有是说，而后及其大人。大人患失而惑，又曰：'可以无学，无学不害。'不害而不学，则苟而可，于是乎下陵上替，能无乱乎？夫学，殖也。不学将落，原氏其亡乎！"

（十八·六）七月，郑子产为火故，大为社，祓禳于四方，振除火灾，礼也。乃简兵大搜，将为搜除。子大叔之庙在道南，其寝在道北，其庭小，过期三日，使除徒陈于道南庙北，曰："子产过女，而命速除，乃毁于而乡。"子产朝，过而怒之。除者南毁。子产及冲，使从者止之曰："毁于北方。"

火之作也，子产授兵登陴。子大叔曰："晋无乃讨乎？"子产曰："吾闻之：小国忘守则危，况有灾乎？国之不可小，有备故也。"既，晋之边吏让郑曰："郑国有灾，晋君、大夫不敢宁居，卜筮走望，不爱牲玉。郑之有灾，寡君之忧也。今执事撊然授兵登陴，将以谁罪？边人恐惧，不敢不告。"子产对曰："若吾子之言，敝邑之灾，君之忧也。敝邑失政，天降之灾，又惧谗慝之间谋之，以启贪人，荐为敝邑不利，以重君之忧。幸而不亡，犹可说也；不幸而亡，君虽忧之，亦无及也。郑有他竟，望走在晋。既事晋矣，其敢有二心？"

（十八·七）楚左尹王子胜言于楚子曰："许于郑，仇敌也，而居楚地，以不礼于郑。晋、郑方睦，郑若伐许，而晋助之，楚丧地矣。君盍迁许。许不专于楚，郑方有令政，许曰：'余旧国也。'郑曰：'余俘邑也。'叶在楚国，方城外之蔽也。土不可易，国不可小，许不可俘，雠不可启，君其图之！”楚子说。冬，楚子使王子胜迁许于析，实白羽。

（昭公十九年）

经

（十九·一）十有九年春，宋公伐邾。

（十九·二）夏五月戊辰，许世子止弑其君买。

（十九·三）己卯，地震。

（十九·四）秋，齐高发帅师伐莒。

（十九·五）冬，葬许悼公。

传

（十九·一）十九年春，楚工尹赤迁阴于下阴，令尹子瑕城郏。叔孙昭子曰：“楚不在诸侯矣，其仅自完也，以持其世而已。”

（十九·二）楚子之在蔡也，郹阳封人之女奔之，生大子建。及即位，使伍奢为之师，费无极为少师，无宠焉，欲谮诸王，曰：“建可室矣。”王为之聘于秦，无极与逆，劝王取之。正月，楚夫人嬴氏至自秦。

（十九·三）鄅夫人，宋向戌之女也，故向宁请师。二月，宋公伐邾，围虫。三月，取之，乃尽归鄅俘。

（十九·四）夏，许悼公疟。五月戊辰，饮大子止之药卒。大子奔晋。书曰“弑其君”，君子曰：“尽心力以事君，舍药物可也。”

（十九·五）邾人、郳人、徐人会宋公。乙亥，同盟于虫。

（十九·六）楚子为舟师以伐濮。费无极言于楚子曰：“晋之伯也，迩于诸夏；而楚辟陋，故弗能与争。若大城城父，而寘大子焉，以通北方，王收南方，是得天下也。”王说，从之。故大子建居于城父。令尹子瑕聘于秦，拜夫人也。

（十九·七）秋，齐高发帅师伐莒，莒子奔纪鄣。使孙书伐之。初，莒有妇人，莒子杀其夫，已为嫠妇。及老，托于纪鄣，纺焉以度而去之。及师至，则投诸外。或献诸子占，子占使师夜缒而登。登者六十人，缒绝。师鼓噪，城上之人亦噪。莒共公惧，启西门而出。七月丙子，齐师入纪。

（十九·八）是岁也，郑驷偃卒。子游娶于晋大夫，生丝，弱，其父兄立子瑕。子产憎其为人也，且以为不顺，弗许，亦弗止。驷氏耸。他日，丝以告其舅。冬，晋人使以币如郑，问驷乞之立故。驷氏惧，驷乞欲逃，子产弗遣；请龟以卜，亦弗予。大夫谋对，子产不待而对客曰："郑国不天，寡君之二三臣札瘥夭昏，今又丧我先大夫偃。其子幼弱，其一二父兄惧队宗主，私族于谋，而立长亲。寡君与其二三老曰：'抑天实剥乱是，吾何知焉？'谚曰：'无过乱门'，民有乱兵，犹惮过之，而况敢知天之所乱？今大夫将问其故，抑寡君实不敢知，其谁实知之？平丘之会，君寻旧盟曰：'无或失职！'若寡君之二三臣，其即世者，晋大夫而专制其位，是晋之县鄙也，何国之为？"辞客币而报其使，晋人舍之。

（十九·九）楚人城州来，沈尹戌曰："楚人必败。昔吴灭州来，子旗请伐之。王曰：'吾未抚吾民。'今亦如之，而城州来以挑吴，能无败乎？"侍者曰："王施舍不倦，息民五年，可谓抚之矣。"戌曰："吾闻抚民者，节用于内，而树德于外，民乐其性，而无寇雠。今宫室无量，民人日骇，劳罢死转，忘寝与食，非抚之也。"

（十九·十）郑大水，龙斗于时门之外洧渊，国人请为禜焉。子产弗许，曰："我斗，龙不我觌也；龙斗，我独何觌焉？禳之，则彼其室也。吾无求于龙，龙亦无求于我。"乃止也。

（十九·十一）令尹子瑕言蹶由于楚子，曰："彼何罪？谚所谓'室于怒市于色'者，楚之谓矣。舍前之忿可也。"乃归蹶由。

（昭公二十年）

经

（二十·一）二十年春王正月。

（二十·二）夏，曹公孙会自鄸出奔宋。

（二十·三）秋，盗杀卫侯之兄絷。

（二十·四）冬十月，宋华亥、向宁、华定出奔陈。

（二十·五）十有一月辛卯，蔡侯庐卒。

传

（二十·一）二十年春王二月己丑，日南至。梓慎望氛，曰："今兹宋有乱，国几亡，三年而后弭。蔡有大丧。"叔孙昭子曰："然则戴、桓也。汰侈，无礼已甚，乱所在也。"

（二十·二）费无极言于楚子曰："建与伍奢将以方城之外叛，自以为犹宋、郑也，齐、晋又交辅之，将以害楚，其事集矣。"王信之，问伍奢。伍奢对曰："君一过多矣，何信于谗？"王执伍奢，使城父司马奋扬杀大子。未至，而使遣之。三月，大子建奔宋。王召奋扬，奋扬使城父人执己以至。王曰："言出于余口，入于尔耳，谁告建也？"对曰："臣告之。君王命臣曰：'事建如事余。'臣不佞，不能苟贰。奉初以还，不忍后命，故遣之。既而悔之，亦无及已。"王曰："而敢来，何也？"对曰："使而失命，召而不来，是再奸也。逃无所入。"王曰："归，从政如他日。"

无极曰："奢之子材，若在吴，必忧楚国，盍以免其父召之。彼仁，必来。不然，将为患。"王使召之曰："来，吾免而父。"棠君尚谓其弟员曰："尔适吴，我将归死。吾知不逮，我能死，尔能报。闻免父之命，不可以莫之奔也；亲戚为戮，不可以莫之报也。奔死免父，孝也；度功而行，仁也；择任而往，知也；知死不辟，勇也。父不可弃，名不可废，尔其勉之！相从为愈。"伍尚归。奢闻员不来，曰："楚君、大夫其旰食乎！"楚人皆杀之。员如吴，言伐楚之利于州于。公子光曰："是宗为戮，而欲反其雠，不可从也。"员曰："彼将有他志，余姑为之求士，而鄙以待之。"乃见鱄设诸焉，而耕于鄙。

(二十·三)宋元公无信多私，而恶华、向。华定、华亥与向宁谋曰："亡愈于死，先诸？"华亥伪有疾，以诱群公子。公子问之，则执之。夏六月丙申，杀公子寅、公子御戎、公子朱、公子固、公孙援、公孙丁，拘向胜、向行于其廪。公如华氏请焉，弗许，遂劫之。癸卯，取大子栾与母弟辰、公子地以为质。公亦取华亥之子无戚、向宁之子罗、华定之子启，与华氏盟，以为质。

(二十·四)卫公孟絷狎齐豹，夺之司寇与鄄。有役则反之，无则取之。公孟恶北宫喜、褚师圃，欲去之。公子朝通于襄夫人宣姜，惧而欲以作乱。故齐豹、北宫喜、褚师圃、公子朝作乱。

初，齐豹见宗鲁于公孟，为骖乘焉。将作乱，而谓之曰："公孟之不善，子所知也，勿与乘，吾将杀之。"对曰："吾由子事公孟，子假吾名焉，故不吾远也。虽其不善，吾亦知之；抑以利故，不能去，是吾过也。今闻难而逃，是僭子也。子行事乎，吾将死之，以周事子；而归死于公孟，其可也。"

丙辰，卫侯在平寿。公孟有事于盖获之门外，齐子氏帷于门外，而伏甲焉。使祝灶寘戈于车薪以当门，使一乘从公孟以出；使华齐御公孟，宗鲁骖乘。及闳中，齐氏用戈击公孟，宗鲁以背蔽之，断肱，以中公孟之肩。皆杀之。

公闻乱，乘驱自阅门入。庆比御公，公南楚骖乘。使华寅乘贰车。及公宫，鸿骝魋驷乘于公。公载宝以出。褚师子申遇公于马路之衢，遂从。过齐氏，使华寅肉袒，执盖以当其阙，齐氏射公，中南楚之背，公遂出。寅闭郭门，逾而从公。公如死鸟。析朱钼宵从窦出，徒行从公。

齐侯使公孙青聘于卫。既出，闻卫乱，使请所聘。公曰："犹在竟内，则卫君也。"乃将事焉，遂从诸死鸟。请将事。辞曰："亡人不佞，失守社稷，越在草莽，吾子无所辱君命。"宾曰："寡君命下臣于朝曰：'阿下执事。'臣不敢贰。"主人曰："君若惠顾先君之好，照临敝邑，镇抚其社稷，则有宗祧在。"乃止。卫侯固请见之。不获命，以其良马见，为未致使故也。卫侯以为乘马。宾将掫，主人辞曰："亡人之忧，不可以及吾子；草莽之中，不足以辱从者。敢辞。"宾曰："寡君之下臣，君之牧圉也。若不获捍外役，是不有寡君也。臣惧不免于戾，请以除死。"亲执铎，终夕与于燎。

齐氏之宰渠子召北宫子。北宫氏之宰不与闻，谋杀渠子，遂伐齐氏，灭之。丁巳晦，公入，与北宫喜盟于彭水之上。秋七月戊午朔，遂盟国人。八月辛亥，公子朝、褚师圃、子玉霄、子高鲂出奔晋。闰月戊辰，杀宣姜。卫侯赐北宫喜谥曰"贞子"，赐析朱钼谥曰"成子"，而以齐氏之墓予之。卫侯告宁于齐，且言子石。齐侯将饮酒，遍赐大夫曰："二三子之教也。"苑何忌辞，曰："与于青之赏，必及于其罚。在康诰曰：'父子兄弟，罪不相及'，况在群臣？臣敢贪君赐以干先王？"

琴张闻宗鲁死，将往吊之。仲尼曰："齐豹之盗，而孟絷之贼，女何吊焉？君子不食奸，不受乱，不为利疚于回，不以回待人，不盖不义，不犯非礼。"

（二十·五）宋华、向之乱，公子城、公孙忌、乐舍、司马强、向宜、向郑、楚建、郳甲出奔郑。其徒与华氏战于鬼阎，败子城。子城适晋。

华亥与其妻，必盥而食所质公子者而后食。公与夫人每日必适华氏，食公子而后归。华亥患之，欲归公子。向宁曰："唯不信，故质其子。若又归之，死无日矣。"公请于华费遂，将攻华氏。对曰："臣不敢爱死，无乃求去忧而滋长乎！臣是以惧，敢不听命？"公曰："子死亡有命，余不忍其询。"冬十月，公杀华、向之质而攻之。戊辰，华、向奔陈，华登奔吴。向宁欲杀大子。华亥曰："干君而出，又杀其子，其谁纳我？且归之有庸。"使少司寇牼以归，曰："子之齿长矣，不能事人。以三公子为质，必免。"公子既入，华牼将自门行。公遽见之，执其手，曰："余知而无罪也，入，复而所。"

（二十・六）齐侯疥，遂痁，期而不瘳。诸侯之宾问疾者多在。梁丘据与裔款言于公曰："吾事鬼神丰，于先君有加矣。今君疾病，为诸侯忧，是祝、史之罪也。诸侯不知，其谓我不敬，君盍诛于祝固、史嚚以辞宾？"公说，告晏子。晏子曰："日宋之盟，屈建问范会之德于赵武。赵武曰：'夫子之家事治；言于晋国，竭情无私。其祝、史祭祀，陈信不愧；其家事无猜，其祝、史不祈。'建以语康王。康王曰：'神、人无怨，宜夫子之光辅五君以为诸侯主也。'"公曰："据与款谓寡人能事鬼神，故欲诛于祝、史，子称是语，何故？"对曰："若有德之君，外内不废，上下无怨，动无违事，其祝、史荐信，无愧心矣。是以鬼神用飨，国受其福，祝、史与焉。其所以蕃祉老寿者，为信君使也，其言忠信于鬼神。其适遇淫君，外内颇邪，上下怨疾，动作辟违，从欲厌私，高台深池，撞钟舞女。斩刈民力，输掠其聚，以成其违，不恤后人。暴虐淫从，肆行非度，无所还忌，不思谤讟，不惮鬼神。神怒民痛，无悛于心。其祝、史荐信，是言罪也；其盖失数美，是矫诬也。进退无辞，则虚以求媚。是以鬼神不飨其国以祸之，祝、史与焉。所以夭昏孤疾者，为暴君使也，其言僭嫚于鬼神。"公曰："然则若之何？"对曰："不可为也。山林之木，衡鹿守之；泽之萑蒲，舟鲛守之；薮之薪蒸，虞候守之；海之盐、蜃，祈望守之。县鄙之人，入从其政；偪介之关，暴征其私；承嗣大夫，强易其贿。布常无艺，征敛无度；宫室日更，淫乐不违。内宠之妾，肆夺于市；外宠之臣，僭令于鄙。私欲养求，不给则应。民人苦病，夫妇皆诅。祝有益也，诅亦有损。聊、摄以东，姑、尤以西，其为人也多矣。虽其善祝，岂能胜亿兆人之诅？君若欲诛于祝、史，修德而后可。"公说，使有司宽政，毁关，去禁，薄敛，已责。

（二十・七）十二月，齐侯田于沛，招虞人以弓，不进。公使执之。辞曰："昔我先君之田也，旃以招大夫，弓以招士，皮冠以招虞人。臣不见皮冠，故不敢进。"乃舍之。仲尼曰："守道不如守官。"君子韪之。

（二十・八）齐侯至自田，晏子侍于遄台，子犹驰而造焉。公曰："唯据与我和夫！"晏子对曰："据亦同也，焉得为和？"公曰："和与同异乎？"对曰："异。和如羹焉，水、火、醯、醢、盐、梅，以烹鱼肉，燀之以薪，宰夫和之，齐之以味，济其不及，以泄其过。君子食之，以平其心。君臣亦然。君所谓可而有否焉，臣献其否以成其可；君所谓否而有可焉，臣献其可以去其否，是以政平而不干，民无争心。故诗曰：'亦有和羹，既戒既平。鬷嘏无言，时靡有争。’先王之济五味、和五声也，以平其心，成其政也。声亦如味，一气，二体，三类，四物，五声，六律，七音，八风，九歌，以相成也；清浊、小大，短长、疾徐，哀乐、刚柔，迟速、高下，出入、周疏，以相济也。君子听之，以平其心。心平，德和。故诗曰：‘德音不瑕。’今据不然。君所谓可，据亦曰可；君所谓否，据亦曰否。若以水济水，谁能食之？若琴瑟之专壹，谁能听之？同之不可也如是。”

饮酒乐。公曰：“古而无死，其乐若何！”晏子对曰：“古而无死，则古之乐也，君何得焉？昔爽鸠氏始居此地，季萴因之，有逄伯陵因之，蒲姑氏因之，而后大公因之。古若无死，爽鸠氏之乐，非君所愿也。”

（二十・九）郑子产有疾，谓子大叔曰：“我死，子必为政。唯有德者能以宽服民，其次莫如猛。夫火烈，民望而畏之，故鲜死焉；水懦弱，民狎而玩之，则多死焉，故宽难。”疾数月而卒。

大叔为政，不忍猛而宽。郑国多盗，取人于萑苻之泽。大叔悔之，曰：“吾早从夫子，不及此。”兴徒兵以攻萑苻之盗，尽杀之，盗少止。

仲尼曰：“善哉！政宽则民慢，慢则纠之以猛。猛则民残，残则施之以宽。宽以济猛，猛以济宽，政是以和。诗曰：‘民亦劳止，汔可小康；惠此中国，以绥四方’，施之以宽也。‘毋从诡随，以谨无良；式遏寇虐，惨不畏明’，纠之以猛也。‘柔远能迩，以定我王’，平之以和也。又曰：‘不竞不絿，不刚不柔，布政优优，百禄是遒’，和之至也。”及子产卒，仲尼闻之，出涕曰：“古之遗爱也。”

（昭公二十一年）

经

（二一・一）二十有一年春王三月，葬蔡平公。

（二一・二）夏，晋侯使士鞅来聘。

（二一・三）宋华亥、向宁、华定自陈入于宋南里以叛。

（二一・四）秋七月壬午朔，日有食之。

（二一・五）八月乙亥，叔辄卒。

（二一・六）冬，蔡侯朱出奔楚。

（二一・七）公如晋，至河乃复。

传

（二一·一）二十一年春，天王将铸无射，泠州鸠曰："王其以心疾死乎！夫乐，天子之职也。夫音，乐之舆也；而钟，音之器也。天子省风以作乐，器以钟之，舆以行之。小者不窕，大者不摦，则和于物。物和则嘉成。故和声入于耳而藏于心，心亿则乐。窕则不咸，摦则不容，心是以感，感实生疾。今钟摦矣，王心弗堪，其能久乎！"

（二一·二）三月，葬蔡平公。蔡大子朱失位，位在卑。大夫送葬者，归见昭子。昭子问蔡故，以告。昭子叹曰："蔡其亡乎！若不亡，是君也必不终。诗曰：'不解于位，民之攸塈。'今蔡侯始即位，而适卑，身将从之。"

（二一·三）夏，晋士鞅来聘，叔孙为政。季孙欲恶诸晋，使有司以齐鲍国归费之礼为士鞅。士鞅怒，曰："鲍国之位下，其国小，而使鞅从其牢礼，是卑敝邑也，将复诸寡君。"鲁人恐，加四牢焉，为十一牢。

（二一·四）宋华费遂生华貙、华多僚、华登。貙为少司马，多僚为御士，与貙相恶，乃谮诸公曰："貙将纳亡人。"亟言之。公曰："司马以吾故，亡其良子。死亡有命，吾不可以再亡之。"对曰："君若爱司马，则如亡。死如可逃，何远之有？"公惧，使侍人召马之侍人宜僚，饮之酒，而使告司马。司马叹曰："必多僚也。吾有谗子，而弗能杀，吾又不死。抑君有命，可若何？"乃与公谋逐华貙，将使田孟诸而遣之。公饮之酒，厚酬之，赐及从者。司马亦如之。张丐尤之，曰："必有故。"使子皮承宜僚以剑而讯之。宜僚尽以告。张丐欲杀多僚。子皮曰："司马老矣，登之谓甚，吾又重之，不如亡也。"五月丙申，子皮将见司马而行，则遇多僚御司马而朝。张丐不胜其怒，遂与子皮、臼任、郑翩杀多僚，劫司马以叛，而召亡人。壬寅，华、向入。乐大心、丰愆、华牼御诸横。华氏居卢门，以南里叛。六月庚午，宋城旧墉及桑林之门而守之。

（二一·五）秋七月壬午朔，日有食之。公问于梓慎曰："是何物也？祸福何为？"对曰："二至二分，日有食之，不为灾。日月之行也，分，同道也；至，相过也。其它月则为灾，阳不克也，故常为水。"于是叔辄哭日食。昭子曰："子叔将死，非所哭也。"八月，叔辄卒。

（二一·六）冬十月，华登以吴师救华氏。齐乌枝鸣戍宋。厨人濮曰："军志有之：'先人有夺人之心，后人有待其衰。'盍及其劳且未定也伐诸！若入而固，则华氏众矣，悔无及也。”从之。丙寅，齐师、宋师败吴师于鸿口，获其二帅公子苦雂、偃州员。华登帅其余以败宋师。公欲出，厨人濮曰：“吾小人，可藉死，而不能送亡，君请待之。”乃徇曰：“扬徽者，公徒也。”众从之。公自扬门见之，下而巡之，曰：“国亡君死，二三子之耻也，岂专孤之罪也？”齐乌枝鸣曰：“用少莫如齐致死，齐致死莫如去备。彼多兵矣，请皆用剑。”从之。华氏北，复即之。厨人濮以裳裹首，而荷以走，曰：“得华登矣！”遂败华氏于新里。翟偻新居于新里，既战，说甲于公而归。华姓居于公里，亦如之。

十一月癸未，公子城以晋师至。曹翰胡会晋荀吴、齐苑何忌、卫公子朝救宋。丙戌，与华氏战于赭丘。郑翩愿为鹳，其御愿为鹅。子禄御公子城，庄堇为右。干犫御吕封人华豹，张丐为右。相遇，城还。华豹曰：“城也！”城怒而反之。将注，豹则关矣。曰：“平公之灵，尚辅相余！”豹射，出其间。将注，则又关矣。曰：“不狎，鄙。”抽矢，城射之，殪。张丐抽殳而下，射之，折股。扶伏而击之，折轸。又射之，死。干犫请一矢，城曰：“余言汝于君。”对曰：“不死伍乘，军之大刑也。”干刑而从子，君焉用之？子速诸！”乃射之，殪。大败华氏，围诸南里。华亥搏膺而呼，见华貙，曰：“吾为栾氏矣！”貙曰：“子无我迋，不幸而后亡。”使华登如楚乞师，华貙以车十五乘、徒七十人犯师而出，食于睢上，哭而送之，乃复入。楚薳越帅师将逆华氏，大宰犯谏曰：“诸侯唯宋事其君。今又争国，释君而臣是助，无乃不可乎！”王曰：“而告我也后，既许之矣。”

（二一·七）蔡侯朱出奔楚。费无极取货于东国，而谓蔡人曰：“朱不用命于楚，君王将立东国。若不先从王欲，楚必围蔡。”蔡人惧，出朱而立东国。朱愬于楚，楚子将讨蔡。无极曰：“平侯与楚有盟，故封。其子有二心，故废之。灵王杀隐大子，其子与君同恶，德君必甚。又使立之，不亦可乎？且废置在君，蔡无他矣。”

（二一·八）公如晋，及河。鼓叛晋，晋将伐鲜虞，故辞公。

（昭公二十二年）

经

（二二·一）二十有二年春，齐侯伐莒。

（二二·二）宋华亥、向宁、华定自宋南里出奔楚。

（二二·三）大搜于昌间。

(二二·四)夏四月乙丑,天王崩。

(二二·五)六月,叔鞅如京师,葬景王。

(二二·六)王室乱。

(二二·七)刘子、单子以王猛居于皇。

(二二·八)秋,刘子、单子以王猛入于王城。

(二二·九)冬十月,王子猛卒。

(二二·十)十有二月癸酉朔,日有食之。

传

(二二·一)二十二年春王二月甲子,齐北郭启帅师伐莒。莒子将战,苑羊牧之谏曰:“齐帅贱,其求不多,不如下之,大国不可怒也。”弗听,败齐师于寿余。齐侯伐莒,莒子行成。司马灶如莒莅盟;莒子如齐莅盟,盟于稷门之外。莒于是乎大恶其君。

(二二·二)楚薳越使告于宋曰:“寡君闻君有不令之臣为君忧,无宁以为宗羞,寡君请受而戮之。”对曰:“孤不佞,不能媚于父兄,以为君忧,拜命之辱。抑君臣日战,君曰‘余必臣是助’,亦唯命。人有言曰:‘唯乱门之无过。’君若惠保敝邑,无亢不衷,以奖乱人,孤之望也。唯君图之!”楚人患之。诸侯之戍谋曰:“若华氏知困而致死,楚耻无功而疾战,非吾利也。不如出之,以为楚功,其亦无能为也已。救宋而除其害,又何求?”乃固请出之,宋人从之。己巳,宋华亥、向宁、华定、华貙、华登、皇奄伤、省臧、士平出奔楚。宋公使公孙忌为大司马,边卬为大司徒,乐祁为司城,仲几为左师,乐大心为右师,乐挽为大司寇,以靖国人。

(二二·三)王子朝、宾起有宠于景王,王与宾孟说之,欲立之。刘献公之庶子伯蚠事单穆公,恶宾孟之为人也,愿杀之;又恶王子朝之言,以为乱,愿去之。宾孟适郊,见雄鸡自断其尾,问之。侍者曰:“自惮其牺也。”遽归告王,且曰:“鸡其惮为人用乎!人异于是。牺者实用人,人牺实难,己牺何害?”王弗应。夏四月,王田北山,使公卿皆从,将杀单子、刘子。王有心疾,乙丑,崩于荣锜氏。戊辰,刘子挚卒,无子,单子立刘蚠。五月庚辰,见王,遂攻宾起,杀之,盟群王子于单氏。

(二二·四)晋之取鼓也,既献而反鼓子焉。又叛于鲜虞。六月,荀吴略东阳,使师伪籴者负甲以息于昔阳之门外,遂袭鼓,灭之,以鼓子鸢鞮归,使涉佗守之。

（二二·五）丁巳，葬景王。王子朝因旧官、百工之丧职秩者与灵、景之族以作乱。帅郊、要、饯之甲，以逐刘子。壬戌，刘子奔扬。单子逆悼王于庄宫以归。王子还夜取王以如庄宫。癸亥，单子出。王子还与召庄公谋曰："不杀单旗，不捷。与之重盟，必来。背盟而克者多矣。"从之。樊顷子曰："非言也，必不克。"遂奉王以追单子，及领，大盟而复。杀挚荒以说。刘子如刘，单子亡。乙丑，奔于平畤。群王子追之，单子杀还、姑、发、弱、鬷、延、定、稠，子朝奔京。丙寅，伐之。京人奔山。刘子入于王城。辛未，巩简公败绩于京。乙亥，甘平公亦败焉。

叔鞅至自京师，言王室之乱也。闵马父曰："子朝必不克。其所与者，天所废也。"

单子欲告急于晋。秋七月戊寅，以王如平畤，遂如圃车，次于皇。刘子如刘。单子使王子处守于王城。盟百工于平宫。辛卯，鄩肸伐皇。大败，获鄩肸。壬辰，焚诸王城之市。八月辛酉，司徒丑以王师败绩于前城。百工叛。己巳，伐单氏之宫，败焉。庚午，反伐之。辛未，伐东圉。冬十月丁巳，晋籍谈、荀跞帅九州岛之戎及焦、瑕、温、原之师，以纳王于王城。庚申，单子、刘盆以王师败绩于郊，前城人败陆浑于社。十一月乙酉，王子猛卒。不成丧也。己丑，敬王即位。馆于子旅氏。十二月庚戌，晋籍谈、荀跞、贾辛、司马督帅师军于阴，于侯氏，于溪泉，次于社。王师军于泛，于解，次于任人。闰月，晋箕遗、乐征、右行诡济师取前城，军其东南。王师军于京楚。辛丑，伐京，毁其西南。

（昭公二十三年）

经

（二三·一）二十有三年春王正月，叔孙婼如晋。

（二三·二）癸丑，叔鞅卒。

（二三·三）晋人执我行人叔孙婼。

（二三·四）晋人围郊。

（二三·五）夏六月，蔡侯东国卒于楚。

（二三·六）秋七月，莒子庚舆来奔。

（二三·七）戊辰，吴败顿、胡、沈、蔡、陈、许之师于鸡父。胡子髡、沈子逞灭，获陈夏啮。

(二三·八)天王居于狄泉。尹氏立王子朝。

(二三·九)八月乙未,地震。

(二三·十)冬,公如晋,至河,有疾,乃复。

传

(二三·一)二十三年春王正月壬寅朔,二师围郊。癸卯,郊、鄩溃。丁未,晋师在平阴,王师在泽邑。王使告间,庚戌,还。

(二三·二)邾人城翼,还,将自离姑。公孙鉏曰:"鲁将御我。"欲自武城还,循山而南。徐鉏、丘弱、茅地曰:"道下,遇雨,将不出,是不归也。"遂自离姑。武城人塞其前,断其后之木而弗殊,邾师过之,乃推而蹷之,遂取邾师,获鉏、弱、地。邾人愬于晋,晋人来讨。叔孙婼如晋,晋人执之。书曰"晋人执我行人叔孙婼",言使人也。晋人使与邾大夫坐,叔孙曰:"列国之卿当小国之君,固周制也。邾又夷也。"寡君之命介子服回在,请使当之,不敢废周制故也。"乃不果坐。

韩宣子使邾人聚其众,将以叔孙与之。叔孙闻之,去众与兵而朝。士弥牟谓韩宣子曰:"子弗良图,而以叔孙与其雠,叔孙必死之。鲁亡叔孙,必亡邾。邾君亡国,将焉归?子虽悔之,何及?所谓盟主,讨违命也。若皆相执,焉用盟主?"乃弗与。使各居一馆。士伯听其辞,而愬诸宣子,乃皆执之。士伯御叔孙,从者四人,过邾馆以如吏。先归邾子。士伯曰:"以刍荛之难,从者之病,将馆子于都。"叔孙旦而立,期焉。乃馆诸箕。舍子服昭伯于他邑。

范献子求货于叔孙,使请冠焉。取其冠法而与之两冠,曰:"尽矣。"为叔孙故,申丰以货如晋。叔孙曰:"见我,吾告女所行货。"见而不出。吏人之与叔孙居于箕者,请其吠狗,弗与。及将归,杀而与之食之。叔孙所馆者,虽一日,必葺其墙屋,去之如始至。

(二三·三)夏四月乙酉,单子取訾,刘子取墙人、直人。六月壬午,王子朝入于尹。癸未,尹圉诱刘佗杀之。丙戌,单子从阪道,刘子从尹道伐尹。单子先至而败,刘子还。己丑,召伯奂、南宫极以成周人戍尹。庚寅,单子、刘子、樊齐以王如刘。甲午,王子朝入于王城,次于左巷。秋七月戊申,鄩罗纳诸庄宫。尹辛败刘师于唐。丙辰,又败诸鄩。甲子,尹辛取西闱。丙寅,攻蒯,蒯溃。

(二三·四)莒子庚舆虐而好剑。苟铸剑,必试诸人。国人患之。又将叛齐。乌存帅国人以逐之。庚舆将出,闻乌存执殳而立于道左,惧,将止死。苑羊牧之曰:"君过之!乌存以力闻可矣,何必以弑君成名？”遂来奔。齐人纳郊公。

（二三·五）吴人伐州来，楚薳越帅师，及诸侯之师，奔命救州来。吴人御诸钟离，子瑕卒，楚师熸。吴公子光曰：“诸侯从于楚者众，而皆小国也，畏楚而不获已，是以来。吾闻之曰：‘作事威克其爱，虽小必济。’胡、沈之君幼而狂，陈大夫啮壮而顽，顿与许、蔡疾楚政。楚令尹死，其师熸。帅贱、多宠，政令不壹。七国同役而不同心，帅贱而不能整，无大威命，楚可败也。若分师先以犯胡、沈与陈，必先奔。三国败，诸侯之师乃摇心矣。诸侯乖乱，楚必大奔。请先者去备薄威，后者敦陈整旅。”吴子从之。戊辰晦，战于鸡父。吴子以罪人三千先犯胡、沈与陈，三国争之。吴为三军以系于后，中军从王，光帅右，掩余帅左。吴之罪人或奔或止，三国乱，吴师击之，三国败，获胡、沈之君及陈大夫。舍胡、沈之囚使奔许与蔡、顿，曰：“吾君死矣！”师噪而从之，三国奔，楚师大奔。书曰“胡子髡、沈子逞灭，获陈夏啮”，君臣之辞也。不言战，楚未陈也。

（二三·六）八月丁酉，南宫极震。苌弘谓刘文公曰：“君其勉之！先君之力可济也。周之亡也，其三川震。今西王之大臣亦震，天弃之矣。东王必大克。”

（二三·七）楚大子建之母在郹，召吴人而启之。冬十月甲申，吴大子诸樊入郹，取楚夫人与其宝器以归。楚司马薳越追之，不及；将死，众曰：“请遂伐吴以徼之。”薳越曰：“再败君师，死且有罪。亡君夫人，不可以莫之死也。”乃缢于薳澨。

（二三·八）公为叔孙故如晋，及河，有疾，而复。

（二三·九）楚囊瓦为令尹，城郢。沈尹戌曰：“子常必亡郢。苟不能卫，城无益也。古者，天子守在四夷；天子卑，守在诸侯。诸侯守在四邻；诸侯卑，守在四竟。慎其四竟，结其四援，民狎其野，三务成功。民无内忧，而又无外惧，国焉用城？今吴是惧，而城于郢，守已小矣。卑之不获，能无亡乎？昔梁伯沟其公宫而民溃，民弃其上，不亡，何待？夫正其疆埸，修其土田，险其走集，亲其民人，明其伍候，信其邻国，慎其官守，守其交礼，不僭不贪，不懦不耆，完其守备，以待不虞，又何畏矣？诗曰：‘无念尔祖，聿修厥德。’无亦监乎若敖、蚡冒至于武、文，土不过同，慎其四竟，犹不城郢。今土数圻，而郢是城，不亦难乎？”

（昭公二十四年）

经

（二四·一）二十有四年春王二月丙戌，仲孙貜卒。

（二四·二）婼至自晋。

（二四·三）夏五月乙未朔，日有食之。

（二四·四）秋八月，大雩。

（二四·五）丁酉，杞伯郁厘卒。

（二四·六）冬，吴灭巢。

（二四·七）葬杞平公。

传

（二四·一）二十四年春王正月辛丑，召简公、南宫嚚以甘桓公见王子朝。刘子谓苌弘曰："甘氏又往矣。"对曰："何害？同德度义。大誓曰：'纣有亿兆夷人，亦有离德；余有乱臣十人，同心同德'，此周所以兴也。君其务德，无患无人。"戊午，王子朝入于邬。

（二四·二）晋士弥牟逆叔孙于箕。叔孙使梁其踁待于门内，曰："余左顾而欬，乃杀之。右顾而笑，乃止。"叔孙见士伯。士伯曰："寡君以为盟主之故，是以久子。不腆敝邑之礼，将致诸从者，使弥牟逆吾子。"叔孙受礼而归。二月，"婼至自晋"，尊晋也。

（二四·三）三月庚戌，晋侯使士景伯莅问周故。士伯立于干祭，而问于介众。晋人乃辞王子朝，不纳其使。

（二四·四）夏五月乙未朔，日有食之。梓慎曰："将水。"昭子曰："旱也。日过分而阳犹不克，克必甚，能无旱乎？阳不克莫，将积聚也。"

（二四·五）六月壬申，王子朝之师攻瑕及杏，皆溃。

（二四·六）郑伯如晋，子大叔相，见范献子。献子曰："若王室何？"对曰："老夫其国家不能恤，敢及王室？抑人亦有言曰：'嫠不恤其纬，而忧宗周之陨，为将及焉。'今王室实蠢蠢焉，吾小国惧矣；然大国之忧也，吾侪何知焉？吾子其早图之！诗曰：'缾之罄矣，惟罍之耻。'王室之不宁，晋之耻也。"献子惧，而与宣子图之。乃征会于诸侯，期以明年。

（二四·七）秋八月，大雩，旱也。

（二四·八）冬十月癸酉，王子朝用成周之宝珪沈于河。甲戌，津人得诸河上。阴不佞以温人南侵，拘得玉者，取其玉。将卖之，则为石。王定而献之，与之东訾。

（二四·九）楚子为舟师以略吴疆。沈尹戌曰："此行也，楚必亡邑。不抚民而劳之，吴不动而速之，吴踵楚，而疆埸无备，邑能无亡乎？"越大夫胥犴劳王于豫章之汭，越公子仓归王乘舟。仓及寿梦帅师从王，王及圉阳而还。吴人踵楚，而边人不备，遂灭巢及钟离而还。沈尹戌曰："亡郢之始于此在矣。王一动而亡二姓之帅，几如是而不及郢？诗曰：'谁生厉阶？至今为梗'，其王之谓乎！"

（昭公二十五年）

经

（二五·一）二十有五年春，叔孙婼如宋。

（二五·二）夏，叔诣会晋赵鞅、宋乐大心、卫北宫喜、郑游吉、曹人、邾人、滕人、薛人、小邾人于黄父。

（二五·三）有鸲鹆来巢。

（二五·四）秋七月上辛，大雩；季辛，又雩。

（二五·五）九月己亥，公孙于齐，次于阳州。齐侯唁公于野井。

（二五·六）冬十月戊辰，叔孙婼卒。

（二五·七）十有一月己亥，宋公佐卒于曲棘。

（二五·八）十有二月，齐侯取郓。

传

（二五·一）二十五年春，叔孙婼聘于宋，桐门右师见之。语，卑宋大夫而贱司城氏。昭子告其人曰："右师其亡乎！君子贵其身，而后能及人，是以有礼。今夫子卑其大夫而贱其宗，是贱其身也，能有礼乎？无礼，必亡。"宋公享昭子，赋新宫。昭子赋车辖。明日宴，饮酒乐，宋公使昭子右坐语相泣也。乐祁佐，退而告人曰："今兹君与叔孙其皆死乎！吾闻之：'哀乐而乐哀，皆丧心也。'心之精爽，是谓魂魄。魂魄去之，何以能久？"

（二五·二）季公若之姊为小邾夫人，生宋元夫人，生子，以妻季平子。昭子如宋聘，且逆之。公若从，谓曹氏勿与，鲁将逐之。曹氏告公。公告乐祁。乐祁曰："与之。如是，鲁君必出。政在季氏三世矣，鲁君丧政四公矣。无民而能逞其志者，未之有也，国君是以镇抚其民。诗曰：'人之云亡，心之忧矣。'鲁君失民矣，焉得逞其志？靖以待命犹可，动必忧。"

（二五·三）夏，会于黄父，谋王室也。赵简子令诸侯之大夫输王粟、具戍人，曰："明年将纳王。"子大叔见赵简子，简子问揖让、周旋之礼焉。对曰："是仪也，非礼也。"简子曰："敢问，何谓礼？"对曰："吉也闻诸先大夫子产曰：夫礼，天之经也，地之义也，民之行也。天地之经，而民实则之。则天之明，因地之性，生其六气，用其五行。气为五味，发为五色，章为五声。"淫则昏乱，民失其性。是故为礼以奉之：为六畜、五牲、三牺，以奉五味；为九文、六采、五章，以奉五色；为九歌、八风、七音、六律，以奉五声。为君臣上下，以则地义；为夫妇外内，以经二物；为父子、兄弟、姑姊甥舅、昏媾姻亚，以象天明，为政事、庸力、行务，以从四时；为刑罚威狱，使民畏忌，以类其震曜杀戮；为温慈惠和，以效天之生殖长育。民有好恶、喜怒、哀乐，生于六气，是故审则宜类，以制六志。哀有哭泣，乐有歌舞，喜有施舍，怒有战斗；喜生于好，怒生于恶。是故审行信令，祸福赏罚，以制死生。生，好物也；死，恶物也。好物，乐也；恶物，哀也。哀乐不失，乃能协于天地之性，是以长久。"简子曰："甚哉，礼之大也！"对曰："礼，上下之纪、天地之经纬也，民之所以生也，是以先王尚之。故人之能自曲直以赴礼者，谓之成人。大，不亦宜乎！"简子曰："鞅也请终身守此言也。"

宋乐大心曰："我不输粟。我于周为客，若之何使客？"晋士伯曰："自践土以来，宋何役之不会，而何盟之不同？曰'同恤王室'，子焉得辟之？子奉君命，以会大事，而宋背盟，无乃不可乎？"右师不敢对，受牒而退。士伯告简子曰："宋右师必亡。奉君命以使，而欲背盟以干盟主，无不祥大焉。"

（二五·四）"有鸲鹆来巢"，书所无也。师己曰："异哉！吾闻文、成之世，童谣有之曰：'鸲之鹆之，公出辱之。鸲鹆之羽，公在外野，往馈之马。鸲鹆跦跦，公在乾侯，征褰与襦。鸲鹆之巢，远哉遥遥，裯父丧劳，宋父以骄。鸲鹆鸲鹆，往歌来哭。'童谣有是。今鸲鹆来巢，其将及乎！"

（二五·五）秋，书再雩，旱甚也。

（二五·六）初，季公鸟娶妻于齐鲍文子，生甲。公鸟死，季公亥与公思展与公鸟之臣申夜姑相其室。及季姒与饔人檀通，而惧，乃使其妾抶己，以示秦遄之妻，曰："公若欲使余，余不可而抶余。"又诉于公甫曰："展与夜姑将要余。"秦姬以告公之。公之与公甫告平子，平子拘展于卞，而执夜姑，将杀之。公若泣而哀之，曰："杀是，是杀余也。”将为之请，平子使竖勿内，日中不得；请。有司逆命，公之使速杀之。故公若怨平子。

季、郈之鸡斗。季氏介其鸡，郈氏为之金距。平子怒，益宫于郈氏，且让之。故郈昭伯亦怨平子。

臧昭伯之从弟会为谗于臧氏，而逃于季氏。臧氏执旃。平子怒，拘臧氏老。将禘于襄公，万者二人，其众万于季氏。臧孙曰：“此之谓不能庸先君之庙。”大夫遂怨平子。

公若献弓于公为，且与之出射于外，而谋去季氏。公为告公果、公贲。公果、公贲使侍人僚相告公。公寝，将以戈击之，乃走。公曰：“执之！”亦无命也。惧而不出，数月不见。公不怒。又使言，公执戈以惧之，乃走。又使言，公曰：“非小人之所及也。”公果自言，公以告臧孙。臧孙以难，告臧孙。臧孙以可，劝。告子家懿伯。懿伯曰：“谗人以君徼幸，事若不克，君受其名，不可为也。舍民数世，以求克事，不可必也。且政在焉，其难图也。”公退之。辞曰：“臣与闻命矣，言若泄，臣不获死。”乃馆于公宫。

叔孙昭子如阚，公居于长府。九月戊戌，伐季氏，杀公之于门，遂入之。平子登台而请曰：“君不察臣之罪，使有司讨臣以干戈，臣请待于沂上以察罪。”弗许。请囚于费，弗许。请以五乘亡，弗许。子家子曰：“君其许之！政自之出久矣，隐民多取食焉，为之徒者众矣。日入慝作，弗可知也。众怒不可蓄也，蓄而弗治，将蕴。蕴蓄，民将生心。生心，同求将合。君必悔之！”弗听。郈孙曰：“必杀之。”

公使郈孙逆孟懿子。叔孙氏之司马鬷戾言于其众曰：“若之何？”莫对。又曰：“我，家臣也，不敢知国。凡有季氏与无，于我孰利？”皆曰：“无季氏，是无叔孙氏也。”鬷戾曰：“然则救诸！”帅徒以往，陷西北隅以入。公徒释甲执冰而踞，遂逐之。孟氏使登西北隅，以望季氏。见叔孙氏之旌，以告。孟氏执郈昭伯，杀之于南门之西，遂伐公徒。子家子曰：“诸臣伪劫君者，而负罪以出，君止。意如之事君也，不敢不改。”公曰：“余不忍也。”与臧孙如墓谋，遂行。

己亥，公孙于齐，次于阳州。齐侯将唁公于平阴，公先至于野井。齐侯曰：“寡人之罪也。使有司待于平阴，为近故也。”书曰“公孙于齐，次于阳州。齐侯唁公于野井”，礼也。将求于人，则先下之，礼之善物也。齐侯曰：“自莒疆以西，请致千社，以待君命。寡人将帅敝赋以从执事，唯命是听。君之忧，寡人之忧也。”公喜。子家子曰：“天禄不再。天若胙君，不过周公。以鲁足矣。失鲁而以千社为臣，谁与之立？且齐君无信，不如早之晋。”弗从。

臧昭伯率从者将盟，载书曰：“戮力壹心，好恶同之。信罪之有无，缱绻从公，无通外内！”以公命示子家子。子家子曰：“如此，吾不可以盟。羁也不佞，不能与二三子同心，而以为皆有罪。或欲通外内，且欲去君。二三子好亡而恶定，焉可同也？陷君于难，罪孰大焉？通外内而去君，君将速入，弗通何为？而何守焉？”乃不与盟。

昭子自阚归，见平子。平子稽颡，曰：“子若我何？”昭子曰：“人谁不死？子以逐君成名，子孙不忘，不亦伤乎？将若子何？”平子曰：“苟使意如得改事君，所谓生死而肉骨也。”昭子从公于齐，与公言。子家子命适公馆者执之。公与昭子言于幄内，曰：“将安众而纳公。”公徒将杀昭子，伏诸道。左师展告公。公使昭子自铸归。平子有异志。冬十月辛酉，昭子齐于其寝，使祝宗祈死。戊辰，卒。左师展将以公乘马而归，公徒执之。

(二五・七)壬申，尹文公涉于巩，焚东訾，弗克。

(二五・八)十一月，宋元公将为公故如晋，梦大子栾即位于庙，己与平公服而相之。旦，召六卿。公曰：“寡人不佞，不能事父兄，以为二三子忧，寡人之罪也。若以群子之灵，获保首领以殁，唯是楄柎所以藉干者，请无及先君。”仲几对曰：“君若以社稷之故，私降昵宴，群臣弗敢知。若夫宋国之法，死生之度，先君有命矣，群臣以死守之，弗敢失队。臣之失职，常刑不赦。臣不忍其死，君命只辱。”宋公遂行。己亥，卒于曲棘。

(二五・九)十二月庚辰，齐侯围郓。

(二五・十)初，臧昭伯如晋，臧会窃其宝龟偻句，以卜为信与僭，僭吉。臧氏老将如晋问，会请往。昭伯问家故，尽对。及内子与母弟叔孙，则不对。再三问，不对。归，及郊，会逆。问，又如初。至，次于外而察之，皆无之。执而戮之，逸，奔郈。郈鲂假使为贾正焉。计于季氏，臧氏使五人以戈楯伏诸桐汝之间，会出，逐之，反奔，执诸季氏中门之外。平子怒，曰：“何故以兵入吾门？”拘臧氏老。季、臧有恶。及昭伯从公，平子立臧会。会曰：“偻句不余欺也。”

(二五・十一)楚子使薳射城州屈，复茄人焉；城丘皇，迁訾人焉。使熊相禖郭巢，季然郭卷。子大叔闻之，曰：“楚王将死矣。使民不安其土，民必忧，忧将及王，弗能久矣。”

（昭公二十六年）

经

（二六·一）二十有六年春王正月，葬宋元公。

（二六·二）三月，公至自齐，居于郓。

（二六·三）夏，公围成。

（二六·四）秋，公会齐侯、莒子、邾子、杞伯，盟于鄟陵。

（二六·五）公至自会，居于郓。

（二六·六）九月庚申，楚子居卒。

（二六·七）冬十月，天王入于成周。尹氏、召伯、毛伯以王子朝奔楚。

传

（二六·一）二十六年春王正月庚申，齐侯取郓。

（二六·二）葬宋元公，如先君，礼也。

（二六·三）三月，公至自齐，处于郓，言鲁地也。

（二六·四）夏，齐侯将纳公，命无受鲁货。申丰从女贾，以币锦二两，缚一如瑱，适齐师，谓子犹之人高齮："能货子犹，为高氏后，粟五千庾。"高齮以锦示子犹，子犹欲之。齮曰："鲁人买之，百两一布。以道之不通，先入币财。"子犹受之，言于齐侯曰："群臣不尽力于鲁君者，非不能事君也。然据有异焉。宋元公为鲁君如晋，卒于曲棘；叔孙昭子求纳其君，无疾而死。不知天之弃鲁邪，抑鲁君有罪于鬼神故及此也？君若待于曲棘，使群臣从鲁君以卜焉。若可，师有济也，君而继之，兹无敌矣。若其无成，君无辱焉。"齐侯从之，使公子鉏帅师从公。

成大夫公孙朝谓平子曰："有都，以卫国也，请我受师。"许之。请纳质，弗许，曰："信女，足矣。"告于齐师曰："孟氏，鲁之敝室也。用成已甚，弗能忍也，请息肩于齐。"齐师围成。成人伐齐师之饮马于淄者，曰："将以厌众。"鲁成备而后告曰："不胜众。"

师及齐师战于炊鼻。齐子渊捷从泄声子，射之，中楯瓦，繇朐汰辀，匕入者三寸。声子射其马，斩鞅，殪。改驾，人以为鬷戾也，而助之。子车曰："齐人也。"将击子车，子车射之，殪。其御曰："又之。"子车曰："众可惧也，而不可怒也。"子囊带从野泄，叱之。泄曰："军无私怒，报乃私也，将亢子。"又叱之，亦叱之。冉竖射陈武子，中手，失弓而骂。以告平子曰："有君子白皙鬒须眉，甚口。"平子曰："必子强也，无乃亢诸?”对曰:“谓之君子,何敢亢之?”林雍羞为颜鸣右,下。苑何忌取其耳。颜鸣去之。苑子之御曰:“视下!”顾。苑子剕林雍,断其足,𨌝而乘于他车以归。颜鸣三入齐师,呼曰:“林雍乘!”

(二六・五)四月,单子如晋告急。五月戊午,刘人败王城之师于尸氏。戊辰,王城人、刘人战于施谷,刘师败绩。

(二六・六)秋,盟于鄟陵,谋纳公也。

(二六・七)七月己巳,刘子以王出。庚午,次于渠。王城人焚刘。丙子,王宿于褚氏。丁丑,王次于萑谷。庚辰,王入于胥靡。辛巳,王次于滑。晋知跞、赵鞅帅师纳王,使汝宽守阙塞。

(二六・八)九月,楚平王卒。令尹子常欲立子西,曰:“大子壬弱,其母非适也,王子建实聘之。子西长而好善。立长则顺,建善则治。王顺、国治,可不务乎?”子西怒曰:“是乱国而恶君王也。国有外援,不可渎也;王有适嗣,不可乱也。败亲、速雠、乱嗣,不祥。我受其名。赂吾以天下,吾滋不从也,楚国何为?必杀令尹!”令尹惧,乃立昭王。

(二六・九)冬十月丙申,王起师于滑。辛丑,在郊,遂次于尸。十一月辛酉,晋师克巩。召伯盈逐王子朝,王子朝及召氏之族、毛伯得、尹氏固、南宫嚚奉周之典籍以奔楚。阴忌奔莒以叛。召伯逆王于尸,及刘子、单子盟。遂军圉泽,次于堤上。癸酉,王入于成周。甲戌,盟于襄宫。晋师使成公般戍周而还。十二月癸未,王入于庄宫。

王子朝使告于诸侯曰:“昔武王克殷,成王靖四方,康王息民,并建母弟,以蕃屏周,亦曰:‘吾无专享文、武之功,且为后人之迷败倾覆而溺入于难,则振救之。’至于夷王,王愆于厥身,诸侯莫不并走其望,以祈王身。至于厉王,王心戾虐,万民弗忍,居王于彘。诸侯释位,以间王政。宣王有志,而后效官。至于幽王,天不吊周,王昏不若,用愆厥位。携王奸命,诸侯替之,而建王嗣,用迁郏鄏——则是兄弟之能用力于王室也。至于惠王,天不靖周,生颓祸心,施于叔带。惠、襄辟难,越去王都。则有晋、郑咸黜不端,以绥定王家。则是兄弟之能率先王之命也。在定王六年,秦人降妖,曰:‘周其有髭王,亦克能修其职,诸侯服享,二世共职。王室其有间王位,诸侯不图,而受其乱灾。’至于灵王,生而有髭。王甚神圣,无恶于诸侯。灵王、景王克终其世。

“今王室乱,单旗、刘狄剥乱天下,壹行不若,谓‘先王何常之有,唯余心所命,其谁敢讨之’,帅群不吊之人,以行乱于王室。侵欲无厌，规求无度，贯渎鬼神，慢弃刑法，倍奸齐盟，傲很威仪，矫诬先王。晋为不道，是摄是赞，思肆其罔极。兹不谷震荡播越，窜在荆蛮，未有攸底。若我一二兄弟甥舅奖顺天法，无助狡猾，以从先王之命，毋速天罚，赦图不谷，则所愿也。敢尽布其腹心及先王之经，而诸侯实深图之。昔先王之命曰：'王后无适，则择立长。年钧以德，德钧以卜。'王不立爱，公卿无私，古之制也。穆后及大子寿早夭即世，单、刘赞私立少，以间先王。亦唯伯仲叔季图之！"闵马父闻子朝之辞，曰："文辞以行礼也。子朝干景之命，远晋之大，以专其志，无礼甚矣，文辞何为？"

（二六·十）齐有彗星，齐侯使禳之。晏子曰："无益也，只取诬焉。天道不慆，不贰其命，若之何禳之？且天之有彗也，以除秽也。君无秽德，又何禳焉？若德之秽，禳之何损？诗曰：'惟此文王，小心翼翼。昭事上帝，聿怀多福。厥德不回，以受方国。'君无违德，方国将至，何患于彗？诗曰：'我无所监，夏后及商。用乱之故，民卒流亡。'若德回乱，民将流亡，祝、史之为，无能补也。"公说，乃止。

（二六·十一）齐侯与晏子坐于路寝。公叹曰："美哉室！其谁有此乎！"晏子曰："敢问何谓也？"公曰："吾以为在德。"对曰："如君之言，其陈氏乎！陈氏虽无大德，而有施于民。豆、区、釜、钟之数，其取之公也薄，其施之民也厚。公厚敛焉，陈氏厚施焉，民归之矣。诗曰：'虽无德与女，式歌且舞。'陈氏之施，民歌舞之矣。后世若少惰，陈氏而不亡，则国其国也已。"公曰："善哉！是可若何？"对曰："唯礼可以已之。在礼，家施不及国，民不迁，农不移，工贾不变，士不滥，官不滔，大夫不收公利。"公曰："善哉！我不能矣。吾今而后知礼之可以为国也。"对曰："礼之可以为国也久矣，与天地并。君令臣共，父慈子孝，兄爱弟敬，夫和妻柔，姑慈妇听，礼也。君令而不违，臣共而不贰；父慈而教，子孝而箴；兄爱而友，弟敬而顺；夫和而义，妻柔而正；姑慈而从，妇听而婉：礼之善物也。"公曰："善哉，寡人今而后闻此礼之上也！"对曰："先王所禀于天地以为其民也，是以先王上之。"

（昭公二十七年）

经

（二七·一）二十有七年春，公如齐。

（二七·二）公至自齐，居于郓。

(二七·三)夏四月,吴弑其君僚。

(二七·四)楚杀其大夫郤宛。

(二七·五)秋,晋士鞅、宋乐祁犁、卫北宫喜、曹人、邾人、滕人会于扈。

(二七·六)冬十月,曹伯午卒。

(二七·七)邾快来奔。

(二七·八)公如齐。

(二七·九)公至自齐,居于郓。

传

(二七·一)二十七年春,公如齐。公至自齐,处于郓,言在外也。

(二七·二)吴子欲因楚丧而伐之,使公子掩余、公子烛庸帅师围潜,使延州来季子聘于上国,遂聘于晋,以观诸侯。楚莠尹然、王尹麇帅师救潜,左司马沈尹戌帅都君子与王马之属以济师,与吴师遇于穷,令尹子常以舟师及沙汭而还。左尹郤宛、工尹寿帅师至于潜,吴师不能退。吴公子光曰:“此时也,弗可失也。”告鱄设诸曰:“上国有言曰:‘不索,何获?’我,王嗣也,吾欲求之。事若克,季子虽至,不吾废也。”鱄设诸曰:“王可弑也。母老子弱,是无若我何?”光曰:“我,尔身也。”

(二七·二)夏四月,光伏甲于堀室而享王。王使甲坐于道及其门。门、阶、户、席,皆王亲也,夹之以铍。羞者献体改服于门外。执羞者坐行而入,执铍者夹承之,及体,以相授也。光伪足疾,入于堀室。鱄设诸寘剑于鱼中以进,抽剑刺王,铍交于胸,遂弑王。阖庐以其子为卿。季子至,曰:“苟先君无废祀,民人无废主,社稷有奉,国家无倾,乃吾君也,吾谁敢怨?哀死事生,以待天命。非我生乱,立者从之,先人之道也。”复命哭墓,复位而待。吴公子掩余奔徐,公子烛庸奔钟吾。楚师闻吴乱而还。

(二七·三)郤宛直而和,国人说之。鄢将师为右领,与费无极比而恶之。令尹子常贿而信谗,无极谮郤宛焉,谓子常曰:“子恶欲饮子酒。”又谓子恶:“令尹欲饮酒于子氏。”子恶曰:“我,贱人也,不足以辱令尹。令尹将必来辱,为惠已甚,吾无以酬之,若何?”无极曰:“令尹好甲兵,子出之,吾择焉。”取五甲五兵,曰:“寘诸门。令尹至,必观之,而从以酬之。”及飨日,帷诸门左。无极谓令尹曰:“吾几祸子。子恶将为子不利,甲在门矣。子必无往!且此役也,吴可以得志。子恶取赂焉而还;又误群帅,使退其师,曰:'乘乱不祥'。吴乘我丧,我乘其乱,不亦可乎?"令尹使视郤氏,则有甲焉。不往,召鄢将师而告之。将师退,遂令攻郤氏,且爇之。子恶闻之,遂自杀也。国人弗爇,令曰:"不爇郤氏,与之同罪。"或取一编菅焉,或取一秉秆焉,国人投之,遂弗爇也。令尹炮之,尽灭郤氏之族党,杀阳令终与其弟完及佗,与晋陈及其子弟。晋陈之族呼于国曰:"鄢氏、费氏自以为王,专祸楚国,弱寡王室,蒙王与令尹以自利也,令尹尽信之矣,国将如何?"令尹病之。

(二七·四)秋,会于扈,令戍周,且谋纳公也。宋、卫皆利纳公,固请之。范献子取货于季孙,谓司城子梁与北宫贞子曰:"季孙未知其罪,而君伐之。请囚、请亡,于是乎不获,君又弗克,而自出也。夫岂无备而能出君乎?季氏之复,天救之也。休公徒之怒,而启叔孙氏之心。不然,岂其伐人而说甲执冰以游?叔孙氏惧祸之滥,而自同于季氏,天之道也。鲁君守齐,三年而无成。季氏甚得其民,淮夷与之,有十年之备,有齐、楚之援,有天之赞,有民之助,有坚守之心,有列国之权,而弗敢宣也,事君如在国。故鞅以为难。二子皆图国者也,而欲纳鲁君,鞅之愿也,请从二子以围鲁。无成,死之。"二子惧,皆辞。乃辞小国,而以难复。

(二七·五)孟懿子、阳虎伐郓,郓人将战。子家子曰:"天命不慆久矣,使君亡者,必此众也。天既祸之,而自福也,不亦难乎!犹有鬼神,此必败也。呜呼!为无望也夫!其死于此乎!"公使子家子如晋。公徒败于且知。

(二七·六)楚郤宛之难,国言未已,进胙者莫不谤令尹。沈尹戌言于子常曰:"夫左尹与中厩尹,莫知其罪,而子杀之,以兴谤讟,至于今不已。戌也惑之:仁者杀人以掩谤,犹弗为也。今吾子杀人以兴谤,而弗图,不亦异乎!夫无极,楚之谗人也,民莫不知。去朝吴,出蔡侯朱,丧大子建,杀连尹奢,屏王之耳目,使不聪明。不然,平王之温惠共俭,有过成、庄,无不及焉。所以不获诸侯,迩无极也。今又杀三不辜,以兴大谤,几及子矣。子而不图,将焉用之?夫鄢将师矫子之命,以灭三族——国之良也,而不愆位。吴新有君,疆埸日骇。楚国若有大事,子其危哉!知者除谗以自安也,今子爱谗以自危也,甚矣,其惑也!"子常曰:"是瓦之罪,敢不良图!"九月己未,子常杀费无极与鄢将师,尽灭其族,以说于国。谤言乃止。

（二七·七）冬，公如齐，齐侯请飨之。子家子曰：“朝夕立于其朝，又何飨焉，其饮酒也。”乃饮酒，使宰献，而请安。子仲之子曰重，为齐侯夫人，曰：“请使重见。”子家子乃以君出。

（二七·八）十二月，晋籍秦致诸侯之戍于周，鲁人辞以难。

（昭公二十八年）

经

（二八·一）二十有八年春王三月，葬曹悼公。

（二八·二）公如晋，次于乾侯。

（二八·三）夏四月丙戌，郑伯宁卒。

（二八·四）六月，葬郑定公。

（二八·五）秋七月癸巳，滕子宁卒。

（二八·六）冬，葬滕悼公。

传

（二八·一）二十八年春，公如晋，将如乾侯。子家子曰：“有求于人，而即其安，人孰矜之？其造于竟。”弗听，使请逆于晋。晋人曰：“天祸鲁国，君淹恤在外，君亦不使一个辱在寡人，而即安于甥舅，其亦使逆君？”使公复于竟，而后逆之。

（二八·二）晋祁胜与邬臧通室。祁盈将执之，访于司马叔游。叔游曰：“郑书有之：‘恶直丑正，实蕃有徒。’无道立矣，子惧不免。诗曰：‘民之多辟，无自立辟。’姑已，若何？”盈曰：“祁氏私有讨，国何有焉？”遂执之。祁胜赂荀跞，荀跞为之言于晋侯。晋侯执祁盈。祁盈之臣曰：“钧将皆死，慭使吾君闻胜与臧之死也以为快。”乃杀之。夏六月，晋杀祁盈及杨食我。食我，祁盈之党也，而助乱，故杀之，遂灭祁氏、羊舌氏。

初，叔向欲娶于申公巫臣氏，其母欲娶其党。叔向曰：“吾母多而庶鲜，吾惩舅氏矣。”其母曰：“子灵之妻杀三夫，一君、一子，而亡一国、两卿矣，可无惩乎？吾闻之：‘甚美必有甚恶。’是郑穆少妃姚子之子，子貉之妹。子貉早死无后，而天钟美于是，将必以是大有败也。昔有仍氏生女，黰黑而甚美，光可以鉴，名曰玄妻。乐正后夔取之，生伯封，实有豕心，贪惏无餍，忿類无期，谓之封豕。有穷后羿灭之，夔是以不祀。且三代之亡、共子之废，皆是物也，女何以为哉？夫有尤物，足以移人。苟非德义，则必有祸。”叔向惧，不敢取。平公强使取之，生伯石。伯石始生，子容之母走谒诸姑曰：“长叔姒生男。”姑视之。及堂，闻其声而还，曰：“是豺狼之声也。狼子野心。非是，莫丧羊舌氏矣。”遂弗视。

（二八·三）秋，晋韩宣子卒，魏献子为政，分祁氏之田以为七县，分羊舌氏之田以为三县。司马弥牟为邬大夫，贾辛为祁大夫，司马乌为平陵大夫，魏戊为梗阳大夫，知徐吾为涂水大夫，韩固为马首大夫，孟丙为孟大夫，乐霄为铜鞮大夫，赵朝为平阳大夫，僚安为杨氏大夫。谓贾辛、司马乌为有力于王室，故举之；谓知徐吾、赵朝、韩固、魏戊，余子之不失职、能守业者也；其四人者，皆受县而后见于魏子，以贤举也。

魏子谓成鱄：“吾与戊也县，人其以我为党乎？”对曰：“何也！戊之为人也，远不忘君，近不偪同；居利思义，在约思纯，有守心而无淫行，虽与之县，不亦可乎！昔武王克商，光有天下，其兄弟之国者十有五人，姬姓之国者四十人，皆举亲也。夫举无他，唯善所在，亲疏一也。诗曰：‘惟此文王，帝度其心。莫其德音，其德克明。克明克类，克长克君。王此大国，克顺克比。比于文王，其德靡悔。既受帝祉，施于孙子。’心能制义曰度，德正应和曰莫，照临四方曰明，勤施无私曰类，教诲不倦曰长，赏庆刑威曰君，慈和遍服曰顺，择善而从之曰比，经纬天地曰文。九德不愆，作事无悔，故袭天禄，子孙赖之。主之举也，近文德矣，所及其远哉！”

贾辛将适其县，见于魏子。魏子曰：“辛来！昔叔向适郑，鬷蔑恶，欲观叔向，从使之收器者，而往立于堂下，一言而善。叔向将饮酒，闻之，曰：‘必鬷明也！’下，执其手以上，曰：‘昔贾大夫恶，娶妻而美，三年不言不笑。御以如皋，射雉，获之，其妻始笑而言。贾大夫曰：“才之不可以已。我不能射，女遂不言不笑夫！”今子少不扬，子若无言，吾几失子矣。言之不可以已也如是！’遂如故知。今女有力于王室，吾是以举女。行乎！敬之哉！毋堕乃力！”仲尼闻魏子之举也，以为义，曰：“近不失亲，远不失举，可谓义矣。”又闻其命贾辛也，以为忠，“诗曰：‘永言配命，自求多福’，忠也。魏子之举也义，其命也忠，其长有后于晋国乎！”

（二八·四）冬，梗阳人有狱，魏戊不能断，以狱上。其大宗赂以女乐，魏子将受之。魏戊谓阎没、女宽曰：“主以不贿闻于诸侯，若受梗阳人，贿莫甚焉。吾子必谏！”皆许诺。退朝，待于庭。馈入，召之。

比置，三叹。既食，使坐。魏子曰："吾闻诸伯叔，谚曰：'唯食忘忧。'吾子置食之间三叹，何也？"同辞而对曰："或赐二小人酒，不夕食。馈之始至，恐其不足，是以叹。中置，自咎曰：'岂将军食之而有不足？'是以再叹。及馈之毕，愿以小人之腹为君子之心，属厌而已。"献子辞梗阳人。

（昭公二十九年）

经

（二九·一）二十有九年春，公至自乾侯，居于郓。齐侯使高张来唁公。

（二九·二）公如晋，次于乾侯。

（二九·三）夏四月庚子，叔诣卒。

（二九·四）秋七月。

（二九·五）冬十月，郓溃。

传

（二九·一）二十九年春，公至自乾侯，处于郓。齐侯使高张来唁公，称主君。子家子曰："齐卑君矣，君只辱焉。"公如乾侯。

（二九·二）三月己卯，京师杀召伯盈、尹氏固及原伯鲁之子。尹固之复也，有妇人遇之周郊，尤之，曰："处则劝人为祸，行则数日而反，是夫也，其过三岁乎？"夏五月庚寅，王子赵车入于鄻以叛，阴不佞败之。

（二九·三）平子每岁贾马，具从者之衣屦，而归之于乾侯。公执归马者，卖之，乃不归马。卫侯来献其乘马，曰启服，堑而死。公将为之椟。子家子曰："从者病矣，请以食之。"乃以帏裹之。公赐公衍羔裘，使献龙辅于齐侯，遂入羔裘。齐侯喜，与之阳谷。公衍、公为之生也，其母偕出。公衍先生。公为之母曰："相与偕出，请相与偕告。"三日，公为生，其母先以告，公为为兄。公私喜于阳谷，而思于鲁，曰："务人为此祸也。且后生而为兄，其诬也久矣。"乃黜之，而以公衍为大子。

（二九·四）秋，龙见于绛郊。魏献子问于蔡墨曰："吾闻之：虫莫知于龙，以其不生得也，谓之知，信乎？"对曰："人实不知，非龙实知。古者畜龙，故国有豢龙氏，有御龙氏。"献子曰："是二氏者，吾亦闻之，而不知其故，是何谓也？"对曰："昔有飂叔安，有裔子曰董父，实甚好龙，能求其耆欲以饮食之，龙多归之，乃扰畜龙，以服事帝舜，帝赐之姓曰董，氏曰豢龙，封诸鬷川，鬷夷氏其后也。故帝舜氏世有畜龙。及有夏孔甲，扰于有帝，帝赐之乘龙，河、汉各二，各有雌雄。孔甲不能食，而未获豢龙氏。有陶唐氏既衰，其后有刘累，学扰龙于豢龙氏，以事孔甲，能饮食之。夏后嘉之，赐氏曰御龙，以更豕韦之后。龙一雌死，潜醢以食夏后。夏后飨之，既而使求之。惧而迁于鲁县，范氏其后也。"献子曰："今何故无之？"对曰："夫物，物有其官，官修其方，朝夕思之。一日失职，则死及之。失官不食。官宿其业，其物乃至。若泯弃之，物乃坻伏，郁湮不育。故有五行之官，是谓五官，实列受氏姓，封为上公，祀为贵神。社稷五祀，是尊是奉。木正曰句芒，火正曰祝融，金正曰蓐收，水正曰玄冥，土正曰后土。龙，水物也，水官弃矣，故龙不生得。不然，周易有之：在乾䷀之姤䷫曰'潜龙勿用'；其同人䷌曰'见龙在田'；其大有䷍曰'飞龙在天'；其夬䷪曰'亢龙有悔'，其坤䷁曰'见群龙无首，吉'；坤之剥䷖曰'龙战于野'。若不朝夕见，谁能物之？"献子曰："社稷五祀，谁氏之五官也？"对曰："少皞氏有四叔，曰重、曰该、曰修、曰熙，实能金、木及水。使重为句芒，该为蓐收，修及熙为玄冥，世不失职，遂济穷桑，此其三祀也。颛顼氏有子曰犁，为祝融；共工氏有子曰句龙，为后土，此其二祀也。后土为社；稷，田正也，有烈山氏之子曰柱为稷，自夏以上祀之。周弃亦为稷，自商以来祀之。"

（二九・五）冬，晋赵鞅、荀寅帅师城汝滨，遂赋晋国一鼓铁，以铸刑鼎，着范宣子所为刑书焉。

仲尼曰："晋其亡乎！失其度矣。夫晋国将守唐叔之所受法度，以经纬其民，卿大夫以序守之，民是以能尊其贵，贵是以能守其业。贵贱不愆，所谓度也。文公是以作执秩之官，为被庐之法，以为盟主。今弃是度也，而为刑鼎，民在鼎矣，何以尊贵？贵何业之守？贵贱无序，何以为国？且夫宣子之刑，夷之搜也，晋国之乱制也，若之何以为法？"蔡史墨曰："范氏、中行氏其亡乎！中行寅为下卿，而干上令，擅作刑器，以为国法，是法奸也。又加范氏焉，易之，亡也。其及赵氏，赵孟与焉。然不得已，若德，可以免。"

（昭公三十年）

经

（三十·一）三十年春王正月，公在乾侯。

（三十·二）夏六月庚辰，晋侯去疾卒。

（三十·三）秋八月，葬晋顷公。

（三十·四）冬十有二月，吴灭徐，徐子章羽奔楚。

传

（三十·一）三十年春王正月，公在乾侯，不先书郓与乾侯，非公，且征过也。

（三十·二）夏六月，晋顷公卒。秋八月，葬。郑游吉吊，且送葬。魏献子使士景伯诘之曰："悼公之丧，子西吊，子蟜送葬。今吾子无贰，何故？"对曰："诸侯所以归晋君，礼也。礼也者，小事大、大字小之谓。事大在共其时命，字小在恤其所无。以敝邑居大国之间，共其职贡，与其备御不虞之患，岂忘共命？先王之制：诸侯之丧，士吊，大夫送葬；唯嘉好、聘享、三军之事于是乎使卿。晋之丧事，敝邑之间，先君有所助执绋矣。若其不间，虽士、大夫有所不获数矣。大国之惠亦庆其加，而不讨其乏，明底其情，取备而已，以为礼也。灵王之丧，我先君简公在楚，我先大夫印段实往——敝邑之少卿也。王吏不讨，恤所无也。今大夫曰：'女盍从旧？'旧有丰有省，不知所从。从其丰，则寡君幼弱，是以不共；从其省，则吉在此矣。唯大夫图之！"晋人不能诘。

（三十·三）吴子使徐人执掩余，使钟吾人执烛庸，二公子奔楚。楚子大封，而定其徙，使监马尹大心逆吴公子，使居养，莠尹然、左司马沈尹戌城之；取于城父与胡田以与之，将以害吴也。子西谏曰："吴光新得国，而亲其民，视民如子，辛苦同之，将用之也。若好吴边疆，使柔服焉，犹惧其至。吾又强其雠，以重怒之，无乃不可乎？吴，周之胄裔也，而弃在海滨，不与姬通，今而始大，比于诸华。光又甚文，将自同于先王。不知天将以为虐乎？使翦丧吴国而封大异姓乎？其抑亦将卒以祚吴乎？其终不远矣。我盍姑亿吾鬼神，而宁吾族姓，以待其归，将焉用自播扬焉？"王弗听。

吴子怒。冬十二月，吴子执钟吾子。遂伐徐，防山以水之。己卯，灭徐。徐子章禹断其发，携其夫人以逆吴子。吴子唁而送之，使其迩臣从之，遂奔楚。楚沈尹戌帅师救徐，弗及。遂城夷，使徐子处之。

(三十·四)吴子问于伍员曰:“初而言伐楚,余知其可也,而恐其使余往也,又恶人之有余之功也。今余将自有之矣。伐楚何如?”对曰:“楚执政众而乖,莫适任患。若为三师以肄焉,一师至,彼必皆出。彼出则归,彼归则出,楚必道敝。亟肄以罢之,多方以误之。既罢而后以三军继之,必大克之。”阖庐从之,楚于是乎始病。

(昭公三十一年)

经

(三一·一)三十有一年春王正月,公在乾侯。

(三一·二)季孙意如会晋荀跞于适历。

(三一·三)夏四月丁巳,薛伯谷卒。

(三一·四)晋侯使荀跞唁公于乾侯。

(三一·五)秋,葬薛献公。

(三一·六)冬,黑肱以滥来奔。

(三一·七)十有二月辛亥朔,日有食之。

传

(三一·一)三十一年春王正月,公在乾侯,言不能外内也。

(三一·二)晋侯将以师纳公。范献子曰:“若召季孙而不来,则信不臣矣,然后伐之,若何?”晋人召季孙。献子使私焉,曰:“子必来,我受其无咎。”季孙意如会晋荀跞于适历。荀跞曰:“寡君使跞谓吾子:‘何故出君?有君不事,周有常刑。子其图之!’”季孙练冠麻衣,跣行,伏而对曰:“事君,臣之所不得也,敢逃刑命?君若以臣为有罪,请囚于费,以待君之察也,亦唯君。若以先臣之故,不绝季氏,而赐之死。若弗杀弗亡,君之惠也,死且不朽。若得从君而归,则固臣之愿也,敢有异心?”

夏四月,季孙从知伯如乾侯。子家子曰:“君与之归。一惭之不忍,而终身惭乎?”公曰:“诺。”众曰:“在一言矣,君必逐之!”荀跞以晋侯之命唁公,且曰:“寡君使跞以君命讨于意如,意如不敢逃死,君其入也!”公曰:“君惠顾先君之好,施及亡人,将使归粪除宗祧以事君,则不能见夫人。己所能见夫人者,有如河!”荀跞掩耳而走,曰:“寡君其罪之恐,敢与知鲁国之难?臣请复于寡君。”退而谓季孙:“君怒未怠,子姑归祭。”子家子曰:“君以一乘入于鲁师,季孙必与君归。”公欲从之。众从者胁公，不得归。

（三一·三）薛伯谷卒，同盟，故书。

（三一·四）秋，吴人侵楚，伐夷，侵潜、六。楚沈尹戌帅师救潜，吴师还。楚师迁潜于南冈而还。吴师围弦，左司马戌、右司马稽帅师救弦，及豫章，吴师还——始用子胥之谋也。

（三一·五）冬，邾黑肱以滥来奔。贱而书名，重地故也。君子曰："名之不可不慎也如是：夫有所有名而不如其已。以地叛，虽贱，必书地，以名其人，终为不义，弗可灭已。是故君子动则思礼，行则思义；不为利回，不为义疚。或求名而不得，或欲盖而名章，惩不义也。齐豹为卫司寇，守嗣大夫，作而不义，其书为'盗'。邾庶其、莒牟夷、邾黑肱以土地出，求食而已，不求其名。贱而必书。此二物者，所惩肆而去贪也。若艰难其身，以险危大人，而有名章彻，攻难之士将奔走之。若窃邑叛君以徼大利而无名，贪冒之民将寘力焉。是以春秋书齐豹曰'盗'，三叛人名，以惩不义，数恶无礼，其善志也。故曰：春秋之称微而显，婉而辨。上之人能使昭明，善人劝焉，淫人惧焉，是以君子贵之。"

（三一·六）十二月辛亥朔，日有食之。是夜也，赵简子梦童子裸而转以歌，旦占诸史墨，曰："吾梦如是，今而日食，何也？"对曰："六年及此月也，吴其入郢乎！终亦弗克。入郢必以庚辰，日月在辰尾。庚午之日，日始有谪。火胜金，故弗克。"

（昭公三十二年）

经

（三二·一）三十有二年春王正月，公在乾侯。

（三二·二）取阚。

（三二·三）夏，吴伐越。

（三二·四）秋七月。

（三二·五）冬，仲孙何忌会晋韩不信、齐高张、宋仲几、卫世叔申、郑国参、曹人、莒人、薛人、杞人、小邾人城成周。

（三二·六）十有二月己未，公薨于乾侯。

传

（三二·一）三十二年春王正月，公在乾侯，言不能外内，又不能用其人也。

（三二·二）夏，吴伐越，始用师于越也。史墨曰："不及四十年，越其有吴乎！越得岁而吴伐之，必受其凶。"

（三二·三）秋八月，王使富辛与石张如晋，请城成周。天子曰："天降祸于周，俾我兄弟并有乱心，以为伯父忧。我一二亲昵甥舅不遑启处，于今十年。勤戍五年。余一人无日忘之，闵闵焉如农夫之望岁，惧以待时。伯父若肆大惠，复二文之业，弛周室之忧，徼文、武之福，以固盟主，宣昭令名，则余一人有大愿矣。昔成王合诸侯城成周，以为东都，崇文德焉。今我欲徼福假灵于成王，修成周之城，俾戍人无勤，诸侯用宁，蝥贼远屏，晋之力也。其委诸伯父，使伯父实重图之，俾我一人无征怨于百姓，而伯父有荣施，先王庸之。"

范献子谓魏献子曰："与其戍周，不如城之。天子实云，虽有后事，晋勿与知可也。从王命以纾诸侯，晋国无忧；是之不务，而又焉从事？"魏献子曰："善。"使伯音对曰："天子有命，敢不奉承以奔告于诸侯？迟速衰序，于是焉在。"

冬十一月，晋魏舒、韩不信如京师，合诸侯之大夫于狄泉，寻盟，且令城成周。魏子南面。卫彪傒曰："魏子必有大咎。干位以令大事，非其任也。诗曰：'敬天之怒，不敢戏豫；敬天之渝，不敢驰驱'，况敢干位以作大事乎？"己丑，士弥牟营成周，计丈数，揣高卑，度厚薄，仞沟洫，物土方，议远迩，量事期，计徒庸，虑材用，书糇粮，以令役于诸侯。属役赋丈，书以授帅，而效诸刘子。韩简子临之，以为成命。

（三二·四）十二月，公疾，遍赐大夫，大夫不受。赐子家子双琥、一环、一璧、轻服，受之。大夫皆受其赐。己未，公薨。子家子反赐于府人，曰："吾不敢逆君命也。"大夫皆反其赐。书曰"公薨于乾侯"，言失其所也。

赵简子问于史墨曰："季氏出其君，而民服焉，诸侯与之；君死于外而莫之或罪，何也？"对曰："物生有两、有三、有五、有陪贰。故天有三辰，地有五行，体有左右，各有妃耦，王有公，诸侯有卿，皆有贰也。天生季氏，以贰鲁侯，为日久矣。民之服焉，不亦宜乎！鲁君世从其失，季氏世修其勤，民忘君矣。虽死于外，其谁矜之？社稷无常奉，君臣无常位，自古以然。故诗曰：'高岸为谷，深谷为陵。'三后之姓于今为庶，主所知也。在易卦，雷乘乾曰大壮☳，天之道也。昔成季友，桓之季也，文姜之爱子也。始震而卜，卜人谒之曰：'生有嘉闻，其名曰友，为公室辅。'及生，如卜人之言，有文在其手曰'友'，遂以名之。既而有大功于鲁，受费以为上卿。至于文子、武子，世增其业，不废旧绩。鲁文公薨，而东门遂杀适立庶，鲁君于是乎失国，政在季氏，于此君也四公矣。民不知君，何以得国？是以为君慎器与名，不可以假人。”

定 公

（定公元年）

经

（一·一）元年春王。

（一·二）三月，晋人执宋仲几于京师。

（一·三）夏六月癸亥，公之丧至自乾侯。

（一·四）戊辰，公即位。

（一·五）秋七月癸巳，葬我君昭公。

（一·六）九月，大雩。

（一·七）立炀宫。

（一·八）冬十月，陨霜杀菽。

传

（一·一）元年春王正月辛巳，晋魏舒合诸侯之大夫于狄泉，将以城成周。魏子莅政。卫彪傒曰："将建天子，而易位以令，非义也。大事奸义，必有大咎。晋不失诸侯，魏子其不免乎！"是行也，魏献子属役于韩简子及原寿过，而田于大陆，焚焉，还，卒于宁。范献子去其柏椁，以其未复命而田也。

孟懿子会城成周，庚寅，栽。宋仲几不受功，曰："滕、薛、郳，吾役也。"薛宰曰："宋为无道，绝我小国于周，以我适楚，故我常从宋。晋文公为践土之盟，曰：'凡我同盟，各复旧职。'若从践土，若从宋，亦唯命。"仲几曰："践土固然。"薛宰曰："薛之皇祖奚仲居薛，以为夏车正，奚仲迁于邳，仲虺居薛，以为汤左相。若复旧职，将承王官，何故以役诸侯？"仲几曰："三代各异物，薛焉得有旧？为宋役，亦其职也。"士弥牟曰："晋之从政者新，子姑受功，归，吾视诸故府。"仲几曰："纵子忘之，山川鬼神其忘诸乎？"士伯怒，谓韩简子曰："薛征于人，宋征于鬼。宋罪大矣。且己无辞，而抑我以神，诬我也。'启宠纳侮'，其此之谓矣。必以仲几为戮。"乃执仲几以归。三月，归诸京师。城三旬而毕，乃归诸侯之戍。齐高张后，不从诸侯。晋女叔宽曰："周苌弘、齐高张皆将不免。苌叔违天，高子违人。天之所坏，不可支也；众之所为，不可奸也。”

（一·二）夏，叔孙成子逆公之丧于乾侯。季孙曰：“子家子亟言于我，未尝不中吾志也。吾欲与之从政，子必止之，且听命焉。”子家子不见叔孙，易几而哭。叔孙请见子家子。子家子辞曰：“羁未得见，而从君以出。君不命而薨，羁不敢见。”叔孙使告之曰：“公衍、公为实使群臣不得事君，若公子宋主社稷，则群臣之愿也。凡从君出而可以入者，将唯子是听。子家氏未有后，季孙愿与子从政。此皆季孙之愿也，使不敢以告。”对曰：“若立君，则有卿士、大夫与守龟在，羁弗敢知。若从君者，则貌而出者，入可也；寇而出者，行可也。若羁也，则君知其出也，而未知其入也，羁将逃也。”丧及坏隤，公子宋先入，从公者皆自坏隤反。

（一·三）六月癸亥，公之丧至自乾侯。戊辰，公即位。季孙使役如阚公氏，将沟焉。荣驾鹅曰：“生不能事，死又离之，以自旌也。纵子忍之，后必或耻之。”乃止。季孙问于荣驾鹅曰：“吾欲为君谥，使子孙知之。”对曰：“生弗能事，死又恶之，以自信也。将焉用之？”乃止。

（一·四）秋七月癸巳，葬昭公于墓道南。孔子之为司寇也，沟而合诸墓。

（一·五）昭公出故，季平子祷于炀公。九月，立炀宫。

（一·六）周巩简公弃其子弟而好用远人。

（定公二年）

经

（二·一）二年春王正月。

（二·二）夏五月壬辰，雉门及两观灾。

（二·三）秋，楚人伐吴。

（二·四）冬十月，新作雉门及两观。

传

（二·一）二年夏四月辛酉，巩氏之群子弟贼简公。

（二·二）桐叛楚。吴子使舒鸠氏诱楚人，曰：“以师临我，我伐桐，为我使之无忌。”秋，楚囊瓦伐吴，师于豫章。吴人见舟于豫章，而潜师于巢。冬十月，吴军楚师于豫章，败之。遂围巢，克之，获楚公子繁。

（二·三）邾庄公与夷射姑饮酒，私出。阍乞肉焉，夺之杖以敲之。

（定公三年）

经

（三・一）三年春王正月，公如晋，至河，乃复。

（三・二）二月辛卯，邾子穿卒。

（三・三）夏四月。

（三・四）秋，葬邾庄公。

（三・五）冬，仲孙何忌及邾子盟于拔。

传

（三・一）三年春二月辛卯，邾子在门台，临廷。阍以缾水沃廷，邾子望见之，怒。阍曰："夷射姑旋焉。"命执之。弗得，滋怒，自投于床，废于炉炭，烂，遂卒。先葬以车五乘，殉五人。庄公卞急而好洁，故及是。

（三・二）秋九月，鲜虞人败晋师于平中，获晋观虎，恃其勇也。

（三・三）冬，盟于郯，修邾好也。

（三・四）蔡昭侯为两佩与两裘以如楚，献一佩一裘于昭王。昭王服之，以享蔡侯。蔡侯亦服其一。子常欲之，弗与，三年止之。唐成公如楚，有两肃爽马，子常欲之，弗与，亦三年止之。唐人或相与谋，请代先从者，许之。饮先从者酒，醉之，窃马而献之子常。子常归唐侯。自拘于司败，曰："君以弄马之故，隐君身，弃国家。群臣请相夫人以偿马，必如之。"唐侯曰："寡人之过也。二三子无辱！"皆赏之。蔡人闻之，固请，而献佩于子常。子常朝，见蔡侯之徒，命有司曰："蔡君之久也，官不共也。明日礼不毕，将死。"蔡侯归，及汉，执玉而沈，曰："余所有济汉而南者，有若大川！"蔡侯如晋，以其子元与其大夫之子为质焉，而请伐楚。

（定公四年）

经

（四・一）四年春王二月癸巳，陈侯吴卒。

（四・二）三月，公会刘子、晋侯、宋公、蔡侯、卫侯、陈子、郑伯、许男、曹伯、莒子、邾子、顿子、胡子、滕子、薛伯、杞伯、小邾子、齐国夏于召陵，侵楚。

（四·三）夏四月庚辰，蔡公孙姓帅师灭沈，以沈子嘉归，杀之。

（四·四）五月，公及诸侯盟于皋鼬。

（四·五）杞伯成卒于会。

（四·六）六月，葬陈惠公。

（四·七）许迁于容城。

（四·八）秋七月，公至自会。

（四·九）刘卷卒。

（四·十）葬杞悼公。

（四·十一）楚人围蔡。

（四·十二）晋士鞅、卫孔圉帅师伐鲜虞。

（四·十三）葬刘文公。

（四·十四）冬十有一月庚午，蔡侯以吴子及楚人战于柏举，楚师败绩。楚囊瓦出奔郑。庚辰，吴入郢。

传

（四·一）四年春三月，刘文公合诸侯于召陵，谋伐楚也。晋荀寅求货于蔡侯，弗得，言于范献子曰："国家方危，诸侯方贰，将以袭敌，不亦难乎！水潦方降，疾疟方起，中山不服，弃盟取怨，无损于楚，而失中山，不如辞蔡侯。吾自方城以来，楚未可以得志，只取勤焉。"乃辞蔡侯。

晋人假羽旄于郑，郑人与之。明日，或旆以会。晋于是乎失诸侯。

将会，卫子行敬子言于灵公曰："会同难，啧有烦言，莫之治也。其使祝佗从！"公曰："善。"乃使子鱼。子鱼辞，曰："臣展四体，以率旧职，犹惧不给而烦刑书。若又共二，徼大罪也。且夫祝，社稷之常隶也。社稷不动，祝不出竟，官之制也。君以军行，祓社衅鼓，祝奉以从，于是乎出竟。若嘉好之事，君行师从，卿行旅从，臣无事焉。"公曰："行也。"

及皋鼬，将长蔡于卫。卫侯使祝佗私于苌弘曰："闻诸道路，不知信否。若闻蔡将先卫，信乎？"苌弘曰："信。蔡叔，康叔之兄也，先卫，不亦可乎？"子鱼曰："以先王观之，则尚德也。昔武王克商，成王定之，选建明德，以蕃屏周。故周公相王室，以尹天下，于周为睦。分鲁公以大路、大旂，夏后氏之璜，封父之繁弱，殷民六族，条氏、徐氏、萧氏、索氏、长勺氏、尾勺氏，使帅其宗氏，辑其分族，将其类丑，以法则周公。用即命于周。是使之职事于鲁,以昭周公之明德。分之土田陪敦、祝、宗、卜、史,备物、典策,官司、彝器;因商奄之民,命以伯禽而封于少皞之虚。分康叔以大路、少帛、綪茷、旃旌、大吕,殷民七族,陶氏、施氏、繁氏、锜氏、樊氏、饥氏、终葵氏;封畛土略,自武父以南及圃田之北竟,取于有阎之土以共王职;取于相土之东都以会王之东搜。聃季授土,陶叔授民,命以康诰而封于殷虚。皆启以商政,疆以周索。分唐叔以大路、密须之鼓、阙巩、沽洗,怀姓九宗,职官五正。命以唐诰而封于夏虚,启以夏政,疆以戎索。三者皆叔也,而有令德,故昭之以分物。不然,文、武、成、康之伯犹多,而不获是分也,唯不尚年也。管、蔡启商,惎间王室,王于是乎杀管叔而蔡蔡叔,以车七乘、徒七十人。其子蔡仲改行帅德,周公举之,以为己卿士,见诸王而命之以蔡。其命书云:'王曰:胡!无若尔考之违王命也!'若之何其使蔡先卫也?武王之母弟八人,周公为大宰,康叔为司寇,聃季为司空,五叔无官,岂尚年哉?曹,文之昭也;晋,武之穆也。曹为伯甸,非尚年也。今将尚之,是反先王也。晋文公为践土之盟,卫成公不在,夷叔,其母弟也,犹先蔡。其载书云:'王若曰:晋重、鲁申、卫武、蔡甲午、郑捷、齐潘、宋王臣、莒期。'藏在周府,可覆视也。吾子欲复文、武之略,而不正其德,将如之何?"苌弘说,告刘子,与范献子谋之,乃长卫侯于盟。

(四·二)反自召陵,郑子大叔未至而卒。晋赵简子为之临,甚哀,曰:"黄父之会,夫子语我九言,曰:'无始乱,无怙富,无恃宠,无违同,无敖礼,无骄能,无复怒,无谋非德,无犯非义。'"

(四·三)沈人不会于召陵,晋人使蔡伐之。夏,蔡灭沈。秋,楚为沈故,围蔡。伍员为吴行人以谋楚。楚之杀郤宛也,伯氏之族出。伯州犁之孙嚭为吴大宰以谋楚。楚自昭王即位,无岁不有吴师,蔡侯因之,以其子干与其大夫之子为质于吴。

冬,蔡侯、吴子、唐侯伐楚。舍舟于淮汭,自豫章与楚夹汉。左司马戌谓子常曰:"子沿汉而与之上下,我悉方城外以毁其舟,还塞大隧、直辕、冥厄。子济汉而伐之,我自后击之,必大败之。"既谋而行。武城黑谓子常曰:"吴用木也,我用革也,不可久也,不如速战。"史皇谓子常:"楚人恶子而好司马。若司马毁吴舟于淮,塞城口而入,是独克吴也。子必速战!不然,不免。"乃济汉而陈,自小别至于大别。三战,子常知不可,欲奔。史皇曰:"安,求其事;难而逃之,将何所入?子必死之,初罪必尽说。"

十一月庚午，二师陈于柏举。阖庐之弟夫概王晨请于阖庐曰：“楚瓦不仁，其臣莫有死志。先伐之，其卒必奔；而后大师继之，必克。”弗许。夫概王曰：“所谓‘臣义而行，不待命’者，其此之谓也。今日我死，楚可入也。”以其属五千先击子常之卒。子常之卒奔，楚师乱，吴师大败之。子常奔郑。史皇以其乘广死。吴从楚师，及清发，将击之。夫檗王曰：“困兽犹斗，况人乎？若知不免而致死，必败我。若使先济者知免，后者慕之，蔑有斗心矣。半济而后可击也。”从之，又败之。楚人为食，吴人及之，奔。食而从之，败诸雍澨。五战，及郢。

己卯，楚子取其妹季芈畀我以出，涉雎。针尹固与王同舟，王使执燧象以奔吴师。庚辰，吴入郢，以班处宫。子山处令尹之宫，夫檗王欲攻之，惧而去之，夫檗王入之。左司马戌及息而还，败吴师于雍澨，伤。初，司马臣阖庐，故耻为禽焉，谓其臣曰：“谁能免吾首？”吴句卑曰：“臣贱，可乎？”司马曰：“我实失子，可哉！”三战皆伤，曰：“吾不可用也已。”句卑布裳，刭而裹之，藏其身，而以其首免。

楚子涉雎，济江，入于云中。王寝，盗攻之，以戈击王，王孙由于以背受之，中肩。王奔郧。钟建负季芈以从。由于徐苏而从。郧公辛之弟怀将弑王，曰：“平王杀吾父，我杀其子，不亦可乎？”辛曰：“君讨臣，谁敢雠之？君命，天也。若死天命，将谁雠？诗曰：‘柔亦不茹，刚亦不吐。不侮矜寡，不畏强御’，唯仁者能之。违强陵弱，非勇也；乘人之约，非仁也；灭宗废祀，非孝也；动无令名，非知也。必犯是，余将杀女。”斗辛与其弟巢以王奔随。吴人从之，谓随人曰：“周之子孙在汉川者，楚实尽之。天诱其衷，致罚于楚，而君又窜之，周室何罪？君若顾报周室，施及寡人，以奖天衷，君之惠也。汉阳之田，君实有之。”楚子在公宫之北，吴人在其南。子期似王，逃王，而已为王，曰：“以我与之，王必免。”随人卜与之，不吉，乃辞吴曰：“以随之辟小，而密迩于楚，楚实存之。世有盟誓，至于今未改。若难而弃之，何以事君？执事之患不唯一人，若鸠楚竟，敢不听命？”吴人乃退。炉金初宦于子期氏，实与随人要言。王使见，辞，曰：“不敢以约为利。”王割子期之心以与随人盟。

初，伍员与申包胥友。其亡也，谓申包胥曰：“我必复楚国。”申包胥曰：“勉之！子能复之，我必能兴之。”及昭王在随，申包胥如秦乞师，曰：“吴为封豕、长蛇，以荐食上国，虐始于楚。寡君失守社稷，越在草莽，使下臣告急，曰：‘夷德无厌，若邻于君，疆埸之患也。逮吴之未定，君其取分焉。若楚之遂亡，君之土也。若以君灵抚之，世以事君。’”秦伯使辞焉，曰：“寡人闻命矣。子姑就馆，将图而告。”对曰：“寡君越在草莽，未获所伏，下臣何敢即安？”立，依于庭墙而哭，日夜不绝声，勺饮不入口七日。秦哀公为之赋无衣。九顿首而坐。秦师乃出。

（定公五年）

经

（五·一）五年春三月辛亥朔，日有食之。

（五·二）夏，归粟于蔡。

（五·三）于越入吴。

（五·四）六月丙申，季孙意如卒。

（五·五）秋七月壬子，叔孙不敢卒。

（五·六）冬，晋士鞅帅师围鲜虞。

传

（五·一）五年春，王人杀子朝于楚。

（五·二）夏，归粟于蔡，以周亟，矜无资。

（五·三）越入吴，吴在楚也。

（五·四）六月，季平子行东野。还，未至，丙申，卒于房。阳虎将以玙璠敛，仲梁怀弗与，曰：“改步改玉。”阳虎欲逐之，告公山不狃。不狃曰：“彼为君也，子何怨焉？”既葬，桓子行东野，及费。子泄为费宰，逆劳于郊，桓子敬之。劳仲梁怀，仲梁怀弗敬。子泄怒，谓阳虎：“子行之乎！”

（五·五）申包胥以秦师至。秦子蒲、子虎帅车五百乘以救楚。子蒲曰：“吾未知吴道。”使楚人先与吴人战，而自稷会之，大败夫概王于沂。吴人获薳射于柏举，其子帅奔徒以从子西，败吴师于军祥。

秋七月，子期、子蒲灭唐。

九月，夫槩王归，自立也，以与王战，而败，奔楚，为棠溪氏。吴师败楚师于雍澨。秦师又败吴师。吴师居麇，子期将焚之，子西曰：“父兄亲暴骨焉，不能收，又焚之，不可。”子期曰：“国亡矣，死者若有知也，可以歆旧祀，岂惮焚之？”焚之，而又战，吴师败，又战于公婿之溪。吴师大败，吴子乃归。囚闉舆罢。闉舆罢请先，遂逃归。叶公诸梁之弟后臧从其母于吴，不待而归。叶公终不正视。

（五·六）乙亥，阳虎囚季桓子及公父文伯，而逐仲梁怀。冬十月丁亥，杀公何藐。己丑，盟桓子于稷门之内，庚寅，大诅。逐公父歜及秦遄，皆奔齐。

（五·七）楚子入于郢。初，斗辛闻吴人之争宫也，曰："吾闻之：'不让，则不和；不和，不可以远征。'吴争于楚，必有乱；有乱，则必归，焉能定楚？"王之奔随也，将涉于成臼。蓝尹亹涉其帑，不与王舟。及宁，王欲杀之。子西曰："子常唯思旧怨以败，君何效焉？"王曰："善。使复其所，吾以志前恶。"王赏斗辛、王孙由于、王孙圉、钟建、斗巢、申包胥、王孙贾、宋木、斗怀。子西曰："请舍怀也。"王曰："大德灭小怨，道也。"申包胥曰："吾为君也，非为身也。君既定矣，又何求？且吾尤子旗，其又为诸？"遂逃赏。王将嫁季芈，季芈辞曰："所以为女子，远丈夫也。钟建负我矣。"以妻钟建，以为乐尹。

王之在随也，子西为王舆服以保路，国于脾泄。闻王所在，而后从王。王使由于城麇，复命。子西问高厚焉，弗知。子西曰："不能，如辞。城不知高厚，小大何知？"对曰："固辞不能，子使余也。人各有能有不能。王遇盗于云中，余受其戈，其所犹在。"袒而示之背，曰："此余所能也。脾泄之事，余亦弗能也。"

（五·八）晋士鞅围鲜虞，报观虎之败也。

（定公六年）

经

（六·一）六年春王正月癸亥，郑游速帅师灭许，以许男斯归。

（六·二）二月，公侵郑。

（六·三）公至自侵郑。

（六·四）夏，季孙斯、仲孙何忌如晋。

（六·五）秋，晋人执宋行人乐祁犁。

（六·六）冬，城中城。

（六·七）季孙斯、仲孙忌帅师围郓。

传

（六·一）六年春，郑灭许，因楚败也。

（六·二）二月，公侵郑，取匡，为晋讨郑之伐胥靡也。往不假道于卫；及还，阳虎使季、孟自南门入，出自东门，舍于豚泽。卫侯怒，使弥子瑕追之。公叔文子老矣，辇而如公，曰："尤人而效之，非礼也。

昭公之难君将以文之舒鼎、成之昭兆、定之鞶监，苟可以纳之，择用一焉。公子与二三臣之子，诸侯苟忧之，将以为之质。此群臣之所闻也。今将以小忿蒙旧德，无乃不可乎？大姒之子，唯周公、康叔为相睦也，而效小人以弃之，不亦诬乎？天将多阳虎之罪以毙之，君姑待之，若何？"乃止。

（六·三）夏，季桓子如晋，献郑俘也。阳虎强使孟懿子往报夫人之币，晋人兼享之。孟孙立于房外，谓范献子曰："阳虎若不能居鲁，而息肩于晋，所不以为中军司马者，有如先君！"献子曰："寡君有官，将使其人，鞅何知焉？"献子谓简子曰："鲁人患阳虎矣。孟孙知其衅，以为必适晋，故强为之请，以取入焉。"

（六·四）四月己丑，吴大子终累败楚舟师，获潘子臣、小惟子及大夫七人。楚国大惕，惧亡。子期又以陵师败于繁扬。令尹子西喜曰："乃今可为矣。"于是乎迁郢于鄀，而改纪其政，以定楚国。

（六·五）周儋翩率王子朝之徒因郑人将以作乱于周，郑于是乎伐冯、滑、胥靡、负黍、狐人、阙外。六月，晋阎没戍周，且城胥靡。

（六·六）秋八月，宋乐祁言于景公曰："诸侯唯我事晋，今使不往，晋其憾矣。"乐祁告其宰陈寅。陈寅曰："必使子往。"他日，公谓乐祁曰："唯寡人说子之言，子必往！"陈寅曰："子立后而行，吾室亦不亡，唯君亦以我为知难而行也。"见溷而行。赵简子逆，而饮之酒于绵上，献杨楯六十于简子。陈寅曰："昔吾主范氏，今子主赵氏，又有纳焉，以杨楯贾祸，弗可为也已。然子死晋国，子孙必得志于宋。"范献子言于晋侯曰："以君命越疆而使，未致使而私饮酒，不敬二君，不可不讨也。"乃执乐祁。

（六·七）阳虎又盟公及三桓于周社，盟国人于亳社，诅于五父之衢。

（六·八）冬十二月，天王处于姑莸，辟儋翩之乱也。

（定公七年）

经

（七·一）七年春王正月。

（七·二）夏四月。

（七·三）秋，齐侯、郑伯盟于咸。

（七·四）齐人执卫行人北宫结以侵卫。

(七·五)齐侯、卫侯盟于沙。

(七·六)大雩。

(七·七)齐国夏帅师伐我西鄙。

(七·八)九月,大雩。

(七·九)冬十月。

传

(七·一)七年春二月,周儋翩入于仪栗以叛。

(七·二)齐人归郓、阳关,阳虎居之以为政。

(七·三)夏四月,单武公、刘桓公败尹氏于穷谷。

(七·四)秋,齐侯、郑伯盟于咸,征会于卫。卫侯欲叛晋,诸大夫不可。使北宫结如齐,而私于齐侯曰:"执结以侵我。"齐侯从之,乃盟于琐。

(七·五)齐国夏伐我。阳虎御季桓子,公敛处父御孟懿子,将宵军齐师。齐师闻之,堕,伏而待之。处父曰:"虎不图祸,而必死。"苫夷曰:"虎陷二子于难,不待有司,余必杀女。"虎惧,乃还,不败。

(七·六)冬,十一月戊午,单子、刘子逆王于庆氏。晋籍秦送王。己巳,王入于王城,馆于公族党氏,而后朝于庄宫。

(定公八年)

经

(八·一)八年春王正月,公侵齐。

(八·二)公至自侵齐。

(八·三)二月,公侵齐。

(八·四)三月,公至自侵齐。

(八·五)曹伯露卒。

(八·六)夏,齐国夏帅师伐我西鄙。

(八·七)公会晋师于瓦。

(八·八)公至自瓦。

(八·九)秋七月戊辰,陈侯柳卒。

(八·十)晋士鞅帅师侵郑,遂侵卫。

(八·十一)葬曹靖公。

(八·十二)九月,葬陈怀公。

(八·十三)季孙斯、仲孙何忌帅师侵卫。

（八·十四）冬，卫侯、郑伯盟于曲濮。

（八·十五）从祀先公。

（八·十六）盗窃宝玉、大弓。

传

（八·一）八年春王正月，公侵齐，门于阳州。士皆坐列，曰："颜高之弓六钧。"皆取而传观之。阳州人出，颜高夺人弱弓，籍丘子钼击之，与一人俱毙。偃，且射子钼，中颊，殪。颜息射人中眉，退曰："我无勇，吾志其目也。"师退，冉猛伪伤足而先。其兄会乃呼曰："猛也殿！"

（八·二）二月己丑，单子伐谷城，刘子伐仪栗。辛卯，单子伐简城，刘子伐盂，以定王室。

（八·三）赵鞅言于晋侯曰："诸侯唯宋事晋，好逆其使，犹惧不至；今又执之，是绝诸侯也。"将归乐祁，士鞅曰："三年止之，无故而归之，宋必叛晋。"献子私谓子梁曰："寡君惧不得事宋君，是以止子。子姑使溷代子。"子梁以告陈寅。陈寅曰："宋将叛晋，是弃溷也，不如待之。"乐祁归，卒于大行。士鞅曰："宋必叛，不如止其尸以求成焉。"乃止诸州。

（八·四）公侵齐，攻廪丘之郛。主人焚冲，或濡马褐以救之，遂毁之。主人出，师奔。阳虎伪不见冉猛者，曰："猛在此，必败。"猛逐之，顾而无继，伪颠。虎曰："尽客气也。"

（八·五）苫越生子，将待事而名之。阳州之役获焉，名之曰"阳州"。

（八·六）夏，齐国夏、高张伐我西鄙。晋士鞅、赵鞅、荀寅救我。公会晋师于瓦，范献子执羔，赵简子、中行文子皆执雁。鲁于是始尚羔。

（八·七）晋师将盟卫侯于鄟泽，赵简子曰："群臣谁敢盟卫君者？"涉佗、成何曰："我能盟之。"卫人请执牛耳。成何曰："卫，吾温、原也，焉得视诸侯？"将歃，涉佗捘卫侯之手，及捥。卫侯怒，王孙贾趋进，曰："盟以信礼也，有如卫君，其敢不唯礼是事而受此盟也？"卫侯欲叛晋，而患诸大夫。王孙贾使次于郊。大夫问故，公以晋诟语之，且曰："寡人辱社稷，其改卜嗣，寡人从焉。"大夫曰："是卫之祸，岂君之过也？"公曰："又有患焉，谓寡人'必以而子与大夫之子为质'。"大夫曰："苟有益也，公子则往，群臣之子敢不皆负羁绁以从？"将行，王孙贾曰："苟卫国有难，工商未尝不为患，使皆行而后可。"公以告大夫，乃皆将行之。行有日，公朝国人，使贾问焉，曰："若卫叛晋，晋五伐我，病何如矣？"皆曰："五伐我，犹可以能战。"贾曰："然则如叛之，病而后质焉，何迟之有？"乃叛晋。晋人请改盟，弗许。

（八・八）秋，晋士鞅会成桓公侵郑，围虫牢，报伊阙也。遂侵卫。

（八・九）九月，师侵卫，晋故也。

（八・十）季寤、公鉏极、公山不狃皆不得志于季氏，叔孙辄无宠于叔孙氏，叔仲志不得志于鲁，故五人因阳虎。阳虎欲去三桓，以季寤更季氏，以叔孙辄更叔孙氏，己更孟氏。冬十月，顺祀先公而祈焉。辛卯，禘于僖公。壬辰，将享季氏于蒲圃而杀之；戒都车，曰"癸巳至"。成宰公敛处父告孟孙曰："季氏戒都车，何故？"孟孙曰："吾弗闻。"处父曰："然则乱也，必及于子，先备诸。"与孟孙以壬辰为期。

（八・十）阳虎前驱。林楚御桓子，虞人以铍、盾夹之，阳越殿。将如蒲圃。桓子咋谓林楚曰："而先皆季氏之良也，尔以是继之。"对曰："臣闻命后。阳虎为政，鲁国服焉，违之征死，死无益于主。"桓子曰："何后之有？而能以我适孟氏乎？"对曰："不敢爱死，惧不免主。"桓子曰："往也！"孟氏选圉人之壮者三百人，以为公期筑室于门外。林楚怒马，及衢而骋。阳越射之，不中。筑者阖门。有自门间射阳越，杀之。阳虎劫公与武叔，以伐孟氏。公敛处父帅成人自上东门入，与阳氏战于南门之内，弗胜；又战于棘下，阳氏败。阳虎说甲如公宫，取宝玉、大弓以出，舍于五父之衢，寝而为食。其徒曰："追其将至。"虎曰："鲁人闻余出，喜于征死，何暇追余？"从者曰："嘻！速驾，公敛阳在。"公敛阳请追之，孟孙弗许。阳欲杀桓子，孟孙惧而归之。子言辨舍爵于季氏之庙而出。阳虎入于讙、阳关以叛。

（八・十一）郑驷歂嗣子大叔为政。

（定公九年）

经

（九・一）九年春王正月。

（九・二）夏四月戊申，郑伯虿卒。

（九・三）得宝玉、大弓。

（九・四）六月，葬郑献公。

（九・五）秋，齐侯、卫侯次于五氏。

（九·六）秦伯卒。

（九·七）冬，葬秦哀公。

传

（九·一）九年春，宋公使乐大心盟于晋，且逆乐祁之尸。辞，伪有疾；乃使向巢如晋盟，且逆子梁之尸。子明谓桐门右师出，曰："吾犹衰绖，而子击钟，何也？"右师曰："丧不在此故也。"既而告人曰："己衰绖而生子，余何故舍钟？"子明闻之，怒，言于公曰："右师将不利戴氏。不肯适晋，将作乱也。不然，无疾。"乃逐桐门右师。

（九·二）郑驷歂杀邓析，而用其竹刑。君子谓子然于是不忠。苟有可以加于国家者，弃其邪可也。静女之三章，取彤管焉。竿旄："何以告之"，取其忠也。故用其道，不弃其人。诗云："蔽芾甘棠，勿翦勿伐，召伯所茇。"思其人，犹爱其树，况用其道而不恤其人乎！子然无以劝能矣。

（九·三）夏，阳虎归宝玉、大弓，书曰"得"，器用也。凡获器用曰"得"，得用焉曰"获"。六月，伐阳关。阳虎使焚莱门。师惊，犯之而出奔齐，请师以伐鲁，曰："三加，必取之。"齐侯将许之。鲍文子谏曰："臣尝为隶于施氏矣，鲁未可取也。上下犹和，众庶犹睦，能事大国，而无天灾，若之何取之？阳虎欲勤齐师也，齐师罢，大臣必多死亡，已于是乎奋其诈谋。夫阳虎有宠于季氏，而将杀季孙以不利鲁国，而求容焉。亲富不亲仁，君焉用之？君富于季氏，而大于鲁国，兹阳虎所欲倾覆也。鲁免其疾，而君又收之，无乃害乎？"齐侯执阳虎，将东之。阳虎愿东，乃囚诸西鄙。尽借邑人之车，锲其轴，麻约而归之。载葱灵，寝于其中而逃。追而得之，囚于齐。又以葱灵逃，奔宋，遂奔晋，适赵氏。仲尼曰："赵氏其世有乱乎！"

（九·四）秋，齐侯伐晋夷仪。敝无存之父将室之，辞，以与其弟，曰："此役也，不死，反，必娶于高、国。"先登，求自门出，死于霤下。东郭书让登，犁弥从之，曰："子让而左，我让而右，使登者绝而后下。"书左，弥先下。书与王猛息。猛曰："我先登。"书敛甲，曰："曩者之难，今又难焉！"猛笑曰："吾从子，如骖之有靳。"

晋车千乘在中牟，卫侯将如五氏，卜过之，龟焦，卫侯曰："可也！卫车当其半，寡人当其半，敌矣。"乃过中牟。中牟人欲伐之。卫褚师圃亡在中牟，曰："卫虽小，其君在焉，未可胜也。齐师克城而骄，其帅又贱，遇，必败之，不如从齐。"乃伐齐师，败之。

齐侯致禚、媚、杏于卫。齐侯赏犁弥，犁弥辞曰："有先登者，臣从之，晳帻而衣狸制。"公使视东郭书，曰："乃夫子也——吾贶子。"公赏东郭书，辞曰："彼，宾旅也。"乃赏犁弥。齐师之在夷仪也，齐侯谓夷仪人曰："得敝无存者，以五家免。"乃得其尸。公三襚之，与之犀轩与直盖，而先归之。坐引者，以师哭之，亲推之三。

（定公十年）

经

（十·一）十年春王三月，及齐平。

（十·二）夏，公会齐侯于夹谷。

（十·三）公至自夹谷。

（十·四）晋赵鞅帅师围卫。

（十·五）齐人来归郓、讙、龟阴田。

（十·六）叔孙州仇、仲孙何忌帅师围郈。

（十·七）秋，叔孙州仇、仲孙何忌帅师围郈。

（十·八）宋乐大心出奔曹。

（十·九）宋公子地出奔陈。

（十·十）冬，齐侯、卫侯、郑游速会于安甫。

（十·十一）叔孙州仇如齐。

（十·十二）宋公之弟辰暨仲佗、石彄出奔陈。

传

（十·一）十年春，及齐平。

（十·二）夏，公会齐侯于祝其，实夹谷。孔丘相，犁弥言于齐侯曰："孔丘知礼而无勇，若使莱人以兵劫鲁侯，必得志焉。"齐侯从之。孔丘以公退，曰："士兵之！两君合好，而裔夷之俘以兵乱之，非齐君所以命诸侯也。裔不谋夏，夷不乱华，俘不干盟，兵不偪好——于神为不祥，于德为愆义，于人为失礼，君必不然。"齐侯闻之，遽辟之。将盟，齐人加于载书曰："齐师出竟而不以甲车三百乘从我者，有如此盟！"孔丘使兹无还揖对，曰："而不反我汶阳之田，吾以共命者亦如之！"

齐侯将享公。孔丘谓梁丘据曰："齐、鲁之故，吾子何不闻焉？事既成矣，而又享之，是勤执事也。且牺、象不出门，嘉乐不野合。飨而既具，是弃礼也；若其不具，用秕稗也。用秕稗，君辱；弃礼，名恶。子盍图之！夫享，所以昭德也。不昭，不如其自已也。”乃不果享。

（十·三）齐人来归郓、讙、龟阴之田。

（十·四）晋赵鞅围卫，报夷仪也。

初，卫侯伐邯郸午于寒氏，城其西北而守之，宵熸。及晋围卫，午以徒七十人门于卫西门，杀人于门中，曰：“请报寒氏之役。”涉佗曰：“夫子则勇矣；然我往，必不敢启门。”亦以徒七十人旦门焉，步左右，皆至而立如植。日中不启门，乃退。反役，晋人讨卫之叛故，曰：“由涉佗、成何。”于是执涉佗，以求成于卫。卫人不许。晋人遂杀涉佗，成何奔燕。君子曰：“此之谓弃礼，必不钧。诗曰：‘人而无礼，胡不遄死？’涉佗亦遄矣哉！”

（十·五）初，叔孙成子欲立武叔，公若藐固谏曰：“不可。”成子立之而卒。公南使贼射之，不能杀。公南为马正，使公若为郈宰。武叔既定，使郈马正侯犯杀公若，弗能。其圉人曰：“吾以剑过朝，公若必曰：‘谁之剑也？’吾称子以告，必观之。吾伪固而授之末，则可杀也。”使如之。公若曰：“尔欲吴王我乎？”遂杀公若。侯犯以郈叛，武叔懿子围郈。弗克。

秋，二子及齐师复围郈，弗克。叔孙谓郈工师驷赤曰：“郈非唯叔孙氏之忧，社稷之患也，将若之何？”对曰：“臣之业在扬水卒章之四言矣。”叔孙稽首。驷赤谓侯犯曰：“居齐、鲁之际而无事，必不可矣。子盍求事于齐以临民？不然，将叛。”侯犯从之。齐使至。驷赤与郈人为之宣言于郈中曰：“侯犯将以郈易于齐，齐人将迁郈民。”众凶惧。驷赤谓侯犯曰：“众言异矣。子不如易于齐，与其死也，犹是郈也，而得纾焉，何必此？齐人欲以此偪鲁，必倍与子地。且盍多舍甲于子之门以备不虞。”侯犯曰：“诺。”乃多舍甲焉。侯犯请易于齐，齐有司观郈。将至，驷赤使周走呼曰：“齐师至矣！”郈人大骇，介侯犯之门甲，以围侯犯。驷赤将射之，侯犯止之曰：“谋免我。”侯犯请行，许之。驷赤先如宿，侯犯殿。每出一门，郈人闭之。及郭门，止之，曰：“子以叔孙氏之甲出，有司若诛之，群臣惧死。”驷赤曰：“叔孙氏之甲有物，吾未敢以出。”犯谓驷赤曰：“子止而与之数。”驷赤止，而纳鲁人。侯犯奔齐。齐人乃致郈。

（十·六）宋公子地嬖蘧富猎，十一分其室，而以其五与之。公子地有白马四，公嬖向魋，魋欲之。公取而朱其尾、鬣以与之。地怒，使其徒抶魋而夺之。魋惧，将走，公闭门而泣之，目尽肿。母弟辰曰：

“子分室以与猎也，而独卑魋，亦有颇焉。子为君礼，不过出竟，君必止子。”公子地出奔陈，公弗止。辰为之请，弗听。辰曰：“是我迋吾兄也。吾以国人出，君谁与处？”冬，母弟辰暨仲佗、石彄出奔陈。

（十·七）武叔聘于齐，齐侯享之，曰：“子叔孙！若使郈在君之他竟，寡人何知焉？属与敝邑际，故敢助君忧之。”对曰：“非寡君之望也。所以事君，封疆社稷是以，敢以家隶勤君之执事？夫不令之臣，天下之所恶也，君岂以为寡君赐？”

（定公十一年）

经

（十一·一）十有一年春，宋公之弟辰及仲佗、石彄、公子地自陈入于萧以叛。

（十一·二）夏四月。

（十一·三）秋，宋乐大心自曹入于萧。

（十一·四）冬，及郑平。叔还如郑莅盟。

传

（十一·一）十一年春，宋公母弟辰暨仲佗、石彄、公子地入于萧以叛。秋，乐大心从之，大为宋患，宠向魋故也。

（十一·二）冬，及郑平，始叛晋也。

（定公十二年）

经

（十二·一）十有二年春，薛伯定卒。

（十二·二）夏，葬薛襄公。

（十二·三）叔孙州仇帅师堕郈。

（十二·四）卫公孟彄帅师伐曹。

（十二·五）季孙斯、仲孙何忌帅师堕费。

（十二·六）秋，大雩。

（十二·七）冬十月癸亥，公会齐侯盟于黄。

（十二·八）十有一月丙寅朔，日有食之。

（十二·九）公至自黄。

（十二·十）十有二月，公围成。

（十二·十一）公至自围成。

传

(十二·一)十二年夏,卫公孟彄伐曹,克郊。还,滑罗殿。未出,不退于列。其御曰:"殿而在列,其为无勇乎!"罗曰:"与其素厉,宁为无勇。"

(十二·二)仲由为季氏宰,将堕三都,于是叔孙氏堕郈。季氏将堕费,公山不狃、叔孙辄帅费人以袭鲁。公与三子入于季氏之宫,登武子之台。费人攻之,弗克。入及公侧,仲尼命申句须、乐颀下,伐之,费人北。国人追之,败诸姑蔑。二子奔齐,遂堕费。将堕成,公敛处父谓孟孙:"堕成,齐人必至于北门。且成,孟氏之保障也。无成,是无孟氏也。子伪不知,我将不堕。"冬十二月,公围成,弗克。

(定公十三年)

经

(十三·一)十有三年春,齐侯、卫侯次于垂葭。

(十三·二)夏,筑蛇渊囿。

(十三·三)大搜于比蒲。

(十三·四)卫公孟彄帅师伐曹。

(十三·五)秋,晋赵鞅入于晋阳以叛。

(十三·六)冬,晋荀寅、士吉射入于朝歌以叛。

(十三·七)晋赵鞅归于晋。

(十三·八)薛弑其君比。

传

(十三·一)十三年春,齐侯、卫侯次于垂葭,实郹氏。使师伐晋。将济河,诸大夫皆曰不可,邴意兹曰:"可。锐师伐河内,传必数日而后及绛。绛不三月不能出河,则我既济水矣。"乃伐河内。

齐侯皆敛诸大夫之轩,唯邴意兹乘轩。齐侯欲与卫侯乘,与之宴而驾乘广,载甲焉。使告曰:"晋师至矣!"齐侯曰:"比君之驾也,寡人请摄。"乃介而与之乘,驱之。或告曰:"无晋师。"乃止。

(十三·二)晋赵鞅谓邯郸午曰:"归我卫贡五百家,吾舍诸晋阳。"午许诺。归告其父兄。父兄皆曰:"不可。卫是以为邯郸,而寘诸晋阳,绝卫之道也。不如侵齐而谋之。"乃如之,而归之于晋阳。赵孟怒,召午,而囚诸晋阳,使其从者说剑而入,涉宾不可。乃使告邯郸人曰:"吾私有讨于午也,二三子唯所欲立。"遂杀午。赵稷、涉宾以邯郸叛。夏六月，上军司马籍秦围邯郸。邯郸午，荀寅之甥也；荀寅，范吉射之姻也，而相与睦，故不与围邯郸，将作乱。董安于闻之，告赵孟，曰："先备诸?"赵孟曰："晋国有命，始祸者死，为后可也。"安于曰："与其害于民，宁我独死。请以我说。"赵孟不可。秋七月，范氏、中行氏伐赵氏之宫，赵鞅奔晋阳，晋人围之。

范皋夷无宠于范吉射，而欲为乱于范氏。梁婴父嬖于知文子，文子欲以为卿。韩简子与中行文子相恶，魏襄子亦与范昭子相恶。故五子谋，将逐荀寅，而以梁婴父代之；逐范吉射，而以范皋夷代之。荀跞言于晋侯曰："君命大臣，始祸者死，载书在河。今三臣始祸，而独逐鞅，刑已不钧矣。请皆逐之。"冬十一月，荀跞、韩不信、魏曼多奉公以伐范氏、中行氏，弗克。二子将伐公。齐高强曰："三折肱知为良医。唯伐君为不可，民弗与也。我以伐君在此矣。三家未睦，可尽克也。克之，君将谁与？若先伐君，是使睦也。"弗听，遂伐公。国人助公，二子败，从而伐之。丁未，荀寅、士吉射奔朝歌。

韩、魏以赵氏为请。十二月辛未，赵鞅入于绛，盟于公宫。

（十三·三）初，卫公叔文子朝，而请享灵公。退，见史鳅而告之。史鳅曰："子必祸矣！子富而君贪，其及子乎！"文子曰："然。吾不先告子，是吾罪也。君既许我矣，其若之何?"史鳅曰："无害。子臣，可以免。富而能臣，必免于难。上下同之。戍也骄，其亡乎！富而不骄者鲜，吾唯子之见。骄而不亡者，未之有也。戍必与焉。"及文子卒，卫侯始恶于公叔戍，以其富也。公叔戍又将去夫人之党，夫人愬之曰："戍将为乱。"

（定公十四年）

经

（十四·一）十有四年春，卫公叔戍来奔。卫赵阳出奔宋。

（十四·二）二月辛巳，楚公子结、陈公孙佗人帅师灭顿子牂归。

（十四·三）夏，卫北宫结来奔。

（十四·四）五月，于越败吴于槜李。

（十四·五）吴子光卒。

（十四·六）公会齐侯、卫侯于牵。

（十四·七）公至自会。

（十四·八）秋，齐侯、宋公会于洮。

（十四·九）天王使石尚来归脤。

（十四·十）卫世子蒯聩出奔宋。

（十四·十一）卫公孟彄出奔郑。

（十四·十二）宋公之弟辰自萧来奔。

（十四·十三）大搜于比蒲。

（十四·十四）邾子来会公。

（十四·十五）城莒父及霄。

传

（十四·一）十四年春，卫侯逐公叔戍与其党，故赵阳奔宋，戍来奔。

（十四·二）梁婴父恶董安于，谓知文子曰："不杀安于，使终为政于赵氏，赵氏必得晋国，盍以其先发难也讨于赵氏？"文子使告于赵孟曰："范、中行氏虽信为乱，安于则发之，是安于与谋乱也。晋国有命，始祸者死。二子既伏其罪矣，敢以告。"赵孟患之。安于曰："我死而晋国宁，赵氏定，将焉用生？人谁不死？吾死莫矣。"乃缢而死。赵孟尸诸市，而告于知氏曰："主命戮罪人安于，既伏其罪矣，敢以告。"知伯从赵孟盟，而后赵氏定，祀安于于庙。

（十四·三）顿子牂欲事晋，背楚而绝陈好。二月，楚灭顿。

（十四·四）夏，卫北宫结来奔，公叔戍之故也。

（十四·五）吴伐越，越子句践御之，陈于槜李。句践患吴之整也，使死士再禽焉，不动。使罪人三行，属剑于颈，而辞曰："二君有治，臣奸旗鼓。不敏于君之行前，不敢逃刑，敢归死。"遂自刭也。师属之目，越子因而伐之，大败之。灵姑浮以戈击阖庐，阖庐伤将指，取其一屦。还，卒于陉，去槜李七里。夫差使人立于庭，苟出入，必谓己曰："夫差！而忘越王之杀而父乎？"则对曰："唯。不敢忘！"三年乃报越。

（十四·六）晋人围朝歌，公会齐侯、卫侯于脾、上梁之间，谋救范、中行氏。析成鲋、小王桃甲率狄师以袭晋，战于绛中，不克而还。士鲋奔周，小王桃甲入于朝歌。

（十四·七）秋，齐侯、宋公会于洮，范氏故也。

（十四·八）卫侯为夫人南子召宋朝。会于洮，大子蒯聩献盂于齐，过宋野。野人歌之曰："既定尔娄猪，盍归吾艾豭？"大子羞之，谓戏阳速曰："从我而朝少君，少君见我，我顾，乃杀之。"速曰："诺。"乃朝夫人。夫人见大子。大子三顾，速不进。夫人见其色，啼而走，曰："蒯聩将杀余。"公执其手以登台。大子奔宋。尽逐其党，故公孟彄出奔郑，自郑奔齐。大子告人曰："戏阳速祸余。"戏阳速告人曰："大子则祸余。大子无道，使余杀其母。余不许，将戕于余，若杀夫人，将以余说。余是故许而弗为，以纾余死。谚曰：'民保于信'，吾以信义也。"

（十四·九）冬十二月，晋人败范、中行氏之师于潞，获籍秦、高强。又败郑师及范氏之师于百泉。

（定公十五年）

经

（十五·一）十有五年春王正月，邾子来朝。

（十五·二）鼷鼠食郊牛，牛死，改卜牛。

（十五·三）二月辛丑，楚子灭胡，以胡子豹归。

（十五·四）夏五月辛亥，郊。

（十五·五）壬申，公薨于高寝。

（十五·六）郑罕达帅师伐宋。

（十五·七）齐侯、卫侯次于渠蒢。

（十五·八）邾子来奔丧。

（十五·九）秋七月壬申，姒氏卒。

（十五·十）八月庚辰朔，日有食之。

（十五·十一）九月，滕子来会葬。

（十五·十二）丁巳，葬我君定公，雨，不克葬。戊午，日下昃，乃克葬。

（十五·十三）辛巳，葬定姒。

（十五·十四）冬，城漆。

传

（十五·一）十五年春，邾隐公来朝。子贡观焉。邾子执玉高，其容仰；公受玉卑，其容俯。子贡曰："以礼观之，二君者，皆有死亡焉。夫礼，死生存亡之体也，将左右、周旋，进退、俯仰，于是乎取之；朝、祀、丧、戎，于是乎观之。今正月相朝，而皆不度，心已亡矣。嘉事不体，何以能久？高、仰，骄也；卑、俯，替也。骄近乱，替近疾，君为主，其先亡乎！"

(十五·二)吴之入楚也,胡子尽俘楚邑之近胡者。楚既定,胡子豹又不事楚,曰:“存亡有命,事楚何为? 多取费焉。”二月,楚灭胡。

(十五·三)夏五月壬申,公薨。仲尼曰:“赐不幸言而中,是使赐多言者也。”

(十五·四)郑罕达败宋师于老丘。

(十五·五)齐侯、卫侯次于蘧挐,谋救宋也。

(十五·六)秋七月壬申,姒氏卒。不称夫人,不赴,且不祔也。

(十五·七)葬定公,雨,不克襄事,礼也。

(十五·八)葬定姒,不称小君,不成丧也。

(十五·九)冬,城漆,书不时告也。

哀　公

（哀公元年）

经

（一·一）元年春王正月，公即位。

（一·二）楚子、陈侯、随侯、许男围蔡。

（一·三）鼷鼠食郊牛，改卜牛。夏四月辛巳，郊。

（一·四）秋，齐侯、卫侯伐晋。

（一·五）冬，仲孙何忌帅师伐邾。

传

（一·一）元年春，楚子围蔡，报柏举也。里而栽，广丈，高倍。夫屯昼夜九日，如子西之素。蔡人男女以辨。使疆于江、汝之间而还。蔡于是乎请迁于吴。

（一·二）吴王夫差败越于夫椒，报槜李也。遂入越。越子以甲楯五千保于会稽，使大夫种因吴大宰嚭以行成。吴子将许之。伍员曰："不可。臣闻之：'树德莫如滋，去疾莫如尽。'昔有过浇杀斟灌以伐斟鄩，灭夏后相，后缗方娠，逃出自窦，归于有仍，生少康焉。为仍牧正，惎浇能戒之。浇使椒求之，逃奔有虞，为之庖正，以除其害。虞思于是妻之以二姚，而邑诸纶，有田一成，有众一旅。能布其德，而兆其谋，以收夏众，抚其官职；使女艾谍浇，使季杼诱豷。遂灭过、戈，复禹之绩，祀夏配天，不失旧物。今吴不如过，而越大于少康，或将丰之，不亦难乎！句践能亲而务施，施不失人，亲不弃劳。与我同壤，而世为仇雠。于是乎克而弗取，将又存之，违天而长寇雠，后虽悔之，不可食已。姬之衰也，日可俟也。介在蛮夷，而长寇雠，以是求伯，必不行矣。"弗听。退而告人曰："越十年生聚，而十年教训，二十年之外，吴其为沼乎！"三月，越及吴平。吴入越，不书，吴不告庆、越不告败也。

（一·三）夏四月，齐侯、卫侯救邯郸，围五鹿。

（一·四）吴之入楚也，使召陈怀公。怀公朝国人而问焉，曰："欲与楚者右，欲与吴者左。陈人从田，无田从党。"逢滑当公而进，曰：

"臣闻:国之兴也以福,其亡也以祸。今吴未有福,楚未有祸,楚未可弃,吴未可从。而晋,盟主也;若以晋辞吴,若何?"公曰:"国胜君亡,非祸而何?"对曰:"国之有是多矣,何必不复?小国犹复,况大国乎?臣闻:国之兴也,视民如伤,是其福也;其亡也,以民为土芥,是其祸也。楚虽无德,亦不艾杀其民。吴日敝于兵,暴骨如莽,而未见德焉。天其或者正训楚也,祸之适吴,其何日之有?"陈侯从之。及夫差克越,乃修先君之怨。秋八月,吴侵陈,修旧怨也。

(一·五)齐侯、卫侯会于乾侯,救范氏也。师及齐师、卫孔圉、鲜虞人伐晋,取棘蒲。

(一·六)吴师在陈,楚大夫皆惧,曰:"阖庐惟能用其民,以败我于柏举。今闻其嗣又甚焉,将若之何?"子西曰:"二三子恤不相睦,无患吴矣。昔阖庐食不二味,居不重席,室不崇坛,器不彤镂,宫室不观,舟车不饰;衣服财用,择不取费。在国,天有灾疠,亲巡孤寡而共其乏困。在军,熟食者分而后敢食,其所尝者,卒乘与焉。勤恤其民,而与之劳逸,是以民不罢劳,死知不旷。吾先大夫子常易之,所以败我也。今闻夫差,次有台榭陂池焉,宿有妃嫱嫔御焉;一日之行,所欲必成,玩好必从;珍异是聚,观乐是务;视民如雠,而用之日新。夫先自败也已,安能败我?"

(一·七)冬十一月,晋赵鞅伐朝歌。

(哀公二年)

经

(二·一)二年春王二月,季孙斯、叔孙州仇、仲孙何忌帅师伐邾,取漷东田及沂西田。癸巳,叔孙州仇、仲孙何忌及邾子盟于句绎。

(二·二)夏四月丙子,卫侯元卒。

(二·三)滕子来朝。

(二·四)晋赵鞅帅师纳卫世子蒯聩于戚。

(二·五)秋八月甲戌,晋赵鞅帅师及郑罕达帅师战于铁。郑师败绩。

(二·六)冬十月,葬卫灵公。

(二·七)十有一月,蔡迁于州来。蔡杀其大夫公子驷。

传

(二·一)二年春,伐邾,将伐绞。邾人爱其土,故赂以漷、沂之田而受盟。

(二·二)初，卫侯游于郊，子南仆。公曰："余无子，将立女。"不对。他日又谓之，对曰："郢不足以辱社稷，君其改图。君夫人在堂，三揖在下，君命只辱。"夏，卫灵公卒。夫人曰："命公子郢为大子，君命也。"对曰："郢异于他子，且君没于吾手，若有之，郢必闻之。且亡人之子辄在。"乃立辄。六月乙酉，晋赵鞅纳卫大子于戚。宵迷，阳虎曰："右河而南，必至焉。"使大子绕，八人衰绖，伪自卫逆者。告于门，哭而入，遂居之。

(二·三)秋八月，齐人输范氏粟，郑子姚、子般送之。士吉射逆之，赵鞅御之，遇于戚。阳虎曰："吾车少，以兵车之旆与罕、驷兵车先陈。罕、驷自后随而从之，彼见吾貌，必有惧心，于是乎会之，必大败之。"从之。卜战，龟焦。乐丁曰："诗曰：'爰始爰谋，爰契我龟。'谋协，以故兆询可也。"简子誓曰："范氏、中行氏反易天明，斩艾百姓，欲擅晋国而灭其君。寡君恃郑而保焉。今郑为不道，弃君助臣，二三子顺天明，从君命，经德义，除诟耻，在此行也。克敌者，上大夫受县，下大夫受郡，士田十万，庶人工商遂，人臣隶圉免。志父无罪，君实图之！若其有罪，绞缢以戮，桐棺三寸，不设属辟，素车朴马，无入于兆，下卿之罚也。"

甲戌，将战，邮无恤御简子，卫大子为右。登铁上，望见郑师众，大子惧，自投于车下。子良授大子绥，而乘之，曰："妇人也。"简子巡列，曰："毕万，匹夫也，七战皆获，有马百乘，死于牖下。群子勉之！死不在寇。"繁羽御赵罗，宋勇为右。罗无勇，麇之。吏诘之，御对曰："痁作而伏。"卫大子祷曰："曾孙蒯聩敢昭告皇祖文王、烈祖康叔，文祖襄公：郑胜乱从，晋午在难，不能治乱，使鞅讨之。蒯聩不敢自佚，备持矛焉。敢告无绝筋，无折骨，无面伤，以集大事，无作三祖羞。大命不敢请，佩玉不敢爱。"

郑人击简子中肩，毙于车中，获其蜂旗。大子救之以戈。郑师北，获温大夫赵罗。大子复伐之，郑师大败，获齐粟千车。赵孟喜曰："可矣。"傅叟曰："虽克郑，犹有知在，忧未艾也。"

初，周人与范氏田，公孙尨税焉，赵氏得而献之。吏请杀之。赵孟曰："为其主也，何罪？"止而与之田。及铁之战，以徒五百人宵攻郑师，取蜂旗于子姚之幕下，献，曰："请报主德。"追郑师，姚、般、公孙林殿而射，前列多死。赵孟曰："国无小。"既战，简子曰："吾伏弢呕血，鼓音不衰，今日我上也。”大子曰：“吾救主于车，退敌于下，我，右之上也。”邮良曰：“我两靷将绝，吾能止之，我，御之上也。”驾而乘材，两靷皆绝。

（二·四）吴泄庸如蔡纳聘。而稍纳师。师毕入，众知之。蔡侯告大夫，杀公子驷以说。哭而迁墓。冬，蔡迁于州来。

（哀公三年）

经

（三·一）三年春，齐国夏、卫石曼姑帅师围戚。

（三·二）夏四月甲午，地震。

（三·三）五月辛卯，桓宫、僖宫灾。

（三·四）季孙斯、叔孙州仇帅师城启阳。

（三·五）宋乐髡帅师伐曹。

（三·六）秋七月丙子，季孙斯卒。

（三·七）蔡人放其大夫公孙猎于吴。

（三·八）冬十月癸卯，秦伯卒。

（三·九）叔孙州仇、仲孙何忌帅师围邾。

传

（三·一）三年春，齐、卫围戚，求援于中山。

（三·二）夏五月辛卯，司铎火。火逾公宫，桓、僖灾。救火者皆曰顾府。南宫敬至，命周人出御书，俟于宫，曰：“庀女，而不在，死。”子服景伯至，命宰人出礼书，以待命。命不共，有常刑。校人乘马，巾车脂辖，百官官备，府库慎守，官人肃给。济濡帷幕，郁攸从之。蒙葺公屋，自太庙始，外内以悛。助所不给。有不用命，则有常刑，无赦。公父文伯至，命校人驾乘车。季桓子至，御公立于象魏之外，命救火者伤人则止，财可为也。命藏象魏，曰：“旧章不可亡也。”富父槐至，曰：“无备而官办者，犹拾沈也。”于是乎去表之槁，道还公宫。

孔子在陈，闻火，曰：“其桓、僖乎！”

（三·三）刘氏、范氏世为婚姻，苌弘事刘文公，故周与范氏。赵鞅以为讨。六月癸卯，周人杀苌弘。

（三·四）秋，季孙有疾，命正常曰：“无死！南孺子之子，男也，则以告而立之；女也，则肥也可。”季孙卒，康子即位。既葬，康子在朝。南氏生男，正常载以如朝，告曰：“夫子有遗言，命其圉臣曰：‘南氏生男，则以告于君与大夫而立之。’今生矣，男也，敢告。”遂奔卫。康子请退。公使共刘视之，则或杀之矣。乃讨之。召正常，正常不反。

（三·五）冬十月，晋赵鞅围朝歌，师于其南，荀寅伐其郛，使其徒自北门入，己犯师而出。癸丑，奔邯郸。

（三·六）十一月，赵鞅杀士皋夷，恶范氏也。

（哀公四年）

经

（四·一）四年春王二月庚戌，盗杀蔡侯申。

（四·二）蔡公孙辰出奔吴。

（四·三）葬秦惠公。

（四·四）宋人执小邾子。

（四·五）夏，蔡杀其大夫公孙姓、公孙霍。

（四·六）晋人执戎蛮子赤归于楚。

（四·七）城西郛。

（四·八）六月辛丑，亳社灾。

（四·九）秋八月甲寅，滕子结卒。

（四·十）冬十有二月，葬蔡昭公。

（四·十一）葬滕顷公。

传

（四·一）四年春，蔡昭将如吴。诸大夫恐其又迁也，承；公孙翩逐而射之，入于家人而卒。以两矢门之，众莫敢进。文之锴后至，曰："如墙而进，多而杀二人。"锴执弓而先，翩射之，中肘；锴遂杀之。故逐公孙辰而杀公孙姓、公孙盱。

（四·二）夏，楚人既克夷虎，乃谋北方。左司马眅、申公寿余、叶公诸梁致蔡于负函，致方城之外于缯关，曰："吴将溯江入郢，将奔命焉。"为一昔之期，袭梁及霍。单浮余围蛮氏，蛮氏溃。蛮子赤奔晋阴地。司马起丰、析与狄戎，以临上雒。左师军于菟和，右师军于仓野，使谓阴地之命大夫士蔑曰："晋、楚有盟，好恶同之。若将不废，寡君之愿也。不然，将通于少习以听命。"士蔑请诸赵孟。赵孟曰："晋国未宁，安能恶于楚？必速与之！"士蔑乃致九州岛之戎，将裂田以与蛮子而城之，且将为之卜。蛮子听卜，遂执之与其五大夫，以畀楚师于三户。司马致邑立宗焉，以诱其遗民，而尽俘以归。

（四·三）秋七月，齐陈乞、弦施、卫宁跪救范氏。庚午，围五鹿。九月，赵鞅围邯郸。冬十一月，邯郸降。荀寅奔鲜虞，赵稷奔临。十二月，弦施逆之，遂堕临。国夏伐晋，取邢、任、栾、鄗、逆時、阴人、盂、壶口，会鲜虞，纳荀寅于柏人。

（哀公五年）

经

（五·一）五年春，城毗。

（五·二）夏，齐侯伐宋。

（五·三）晋赵鞅帅师伐卫。

（五·四）秋九月癸酉，齐侯杵臼卒。

（五·五）冬，叔还如齐。

（五·六）闰月，葬齐景公。

传

（五·一）五年春，晋围柏人，荀寅、士吉射奔齐。

（五·一）初，范氏之臣王生恶张柳朔，言诸昭子，使为柏人。昭子曰："夫非而雠乎？"对曰："私雠不及公，好不废过，恶不去善，义之经也，臣敢违之？"及范氏出，张柳朔谓其子："尔从主，勉之！我将止死，王生授我矣，吾不可以僭之。"遂死于柏人。

（五·二）夏，赵鞅伐卫，范氏之故也，遂围中牟。

（五·三）齐燕姬生子，不成而死。诸子鬻姒之子荼嬖，诸大夫恐其为大子也，言于公曰："君之齿长矣，未有大子，若之何？"公曰："二三子间于忧虞，则有疾疢，亦姑谋乐，何忧于无君？"公疾，使国惠子、高昭子立荼，寘群公子于莱。秋，齐景公卒。冬十月，公子嘉、公子驹、公子黔奔卫，公子鉏、公子阳生来奔。莱人歌之曰："景公死乎不与埋，三军之事乎不与谋，师乎师乎，何党之乎？"

（五·四）郑驷秦富而侈，嬖大夫也，而常陈卿之车服于其庭。郑人恶而杀之。子思曰："诗曰：'不解于位，民之攸塈。'不守其位而能久者鲜矣。商颂曰：'不僭不滥，不敢怠皇，命以多福。'"

（哀公六年）

经

（六·一）六年春，城邾瑕。

（六・二）晋赵鞅帅师伐鲜虞。

（六・三）吴伐陈。

（六・四）夏，齐国夏及高张来奔。

（六・五）叔还会吴于柤。

（六・六）秋七月庚寅，楚子轸卒。

（六・七）齐阳生入于齐。

（六・八）齐陈乞弑其君荼。

（六・九）冬，仲孙何忌帅师伐邾。

（六・十）宋向巢帅师伐曹。

传

（六・一）六年春，晋伐鲜虞，治范氏之乱也。

（六・二）吴伐陈，复修旧怨也。楚子曰："吾先君与陈有盟，不可以不救。"乃救陈，师于城父。

（六・三）齐陈乞伪事高、国者，每朝，必骖乘焉。所从，必言诸大夫曰："彼皆偃蹇，将弃子之命。皆曰：'高、国得君，必偪我，盍去诸？'固将谋子，子早图之！图之，莫如尽灭之。需，事之下也。"及朝，则曰："彼，虎狼也。见我在子之侧，杀我无日矣，请就之位。"又谓诸大夫曰："二子者祸矣，恃得君而欲谋二三子，曰：'国之多难，贵宠之由，尽去之而后君定。'既成谋矣，盍及其未作也，先诸？作而后悔，亦无及也。"大夫从之。夏六月戊辰，陈乞、鲍牧及诸大夫以甲入于公宫。昭子闻之，与惠子乘如公。战于庄，败。国人追之，国夏奔莒，遂及高张、晏圉、弦施来奔。

（六・四）秋七月，楚子在城父，将救陈。卜战，不吉；卜退，不吉。王曰："然则死也。再败楚师，不如死；弃盟、逃雠，亦不如死。死一也。其死雠乎！"命公子申为王，不可；则命公子结，亦不可；则命公子启，五辞而后许。将战，王有疾。庚寅，昭王攻大冥，卒于城父。子闾退，曰："君王舍其子而让，群臣敢忘君乎？从君之命，顺也；立君之子，亦顺也。二顺不可失也。"与子西、子期谋，潜师闭涂，逆越女之子章立之，而后还。

是岁也，有云如众赤鸟，夹日以飞三日。楚子使问诸周大史。周大史曰："其当王身乎！若禜之，可移于令尹、司马。"王曰："除腹心之疾，而寘诸股肱，何益？不穀不有大过，天其夭诸？有罪受罚，又焉移之？"遂弗禜。

初，昭王有疾，卜曰："河为祟。"王弗祭。大夫请祭诸郊。王曰："三代命祀，祭不越望。江、汉、睢、漳，楚之望也。祸福之至，不是过也。不谷虽不德，河非所获罪也。"遂弗祭。孔子曰："楚昭王知大道矣。其不失国也，宜哉！夏书曰：'惟彼陶唐，帅彼天常，有此冀方。今失其行，乱其纪纲，乃灭而亡。'又曰：'允出兹在兹。'由己率常，可矣。"

（六·五）八月，齐邴意兹来奔。

（六·六）陈僖子使召公子阳生。阳生驾而见南郭且于，曰："尝献马于季孙，不入于上乘，故又献此，请与子乘之。"出莱门而告之故。阚止知之，先待诸外。公子曰："事未可知，反，与壬也处。"戒之，遂行。逮夜，至于齐，国人知之。僖子使子士之母养之，与馈者皆入。

冬十月丁卯，立之。将盟，鲍子醉而往。其臣差车鲍点曰："此谁之命也？"陈子曰："受命于鲍子。"遂诬鲍子曰："子之命也！"鲍子曰："女忘君之为孺子牛而折其齿乎，而背之也？"悼公稽首，曰："吾子，奉义而行者也。若我可，不必亡一大夫；若我不可，不必亡一公子。义则进，否则退，敢不唯子是从？废兴无以乱，则所愿也。"鲍子曰："谁非君之子？"乃受盟。使胡姬以安孺子如赖，去鬻姒，杀王甲，拘江说，囚王豹于句窦之丘。

公使朱毛告于陈子，曰："微子，则不及此。然君异于器，不可以二。器二不匮，君二多难，敢布诸大夫。"僖子不对而泣，曰："君举不信群臣乎？以齐国之困，困又有忧，少君不可以访，是以求长君，庶亦能容群臣乎！不然夫孺子何罪？"毛复命，公悔之。毛曰："君大访于陈子，而图其小可也。"使毛迁孺子于骀。不至，杀诸野幕之下，葬诸殳冒淳。

（哀公七年）

经

（七·一）七年春，宋皇瑗帅师侵郑。

（七·二）晋魏曼多帅师侵卫。

（七·三）夏，公会吴于鄫。

（七·四）秋，公伐邾。八月己酉，入邾，以邾子益来。

（七·五）宋人围曹。

（七·六）冬，郑驷弘帅师救曹。

传

(七·一)七年春,宋师侵郑,郑叛晋故也。

(七·二)晋师侵卫,卫不服也。

(七·三)夏,公会吴于鄫。吴来征百牢。子服景伯对曰:“先王未之有也。”吴人曰:“宋百牢我,鲁不可以后宋。且鲁牢晋大夫过十,吴王百牢,不亦可乎?”景伯曰:“晋范鞅贪而弃礼,以大国惧敝邑,故敝邑十一牢之,君若以礼命于诸侯,则有数矣。若亦弃礼,则有淫者矣。周之王也,制礼,上物不过十二,以为天之大数也。今弃周礼,而曰必百牢,亦唯执事。”吴人弗听。景伯曰:“吴将亡矣,弃天而背本。不与,必弃疾于我。”乃与之。

大宰嚭召季康子,康子使子贡辞。大宰嚭曰:“国君道长,而大夫不出门,此何礼也?”对曰:“岂以为礼?畏大国也。大国不以礼命于诸侯,苟不以礼,岂可量也?寡君既共命焉,其老岂敢弃其国?大伯端委以治周礼,仲雍嗣之,断发文身,裸以为饰,岂礼也哉?有由然也。”反自鄫,以吴为无能为也。

(七·四)季康子欲伐邾,乃飨大夫以谋之。子服景伯曰:“小所以事大,信也;大所以保小,仁也。背大国,不信;伐小国,不仁。民保于城,城保于德。失二德者,危,将焉保?”孟孙曰:“二三子以为何如?恶贤而逆之?”对曰:“禹合诸侯于涂山,执玉帛者万国。今其存者,无数十焉,唯大不字小、小不事大也。知必危,何故不言?鲁德如邾,而以众加之,可乎?”不乐而出。

秋,伐邾,及范门,犹闻钟声。大夫谏,不听。茅成子请告于吴,不许,曰:“鲁击柝闻于邾;吴二千里,不三月不至,何及于我?且国内岂不足?”成子以茅叛,师遂入邾,处其公宫。众师昼掠,邾众保于绎。师宵掠,以邾子益来,献于亳社,囚诸负瑕,负瑕故有绎。

邾茅夷鸿以束帛乘韦自请救于吴,曰:“鲁弱晋而远吴,冯恃其众,而背君之盟,辟君之执事,以陵我小国。邾非敢自爱也,惧君威之不立。君威之不立,小国之忧也。若夏盟于鄫衍,秋而背之,成求而不违,四方诸侯其何以事君?且鲁赋八百乘,君之贰也;邾赋六百乘,君之私也。以私奉贰,唯君图之!”吴子从之。

(七·五)宋人围曹,郑桓子思曰:“宋人有曹,郑之患也,不可以不救。”冬,郑师救曹,侵宋。初,曹人或梦众君子立于社宫,而谋亡曹。曹叔振铎请待公孙强,许之。旦而求之,曹无之。戒其子曰:“我死，尔闻公孙强为政，必去之。”及曹伯阳即位，好田弋。曹鄙人公孙强好弋，获白雁，献之，且言田弋之说，说之。因访政事，大说之。有宠，使为司城以听政。梦者之子乃行。强言霸说于曹伯，曹伯从之，乃背晋而奸宋。宋人伐之，晋人不救，筑五邑于其郊，曰黍丘、揖丘、大城、钟、邘。

（哀公八年）

经

（八·一）八年春王正月，宋公入曹，以曹伯阳归。

（八·二）吴伐我。

（八·三）夏，齐人取讙及阐。

（八·四）归邾子益于邾。

（八·五）秋七月。

（八·六）冬十有二月癸亥，杞伯过卒。

（八·七）齐人归讙及阐。

传

（八·一）八年春，宋公伐曹将还，褚师子肥殿。曹人诟之，不行。师待之。公闻之，怒，命反之，遂灭曹，执曹伯阳及司城强以归，杀之。

（八·二）吴为邾故，将伐鲁，问于叔孙辄。叔孙辄对曰：“鲁有名而无情，伐之必得志焉。”退而告公山不狃。公山不狃曰：“非礼也。君子违，不适雠国。未臣而有伐之，奔命焉，死之可也。所托也则隐。且夫人之行也，不以所恶废乡。今子以小恶而欲覆宗国，不亦难乎？若使子率，子必辞。王将使我。”子张疾之。王问于子泄。对曰：“鲁虽无与立，必有与毙；诸侯将救之，未可以得志焉。晋与齐、楚辅之，是四雠也。夫鲁，齐、晋之唇。唇亡齿寒，君所知也，不救何为？”

三月，吴伐我，子泄率，故道险，从武城。初，武城人或有因于吴竟田焉，拘鄫人之沤菅者，曰：“何故使吾水滋？”及吴师至，拘者道之以伐武城，克之。王犯尝为之宰，澹台子羽之父好焉，国人惧。懿子谓景伯：“若之何？”对曰：“吴师来，斯与之战，何患焉？且召之而至，又何求焉？”吴师克东阳而进，舍于五梧。明日，舍于蚕室。公宾庚、公甲叔子与战于夷，获叔子与析朱鉏，献于王。王曰：“此同车，必使能，国未可望也。”明日，舍于庚宗，遂次于泗上。微虎欲宵攻王舍，私属徒七百人三踊于幕庭，卒三百人，有若与焉。及稷门之内，或谓季孙曰:“不足以害吴,而多杀国士,不如已也。”乃止之。吴子闻之,一夕三迁。

吴人行成,将盟,景伯曰:“楚人围宋,易子而食,析骸而爨,犹无城下之盟;我未及亏,而有城下之盟,是弃国也。吴轻而远,不能久,将归矣,请少待之。”弗从。景伯负载,造于莱门。乃请释子服何于吴,吴人许之,以王子姑曹当之,而后止。吴人盟而还。

(八・三)齐悼公之来也,季康子以其妹妻之,即位而逆之。季鲂侯通焉,女言其情,弗敢与也。齐侯怒。夏五月,齐鲍牧帅师伐我,取讙及阐。

(八・四)或谮胡姬于齐侯曰:“安孺子之党也。”六月,齐侯杀胡姬。

(八・五)齐侯使如吴请师,将以伐我,及归邾子。邾子又无道,吴子使大宰子余讨之,囚诸楼台,栫之以棘。使诸大夫奉大子革以为政。

(八・六)秋,及齐平。九月,臧宾如如齐莅盟。齐闾丘明来莅盟,且逆季姬以归,嬖。鲍牧又谓群公子曰:“使女有马千乘乎?”公子愬之。公谓鲍子:“或谮子,子姑居于潞以察之。若有之,则分室以行;若无之,则反子之所。”出门,使以三分之一行;半道,使以二乘。及潞,麇之以入,遂杀之。

(八・七)冬十二月,齐人归讙及阐,季姬嬖故也。

(哀公九年)

经

(九・一)九年春王二月,葬杞僖公。

(九・二)宋皇瑗帅师取郑师于雍丘。

(九・三)夏,楚人伐陈。

(九・四)秋,宋公伐郑。

(九・五)冬十月。

传

(九・一)九年春,齐侯使公孟绰辞师于吴。吴子曰:“昔岁寡人闻命,今又革之,不知所从,将进受命于君。”

(九・二)郑武子剩之嬖许瑕求邑,无以与之。请外取,许之,故围宋雍丘。宋皇瑗围郑师,每日迁舍,垒合。郑师哭。子姚救之,大败。二月甲戌，宋取郑师于雍丘，使有能者无死，以郑张与郑罗归。

（九・三）夏，楚人伐陈，陈即吴故也。

（九・四）宋公伐郑。

（九・五）秋，吴城邗，沟通江、淮。

（九・六）晋赵鞅卜救郑，遇水适火，占诸史赵、史墨、史龟。史龟曰："是谓沈阳，可以兴兵，利以伐姜，不利子商。伐齐则可，敌宋不吉。"史墨曰："盈，水名也；子，水位也。名位敌，不可干也。炎帝为火师，姜姓其后也。水胜火，伐姜则可。"史赵曰："是谓如川之满，不可游也。郑方有罪，不可救也。救郑则不吉，不知其它。"阳虎以周易筮之，遇泰䷊之需䷄曰："宋方吉，不可与也。微子启，帝乙之元子也。宋、郑，甥舅也。祉，禄也。若帝乙之元子归妹而有吉禄，我安得吉焉？"乃止。

（九・七）冬，吴子使来儆师伐齐。

（哀公十年）

经

（十・一）十年春王二月，邾子益来奔。

（十・二）公会吴伐齐。

（十・三）三月戊戌，齐侯阳生卒。

（十・四）夏，宋人伐郑。

（十・五）晋赵鞅帅师侵齐。

（十・六）五月，公至自伐齐。

（十・七）葬齐悼公。

（十・八）卫公孟驱自齐归于卫。

（十・九）薛伯夷卒。

（十・十）秋，葬薛惠公。

（十・十一）冬，楚公子结帅师伐陈。

（十・十二）吴救陈。

传

（十・一）十年春，邾隐公来奔；齐甥也，故遂奔齐。

（十・二）公会吴子、邾子、郯子伐齐南鄙，师于鄎。

（十・三）齐人弑悼公，赴于师。吴子三日哭于军门之外。徐承帅舟师将自海入齐，齐人败之，吴师乃还。

（十·四）夏，赵鞅帅师伐齐，大夫请卜之。赵孟曰："吾卜于此起兵，事不再令，卜不袭吉。行也！"于是乎取犁及辕，毁高唐之郭，侵及赖而还。

（十·五）秋，吴子使来复儆师。

（十·六）冬，楚子期伐陈，吴延州来季子救陈，谓子期曰："二君不务德，而力争诸侯，民何罪焉？我请退，以为子名，务德而安民。"乃还。

（哀公十一年）

经

（十一·一）十有一年春，齐国书帅师伐我。

（十一·二）夏，陈辕颇出奔郑。

（十一·三）五月，公会吴伐齐。甲戌，齐国书帅师及吴战于艾陵，齐师败绩，获齐国书。

（十一·四）秋七月辛酉，滕子虞毋卒。

（十一·五）冬十有一月，葬滕隐公。

（十一·六）卫世叔齐出奔宋。

传

（十一·一）十一年春，齐为鄎故，国书、高无丕帅师伐我，及清。季孙谓其宰冉求曰："齐师在清，必鲁故也，若之何？"求曰："一子守，二子从公御诸竟。"季孙曰："不能。"求曰："居封疆之间。"季孙告二子，二子不可。求曰："若不可，则君无出。一子帅师，背城而战，不属者，非鲁人也。鲁之群室众于齐之兵车，一室敌车优矣，子何患焉？二子之不欲战也宜，政在季氏。当子之身，齐人伐鲁而不能战，子之耻也，大不列于诸侯矣。"季孙使从于朝，俟于党氏之沟。武叔呼而问战焉。对曰："君子有远处，小人何知？"懿子强问之，对曰："小人虑材而言，量力而共者也。"武叔曰："是谓我不成丈夫也。"退而搜乘。孟孺子泄帅右师，颜羽御，邴泄为右。冉求帅左师，管周父御，樊迟为右。季孙曰："须也弱。"有子曰："就用命焉。"季氏之甲七千，冉有以武城人三百为己徒卒，老幼守宫，次于雩门之外。五日，右师从之。公叔务人见保者而泣，曰："事充，政重，上不能谋，士不能死，何以治民？吾既言之矣，敢不勉乎！"

师及齐师战于郊。齐师自稷曲，师不逾沟。樊迟曰："非不能也，不信子也，请三刻而逾之。”如之，众从之。师入齐军。右师奔，齐人从之。陈瓘、陈庄涉泗。孟之侧后入以为殿，抽矢策其马，曰：“马不进也。”林不狃之伍曰：“走乎？”不狃曰：“谁不如？”曰：“然则止乎？”不狃曰：“恶贤？”徐步而死。师获甲首八十，齐人不能师。宵谍曰：“齐人遁。”冉有请从之三，季孙弗许。孟孺子语人曰：“我不如颜羽，而贤于邴泄。子羽锐敏，我不欲战而能默，泄曰：‘驱之。’”公为与其嬖僮汪锜乘，皆死，皆殡。孔子曰：“能执干戈以卫社稷，可无殇也。”冉有用矛于齐师，故能入其军。孔子曰：“义也。”

（十一·二）夏，陈辕颇出奔郑。初，辕颇为司徒，赋封田以嫁公女；有余，以为己大器。国人逐之，故出。道渴，其族辕咺进稻醴、粱糗、腶脯焉。喜曰：“何其给也？”对曰：“器成而具。”曰：“何不吾谏？”对曰：“惧先行。”

（十一·三）为郊战故，公会吴子伐齐。五月，克博。壬申，至于嬴。中军从王，胥门巢将上军，王子姑曹将下军，展如将右军。齐国书将中军，高无丕将上军，宗楼将下军。陈僖子谓其弟书：“尔死，我必得志。”宗子阳与闾丘明相厉也。桑掩胥御国子。公孙夏曰：“二子必死。”将战，公孙夏命其徒歌虞殡。陈子行命其徒具含玉。公孙挥命其徒曰：“人寻约，吴发短。”东郭书曰：“三战必死，于此三矣。”使问弦多以琴，曰：“吾不复见子矣。”陈书曰：“此行也，吾闻鼓而已，不闻金矣。”

甲戌，战于艾陵。展如败高子，国子败胥门巢，王卒助之，大败齐师，获国书、公孙夏、闾丘明、陈书、东郭书，革车八百乘，甲首三千，以献于公。将战，吴子呼叔孙曰：“而事何也？”对曰：“从司马。”王赐之甲、剑铍，曰：“奉尔君事，敬无废命！”叔孙未能对。卫赐进，曰：“州仇奉甲从君。”而拜。公使大史固归国子之元，寘之新箧，褽之以玄纁，加组带焉。寘书于其上，曰：“天若不识不衷，何以使下国？”

（十一·四）吴将伐齐，越子率其众以朝焉，王及列士皆有馈赂。吴人皆喜，唯子胥惧，曰：“是豢吴也夫！”谏曰：“越在我，心腹之疾也，壤地同，而有欲于我。夫其柔服，求济其欲也，不如早从事焉。得志于齐，犹获石田也，无所用之。越不为沼，吴其泯矣。使医除疾，而曰‘必遗类焉’者，未之有也。盘庚之诰曰：‘其有颠越不共，则劓殄无遗育，无俾易种于兹邑’，是商所以兴也。今君易之，将以求大，不亦难乎？”弗听。使于齐，属其子于鲍氏，为王孙氏。反役，王闻之，使赐之属镂以死。将死，曰："树吾墓檟，檟可材也。吴其亡乎！三年，其始弱矣。盈必毁，天之道也。"

（十一·五）秋，季孙命修守备，曰："小胜大，祸也，齐至无日矣。"

（十一·六）冬，卫大叔疾出奔宋。初，疾娶于宋子朝，其娣嬖。子朝出，孔文子使疾出其妻，而妻之。疾使侍人诱其初妻之娣寘于犁，而为之一宫，如二妻。文子怒，欲攻之，仲尼止之。遂夺其妻。或淫于外州，外州人夺之轩以献。耻是二者，故出。卫人立遗，使室孔姞。疾臣向魋，纳美珠焉，与之城鉏。宋公求珠，魋不与，由是得罪。及桓氏出，城鉏人攻大叔疾，卫庄公复之，使处巢，死焉，殡于郧，葬于少禘。

初，晋悼公子慭亡在卫，使其女仆而田，大叔懿子止而饮之酒，遂聘之，生悼子。悼子即位，故夏戊为大夫。悼子亡，卫人翦夏戊。孔文子之将攻大叔也，访于仲尼。仲尼曰："胡簋之事，则尝学之矣；甲兵之事，未之闻也。"退，命驾而行，曰："鸟则择木，木岂能择鸟？"文子遽止之曰："圉岂敢度其私，访卫国之难也。"将止，鲁人以币召之，乃归。

（十一·七）季孙欲以田赋，使冉有访诸仲尼。仲尼曰："丘不识也。"三发，卒曰："子为国老，待子而行，若之何子之不言也？"仲尼不对，而私于冉有曰："君子之行也，度于礼：施取其厚，事举其中，敛从其薄。如是，则以丘亦足矣。若不度于礼，而贪冒无厌，则虽以田赋，将又不足。且子季孙若欲行而法，则周公之典在；若欲苟而行，又何访焉？"弗听。

（哀公十二年）

经

（十二·一）十有二年春，用田赋。

（十二·二）夏五月甲辰，孟子卒。

（十二·三）公会吴于橐皋。

（十二·四）秋，公会卫侯、宋皇瑗于郧。

（十二·五）宋向巢帅师伐郑。

（十二·六）冬十有二月，螽。

传

（十二·一）十二年春王正月，用田赋。

（十二·二）夏五月，昭夫人孟子卒。昭公娶于吴，故不书姓。死不赴，故不称夫人。不反哭，故不言葬小君。孔子与吊，适季氏。季氏不絻，放绖而拜。

（十二·三）公会吴于橐皋，吴子使大宰嚭请寻盟。公不欲，使子贡对曰："盟，所以周信也，故心以制之，玉帛以奉之，言以结之，明神以要之。寡君以为苟有盟焉，弗可改也已。若犹可改，日盟何益？今吾子曰'必寻盟'，若可寻也，亦可寒也。"乃不寻盟。

（十二·四）吴征会于卫。初，卫人杀吴行人且姚而惧，谋于行人子羽。子羽曰："吴方无道，无乃辱吾君，不如止也。"子木曰："吴方无道，国无道，必弃疾于人。吴虽无道，犹足以患卫。往也！长木之毙，无不瘈也；国狗之瘈，无不噬也，而况大国乎！"

秋，卫侯会吴于郧。公及卫侯、宋皇瑗盟，而卒辞吴盟。吴人藩卫侯之舍。子服景伯谓子贡曰："夫诸侯之会，事既毕矣，侯伯致礼，地主归饩，以相辞也。今吴不行礼于卫，而藩其君舍以难之，子盍见大宰？"乃请束锦以行。语及卫故，大宰嚭曰："寡君愿事卫君，卫君之来也缓，寡君惧，故将止之。"子贡曰："卫君之来，必谋于其众，其众或欲或否，是以缓来。其欲来者，子之党也；其不欲来者，子之雠也。若执卫君，是堕党而崇雠也，夫堕子者得其志矣。且合诸侯而执卫君，谁敢不惧？堕党崇雠，而惧诸侯，或者难以霸乎！"大宰嚭说，乃舍卫侯。卫侯归，效夷言。子之尚幼，曰："君必不免，其死于夷乎！执焉而又说其言，从之固矣。"

（十二·五）冬十二月，螽，季孙问诸仲尼。仲尼曰："丘闻之：火伏而后蛰者毕。今火犹西流，司历过也。"

（十二·六）宋、郑之间有隙地焉，曰弥作、顷丘、玉畅、嵒、戈、钖。子产与宋人为成，曰"勿有是"。及宋平、元之族自萧奔郑，郑人为之城嵒、戈、钖。九月，宋向巢伐郑，取钖，杀元公之孙，遂围嵒。十二月，郑罕达救嵒。丙申，围宋师。

（哀公十三年）

经

（十三·一）十有三年春，郑罕达帅师取宋师于嵒。

（十三·二）夏，许男成卒。

（十三·三）公会晋侯及吴子于黄池。

（十三・四）楚公子申帅师伐陈。

（十三・五）于越入吴。

（十三・六）秋，公至自会。

（十三・七）晋魏曼多帅师侵卫。

（十三・八）葬许元公。

（十三・九）九月，螽。

（十三・十）冬十有一月，有星孛于东方。

（十三・一一）盗杀陈夏区夫。

（十三・十二）十有二月，螽。

传

（十三・一）十三年春，宋向魋救其师。郑子剩使徇曰："得桓魋者有赏。"魋也逃归。遂取宋师于嵒，获成讙、郜延。以六邑为虚。

（十三・二）夏，公会单平公、晋定公、吴夫差于黄池。

（十三・三）六月丙子，越子伐吴，为二隧，畴无余、讴阳自南方，先及郊。吴大子友、王子地、王孙弥庸、寿于姚自泓上观之。弥庸见姑蔑之旗，曰："吾父之旗也。不可以见雠而弗杀也。"大子曰："战而不克，将亡国，请待之。"弥庸不可，属徒五千，王子地助之。乙酉，战，弥庸获畴无余，地获讴阳。越子至，王子地守。丙戌，复战，大败吴师，获大子友、王孙弥庸、寿于姚。丁亥，入吴。吴人告败于王。王恶其闻也，自刭七人于幕下。

（十三・四）秋七月辛丑盟，吴、晋争先。吴人曰："于周室，我为长。"晋人曰："于姬姓，我为伯。"赵鞅呼司马寅曰："日旰矣，大事未成，二臣之罪也。建鼓整列，二臣死之，长幼必可知也。"对曰："请姑视之。"反，曰："肉食者无墨。今吴王有墨，国胜乎？大子死乎？且夷德轻，不忍久，请少待之。"乃先晋人。

吴人将以公见晋侯，子服景伯对使者曰："王合诸侯，则伯帅侯牧以见于王；伯合诸侯，则侯帅子、男以见于伯。自王以下，朝聘玉帛不同；故敝邑之职贡于吴，有丰于晋，无不及焉，以为伯也。今诸侯会，而君将以寡君见晋君，则晋成为伯矣，敝邑将改职贡：鲁赋于吴八百乘，若为子、男，则将半邾以属于吴，而如邾以事晋。且执事以伯召诸侯，而以侯终之，何利之有焉？"吴人乃止。既而悔之，将囚景伯。景伯曰："何也立后于鲁矣，将以二乘与六人从，迟速唯命。"遂囚以还。及户牖，谓太宰曰："鲁将以十月上辛有事于上帝、先王，季辛而毕，何世有职焉，自襄以来，未之改也。若不会，祝宗将曰‘吴实然’，且请鲁不共，而执其贱者七人，何损焉？”大宰嚭言于王曰：“无损于鲁，而只为名，不如归之。”乃归景伯。

吴申叔仪乞粮于公孙有山氏，曰：“佩玉繠兮，余无所系之；旨酒一盛兮，余与褐之父睨之。”对曰：“粱则无矣，粗则有之。若登首山以呼曰‘庚癸乎’，则诺。”王欲伐宋，杀其丈夫而囚其妇人。大宰嚭曰：“可胜也，而弗能居也。”乃归。

（十三·五）冬，吴及越平。

（哀公十四年）

经

（十四·一）十有四年春，西狩获麟。

（十四·二）小邾射以句绎来奔。

（十四·三）夏四月，齐陈恒执其君，寘于舒州。

（十四·四）庚戌，叔还卒。

（十四·五）五月庚申朔，日有食之。

（十四·六）陈宗竖出奔楚。

（十四·七）宋向魋入于曹以叛。

（十四·八）莒子狂卒。

（十四·九）六月，宋向魋自曹出奔卫。

（十四·十）宋向巢来奔。

（十四·十一）齐人弑其君壬于舒州。

（十四·十二）秋，晋赵鞅帅师伐卫。

（十四·十三）八月辛丑，仲孙何忌卒。

（十四·十四）冬，陈宗竖自楚复入于陈，陈人杀之。

（十四·十五）陈辕买出奔楚。

（十四·十六）有星孛。

（十四·十七）饥。

传

（十四·一）十四年春，西狩于大野，叔孙氏之车子鉏商获麟，以为不祥，以赐虞人。仲尼观之，曰：“麟也。”然后取之。

（十四·二）小邾射以句绎来奔，曰：“使季路要我，吾无盟矣。”使子路，子路辞。季康子使冉有谓之曰：“千乘之国，不信其盟，而信子之言，子何辱焉？”对曰：“鲁有事于小邾，不敢问故，死其城下可也。彼不臣，而济其言，是义之也，由弗能。”

（十四·三）齐简公之在鲁也，阚止有宠焉。及即位，使为政。陈成子惮之，骤顾诸朝。诸御鞅言于公曰：“陈、阚不可并也，君其择焉！”弗听。

子我夕，陈逆杀人，逢之，遂执以入。陈氏方睦，使疾，而遗之潘沐，备酒肉焉，飨守囚者，醉而杀之，而逃。子我盟诸陈于陈宗。

初，陈豹欲为子我臣，使公孙言己，已有丧而止，既而言之曰：“有陈豹者，长而上偻，望视，事君子必得志，欲为子臣，吾惮其为人也，故缓以告。”子我曰：“何害？是其在我也。”使为臣。他日，与之言政，说，遂有宠，谓之曰：“我尽逐陈氏而立女，若何？”对曰：“我远于陈氏矣，且其违者不过数人，何尽逐焉？”遂告陈氏。子行曰：“彼得君，弗先，必祸子。”子行舍于公宫。

夏五月壬申，成子兄弟四乘如公。子我在幄，出，逆之，遂入，闭门。侍人御之，子行杀侍人。公与妇人饮酒于檀台，成子迁诸寝。公执戈，将击之。大史子余曰：“非不利也，将除害也。”成子出舍于库，闻公犹怒，将出，曰：“何所无君？”子行抽剑，曰：“需，事之贼也。谁非陈宗？所不杀子者，有如陈宗！”乃止。

f 子我归，属徒，攻闱与大门，皆不胜，乃出。陈氏追之，失道于弇中，适丰丘。丰丘人执之以告，杀诸郭关。成子将杀大陆子方，陈逆请而免之。以公命取车于道，及耏，众知而东之，出雍门，陈豹与之车，弗受，曰：“逆为余请，豹与余车，余有私焉。事子我而有私于其雠，何以见鲁、卫之士？”东郭贾奔卫。庚辰，陈恒执公于舒州。公曰：“吾早从鞅之言，不及此。”

（十四·四）宋桓魋之宠害于公，公使夫人骤请享焉，而将讨之。未及，魋先谋公，请以鞍易薄。公曰：“不可。薄，宗邑也。”乃益鞍七邑，而请享公焉，以日中为期，家备尽往。公知之，告皇野曰：“余长魋也，今将祸余，请即救。”司马子仲曰：“有臣不顺，神之所恶也，而况人乎？敢不承命！不得左师不可，请以君命召之。”左师每食，击钟。闻钟声，公曰：“夫子将食。”既食，又奏。公曰：“可矣。”以乘车往，曰：“迹人来告曰：‘逢泽有介麇焉。’公曰：‘虽魋未来，得左师，吾与之田，若何？’君惮告子，野曰：‘尝私焉。’君欲速，故以乘车逆子。”与之乘，至，公告之故，拜，不能起。司马曰：“君与之言。”公曰：“所难子者，上有天，下有先君。”对曰：“魋之不共，宋之祸也，敢不唯命是听。”司马请瑞焉，以命其徒攻桓氏。其父兄故臣曰：“不可。”其新臣曰：“从吾君之命。”遂攻之。子颀骋而告桓司马。司马欲入，子车止之曰：“不能事君，而又伐国，民不与也，只取死焉。”向魋遂入于曹以叛。

六月，使左师巢伐之，欲质大夫以入焉。不能，亦入于曹，取质。魋曰：“不可。既不能事君，又得罪于民，将若之何？”乃舍之。民遂叛之。向魋奔卫。向巢来奔，宋公使止之，曰：“寡人与子有言矣，不可以绝向氏之祀。”辞曰：“臣之罪大，尽灭桓氏可也。若以先臣之故，而使有后，君之惠也。若臣，则不可以入矣。”

司马牛致其邑与珪焉而适齐。向魋出于卫地，公文氏攻之，求夏后氏之璜焉。与之他玉而奔齐。陈成子使为次卿，司马牛又致其邑焉，而适吴，吴人恶之，而反。赵简子召之，陈成子亦召之，卒于鲁郭门之外，坑氏葬诸丘舆。

（十四·五）甲午，齐陈恒弑其君壬于舒州。孔丘三日齐，而请伐齐三。公曰：“鲁为齐弱久矣，子之伐之，将若之何？”对曰：“陈恒弑其君，民之不与者半。以鲁之众加齐之半，可克也。”公曰：“子告季孙。”孔子辞，退而告人曰：“吾以从大夫之后也，故不敢不言。”

（十四·六）初，孟孺子泄将圉马于成，成宰公孙宿不受，曰：“孟孙为成之病，不圉马焉。”孺子怒，袭成，从者不得入，乃反。成有司使，孺子鞭之。秋八月辛丑，孟懿子卒，成人奔丧，弗内；袒、免，哭于衢，听共，弗许；惧，不归。

（哀公十五年）

经

（十五·一）十有五年春王正月，成叛。

（十五·二）夏五月，齐高无丕出奔北燕。

（十五·三）郑伯伐宋。

（十五·四）秋八月，大雩。

（十五·五）晋赵鞅帅师伐卫。

（十五·六）冬，晋侯伐郑。

（十五·七）及齐平。

（十五·八）卫公孟彄出奔齐。

传

（十五·一）十五年春，成叛于齐。武伯伐成，不克，遂城输。

（十五·二）夏，楚子西、子期伐吴，及桐汭，陈侯使公孙贞子吊焉，及良而卒，将以尸入。吴子使大宰嚭劳，且辞曰："以水潦之不时，无乃廪然陨大夫之尸，以重寡君之忧，寡君敢辞。"上介芋尹盖对曰："寡君闻楚为不道，荐伐吴国，灭厥民人，寡君使盖备使，吊君之下吏。无禄，使人逢天之戚，大命陨队，绝世于良。废日共积，一日迁次。今君命逆使人曰'无以尸造于门'，是我寡君之命委于草莽也。且臣闻之曰：'事死如事生，礼也。'于是乎有朝聘而终、以尸将事之礼，又有朝聘而有遭丧之礼。若不以尸将命，是遭丧而还也，无乃不可乎！以礼防民，犹或逾之，今大夫曰'死而弃之'，是弃礼也，其何以为诸侯主？先民有言曰：'无秽虐士。'备使奉尸将命，苟我寡君之命达于君所，虽陨于深渊，则天命也，非君与涉人之过也。"吴人内之。

（十五·三）秋，齐陈瓘如楚，过卫，仲由见之曰："天或者以陈氏为斧斤，既斫丧公室，而他人有之，不可知也；其使终飨之，亦不可知也。若善鲁以待时，不亦可乎！何必恶焉？"子玉曰："然。吾受命矣，子使告我弟。"

（十五·四）冬，及齐平，子服景伯如齐，子赣为介，见公孙成，曰："人皆臣人，而有背人之心，况齐人虽为子役，其有不贰乎？子，周公之孙也，多飨大利，犹思不义。利不可得，而丧宗国，将焉用之？"成曰："善哉！吾不早闻命。"陈成子馆客，曰："寡君使恒告曰：'寡人愿事君如事卫君。'"景伯揖子赣而进之，对曰："寡君之愿也。昔晋人伐卫，齐为卫故，伐晋冠氏，丧车五百。因与卫地，自济以西，禚、媚、杏以南，书社五百。吴人加敝邑以乱，齐因其病，取讙与阐，寡君是以寒心。若得视卫君之事君也，则固所愿也。"成子病之，乃归成，公孙宿以其兵甲入于嬴。

（十五·五）卫孔圉取大子蒯聩之姊，生悝。孔氏之竖浑良夫长而美，孔文子卒，通于内。大子在戚，孔姬使之焉。大子与之言曰："苟使我入获国，服冕、乘轩，三死无与。"与之盟，为请于伯姬。

闰月，良夫与大子入，舍于孔氏之外圃。昏，二人蒙衣而乘，寺人罗御，如孔氏。孔氏之老栾宁问之，称姻妾以告，遂入，适伯姬氏。既食，孔伯姬杖戈而先，大子与五人介，舆豭从之。迫孔悝于厕，强盟之，遂劫以登台。栾宁将饮酒，炙未熟，闻乱，使告季子；召获驾乘车，行爵食炙，奉卫侯辄来奔。

季子将入，遇子羔将出，曰："门已闭矣。"季子曰："吾姑至焉。"子羔曰："弗及，不践其难！"季子曰："食焉，不辟其难。"子羔遂出子路入。及门，公孙敢门焉，曰："无入为也。"季子曰："是公孙也，求利焉，而逃其难。由不然，利其禄，必救其患。"有使者出，，乃入，曰："大子焉用孔悝？虽杀之，必或继之。"且曰："大子无勇，若燔台，半，必舍孔叔。"大子闻之，惧，下石乞、盂黡敌子路，以戈击之，断缨。子路曰："君子死，冠不免。"结缨而死。孔子闻卫乱，曰："柴也其来，由也死矣。"

孔悝立庄公。庄公害故政。欲尽去之，先谓司徒瞒成曰："寡人离病于外久矣，子请亦尝之。"归告褚师比，欲与之伐公，不果。

（哀公十六年）

经

（十六・一）十有六年春王正月己卯，卫世子蒯聩自戚入于卫，卫侯辄来奔。

（十六・二）二月，卫子还成出奔宋。

（十六・三）夏四月己丑，孔丘卒。

传

（十六・一）十六年春，瞒成、褚师比出奔宋。

（十六・二）卫侯使鄢武子告于周曰："蒯聩得罪于君父、君母，逋窜于晋。晋以王室之故，不弃兄弟，寘诸河上。天诱其衷，获嗣守封焉，使下臣肸敢告执事。"王使单平公对，曰："肸以嘉命来告余一人，往谓叔父：余嘉乃成世，复尔禄次。敬之哉！方天之休。弗敬弗休，悔其可追？"

（十六・三）夏四月己丑，孔丘卒。公诔之曰："旻天不吊，不慭遗一老，俾屏余一人以在位，茕茕余在疚。呜呼哀哉尼父！无自律。"子赣曰："君其不没于鲁乎！夫子之言曰：'礼失则昏，名失则愆。'失志为昏，失所为愆。生不能用，死而诔之，非礼也；称一人，非名也。君两失之。"

（十六・四）六月，卫侯饮孔悝酒于平阳，重酬之。大夫皆有纳焉。醉而送之，夜半而遣之。载伯姬于平阳而行，及西门，使贰车反祏于西圃。子伯季子初为孔氏臣，新登于公，请追之，遇载祏者，杀而乘其车。许公为反祏，遇之，曰："与不仁人争明，无不胜。"必使先射，射三发，皆远许为。许为射之，殪。或以其车从，得祏于橐中。孔悝出奔宋。

（十六·五）楚大子建之遇谗也，自城父奔宋；又辟华氏之乱于郑。郑人甚善之。又适晋，与晋人谋袭郑，乃求复焉。郑人复之如初。晋人使谍于子木，请行而期焉。子木暴虐于其私邑，邑人诉之。郑人省之，得晋谍焉，遂杀子木。其子曰胜，在吴，子西欲召之。叶公曰："吾闻胜也诈而乱，无乃害乎？"子西曰："吾闻胜也信而勇，不为不利。舍诸边竟，使卫藩焉。"叶公曰："周仁之谓信，率义之谓勇。吾闻胜也好复言，而求死士，殆有私乎！复言，非信也；期死，非勇也——子必悔之。"弗从，召之，使处吴竟，为白公。请伐郑，子西曰："楚未节也。不然，吾不忘也。"他日，又请，许之，未起师。晋人伐郑，楚救之，与之盟。胜怒，曰："郑人在此，雠不远矣。"

胜自厉剑，子期之子平见之，曰："王孙何自厉也？"曰："胜以直闻，不告女，庸为直乎？将以杀尔父。"平以告子西。子西曰："胜如卵，余翼而长之。楚国第，我死，令尹、司马，非胜而谁？"胜闻之，曰："令尹之狂也！得死，乃非我。"子西不悛。胜谓石乞曰："王与二卿士，皆五百人当之，则可矣。"乞曰："不可得也。"曰："市南有熊宜僚者，若得之，可以当五百人矣。"乃从白公而见之。与之言，说。告之故，辞。承之以剑，不动。胜曰："不为利谄，不为威惕，不泄人言以求媚者，去之。"

吴人伐慎，白公败之。请以战备献，许之，遂作乱。秋七月，杀子西、子期于朝，而劫惠王。子西以袂掩面而死。子期曰："昔者吾以力事君，不可以弗终。"抉豫章以杀人而后死。石乞曰："焚库、弑王。不然，不济。"白公曰："不可。弑王，不祥；焚库，无聚，将何以守矣？"乞曰："有楚国而治其民，以敬事神，可以得祥，且有聚矣，何患？"弗从。

叶公在蔡，方城之外皆曰："可以入矣。"子高曰："吾闻之，以险徼幸者，其求无餍，偏重必离。"闻其杀齐管修也，而后入。白公欲子闾为王，子闾不可，遂劫以兵。子闾曰："王孙若安靖楚国，匡正王室，而后庇焉，启之愿也，敢不听从？若将专利以倾王室，不顾楚国，有死不能。"遂杀之，而以王如高府。石乞尹门。圉公阳穴宫，负王以如昭夫人之宫。

叶公亦至，及北门，或遇之，曰："君胡不胄？国人望君如望慈父母焉，盗贼之矢若伤君，是绝民望也，若之何不胄？”乃胄而进。又遇一人曰：“君胡胄？国人望君如望岁焉，日日以几，若见君面，是得艾也。民知不死，其亦夫有奋心，犹将旌君以徇于国；而又掩面以绝民望，不亦甚乎！”乃免胄而进。遇箴尹固帅其属，将与白公。子高曰：“微二子者，楚不国矣。弃德从贼，其可保乎？”乃从叶公。使与国人以攻白公，白公奔山而缢。其徒微之。生拘石乞而问白公之死焉。对曰：“余知其死所，而长者使余勿言。”曰：“不言将烹。”乞曰：“此事克则为卿，不克则烹，固其所也，何害？”乃烹石乞。王孙燕奔頯黄氏。沈诸梁兼二事，国宁，乃使宁为令尹，使宽为司马，而老于叶。

（十六·六）卫侯占梦，嬖人求酒于大叔僖子，不得，与卜人比，而告公曰：“君有大臣在西南隅，弗去，惧害。”乃逐大叔遗。遗奔晋。

（十六·七）卫侯谓浑良夫曰：“吾继先君而不得其器，若之何？”良夫代执火者而言，曰：“疾与亡君，皆君之子也，召之而择材焉可也。若不材，器可得也。”竖告大子。大子使五人舆豭从己，劫公而强盟之，且请杀良夫。公曰：“其盟免三死。”曰：“请三之后有罪杀之。”公曰：“诺哉！”

（哀公十七年）

传

（十七·一）十七年春，卫侯为虎幄于藉圃，成，求令名者而与之始食焉。大子请使良夫。良夫乘衷甸两牡，紫衣狐裘。至，袒裘，不释剑而食。大子使牵以退，数之以三罪而杀之。

（十七·二）三月，越子伐吴，吴子御之笠泽，夹水而陈。越子为左右句卒，使夜或左或右，鼓噪而进；吴师分以御之。越子以三军潜涉，当吴中军而鼓之，吴师大乱，遂败之。

（十七·三）晋赵鞅使告于卫，曰：“君之在晋也，志父为主。请君若大子来，以免志父。不然，寡君其曰志父之为也。”卫侯辞以难，大子又使椓之。夏六月，赵鞅围卫。齐国观、陈瓘救卫，得晋人之致师者。子玉使服而见之，曰：“国子实执齐柄，而命瓘曰‘无辟晋师’，岂敢废命？子又何辱？”简子曰：“我卜伐卫，未卜与齐战。”乃还。

（十七·四）楚白公之乱，陈人恃其聚而侵楚。楚既宁，将取陈麦。楚子问帅于大师子谷与叶公诸梁，子谷曰：“右领差车与左史老皆相令尹、司马以伐陈，其可使也。”子高曰：“率贱，民慢之，惧不用命焉。”子谷曰：“观丁父，鄀俘也，武王以为军率，是以克州、蓼，服随、唐，大启群蛮。彭仲爽，申俘也，文王以为令尹，实县申、息，朝陈、蔡，封畛于汝。唯其任也，何贱之有？”子高曰：“天命不谄。令尹有憾于陈，天若亡之，其必令尹之子是与，君盍舍焉？臣惧右领与左史有二俘之贱而无其令德也。”王卜之，武城尹吉。使帅师取陈麦。陈人御之，败，遂围陈。秋七月己卯，楚公孙朝帅师灭陈。

王与叶公枚卜子良以为令尹。沈尹朱曰：“吉。过于其志。”叶公曰：“王子而相国，过将何为！”他日，改卜子国而使为令尹。

（十七·五）卫侯梦于北宫，见人登昆吾之观，被发北面而噪曰：“登此昆吾之墟，绵绵生之瓜。余为浑良夫，叫天无辜。”公亲筮之，胥弥赦占之，曰：“不害。”与之邑，寘之而逃，奔宋。卫侯贞卜，其繇曰：“如鱼竀尾，衡流而方羊。裔焉。大国，灭之，将亡。阖门塞窦，乃自后逾。”

冬十月，晋复伐卫，入其郛，将入城。简子曰：“止，叔向有言曰：‘怙乱灭国者无后。’”卫人出庄公而与晋平。晋立襄公之孙般师而还。十一月，卫侯自鄄入，般师出。初，公登城以望，见戎州。问之，以告。公曰：“我，姬姓也，何戎之有焉？”翦之。公使匠久。公欲逐石圃，未及而难作。辛巳，石圃因匠氏攻公。公阖门而请，弗许。逾于北方而队，折股。戎州人攻之，大子疾、公子青逾从公，戎州人杀之。公入于戎州己氏。初，公自城上见己氏之妻发美，使髡之，以为吕姜髢。既入焉，而示之璧，曰：“活我，吾与女璧。”己氏曰：“杀女，璧其焉往？”遂杀之，而取其璧。卫人复公孙般师而立之。十二月，齐人伐卫，卫人请平，立公子起，执般师以归，舍诸潞。

（十七·六）公会齐侯盟于蒙，孟武伯相。齐侯稽首，公拜。齐人怒。武伯曰：“非天子，寡君无所稽首。”武伯问于高柴曰：“诸侯盟，谁执牛耳？”季羔曰：“鄫衍之役，吴公子姑曹；发阳之役，卫石魋。”武伯曰：“然则彘也。”

（十七·七）宋皇瑗之子麇有友曰田丙，而夺其兄酁般邑以与之。酁般愠而行，告桓司马之臣子仪克。子仪克适宋，告夫人曰：“麇将纳桓氏。”公问诸子仲。初，子仲将以杞姒之子非我为子。麇曰：“必立伯也，是良材。”子仲怒，弗从，故对曰：“右师则老矣，不识麇也。”公执之。皇瑗奔晋，召之。

（哀公十八年）

传

（十八·一）十八年春，宋杀皇瑗。公闻其情，复皇氏之族，使皇缓为右师。

（十八·二）巴人伐楚，围鄾。初，右司马子国之卜也，观瞻曰："如志。"故命之。及巴师至，将卜帅。王曰："宁如志，何卜焉？"使帅师而行。请承，王曰："寝尹、工尹勤先君者也。"三月，楚公孙宁、吴由于、薳固败巴师于鄾，故封子国于析。君子曰："惠王知志。夏书曰：'官占唯能蔽志，昆命于元龟'，其是之谓乎！志曰：'圣人不烦卜筮'，惠王其有焉。"

（十八·三）夏，卫石圃逐其君起，起奔齐。卫侯辄自齐复归，逐石圃，而复石魋与大叔遗。

（哀公十九年）

传

（十九·一）十九年春，越人侵楚，以误吴也。夏，楚公子庆、公孙宽追越师，至冥，不及，乃还。

（十九·二）秋，楚沈诸梁伐东夷，三夷男女及楚师盟于敖。

（十九·三）冬，叔青如京师，敬王崩故也。

（哀公二十年）

传

（二十·一）二十年春，齐人来征会。夏，会于廪丘，为郑故，谋伐晋。郑人辞诸侯。秋，师还。

（二十·二）吴公子庆忌骤谏吴子曰："不改，必亡。"弗听。出居于艾，遂适楚。闻越将伐吴，冬，请归平越，遂归。欲除不忠者以说于越。吴人杀之。

（二十·三）十一月，越围吴，赵孟降于丧食。楚隆曰："三年之丧，亲昵之极也，主又降之，无乃有故乎？"赵孟曰："黄池之役，先主与吴王有质，曰：'好恶同之。'今越围吴，嗣子不废旧业而敌之，非晋之所能及也，吾是以为降。"楚隆曰："若使吴王知之，若何？"赵孟曰："可乎？"隆曰："请尝之。"乃往，先造于越军，曰："吴犯间上国多矣，闻君亲讨焉，诸夏之人莫不欣喜，唯恐君志之不从，请入视之。"许之。告于吴王曰："寡君之老无恤使陪臣隆，敢展谢其不共：黄池之役，君之先臣志父得承齐盟，曰'好恶同之'。今君在难，无恤不敢惮劳，非晋国之所能及也，使陪臣敢展布之。"王拜稽首曰："寡人不佞，不能事越，以为大夫忧，拜命之辱。"与之一箪珠，使问赵孟曰："句践将生忧寡人，寡人死之不得矣。"王曰："溺人必笑，吾将有问也。史黯何以得为君子？"对曰："黯也进不见恶，退无谤言。"王曰："宜哉！"

（哀公二十一年）

传

（二一・一）二十一年夏五月，越人始来。

（二一・二）秋八月，公及齐侯、邾子盟于顾。齐人责稽首，因歌之曰："鲁人之皋，忧不觉，使我高蹈。唯其儒书，以为二国忧。"是行也，公先至于阳谷。齐闾丘息曰："君辱举玉趾，以在寡君之军，群臣将传遽以告寡君。比其复也，君无乃勤。为仆人之未次，请除馆于舟道。"辞曰："敢勤仆人？"

（哀公二十二年）

传

（二二・一）二十二年夏四月，邾隐公自齐奔越，曰："吴为无道，执父立子。"越人归之，大子革奔越。

（二二・二）冬十一月丁卯，越灭吴，请使吴王居甬东。辞曰："孤老矣，焉能事君？"乃缢。越人以归。

（哀公二十三年）

传

（二三・一）二十三年春，宋景曹卒。季康子使冉有吊，且送葬，曰："敝邑有社稷之事，使肥与有职竞焉，是以不得助执绋，使求从舆人，曰：'以肥之得备弥甥也，有不腆先人之产马，使求荐诸夫人之宰，其可以称旌繁乎！'"

（二三・二）夏六月，晋荀瑶伐齐，高无丕帅师御之。知伯视齐师，马骇，遂驱之，曰："齐人知余旗，其谓余畏而反也。"及垒而还。将战，长武子请卜。知伯曰："君告于天子，而卜之以守龟于宗祧，吉矣，吾又何卜焉？且齐人取我英丘，君命瑶，非敢耀武也，治英丘也。以辞伐罪足矣，何必卜？”壬辰，战于犁丘，齐师败绩。知伯亲禽颜庚。

（二三·三）秋八月，叔青如越，始使越也。越诸鞅来聘，报叔青也。

（哀公二十四年）

传

（二四·一）二十四年夏四月，晋侯将伐齐，使来乞师，曰：“昔臧文仲以楚师伐齐，取谷；宣叔以晋师伐齐，取汶阳。寡君欲徼福于周公，愿乞灵于臧氏。”臧石帅师会之，取廪丘。军吏令缮，将进。莱章曰：“君卑政暴，往岁克敌，今又胜都，天奉多矣，又焉能进？是躗言也。役将班矣。”晋师乃还。饩臧石牛，大史谢之，曰：“以寡君之在行，牢礼不度，敢展谢之。”

（二四·二）邾子又无道，越人执之以归，而立公子何。何亦无道。

（二四·三）公子荆之母嬖，将以为夫人，使宗人衅夏献其礼。对曰：“无之。”公怒曰：“女为宗司，立夫人，国之大礼也，何故无之？”对曰：“周公及武公娶于薛，孝、惠娶于商，自桓以下娶于齐，此礼也则有。若以妾为夫人，则固无其礼也。”公卒立之，而以荆为大子，国人始恶之。

（二四·四）闰月，公如越，得大子适郢，将妻公而多与之地。公孙有山使告于季孙。季孙惧，使因大宰嚭而纳赂焉，乃止。

（哀公二十五年）

传

（二五·一）二十五年夏五月庚辰，卫侯出奔宋。

卫侯为灵台于藉圃，与诸大夫饮酒焉，褚师声子韈而登席，公怒。辞曰：“臣有疾，异于人；若见之，君将嗀之，是以不敢。”公愈怒。大夫辞之，不可。褚师出。公戟其手，曰：“必断而足！”闻之。褚师与司冠亥乘，曰：“今日幸而后亡。”

公之入也，夺南氏邑，而夺司寇亥政。公使侍人纳公文懿子之车于池。初，卫人翦夏丁氏，以其帑赐彭封弥子。弥子饮公酒，纳夏戊之女，嬖，以为夫人。其弟期，大叔疾之从孙甥也，少畜于公，以为司徒。夫人宠衰，期得罪。公使三匠久。公使优狡盟拳弥，而甚近信

(二七·二)夏四月己亥,季康子卒。公吊焉,降礼。

(二七·三)晋荀瑶帅师伐郑,次于桐丘。郑驷弘请救于齐。齐师将兴,陈成子属孤子三日朝。设乘车两马,系五邑焉。召颜涿聚之子晋,曰:"隰之役,而父死焉。以国之多难,未女恤也。今君命女以是邑也,服车而朝,毋废前劳!"乃救郑。及留舒,违谷七里,谷人不知。及濮,雨,不涉。子思曰:"大国在敝邑之宇下,是以告急。今师不行,恐无及也。"成子衣制杖戈,立于阪上,马不出者,助之鞭之。知伯闻之,乃还,曰:"我卜伐郑,不卜敌齐。"使谓成子曰:"大夫陈子,陈之自出。陈之不祀,郑之罪也,故寡君使瑶察陈衷焉,谓大夫其恤陈乎?若利本之颠,瑶何有焉?"成子怒曰:"多陵人者不在,知伯其能久乎!"

中行文子告成子曰:"有自晋师告寅者,将为轻车千乘以厌齐师之门,则可尽也。"成子曰:"寡君命恒曰:'无及寡,无畏众。'虽过千乘,敢辟之乎?将以子之命告寡君。"文子曰:"吾乃今知所以亡。君子之谋也,始、衷、终皆举之,而后入焉。今我三不知而入之,不亦难乎!"

(二七·四)公患三桓之侈也,欲以诸侯去之;三桓亦患公之妄也,故君臣多间。公游于陵阪,遇孟武伯于孟氏之衢,曰:"请有问于子:余及死乎?"对曰:"臣无由知之。"三问,卒辞不对。公欲以越伐鲁而去三桓,秋八月甲戌,公如公孙有陉氏。因孙于邾,乃遂如越。国人施公孙有山氏。

(二七·五)悼之四年,晋荀瑶帅师围郑,未至,郑驷弘曰:"知伯愎而好胜,早下之,则可行也。"乃先保南里以待之。知伯入南里,门于桔柣之门。郑人俘酅魁垒,赂之以知政,闭其口而死。将门,知伯谓赵孟:"入之!"对曰:"主在此。"知伯曰:"恶而无勇,何以为子?"对曰:"以能忍耻,庶无害赵宗乎!"知伯不悛,赵襄子由是惎知伯,遂丧之。知伯贪而愎,故韩、魏反而丧之。